최단기 완성

고시

# 전국 시·도 교육청
# 교육공무직원 소양평가

각 교육청 실제시험 분석 제공

2쇄

{직무능력검사+인성검사+면접}

★언어논리력+수리력+공간지각력+문제해결력+이해 및 관찰탐구력

전라북도교육청, 대전광역시교육청, 충청남도교육청, 경상북도교육청, 경상남도교육청, 부산광역시교육청, 울산광역시교육청, 인천광역시교육청 등

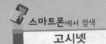

PREFACE

# 정오표 및 학습 질의 안내

## 정오표 확인 방법

고시넷은 오류 없는 책을 만들기 위해 최선을 다합니다. 그러나 편집에서 미처 잡지 못한 실수가 뒤늦게 나오는 경우가 있습니다. 고시넷은 이런 잘못을 바로잡기 위해 정오표를 실시간으로 제공합니다. 감사하는 마음으로 끝까지 책임을 다하겠습니다.

고시넷 홈페이지 접속 › 고시넷 출판-커뮤니티 › 정오표

www.gosinet.co.kr

모바일폰에서 QR코드로 실시간 정오표를 확인할 수 있습니다.

## 학습 질의 안내

학습과 교재선택 관련 문의를 받습니다. 적절한 교재선택에 관한 조언이나 고시넷 교재 학습 중 의문 사항은 아래 주소로 메일을 주시면 성실히 답변드리겠습니다.

이메일주소 passgosi2004@hanmail.net

CONTENTS

# 차례

## 교육공무직원 소양평가 정복



## 파트 1 언어논리력

### 01 어휘/문법



### 02 독해



## 파트 2 수리력

### 01 기초 · 응용계산



### 02 자료해석



## 파트 3 공간지각력

### 01 시각적 사고

## 파트 4 문제해결력

### 01 분석사고력



## 파트 5 이해 및 관찰탐구력

### 01 이해력



### 02 관찰탐구력



## 파트 6 실전모의고사



## 파트 7 인성검사



## 파트 8 면접가이드



## 책속의 책_정답과 해설

EXAMINATION GUIDE

# 구성과 활용

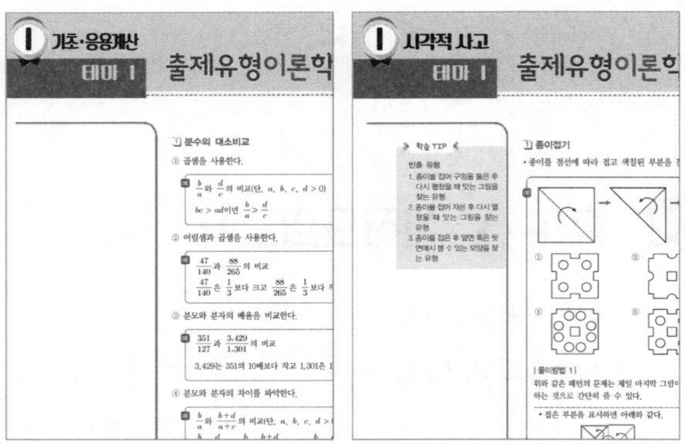

## 1 출제유형이론학습으로 이론 완벽 대비

교육공무직원 소양평가에 대비하기 위해 문제해결에 필요한 이론을 영역별로 정리하고 빠짐없이 수록하여 효율적인 학습이 가능하도록 구성하였습니다.

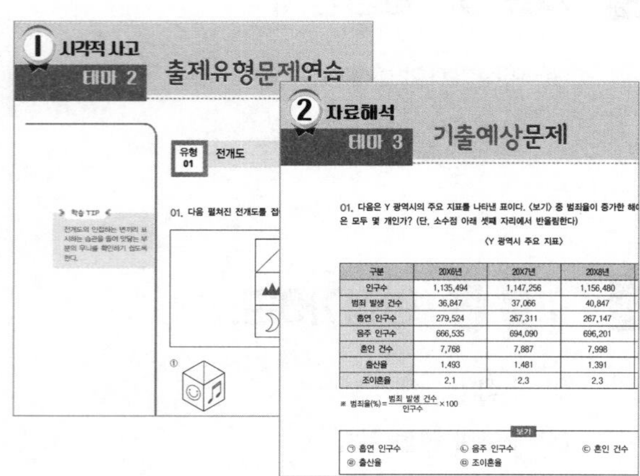

## 2 출제유형문제연습 & 기출예상문제로 모든 유형 학습

유형별 반복학습이 가능한 출제유형문제연습과 다양한 문제가 포함된 기출예상문제를 구성하여 효과적으로 학습할 수 있도록 하였습니다.

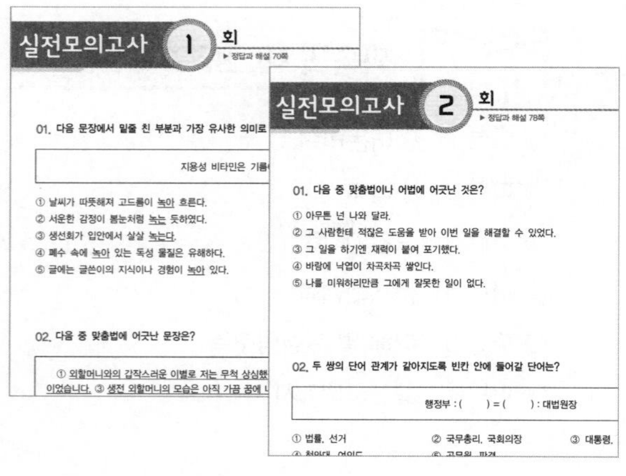

## 3 실전모의고사로 실전 연습 & 실력 UP!!

실제 기출문제를 분석하여 재구성한 실전모의고사 2회분과 OMR을 통해 완벽한 실전 준비가 가능하도록 구성하였습니다.

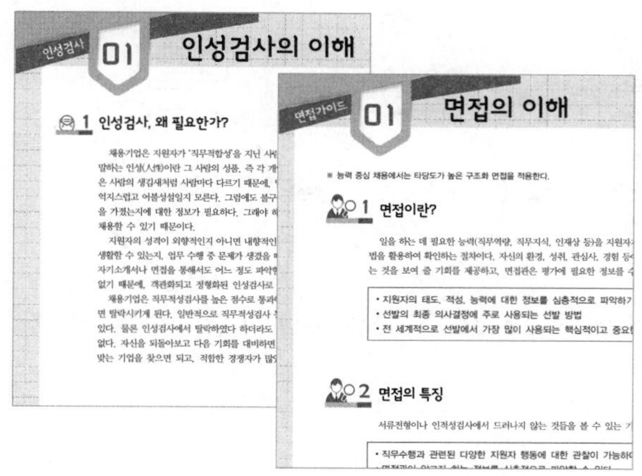

## 4 인성검사 & 면접으로 마무리까지 OK!!!

최근 채용 시험에서 점점 중시되고 있는 인성검사와 면접 질문들을 수록하여 마무리까지 완벽하게 대비할 수 있도록 하였습니다.

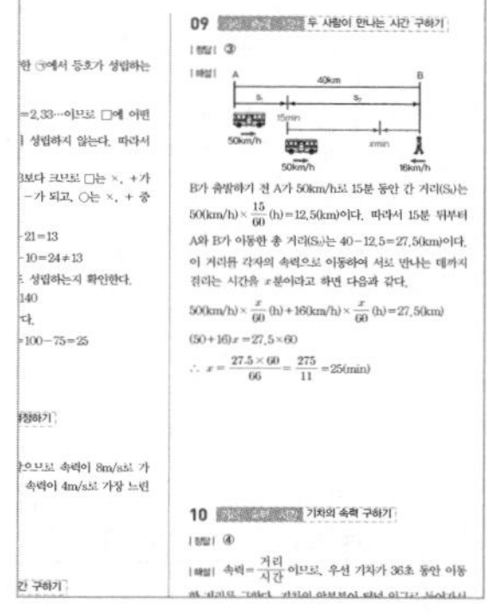

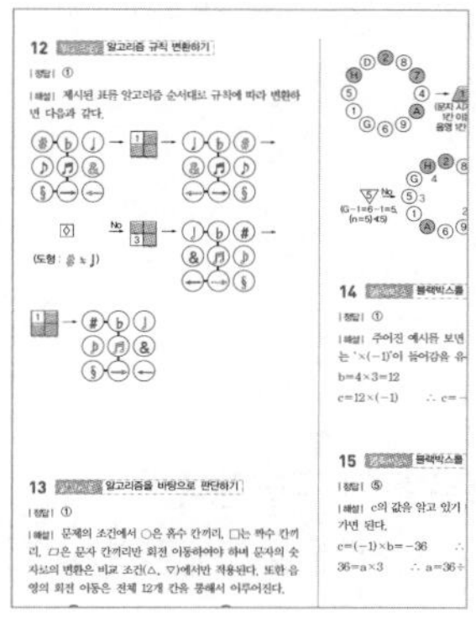

## 5 상세한 해설과 오답풀이가 수록된 정답과 해설

상세한 해설을 수록하였고 오답풀이 및 보충 사항들을 수록하여 문제풀이 과정에서의 학습 효과가 극대화될 수 있도록 구성하였습니다.

INFORMATION

# 교육공무직원 채용안내

## 채용 절차

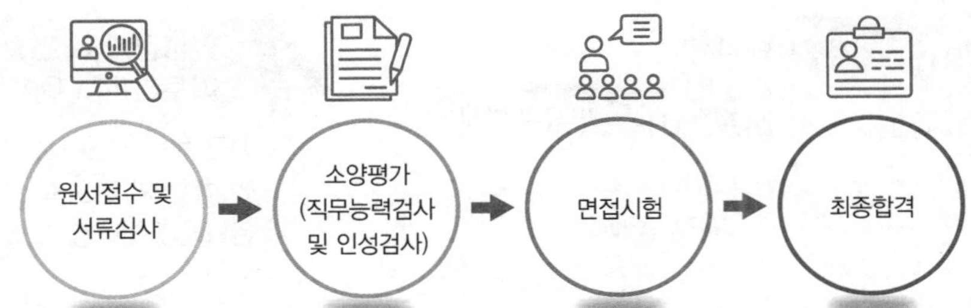


※ 교육공무직원은 각 시 · 도 교육감이 채용하는 공무원으로 채용 절차와 채용 시기는 각 시 · 도별, 직렬별로 차이가 있다.

## 원서접수

- 접수기간 내에 응시원서를 작성하여 접수 장소(해당 교육청)에 직접 방문 또는 이메일로 제출한다.
- 다른 직종에 중복으로 지원할 수 없음에 유의한다.
- 응시원서, 이력서, 자기소개서와 해당자의 경우 주민등록초본, 자격증 및 면허증, 경력증명서, 보훈청 취업지원대상자 증명서를 제출한다.

## 소양평가 시험방법

### 직무능력검사

- 일반적으로 50문항(45문항)이 50분 동안 주어진다.
- 5개 영역(언어논리력, 수리력, 공간지각력, 문제해결력, 이해 및 관찰탐구력) 중 출제된다.

### 인성검사

- 일반적으로 200문항이 40분 동안 주어진다.
- 응시자가 응답한 결과에 따라 성실성, 대인관계성, 이타성, 심리적 안정성으로 구분하여 점수를 산출하여 산출된 점수를 집단 평균을 중심으로 표준편차 단위로 표준점수화하여 최종점수를 산정한다.

## 면접시험 방법

- 면접위원은 3인 1조로 합격자 개별면접이 실시된다.
- 교육공무직원으로서의 자세, 응시직종 관련 지식과 응용 능력, 의사 발표의 정확성과 논리성 등을 평가한다.
- 다음 요소를 각각 상, 중, 하로 평정한다.

| 평정 요소 | 점수 | | |
|---|---|---|---|
| | 상 | 중 | 하 |
| 교육공무직원으로서의 정신 자세 | | | |
| 의사표현의 정확성과 논리성 | | | |
| 예의, 품행 및 성실성 | | | |
| 전문지식과 응용 능력 | | | |
| 창의력과 발전 가능성 | | | |

※ 교육청별 차이가 있으므로 해당 교육청의 공고 확인 필요

## 신분 및 처우

| 정년 | 만 60세 |
|---|---|
| 근로시간 | 학교 : 8시간, 학교 외 기관 : 소속 공무원과 동일 기준 적용 |
| 보수 | 매년 교육공무직 처우개선 계획 등 관련 규정에 따름<br>※ 단, 일부 직종의 보수는 사업부서 계획에 따름 |
| 근로조건 | 「각 시도 교육청 교육공무직 채용 및 관리 조례」와 「같은 조례 시행규칙」, 「교육공무직 관리 지침」 등에 따름 |
| 근무지 | 당해 교육청 산하 기관(부서) 및 공립학교 |
| 근무지 발령 | 합격 후 채용후보자명부(성적순)에 따라 근로계약 체결 및 발령 |

## 합격자 결정

※ 시 · 도교육청별 차이가 있으므로 해당 교육청의 공고 확인 필요

| [1차 시험] 소양평가(100점) | [2차 시험] 면접시험(100점) |
|---|---|
| 직무능력검사 40(50)% + 인성검사 60(50)% | 면접위원별 평균 점수 + 취업지원대상자 가산점 |

### 서류전형 및 소양평가

**[서류심사]** 평가항목의 총 득점이 높은 순으로 선발예정인원의 3배수를 합격자로 결정

**[소양평가]** 총점 40점 이상인 득점자 중 고득점 순으로 선발예정인원의 120%를 합격자로 결정(동점자는 모두 합격 결정)

### 면접시험

- 1차 시험 합격자에 한하여 면접시험을 실시

**[평정방법]**

- 위원의 과반수가 평정요소 5개 항목을 모두 "상"으로 평정한 경우 ⇨ 우수
- 위원의 과반수가 평정요소 5개 항목 중 2개 항목 이상을 "하"로 평정하거나, 위원의 과반수가 어느 하나의 동일한 평정요소에 대해 "하"로 평정한 경우 ⇨ 미흡
- 그 외의 경우 ⇨ 보통

### 최종합격자 결정

- 서류전형, 소양평가, 면접시험 점수를 합산하여 고득점 순으로 합격자 결정
- 동점자는 취업지원대상자>소양평가 고득점>면접시험 고득점>생년월일 빠른 사람 순으로 합격 처리
- 최종 합격자의 채용 포기, 합격 취소, 채용 결격 사유, 채용 후 즉시 퇴직 등의 사유로 결원이 발생한 경우 합격자 발표일로부터 3개월 이내에 소양평가 점수와 면접시험 점수를 합산하여 점수가 높은 사람 순으로 추가 합격자 결정

# 교육공무직원 채용직렬

※ 업무 내용은 표에 명시된 업무 이외에 기관(학교)장이 지정한 업무를 포함한다.

※ 시 · 도교육청 및 교육지원청에 따라 채용직렬과 업무내용에 차이가 있다.

| 직종명 | 업무내용 | 근무형태 | 자격 요건 |
|---|---|---|---|
| 교무행정사 | • 학교의 교육활동 지원을 위한 수업 및 행정사무 업무 전반 | 상시 전일 근무 | 제한 사항 없음 |
| 전문상담사<br>(117학교폭력<br>신고센터) | • 학교폭력신고 상담 · 수사 · 지원 등의 통합서비스 관련 업무 | 상시 전일 근무<br>(교대근무) | 전문상담교사, 청소년상담사, 전문상담사, 상담심리사 중 1개 이상 소지자 |
| 특수통학 실무사 | • 특수교육대상자의 통학차량 승하차 및 안전지도 | 방학 중 비근무 | 제한 사항 없음 |
| 교육복지사 | • 교육복지프로그램 기획 운영, 가정－학교－지역사회 연계 협력, 지원학생 사례관리 | 상시 전일 근무 | 교원자격증(초 · 중등), 사회복지사, 청소년지도사, 청소년상담사, 평생교육사 중 1개 이상 소지자 |
| 돌봄전담사 | • 학생 출결관리, 생활지도, 안전지도, 귀가지도, 돌봄교실 관리<br>• 연간 · 월간 · 주간 운영계획 작성, 프로그램 관리, 개인활동 관리<br>• 급 · 간식 준비, 제공, 사후처리 | 교육과정, 돌봄<br>교실 운영에<br>따름 | 교원자격증(유 · 초 · 중등) 또는 보육교사 2급 이상 |
| 조리사 | • 급식품의 위생적 취급 및 조리 관리<br>• 급식시설 · 설비, 기구 및 기물의 세척, 소독 관리<br>• 영양(교)사의 지시사항 이행 및 업무보조 | 방학 중 비근무 | 조리사 면허증 소지자(구 · 군청이 발급한 면허증) |
| 조리원<br>(조리실무사) | • 급식품의 위생적인 조리 및 배식<br>• 급식실 내 · 외부 청소 및 소독<br>• 급식시설 · 설비, 기구 및 기물의 세척 · 소독 | 방학 중 비근무 | 제한 사항 없음 |
| 특수교육<br>실무사 | • 교사의 지시에 따라 교수학습 활동, 방과후 활동, 신변처리, 급식, 교내외 활동, 등 · 하교 등 특수교육 대상자의 교육 및 학교 활동에 대한 전반적인 보조 | 방학 중 비근무 | 고등학교 이상 학력 |
| 학습클리닉<br>지원실사 | • 학습클리닉지원 대상 학생 종합관리<br>• 학습코칭 · 학습치료 및 진로 · 심리상담<br>• 전문검사 실시 지원, 교원 · 학부모교육 지원, 사례 관리 | 상시 전일 근무 | 교원자격증(초 · 중 · 특수), 전문상담교사, 청소년상담사, 사회복지사, 보육교사, 언어재활사 중 1개 이상 소지자 |

| | | | | |
|---|---|---|---|---|
| 사감 | 여자 | • 기숙사 학생 생활지도 · 감독 · 관리(인원 점검, 숙식지도, 기숙사 · 학교 주변 순회, 기숙사 출입 인원 통제) | 방학 중 비근무 | 제한 사항 없음 |
| | 남자 | • 기숙사생 안전사고 예방, 응급환자 발생 시 대응<br>• 재난 발생 시 학생 대피 유도<br>• 만화과 교과 수업 지원<br>• 취업 및 창업 관련 업무<br>• 신입생 입학 관련 업무 | | |
| 발명/실습 실무원 | 창작 만화과 | • 만화과 교과 수업 지원<br>• 취업 및 창업 관련 업무<br>• 신입생 입학 관련 업무 | 방학 중 비근무 | 만화 또는 애니매이션 관련 분야 전공자 |
| | 컴퓨터 게임 개발과 | • 게임과 교과 수업 지원<br>• 취업 및 창업 관련 업무<br>• 신입생 입학 관련 업무 | | 컴퓨터게임 개발 관련 분야 전공자 |
| 취업지원 실무원 | | • 업계 고취업처 발굴 및 취업 협약 체결 지원<br>• 양질의 일자리 발굴, 기업–학교 간 매칭 시스템 구축 업무<br>• 기타 특성화고 취업프로그램 운영 업무 | 상시 전일 근무 | 직업상담사 2급, 워드프로세서 또는 컴퓨터활용능력 2급 이상 |
| 수련지도원 | | • 학생해양체험활동 및 실내프로그램 지도 · 운영<br>• 수련활동 제반 사항 업무 | 상시 전일 근무 | 동력수상레저기구조종면허, 인명구조요원(수상구조사) 자격증 소지자 |
| 임상심리사 | | • 위기 및 부적응학생 심층심리평가, 학생 정서 · 행동 특성검사 심층 사정평가 및 추후관리, 전문심리치료 지원 사업 운영 및 연계<br>• 위기관리 임상지원 및 사후관리, 관내 학교 임상자문 및 연수(교육) 관련 업무, 심리검사 도구 구입 및 관리 업무 | Wee센터 근무<br>상시 전일 근무 | 정신보건임상심리사 2급 이상, 임상심리사 2급 이상 중 1개 이상 소지자 |
| 유아교육사 | | • 유치원 및 어린이집 대상 실 · 내외 체험 교육 운영(단체체험, 특별체험, 토요가족 체험), 유치원 장 · 원감 · 교사 및 유치원 학부모 · 주민 대상 연수 추진 및 지원, 유치원 평가 및 교육복지서비스 지원 | 상시 전일 근무 | 유치원 2급 정교사 이상 자격증 소지자 |
| Wee클래스 전문상담사 | | • 학생 · 학부모 등에 대한 각종 상담 업무, 단위학교 Wee프로젝트 관련 업무 | 상시 전일 근무 | 전문상담교사, 상담심리사, 전문상담사, 청소년상담사, 임상심리사, 정신보건임상심리사, 사회복지사 1급 자격증 중 1개 이상 소지자 |

| | | | | |
|---|---|---|---|---|
| 교육 업무사 | 교무 실무사 | • 공문처리, 정보공시 업무지원, 교원명부 작성, 학교 행사 지원, 교무행정관리 교육 통계, 인증서 발급 및 나이스권한 부여, 지출품의 | 상시 전일 근무 | 제한 사항 없음 |
| | 과학 실무사 | • 과학교육 기안 및 공무처리, 과학실험실 관리 및 안전점검, 과학실험재료 및 교구 준비, 과학수업 지원, 실험실 폐수 관리, 지출품의 | 상시 전일 근무 | 제한 사항 없음 |
| | 사서 | • 도서관 운영 · 관리 | 상시 전일 근무 | 2급 정사서 또는 준사서 자격증 소지자 |
| 영양사 | | • 학생 건강증진을 위한 영양 · 식생활 교육 및 상담<br>• 식단 작성, 식재료의 선정 및 검수, 위생 · 안전 · 작업관리 및 검식, 조리실 종사자의 지도 · 감독, 그 밖에 학교급식에 관한 사항 | 상시 전일 근무 | 영양사 면허증 소지자 |
| 간호사 | | • 영유아 건강관리<br>• 담임교사의 보건교육 지원 및 보건 · 의료 활동 지원 등, 원아 투약 관련 가정과의 연계 지원, 응급처치 및 원아 건강관리 | 상시 전일 근무 | 간호사 면허증 소지자 |
| 외국어 교육실무원 | | • 외국어교육 프로그램 운영<br>• 원어민(보조)교사 복무 관리, 원어민 계약에 관한 업무(지원), 원어민(보조)교사 관사 관리 업무, 외국문화학습관 특색사업 운영 및 학습관 운영 지원 | 상시 전일 근무 | – TOEIC 800점, TOEFL IBT 94점, TEPS 689점 이상<br>– 초등 2급 정교사 자격증 소지 또는 영어 중등 2급 정교사 자격증 소지 |
| 시설관리원 | | • 청사 내 · 외 환경미화<br>• 쓰레기 수거 · 처리 | 상시 전일 근무 | 제한 사항 없음 |
| 급식보조원 | | • 조리 업무 보조, 급식을 위한 사전 준비, 조리 및 배식활동, 급식시설 · 설비 청소, 급식기구 세척 및 소독, 기타 조리업무 및 위생 안전에 관한 사항 보조 | 방학 중 비근무 | 건강진단결과서(구 보건증) |
| 사회복지사 | | • 위기 및 부적응학생지원 지역사회협의체 구축<br>• 위기학생 사례대응체제 구축 및 관리, 위탁교육기관 운영 및 실적 관리, 전문심리 치료기관 운영 및 연계 지원, 특별교육프로그램 운영, 멘토링 프로그램 운영 | 상시 전일 근무 | 사회복지사 2급 이상 또는 정신보건사회복지사 2급 이상 |

# 시 · 도교육청 교육공무직원 시험분석

## 시 · 도교육청별 소양평가 분석

| 지역 | 영역 | 문항 수/시간 |
|---|---|---|
| 경상북도교육청 | 언어논리력, 수리력, 공간지각력, 문제해결력 | 45문항/50분 |
| 경상남도교육청 | 언어논리력, 공간지각력, 문제해결력, 이해력, 관찰탐구력 | 45문항/50분 |
| 충청남도교육청 | 언어논리력, 수리력, 공간지각력, 문제해결력, 이해력 | 50문항/50분 |
| 부산광역시교육청 | 언어논리력, 수리력, 공간지각력, 문제해결력, 관찰탐구력 | 45문항/50분 |
| 울산광역시교육청 | 언어논리력, 공간지각력, 문제해결력, 이해력, 관찰탐구력 | 45문항/50분 |
| 전라북도교육청 | 언어논리력, 수리력, 문제해결력 | 50문항/50분 |
| 대전광역시교육청 | 언어논리력, 수리력, 문제해결력 | 45문항/50분 |
| 세종특별자치시교육청 | 국어, 일반상식 | 50문항/80분 |
| 광주광역시교육청 | 국어, 일반상식 | 50문항/80분 |

※ 2020년 채용공고 기준

## 출제영역 분석

**[언어논리력]** 유의어 · 반의어, 띄어쓰기, 맞춤법 등 문법 문제, 한자어나 사자성어 문제, 세부내용을 이해하는 문제, 문단 배열 문제, 빈칸 찾기 등 독해 문제가 출제된다.

**[수리력]** 사칙연산, 방정식, 확률 등 다양한 계산 문제가 출제되며, 거리 · 속력 · 시간, 농도나 도형의 길이, 넓이 계산 등 공식 암기가 필요한 문제도 출제된다. 또한 도표를 이해, 계산하는 자료해석 문제도 꾸준히 출제된다.

**[공간지각력]** 종이접기, 전개도, 블록 결합 문제가 주로 출제되며 도형의 개수를 세는 문제나 도형을 회전시키는 문제 등 다양한 유형이 출제된다.

**[문제해결력]** 명제, 삼단논법, 참 · 거짓 문제, 논리게임 문제가 주로 출제된다. 최근 NCS 문제해결능력과 관련된 이론 문제가 출제되기도 한다.

**[이해력]** 과학 상식이나 사회 상식을 묻는 문제가 출제된다. 해당 유형은 문제집이나 신문기사를 통해 꾸준한 학습이 필요하다.

**[관찰탐구력]** 수열, 도형 변화 규칙, 문서 비교 문제 등이 출제된다. 교육청별로 다양한 유형이 출제되므로 여러 문제를 학습해야 한다.

# 2020년 경상북도교육청 소양평가

## 시험 프로세스

- 영역 : 언어논리력, 수리력, 문제해결력, 공간지각력
- 문항 수 : 45문항
- 시간 : 50분

## 기출 분석

언어논리력은 독해 문제가 주로 출제되었다. 수리력은 응용수리, 자료해석 문제가 다양하게 출제되었다. 문제해결력은 추론 문제, 공간지각력은 도형 절단면, 도형 개수 등이 출제되었다.

### 언어논리력

[어법 · 어휘]
- 유형 : 적절한 어휘 고르기, 틀린 맞춤법 찾기, 한자성어 고르기

기출키워드

온갖, 케케묵은, 돌이켜, 깨끗이, 갈음, 희로애락, 속수무책

[독해]
- 독해 문제가 많이 출제됨.
- 유형 : 주제 찾기, 제목 찾기, 세부내용 이해하기, 공문 이해하기

기출키워드

코로나 바이러스, 훈민정음, 비타민 D, 무기질

### 수리력

- 비중이 적은 편이며 난도 높지 않음.

[응용수리]
- 농도, 거리 · 속력 · 시간 문제 없음
- 유형 : 사칙연산, 방정식, 비율 계산

기출키워드

지원자 수, 합격률, 비율, 인원 구하기

[자료해석]
- 유형 : 자료이해, 자료변환(표를 그래프로 변환하는 문제)

### 공간지각력

- 유형 : 도형 회전하기, 절단면 찾기, 종이접기, 다른 그림 찾기, 입체도형의 모서리 개수 세기, 도형의 개수 세기

기출키워드

원기둥 잘라서 나올 수 없는 모양, 모든 사각형의 개수

### 문제해결력

- 기존에 출제되던 일반적인 문제해결력 유형으로 출제됨.
- 유형 : 참 · 거짓 구분하기, 조건 추론하기, 순서 추론하기

기출키워드

코로나 바이러스, 먹은 음료와 케이크 추론(참 · 거짓), 두 번째 사람 추론, 빈자리, 건물 층수

# 2020년 경상남도교육청 소양평가

## 시험 프로세스

- 영역 : 언어논리력, 공간지각력, 문제해결력, 이해력, 관찰탐구력
- 문항 수 : 45문항
- 시간 : 50분

## 기출 분석

언어논리력은 다양한 유형이 출제되었다. 공간지각력은 도형 회전, 문제해결력은 추론, 이해력은 과학상식의 비중이 높고 관찰탐구력은 수열 등 집중력을 요구하는 문제가 출제되었다.

### 언어논리력

[어법 · 어휘]
- 유형 : 한자 고르기, 사자성어 고르기, 틀린 맞춤법 찾기, 틀린 띄어쓰기 찾기

기출키워드

자강불식, 비로서/비로소, 안 된다(띄어쓰기)

[독해]
- 유형 : 세부내용 이해하기, 문장 배열하기, 공문서 이해하기, 문의에 답변하기

기출키워드

코로나 바이러스 관련 공문서, 쇼핑몰 문의게시판, 기획서 작성, 콩팥, 봉오산 전투, 세종대왕

### 공간지각력

- 유형 : 도형 절단면 찾기, 도형 회전하기, 종이접기
- 도형 회전하기(일치) 문제가 4문제 이상 출제됨.

### 문제해결력

- 유형 : 참 · 거짓 구분하기, 조건 추론하기, 대전제 · 소전제 · 결론 파악하기, 그림 해석하기

기출키워드

등대와 책 그림, 승강기, 거짓말한 사람, 박물관에 간 요일, 휴가지

### 이해력

- 과학상식 문제가 주로 출제됨.

기출키워드

원소기호(Cu), 삼투압 현상, 탄성, 생물 문제, 노폐물, 콩팥, 용수철, 체중계

[기출 복원]
- 용수철의 원리를 이용해 만든 것은?
- 원소기호로 알맞지 않은 것은?
- '물은 아래로 흐른다'와 같은 현상은?
- 노폐물을 배출하는 장기는?
- 망치를 세우는 원리와 같은 것은?
- 분자 구조가 다른 현상은?
- 뿌리가 물을 흡수하는 현상, 배추가 소금에 절여져 숨이 죽는 현상은?

### 관찰탐구력

- 유형 : 도형의 개수 세기, 수열 규칙 파악하기

기출키워드

모든 삼각형의 개수, 알파벳 수열, 숫자 수열

# 2020년 전라북도교육청 소양평가

## 시험 프로세스

- 영역 : 언어논리력, 수리력, 문제해결력
- 문항 수 : 50문항
- 시간 : 50분

## 기출 분석

소양평가가 처음 도입되었으며 직렬별로 일부 문제가 달랐다. 언어논리력은 빈칸 넣기, 문단 배열, 세부내용 이해 등 일반적인 유형으로 출제되었으나 난도는 높은 편이었다. 수리력은 난도가 높지 않으나 분수 계산, 수열, 확률, 자료이해 등 다양한 유형이 출제되었다. 문제해결력은 조건 추론, 명제 등의 유형이 출제되었다.

### 언어논리력

- 문제 풀이 시간이 부족한 편임.
- 지문 내용이 쉽게 이해하기 어렵고 난도가 높음.
- 유형 : 빈칸에 들어갈 문장 고르기, 문단 배열하기, 세부내용 이해하기

기출키워드

민주주의, 집 구조(가옥 구조), 스마트폰

### 수리력

[응용계산]

- 난도 높지 않은 편임.
- 유형 : 사칙연산, 수열, 방정식, 확률 계산
- 거리 · 속력 · 시간, 농도, 도형 문제는 출제되지 않음.

기출키워드

기차 좌석, 분수 계산

[자료해석]

- 난도 높지 않은 편임.
- 그래프, 표 등이 제시되는 일반적인 자료해석 문제가 출제됨.

### 문제해결력

- 일반적인 문제해결력 문제가 출제됨.
- 유형 : 참 · 거짓 구분하기, 삼단논법 추론하기, 조건 추론하기, 순서 추론하기
- 아이큐 테스트 같은 문제도 출제됨.

# 2020년 대전광역시교육청 소양평가

## 시험 프로세스

- 영역 : 언어논리력, 수리력, 문제해결력
- 문항 수 : 45문항
- 시간 : 50분

## 기출 분석

언어논리력은 내용 이해, 주제 찾기 등 독해 문제가 주로 출제되며, 수리력은 확률, 거리 · 속력 · 시간을 계산하는 문제 등이 출제되었다. 문제해결력은 명제 등 일반적인 문제 뿐 아니라 NCS 문제해결능력과 같은 이론을 묻는 문제가 새로 출제되어 이에 대한 대비가 필요하다.

### 언어논리력

- 지문은 긴 편이지만 난도는 낮은 편임.
- 유형 : 문단 배열하기, 주제 찾기, 빈칸에 들어갈 접속사 찾기, 논리적 오류 파악하기, 글의 작성방식 고르기, 의미가 중복되지 않은 문장 찾기, 세부내용 이해하기

기출키워드

요가, 명상, 직원과 전문가가 5:3 가중치로 평가해서 도입한다는 지문, 성급한 일반화의 오류, 체험한 일을 쓰는 방법(서사)

### 수리력

- 유형 : 수열, 방정식, 확률, 농도, 거리 · 속력 · 시간
- 확률 문제와 거리 · 속력 · 시간 문제가 많이 출제됨.

기출키워드

소금물 증발시킨 후의 농도, 동전 세 번 던져서 뒷면이 세 번 나올 확률과 한 번 나올 확률, 주사위 한 번 던질 때 나온 수만큼 동전을 던지는 데 뒷면이 나올 확률

### 문제해결력

- 유형 : 삼단논법 추론하기, 명제 추론하기, NCS 문제해결능력 문제(이론 문제)
- 명제 문제가 3문제 이상 출제됨.
- 3C분석, 브레인스토밍, SWOT 등 문제해결능력 관련 이론 문제가 출제됨.

기출키워드

SWOT분석, 문제해결 순서, 발생형 문제/탐색형 문제, 3C분석의 요소, 자유연상법(브레인스토밍)/강제연상법(체크리스트)/비교발상법(NM법), 브레인스토밍에 대해 틀린 설명(양보다는 질)

[기출 복원]

다음 중 문제해결 절차의 순서를 바르게 나열한 것은?

| | | |
|---|---|---|
| (A) 문제 인식 | (B) 원인 분석 | (C) 실행 및 평가 |
| (D) 문제 도출 | (E) 해결안 개발 | |

| 정답 | (A) – (D) – (B) – (E) – (C)

# 2020년 부산광역시교육청 소양평가

**시험 프로세스**

- 영역 : 언어논리력, 수리력, 공간지각력, 관찰탐구력, 문제해결력
- 문항 수 : 45문항
- 시간 : 50분

**기출 분석**

언어논리력은 맞춤법을 묻는 문제와 독해 문제가 출제되었고, 수리력은 일의 양, 경우의 수 등 응용계산과 자료해석 문제가 출제되었다. 공간지각력은 전개도, 도형회전 등 다양한 유형이었으며, 문제해결력은 삼단논법, 자리 배치 등을 추론하는 문제가 출제되었다.

**언어논리력**

[문법]
- 유형 : 표준어 적용하기, 맞춤법 틀린 문장 찾기

기출키워드
뵈/뵈어/봬를 사용한 문장 중 틀린 문장 찾기

[독해]
- 유형 : 문장 배열하기, 글이 의미하는 내용 찾기, 세부내용 이해하기

기출키워드
간디, 양면성, 정면성, 코로나 바이러스 대응 방침

**수리력**

[응용계산]
- 유형 : 일의 양, 나이 계산, 경우의 수
- 농도, 거리 · 속력 · 시간 문제 없음.

기출키워드
남직원과 여직원의 숙소를 나누는 경우의 수

[자료해석]
- 표, 그래프 등이 제시된 일반적인 자료이해, 자료계산 문제가 출제됨

기출키워드
연도별 학생 수 변화

**공간지각력**

- 유형 : 전개도 파악하기, 도형 회전하기, 도형 변화 규칙 파악하기, 다른 그림 찾기, 종이접기

기출키워드
도형 변화에 따라 빈칸 찾기, 사다리꼴 회전, 숫자 적힌 정사각형을 접어 겹쳐지는 숫자 구하기

**관찰탐구력**

- 낯선 유형으로 출제되었으며 난도가 높은 편임.

**문제해결력**

- 유형 : 삼단논법 추론하기, 참 · 거짓 구분하기, 자리 배치하기, 순서 추론하기

# 2020년 세종특별자치시교육청 소양평가

**시험 프로세스**

- 영역 : 국어, 일반상식
- 문항 수 : 50문항
- 시간 : 80분

**기출 분석**

국어는 25문항으로 맞춤법, 형태소 등 문법 문제와 문학 독해가 출제되었다. 일반상식은 25문항으로 고등학교 수준의 한국사와 사회 문제가 출제되었다. 교무행정과는 교육청 '학교업무 이해하기' 문제가 포함되는 등 직렬별로 일부 문제가 달랐다.

**국어**

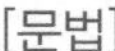

[문법]

- 유형 : 띄어쓰기, 틀린 맞춤법 찾기, 문장호응(종속문장/이어진문장) 구분하기, 조음 파악하기, 음운변동 파악하기, 형태소 구분하기, 간접형 명령문 파악하기

기출키워드

아는 대로/너 만큼(띄어쓰기), 힘에 부치다, 문제를 맞혔다, 우산을 받치다, 고무줄을 늘린다, 내가 ~한 까닭은/업신이 여겼다(어법)

[독해]

- 유형 : 주제 찾기, 고사성어 고르기, 문단 배열하기, 세부내용 이해하기, 작품의 공통점 찾기, 시적 화자의 태도와 비슷한 시 고르기

기출키워드

독서삼매, 중세국어의 특징, 뇌의 재구조화, 코로나 바이러스, 허난설헌, 규중칠우쟁론기, 저문 강에 삽을 씻고, 난장이가 쏘아올린 작은 공

**일반상식**

[한국사]

- 고등학교 수준으로 출제되었으며 문항 수가 많은 편임.

기출키워드

광개토대왕, 신라 후대 상황, 전민변정도감, 조광조, 묘청, 신민회, 물산장려운동, 중국지원 연합군, 조선의용대 활동(봉오동전투, 국내진공작전, 호가장전투, 일본포로), 모스크바3상회의 내용, 토지개혁(유상몰수) 관련 시기 연표에서 고르기, 화폐정리사업 시기, 이승만 대통령의 사임 원인, 정부의 통일정책

[사회]

- 고등학교 수준으로 출제되었으며 사회, 경제, 문화, 법 등 다양하게 출제됨.

기출키워드

열대기후/극기후 주거형태, 석탄/석유에너지자원, 문화병존/문화동화/문화융합, EU, 도시화율 그래프, 인구이동 원인(아프리카에서 서유럽, 남미에서 아메리카), 공정무역, 윤리적 소비의 예, 생산에 따른 비교우위/절대우위, 기회비용, 입법부/사법부/행정부의 역할, 기본권, 사회보장제도/공공부조 구분

# 2020년 광주광역시교육청 소양평가

## 시험 프로세스

• 영역 : 국어, 일반상식
• 문항 수 : 50문항(영역별 25문항)
• 시간 : 80분

## 기출 분석

국어는 25문항으로 품사, 자릿수, 용언 등 문법 문제와 한자, 사자성어를 묻는 문제, 고전소설, 시 등의 독해 문제가 출제되었다. 일반상식은 25문항으로 한국사, 사회 문제가 출제되었다.

### 국어

• 난도가 높지 않았음.
• 문법, 문학, 비문학, 한자성어, 한자 등 다양한 유형이 출제됨.

[문법/어휘]

• 유형 : 다른 품사 찾기, 서술어의 자릿수 알기, 비음화 · 유음화 구분하기, 외래어 파악하기, 로마어 표기법 적용하기, 본용언 · 보조용언 구분하기, 한자 고르기, 고전시가 보고 다른 한자성어 찾기

기출키워드

온갖/갑자기/더욱(품사), 보다(자릿수), 되/돼(맞춤법), 바쳐서/받쳐서(맞춤법), 틀린 숫자를 고치다(한자 찾기), 설상가상, 사면초가, 자가당착

[독해]

• 유형 : 고전소설의 특징 파악하기, 주인공의 성격 파악하기, 주제어 찾기, 작가가 다른 시 찾기, 향유층이 다른 작품 찾기, 시점 구분하기, 표현법 파악하기, 세부내용 이해하기

기출키워드

박씨전, 봄봄, 윤동주, 청산별곡, 한림별곡, 서경별곡, 사랑방손님과 어머니, 모란이 피기까지는(김영랑), 신문지 밥상, 랍스터, 로봇

### 일반상식

[한국사]

기출키워드

미소공동위원회, 광복군, 의열대, 나당연합 연도, 흥남철수 원인, 신라 말 사회현상, 백강전투, 조선혁명선언

[사회]

• 난도가 높은 편이며 자료분석형 문제와 상식을 묻는 문제가 모두 출제됨.

기출키워드

문화지체현상, 저출산, 공공부조, 매슬로우, 기회비용, 세대 내 이동, 교관겸수, 카스피해, 실업률, 마르크스 계급이론, 교토의정서, 모스크바 회의, 국회의 행정부 견제, 디지털 발달, 범죄성립절차, 법정대리인, 오존, 세계분쟁지역, 유엔총회

**키워드** 어법에 맞지 않는 문장 찾기
글의 내용에 맞는 사자성어 찾기
제시된 단어의 관계 파악하기
글의 주제나 중심내용 찾기
글의 순서에 맞게 문단, 문장 배열하기

**분석** 소양평가에서 언어논리력은 45 ~ 50문항 중 10문항 이상 출제되고 있다. 어휘력은 유의어 · 다의어 · 반의어 문제, 띄어쓰기나 맞춤법을 묻는 문제, 한자어나 사자성어를 묻는 문제가 주로 출제된다. 문법 문제의 경우 별도로 공부가 필요한 유형이므로 틈틈이 학습하도록 한다. 독해는 세부내용을 이해하는 문제, 주제를 파악하고 상황을 추론하는 문제, 문서 수정 문제, 문단 · 문장을 배열하는 문제가 주로 출제된다.

1 파트

# 언어논리력



**직무능력검사란?** 산업 현장에서 직무를 수행하기 위해 요구되는 각종 지식, 기술, 태도 등 기본적으로 갖추고 있어야 할 인지적 능력을 진단하는 것이다.

# 출제유형이론학습

**01. 다음 단어와 의미가 서로 비슷한 것을 고르시오.**

| 가련(可憐) |
|---|

① 보수(補修) ② 제방(堤防)
③ 측은(惻隱) ④ 의혹(疑惑)
⑤ 증오(憎惡)

정답 ③

해설 • 가련(可憐)=측은(惻隱) : 가엾고 안타까움.
① 보수(補修) : 부서지거나 낡은 것을 고침.
② 제방(堤防) : 홍수를 예방하거나 물을 저장하기 위해 하천이나 호수, 바다 둘레를 돌이나 흙 등으로 높이 쌓아 막은 언덕.
④ 의혹(疑惑) : 의심하여 수상히 여김.
⑤ 증오(憎惡) : 아주 사무치게 미워함. 또는 그런 마음.

## 1 어휘

### (1) 어휘관계

① 유의관계 : 두 단어가 가지는 의미가 서로 비슷한 단어의 관계
예 고갱이≒핵심, 기아≒기근, 돈독하다≒두텁다, 두둔≒비호 등

② 반대관계 : 내포하는 속성 중에서 하나의 요소가 대립되는 관계
예 가결↔부결, 간헐↔지속, 경감↔가중, 곰살궂다↔무뚝뚝하다 등

③ 포함관계 : 한 단어는 상위어이고 다른 단어는 그에 속하는 하위어의 관계
예 나무−느티나무, 계절−여름, 한복−마고자, 행성−천왕성 등

④ 동위관계 : 하나의 상위 개념에 속하는 서로 대등한 하위 개념의 관계
예 사자−호랑이, 기독교−불교, 바나나−코코넛, 첼로−바이올린 등

⑤ 인과관계 : 두 단어가 서로 원인과 결과를 나타내는 관계
예 가을−단풍 등

⑥ 고유어와 한자어의 관계 : 같은 뜻을 나타내는 고유어와 한자어의 관계
예 곰살궂다−다정하다 등

⑦ 재료−결과물관계 : 두 단어 중 한 단어는 재료에 해당하고 다른 하나는 재료로 만든 결과물인 관계
예 카카오−초콜릿, 무−단무지, 쌀−한과 등

⑧ 도구−용도관계 : 두 단어 중 한 단어는 도구이고 다른 단어는 그 도구를 사용하는 용도에 해당하는 관계
예 붓−그림, 펜−글씨, 온도계−측정 등

⑨ 장치−동력원관계 : 두 단어 중 한 단어는 장치이고 다른 단어는 그 장치를 사용할 수 있는 힘이 되는 관계
예 자동차−휘발유 등

⑩ 제작−사용관계 : 한 단어는 제품이나 서비스 등을 제작하는 전문가이고 한 단어는 전문가가 만든 것을 나타내며 나머지 하나는 이용하는 사람을 나타내는 관계
예 대장장이−가위−엿장수, 기술자−경운기−농부 등

⑪ 존칭관계 : 존칭의 의미를 나타내는 말로 가리키는 대상의 범주는 같으나 성별에 따라 용어에 차이가 나는 단어의 관계
예 영식−영애, 선친−현비, 가친−자친, 춘부장−자당 등

⑫ 순서관계 : 위치나 시간의 흐름에 따라 이어지는 단어의 관계
예 봄−여름−가을−겨울, 할아버지−아버지−아들, 뿌리−줄기−잎 등

### (2) 다의어 · 동음이의어

다의어는 두 가지 이상의 뜻을 가진 단어로 의미상 연관성은 있지만 두 의미가 분명히 다른 것을 말하며 동음이의어는 소리는 같지만 뜻이 서로 다른 두 개 이상의 단어로 의미상 연관성이 없는 것을 말한다. 다의어는 하나의 낱말에 의미가 여러 개가 있으므로 중심의미와 주변의미로 나눌 수 있으며 사전에서 다의어는 한 표제어 아래 묶여있다. 반면 동음이의어는 소리는 같으나 다른 뜻을 지닌 낱말이므로 사전에도 각각 다른 표제어로 등재되어 있다.

| | |
|---|---|
| 긋다 기출 | 어떤 특정한 부분을 강조하거나 드러나게 하기 위하여 금이나 줄을 그리다.<br>예 바닥에 금을 긋다. |
| | 성냥이나 끝이 뾰족한 물건을 평면에 댄 채로 어느 방향으로 약간 힘을 주어 움직이다.<br>예 짓궂은 친구 하나가 그의 뺨에 색연필을 그어 놓았다. |
| | 물건값 따위를 바로 내지 않고 외상으로 처리하다.<br>예 외상값이 밀려서 이제 그을 곳도 없다. |
| | 일의 경계나 한계 따위를 분명하게 짓다.<br>예 나는 무의식 속에서 그녀와 선을 긋고 있었다. |
| | 시험 채점에서 빗금을 표시하여 답이 틀림을 나타내다<br>예 틀린 답에는 줄을 그어 버려라. |
| 나오다 기출 | 안에서 밖으로 오다.<br>예 어머니는 길에 나오셔서 나를 기다리셨다. |
| | 처리나 결과로 이루어지거나 생기다.<br>예 맑은 날보다 흐린 날에 사진이 잘 나온다. |
| | 어떤 곳을 벗어나다. 소속된 단체나 직장 따위에서 물러나다.<br>예 개인 사업을 하기 위해 회사에서 나왔습니다. |
| | 어떠한 물건이 발견되다.<br>예 하루 종일 찾던 지갑이 책상 서랍에서 나왔다. |
| | 감정 표현이나 생리 작용 따위가 나타나다.<br>예 자꾸 울음이 나와서 혼났다. |
| 나타나다 기출 | 보이지 아니하던 어떤 대상의 모습이 드러나다.<br>예 다시 내게 나타나면 가만두지 않겠다. |
| | 어떤 일의 결과나 징후가 겉으로 드러나다.<br>예 열심히 공부한 결과가 시험 성적에 나타나기 시작했다. |
| | 생각이나 느낌 따위가 글, 그림, 음악 따위로 드러나다.<br>예 그의 주장은 이 글에 잘 나타나 있다. |
| | 내면적인 심리 현상이 얼굴, 몸, 행동 따위로 드러나다.<br>예 그의 얼굴에는 굳은 의지가 나타나 있다. |
| | 어떤 새로운 현상이 사물이 발생하거나 생겨나다.<br>예 약을 먹었더니 효과가 나타나는 듯하다. |

 미니테스트

**02. 다음 중 적절하지 않은 것은?**

① '밤을 까다.', '칠흑같이 캄캄한 밤'에서 '밤'은 동음이의어이다.
② '사람이나 동물의 다리 맨 끝부분'을 가리킬 때의 발과 '한 발 뒤로 물러서다.'에서의 발은 다의어이다.
③ '머리를 자주 감으면 머릿결이 상한다.', '아이가 졸린지 눈을 스르르 감는다.'에서의 '감다'는 동음이의어이다.
④ '버릇없는 아이에게 따끔한 말을 한마디 쏘다.', '적의 진지에 대포를 쏘다.'의 '쏘다'는 다의어이다.
⑤ '아무래도 누군가 그를 밀고 있다.'의 경우와 '당원들은 당 총재를 대통령 후보로 밀었다.'의 경우의 '밀다'는 동음이의어이다.

정답 ⑤

해설 '아무래도 누군가 그를 밀고 있다.'와 '당원들은 당 총재를 대통령 후보로 밀었다'의 '밀다'는 의미상 연관성이 있으므로 다의어이다.

미니테스트

**03~04. 다음 중 나머지 단어의 의미를 모두 포괄할 수 있는 것을 고르시오.**

**03.**
① 이용하다 ② 부리다
③ 쓰다 ④ 덮다
⑤ 나타내다

정답 ③

해설 ① 대상을 필요에 따라 이롭게 쓰다.
② 사람에게 일정한 돈을 주고 어떤 일을 하도록 부리다.
④ 얼굴이나 머리에 모자 따위를 덮다.
⑤ 머릿속의 의견을 종이 같은 것에 글로 나타낸다.

| | |
|---|---|
| 다루다 기출 | 일거리를 처리하다.<br>예 무역 업무를 다루다. |
| | 어떤 물건을 사고파는 일을 하다.<br>예 중고품을 다루다. |
| | 기계나 기구 따위를 사용하다.<br>예 악기를 다루다. |
| | 가죽 따위를 매만져서 부드럽게 하다.<br>예 가죽을 다루다. |
| | 어떤 물건이나 일거리 따위를 어떤 성격을 가진 대상 혹은 어떤 방법으로 취급하다.<br>예 그는 외과 수술을 전문으로 다룬다. |
| | 사람이나 짐승 따위를 부리거나 상대하다.<br>예 코치는 여자아이를 남자아이처럼 다루었다. |
| | 어떤 것을 소재나 대상으로 삼다.<br>예 모든 신문에서 남북 회담을 특집으로 다루고 있다. |
| 만들다 기출 | 노력이나 기술 따위를 들여 목적하는 사물을 이루다.<br>예 음식을 만들다. |
| | 책을 저술하거나 편찬하다.<br>예 학습지, 수험서를 만들다. |
| | 새로운 상태를 이루어 내다.<br>예 새 분위기를 만들다. |
| | 글이나 노래를 짓거나 문서 같은 것을 짜다.<br>예 노래를 만들다. |
| | 규칙이나 법, 제도 따위를 정하다.<br>예 회칙을 만들다. |
| | 기관이나 단체 따위를 결성하다.<br>예 동아리를 만들다. |
| | 돈이나 일 따위를 마련하다.<br>예 여행 경비를 만들다. |
| | 틈, 시간 따위를 짜내다.<br>예 짬을 만들다. |
| | 허물이나 상처 따위를 생기게 하다.<br>예 얼굴에 상처를 만들다. |
| | 말썽이나 일 따위를 일으키거나 꾸며 내다.<br>예 괜한 일을 만들어서 힘이 든다. |
| | 영화나 드라마 따위를 제작하다.<br>예 그녀는 인간적인 드라마를 만드는 감독이다. |
| | 무엇이 되게 하다.<br>예 이웃 나라를 속국으로 만들다. |
| | 그렇게 되게 하다.<br>예 혈압을 올라가게 만들다. |

<table>
<tr><td rowspan="3">맵다 기출</td><td>성미가 사납고 독하다.<br>예 어머니는 매운 시집살이를 하셨다.</td></tr>
<tr><td>고추나 겨자와 같이 맛이 알알하다.<br>예 찌개가 맵다.</td></tr>
<tr><td>날씨가 몹시 춥다.<br>예 겨울바람이 맵고 싸늘하게 불었다.</td></tr>
<tr><td rowspan="5">번지다 기출</td><td>액체가 묻어서 차차 넓게 젖어 퍼지다.<br>예 종이에 잉크가 번지다.</td></tr>
<tr><td>병이나 불, 전쟁 따위가 차차 넓게 옮아가다.<br>예 전염병이 온 마을에 번지다.</td></tr>
<tr><td>말이나 소리 따위가 널리 옮아 퍼지다.<br>예 나쁜 소문이 마을 곳곳에 번지다.</td></tr>
<tr><td>빛, 기미, 냄새 따위가 바탕에서 차차 넓게 나타나거나 퍼지다.<br>예 엷은 웃음이 입가에 번지다.</td></tr>
<tr><td>풍습, 풍조, 불만, 의구심 따위가 어떤 사회 전반에 차차 퍼지다.<br>예 사회 전반에 보신주의 풍조가 유행처럼 번지고 있다.</td></tr>
<tr><td rowspan="8">사람 기출</td><td>생각을 하고 언어를 사용하며 도구를 만들어 쓰고 사회를 이루어 사는 동물. ≒인간<br>예 사람은 만물의 영장이다.</td></tr>
<tr><td>어떤 지역이나 시기에 태어나거나 살고 있거나 살았던 자.<br>예 동양 사람</td></tr>
<tr><td>일정한 자격이나 품격 등을 갖춘 이. ≒인간 / 인격에서 드러나는 됨됨이나 성질.<br>예 사람을 기르다.</td></tr>
<tr><td>상대편에게 자기 자신을 엄연한 인격체로서 가리키는 말.<br>예 돈 좀 있다고 사람 무시하지 마라.</td></tr>
<tr><td>친근한 상대편을 가리키거나 부를 때 사용하는 말.<br>예 이 사람아, 이게 얼마 만인가?</td></tr>
<tr><td>자기 외의 남을 막연하게 이르는 말.<br>예 사람들이 뭐라 해도 할 수 없다.</td></tr>
<tr><td>뛰어난 인재나 인물.<br>예 이곳은 사람이 많이 난 고장이다.</td></tr>
<tr><td>어떤 일을 시키거나 심부름을 할 일꾼이나 인원.<br>예 그 일은 사람이 많이 필요하다.</td></tr>
<tr><td rowspan="5">풀다 기출</td><td>금지되거나 제한된 것을 할 수 있도록 터놓다.<br>예 구금을 풀다.</td></tr>
<tr><td>모르거나 복잡한 문제 따위를 알아내거나 해결하다.<br>예 궁금증을 풀다.</td></tr>
<tr><td>춥던 날씨가 누그러지다.<br>예 날씨가 풀렸다.</td></tr>
<tr><td>사람을 동원하다.<br>예 사람을 풀어 수소문을 하다.</td></tr>
<tr><td>묶이거나 감기거나 얽히거나 합쳐진 것 따위를 그렇지 아니한 상태로 되게 하다.<br>예 보따리를 풀다.</td></tr>
</table>

미니테스트

**04.**
① 빠르다 ② 강하다
③ 헤아리다 ④ 세다
⑤ 희어지다

정답 ④

해설 ① 물이나 불, 바람 등의 기세가 크거나 빠르다.
② 행동이나 밀고 나가는 기세가 강하다.
③ 어떤 물건의 수효를 헤아리다.
⑤ 머리카락이나 수염 같은 털이 희어지다.

미니테스트

05~06. 다음 단어와 유사한 뜻을 지닌 단어를 고르시오.

05. 하늬바람

① 동풍 ② 서풍
③ 남풍 ④ 북풍
⑤ 북동풍

06. 차치하다

① 차지하다 ② 소유하다
③ 덮어두다 ④ 긴장하다
⑤ 포괄하다

05.

정답 ②

해설 '하늬바람'은 서쪽에서 부는 건조하고 서늘한 바람을 이르는 순우리말로, 주로 농촌이나 어촌에서 이르는 말이다.

06.

정답 ③

해설 '차치하다'는 주로 '그 문제는 차치하고서라도~'의 문장으로 쓰이는데, 이를 보면 무언가를 염두에 두지 않는다는 의미로 사용되고 있음을 알 수 있다. 따라서 '내버려 두고 문제 삼지 아니하다.' 의미의 단어를 선택하면 된다.

### (3) 유의어

소리는 서로 다르지만 그 뜻이 비슷한 말을 가리킨다. 이러한 단어들을 유의 관계에 있다고 한다.

| 단어 | 뜻 및 예문 |
|---|---|
| 돌파구 기출 | 부닥친 장애나 어려움 따위를 해결하는 실마리.<br>예 그들은 서로 협력하여 사태 해결의 새 돌파구를 마련하였다. |
| 타개하다 기출 | 매우 어렵거나 막힌 일을 잘 처리하여 해결의 길을 열다.<br>예 정부는 수출 부진을 타개하기 위해 새로운 경기 부양책을 내놓았다. |
| 해결하다 | 제기된 문제를 해명하거나 얽힌 일을 잘 처리하다.<br>예 노조는 사장단과의 직접 협상으로 모든 것을 해결하겠다는 태도를 취하고 있다. |
| 극복하다 | 악조건이나 고생 따위를 이겨 내다.<br>예 국민의 신뢰와 협조가 없이는 경제난의 극복이 어려울 것이다. |
| 답파하다 | 험한 길이나 먼 길을 끝까지 걸어서 돌파하다.<br>예 그는 자신의 의지를 시험하기 위해 지리산 답파를 계획했다. |
| 아우르다 기출 | 여럿을 모아 한 덩어리나 한 판이 되게 하다.<br>예 이번 문제는 시민들의 의견을 아울러서 해결하겠다는 것이 시장의 방침이다. |
| 포괄하다 | 일정한 대상이나 현상 따위를 어떤 범위나 한계 안에 모두 끌어넣다.<br>예 구체적인 사례까지 모두 포괄하기 힘든 법조문의 특성을 파고들어 악용하는 사례가 있다. |
| 망라하다 | 널리 받아들여 모두 포함하다.<br>예 그의 작품 역시 그의 사랑과 그의 정부들과 그의 아이들에 관한 이야기로 그의 생애를 망라한 하나의 자서전인 것이다. |
| 일괄하다 | 개별적인 여러 가지 것을 한데 묶다.<br>예 그는 제시된 안건을 일괄하여 검토하고, 공통된 문제점을 찾아보았다. |
| 불러일으키다 기출 | 어떤 마음, 행동, 상태를 일어나게 하다.<br>예 젊은이들에게 과학 기술에 대한 관심을 불러일으키다. |
| 야기하다 기출 | 일이나 사건 따위를 끌어 일으키다.<br>예 오해를 야기하는 행동을 하다. |
| 생각 | 사물을 헤아리고 판단하는 작용.<br>예 좋은 글이란 글쓴이의 생각과 느낌이 효과적으로 표현·전달될 수 있는 글이다. |
| 고찰 기출 | 어떤 것을 깊이 생각하고 연구함.<br>예 문화에 대한 고찰 없이 인간의 삶을 이해하는 것은 불가능하다. |
| 거절 | 상대편의 요구, 제안, 선물, 부탁 따위를 받아들이지 않고 물리침.<br>예 친구의 부탁이라 거절도 못 했다. |
| 고사 기출 | 제의나 권유 따위를 굳이 사양함.<br>예 수차례의 고사 끝에 결국에는 그 제의를 받아들이게 되었다. |
| 사양 | 겸손하여 받지 아니하거나 응하지 아니함. 또는 남에게 양보함.<br>예 사양 말고 많이 드세요. |
| 묵과 | 잘못을 알고도 모르는 체하고 그대로 넘김.<br>예 그들의 독재적인 행위를 이대로 묵과했다가는 앞으로 큰일이 날 것이다. |
| 용인 기출 | 너그러운 마음으로 참고 용서함.<br>예 구시대의 악습을 용인할 수는 없다. |

### (4) 혼동하기 쉬운 단어

| | |
|---|---|
| 거치다 | 오가는 도중에 어디를 지나거나 들르다.<br>예 영월을 거쳐 왔다. |
| 걷히다 | '걷다('거두다'의 준말)'의 피동사<br>예 외상값이 잘 걷힌다. |
| 걷잡다 | 한 방향으로 치우쳐 흘러가는 형세 따위를 붙들어 잡다.<br>예 걷잡을 수 없는 상태 |
| 겉잡다 | 겉으로 보고 대강 짐작하여 헤아리다.<br>예 겉잡아서 이틀 걸릴 일 |
| 다치다 | 부딪치거나 맞거나 하여 신체에 상처가 생기다.<br>예 부주의로 손을 다쳤다. |
| 닫히다 | 열린 문짝, 뚜껑, 서랍 따위가 도로 제자리로 가 막히다.<br>예 문이 저절로 닫혔다. |
| 닫치다 | 열린 문짝, 뚜껑, 서랍 따위를 꼭꼭 또는 세게 닫다.<br>예 문을 힘껏 닫쳤다. |
| -데 | 내가 직접 경험한 사실을 나중에 보고하듯이 말할 때 쓰이는 말.<br>예 그가 그런 말을 하데. |
| -대 | 남에게 들은 어떤 사실을 상대방에게 옮겨 전하는 말. '-다고 해.'의 준말<br>예 그 남자가 그녀를 떠났대. |
| 띠다 | 빛깔이나 색채 따위를 가지다.<br>예 그녀의 반지가 붉은색을 띠었다. |
| 띄다 | '뜨이다(1. 눈에 보이다)'의 준말<br>예 원고에 오탈자가 눈에 띈다. |
| -ㄹ는지 | 뒤 절이 나타내는 일과 상관이 있는 어떤 일의 실현 가능성에 대한 의문을 나타내는 연결 어미.<br>예 비가 올는지 바람이 몹시 강하다. |
| -ㄹ런지 | '-ㄹ는지'의 잘못. |
| 바치다 | 신이나 웃어른에게 정중하게 드리다. 예 나라를 위해 목숨을 바쳤다. |
| 받치다 | 물건의 밑이나 옆 따위에 다른 물체를 대다. 예 우산을 받치고 간다. |
| 받히다 | 머리나 뿔 따위에 세차게 부딪히다. '받다'의 피동사. 예 쇠뿔에 받혔다. |
| 밭치다 | '밭다'를 강조하여 이르는 말. 예 술을 체에 밭친다. |
| 부치다 | 편지나 물건 따위를 일정한 수단이나 방법을 써서 상대에게로 보내다.<br>예 편지를 부치다. |
| 붙이다 | 맞닿아 떨어지지 않게 하다. '붙다'의 사동사.<br>예 우표를 붙인다. / 책상끼리 붙이자. |
| 살찌다 | 몸에 살이 필요 이상으로 많아지다(동사).<br>예 그는 너무 살쪘다. |
| 살지다 | 살이 많고 튼실하다(형용사).<br>예 살진 송아지 |

07~11. 다음 중 표기가 올바른 경우는 O, 올바르지 않은 경우는 X 표시하시오.

07. 그는 프랑스어와 비스듬한 말을 했다. ( )

08. 그 옷은 내가 사기에 딱 알맞는 가격이야. ( )

09. 커피 맛이 쌉싸름하다. ( )

10. 그녀는 부모의 속을 꽤 썩였다. ( )

11. 살이 쪄서 교복 치마를 더 늘여야 한다. ( )

07.
정답 (X)
해설 비스듬한 → 비스름한

08.
정답 (X)
해설 알맞는 → 알맞은

09.
정답 (O)

10.
정답 (O)

11.
정답 (O)

| | |
|---|---|
| 안치다 | 밥, 떡, 찌개 따위를 만들기 위하여 그 재료를 솥이나 냄비 따위에 넣고 불 위에 올리다.<br>예 밥을 안친다. |
| 앉히다 | 사람이나 동물이 윗몸을 바로 한 상태에서 엉덩이에 몸무게를 실어 다른 물건이나 바닥에 몸을 올려놓게 하다.<br>예 윗자리에 앉힌다. |
| 이따가 | 조금 지난 뒤에.<br>예 이따가 오너라. |
| 있다가 | 동사 '있-'에 연결 어미 '-다가'가 결합된 말.<br>예 집에 있다가 무료해서 나왔다. |
| 저리다 | 뼈마디나 몸의 일부가 오래 눌려서 피가 잘 통하지 못하여 감각이 둔하고 아리다.<br>예 다친 다리가 저린다. |
| 절이다 | 푸성귀나 생선 따위를 소금기나 식초, 설탕 따위에 담가 간이 배어들게 하다. '절다'의 사동사.<br>예 김장 배추를 절인다. |
| (으)러(목적) | 예 공부하러 간다. |
| (으)려(의도) | 예 서울 가려 한다. |
| (으)로서(자격) | 예 사람으로서 그럴 수는 없다. |
| (으)로써(수단) | 예 닭으로써 꿩을 대신했다. |

### (5) 한자성어

- 苛斂誅求(가렴주구) : 세금 같은 것을 가혹하게 받고 국민을 못살게 구는 일
- 刻骨難忘(각골난망) : 은덕을 입은 고마움이 마음깊이 새겨져 잊혀지지 아니함.
- 堅如金石(견여금석) : 굳기가 금이나 돌 같음.
- 見危致命(견위치명) : 나라의 위태로움을 보고 목숨을 버림.
- 叩盆之痛(고분지통) : 분을 두들긴 쓰라림이라는 말로, 아내가 죽은 슬픔을 말함.
- 姑息之計(고식지계) : 당장의 편안함만을 꾀하는 일시적인 방편
- 枯魚之肆(고어지사) : 목마른 고기의 어물전이라는 말로, 매우 곤궁한 처지를 비유한다.
- 孤掌難鳴(고장난명) : 손뼉도 마주쳐야 된다. 혼자서 할 수 없고 협력해야 일이 이루어짐.
- 高枕安眠(고침안면) : 베개를 높이 하여 편안히 잔다. 근심 없이 편히 지냄.
- 曲學阿世(곡학아세) : 학문을 왜곡하여 세속에 아부함.
- 膠漆之交(교칠지교) : 아교와 칠의 사귐이니 퍽 사이가 친하고 두터움(=膠漆之心).
- 救死不瞻(구사불첨) : 곤란이 극심하여 다른 일을 돌볼 겨를이 없음.
- 九十春光(구십춘광) : 노인의 마음이 청년같이 젊음.
- 樂生於憂(낙생어우) : 즐거움은 근심하는 가운데에서 생긴다는 말
- 卵上加卵(난상가란) : 알 위에 알을 포갠다. 정성이 지극하면 감천함.
- 内省不疚(내성불구) : 마음속에 조금도 부끄러울 것이 없음. 즉 마음이 결백함.
- 内憂外患(내우외환) : 나라 안팎의 근심 걱정

미니테스트

**12. 다음 글의 내용과 가장 관련이 있는 한자성어는?**

> A시는 산림자원을 보존하기 위해 숲 가꾸기 사업 및 산물 수집단을 적극적으로 운영한 결과 2만 명이 넘는 일자리를 창출하였다. 결과적으로 일자리 창출과 함께 산림 자원도 증대시키는 만족스러운 결과를 얻었다고 평가받고 있다.

① 지록위마(指鹿爲馬)
② 일거양득(一擧兩得)
③ 침소봉대(針小棒大)
④ 건곤일척(乾坤一擲)
⑤ 동량지재(棟梁之材)

정답 ②

해설 일거양득(一擧兩得) : 한 가지 일로 두 가지 이득을 얻는다.

- 老當益壯(노당익장) : 사람은 늙을수록 더욱 기운을 내어야 하고 뜻을 굳게 해야 한다.
- 勞心焦思(노심초사) : 애를 써 속을 태움.
- 怒蠅拔劍(노승발검) : 파리 때문에 성질이 난다고 칼을 뽑아 듦. 작은 일을 갖고 수선스럽게 화내는 것을 비유한다.
- 綠衣使者(녹의사자) : 푸른 옷을 입은 사자라는 말로, 앵무새의 다른 명칭이다.
- 多岐亡羊(다기망양) : 여러 갈래의 길에서 양을 잃음. 학문의 길이 여러 갈래라 진리를 찾기 어려움.
- 丹脣皓齒(단순호치) : '붉은 입술과 하얀 이'란 뜻으로, 여자의 아름다운 얼굴을 이르는 말
- 堂狗風月(당구풍월) : 사당 개가 풍월을 읊음. 무식한 자도 유식한 자와 같이 있으면 다소 유식해진다는 뜻
- 螳螂拒轍(당랑거철) : 제 분수도 모르고 강적에게 반항함.
- 螳螂在後(당랑재후) : 사마귀가 화를 내며 발로 수레의 가는 길을 막음. 제 분수도 모르고 강적에게 대항하는 것을 말한다.
- 螳螂之斧(당랑지부) : 사마귀가 앞발을 들어 수레를 막는다. 분수도 모르고 강한 적에 반항하여 덤벼듦을 비유한 말
- 道不拾遺(도불습유) : 길에 물건이 떨어져 있어도 주워가지 않는다. 나라가 잘 다스려져 태평하고 풍부한 세상을 형용하는 말
- 倒行逆施(도행역시) : 거꾸로 행하고 거슬러 시행함. 곧 도리(道理)에 순종하지 않고 일을 행하며 상도(常道)를 벗어나서 일을 억지로 함.
- 讀書亡羊(독서망양) : 책을 읽다가 양을 잃어버림. 즉 다른 일에 정신이 팔림.
- 獨也靑靑(독야청청) : 홀로 푸르다는 말로, 홀로 높은 절개를 드러내고 있음을 의미함.
- 獨掌不鳴(독장불명) : 한 손바닥으로는 소리가 나지 않음. 혼자서는 일하기도 어렵고 둘이 협력하여야 함.
- 獨學孤陋(독학고루) : 혼자 공부한 사람은 견문이 좁아서 정도(正道)에 들어가기 어렵다는 말
- 麻中之蓬(마중지봉) : 삼 가운데 자라는 쑥. 좋은 환경의 감화를 받아 자연히 품행이 바르고 곧게 된다는 비유
- 莫逆之交(막역지교) : 뜻이 서로 맞아 지내는 사이가 썩 가까운 벗
- 面從腹背(면종복배) : 앞에서는 순종하는 체하고, 돌아서는 딴 마음을 먹음.
- 明哲保身(명철보신) : 사리에 따라 나옴과 물러남을 어긋나지 않게 함. 요령 있게 처세를 잘하는 것
- 反哺之孝(반포지효) : 자식이 자라서 부모를 봉양함.
- 百家爭鳴(백가쟁명) : 여러 사람이 서로 자기주장을 내세우는 일
- 白骨難忘(백골난망) : 백골이 되더라도 잊기 어려움을 뜻하는 말로, 입은 은혜가 커 결코 잊지 않겠다는 의미
- 百年之計(백년지계) : 백 년 동안의 계획. 즉 오랜 세월을 위한 계획

**13. 다음 중 '눈앞의 이익에만 정신이 팔려 뒤에 닥친 위험을 깨닫지 못함'을 뜻하는 한자성어는?**

① 能小能大(능소능대)
② 螳螂窺蟬(당랑규선)
③ 同苦同樂(동고동락)
④ 勿失好機(물실호기)
⑤ 門前成市(문전성시)

정답 ②

• 百里之才(백리지재) : 재능이 뛰어난 사람을 일컫는 말. 노숙이 방통을 유비에게 추천하면서 방통을 이에 비유하였다.
• 病入膏肓(병입고황) : 몸 깊은 곳에 병이 듦. 침이 미치지 못하므로 병을 고칠 수 없다는 뜻이다.
• 不知所云(부지소운) : 제갈량의 전출사표에 나오며, 무슨 말을 했는지 알 수가 없다는 뜻
• 附和雷同(부화뇌동) : 주관이 없이 남들의 언행에 덩달아 좇음.
• 四顧無親(사고무친) : 사방을 둘러보아도 친한 사람이 없음. 곧 의지할 사람이 없음.
• 舍己從人(사기종인) : 자기의 이전 행위를 버리고 타인의 선행을 본떠 행함.
• 四面楚歌(사면초가) : 사방이 다 적에게 싸여 도움이 없이 고립된 상황
• 事不如意(사불여의) : 일이 뜻대로 되지 않음.
• 捨生取義(사생취의) : 목숨을 버리고 의리를 좇음.
• 射石成虎(사석성호) : 돌을 범인 줄 알고 쏘았더니 화살이 꽂혔다는 말로, 성심을 다하면 아니 될 일도 이룰 수 있다는 것
• 傷弓之鳥(상궁지조) : 화살에 상처를 입은 새란 뜻으로, 화살에 놀란 새는 구부러진 나무만 봐도 놀란다는 뜻
• 上山求魚(상산구어) : 산 위에서 물고기를 찾는다. 당치 않은 데 가서 되지도 않는 것을 원한다는 말이다.
• 上壽如水(상수여수) : 건강하게 오래 살려면 흐르는 물처럼 도리에 따라서 살아야 한다는 뜻
• 霜風高節(상풍고절) : 어떠한 난관이나 어려움에 처해도 결코 굽히지 않는 높은 절개
• 上下撑石(상하탱석) : 윗돌 빼서 아랫돌 괴기. 일이 몹시 꼬이는데 임시변통으로 견디어 나감을 이르는 말
• 生不如死(생불여사) 삶이 죽음만 못 하다는 뜻으로, 아주 곤란한 처지에 있음을 말함.

**14. 다음 중 '말이나 행동이 형편에 맞거나 조리에 닿지 아니하다'는 뜻을 지닌 말로 옳은 것은?**

① 머쓱하다 ② 무색하다
③ 물색없다 ④ 마뜩하다
⑤ 설레발치다

정답 ③

해설 ① 무안을 당하거나 흥이 꺾여 어색하고 열없다.
② 본래의 특색을 드러내지 못하고 보잘것없다.
④ 제법 마음에 들 만하다.
⑤ 몹시 서두르며 부산하게 굴다.

### (6) 순우리말

• 가납사니 : 되잖은 소리로 자꾸 지껄이는 수다스러운 사람
• 가멸다 : 재산이 많고 살림이 넉넉하다.
• 가뭇없다 : (사라져서) 찾을 길이 없다.
• 가웃 : 되, 말, 자의 수를 셀 때 그 단위의 약 반에 해당하는 분량
• 가이없다 : 끝이 없다. 한이 없다.
• 가탈 : ① 일이 수월하게 되지 않도록 방해하는 일, ② 억지 트집을 잡아 까다롭게 구는 일
• 갈마들다 : 서로 번갈아 들다.
• 갈붙이다 : 남을 헐뜯어 이간 붙이다.
• 갈음하다 : 본디 것 대신에 다른 것으로 갈다.
• 갈피 : ① 일이나 물건의 부분과 부분이 구별되는 어름, ② 겹쳐졌거나 포개어진 물건의 한 장 한 장 사이

- 감바리 : 이익을 노리고 남보다 먼저 약삭빠르게 달라붙는 사람 유 감발저뀌
- 거레 : 까닭없이 어정거려 몹시 느리게 움직이는 것
- 거칫하다 : 여위고 기름기가 없어 모양이 거칠어 보이다.
- 결곡하다 : 얼굴의 생김새나 마음씨가 깨끗하게 야무져서 빈틈이 없다.
- 곁두리 : 농부나 일꾼들이 끼니 외에 참참이 먹는 음식 유 사이참, 샛밥
- 나래 : 논, 밭을 골라 반반하게 고르는 데 쓰는 농구(農具)
- 나우 : 좀 많게, 정도가 좀 낫게
- 난달 : 길이 여러 갈래로 통한 곳
- 날밤 : ① 부질없이 새우는 밤, ② 생밤[生栗]
- 날포 : 하루 남짓한 동안, '-포'는 '동안'을 나타내는 접미사
- 내박치다 : 힘차게 집어 내던지다.
- 너름새 : ① 말이나 일을 떠벌리어서 주선하는 솜씨, ② 판소리에서 광대의 연기 유 발림
- 노느다 : 물건을 여러 몫으로 나누다.
- 노가리 : 씨를 흩어 뿌리는 것
- 느껍다 : 어떤 느낌이 사무치게 일어나다.
- 느즈러지다 : 마음이 풀려 느릿해지다.
- 능갈치다 : 능청스럽게 잘 둘러대는 재주가 있다.
- 능을 두다 : 넉넉하게 여유를 두다.
- 다랍다 : ① 아니꼬울 만큼 잘고 인색하다. ② 때가 묻어 깨끗하지 못하다.
- 다락같다 : (물건 값이) 매우 비싸다.
- 대두리 : ① 큰 다툼, ② 일이 크게 벌어진 판
- 더끔더끔 : 그 위에 더하고 또 더하는 모양
- 더펄이 : 성미가 덥적덥적하고 활발한 사람을 홀하게 이르는 말
- 도린곁 : 사람이 별로 가지 않는 외진 곳
- 두럭 : 노름이나 놀이로 여러 사람이 모인 때, 여러 집들이 한데 모인 집단
- 두름 : 물고기 스무 마리를 열 마리씩 두 줄로 엮은 것을 단위로 이르는 말
- 먼지잼하다 : 비가 겨우 먼지나 날리지 않을 만큼 오다.
- 멍에 : 마소의 목에 얹어 수레나 쟁기를 끌게 하는 둥그렇게 구부러진 막대
- 메떨어지다 : (모양이나 몸짓이) 어울리지 아니하고 촌스럽다.
- 몰강스럽다 : 모지락스럽게 못할 짓을 예사로 할 만큼 억세거나 야비하다.
- 몽구리 : 바짝 깎은 머리
- 몽니 : 심술궂은 성질
- 몽따다 : 알고 있으면서 모른 체하다.
- 무꾸리 : 점치는 일, 무당이나 판수에게 길흉을 점치게 하는 일
- 발등걸이 : 남이 하려는 일을 먼저 앞질러서 하려는 행동
- 받다 : 액체가 바짝 졸아서 말라붙다.

**15. 다음 밑줄 친 단어 중 고유어인 것은?**

① 그녀는 운전면허 시험에 또 떨어져서 <u>창피</u>했다.
② 그는 <u>담배</u>에 불을 붙였다.
③ 나는 바지 <u>기장</u>을 줄여서 입었다.
④ <u>냄비</u>에서 물이 끓고 있다.
⑤ 그는 모자를 벗어 <u>가방</u> 속에 넣었다.

정답 ③

해설 기장 : 옷의 길이

미니테스트

**16. 밑줄 친 어휘의 뜻풀이가 옳지 않은 것은?**

① 해미 때문에 한 치 앞도 보이지 않았다.
 – 해미 : 바다 위에 낀 짙은 안개
② 이제는 안갚음할 때가 되었다.
 – 안갚음 : 남에게 해를 받은 만큼 저도 그에게 해를 다시 줌
③ 그 울타리는 오랫동안 살피지 않아 영 볼썽이 아니었다.
 – 볼썽 : 남에게 보이는 체면이나 태도
④ 상고대가 있는 풍경을 만났다.
 – 상고대 : 나무나 풀에 내려 눈처럼 된 서리

정답 ②

해설 • 안갚음 : 1. 까마귀 새끼가 자라서 늙은 어미에게 먹이를 물어다 주는 일. 2. 자식이 커서 부모를 봉양하는 일
• 앙갚음 : 남이 저에게 해를 준 대로 저도 그에게 해를 줌.

- 배내 : 일부 명사의 어근에 붙어 '배 안에 있을 때부터'의 뜻으로 쓰임.
- 부럼 : 정월 보름날에 까서 먹는 밤, 잣, 호두, 땅콩 따위를 이르는 말
- 비다듬다 : 곱게 매만져서 다듬다.
- 비대다 : 남의 이름을 빌어서 대다.
- 빈지 : 한 짝씩 떼었다 붙였다 하는 문 본 널빈지
- 빚물이 : 남이 진 빚을 대신으로 물어주는 일
- 사로자다 : 자는 둥 마는 둥하게 자다.
- 사로잠그다 : 자물쇠나 빗장 따위를 반쯤 걸다.
- 사북 : ① 접 부채 아랫머리, 또는 가위다리의 어긋 매겨지는 곳에 못과 같이 꽂아서 돌쩌귀처럼 쓰이는 물건, ② '가장 중요한 부분'의 비유
- 사붓 : 발을 가볍게 얼른 내디디는 모양
- 사위다 : 사그라져 재가 되다.
- 사위스럽다 : 어쩐지 불길하고 꺼림칙하다.
- 삯메기 : 농촌에서 끼니를 먹지 않고 품삯만 받고 하는 일
- 살피 : ① 두 땅의 경계선을 간단히 나타낸 표, ② 물건과 물건의 틈새나 그 사이를 구별지은 표
- 상길(上 –) : 여럿 중에 제일 나은 품질
- 서리 : ① 떼를 지어서 주인 모르게 훔쳐다 먹는 장난, ② 무엇이 많이 모여 있는 무더기
- 설면하다 : ① 자주 못 만나서 좀 설다. ② (사귀는 사이가) 정답지 아니하다.
- 성금 : (말하거나 일을 한 것에 대한) 보람이나 효력
- 스스럽다 : (서로 사귀는 정분이) 그리 두텁지 않아 조심하는 마음이 있다.
- 슴베 : (칼, 괭이, 호미, 낫 따위의) 날의 한 끝이 자루 속에 들어간 부분
- 실터 : 집과 집 사이에 남은 기름하고 좁은 빈 터
- 아람 : 밤 등이 저절로 충분히 익은 상태
- 아리잠직하다 : 키가 작고 얌전하며, 어린 티가 있다.
- 아스러지다 : 작고 단단한 물체가 센 힘에 짓눌리어 부서지다.
- 아우르다 : 여럿으로 한 덩어리나 한 판을 이루다.
- 알심 : ① 은근히 실속 있게 동정하는 마음이나 정성, ② 보기보다 야무진 힘
- 애면글면 : 힘에 겨운 일을 이루려고 온 힘을 다하는 모양
- 애살스럽다 : 군색하고 애바른 데가 있다.
- 앵돌아지다 : ① 틀려서 홱 돌아가다. ② 마음이 노여워서 토라지다.
- 얄개 : 되바라지고 얄망궂은 언동
- 어귀차다 : 뜻이 굳고 하는 일이 여무지다. 작은말 아귀차다.
- 어름 : 두 물건이 맞닿은 자리
- 영절하다 : 말로는 그럴듯하다.
- 오달지다 : 야무지고 실속이 있다.

- 자리끼 : 잘 때 마시려고 머리맡에 준비해두는 물
- 자반뒤집기(佐飯-) : 몹시 아파서 엎치락뒤치락거리다.
- 자투리 : 팔거나 쓰거나 하다가 남은 피륙의 조각
- 잔득하다 : 몸가짐이 제법 차분하고 참을성이 있다. **큰말** 진득하다.
- 잡도리 : (잘못되지 않도록) 엄중하게 단속함.
- 재우치다 : 빨리 하여 몰아치거나 재촉하다.
- 잼처 : 다시, 거듭, 되짚어
- 적바림 : (뒤에 들추어 보려고 글로) 간단히 적어두는 일, 또는 적어놓은 간단한 기록
- 제겨디디다 : 발 끝이나 발꿈치만 땅에 닿게 디디다.
- 종요롭다 : 몹시 긴요하다.
- 주적거리다 : 걸음발을 타는 어린아이가 제멋대로 걷다.
- 중절대다 : 수다스럽게 중얼거리다.
- 지돌이 : 험한 산길에서 바위 따위에 등을 대고 가까스로 돌아가게 된 곳 **반** 안돌이
- 지정거리다 : 곧장 더 나아가지 아니하고 한 자리에서 지체하다.
- 짜장 : 참, 과연, 정말로
- 책상물림(冊床-) : 세상 물정에 어두운 사람
- 추다 : 남을 일부러 칭찬하다.
- 추스르다 : ① 물건을 가볍게 들썩이며 흔들다. ② 물건을 위로 추켜올리다.
- 츱츱하다 : 너절하고 염치가 없다.
- 치받이 : 비탈진 곳의 올라가게 된 방향 **반** 내리받이
- 치살리다 : 지나치게 추어주다.
- 토막말 : 긴 내용을 간추려 한마디로 표현하는 말, 아주 짤막한 말
- 투미하다 : 어리석고 둔하다.
- 트레바리 : 까닭없이 남의 말에 반대하기를 좋아하는 성미, 또는 그런 성미를 가진 사람을 놀림조로 이르는 말
- 푸새 : 산과 들에 저절로 나서 자라는 풀
- 한둔 : 한데에서 밤을 지냄. 노숙
- 핫아비 : 아내가 있는 남자 **반** 홀아비
- 핫어미 : 남편이 있는 여자 **반** 홀어미
- 해거름 : 해가 질 무렵 **준** 해름
- 해사하다 : 얼굴이 희고 맑다.
- 해작이다 : 조금씩 들추거나 파서 헤치다.
- 헙헙하다 : ① 대범하고 활발하다. ② 가진 것을 함부로 써버리는 버릇이 있다. **반** 조리차하다.
- 홉뜨다 : 눈알을 굴려 눈시울을 치뜨다.

미니테스트

**17. ㉠과 ㉡이 동시에 드러난 사례를 고르면?**

㉠ 음절끝소리 규칙은 받침 위치에 있는 자음이 'ㄱ, ㄴ, ㄷ, ㄹ, ㅁ, ㅂ, ㅇ'의 7개 자음으로만 발음되는 현상이다. 박[박], 부엌[부억], 낮[낟], 숲[숩]과 같은 경우를 예로 들 수 있다.
㉡ 비음화는 비음이 아닌 자음이 비음의 영향을 받아 비음 'ㄴ, ㅁ, ㅇ'으로 동화되는 현상이다. 닫는대[단는다], 접는다[점는다], 먹는다[멍는다]를 예로 들 수 있다.

① 입는다[임는다]
② 돋는[돈는]
③ 낫다[낟따]
④ 앞만[암만]

정답 ④

해설 • 앞만[압만 → 암만]
먼저 첫음절 끝소리 'ㅍ'은 음절끝소리 규칙에 따라 'ㅂ'으로 바뀐다. 그리고 끝음절 첫소리 'ㅁ'의 영향을 받아 'ㅂ'은 'ㅁ'으로 바뀐다.

## 2 어법

**(1) 음운의 변동** : 한 형태소가 다른 형태소와 결합할 때에 그 환경에 따라 발음이 달라지는 현상

① 음절의 끝소리 규칙 : 국어에서 음절의 끝소리로 발음될 수 있는 자음은 'ㄱ, ㄴ, ㄷ, ㄹ, ㅁ, ㅂ, ㅇ'의 일곱 소리뿐으로, 이 일곱 소리 밖의 자음이 음절 끝에 오면 그것은 이 일곱 자음 중의 하나로 바뀌게 되는 현상

• ㅍ → ㅂ / ㅅ, ㅆ, ㅈ, ㅊ, ㅌ, ㅎ → ㄷ / ㄲ, ㅋ → ㄱ

예 잎 → [입] / 옷 → [옫], 바깥 → [바깓], 히읗 → [히읃] / 부엌 → [부억]

**표준어 규정** **표준발음법 : 제4장 받침의 발음**

**제8항** 받침소리로는 'ㄱ, ㄴ, ㄷ, ㄹ, ㅁ, ㅂ, ㅇ'의 7개 자음만 발음한다.
**제9항** 받침 'ㄲ, ㅋ', 'ㅅ, ㅆ, ㅈ, ㅊ, ㅌ', 'ㅍ'은 어말 또는 자음 앞에서 각각 대표음 [ㄱ, ㄷ, ㅂ]으로 발음한다.
**제10항** 겹받침 'ㄳ', 'ㄵ', 'ㄼ, ㄽ, ㄾ', 'ㅄ'은 어말 또는 자음 앞에서 각각 [ㄱ, ㄴ, ㄹ, ㅂ]으로 발음한다. 다만, '밟-'은 자음 앞에서 [밥]으로 발음하고, '넓-'은 '넓죽하다'와 '넓둥글다'의 경우에 [넙]으로 발음한다.
**제11항** 겹받침 'ㄺ, ㄻ, ㄿ'은 어말 또는 자음 앞에서 각각 [ㄱ, ㅁ, ㅂ]으로 발음한다. 다만, 용언의 어간 말음 'ㄺ'은 'ㄱ' 앞에서 [ㄹ]로 발음한다.

② 동화

• 자음동화 : 음절 끝 자음이 그 뒤에 오는 자음과 만날 때, 어느 한쪽이 다른 쪽 자음을 닮아서 그와 비슷한 성질을 가진 자음이나 같은 소리로 바뀌기도 하고, 두 소리가 다 바뀌기도 하는 현상

– 파열음 'ㅂ, ㄷ, ㄱ'이 비음 'ㅁ, ㄴ' 앞에서 각각 'ㅁ, ㄴ, ㅇ'이 된다.

예 밥물 → [밤물]

– 비음 'ㅁ, ㅇ'과 유음 'ㄹ'이 만나면 'ㄹ'이 비음 'ㄴ'이 된다.

예 종로 → [종노]

– 파열음 'ㅂ, ㄷ, ㄱ'과 유음 'ㄹ'이 만나면 'ㄹ'이 비음 'ㄴ'이 되고, 이렇게 변해서 된 'ㄴ'을 닮아서 파열음 'ㅂ, ㄷ, ㄱ'이 각각 비음 'ㅁ, ㄴ, ㅇ'이 된다.

예 섭리 → [섭니] → [섬니], 국립 → [국닙] → [궁닙]

– 비음 'ㄴ'이 유음 'ㄹ' 앞에 오거나 뒤에 오면 'ㄴ'이 'ㄹ'로 변한다.

예 신라 → [실라]

– 'ㅀ, ㄾ'과 같은 겹자음들도 뒤에 'ㄴ'이 오면 'ㄴ'이 'ㄹ'로 변한다.

예 앓+는 → [알른]

**표준어 규정** 표준발음법 : 제5장 음의 동화

**제18항** 받침 'ㄱ(ㄲ, ㅋ, ㄳ, ㄺ), ㄷ(ㅅ, ㅆ, ㅈ, ㅊ, ㅌ, ㅎ), ㅂ(ㅍ, ㄼ, ㄿ, ㅄ)'은 'ㄴ, ㅁ' 앞에서 [ㅇ, ㄴ, ㅁ]으로 발음한다.
**제19항** 받침 'ㅁ, ㅇ' 뒤에 연결되는 'ㄹ'은 [ㄴ]으로 발음한다.
**제20항** 'ㄴ'은 'ㄹ'의 앞이나 뒤에서 [ㄹ]로 발음한다.
**제21항** 위에서 지적한 이외의 자음 동화는 인정하지 않는다.

• 구개음화
 – 끝소리가 'ㄷ, ㅌ'인 형태소가 모음 'ㅣ'나 반모음 'ㅑ, ㅕ, ㅛ, ㅠ'로 시작되는 형식 형태소와 만나면 'ㄷ, ㅌ'이 구개음인 'ㅈ, ㅊ'으로 변하는 현상으로 역행 동화에 해당한다.
  예 굳+이 → [구디] → [구지], 밭+이 → [바티] → [바치]
 – 'ㄷ' 뒤에 형식 형태소 '히'가 오면, 먼저 'ㄷ'과 'ㅎ'이 결합하여 'ㅌ'이 된 다음 'ㅌ'이 구개음화하여 'ㅊ'이 된다.
  예 닫+히+어 → 닫혀 → [다텨] → [다쳐] → [다처]

**표준어 규정** 표준발음법 : 제5장 음의 동화

**제17항** 받침 'ㄷ, ㅌ(ㄾ)'이 조사나 접미사의 모음 'ㅣ'와 결합되는 경우에는, [ㅈ, ㅊ]으로 바꾸어서 뒤 음절 첫소리로 옮겨 발음한다.
[붙임] 'ㄷ' 뒤에 접미사 '히'가 결합되어 '티'를 이루는 것은 [치]로 발음한다.

③ 음운의 축약과 탈락
• 음운의 축약 : 두 개의 음운이 합쳐져 하나의 음운으로 줄어드는 현상
 – 자음의 축약 : 'ㅂ, ㄷ, ㅈ, ㄱ'이 'ㅎ'과 만나면 'ㅍ, ㅌ, ㅊ, ㅋ'이 된다.
  예 좋고 → [조코]
 – 모음의 축약 : 두 개의 형태소가 서로 만날 때 앞뒤 형태소의 두 음절이 한 음절로 축약된다.
  예 오+아서 → 와서, 뜨+이다 → 띄다
• 음운의 탈락 : 두 음운이 만나 한 음운이 사라져 소리가 나지 않는 현상
 – 동음 탈락 예 가+아서 → 가서, 간난 → 가난, 목과 → 모과
 – 'ㄹ' 탈락 예 바늘+질 → 바느질, 딸+님 → 따님
 – 'ㅡ' 탈락 예 뜨+어 → 떠, 쓰+어 → 써
 – 'ㅎ' 탈락 예 낳은[나은], 쌓이다[싸이다]

**미니테스트**

**18. 다음과 같은 발음을 바로잡는 데 활용할 수 있는 어문 규범 내용으로 가장 적절한 것은?**

| 부엌이[부어기], 꽃이[꼬시], 무릎을[무르블] |
|---|

① 겹받침 'ㄺ, ㄻ, ㄿ'은 어말 또는 자음 앞에서 각각 [ㄱ, ㅁ, ㅂ]으로 발음한다.
② 'ㅎ(ㄶ, ㅀ)' 뒤에 모음으로 시작된 어미나 접미사가 결합되는 경우에는, 'ㅎ'을 발음하지 않는다.
③ 받침소리로는 'ㄱ, ㄴ, ㄷ, ㄹ, ㅁ, ㅂ, ㅇ'의 7개 자음만 발음한다.
④ 홑받침이나 쌍받침이 모음으로 시작된 조사나 어미, 접미사와 결합되는 경우에는 제 음가대로 뒤 음절 첫소리로 옮겨 발음한다.
⑤ 받침 'ㄱ(ㄲ, ㅋ, ㄳ, ㄺ), ㄷ(ㅅ, ㅆ, ㅈ, ㅊ, ㅌ, ㅎ), ㅂ(ㅍ, ㄼ, ㄿ, ㅄ)'은 'ㄴ, ㅁ' 앞에서 [ㅇ, ㄴ, ㅁ]으로 발음한다.

정답 ④

해설 • 부엌이[부어키], 꽃이[꼬치], 무릎을[무르플]

미니테스트

**19. 밑줄 친 단어 중 우리말의 어문 규정에 따라 맞게 쓴 것은?**

① 윗층에 가 보니 전망이 정말 좋다.
② 뒷편에 정말 오래된 감나무가 서 있다.
③ 그 일에 익숙지 못하면 그만 두자.
④ 생각컨대, 그 대답은 옳지 않을 듯하다.

정답 ③

해설 '익숙'과 같이 어근의 끝소리가 안울림소리(ㄱ, ㄷ, ㅂ, ㅅ, ㅈ 등)일 때에는 뒤에 붙는 '하'를 줄여 쓴다.

익숙하지 → 익숙지

〈'－하'를 줄일 때〉

1. '－하' 앞의 어근이 울림소리(ㄴ, ㄹ, ㅁ, ㅇ)로 끝나면, 모음 'ㅏ'만 줄어들고 'ㅎ'은 남겨 뒤의 자음어미와 축약하여 거센소리로 줄여 쓸 수 있다.
   예 만만하지=만만치 / 심심하지=심심치
2. '－하' 앞의 어근이 안울림소리로 끝나면, '하'를 통째로 줄여 쓸 수 있다.
   예 생각하건대=생각건대 / 익숙하지=익숙지

④ 사잇소리 현상

- 두 개의 형태소 또는 단어가 합쳐져서 합성 명사를 이룰 때, 앞말의 끝소리가 울림소리이고 뒷말의 첫소리가 안울림 예사소리일 경우 뒤의 예사소리가 된소리로 바뀌는 현상
  예 초+불(촛불) → [초뿔] / 배+사공(뱃사공) → [배싸공] / 밤+길 → [밤낄]
- 앞말이 모음으로 끝나고 뒷말이 'ㅁ, ㄴ'으로 시작될 때 'ㄴ' 소리가 덧나는 현상
  예 이+몸(잇몸) → [인몸], 코+날(콧날) → [콘날]
- 뒷말이 모음 'ㅣ, ㅑ, ㅕ, ㅛ, ㅠ' 등이 올 때 'ㄴ'이 첨가되거나 덧나는 현상
  예 꽃+잎 → [꼰닙]

⑤ 된소리되기(경음화)

- 안울림소리 뒤에 안울림 예사소리가 오면 그 예사소리가 된소리로 발음되는 현상
  예 입+고 → [입꼬], 젖+소 → [젇소] → [젇쏘]
- 끝소리가 'ㄴ, ㅁ'인 용언 어간에 예사소리로 시작되는 활용 어미가 이어지면 그 소리가 된소리로 발음되는 현상
  예 넘+고 → [넘꼬], 넘+더라 → [넘떠라]

**표준어 규정** 표준발음법 : 제5장 경음화

**제23항** 받침 'ㄱ(ㄲ, ㅋ, ㄳ, ㄺ), ㄷ(ㅅ, ㅆ, ㅈ, ㅊ, ㅌ), ㅂ(ㅍ, ㄼ, ㄿ, ㅄ)' 뒤에 연결되는 'ㄱ, ㄷ, ㅂ, ㅅ, ㅈ'은 된소리로 발음한다.

**제24항** 어간 받침 'ㄴ(ㄵ), ㅁ(ㄻ)' 뒤에 결합되는 어미의 첫소리 'ㄱ, ㄷ, ㅅ, ㅈ'은 된소리로 발음한다. 다만, 피동, 사동의 접미사 '－기－'는 된소리로 발음하지 않는다.

**제25항** 어간 받침 'ㄼ, ㄾ' 뒤에 결합되는 어미의 첫소리 'ㄱ, ㄷ, ㅅ, ㅈ'은 된소리로 발음한다.

**제26항** 한자어에서, 'ㄹ' 받침 뒤에 연결되는 'ㄷ, ㅅ, ㅈ'은 된소리로 발음한다. 다만, 같은 한자가 겹쳐진 단어의 경우에는 된소리로 발음하지 않는다.

**제27항** 관형사형 '－(으)ㄹ' 뒤에 연결되는 'ㄱ, ㄷ, ㅂ, ㅅ, ㅈ'은 된소리로 발음한다. 다만, 끊어서 말할 적에는 예사소리로 발음한다.

**제28항** 표기상으로는 사이시옷이 없더라도 관형격 기능을 지니는 사이시옷이 있어야 할 (휴지가 성립되는) 합성어의 경우에는 뒤 단어의 첫소리 'ㄱ, ㄷ, ㅂ, ㅅ, ㅈ'을 된소리로 발음한다.

### (2) 형태소

① 개념 : 일정한 뜻(의미)을 가진 가장 작은 말의 단위
예 하늘이 맑다 → 하늘(명사)/이(조사)/맑－(형용사 어간)/－다(종결 어미)

② 형태소의 종류

- 자립성의 유무에 따라 : 자립형태소(체언, 수식언, 독립언), 의존형태소(어간, 어미, 조사, 접사)
- 의미의 허실에 따라 : 실질형태소(자립형태소와 어간), 형식형태소(어미, 조사, 접사)

### (3) 단어의 형성

① 단일어와 복합어

- 단일어 : 하나의 어근으로 된 단어

 예 산, 하늘, 맑다

- 복합어 : 합성어와 파생어

② 파생어 : 어근의 앞이나 뒤에 파생 접사가 붙어서 만들어진 단어로 어근의 앞에 붙는 파생 접사가 접두사, 뒤에 붙는 것이 접미사이다.

- 접두사에 의한 파생어 : 뒤에 오는 어근의 뜻을 제한

 예 군말, 짓밟다, 헛고생

- 접미사에 의한 파생어 : 어근의 뜻만 제한하는 것이 아니라 어근의 품사를 바꾸기도 함.

 예 구경꾼, 걸음, 공부하다

③ 합성어 : 둘 이상의 어근이 결합하여 만들어진 단어이다.

- 유형에 따라 : 통사적 합성어(통사적 구성과 일치), 비통사적 합성어(통사적 구성과 불일치)
- 의미에 따라 : 병렬 합성어(대등 관계), 유속 합성어(주종 관계), 융합 합성어(제3의 뜻)

### (4) 품사

① 체언 : 주로 주어, 목적어, 보어가 되는 자리에 오는 부류의 단어들을 체언이라 하며, 이들은 조사와 결합할 수 있으며 일반적으로 형태의 변화가 없다.

- 명사 : 체언 중 가장 일반적인 부류로 구체적인 대상의 이름이다.
  - 쓰이는 범위에 따라 : 고유 명사(인명, 지역명, 상호명 등), 보통 명사
  - 자립성의 유무에 따라 : 자립 명사, 의존 명사(-대로 등)
- 대명사 : 어떤 대상의 이름을 대신하여 그것을 가리키는 말로 사용하는 체언, 명사를 대신하는 말이다.
- 수사 : 수량이나 순서를 가리키는 말로 수사에도 조사가 결합하므로 체언에 속한다.
  - 양수사(수량 → 둘, 셋, 이, 삼)
  - 서수사(순서 → 첫째, 둘째)

② 관계언 : 주로 체언 뒤에 붙어 다양한 문법적 관계를 나타내거나 의미를 추가하는 의존 형태소를 조사라고 하는데, 앞말이 그 문장의 다른 말에 대해 가지는 관계를 나타내 주거나 앞말에 특별한 뜻을 더하여 준다.

- 격조사 : 앞에 오는 체언이 문장 안에서 일정한 자격을 가지도록 하여 주는 조사로 주격, 서술격, 목적격, 보격, 관형격, 부사격, 호격 조사가 있다.
- 접속 조사 : 두 단어를 같은 자격으로 이어 주는 구실을 하는 조사로 '와/과, 랑, 하고'가 있다.
- 보조사 : 격조사가 올 자리에 놓이거나 격조사와 결합되어 특별한 뜻을 더해 주는 조사이다.

미니테스트

**20. 다음 중 품사가 다른 하나는?**

① 원하는 대로 이루어졌다.
② 예상한 바와 같이 주가가 떨어졌다.
③ 전에는 더러 갔지마는 요새는 그곳에 가지 못한다.
④ 방 안은 먼지 하나 없이 깨끗하다.
⑤ 놀고 싶을 때 실컷 놀아라.

정답 ①

해설 관형사형 어미 뒤의 '대로'는 의존 명사가 된다. 만약 체언 뒤에 붙여 쓰는 경우라면 조사가 된다. 여기에서는 '어떤 모양이나 상태와 같이'의 뜻으로 쓰인 의존 명사이다.

미니테스트

**21. 다음 중 표준어로만 묶인 것은?**

① 뻐꾸기－깍두기－마늘종－저녁놀
② 웃어른－소줏잔－아랫간－귀퉁배기
③ 기찻길－나루터－콧망울－똬리
④ 암키와－윗도리－마냥모－날개짓
⑤ 홀쭉이－오누이－골똘히－겹질리다

정답 ⑤

해설 '겹질리다'는 '몸의 근육이나 관절이 제 방향대로 움직이지 않거나 지나치게 빨리 움직여서 다치다'라는 뜻이다. → 팔을 잘못 짚어 팔목이 겹질렸다 / 차에서 내리다 발목을 접질렸다.
≒ 접질리다(○) / 겹지르다, 접지르다(잘못된 표현)

③ 용언 : 문장의 주어를 서술하는 기능을 가진 말들을 용언이라 하며 동사와 형용사, 보조 용언이 있다.

- 동사 : 문장 주어의 어떤 움직임이나 작용을 나타내는 단어의 부류이다.
  - 자동사 : 움직임이나 작용이 그 주어에만 그치기 때문에 목적어가 필요 없다.
  - 타동사 : 움직임이 다른 대상에 미치므로 목적어가 필요하다.
- 형용사 : 문장 주어의 성질이나 상태를 나타내는 단어의 부류이다.
  - 성상 형용사 : 성질이나 상태를 나타낸다.
    예 고요하다, 달다, 예쁘다, 향기롭다
  - 지시 형용사 : 지시성을 나타낸다.
    예 이러하다, 그러하다, 저러하다

④ 수식언 : 다른 말을 수식하는 기능을 하며 관형사와 부사가 있다.

- 관형사 : 체언 앞에 놓여서 체언, 주로 명사를 꾸며 주는 단어로 조사와 결합할 수 없으며, 형태가 변화하지도 않는다. 성상 관형사와 지시 관형사, 수 관형사가 있다.
- 부사 : 용언이나 문장을 수식하는 것을 본래의 기능으로 하는 단어로 다른 부사를 수식하는 것이나 일부 체언 앞에 와서 그 체언에 특별한 뜻을 더하여 주는 것들도 부사이다.

⑤ 독립언 : 부름, 대답, 느낌 등을 나타내는 데 쓰이면서 다른 성분들에 비해 비교적 독립성이 있는 말을 감탄사라 한다. 이들은 형태가 변하지 않고 놓이는 위치가 비교적 자유로우며, 문장 속의 다른 성분에 얽매이지 않아 독립성이 있다.

### (5) 한글맞춤법

① 두음 법칙

[10항]
한자음 '녀, 뇨, 뉴, 니'가 단어 첫머리에 올 적에는 두음 법칙에 따라 '여, 요, 유, 이'로 적는다. 다만, 다음과 같은 의존 명사에는 '냐, 녀' 음을 인정한다.
[붙임 1] 단어의 첫머리 이외의 경우에는 본음대로 적는다. 예 남녀, 당뇨
[붙임 2] 접두사처럼 쓰이는 한자가 붙어서 된 말이나 합성어에서 뒷말의 첫소리가 'ㄴ' 소리로 나더라도 두음 법칙에 따라 적는다. 예 신여성, 공염불

[11항]
한자음 '랴, 려, 례, 료, 류, 리'가 단어의 첫 머리에 올 적에는 두음 법칙에 따라 '야, 여, 예, 요, 유, 이'로 적는다. 다만, 다음과 같은 의존 명사는 본음대로 적는다.
[붙임 1] 단어의 첫머리 이외의 경우에는 본음대로 적는다. 다만, 모음이나 'ㄴ' 받침 뒤에 이어지는 '렬, 률'은 '열, 율'로 적는다. 예 규율, 비율, 선율
[붙임 2] 외자로 된 이름을 성에 붙여 쓸 경우에도 본음대로 적을 수 있다. 예 신립
[붙임 3] 준말에서 본음으로 소리 나는 것은 본음대로 적는다. 예 국련(국제 연합)
[붙임 4] 접두사처럼 쓰이는 한자가 붙어서 된 말이나 합성어에서 뒷말의 첫소리가 'ㄴ' 또는 'ㄹ' 소리로 나더라도 두음 법칙에 따라 적는다. 예 역이용, 연이율

[12항]
한자음 '랴, 래, 로, 뢰, 루, 르'가 단어의 첫머리에 올 적에는 두음 법칙에 따라 '나, 내, 노, 뇌, 누, 느'로 적는다.
[붙임 1] 단어의 첫머리 이외의 경우에는 본음대로 적는다. 예 쾌락, 극락
[붙임 2] 접두사처럼 쓰이는 한자가 붙어서 된 단어는 뒷말을 두음 법칙에 따라 적는다.
예 상노인, 중노동, 비논리적

② 접미사가 붙어서 된 말

[19항]
어간에 '-이'나 '-음/-ㅁ'이 붙어서 명사로 된 것과 '-이'나 '-히'가 붙어서 부사로 된 것은 그 어간의 원형을 밝히어 적는다. 예 길이, 깊이, 걸음, 묶음, 같이, 굳이, 밝히, 익히
다만, 어간에 '-이'나 '-음'이 붙어서 명사로 바뀐 것이라도 그 어간의 뜻과 멀어진 것은 원형을 밝히어 적지 아니한다. 예 굽도리, 코끼리, 거름, 노름
[붙임] 어간에 '-이'나 '-음' 이외의 모음으로 시작된 접미사가 붙어서 다른 품사로 바뀐 것은 그 어간의 원형을 밝히어 적지 아니한다. 예 귀머거리, 너머, 거뭇거뭇, 부터, 조차

[20항]
명사 뒤에 '-이'가 붙어서 된 말은 그 명사의 원형을 밝히어 적는다.
1. 부사로 된 것 : 곳곳이, 낱낱이, 몫몫이, 샅샅이
2. 명사로 된 것 : 곰배팔이, 바둑이, 삼발이
[붙임] '-이' 이외의 모음으로 시작된 접미사가 붙어서 된 말은 그 명사의 원형을 밝히어 적지 아니한다. 예 꼬락서니, 끄트머리, 모가치, 바가지

[21항]
명사나 혹은 용언의 어간 뒤에 자음으로 시작된 접미사가 붙어서 된 말은 그 명사나 어간의 원형을 밝히어 적는다. 예 값지다, 홑지다, 낚시, 늙정이
다만, 다음과 같은 말은 소리대로 적는다.
1. 겹받침의 끝소리가 드러나지 아니하는 것 : 할짝거리다, 널따랗다, 널찍하다
2. 어원이 분명하지 아니하거나 본뜻에서 멀어진 것 : 넙치, 올무, 납작하다

③ 합성어 및 접두사가 붙은 말

[27항]
둘 이상의 단어가 어울리거나 접두사가 붙어서 이루어진 말은 각각 그 원형을 밝히어 적는다.
예 국말이, 꺾꽂이, 꽃잎
[붙임 1] 어원은 분명하나 소리만 특이하게 변한 것은 변한 대로 적는다. 예 할아버지
[붙임 2] 어원이 분명하지 아니한 것은 원형을 밝히어 적지 아니한다. 예 골병, 며칠
[붙임 3] '이[齒, 虱]'가 합성어나 이에 준하는 말에서 '니' 또는 '리'로 소리 날 때에는 '니'로 적는다. 예 사랑니, 덧니, 어금니, 앞니

[28항 : 'ㄹ' 탈락]
끝소리가 'ㄹ'인 말과 딴 말이 어울릴 적에 'ㄹ' 소리가 나지 아니하는 것은 아니 나는 대로 적는다. 예 다달이, 따님, 바느질, 화살, 싸전, 우짖다

미니테스트

**22. 다음 중 복수표준어가 아닌 것은?**
① 자장면－짜장면
② 메우다－메꾸다
③ 날개－나래
④ 먹을거리－먹거리
⑤ 허섭쓰레기－허접쓰레기

정답 ⑤

해설 '허섭쓰레기'는 표준어가 아니다.
허섭스레기－(추가)허접쓰레기
① 자장면－(추가) 짜장면
② 메우다－(추가) 메꾸다
③ 날개－(추가) 나래
④ 먹을거리－(추가)먹거리

미니테스트

**23. 다음 중 한글 맞춤법에 따라 바르게 표기된 것은?**

① 철수는 우리 반에서 키가 열둘째이다.
② 요즘 재산을 떨어먹는 사람이 많다.
③ 나는 집에 사흘 동안 머무를 예정이다.
④ 숫병아리가 내게로 다가왔다.

정답 ③

해설 ① 순서가 열두 번째이므로 차례를 뜻하는 '열두째'로 써야 한다.
② '털어먹는'으로 바꾸어야 한다.
④ '수-'가 '병아리' 앞에 붙을 때는 '수평아리'라고 써야만 한다.

[29항]
끝소리가 'ㄹ'인 말과 딴 말이 어울릴 적에 'ㄹ' 소리가 'ㄷ' 소리로 나는 것은 'ㄷ'으로 적는다.
예 반짇고리, 사흗날, 섣부르다, 잗다랗다

[30항 : 사이시옷]
1. 순우리말로 된 합성어로서 앞말이 모음으로 끝난 경우
  (1) 뒷말의 첫소리가 된소리로 나는 것 : 못자리, 바닷가, 아랫집, 우렁잇속, 잇자국, 킷값
  (2) 뒷말의 첫소리 'ㄴ, ㅁ' 앞에서 'ㄴ' 소리가 덧나는 것 : 멧나물, 아랫니, 텃마당
  (3) 뒷말의 첫소리 모음 앞에서 'ㄴㄴ' 소리가 덧나는 것 : 두렛일, 뒷일, 베갯잇
2. 순우리말과 한자어로 된 합성어로서 앞말이 모음으로 끝난 경우
  (1) 뒷말의 첫소리가 된소리로 나는 것 : 귓병, 머릿방, 아랫방, 자릿세, 전셋집, 찻잔
  (2) 뒷말의 첫소리 'ㄴ, ㅁ' 앞에서 'ㄴ' 소리가 덧나는 것 : 곗날, 제삿날, 훗날, 툇마루
  (3) 뒷말의 첫소리 모음 앞에서 'ㄴㄴ' 소리가 덧나는 것 : 가욋일, 사삿일, 예삿일
3. 두 음절로 된 다음 한자어
  예 곳간(庫間), 셋방(貰房), 숫자(數字), 찻간(車間), 툇간(退間), 횟수(回數)

④ 준말

[39항]
어미 '-지' 뒤에 '않-'이 어울려 '-잖-'이 될 적과 '-하지' 뒤에 '않-'이 어울려 '-찮-'이 될 적에는 준 대로 적는다. 예 그렇잖은, 만만찮다, 적잖은, 변변찮다

[40항]
어간의 끝음절 '하'의 'ㅏ'가 줄고 'ㅎ'이 다음 음절의 첫소리와 어울려 거센소리로 될 적에는 거센소리로 적는다. 예 다정타, 흔타, 정결타, 간편케
[붙임 1] 'ㅎ'이 어간의 끝소리로 굳어진 것은 받침으로 적는다. 예 않다, 그렇지
[붙임 2] 어간의 끝음절 '하'가 아주 줄 적에는 준 대로 적는다. 예 거북지, 생각건대
[붙임 3] 다음과 같은 부사는 소리대로 적는다. 예 결단코, 결코, 아무튼, 요컨대

⑤ 조사

[43항]
단위를 나타내는 명사는 띄어 쓴다. 다만, 순서를 나타내는 경우나 숫자와 어울리어 쓰이는 경우에는 붙여 쓸 수 있다. 예 한 개, 차 한 대, 두시 삼십분 오초, 제일과, 육층

[44항]
수를 적을 때는 '만(萬)' 단위로 띄어 쓴다. 예 십이억 삼천사백오십육만 칠천팔백구십팔

[45항]
두 말을 이어 주거나 열거할 적에 쓰이는 다음의 말들은 띄어 쓴다.
예 국장 겸 과장, 열 내지 스물, 청군 대 백군

[46항]
단음절로 된 단어가 연이어 나타날 적에는 붙여 쓸 수 있다. 예 좀더 큰것, 이말 저말

⑥ 고유 명사 및 전문 용어

[48항]
성과 이름, 성과 호 등은 붙여 쓰고, 이에 덧붙는 호칭어, 관직명 등은 띄어 쓴다. 다만, 성과 이름, 성과 호를 분명히 구분할 필요가 있을 경우에는 띄어 쓸 수 있다.
예 충무공 이순신 장군, 남궁억/남궁 억

### (6) 국어의 로마자 표기법

① 표기 일람

[1항]
모음은 다음 각 호와 같이 적는다.

1. 단모음

| ㅏ | ㅓ | ㅗ | ㅜ | ㅡ | ㅣ | ㅐ | ㅔ | ㅚ | ㅟ |
|---|---|---|---|---|---|---|---|---|---|
| a | eo | o | u | eu | i | ae | e | oe | wi |

2. 이중모음

| ㅑ | ㅕ | ㅛ | ㅠ | ㅒ | ㅖ | ㅘ | ㅙ | ㅝ | ㅞ | ㅢ |
|---|---|---|---|---|---|---|---|---|---|---|
| ya | yeo | yo | yu | yae | ye | wa | wae | wo | we | ui |

[붙임 1] 'ㅢ'는 'ㅣ'로 소리 나더라도 ui로 적는다. 예 광희문 Gwanghuimun

[2항]
자음은 다음 각 호와 같이 적는다.

1. 파열음

| ㄱ | ㄲ | ㅋ | ㄷ | ㄸ | ㅌ | ㅂ | ㅃ | ㅍ |
|---|---|---|---|---|---|---|---|---|
| g, k | kk | k | d, t | tt | t | b, p | pp | p |

2. 파찰음 · 마찰음

| ㅈ | ㅉ | ㅊ | ㅅ | ㅆ | ㅎ |
|---|---|---|---|---|---|
| j | jj | ch | s | ss | h |

3. 비음 · 유음

| ㄴ | ㅁ | ㅇ | ㄹ |
|---|---|---|---|
| n | m | ng | r, l |

[붙임 1] 'ㄱ, ㄷ, ㅂ'은 모음 앞에서는 'g, d, b'로, 자음 앞이나 어말에서는 'k, t, p'로 적는다. 예 구미 Gumi, 합덕 Hapdeok, 한밭[한받] Hanbat
[붙임 2] 'ㄹ'은 모음 앞에서는 'r'로, 자음 앞이나 어말에서는 'l'로 적는다. 단, 'ㄹㄹ'은 'll'로 적는다. 예 칠곡 Chilgok, 대관령[대괄령] Daegwallyeong

미니테스트

**24. 국어의 로마자 표기법으로 옳은 것은?**

① 묵호 Muko
② 극락전 Geuknakjeon
③ 경포대 Gyeongphodae
④ 평창 Pyeongchang

정답 ④

해설 평창 Pyeongchang : 각 자음과 모음별 표기법은 다음과 같다.

| ㅍ | ㅕ | ㅇ | ㅊ | ㅏ | ㅇ |
|---|---|---|---|---|---|
| p | yeo | ng | ch | a | ng |

① 묵호[무코] Mukho : 체언에서 'ㄱ, ㄷ, ㅂ' 뒤에 'ㅎ'이 따를 때에는 'ㅎ'을 밝혀 적는다.
② 극락전[긍낙쩐] Geungnakjeon : '극락'에서 발생한 자음동화는 인정하여 표기에 반영하고, 된소리되기는 표기에 인정하지 않는다.
③ 경포대 Gyeongpodae : 'ㅍ'은 'p'로 적는다.

② 표기상의 유의점

[1항]
음운 변화가 일어날 때에는 변화의 결과에 따라 적는다. 다만, 체언에서 'ㄱ, ㄷ, ㅂ' 뒤에 'ㅎ'이 따를 때에는 'ㅎ'을 밝혀 적는다. 예 묵호(Mukho), 집현전(Jiphyeonjeon)
[붙임] 된소리되기는 표기에 반영하지 않는다.
예 압구정 Apgujeong, 낙성대 Nakseongdae, 합정 Hapjeong

[4항]
인명은 성과 이름의 순서로 띄어 쓴다. 이름은 붙여 쓰는 것을 원칙으로 하되 음절 사이에 붙임표(-)를 쓰는 것을 허용한다.
1. 이름에서 일어나는 음운 변화는 표기에 반영하지 않는다.
2. 성의 표기는 따로 정한다.

[5항]
'도, 시, 군, 구, 읍, 면, 리, 동'의 행정 구역 단위와 '가'는 각각 'do, si, gun, gu, eup, myeon, ri, dong, ga'로 적고, 그 앞에는 붙임표(-)를 넣는다. 붙임표(-) 앞뒤에서 일어나는 음운 변화는 표기에 반영하지 않는다.
예 충청북도 Chungcheongbuk-do, 종로 2가 Jongno 2(i)-ga
[붙임] '시, 군, 읍'의 행정 구역 단위는 생략할 수 있다. 예 청주시 Cheongju

### (7) 외래어 표기법

① 표기의 기본 원칙

**제1항** 외래어는 국어의 현용 24자모만으로 적는다.
**제2항** 외래어의 1음운은 원칙적으로 1기호로 적는다.
**제3항** 받침에는 'ㄱ, ㄴ, ㄹ, ㅁ, ㅂ, ㅅ, ㅇ'만을 쓴다.
**제4항** 파열음 표기에는 된소리를 쓰지 않는 것을 원칙으로 한다.
**제5항** 이미 굳어진 외래어는 관용을 존중하되 그 범위와 용례는 따로 정한다.

② 외래어 표기 바로 알기

| 원어 표기 | 잘못된 표기 | 바른 표기 |
|---|---|---|
| gossip | 고십, 까십, 가쉽 | 가십 |
| croquette | 고로케, 크로케트 | 크로켓 |
| gradation | 그라데이션 | 그러데이션 |
| Gips | 집스 | 깁스 |
| narration | 나레이션, 나래숀, 네레이션 | 내레이션 |
| nonsense | 넌센스, 넌쎈스 | 난센스 |
| nonfiction | 넌픽션 | 논픽션 |
| dynamic | 다이나믹, 다이내미크 | 다이내믹 |
| début | 데뷰, 디부트 | 데뷔 |

**25. 외래어 표기법으로 옳지 않은 것은?**

① 파이팅 ② 슈퍼마켓
③ 꼬냑 ④ 팸플릿

정답 ③

해설 외래어 표기는 원지음의 발음을 따르되, 일반적으로 된소리는 표기하지 않는다. 따라서 '코냑(〈프〉cognac)'으로 써야 한다.

| 원어 표기 | 잘못된 표기 | 바른 표기 |
|---|---|---|
| desktop | 데스크탑 | 데스크톱 |
| doughnut | 도너스, 도우넛 | 도넛 |
| rendez-vous | 랑데뷰 | 랑데부 |
| running | 런닝 | 러닝 |
| lemonade | 레몬에이드 | 레모네이드 |
| rainbow | 레인보우 | 레인보 |
| recreation | 레크레이션 | 레크리에이션 |
| report | 레포트 | 리포트 |
| rent-a-car | 렌트카 | 렌터카 |
| robot | 로보트 | 로봇 |
| robotology | 로보털로지 | 로보톨로지 |
| lobster | 랍스터, 롭스터 | 로브스터 |
| remote control | 리모콘 | 리모컨 |
| Ringer | 닝겔, 링게르, 링겔 | 링거 |
| mania | 매니아 | 마니아 |
| mail | 매일, 맬 | 메일 |
| melon | 메론 | 멜론 |
| message | 메세지 | 메시지 |
| mechanism | 매커니즘, 메카니즘 | 메커니즘 |
| membership | 멤버쉽 | 멤버십 |
| mineral | 미네럴, 미너럴 | 미네랄 |
| body lotion | 바디로션, 보디로숀, 바디로숀 | 보디로션 |
| Valentine Day | 발렌타인데이, 발렌타이데이 | 밸런타인데이 |
| badge | 뱃지, 뺏지 | 배지 |
| balance | 발란스, 배런스 | 밸런스 |
| bonnet | 보네트, 보넷, 본네트, 본넷 | 보닛 |
| bourgeois | 부르조아, 부르지아 | 부르주아 |
| buffet | 부펫, 부페 | 뷔페 |
| pierrot | 삐에로 | 피에로 |
| Santa Claus | 산타크로스, 산타클로즈, 산타크로즈 | 산타클로스 |
| sausage | 소세지, 쏘시지, 쏘세지 | 소시지 |
| sofa | 쇼파 | 소파 |
| shrimp | 쉬림프 | 슈림프 |
| snack | 스넥 | 스낵 |

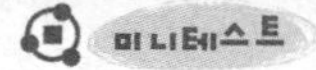


**26. 외래어 표기가 옳지 않은 것은?**

① flash－플래시
② shrimp－쉬림프
③ presentation－프레젠테이션
④ Newton－뉴턴

정답 ②

해설

| × | ○ |
|---|---|
| 플래쉬, 후레시, 프래쉬 | 플래시(flash) |
| 쉬림프 | 슈림프(shrimp) |
| 프리젠테이션 | 프레젠테이션(presentation) |
| 뉴튼, 뉴톤 | 뉴턴(Newton) |

| 원어 표기 | 잘못된 표기 | 바른 표기 |
|---|---|---|
| snowboard | 스노우보드, 스노보오드, 스노우보오드 | 스노보드 |
| step | 스텦, 스텦프, 스텝프 | 스텝 |
| stainless | 스텐리스, 스텐레스 | 스테인리스 |
| straw | 스트로우 | 스트로 |
| spuit | 스포이드, 스푸이트 | 스포이트 |
| sponge | 스폰지 | 스펀지 |
| Symbol | 심볼, 씸볼, 씸벌 | 심벌 |
| mattress | 마트리스 | 매트리스 |
| sprinkler | 스프링쿨러 | 스프링클러 |
| stamina | 스태미너 | 스태미나 |
| staff | 스탭 | 스태프 |
| Singapore | 싱가폴 | 싱가포르 |
| Arab Emirates | 아랍 에미레이트 | 아랍 에미리트 |
| outlet | 아울렛 | 아웃렛 |
| eye shadow | 아이섀도우 | 아이섀도 |
| accessory | 악세사리, 액세사리, 악세서리 | 액세서리 |
| accelerator | 악셀, 악셀레이트 | 액셀러레이터 |
| Allergie | 알레지, 알러지 | 알레르기 |
| encore | 앵코르, 앙콜, 앵콜 | 앙코르 |
| ad lib | 애드립, 에드립 | 애드리브 |
| application | 어플리케이션 | 애플리케이션 |
| accent | 액센트 | 악센트 |
| air conditioner | 에어콘 | 에어컨, 에어컨디셔너 |
| endorphin | 엔돌핀 | 엔도르핀 |
| yellow | 옐로우 | 옐로 |
| ambulance | 엠뷸런스, 엠블란스, 엠블런스 | 앰뷸런스 |
| offside | 오프싸이드, 옵사이드 | 오프사이드 |
| oxford | 옥스포드 | 옥스퍼드 |
| workshop | 워크샾 | 워크숍 |
| window | 윈도우 | 윈도 |
| jumper | 잠퍼 | 점퍼, 잠바 |
| junior | 쥬니어 | 주니어 |
| chart | 챠트 | 차트 |
| chocolate | 초코렛 | 초콜릿 |

| 원어 표기 | 잘못된 표기 | 바른 표기 |
|---|---|---|
| chimpanzee | 킴팬지 | 침팬지 |
| color | 칼라, 콜로르 | 컬러 |
| carol | 캐롤, 카럴, 카롤 | 캐럴 |
| coordinator | 커디네이터 | 코디네이터 |
| coffee shop | 커피샵 | 커피숍 |
| cunning | 컨닝 | 커닝 |
| contest | 컨테스트 | 콘테스트 |
| column | 칼름, 콜럼 | 칼럼 |
| container | 콘테이너 | 컨테이너 |
| control | 콘트롤 | 컨트롤 |
| collection | 콜렉션, 콜렉티온, 컬렉티온 | 컬렉션 |
| concours | 콩쿨, 콩쿠르스 | 콩쿠르 |
| coup d'État | 쿠테타 | 쿠데타 |
| crystal | 크리스탈 | 크리스털 |
| Christian | 크리스찬, 크리스티언 | 크리스천 |
| klaxon | 크락션, 크랙슨, 클락션 | 클랙슨 |
| panel | 패날, 판넬 | 패널 |
| fanfare | 빵빠르, 팽파르 | 팡파르 |
| presentation | 프리젠테이션 | 프레젠테이션 |
| flute | 플룻, 플롯, 프루트 | 플루트 |
| highlight | 하일라이트 | 하이라이트 |
| foundation | 화운데이션 | 파운데이션 |
| file | 화일 | 파일 |

▶ 정답과 해설 2쪽

테마 2

# 출제유형문제연습

## 유형 01 어법

> 학습 TIP
>
> 일상생활에서 잘못 사용되는 표현들에 대한 지식이 있어야 하므로, 평소 글을 읽을 때 어법이 틀린 문장이나 어색한 표현 등을 찾아보는 연습을 한다.

**01. 다음 중 어법에 맞지 않는 문장은?**

① 어릴 적 겪었던 일들이 지금까지도 나를 괴롭히고 있다.
② 나뭇잎 한 개를 물에 띄워 보았다.
③ 그럼 다음 주 수요일에 뵈요.
④ 할지 말지 고민하고 있다면 해야 한다.
⑤ 그들은 대학은 다르지만 같이 자취를 하고 있다.

**02. 다음 중 띄어쓰기가 바른 것은?**

① 세상에 그녀같이 착한 사람이 또 있을까?
② 서울에서 부터 부산까지 기차로 약 5시간 30분이 걸린다.
③ 그는 이 학교에서 4년동안 공부했다.
④ 두사람이 협력해서 일을 해야 한다.
⑤ 그녀가 말한바를 이해할 수 있다.

**03. 다음 중 외래어 표기법이 옳은 것은?**

① union－유니온
② siren－사이렌
③ mechanism－메카니즘
④ yellow－옐로우
⑤ clinic－크리닉

**04.** 다음 문장에 대한 설명으로 적절하지 않은 것은?

| 일기 예보를 듣고 아침에 널었던 빨래를 얼른 걷었다. |
|---|

① 주절과 종속절의 주어가 동일하다.
② 생략된 문장 성분이 있다.
③ 용언을 수식하는 절은 없다.
④ 문장 속의 용언들은 모두 타동사이다.
⑤ 안은 문장과 이어진 문장 중 하나만 사용되었다.

**05.** 다음 글은 시제에 대한 설명이다. 〈보기〉의 밑줄 친 부분의 시제를 옳게 설명한 것은?

> 시제(時制)란 화자가 발화시를 기준으로 삼아 앞뒤의 시간을 구분하는 문법 범주이다. 발화시와 사건시가 일치하면 현재, 사건시가 발화시에 선행하면 과거, 발화시가 사건시에 선행하면 미래라고 한다. 발화시란 화자가 문장을 발화한 시간을 뜻하고 사건시란 문장에 드러난 사건이 발생한 시간을 뜻한다.
>
> 그런데 시제에는 절대시제와 상대시제도 있다. 절대시제는 발화시를 기준으로 삼아 결정되는 시제이고 상대시제는 주절의 사건시를 기준으로 결정되는 시제를 말한다.

보기

| 나는 아까 도서관에서 책을 <u>읽는</u> 철수를 보았다. |
|---|

① 절대시제와 상대시제 모두 현재이다.
② 절대시제와 상대시제 모두 과거이다.
③ 절대시제로는 현재, 상대시제로는 과거이다.
④ 절대시제로는 과거, 상대시제로는 현재이다.
⑤ 절대시제로는 과거, 상대시제로는 미래이다.

## 유형 02 단어의미 / 사자성어

**06. 다음 문장의 흐름에 맞게 빈칸에 어울리는 단어는?**

| 영희는 책값을 ( )(으)로 어머니께 2만 5천 원을 받아냈다. |
|---|

① 원인 ② 대용 ③ 빌미
④ 기인 ⑤ 차용

**07. 제시된 문장의 빈칸에 사용할 수 없는 단어는?**

- 그 스님은 궁극적인 진리를 ( )하신 분이다.
- 생활한복은 현대인이 편리하게 생활할 수 있도록 ( )하여 만들어졌다.
- 시험에 합격하기 위해 ( )으로 기도하고 있다.
- 집안이 ( )하여 아르바이트로 학비를 충당하고 있다.
- 나는 ( )를 이겨내고 이 분야 최고의 인물이 될 것이다.

① 개간(開墾) ② 고안(考案) ③ 고간(苦懇)
④ 개안(開眼) ⑤ 간고(艱苦)

**One Point Lesson**

문장을 읽으면서 빈칸에 알맞은 단어를 채우고, 확실한 선택지는 바로 제외시키며 답을 좁혀 나간다. 마지막으로, 몰랐던 단어는 정리하여 자신의 것으로 만든다.

**08. 다음 단어의 의미는 무엇인가?**

| 찐덥다 |
|---|

① 끊으려 해도 끊어지지 않는다. ② 야무지고 실속이 있다.
③ 꼭 붙어서 떨어지지 않는다. ④ 마음에 흐뭇하고 반갑다.
⑤ 믿고 싶은 마음이 생기다.

**09.** 다음 의미를 지닌 한자성어는?

> 모기를 보고 칼을 빼어 들 정도로 사소한 일에도 과도하게 대응하는 모습

① 구곡간장(九曲肝腸)
② 낙화유수(落花流水)
③ 원수근화(遠水近火)
④ 견문발검(見蚊拔劍)
⑤ 형설지공(螢雪之功)

**10.** 다음 글의 내용에 맞게 빈칸 안에 들어갈 사자성어는?

> 한때 바둑계에서 전 세계적으로 위명을 떨쳤던 이창호 기사는 포석보다 마무리, 즉 끝내기부터 통달했다. 그의 바둑은 화려하지 않고 싸움에 능하지 않았다. 그렇지만 세계적인 기사들을 번번이 무너뜨렸다. 끝내기에서 압도했기 때문이다. 진정한 고수는 마무리의 의미를 깨친 자일 것이다. 진정 고수가 되고자 한다면 '(　　)이/가 되지 마라.', '유종의 미를 거두라.'는 말을 깊이 새기면서 마무리의 진정한 의미를 가슴에 새겨야 할 것이다.

한자성어 문제는 독해와 결합하여 출제되기도 한다. 이러한 유형의 경우 글의 내용과 한자성어를 연결해야 하므로 한자성어의 뜻을 알지 못하면 답을 찾아내기 어렵다. 따라서 자주 나오는 한자성어들은 따로 정리하여 암기해 둔다.

① 계란유골(鷄卵有骨)
② 오비이락(烏飛梨落)
③ 유유상종(類類相從)
④ 용두사미(龍頭蛇尾)
⑤ 내우외환(內憂外患)

**11.** 다음 글에서 알 수 있는 사자성어는?

> 호랑이는 모든 짐승을 찾아 잡아먹습니다. 한번은 여우를 붙들었는데 여우가 호랑이를 보고 이렇게 말했습니다. "그대는 감히 나를 잡아먹지 못하리라. 옥황상제께서는 나를 백수(百獸)의 어른으로 만들었다. 만일 그대가 나를 잡아먹으면 이것은 하늘을 거역하는 것이 된다. 만일 내 말이 믿어지지 않거든, 내가 그대를 위해 앞장서서 갈 터이니 그대는 내 뒤를 따라오며 보라. 모든 짐승들이 나를 보고 감히 달아나지 않는 놈이 있는가를." 그러자 호랑이는 과연 그렇겠다 싶어 여우를 앞세우고 같이 가게 되었습니다. 모든 짐승들은 보기가 무섭게 달아났습니다. 호랑이는 자기가 무서워서 달아난 줄을 모르고 정말 여우가 무서워서 달아다는 줄로 알았습니다.

① 호가호위(狐假虎威)
② 호시탐탐(虎視眈眈)
③ 호각지세(互角之勢)
④ 호연지기(浩然之氣)
⑤ 호사유피(虎死留皮)

## 유형 03 단어관계

**One Point Lesson**

두 단어 사이의 관계는 유의관계 · 반의관계 · 포함관계 · 원료관계 · 행위관계 · 용도관계 · 인과관계 · 주술관계 · 한자성어 관계 등 매우 다양하게 적용될 수 있다.

**[12 ~ 13] 다음 중 두 단어의 상관관계가 나머지 넷과 다른 하나를 고르시오.**

**12.**

① 콜라 : 사이다　② 엄지 : 검지　③ 용해 : 용액
④ 육군 : 해군　⑤ 돼지 : 양

**13.**

① 기우 : 노파심　② 교환 : 환불　③ 영향 : 여파
④ 탐닉 : 몰입　⑤ 보조개 : 볼우물

**14. 두 쌍의 단어 관계가 같아지도록 A, B에 들어갈 단어를 고르면?**

| 임금 : ( A ) = ( B ) : 백아파금 |
|---|

| | A | B | | A | B |
|---|---|---|---|---|---|
| ① | 서하지통 | 부모 | ② | 천붕지통 | 친구 |
| ③ | 할반지통 | 아내 | ④ | 고분지통 | 친구 |
| ⑤ | 붕성지통 | 이웃 | | | |

**15.** 두 쌍의 단어 관계가 같아지도록 빈칸에 알맞은 단어를 고르면?

> 가을 : 처서 = 봄 : (　　　)

① 백로　　② 곡우　　③ 소만
④ 단오　　⑤ 동지

**16.** 다음 중 ㉠과 ㉡의 관계와 다른 것은?

단어만 제시된 것이 아니라 한 문단의 글이 제시되었으므로 문맥을 바탕으로 단어의 관계를 파악한다.

> 구도의 필요에 따라 좌우와 상하의 거리 조정, 허와 실의 보완, ㉠ 성김과 ㉡ 빽빽함의 변화 표현 등이 자유로워졌다.

① 곱다 : 거칠다　　② 무르다 : 야무지다
③ 넉넉하다 : 푼푼하다　　④ 느슨하다 : 팽팽하다
⑤ 가지런하다 : 들쑥날쑥하다

**17.** 다음 중 ㉠과 ㉡의 관계와 같은 것은?

> 로열 콘세르트헤보, 베를린 필하모니, 빈 필하모니와 같은 명가 오케스트라는 개인, 팀, 리더가 한데 어우러져 장인정신을 발휘함으로써 100년 이상 최고의 정상을 지켜올 수 있었는데, 그 비결은 연주자들에게 있다. ㉠ 연주자 개개인은 전문성이 높을 뿐 아니라 품격 높은 연주로 ㉡ 청중을 감동시키기 위해 최선을 다하고 있다. 악기를 다루는 전문적 기량뿐만 아니라 악보에 대한 통찰력을 바탕으로 최고의 연주 실력을 발휘하는 것이다.

① 창조 : 모방　　② 아군 : 적군　　③ 교수 : 학생
④ 소설가 : 시인　　⑤ 럼주 : 사탕수수

## 유형 04 유의어 / 다의어 / 반의어

**18.** 다음 단어와 밑줄 친 단어 중 의미가 유사한 것은?

| 선양 |
|---|

① 선생님은 우리들의 학습 의욕을 고취시킬 수 있는 방법을 고민하셨다.
② 신제품이 출시되면 적절한 마케팅으로 선전해야 한다.
③ 관중들의 큰 함성 덕분에 선수들의 사기가 고무되었다.
④ 경제를 발전시킬 수 있는 방안에 대해 생각하고 있다.
⑤ 엄마의 지나친 독려가 오히려 부담스러웠지만 무사히 시험을 마쳤다.

제시된 문장의 어휘를 다른 말로 바꿔 본다.
↓
위에서 바꾼 어휘를 선택지의 어휘들에 넣어보며 답을 찾아 나간다.
↓
어휘의 다양한 쓰임들을 정리한다.

**[19 ~ 20] 다음 밑줄 친 단어와 같은 의미로 쓰인 것을 고르시오.**

**19.**

| 새로 출근한 직장 동료와 처음으로 인사를 나누었다. |
|---|

① 친구와 술 한잔 나누면서 이런저런 고민들을 털어놓았다.
② 소외된 이웃과 따뜻한 정을 나눕시다.
③ 나는 결혼하면 어떤 역경이 닥쳐도 남편과 함께 어려움을 나누며 살 것이다.
④ 우리는 피를 나눈 형제만큼이나 가깝다.
⑤ 이익금은 이바지한 바에 따라 투자자들끼리 공정하게 나누어야 뒤탈이 없다.

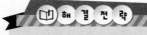

**20.**

| 그는 떨리는 마음으로 조심스레 초인종을 눌렀다. |
|---|

① 끓어오르는 화를 무작정 누르는 것은 좋은 방법이 아니다.
② 우리나라 선수가 결승전에서 일본 선수를 누르고 우승을 차지했다.
③ 그는 고향에 내려간 김에 한동안 눌러 앉기로 했다.
④ 그녀가 피아노 건반을 누르는 모습에서는 우아함이 느껴졌다.
⑤ 부하 직원이 말을 듣지 않는다고 힘으로 눌러서는 안 된다.

**21.** 제시된 단어와 반대의 뜻을 가진 단어는?

| 면밀하다 |
|---|

① 독실하다 ② 세밀하다 ③ 초라하다
④ 엉성하다 ⑤ 팽팽하다

**[22 ~ 23] 다음 중 나머지 단어의 의미를 모두 포괄할 수 있는 것을 고르시오.**

**22.**

① 지지하다 ② 없애다 ③ 펴다
④ 밀다 ⑤ 문지르다

**23.**

① 누리다 ② 앓다 ③ 빌리다
④ 맞이하다 ⑤ 얻다

**학습 TIP**

다의어는 본래 하나의 근원적 의미에서 여러 가지 사전적 의미로 분화를 한 것이 대부분이므로 그 핵심이 되는 뿌리 뜻만 파악하면 쉽게 전체의 의미를 파악할 수 있다.

▶ 정답과 해설 6쪽

# Ⅰ 어휘/문법

## 테마 3 기출예상문제

**01.** 다음 문장의 띄어쓰기를 수정 표시했을 때 잘못된 것은?

① 이아이는착하디착한나의동생이야.→ 이∨아이는∨착하디∨착한∨나의∨동생이야.
② 수학은하면할수록더어려워지는것같아.→ 수학은∨하면∨할수록∨더∨어려워지는∨것∨같아.
③ 세영은학원에다닌지사흘만에그만두었다.→ 세영은∨학원에∨다닌∨지∨사흘∨만에∨그만두었다.
④ 나도나대로무척이나힘든날들을보냈다.→ 나도∨나대로∨무척이나∨힘든∨날들을∨보냈다.
⑤ 구름낀하늘을보면마음이우울해진다. → 구름∨낀∨하늘을∨보면∨마음이∨우울해진다.

**02.** 다음 중 잘못된 높임 표현을 고르면?

① (어른께) 점심 잡수셨습니까?
② (퇴근하면서 자기보다 윗사람에게) 수고하십시오.
③ (먼저 퇴근하는 상사에게) 안녕히 가십시오.
④ (윗사람에게 오랜만에) 그동안 안녕하셨습니까?
⑤ 교장 선생님의 말씀이 있겠습니다.

**03.** 다음 글에서 맞춤법이 옳지 않은 것은?

> 부산은 수산물의 ㉠ 집산지로써 여러 가지 제철 수산물이 대거 모였다가 판매되는 국제적인 무역항이다. 그래서인지 각종 생선은 ㉡ 살코기가 부드럽고, 싱싱하다. A 가게는 이곳 시장에서 구입한 생선을 가져가면 회로 뜨거나 ㉢ 조려서 요리를 해 준다. 그리고 주인 아주머니가 직접 담근 맛깔스러운 ㉣ 깍두기는 생선의 ㉤ 감칠맛을 더 돋우어 준다.

① ㉠　② ㉡　③ ㉢
④ ㉣　⑤ ㉤

**04.** 다음 글에 나온 규칙이 바르게 적용된 것을 〈보기〉에서 모두 고르면?

음절의 끝소리 규칙은 받침으로 발음되는 자음은 'ㄱ, ㄴ, ㄷ, ㄹ, ㅁ, ㅂ, ㅇ'의 일곱 가지만 올 수 있다는 것으로 이외의 자음들이 음절 끝에 오게 되면 이들 중 하나로 바뀌는 규칙이다. 즉, '잎'은 [입]으로 'ㅍ'이 'ㅂ'으로 발음된다. 이는 겹받침인 경우에도 적용되는데 두 자음 중 하나가 대표음으로 발음된다. 또 받침 뒤에 모음으로 시작되는 조사, 어미, 접사가 오면 받침이 온전히 발음되지만 '웃어른'의 '어른'처럼 실질적인 뜻을 지닌 모음으로 된 말이 오면 음절의 끝소리 규칙을 적용한 후 다음 음절의 첫소리로 발음하여 [우더른]이 된다.

보기

㉠ '히읗'은 [히읃]으로 발음된다.
㉡ '빛으로'는 [빋으로]로 발음된다.
㉢ '부엌'은 [부억]으로 발음된다.
㉣ '웃옷'은 [우돋]으로 발음된다.

① ㉠, ㉢
② ㉠, ㉣
③ ㉡, ㉢
④ ㉡, ㉣
⑤ ㉢, ㉣

**05.** 다음 중 복수 외래어 표기법으로 옳지 않은 것은?

① Jumper : 점퍼, 잠바
② Corduroy : 코듀로이, 코르덴
③ Velvet : 벨벳, 비로드
④ Shirt : 셔츠, 샤쓰
⑤ Baton : 바톤, 바통

**06.** 제시된 단어의 뜻으로 옳은 것은?

타개(打開)

① 어떤 일이나 책임을 꾀를 써서 벗어남.
② 부정적인 규정, 관습, 제도 등을 깨뜨려 버림.
③ 매우 어렵거나 막힌 일을 잘 처리하여 해결의 길을 엶.
④ 어떤 일이나 상황에 직접 대처하기를 꺼리어 선뜻 나서지 않음.
⑤ 어떤 상황이나 구속 등에서 빠져나옴.

**07.** 제시된 단어의 뜻으로 옳은 것은?

| 경질(更迭) |
|---|

① 등급이나 계급 따위가 낮아짐.
② 낮은 관직이나 지위로 떨어지거나 외직으로 전근됨.
③ 권리 따위를 남에게 넘겨주거나 또는 넘겨받음.
④ 진용을 갖춘 구성원 전체나 그 책임자가 물러남.
⑤ 어떤 직위에 있는 사람을 다른 사람으로 바꿈.

**08.** 다음 글에서 밑줄 친 말과 바꿔 쓸 수 있는 것은?

> 비행기 날개의 작동 방식에 대해 우리가 알고 있는 지식은 다니엘 베르누이가 연구하여 얻은 것이다. 베르누이는 유체의 속도가 증가할 때 압력이 감소한다는 사실을 알아냈다. 크리스마스 트리에 다는 장식볼 두 개를 이용하여 이를 쉽게 확인해 볼 수 있다. 두 개의 장식볼을 1cm 정도 떨어뜨려 놓고 바람을 이 사이로 통과시키면 장식볼은 가까워져서 서로 맞닿을 것이다. 이는 장식볼의 곡선을 그리는 표면 위로 흐르는 공기의 속도가 올라가서 압력이 줄어들기 때문으로, 장식볼들 주변의 나머지 공기는 보통 압력에 있기 때문에 장식볼들은 서로 <u>붙으려고</u> 하는 것이다.

① 접선(接線)하려고 ② 접착(接着)하려고 ③ 접촉(接觸)하려고
④ 접합(接合)하려고 ⑤ 접목(接木)하려고

**09.** 다음 문장의 내용에 맞게 ㉠과 ㉡에 들어갈 한자어로 옳은 것은?

| A는 80살 먹은 ( ㉠ )이지만 ( ㉡ )만 성성할 뿐 나이든 티는 안 난다. |
|---|

| | ㉠ | ㉡ |
|---|---|---|
| ① | 青年 | 白髮 |
| ② | 老人 | 白髮 |
| ③ | 子息 | 長髮 |
| ④ | 停年 | 潔白 |
| ⑤ | 老人 | 白旗 |

**[10 ~ 11] 두 쌍의 단어 관계가 같아지도록 빈칸에 알맞은 단어를 고르시오.**

**10.**

급등 : 급락 = 곤궁 : (　　　)

① 호화　② 부유　③ 부호
④ 사치　⑤ 궁핍

**11.**

문방사우 : 벼루 = (　　　) : 매화나무

① 사시사철　② 엄동설한　③ 세한삼우
④ 관포지교　⑤ 백해무익

**12. 다음 중 두 단어의 상관관계가 나머지와 다르게 연결된 것은?**

① 참나무 : 말버섯　② 코끼리 : 모기　③ 강아지 : 벼룩
④ 청설모 : 도토리　⑤ 사람 : 회충

13. 다음 글의 내용과 관련이 없는 한자성어는?

A : 지난여름에 휴가 다녀왔어? 난 강원도에 있는 계곡에 갔었는데 주변 경치가 너무 좋았어.
B : 아. 나는 여름에 일이 많아서 못 갔어. 대신 다음달에 일주일 간 휴가를 낼 생각이야. 같은 팀에서 친하게 지내는 동료가 있거든. 그 친구랑 며칠 간 여행을 다녀오려고 해. 작년에 입사했는데 나랑 동갑이고 취미도 잘 맞아서 올해 많이 친해졌어.
A : 그렇구나. 그럼 언제 나도 소개시켜줘. 다음에 한번 같이 만나서 차라도 마시자.
B : 그래. 회사에서 마음 터놓을 수 있는 친구가 생겨서 정말 좋아. 다음에 시간 잡아서 연락할게.

① 호형호제(呼兄呼弟) ② 표리부동(表裏不同) ③ 간담상조(肝膽相照)
④ 붕우유신(朋友有信) ⑤ 막역지간(莫逆之間)

[14 ~ 15] 다음 밑줄 친 단어 중 제시된 단어와 유의어 관계인 것을 고르시오.

14.

결지(決志)

① 대화를 듣다보니 결기가 나서 자리를 박차고 나왔다.
② 지난번 경기의 설욕을 위해 결사적으로 싸웠다.
③ 네트워크 통신 장치에 결손이 생겼다.
④ 계속된 실패로 힘들었지만 친구 덕분에 결의를 다질 수 있었다.
⑤ 구청에서는 기능직 공무원의 결원을 보충하는 범위에서 사람들을 채용하기로 하였다.

15.

청렴(淸廉)

① 집의 인테리어를 고풍스럽게 꾸며 분위기가 고상해졌다.
② 그분의 죽음은 우리에게 숭고한 교훈들을 남겨주었다.
③ 그 영화는 변두리 소시민의 삶을 소박하게 그려내었다.
④ 그는 부드러우면서도 강직한 면을 동시에 지니고 있었다.
⑤ 고대에는 태양이 인간의 길흉과 화복을 주관하는 최고의 신으로 숭앙 받았다.

16. 다음 글에서 밑줄 친 단어의 관계와 가장 유사한 것은?

> 한 나라의 경기가 어려워지면 개인적으로나 사회적으로 모두 좋을 것이 없으므로 시급한 대책(對策)이 필요하다. 경기가 다시 좋아지게 되면 실업자 수는 줄어들게 되지만 경기 회복이 지연될 경우는 사회적으로 별도의 방책(方策)을 수립해야 한다.

① 방해(妨害) – 훼방(毁謗)
② 소년(少年) – 소녀(少女)
③ 소등(消燈) – 점등(點燈)
④ 절기(節氣) – 춘분(春分)
⑤ 소설(小說) – 수필(隨筆)

[17 ~ 18] 다음 밑줄 친 단어 중 제시된 단어와 반의어 관계인 것을 고르시오.

17.

> 꺼림하다

① 사회 발전에 저해되는 이기주의적 사고가 팽배해 있다.
② 용의자의 진술에 미심쩍은 부분이 많아 추가 조사에 착수하였다.
③ 오랜만에 7시간 이상 잤더니 몸이 개운하다.
④ 그 사람은 늘 활달해서 주위 모두 사람들이 좋아한다.
⑤ 그녀는 갑작스럽게 닥친 자신의 불행에 동정하고 있었다.

18.

> 이울다

① 그 친구는 최근 가세가 기울면서 어려움을 겪고 있는 것 같더라.
② 셰프는 기억을 되살려 그 식당의 요리를 재현했다.
③ 우리가 여행을 다녀오는 동안 화분의 꽃이 시들어 버렸다.
④ 고향에서 천만리나 떨어진 남의 땅에서 추석을 맞으니 마음이 울적하다.
⑤ 여름으로 접어들면서 공원의 나무들이 번성하게 자랐다.

**19.** 다음 중 밑줄 친 단어의 의미와 가장 유사한 것은?

> 그는 생판 남인 아이를 데려다 거두고 닦달질해 제 식구로 만들었다고 한다.

① 수습(收拾)하고 ② 양육(養育)하고 ③ 정리(定理)하고
④ 훈육(訓育)하고 ⑤ 교육(教育)하고

**20.** 밑줄 친 부분이 같은 의미로 쓰인 문장은?

> 첨부 파일로 온 자료를 읽기 위해 그는 인쇄기에 종이를 걸었다.

① 너에게 한 약속만큼은 내 인생을 걸고 맹세할 수 있어.
② 너무 슬프고 속상한 마음에 방문을 걸어 잠그고 오래 울었다.
③ 할머니는 손녀에게 줄 솜이불을 만들기 위해 물레에 솜을 걸었다.
④ 그는 거금의 현상금을 걸고 범인을 꼭 잡겠다는 집념을 보였다.
⑤ 4년 간 꾸준히 노력한 결과 그는 드디어 금메달을 목에 걸었다.

**21.** 제시된 단어의 사전적 의미를 보고, 다음 중 의미가 다르게 쓰인 것을 고르면?

> **싸다** 동 「1」 물건을 안에 넣고 보이지 않게 씌워 가리거나 둘러 말다.
> 「2」 어떤 물체의 주위를 가리거나 막다.
> 「3」 어떤 물건을 다른 곳으로 옮기기 좋게 상자나 가방 등에 넣거나 종이나 천, 끈 등을 이용해서 꾸리다.

① 엄마는 아기를 포대기로 싸서 업고 가게 밖으로 나갔다.
② 철 지난 옷을 보자기에 쌌다.
③ 공연을 보기 위해 모인 사람들은 공연장을 싸고 둘러섰다.
④ 친구에게 줄 선물을 포장지로 예쁘게 쌌다.
⑤ 유리가 깨지지 않도록 비닐로 여러 번 싼 후에 가방 속에 넣었다.

**22. 다음 글의 밑줄 친 '부정'의 한자 표기는?**

> 끊임없이 파이를 키워야만 쳇바퀴의 회전력을 유지할 수 있는 자본주의의 숙명은 속칭 혁신이라는 이름의 '신상'을 재생산해야 한다. 그 특유의 왕성한 생산력 때문에 종종 자신들이 심혈을 기울여 만들었던 기존 제품에 대한 철저한 <u>부정</u>을 감내해야만 한다. 이전에 생산된 제품은 이러한 점이 문제가 있었기 때문에 이러이러한 점이 개선되었다는 정도로는 안 된다. 완전히 새로운 개념의 제품을 내놓았다며 혁명 수준의 혁신을 강조해야 한다. 물질문명의 발달이라는 측면에선 당연히 지향점이 분명한 발전적 방향이다. 지극히 생산적이며 건설적이기까지 하다. 그러나 가만히 생각해 보면 지독해 보이기까지 한 자기부정의 메커니즘이 그 자리의 중심을 차지하고 있다.

① 不正　② 不定　③ 不貞
④ 否定　⑤ 不淨

**23. 밑줄 친 단어의 사전적 의미로 옳지 않은 것은?**

> 민원이란 시민이 행정기관을 통해 필요한 사항을 요청하는 것이다. 사법소송보다 신청요건이 간단하고 비용이 들지 않으면서도 불필요하거나 부당한 행정 처리에 대해 항의할 수 있다. 행정기관 역시 시민의 민원을 통해 잘못된 제도나 ㉠ <u>관행(慣行)</u> 등을 확인하고 개선할 수 있다. 우리나라는 민원 접수를 위해 1994년 국민고충위원회를 설치한 바 있다. 국민고충처리위원회는 행정기관의 ㉡ <u>위법(違法)</u>하거나 부당한 처분이나 잘못된 정책, 제도 등으로 인한 불편 사항을 받아 처리하는 기관으로 2008년에 폐지되었다. 이후 ㉢ <u>소관(所管)</u> 업무는 국민고충처리위원회가 담당하고 있다.
>
> 서울시에서는 2016년도부터 민원처리보상제를 시행하고 있다. 이에 따라 공무원의 ㉣ <u>착오</u>나 과실(過失)로 시간적, 경제적 불이익을 받은 시민은 해당 공무원의 사과와 함께 교통비 차원의 보상금을 받을 수 있다. 보상금은 1만 원에서 최대 10만 원으로 책정되었다. 공무원의 단순 과실로 인한 ㉤ <u>보상(補償)</u>은 사실관계 확인 후 문화상품권으로 즉시 지급하며, 보상기준이 명확하지 않을 때에는 서울시 민원보상심의위원회를 열어 보상을 결정하고 있다.

① ㉠ : 오래 전부터 관례가 되어 내려오는 일　② ㉡ : 법을 어김.
③ ㉢ : 주되고 중요함.　④ ㉣ : 착각을 하여 잘못함.
⑤ ㉤ : 남에게 끼친 손해를 갚음.

2 독해

테마 1

# 출제유형이론학습

**01. 다음 글의 주제 및 중심내용으로 알맞은 것은?**

재정적 어려움을 가지는 언론사가 특종을 잡기 위해 선택할 수 있는 가장 좋은 전략은 정치적 지향성을 강하게 드러내는 것이다. 구독자들은 언론사와 자신의 정치적 지향점이 같다고 느껴지면 더 많은 후원을 하는 경향이 있기 때문이다. 구독자 수가 많지 않은 대안언론의 가장 큰 수입원은 구독자들에게 받는 후원금이다. 따라서 대안언론에게는 후원금을 많이 받아내는 전략이 곧 생존전략이다.

① 대안언론이 정치성을 띠는 것은 불가피한 측면이 있다.
② 언론사에 대한 기부 활동은 제한되어야 한다.
③ 대안언론에 대한 지원을 확대해야 한다.
④ 언론은 공정해야 하므로 정치적인 행태를 보여서는 안 된다.
⑤ 대안언론의 수익구조를 개선할 필요가 있다.

정답 ①

해설 이 글은 언론사들이 정치적 지향을 강하게 드러낼수록 자신의 정치적 성향과 동일하다고 생각하는 구독자들이 더 많은 후원금을 내고, 이를 통해 수입을 얻어 언론사를 이끌어갈 수 있다고 하면서, 대안언론이 정치성을 드러내는 이유에 대해 설명하고 있다.

## 1 독해

### (1) 독해의 유형

① 사실적 독해

| | |
|---|---|
| 개념 | 글을 구성하는 단어, 문장, 문단의 내용을 정확히 이해하거나 글에 나타난 개념이나 문자 그대로를 이해하는 것을 목적으로 하는 독해 |
| 유형 | • 중심내용 파악<br>• 내용의 일치 여부 확인<br>• 어휘 의미, 개념 이해<br>• 글의 구조 및 전개 방식에 대한 이해 |
| 해결 전략 | • 문제 해결에 필요한 정보가 글에 명시되어 있으므로 핵심어를 찾아 표시해 가며 정확하게 읽는 연습 필요<br>• 단락을 도식화하여 글의 구조를 파악하는 연습을 하고 각 문단에서 중심내용과 뒷받침 내용을 구분하며 읽도록 함. |

② 추론적 독해

| | |
|---|---|
| 개념 | 글에서 생략된 내용을 추론하거나 숨겨진 필자의 의도, 목적 등을 추론하는 독해. 독자는 자신의 지식과 경험, 문맥, 글에 나타난 표지 등을 이용하여 생략된 내용을 추론하여 의미를 구성함. |
| 유형 | • 글에 나타난 필자의 의도 파악하기<br>• 생략된 정보 추론하기<br>• 빈칸 채우기<br>• 숨겨진 주제 파악하기 |
| 해결 전략 | 생략된 내용을 추론할 때에는 빈칸 앞과 뒤의 문장에 주목하고, 필자의 의도를 파악할 때에는 문맥에 유의하여 글 전체의 분위기와 논조를 파악 |

③ 비판적 독해

| | |
|---|---|
| 개념 | 글의 사실적인 이해와 추론적인 이해를 넘어서 글의 내용에 대해 판단하여 읽는 것으로 글에 나타난 주제, 글의 구성, 자료의 정확성과 적절성 등을 비판하며 읽는 독해 |
| 유형 | • 글의 논리상 오류 찾기<br>• 글의 주제와 관련이 없는 소재 찾기<br>• 글의 목적에 맞는 구성 방법인지 판단하기<br>• 글에 나타난 필자의 생각이 바람직한지 판단하기 |
| 해결 전략 | 글의 논리상 오류가 무엇인지 파악하고 글의 주제와 관련되지 않은 내용이 글에 제시되지 않았는지 판단 · 평가함. |

### (2) 글의 전개 방식

| 방식 | 내용 |
|---|---|
| 비교 | 둘 이상의 사물이나 현상 등을 견주어 공통점이나 유사점을 설명하는 방법<br>예 영화는 스크린이라는 공간 위에 시간적으로 흐르는 예술이며, 연극은 무대라는 공간 위에 시간적으로 흐르는 예술이다. |
| 대조 | 둘 이상의 사물이나 현상 등을 견주어 상대되는 성질이나 차이점을 설명하는 방법<br>예 고려는 숭불정책을 지향한 데 비해 조선은 억불정책을 취하였다. |
| 분류 | 작은 것(부분, 종개념)들을 일정한 기준에 따라 큰 것(전체, 유개념)으로 묶는 방법<br>예 서정시, 서사시, 극시는 시의 내용을 기준으로 나눈 것이다. |
| 분석 | 하나의 대상이나 관념을 그 구성 요소나 부분들로 나누어 설명하는 방법<br>예 물고기는 머리, 몸통, 꼬리, 지느러미 등으로 되어 있다. |
| 정의 | 시간의 흐름과 관련이 없는 정태적 전개 방식으로 어떤 대상의 본질이나 속성을 설명할 때 쓰이는 전개 방식. '종차+유개념'의 구조를 지니는 논리적 정의와 추상적이거나 매우 복잡한 개념을 정의할 때 쓰이는 확장적 정의가 있음. |
| 유추 | 생소한 개념이나 복잡한 주제를 보다 친숙하고 단순한 것과 비교하여 설명하는 방법. 서로 다른 범주에 속하는 사물 간의 유사성을 드러내어 간접적으로 설명하는 방법이기 때문에 유추에 의해 진술된 내용은 사실성이 떨어질 가능성이 있음. |
| 논증 | 논리적인 근거를 내세워 어느 하나의 결론이 참이라는 것을 증명하는 방법<br>① 명제 : 사고 내용 및 판단을 단적으로 진술한 주제문, 완결된 평서형 문장 형식<br>• 사실 명제 : 진실성과 신빙성에 근거하여 존재의 진위를 판별할 수 있는 명제<br>예 '홍길동전'은 김만중이 지은 한문 소설이다.<br>• 정책 명제 : 타당성에 근거하여 어떤 대상에 대한 의견을 내세운 명제<br>예 농촌 경제를 위하여 농축산물의 수입은 억제되어야 한다.<br>• 가치 명제 : 공정성에 근거하여 주관적 가치 판단을 내린 명제<br>예 인간의 본성은 선하다.<br>② 논거 : 명제를 뒷받침하는 논리적 근거, 즉 주장의 타당함을 밝히기 위해 선택된 자료<br>• 사실 논거 : 객관적 사실로써 증명될 수 있는 논거로 객관적 지식이나 역사적 사실, 통계적 정보 등이 해당됨.<br>• 소견 논거 : 권위자의 말을 인용하거나 일반적인 여론을 근거로 삼는 논거 |
| 묘사 | 묘사란 대상을 그림 그리듯이 글로써 생생하게 표현해 내는 진술 방식<br>① 객관적(과학적, 설명적) 묘사 : 대상의 세부적 사실을 객관적으로 표현하는 진술 방식으로, 정확하고 사실적인 정보 전달이 목적<br>② 주관적(인상적, 문학적) 묘사 : 글쓴이의 대상에 대한 주관적인 인상이나 느낌을 그려내는 것으로, 상징적인 언어를 사용하며 주로 문학 작품에 많이 쓰임. |
| 서사 | 행동이나 상태가 진행되는 움직임을 시간의 경과에 따라 표현하는 진술 방식으로 '무엇이 발생하였는가?'에 관한 질문에 답하는 것 |
| 과정 | 어떤 특정한 목표나 결말을 가져오게 하는 일련의 행동, 변화, 기능, 단계, 작용 등에 초점을 두고 글을 전개하는 방법 |
| 인과 | 어떤 결과를 가져오게 한 원인 또는 그 원인에 의해 결과적으로 초래된 현상에 초점을 두고 글을 전개하는 방법 |

**One Point Lesson**

**문단의 종류 알아보기**

- 주지 : 글쓴이의 중심 생각과 주제가 나타나는 문단
  → 그러므로, 따라서
- 예시 : 구체적인 사례를 통해 내용을 뒷받침하는 문단
  → 예컨대, 예를 들어, 가령
- 부연 : 중심내용에 덧붙여 자세하게 설명하는 문단
  → 다시 말하면
- 전제 : 결론을 도출하기 위해 근거를 제시하는 문단
  → 왜냐하면 ~ 때문이다
- 연결 : 앞의 내용을 이어받거나 화제를 전환하는 문단
  → 또한, 뿐만 아니라, 그러나, 그런데, 그리고
- 강조 : 앞서 서술한 내용을 다시 언급하고 요약하는 문단
  → 즉, 요컨대

미니테스트

**02. 다음 서론을 참고할 때 본론에서 취할 글쓰기 태도로 가장 적절한 것은?**

한국 사회도 다원화되고 있다. 예전에 비해 다양한 사고와 가치가 공존하고 있다. 그러나 아직도 자신과 다른 생각이나 가치관에 대해 배타적 자세를 취하는 경우가 많이 나타난다. 그 결과 사회적으로 어떤 이슈가 있을 때 국론이 분열되어 격렬하게 대립되는 상황도 생기곤 한다. 이런 문제점을 그대로 방치한다면 장래 우리들에게 큰 위기로 다가올 수 있다.

① 문제점을 해결할 수 있는 방책을 제시하고 타당성을 논의한다.
② 시간의 흐름과 더불어 상황이 어떤 식으로 변해 왔는지를 일목요연하게 정리한다.
③ 대립되는 두 대상이 어떻게 다른지를 살피고 차이가 나타난 원인을 제시한다.
④ 여러 사례들을 나열한 후 공통적인 것끼리 묶어서 분류한다.
⑤ 동일한 상황 속에 담긴 상반된 의미를 추출하여, 각각에 대해 자세히 고찰한다.

정답 ①

해설 본문에서는 우리나라가 다원화 사회가 되면서 생기는 문제점을 해결하기 위한 방법을 제시하고 그 방법이 타당한지에 대해 논의하는 것이 가장 적절하다.

## 2 글의 유형

### (1) 논설문

① 정의 : 문제에 대한 자신의 주장이나 의견을 논리정연하게 펼쳐서 정당성을 증명하거나 자기가 원하는 방향으로 독자의 생각이나 태도를 변화시키기 위해 쓰는 글

② 요건 : 명제의 명료성과 공정성, 논거의 확실성, 추론의 논리성, 용어의 정확성

③ 논설문의 유형

| 구분 \ 유형 | 설득적 논설문 | 논증적 논설문 |
|---|---|---|
| 목적 | 상대편을 글쓴이의 의견에 공감하도록 유도 | 글쓴이의 사고, 의견을 정확한 근거로 증명 |
| 방법 | 지적인 면과 감정적인 부분에 호소 | 지적인 면과 논리적인 부분에 호소 |
| 언어 사용 | 지시적인 언어를 주로 사용하지만 때로는 함축적 언어도 사용 | 지시적인 언어만 사용 |
| 주제 | 정책 명제 | 가치 명제, 사실 명제 |
| 용례 | 신문의 사설, 칼럼 | 학술 논문 |

④ 독해 요령

- 사용된 어휘가 지시적 의미임을 파악하며 주관적인 해석이 생기지 않도록 한다.
- 주장 부분과 증명 부분을 구분하여 필자가 주장하는 바를 올바로 파악해야 한다.
- 필자의 견해에 오류가 없는지를 살피는 비판적인 자세가 필요하다.
- 지시어, 접속어 사용에 유의하여 필자의 논리 전개의 흐름을 올바로 파악한다.
- 필자의 주장, 반대 의견을 구분하여 이해하도록 한다.
- 논리적 사고를 통해 읽음으로써 필자의 주장한 바를 이해하고 나아가 비판적 자세를 통해 자기의 의견을 세울 수 있어야 한다.

### (2) 설명문

① 정의 : 어떤 사물이나 사실을 쉽게 일러주는 진술 방식으로 독자의 이해를 돕는다.

② 요건

- 논리성 : 내용이 정확하고 명료해야 한다.
- 객관성 : 주관적인 의견이나 주장이 배제된 보편적인 내용이어야 한다.
- 평이성 : 문장이나 용어가 쉬워야 한다.
- 정확성 : 함축적 의미의 언어를 배제하고 지시적 의미의 언어로 기술해야 한다.

③ 독해 요령 : 추상적 진술과 구체적 진술을 구분해 가면서 주요 단락과 보조 단락을 나누고 배경 지식을 적극적으로 활용하며 단락의 통일성과 일관성을 확인한다. 또한 글의 설명 방법과 전개 순서를 파악하며 읽는다.

### (3) 기사문

① 정의 : 생활 주변에서 일어나는 사건을 발생 순서에 따라 객관적으로 쓰는 글로 육하원칙에 입각하여 작성한다.

② 특징 : 객관성, 신속성, 간결성, 보도성, 정확성

③ 형식

- 표제 : 내용을 요약하여 몇 글자로 표현한 것이다.
- 전문 : 표제 다음에 나오는 한 문단 정도로 쓰인 부분으로 본문의 내용을 육하원칙에 의해 간략하게 요약한 것이다.
- 본문 : 기사 내용을 구체적으로 서술한 부분이다.
- 해설 : 보충 사항 등을 본문 뒤에 덧붙이는 것으로 생략 가능하다.

④ 독해 요령 : 사실의 객관적 전달에 주관적 해설이 첨부되므로 사실과 의견을 구분하여 읽어야 하며 비판적이고 주체적인 태도로 정보를 선별하는 것이 필요하다. 평소에 신문 기사를 읽고 그 정보를 실생활에서 재조직하여 활용하는 자세가 필요하다.

### (4) 보고문

① 정의 : 조사 · 연구 등의 과정이나 결과를 보고하기 위하여 쓰는 글이다.

② 특징 : 객관성, 체계성, 정확성, 논리성

③ 작성 요령 : 독자를 정확히 파악, 본래 목적과 범위에서 벗어나지 않도록 하며 조사한 시간과 장소를 정확히 밝히고 조사자와 보고 연 · 월 · 일을 분명히 밝힌다.

### (5) 공문서

① 정의 : 행정 기관에서 공무원이 작성한 문서로 행정상의 일반적인 문서이다.

② 작성 요령 : 간단명료하게 작성하되 연 · 월 · 일을 꼭 밝혀야 하며 중복되는 내용이나 복잡한 부분이 없어야 한다.

③ 기능

- 의사 전달의 기능 : 조직체의 의사를 내부나 외부로 전달해 준다.
- 의사 보존의 기능 : 업무 처리 결과의 증거 자료로서 문서가 필요할 때나 업무 처리의 결과를 일정 기간 보존할 필요가 있을 때 활용한다.
- 자료 제공의 기능 : 문서 처리가 완료되어 보존된 문서는 필요할 때 언제든지 다시 활용되어 행정 활동을 촉진한다.

## 3 다양한 분야의 글

### (1) 인문

① 정의 : 인간의 조건에 관해 탐구하는 학문. 자연 과학과 사회 과학이 경험적인 접근을 주로 사용하는 것과는 달리 분석적이고 비판적이며 사변적인 방법을 폭넓게 사용. 인문학의 분야로는 철학과 문학, 역사학, 고고학, 언어학, 종교학, 여성학, 미학, 예술, 음악, 신학 등이 있음.

**03. 다음은 연설문의 일부이다. 화자의 논지 전개 방식으로 가장 적절한 것은?**

> 조금만 생각하면 우리의 환경을 위해 할 수 있는 일이 아주 많습니다. 먼저 일회용 물품들을 사용하지 않도록 합시다. 우리가 잠깐 쓰고 버리는 일회용 물품들 중에는 앞으로 오백 년 동안 지구를 괴롭히게 되는 것도 있다고 합니다. 평소에 일회용 도시락과 종이컵을 사용하지 않는 것도 우리들이 어렵지 않게 지구를 보호할 수 있는 방법 가운데 하나입니다.

① 문제 해결을 위한 사례를 제시하고 있다.
② 문제 해결을 위한 방법을 제시하고 있다.
③ 문제 해결을 위한 기존의 방법과는 다른 대안을 제시하고 있다.
④ 문제 해결을 위한 사례의 장단점을 분석하고 있다.

정답 ②

해설 글쓴이는 문제 해결을 위한 방법으로 '일회용 물품 사용하지 않기'를 제시하고 있다.

미니테스트

**04. 다음 글의 논리적 구조로 가장 옳은 것은?**

> 자유란 한 개인이 스스로 판단하고 행동하며 그 결과에 대해 책임질 수 있는 능력을 의미한다. 그러한 능력을 극대화하기 위해서는 개인이 사회적인 여러 제약들, 가령 제도나 권위, 혹은 억압으로부터 어느 정도의 거리를 유지하지 않으면 안 된다. 그러나 그 거리가 확보되면 될수록 개인은 사회로부터 고립되고 소외당한다. 이와 같이 새롭게 나타난 고독감이나 소외감, 무력감이나 불안감으로부터 벗어나기 위해 자유로부터의 도피를 감행하게 된다.

① 원인－결과 ② 보편－특수
③ 일반－사례 ④ 주장－근거

정답 ①

해설 자유를 얻기 위해 위험에 노출되고 다시 자유로부터 도피하는 결과가 나타난다고 이야기한다. 그러므로 이 글은 '원인－결과'의 구조로 이루어져 있다.

② 출제분야

| | |
|---|---|
| 역사 | 시대에 따른 사회의 변화 양상을 밝히거나 특정한 분야의 변화양상을 중심으로 기술되는 경우가 있음. 또한 역사를 보는 관점이나 가치관, 역사 기술의 방법 등을 내용으로 하는 경우도 있음. |
| 철학 | 인생관이나 세계관을 묻는 문제가 많음. 인간의 기본이 되는 건전한 도덕성과 올바른 가치관의 함양을 통한 인간됨을 목표로 함. |
| 종교 및 기타 | 종교, 전통, 사상 등 다양한 종류의 지문이 출제됨. 생소한 내용의 지문이 출제되더라도 연구의 대상이 무엇인지 명확히 파악하면 쉽게 접근할 수 있으며, 추상적 개념이나 어려운 용어의 객관적인 뜻에 얽매이지 말고 문맥을 통해 이해해야 함. |

### (2) 사회

① 정의 : 일정한 경계가 설정된 영토에서 종교 · 가치관 · 규범 · 언어 · 문화 등을 상호 공유하고 특정한 제도와 조직을 형성하여 질서를 유지하는 인간집단에 관한 글

② 출제 분야

| | |
|---|---|
| 정치 | 정치학의 지식을 이용함으로써 정치 체계를 이해함. 다양한 정치 이론과 사상, 정치 제도, 정당 집단 및 여론의 역할, 국제 정치의 움직임 등에 관심을 갖고 이에 대한 비판적인 인식을 길러야 함. |
| 경제 | 재화와 용역을 생산, 분배, 소비하는 활동 및 그와 직접 관련되는 질서와 행위의 총체로서 우리 생활에 매우 큰 영향을 미치는 사회 활동. 경제 교육의 중요성이 대두되고 있는 시점에서 출제 빈도도 높으므로 이론적인 것만이 아닌 실생활과 결부된 경제 지식이 요구됨. |
| 문화 | 문화 일반에 관한 설명과 더불어 영화, 연극, 음악, 미술 등 문화의 구체적인 분야에 대한 이해, 전통문화와 외래문화, 혹은 대중문화와의 관계에 대한 논의 등이 폭넓게 다루어지고 있음. |
| 국제 / 여성 | 국제적인 사건이나 변동의 추세를 평소에 잘 파악해 두고 거시적인 안목으로 접근해야 함. 사회에서 여성의 지위나 역할 등에 대한 이해와 글쓴이의 견해 파악이 중요함. |

### (3) 과학 · 기술

① 정의 : 과학이란 자연에서 보편적 진리나 법칙의 발견을 목적으로 하는 체계적 지식을 의미. 생물학이나 수학과 관련된 지문들이 주로 출제됨. 또한 과학사의 중요한 이론이나 가설 등에 대한 설명이 출제되며, 경우에 따라 현재 사회적 문제가 되고 있는 과학적 현상에 대한 지문도 출제될 수 있음.

② 출제 분야

| | |
|---|---|
| 천체 · 물리 | 우주 및 일반 물리 현상에 관한 설명이나 천문 연구의 역사 등을 내용. 우리나라 역사에 나타난 천문 연구에 대한 글들도 많이 제시되고 있음. 천체/물리 제재는 기초 이론에 대한 설명 위주의 글이 주로 제시되며, 낯선 개념을 접하게 되므로 지문의 내용을 파악하는 문제가 주로 출제됨. |

| | |
|---|---|
| 생물 · 화학 | 생물의 구조와 기능을, 화학은 물질의 화학 현상과 그 법칙성을 실험 관찰에 의하여 밝혀내는 학문. 최근 유전자 연구가 활발히 진행됨에 따라 윤리의식과 그에 관한 시사적 내용이 다루어질 가능성이 크며, 실생활과 관련하여 기초 과학의 이론도 충분히 검토해야 함. |
| 컴퓨터 | 계산, 데이터 처리, 언어나 영상 정보 처리 등에 광범위하게 이용되고 있으므로 컴퓨터를 활용한 다른 분야와의 관계를 다룬 통합형 지문이 출제될 수 있음에 주의를 기울여야 함. |
| 환경 | 일상생활에 직접 영향을 미치는 환경오염 문제를 비롯해 생태계 파괴나 지구 환경 문제 등을 내용으로 함. 환경 관련 지문은 주로 문제 현상에 대한 설명을 통해 경각심을 불러일으키고자 하는 의도나 환경 문제의 회복을 위한 여러 대책에 관한 설명이 위주가 되므로 제시된 글의 정보를 정확하게 파악하는 것이 중요함. |
| 과학사 | 과학 분야 전반에 걸친 내용들을 다루는 지문으로 주로 가설이나 과학적 현상의 기원, 과학 이론 등 과학적 현상이나 이론에 대한 설명을 위주로 한 지문이 많음. |

**(4) 예술**

① 정의 : 원래 기술(技術)과 같은 의미를 지닌 어휘로서 어떤 물건을 제작하는 기술능력을 가리킴. 예술(藝術)이라는 한자에서 '예(藝)'에는 '심는다(種, 樹)'는 의미가 있으며, 그것은 '기능(機能), 기술(技術)'을 의미함. 예술 제재는 일반적 예술론을 다루는 원론적 성격이 강한 글과 구체적인 예술 갈래나 작품 또는 인물에 대한 비평이나 해석을 다룬 각론적이고 실제적인 성격의 글이 번갈아 출제됨.

② 출제 분야

| | |
|---|---|
| 음악 | 전통적으로 미술과 더불어 예술 지문 중 비교적 비중이 큰 영역. 현대 생활과 연관된 음악의 역할은 물론 동 · 서양의 음악, 한국 전통 음악에 대한 관심도 필요함. |
| 미술 · 건축 | 건축, 조각, 회화 및 여러 시각적 요소들을 포함한 다양한 장르와 기법이 있음을 염두에 두고 관심을 둘 필요가 있음. 미술은 시대정신의 표현이며, 인간의 개인적 · 집단적 행위를 반영하고 있음을 상기해야 함. |
| 연극 · 영화 | 사회의 변화를 민감하게 반영하며, 대중과의 공감을 유도한다는 측면에 관심을 갖고 매체의 특징을 살펴보는 작업이 중요함. |
| 스포츠 · 무용 | 스포츠나 무용 모두 원시시대에는 종교의식이나 무속 행사의 형태로 존재하다가 점차 전문적이고 세부적인 분야로 나뉘게 됨. 따라서 다양한 예술 분야의 원시적 형태와 그에 포함된 의식은 물론 보다 세련된 형태로 발전된 예술 분야들의 전문성 및 현대적 의미와 가치에 대해 고찰해볼 필요가 있음. |
| 미학 | 근래에는 미적 현상의 해명에 사회학적 방법을 적용시키거나 언어분석 방법을 미학에 적용하는 등 다채로운 연구 분야가 개척되고 있으므로 고정된 시각이 아니라 현대의 다양한 관점에서 미를 해석하고 적용할 수 있어야 함. |

▶ 정답과 해설 10쪽

# 출제유형문제연습

## 유형 01 개요 · 보고서 / 직무해결

본론의 상위 항목 확인!
전개 과정 중요성－문제점－해결방안
↓
자주 나오는 핵심어 포착!
• 핵심어 : 초등학교, 체육교육
↓
핵심어가 포함되지 않는 선택지 가장 먼저 소거

**01.** 다음 개요에 어울리는 제목은 무엇인가?

> 제목 : ____________________
> Ⅰ. 서론 : 초등학교 체육교육의 중요성
> Ⅱ. 본론
> 1. 우리나라 초등학교 체육교육의 문제점
> 1) 교사의 체육에 대한 낮은 의식 수준과 무사안일주의식 수업 관리
> 2) 기능 전수 위주의 획일적인 체육수업
> 3) 체육관, 수영장 및 체육 기구 등 시설의 부족
> 2. 방안
> 1) 체육교사의 의식 및 행동 개선
> 2) 체육교과서 개선 및 다양한 평가 기준을 통한 창의적 교육 확립
> 3) 체육시설의 확충
> Ⅲ. 결론 : 초등학생의 전반적인 성장과 발달에 공헌할 수 있는 체육교육의 확립

① 우리나라 초등학교 체육교육의 실태
② 우리나라 초등학교 교육의 문제점과 대책
③ 우리나라 초등학교 체육교육의 문제점 및 해결방안
④ 올바른 신체적 성장을 촉진할 수 있는 체육교육 방안
⑤ 올바른 초등학교 체육교육을 위한 관심 촉구

02. 다음 개요를 수정하기 위한 방안으로 적절하지 않은 것은?

> 제목 : 다문화 가정 지원서비스의 문제점 및 개선 방안
> Ⅰ. 서론 : 근 10년간 다문화 가정의 증가 실태
> Ⅱ. 본론
> 1. 다문화 가정의 개념
> 1) 다문화 가정의 출현 배경
> 2) 다문화 가정의 종류
> 2. 국내 다문화 가정 지원 현황
> 1) 공공기관 및 제도적 차원
> 2) 사단법인, 사회단체(NGO 등) 차원
> 3) 선진국의 다문화 가정 지원 사례 조사
> 3. 다문화 가정 지원서비스의 문제점
> 1) 다문화 가정 정책수립의 체계성 부족
> 2) 다문화 가정 구성원의 취업 및 자립지원 미흡
> 3) 자녀세대 성장지원 미흡
> 4) 주변의 냉대와 차별
> 4. 다문화 가정 지원서비스의 개선방안
> 1) 다문화 가정 정책수립의 체계성 강화
> 2) 다문화 가정 취업 및 자립지원 강화
> 3) 다문화 자녀의 학교 적응교육 및 글로벌 인재 육성 강화
> Ⅲ. 결론

① 본론의 1은 논의하고자 하는 쟁점의 배경지식에 해당하므로 서론으로 이동하여 다문화 가정의 증가 실태와 연관지어 다룬다.

② 본론의 '2-3) 선진국의 다문화 가정 지원 사례 조사'는 4의 하위항목으로 이동한다.

③ 본론의 '3-4) 주변의 냉대와 차별'은 3의 하위항목으로 적절하지 않으므로 결론으로 이동한다.

④ 본론의 '4-1) 다문화 가정 정책수립의 체계성 강화'를 구체화하여 '4-1) 출신국가별, 지역별 맞춤형 서비스 제공'으로 수정한다.

⑤ 결론에 '다문화 가정 정착을 통한 국가의 글로벌 경쟁력 강화'를 덧붙인다.

**이것 만은 꼭**

제목은 주제와 연결되어 있는 경우가 많으므로 우선 제목을 파악하고 제목에서 나타난 항목들이 본론에 언급되어 있는지 확인한다. 이 글의 제목은 '다문화 가정 지원서비스의 문제점 및 개선 방안'이므로 다문화 가정 지원 서비스의 문제점과 개선 방안이 본론에 빠지지 않았는지 확인한다.

**해결전략**

이 문제에서는 H 과장의 피드백에 따라 메일을 수정해야 하는 문제이므로 메일 수정사항에 관한 내용을 먼저 확인한 후 그 내용에 따라 바르게 수정되었는지를 판단하여야 한다.

**03.** S 사원이 각 해외지사에 보낼 메일을 검토한 H 과장이 다음과 같은 피드백을 해 주었다. 이에 따라 메일을 수정하고자 할 때 옳지 않은 것은?

| 발신인 | 해외영업팀 S 사원 |
|---|---|
| 발신일 | 20X8-12-30 (월) 오전 10 : 38 : 57 |
| 수신인 | 하노이지사, 쿠알라룸푸르지사, 양곤지사, 뉴델리지사, 워싱턴지사, 로스앤젤레스지사, 밴쿠버지사, 토론토지사 |
| 제목 | 본사 해외영업팀입니다. |

안녕하십니까?

벌써 20X8년 한 해가 다 가고 있는데 타지에서 다들 건강히 잘 지내고 계신지요.

올해도 매년 그러했듯이 20X9년 해외지사장 회의를 소집하려고 합니다. 각 지사에서는 올해 사업실적에 대한 분석 및 평가서와 업무협의 및 운영방침에 따른 보고서를 작성하여 회의 참석 시 지참해 주시기 바랍니다.

그리고 이번 회의에서는 최근 해외지사 사업 실적이 적자로 돌아섬에 따라 이와 관련한 대책 회의가 함께 진행될 예정입니다. 따라서 각 지사에서 제공해 주신 월별 업무실적이 공개될 예정이며, 혹시 이에 대한 관련 자료가 있으시다면 같이 준비해 주시고 본사에 요청할 것이 있다면 문의주시기 바랍니다.

또한 각 지사에서는 지사장님들의 입국 일자 및 관련 정보를 확인하시어 저희에게 알려주신다면 감사하겠습니다. 새해 복 많이 받으십시오.

[회의 일정] 20X9년 01월 23일(목) K 기업 서울본사 2층 대회의실
[보고 사항] 각 지사의 사업실적 분석 자료
[논의 사항] 해외 지사 사업 실적, 영업 적자 실태 확인 및 대응 방안

H 과장 : 우선 업무 관련 메일인 만큼 보내는 사람이 누구인지 소속과 이름을 밝히고, 메일 제목은 메일의 요점에 맞게 다시 작성하세요. 그리고 회의 일정은 정확하게 알려드리고, 보고 사항은 메일 내용의 핵심이 포함되어야 해요. 또한 메일을 보내기 전에 문맥과 맞춤법 다시 확인하는 거 잊지 마십시오.

① 메일의 제목을 '본사 해외영업팀입니다.'에서 메일 내용의 요점이 되는 '20X9년 해외지사장 회의 관련 안내'로 수정한다.

② 메일 상단의 '안녕하십니까' 다음에 'K 기업 서울본사 해외영업팀 사원 S입니다.'를 추가한다.

③ 회의의 시작 시간을 확인하여 회의 일정에 정확한 회의 시간을 함께 명시한다.

④ 문맥을 자연스럽게 하기 위해서 '또한 각 지사에서는 지사장님들의 입국 일자 및 관련 정보를 확인~'을 앞 문단에 연결한다.

⑤ 메일 내용을 요약하기 위해 보고 사항에 '및 운영방침 보고서'를 추가한다.

**04.** 다음은 '과학 기술자의 책임과 권리'에 대한 개요이다. ㉠, ㉡을 활용하여 항목을 수정하거나 새로운 항목을 추가하려고 할 때, 그 내용으로 알맞은 것은?

〈개요〉

Ⅰ. 서론 : 과학 기술의 사회적 영향력에 대한 인식
Ⅱ. 본론
  1. 과학 기술자의 책임
    가. 과학 기술 측면 : 과학 기술 개발을 위한 지속적인 노력
    나. 윤리 측면 : 사회 윤리 의식의 실천
  2. 과학 기술자의 권리
    가. 연구의 자율성을 보장받을 권리
    나. 비윤리적인 연구 수행을 거부할 권리
Ⅲ. 결론 : 과학 기술자의 책임 인식과 권리 확보의 중요성

㉠ A 신문에 실린 기사

○○ 연구소에서 일어난 실험실 폭발 사고는 우리나라 젊은 과학 기술자들이 얼마나 열악한 환경에서 연구하고 있는지를 잘 보여준 사례이다. 연구소의 연구원을 대상으로 조사한 결과, 응답자의 약 40%가 실험실에서 안전사고를 겪은 경험이 있다고 답변했다.

㉡ 과학 기술자의 처우 개선과 권리신장에 관한 설문조사 결과

| 개선 희망 사항 | 응답률 |
|---|---|
| 경제적 처우 개선 | 42% |
| 연구 환경 개선 | 35% |
| 사회·문화적 인식 개선 | 11% |
| 중년 이후에도 일할 권리 | 6% |
| 기타 | 6% |

① 'Ⅱ-1-가'에 '위험 요소를 줄일 수 있는 과학 기술 개발'을 추가한다.
② 'Ⅱ-1-나'에 '실험실 안전사고에 대한 윤리적 책임'을 추가한다.
③ 'Ⅱ-2-가'에 '위험한 실험을 거부할 수 있는 권리'를 추가한다.
④ 'Ⅱ-2'의 하위 항목으로 '안전하고 개선된 환경에서 연구할 수 있는 권리'를 추가한다.
⑤ 'Ⅱ-2-나'를 과학 선진국 등 '해외 유학 장려를 요구할 권리'로 수정한다.

> **학습 TIP**
>
> 직장에서 요구되는 문서이해 능력은 문서나 자료에 수록된 정보를 확인하여 알맞은 정보를 구별하고 비교하여 통합할 수 있는 능력을 가리킨다. 따라서 문서에서 주어진 문장이나 정보를 읽고 자신에게 필요한 행동을 추론할 수 있는 능력이 필요하다.

## 유형 02 추론

**이것만은 꼭**

글에 직접적으로 제시되어 있지는 않지만 지문의 내용을 근거로 삼아 다른 판단을 이끌어 내야 하므로 개인적 견해를 배제하고 지문의 내용을 통해서만 판단해야 한다.

**05.** 다음 글의 전제로 알맞은 것은?

> 19세기 중반 화학자 분젠은 버너 불꽃의 색을 제거한 개선된 버너를 고안함으로써 물질의 불꽃색을 더 잘 구별할 수 있도록 하였다. 하지만 두 종류 이상의 금속이 섞인 물질의 불꽃은 색깔이 겹쳐 분간이 어려웠다. 이에 물리학자 키르히호프는 프리즘을 통한 분석을 제안했고 둘은 협력하여 불꽃의 색을 분리시키는 분광분석법을 창안했다.
>
> 그들은 불꽃 반응에서 나오는 빛을 프리즘에 통과시켜 띠 모양으로 분산시킨 후 망원경을 통해 이를 들여다보는 방식으로 실험을 진행하였다. 이 방법을 통해 그들은 알칼리 금속과 알칼리 토금속의 스펙트럼을 체계적으로 조사하여 그것들을 함유한 화합물들을 찾아내었다. 이 과정에서 그들은 특정한 금속의 스펙트럼에서 띄엄띄엄 떨어진 밝은 선의 위치는 그 금속이 홑원소로 존재하든 다른 원소와 결합하여 존재하든 불꽃의 온도와 상관없이 항상 같다는 결론에 도달하였다. 이 방법의 유효성은 그들이 새로운 금속 원소인 세슘과 루비듐을 발견함으로써 입증되었다.

① 물질은 고유한 불꽃색을 가지고 있어 불꽃색을 통해 물질을 구별할 수 있다.

② 전통적인 분석 화학의 방법에 의존하면 정확하게 화합물의 원소를 판별해 낼 수 있다.

③ 19세기 중반 과학계에서는 불꽃 반응과 관련된 실험이 성행하고 있었다.

④ 분광 분석법의 창안은 과학사에 길이 남을 업적이다.

⑤ 세 종류 이상의 금속이 섞인 물질의 불꽃색은 분간할 수 없다.

**06.** 다음 글을 읽고 추론할 수 없는 것은?

커피에서 카페인 성분을 없애고 커피의 맛과 향을 그대로 즐길 수 있는 커피를 디카페인 커피(decaffeinated coffee)라고 한다. 카페인에 민감한 사람들도 흔히 즐길 수 있어 디카페인 커피의 소비량이 날로 증가하고 있다.

하지만 디카페인 커피라고 해서 카페인이 전혀 없는 것은 아니다. 디카페인 커피로 분류되는 국제기준은 대략 97% 이상의 카페인이 추출된 커피이다. 따라서 디카페인 커피 한잔에는 보통 10mg 이하의 카페인이 함유되어 있다.

수많은 화학 물질이 함유된 커피 원두에서 카페인만 추출해 내는 작업은 쉬운 일이 아니다. 카페인을 제거하는 방법에는 물을 이용하는 방법, 용매를 이용하는 방법, 초임계 이산화탄소 추출을 이용하는 방법 등 다양한 방법이 있다. 이 중에서 물을 이용하는 방법은 스위스에서 1930년대에 개발된 것으로, 안전하고 열에 의한 원두의 손상이 상대적으로 덜 받기 때문에 널리 쓰이고 있다. 물을 이용하여 카페인을 제거하는 방식은 커피 원두를 용매에 직접 닿게 하는 대신 물에 닿게 하여 카페인을 제거하는 것인데 이는 카페인이 물에 잘 녹는 성질을 이용한 것이다. 커피 원두를 뜨거운 물에 넣어 두면 카페인과 같은 여러 가지 성분들이 추출되는데 이 추출된 용액을 활성탄소로 가득 채운 관에 통과시켜 카페인만을 분리한다. 이 용액에 새 커피 원두를 담그면 카페인만 녹아 나오게 된다. 이러한 과정을 거친 원두를 말리고 볶으면 카페인이 없는 커피 원두가 된다.

커피가 건강에 미치는 영향에 대해서는 수많은 연구와 논란이 있지만 이미 커피는 많은 사람들의 기호 식품이 되었다. 개인의 특성에 맞게 카페인의 강하고 약한 정도를 적절히 조절하여 섭취한다면 많은 연구 결과에서처럼 다이어트나 노화 방지, 집중력 향상 등의 효과를 볼 수 있을 것이다.

① 카페인에 민감한 사람들도 커피를 마시고 싶다면 디카페인 커피를 마시면 된다.
② 용매를 이용하여 카페인을 제거하는 방법은 물을 이용하는 것보다 원두의 손상도가 크다.
③ 활성탄소는 커피 원두에 있는 여러 가지 성분들 중에서 카페인만을 분리해 낸다.
④ 커피 원두를 물에 담가 두는 시간에 따라 커피의 맛과 향이 결정된다.
⑤ 자신의 몸에 알맞은 커피 섭취를 한다면 건강하게 커피를 즐길 수 있을 것이다.

해결전략

글을 읽을 때 중요한 부분에 동그라미를 치거나 줄을 그어서 한 눈에 알아볼 수 있도록 한다.

## 07. 다음 글을 읽고 추론할 수 없는 것은?

표면장력은 에너지적인 측면과 힘적인 측면으로 설명할 수 있다. 먼저 에너지적인 측면에서 살펴보겠다. 물방울의 단면을 잘랐을 때 물분자들이 사각형 모양으로 나란히 배열되어 있다고 가정해 보자. 이때 물분자들을 내부 분자와 최외곽 분자로 구분할 수 있다. 내부 분자는 상하좌우로 모두 4개의 분자와 결합을 하고 있지만 최외곽층의 분자는 결합이 불완전하다. 맨 위에 위치하는 분자일 경우 아래와 좌우에는 결합할 분자들이 존재하지만 위쪽에는 분자가 존재하지 않기 때문이다. 따라서 최외곽층의 분자들, 즉 표면에 있는 물분자들은 최대로 결합할 수 있는 수보다 적게 결합하게 되므로 더 결합할 가능성을 남겨 두고 있다. 이를 '에너지가 높은 상태' 혹은 '반응성이 크다'고 이야기한다. 따라서 표면 쪽에 있는 물분자는 내부 분자보다 에너지적으로 더 높은 상태에 있고, 그들은 이 에너지를 낮추고 싶어 한다. 최외곽층 분자도 내부 분자처럼 4개의 분자와 결합하고 싶어 하기 때문이다. 이것이 표면에 있는 원자가 외부의 물질을 끌어당기는 이유이며, 이를 표면장력이라고 한다.

힘적인 측면에서도 표면장력을 설명할 수 있다. 앞서 했던 가정을 그대로 이용해보자. 액체의 내부에 있는 물분자들은 서로 밀고 당기는 인력과 척력이 균형을 이루고 있으므로 분자력은 0으로 안정되어 있다. 반면에 공기와 접촉하는 최외곽층의 물분자일 경우, 계면(서로 다른 물질이 접하는 경계)에서는 힘이 작용하지 않고 액체 내부에 있는 분자와의 인력만 존재한다. 계면에는 물분자가 존재하지 않아서 인력이 작용하지 않기 때문이다. 이때의 최외곽 분자는 내부로 잡아당기는 힘만 존재하므로 내부 물분자들에 비해 상대적으로 덜 안정되어 있다. 물분자 간 인력의 균형이 액체의 표면 부근에서 깨지기 때문이다. 따라서 이곳에 있는 분자는 안정상태로 가기를 원하게 되고 물방울은 공기와 접촉된 표면에 가급적이면 물분자를 최소로 노출시켜야 최대로 안정한 상태를 유지할 수 있다. 위와 마찬가지로 표면장력이 발생하게 되는 것이다.

에너지적인 측면과 힘적인 측면에서 물방울을 보았을 때 둘 모두 표면장력이 작용함을 볼 수 있었다. 이와 같이 표면장력이 작용하게 되면 물방울은 그 결과로 구의 형태를 띠게 된다. 주어진 부피에서 표면적을 가장 최소로 하는 기하학 도형이 바로 구이기 때문이다. 따라서 물방울이 구 모양을 유지하는 것은 표면장력에 따른 자연스러운 결과인 셈이다.

① 내부 물분자는 주변 분자들과의 결합이 완전하게 이루어진다.

② 내부 물분자는 상대적으로 에너지가 낮고 반응성이 작은 상태이다.

③ 최외곽층 물분자의 분자력은 0이 아니다.

④ 물방울이 구 모양인 것은 기체와 접촉되는 물분자의 수를 최소로 하려하기 때문이다.

⑤ 내부 물분자의 계면은 최외곽층 물분자의 계면보다 넓다.

## 유형 03 주제 및 중심내용

**08.** 다음 글의 주제로 알맞은 것은?

전쟁을 다룬 소설 중에는 실재했던 전쟁을 제재로 한 작품들이 있다. 이런 작품들은 허구를 매개로 실재했던 전쟁을 새롭게 조명하고 있다. 가령, 『박씨전』은 패전했던 병자호란을 있는 그대로 받아들이고 싶지 않았던 조선 사람들의 욕망에 따라, 허구적 인물 박씨가 패전의 고통을 안겼던 실존 인물인 용골대를 물리치는 장면을 중심으로 허구화되었다. 외적에 휘둘린 무능한 관군 탓에 병자호란 당시 여성은 전쟁의 큰 피해자였다. 『박씨전』에서는 이 비극적 체험을 재구성하여 전화를 피하기 위한 장소인 피화당(避禍堂)에서 여성 인물과 적군이 전투를 벌이는 장면을 설정하고 있다. 이들 간의 대립 구도에서 전개되는 이야기로 조선 사람들은 슬픔을 위로하고 희생자를 추모하며 공동체로서의 연대감을 강화하였다. 한편 『시장과 전장』은 한국 전쟁이 남긴 상흔을 직시하고 이에 좌절하지 않으려던 작가의 의지가, 이념 간의 갈등에 노출되고 생존을 위해 몸부림치는 인물을 통해 허구화되었다. 이 소설에서는 전장을 재현하여 전쟁의 폭력에 노출된 개인의 연약함이 강조되고, 무고한 희생을 목도한 인물의 내면이 드러남으로써 개인의 존엄이 탐색되었다.

우리는 이런 작품들을 통해 전쟁의 성격을 탐색할 수 있다. 두 작품에서는 외적의 침략이나 이념 갈등과 같은 공동체 사이의 갈등이 드러나고 있다. 그런데 전쟁이 폭력적인 것은 이 과정에서 사람들이 죽기 때문만은 아니다. 전쟁의 명분은 폭력을 정당화하여 적의 죽음은 불가피한 것으로, 우리 편의 죽음은 불의한 적에 의한 희생으로 간주된다. 전쟁은 냉혹하게도 아군, 적군 모두가 민간인의 죽음조차 외면하거나 자신의 명분에 따라 이를 이용하게 한다는 점에서 폭력성을 띠는 것이다.

두 작품에서 사람들이 죽는 장소가 군사들이 대치하는 전선만이 아니라는 점도 주목된다. 전쟁터란 전장과 후방, 가해자와 피해자가 구분되지 않는 혼돈의 현장이다. 이 혼돈 속에서 사람들은 고통 받으면서도 생의 의지를 추구해야 한다는 점에서 전쟁은 비극성을 띤다. 이처럼 전쟁의 허구화를 통해 우리는 전쟁에 대한 인식을 새롭게 할 수 있다.

① 문학에 반영되는 작가의 작품 세계
② 문학작품에 나타난 전쟁의 종류
③ 문학에서 허구화된 전쟁이 갖는 의미
④ 한국 소설에 나타난 전쟁의 비극성
⑤ 문학에 나타난 역사의 진위 여부 판단의 중요성

**학습 TIP**

글을 읽을 때에 세부내용과 중심내용을 구분하여 읽는 훈련을 한다. 글의 중심내용이나 핵심어에는 밑줄을 긋거나 기호를 사용하여 표시하는 훈련을 하여 글의 주제를 빠른 시간 내에 파악할 수 있도록 한다.

**One Point Lesson**

**주제 및 중심내용 찾기**

- 글을 읽을 때 주된 사항과 부가적인 사항을 구별하며 읽는다.
- 글에서 반복되어 나오는 핵심어와 화제는 반드시 체크해 둔다.
- 연역적 전개는 글의 앞부분에, 귀납적 전개는 글의 뒷부분에 오는 경우가 많음을 참고한다.

**09.** 다음 중 각 문단의 중심내용으로 적절하지 않은 것은?

(가) 정부와 공공기관은 수요공급의 조절이 어렵고 가격변동이 크게 발생하는 농산물의 가격 안정을 위하여 다양한 수급 안정 사업을 실시하고 있다. 하지만 정책처의 사업 분석에 의하면 유통 비용이 과다하게 발생되고, 채소류의 가격이 크게 변동하는 등의 문제점이 여전히 해소되고 있지 못한 상태이다. 문제점을 구체적으로 살펴보면 다음과 같다.

(나) 먼저 무의 경우 20kg당 연평균 도매가격이 20X4년 9,692원에서 20X6년 17,420원으로 80% 가량 상승한 것으로 나타났으며 배추의 경우 1kg당 연평균 가격이 20X4년 479원에서 20X6년 1,086원으로 2배 이상 상승했다. 이처럼 채소류의 가격 상승은 농산물의 안정적인 수급을 방해한다. 뿐만 아니라 농산물의 가격 변동 폭 또한 확대되고 있는 추세이다. 배추의 연도별 월 기준 최고, 최저 가격의 차이는 20X4년 1kg당 467원에서 20X6년 1,522원으로 커졌다.

(다) 더불어 농산물의 소비자가격 중 유통 비용이 차지하는 비율은 감소시킬 필요가 있다. 20X5년을 기준으로 농산물이 도매시장을 경유하는 경우 45.8%가 유통 비용으로 소요된 반면, 농가에서 유통센터로 직접 공급하는 경우에는 41.5%가 유통 비용으로 소요되었다. 직접 경로는 기존 도매시장 방식에 비해 간접비와 이윤이 낮기 때문에 유통 비용 감소에 도움이 되며, 그에 따라 농가가 수취하는 부분도 증가하여 농가 수취 개선에 큰 도움이 될 수 있다.

(라) 농산물 수급 안정 정책의 성과 개선을 위하여 정부와 공공기관은 위와 같은 문제점에 유의하여 정책을 수립해야 한다. 효과적인 정책 방안은 다음과 같다. 첫째, 채소류 농산물 가격 변동폭을 감소시키기 위해 계약 재배를 확대하고, 자조금을 활용하여 자율적 수급 조정 기능을 강화시키는 정책을 마련하는 것이 중요하다. 둘째, 농산물 유통 비용의 감소를 위해서 농가에서 직접 유통센터로 공급하는 신유통 경로를 적극 활용하여 유통 경로를 축소할 필요가 있다.

(마) 한편 WTO 협상 등의 국제 조약에 따라 농산물 수출 물류비 지원금이 감소될 예정이므로 이를 대체할 수 있는 간접적인 정책 지원 방식을 마련할 필요가 있다. 또한 수출 진흥 사업에서 수출 실적이 계획에 비해 저조하게 나타난 사례가 일부 있었으며, 수입비축 사업에서는 실제 필요 예산 대비 과소, 과다하게 계산된 경우가 발견되었으므로 구체적인 실태 조사를 통한 예산 조정이 요구된다.

① (가) 가격 인상을 위한 농산물 정책의 부작용
② (나) 농산물 가격의 상승과 변동폭 확대 추세
③ (다) 농산물 유통 과정 개선을 통한 유통 비용 절감 방안
④ (라) 농산물 수급 안정을 위한 정책 제안
⑤ (마) 효율적인 정책 지원 및 예산 조정의 필요성

10. 다음 중 (가), (나)의 중심내용과 관련이 없는 속담은?

(가) 광고는 소비자에게 정보를 전달하고, 반복적으로 상품 또는 브랜드를 노출시킴으로써 친근감과 신뢰도를 높이는 역할을 한다. 따라서 기업을 경영함에 있어 판촉을 위한 올바른 광고는 반드시 필요한 요소가 된다. 하지만 과대광고, 허위선전 등으로 선량한 소비자들을 현혹하는 일회성 경영 전략은 지양되어야 한다. 이와 같은 행위는 당장 눈앞의 이익을 목적으로 하는 경우가 많다. 갈택이어(竭澤而漁)라는 고사성어는 연못을 모두 말리고 고기를 잡는다는 뜻으로, 당장의 이익만 추구하여 수단과 방법을 가리지 않을 경우 곧 미래에 닥칠 재앙을 피할 수 없음을 뜻한다. 이처럼 중용을 잃은 과욕 경영은 한순간 기업의 이미지를 하락시키고, 소비자 스스로 등을 돌리는 결과를 초래할 수 있다.

(나) 조선 시대 도공(陶工) 우명옥은 방탕한 생활로 재물을 모두 탕진한 후 잘못을 뉘우치고 스승에게 돌아와 계영배(戒盈杯)라는 술잔을 만들었다. 가득 채움을 경계하는 잔이라는 의미를 지닌 이 술잔은 구멍을 뚫어 술이 일정하게 차면 저절로 새어 나가도록 고안된 것으로, 잔의 7할 정도만 채워야 온전하게 술을 마실 수 있어 절주배(節酒杯)라고도 불린다. 우명옥이 만든 계영배는 훗날 거상 임상옥에게 전해졌는데, 그는 이를 항상 옆에 두고 끝없이 솟구치는 과욕을 다스림으로써 후대에 이름을 남긴 청부(淸富)로 성공할 수 있었다고 한다.

① 말 타면 경마 잡히고 싶다.

② 욕심은 부엉이 같다.

③ 자기 배부르면 남의 배고픈 줄 모른다.

④ 토끼 둘을 잡으려다가 하나도 못 잡는다.

⑤ 말 위에 말을 얹는다.

해결전략

속담에 관한 문제는 글과 관련된 속담을 찾는 문제이다. 따라서 선택지에 제시된 속담을 먼저 파악한 후 글을 읽는 것이 효과적인 문제풀이 방법이다.

## 유형 04 세부내용 파악

**11. ㉠ ~ ㉤을 사실을 전달하는 진술과 의견을 전달하는 진술로 구분할 때, 사실 진술을 모두 고른 것은?**

㉠ 중세시기에 간질이나 정신이상을 치료하기 위한 뇌수술을 했다는 기록이 있다. 하지만 ㉡ 뇌에 이상이 있는 사람에게 뇌수술을 하였다는 것은 우연의 일치로 봐야 할 것 같다. 당시에는 이발사들이 수술하는 방법을 배우는 경우가 많았는데, 그 이유는 다음의 두 가지였다. 첫째, 그들이 면도용 칼을 잘 다룰 수 있다는 것이고 둘째, 의사들의 상당수가 흑사병으로 사망했기 때문이다. ㉢ 집시 이발사라고도 불리던 이들은 한 도시에 며칠씩 머무르며 환자들을 치료하였다. 그들은 환자들이 머리에 '미치는 돌'이 있어서 이상 행동을 하는 것이라고 보고 ㉣ 그 돌을 제거하면 병이 치료될 것이라고 믿었다. ㉤ 뇌에 대한 연구가 많이 진행된 현재의 관점에서 보면 참 어처구니없는 일이다. 이런 관점에서 현재 우리가 하고 있는 여러 가지도 먼 훗날 후손들이 보기에는 어떻게 보일지 알 수 없는 일이다.

① ㉠, ㉡ ② ㉠, ㉡, ㉢ ③ ㉠, ㉢, ㉣
④ ㉡, ㉢, ㉣ ⑤ ㉢, ㉣, ㉤

**12. 다음 글의 내용과 일치하지 않는 것은?**

욜로(YOLO)는 2011년, 미국의 인기가수 드레이크(Drake)의 노래 〈The Motto〉에서 등장한 노랫말이 화제가 되어 대중적으로 유행하기 시작했다. 대화 도중 화제를 전환할 때 쓰이던 'YOLO'의 의미가 드레이크에 의해 재조명된 것이다. 이후 미국의 오바마 전 대통령이 '오바마 케어(Obama Care)'를 알리기 위해 만든 영상에서 'YOLO'를 사용하면서 세계적인 신조어로 확산되었으며, 한국에서는 2015년 방영된 예능 프로그램 '꽃보다 할배'를 통해 소개되어 전국적으로 '욜로 열풍'이 불게 되었다.

욜로(YOLO)는 'You Only Live Once'의 약자로 '한번뿐인 인생, 혼자서라도 즐기자'라는 가치관이 담긴 신조어이다. 욜로 라이프를 실천하고 소비하는 욜로족은 많은 돈을 소유하는 것보다 가지고 있는 돈으로 현재 나의 삶을 윤택하게 만드는

**One Point Lesson**

주제 파악
- 종류 : 요지, 요점, 취지, 주제, 글쓴이의 주장
- 특징 : 글 전체를 정리하는 것
- 주의점 : 글쓴이의 주장과 그것을 보충하기 위한 설명 부분을 구분해야 함.

세부내용 파악
- 종류 : 내용 일치, 밑줄
- 특징 : 글의 일부와 일치
- 주의점 : 주장을 부차적으로 설명하는 내용의 선택지도 답이 될 수 있음.

것이 진정한 풍요라고 믿는다. 부자가 되기 위해 인내하고 절약하기보다는 지금 이 순간을 즐겁게 살 수 있는 경험을 소비하는 데 중점을 두는 것이다. 이처럼 부모세대의 전형적인 가치관에서 탈피한 욜로족들은 행복과 성공의 기준을 '나'로 삼고, 주변 환경에 연연하지 않은 채 자신에게 주어진 시간을 적극적으로 즐기는 삶을 살고자 한다.

욜로족의 욜로 라이프는 1코노미(1conomy)와 스몰 럭셔리(Small Luxury), 얼로너(Aloner) 등 다양한 형태로 우리 사회에 나타나고 있다. 1코노미는 '1인'과 영어 단어인 '이코노미(Economy)'의 합성어로 혼자만의 소비를 즐기는 방식을 뜻하며, 이는 가족 단위의 소비를 지향하던 과거와는 전혀 다른 형태의 소비 방식이라고 볼 수 있다. 다음으로 스몰 럭셔리는 작은 사치에 만족하는 소비 트렌드를 말하는데, 이는 고가의 명품보다는 상대적으로 저렴한 소품이나 화장품을 구매함으로써 작은 규모로나마 사치를 부리는 것이다. 마지막으로 얼로너는 사회에 적응하지 못하여 병적으로 고립된 과거의 히키코모리와는 달리, 내가 좋아서 자발적인 고립을 택하는 사람들을 뜻한다. 그들은 '나'라는 주체의 본능과 욕구에 충실하기 때문에 혼밥이나 혼술, 혼놀을 부끄러움이 아닌 나를 위한 즐거운 행위로 여긴다. 이처럼 1코노미와 스몰 럭셔리, 얼로너는 지금 이 순간 나의 행복을 위해 투자하는 욜로족의 성향과 잘 맞아 떨어지는 사회적 형태들이며, 이 외에도 욜로족이 점차 증가하면서 우리 사회의 다양한 분야에서 '나'를 우선시하는 변화가 이루어지고 있다.

하지만 욜로가 새로운 라이프 스타일로 부상하게 된 사회적 배경이 그리 밝지만은 않다. 전문가들은 높은 이자와 물가상승률을 경험했던 경제적 고성장기가 끝나고, 3저 시대(저금리 · 저성장 · 저물가)가 도래한 것이 욜로족의 등장 원인이라고 보고 있다. 치솟는 물가와 최악의 실업률, 오르지 않는 급여 등으로 안정적인 미래를 준비할 여력이 없기 때문에 오히려 현재를 즐기려는 성향이 커졌다는 것이다. 뿐만 아니라 부동산 가격의 급증과 1인 가구의 증가 역시 욜로족 등장의 또다른 원인으로 꼽힌다.

욜로 라이프와 욜로족의 등장은 경제에 대한 비관과 불안한 미래에 대한 반사현상에 기인한다. 욜로 라이프는 단순한 쾌락을 추구하는 것처럼 보이지만 사실은 가장 복합적인 원인으로 등장한 삶의 방식이며, 욜로족은 '한탕주의자'와 '개인주의자'보다는 긍정적이고 합리적인 형태를 띠고 있다. 어쩌면 욜로 라이프는 끝없는 경제 불황 속에서 비관주의로 불행하게 살아가기보다는 작은 긍정의 힘을 믿고자 하는 사람들의 불가피한 선택일지도 모른다.

① 욜로(YOLO)의 의미는 드레이크에 의해 재조명되었다.
② 욜로 라이프는 미래에 가치를 두고 현재에 투자하는 삶의 방식이다.
③ 욜로족의 소비 형태는 가족보다는 개인에 중점을 둔다.
④ 욜로족이 등장한 가장 큰 원인은 경제적 불황에 있다.
⑤ 욜로족은 비관주의로 살아가기를 거부하는 긍정의 존재라고 볼 수 있다.

13. 다음 글의 내용과 일치하는 것은?

도시의 존재를 지탱하는 기본적인 힘은 토지와 공간에 기초한 권력 의지나 그 공동체에 대한 의향에서 나온다. 또 다른 요소로는 자본의 역학과 관련 있는 화폐에 대한 욕망이 있다. 공동체에 대한 의향과 화폐에 대한 욕망은 종종 모순된다. 전자는 도시를 공간으로 보고 닫으려 하고, 후자는 도시를 게임의 영역으로 보고 개방하려 하기 때문이다. 그런데 문제는 오늘날 권력의 형식이 공동체의 공간에서 자본의 영역으로 주요 준거점을 옮기고 있다는 점이다. 따라서 도시가 계획되는 단계에서부터 자본의 역학과 그 욕망을 혼합하게 되며, 또한 도시가 어느 정도 구축되고 사람들이 살기 시작한 후에도 이러한 욕망은 미세하게 나뉜 상태로 도시에 침투하게 된다.

도시가 불가사의하면서도 매력적인 이유 중 하나는 화폐에 대한 욕망을 긍정하고 있기 때문일 것이다. 즉 도시는 자본에 있어서, 자본이라는 무한함을 내재한 활동 형식을 배제하지 않는다. 일반적으로 공동체는 토지나 혈연이라는 망 속에서 개인의 존재를 그 유한함 속에서 취급한다. 하지만 화폐나 자본의 작용은 이러한 개인 존재의 무게를 버리고, 개인의 윤곽을 욕망의 다양한 선에 의해 일반화하고 추상화한다. 공동체의 역학에서는 이러한 화폐나 자본의 힘에 사로잡힌 개인을 '귀신이 쓰였다'라거나 '이방인 죽이기' 등으로 몰아가 엄격한 배제의 대상이나 저주받은 존재로 삼는다.

하지만 도시에서 사람들의 욕망은 그러한 공동체의 역학에서 자유로워진다. 그와 동시에 욕망에는 새로운 규율 훈련의 메커니즘, 즉 무한한 소비의 주체가 되는 시스템에 대한 요청을 받게 된다. 그러한 공간에서 창문에 놓인 귀여운 봉제 인형이나 마당에 놓인 강아지나 어린아이 인형은 그야말로 보여 주기 위한 것이며, 그곳에 사는 사람보다는 방문객이나 구매자 등 외부에서 그곳을 바라보는 사람의 시선에 대응하고 있다. 이러한 외부의 시선을 끊임없이 내면화함으로써 그곳에서의 생활이 주체적인 현실로 구성되며 영위되게 된다.

① 오늘날의 권력은 도시에서의 공동체 역학을 배제함으로써 개인이 가진 속박을 풀고 자유롭고 쾌적한 생활을 보장하려 하고 있다.

② 도시에서는 공동체의 역학이 미치지 못하게 되어 사람들의 욕망이 증식되었는데 새로운 규율 훈련의 메커니즘은 개인 존재의 무게를 회복시킨다.

③ 화폐나 자본의 힘에 의존하는 개인은 공동체로부터 엄격하게 배제되어 교외로 쫓겨나게 되는데, 그곳에서는 외부로부터 기묘한 시선을 받게 된다.

④ 도시는 자본의 역학과 개인의 욕망이 일치했을 때, 권력의 의지나 공동체에 대한 의향이 미치지 않는 매력적인 게임의 영역으로서 펼쳐진다.

⑤ 도시에서 화폐에 대한 욕망이 긍정되고 있기 때문에 개인이 그 유한함을 통해 취급되는 힘은 점차 약해졌으며 그 존재는 추상화되어 가고 있다.

# 유형 05 반론 / 평가 / 수정

**14. 다음 글을 읽고 수정한 내용으로 옳지 않은 것은?**

> 최근 개인의 정서적 고통이나 심리적인 장애가 개인과 가정을 ㉠ 넘어 사회적인 문제로 대두되면서 우울증, 불안장애 등 심리적인 질병을 담당하는 상담심리사의 사회적 수요가 급증하고 있다. 일반적으로 상담심리사라고 하면 단순히 상담을 통한 치료법만을 연상하기 쉬우나 자세히 살펴보면 환자의 상태나 요건, 주변 환경 등에 따라 치료 방법에 큰 차이가 존재한다. 실제로 각 분야별로 자격증이 따로 존재할 정도로 분야가 세분화되어 있다. ㉡ 이와 같은 치료 과정에서 활용되는 치료법은 그 매개체에 따라 예술치료와 놀이치료, 독서치료 등으로 나눌 수 있다. 기본적으로 상담심리사는 표준화된 심리검사와 상담을 통해 내담자의 심리상태를 ㉢ 다층적으로 분석하고, 이를 토대로 다양한 치료방법을 대입해 내담자가 겪고 있는 문제점을 치료하는 직업을 말한다. ㉣ 예술을 이용한 치료 방법 중 미술치료는 그림 혹은 디자인 등의 미술 활동을 통해 마음의 질병을 가지고 있는 사람들이 심리적인 안정과 치유를 얻도록 하는 방법이다. 미술치료와 함께 예술치료에 포함되는 음악치료는 단순히 음악을 감상하는 것뿐만 아니라 직접 노래를 부르거나 악기를 연주하는 등의 활동을 통해 심리 상태의 긍정적인 변화를 도모한다. ㉤ 놀이치료와 반대로 주로 성인을 대상으로 행해지는 독서치료는 책을 통해 심리적인 안정감을 얻고 나아가 거기서 감정과 생각을 상담자와 공유함으로써 내담자의 심리를 진단하고 치료하는 것을 말한다. ㉥ 주로 미취학 어린이를 대상으로 불안, 긴장감 같은 부정적인 감정을 놀이를 통해 발산할 수 있도록 돕는 놀이치료는 최근 유아기 아동의 특수 치료법으로 각광받고 있다. ㉦ 따라서 치료 방법에 따라 다양하게 나뉘는 심리상담은 건강한 가정을 이루는 데 도움을 줄 뿐만 아니라 심리적으로 불안정한 사춘기의 청소년들을 위한 상담이나 지도에 활용되기도 하고 범죄심리 분야에도 적용이 가능하다.

① ㉠ '넘어'를 '너머'로 수정한다.
② ㉡ 문장을 ㉣의 위치로 이동시킨다.
③ ㉢ '다층적으로'를 '심층적으로'로 수정한다.
④ ㉤ 문장과 ㉥ 문장의 위치를 서로 바꾼다.
⑤ ㉦ '따라서'를 '이처럼'으로 수정한다.

가장 먼저 선택지를 확인하고, 해당 선택지가 문법에 관한 것인지 문맥에 관한 것인지를 파악한다.

↓

문법에 관련된 내용이면 해당 문장만 읽어서 시간을 단축하고, 문맥에 관한 내용이면 관련 문단을 읽어 정확성을 높이도록 한다.

이것 만은 꼭

글쓴이의 주장을 무조건 반대하는 것이 아닌 그 주장의 허점을 찾아 반례를 들어 반박하거나 근거를 무력화시키는 선택지를 찾아 답을 고른다.

## 15. 다음 글의 논지를 반박하는 근거는?

지구 곳곳에서 심각한 기후 변화가 나타나고 있고 그 원인이 인간의 활동에 있다는 주장은 일견 과학적인 것처럼 들리지만 따지고 보면 진실과는 거리가 먼, 다분히 정치적인 프로파간다에 불과하다. "자동차는 세워두고 지하철과 천연가스 버스 같은 대중교통을 이용합시다."와 같은 기후 변화와 사실상 무관한 슬로건에 상당수의 시민이 귀를 기울이도록 만든 것은 환경주의자들의 성과였지만 그 성과는 사회 전체의 차원에서 볼 때 가슴 아파해야 할 낭비의 이면에 불과하다.

희망컨대 이제는 진실을 직시하고 현명해져야 한다. 기후 변화가 일어나는 이유는 인간이 발생시키는 온실가스 때문이 아니라 태양의 활동 때문이라고 보는 것이 합리적이다. 태양 표면의 폭발이나 흑점의 변화는 지구의 기후 변화에 막대한 영향을 미친다. 결과적으로 태양의 활동이 활발해지면 지구의 기온이 올라가고 태양의 활동이 상대적으로 약해지면 기온이 내려간다. 환경주의자들이 말하는 온난화의 주범은 사실 자동차가 배출하는 가스를 비롯한 온실가스가 아니라 태양이다. 태양 활동의 거시적 주기에 따라 지구 대기의 온도는 올라가다가 다시 낮아지게 될 것이다.

대기화학자 브림블컴은 런던의 대기 오염 상황을 16세기 말까지 추적해 올라가서 20세기까지 그 거시적변화의 추이를 연구했는데 그 결과 매연의 양과 아황산가스농도가 모두 19세기 말까지 빠르게 증가했다가 그 이후 아주 빠르게 감소하여 1990년대에는 16세기 말보다도 낮은 수준에 도달했음이 밝혀졌다. 반면에 브림블컴이 연구 대상으로 삼은 수백 년 동안 지구의 평균 기온은 지속적으로 상승해왔다. 두 변수의 이런 독립적인 행태는 인간이 기후에 미치는 영향이 거의 없다는 것을 보여 준다.

① 지구의 온도가 상승하면서 인도의 벵골 호랑이와 중국의 판다 개체 수가 줄어들어 멸종 위기에 처해 있다.

② 1,500cc 자동차가 5분 동안 공회전을 하면 90g의 이산화탄소가 공기 중에 배출되고, 12km를 달릴 수 있는 정도의 연료가 소모된다.

③ 친환경 에너지타운, 생태마을 등을 조성하는 일이 실질적으로 미세먼지를 줄이는 데에 실효성이 있는지는 여전히 의문이다.

④ 미세먼지에 자주 노출되면 호흡기 및 심혈관계 질환을 발생시킬 위험이 있으며, 특히 10마이크로미터 이하의 미세한 입자들은 폐와 혈중으로 유입될 수 있다.

⑤ 최근 수십 년간 전 세계가 대기오염을 줄이기 위한 캠페인의 일환으로 숲을 조성한 결과 지구의 평균 기온 상승률이 어느 정도 완만해졌다.

## 유형 06 문장 · 문단 배열 / 글의 구조 파악

**16.** 다음 글을 순서에 맞게 배열한 것은?

(가) 창조성의 근본 동력을 무엇으로 보든, 한 도시가 창조 도시로 성장하려면 창조 산업과 창조 계층을 유인하는 창조 환경이 먼저 마련되어야 한다. 창조 도시에 대한 논의를 주도한 랜드리는 창조성이 도시의 유전자 코드로 바뀌기 위해서는 다음과 같은 환경적 요소들이 필요하다고 보았다. 개인의 자질, 의지와 리더십, 다양한 재능을 가진 사람들과의 접근성, 조직 문화, 지역 정체성, 도시의 공공 공간과 시설, 역동적 네트워크의 구축 등이 그것이다.

(나) 창조 계층을 중시하는 관점에서는 개인의 창의력으로 부가가치를 창출하는 창조 계층이 모여서 인재 네트워크인 창조 자본을 형성하고, 이를 통해 도시는 경제적 부를 축적할 수 있는 자생력을 갖게 된다고 본다. 따라서 창조 계층을 끌어들이고 유지하는 것이 도시의 경쟁력을 제고하는 관건이 된다. 창조 계층에는 과학자, 기술자, 예술가, 건축가, 프로그래머, 영화 제작자 등이 포함된다.

(다) 최근 들어 도시의 경쟁력 향상을 위한 새로운 전략의 하나로 창조 도시에 대한 논의가 활발하게 진행되고 있다. 창조 도시는 창조적 인재들이 창의성을 발휘할 수 있는 환경을 갖춘 도시이다. 즉 창조 도시는 인재들을 위한 문화 및 거주 환경의 창조성이 풍부하며, 혁신적이고도 유연한 경제 시스템을 구비하고 있는 도시인 것이다.

(라) 창조 도시는 하루아침에 인위적으로 만들어지지 않으며 추진 과정에서 위험이 수반되기도 한다. 창조 산업의 산출물은 그것에 대한 소비자의 수요와 가치 평가를 예측하기 어렵다. 또한 창조 계층의 창의력은 표준화되기 어렵고 그들의 전문화된 노동력은 대체하기가 쉽지 않다. 따라서 창조 도시를 만들기 위해서는 도시 고유의 특성을 면밀히 고찰하여 창조 산업, 창조 계층, 창조 환경의 역동성을 최대화할 수 있는 조건이 무엇인지 밝혀낼 필요가 있다.

(마) 창조 도시의 주된 동력을 창조 산업으로 볼 것인가 창조 계층으로 볼 것인가에 대해서는 견해가 다소 엇갈리고 있다. 창조 산업을 중시하는 관점에서는 창조 산업이 도시에 인적 · 사회적 · 문화적 · 경제적 다양성을 불어넣음으로써 도시의 재구조화를 가져오고 나아가 부가가치와 고용을 창출한다고 주장한다. 창의적 기술과 재능을 소득과 고용의 원천으로 삼는 창조 산업의 예로는 광고, 디자인, 출판, 공연 예술, 컴퓨터 게임 등이 있다.

① (다) – (마) – (나) – (가) – (라)
② (라) – (가) – (마) – (나) – (다)
③ (다) – (가) – (마) – (나) – (라)
④ (라) – (가) – (다) – (마) – (나)
⑤ (다) – (마) – (나) – (라) – (가)

**해결 전략**

글을 대략적으로 훑어보고 순서를 파악하기 위한 힌트를 얻는다.
→ 그럼에도, 이를, 즉, 그 사실, 예를 들어

↓

이와 같은 접속사 · 지시어를 염두에 두고 정렬할 수 있는 것부터 정렬시킨다.

↓

위에서 정렬시킨 순서와 일치하지 않는 선택지를 소거하고, 남은 것 중에서 답을 찾아나간다.

**17.** 다음 글의 흐름에 따라 단락 (가) ~ (라)를 자연스럽게 배열한 순서는?

정부 주도의 주택 보급이 활성화되던 1970년대에서 1990년대는 '벽돌의 시대'였다. 그러나 이후 구조와 건축 재료의 발달로 벽돌은 저렴한 저층 건축 재료로 낙인찍혔다. 최근 개성 넘치는 새로운 옷으로 다시 주목받고 있는 벽돌의 매력과 미래를 가늠해 보자.

(가) 1980 ~ 90년대 이후 아파트 시장의 활황으로 대형 건설업자들이 콘크리트로 아파트를 수없이 짓고 있을 때 소규모 주택 시장의 집장사들은 공동주택에 '빌라'라는 이름을 붙이고 콘크리트 내력벽 위에 화강석을 건식으로 붙인 저품질 주택을 양산했고 자연스레 대중은 붉은 벽돌집은 싸구려 집이라는 인식을 갖게 되었다. 기술의 발달과 재료의 다양화 역시 벽돌을 멀어지게 만든 원인 중 하나였다. 어떤 건축가들은 물성을 드러내는 재료로써 노출 콘크리트를 진지하게 탐구하기 시작했으며, 어떤 건축가들은 건물의 '스킨'이라 하여 건물 외벽을 금속 패널로 치장하는 데 몰두하기도 했다. 이 사이에 벽돌건축은 점차 건축가들의 관심에서도 멀어져 갔다.

(나) 최근엔 구조재가 아닌 치장재로 새롭게 주목받기 시작하며 다양한 색깔과 독특한 쌓기 방식으로 건물의 외벽에서 개성을 드러내고 있다. 크게 두 가지 이유인데 첫째로 건축 기술의 발달로 벽돌이 건물의 힘을 받는 구조체로부터 독립해 외장재로 자유로워졌으며 둘째로 벽돌을 활용한 다양한 쌓기 방법이 개발되고 철물의 개발로 높이 쌓는 것이 가능해지면서 고층 건물의 외부를 벽돌로 장식하여 얻어지는 시각적 독특함이 눈길을 끌 수 있게 되었다.

(다) 그러나 건축에서 무엇보다 가장 중요한 것은 자연스럽고 친숙한 이미지와 느낌이다. 벽돌은 흙을 구워서 만든다. 그리고 천연 재료라는 이미지와 더불어 가지런한 줄눈은 안정감을 준다. 게다가 한국처럼 다습하며 기온 변화가 심한 곳에선 건축 재료의 오염이 빈번한 편인데 벽돌은 다른 건축 재료에 비해 변형이나 오염에 대한 문제가 상대적으로 적다. 이것이 많은 사람들이 벽돌 외벽을 선호하게 된 이유가 되었다.

(라) 일제강점기 근대건축이 들어오면서 우리 생활에 벽돌이 본격적으로 들어오기 시작했다. 당시 신재료였던 벽돌은 '근대성'의 상징이었다. 광복 후 전란으로 폐허가 된 서울을 신속하게 복구하는 데에도 재활용이 가능한 재료로 벽돌만큼 쉽게 구할 수 있는 것이 없었다. 1970년대 이후 소규모 주택을 공급하는 '집장사'들이 만드는 '불란서 2층 양옥집'이 유행했을 때에도 대부분이 붉은 벽돌집이었다. 이후에 '집'하면 자연스레 '붉은 벽돌집'을 떠올릴 정도로 많은 벽돌집이 지어졌다.

① (가) – (나) – (라) – (다)
② (가) – (라) – (나) – (다)
③ (라) – (가) – (나) – (다)
④ (라) – (가) – (다) – (나)
⑤ (나) – (다) – (라) – (가)

**18.** 다음 글에 대한 설명으로 옳지 않은 것은?

(가) 한편, 우리가 계승해야 할 민족 문화의 전통으로 여겨지는 것들이, 연암의 예에서 알 수 있는 바와 같이, 과거의 인습을 타파하고 새로운 것을 창조하려는 노력의 결정이었다는 것은 지극히 중대한 사실이다.

(나) 세종대왕의 훈민정음 창제 과정에서 이 점은 뚜렷이 나타나고 있다. 만일, 세종이 고루한 보수주의적 유학자들에게 한글 창제의 뜻을 굽혔던들, 우리 민족 문화의 최대 걸작품이 햇빛을 못 보고 말았을 것이 아니겠는가?

(다) 원효의 불교 신앙이 또한 그러하다. 원효는 당시의 유행인 서학(당나라 유학)을 하지 않았다. 그의 '화엄경소'가 중국 화엄종의 제3조 현수가 지은 '화엄경탐현기'의 본이 되었다. 원효는 여러 종파의 분립이라는 불교계의 인습에 항거하고, 여러 종파의 교리를 통일하여 해동종을 열었다. 그뿐만 아니라, 모든 승려들이 귀족 중심의 불교로 만족할 때에 스스로 마을과 마을을 돌아다니며 배움 없는 사람들에게 전도하기를 꺼리지 않은, 민중 불교의 창시자였다. 이러한 원효의 정신은 우리가 이어받아야 할 귀중한 재산이 아닐까?

(라) 겸재 정선이나 단원 김홍도, 혹은 혜원 신윤복의 그림에서도 이런 정신을 찾을 수 있다. 이들은 화보 모방주의의 인습에 반기를 들고, 우리나라의 정취가 넘치는 자연을 묘사하였다. 더욱이 그들은 산수화나 인물화에 말라붙은 조선 시대의 화풍에 항거하여, '밭 가는 농부', '대장간 풍경', '서당의 모습', '씨름하는 광경', '그네 뛰는 아낙네' 등 현실 생활에서 제재를 취한 풍속화를 대담하게 그렸다. 이것은 당시에는 혁명과도 같은 사실이었다. 그러나 오늘날에는 이들의 그림이 민족 문화의 훌륭한 유산으로 생각되고 있는 것이다.

(마) 요컨대, 우리 민족 문화의 전통은 부단한 창조 활동 속에서 이어져 온 것이다. 따라서, 우리가 계승해야 할 민족 문화의 전통은 형상화된 물건에서 받는 것도 있지만, 한편 창조적 정신 그 자체에도 있는 것이다.

① (가) 단락과 (나), (다), (라) 단락은 종속 관계의 단락이다.
② (가) 단락은 제시 단락으로 이 글의 주제인 전통의 계승적 측면을 강조하고 있다.
③ (나), (다), (라) 단락은 예증 단락으로 주지를 뒷받침하는 근거 단락이다.
④ (나), (다), (라) 단락은 대등 관계의 단락이다.
⑤ (마) 단락은 글 전체의 결론을 나타내고 있다.

**이것만은 꼭**

글의 구조를 파악하는 문제는 각 문단별로 핵심어와 중심문장 등을 이용하여 중심내용을 파악하는 것이 중요하다. 또한 각 문단 앞에 쓰인 지시어나 접속어를 이용하면 쉽게 글의 구조를 파악할 수 있다.

▶ 정답과 해설 13쪽



# 테마 3 기출예상문제

**[01 ~ 03]** ○○청소년센터에 근무하는 A 상담사는 부적응 학생들의 애로 사항을 듣고 이를 해결하기 위하여 아래와 같은 과정으로 면담을 진행하려고 한다. 이어지는 질문에 답하시오.

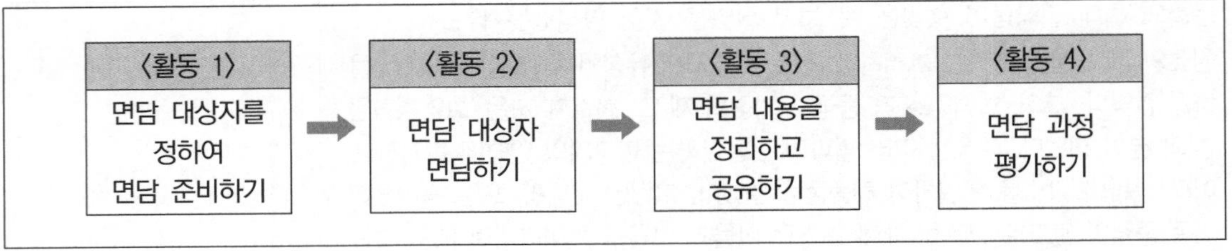


**01.** A 상담사가 면담을 위하여 〈활동 1〉에서 해야 할 행동으로 알맞지 않은 것은?

① 면담 내용을 미리 정리하여 질문지를 만든다.
② 면담시간과 장소를 면담 대상자와 같이 정한다.
③ 면담 목적에 맞는 궁금한 점을 면담 대상자별로 메모한다.
④ 면담 활동에서 부족한 부분이 나타나면 해결책을 찾아본다.
⑤ 면담 대상자에 대한 제반사항에 대해 미리 알아둔다.

**02.** A 상담사가 학생들을 면담하면서 〈활동 2〉를 진행할 때 유의할 점으로 알맞지 않은 것은?

① 면담 대상자와 적절히 눈을 맞추면서 경청한다.
② 필요하다면 준비한 질문 외의 것도 추가로 질문한다.
③ 면담 상황을 촬영하려면 면담 대상자에게 사전 양해를 구한다.
④ 면담 대상자가 답변이 곤란을 느끼더라도 필요한 상황에는 계속해서 질문을 한다.
⑤ 면담 시간이 길어질 경우 면담 도중에 휴식시간을 갖는다.

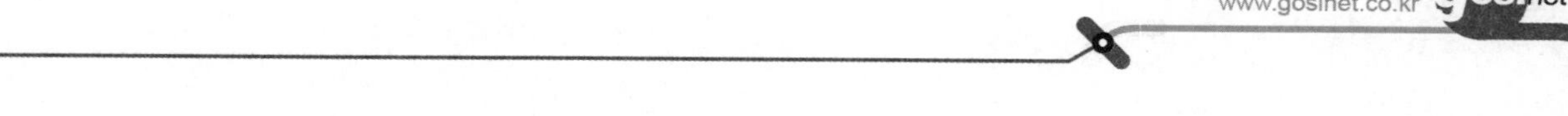



**03.** A 상담사는 학생들과 면담을 마치고 면담 보고서를 작성하려고 한다. 이때 유의할 점으로 가장 적절한 것은?

① 면담 내용과 면담 상황을 적절히 안배하여 작성한다.
② 상황에 관계없이 주어진 양식을 반드시 지키도록 한다.
③ 사실이 중요하므로 학생들이 느낀 점은 포함하지 않도록 한다.
④ 개인정보를 침해할 우려가 있으므로 면담 보고서는 상사와 공유하지 않고 담당자만 보도록 한다.
⑤ 정확한 내용을 전달하기 위해 내용 중복에 관계없이 면담자의 답변을 있는 그대로 인용하여 작성한다.

**04.** 다음 (가) ~ (마)에 들어갈 내용이 아닌 것은?

**제목 :** ________(가)________

Ⅰ. 서론 : 국토균형발전에 대한 요구가 거세짐에 따라 기업도시 시범사업이 시행되었다.

Ⅱ. 본론

1. 기업도시의 학문적 의의
2. ________(나)________
   1) 기업도시개발 특별법의 제정
   2) 6개 시범도시 선정
   3) 현재의 상황
3. 문제점
   1) 기업도시 간의 획일화
   2) 혁신도시, 산업 클러스터 등 비슷한 정책의 난립
   3) ________(다)________
   4) 정부 관련 부처 간의 마찰
4. 해결 방안
   1) ________(라)________
   2) 정책의 선별 · 통합
   3) 적극적인 홍보를 통한 대기업 유치
   4) ________(마)________

Ⅲ. 결론 : 정부와 지자체, 기업의 협동을 통해 성공적인 기업도시를 육성해야 한다.

① (가) : 기업도시 추진상의 문제점과 해결 방안
② (나) : 우리나라의 기업도시 추진 현황
③ (다) : 대기업의 투자 부족
④ (라) : 지역 특색을 이용한 차별화
⑤ (마) : 공청회 실시

**05.** 다음 중 지시 사항에 따라 알맞게 작성된 공문은?

- 발행일과 수신, 참조, 발신이 꼭 포함되어 있어야 한다.
- 제목은 공문내용의 요점이 담긴 간단한 문장으로 별도 표기해야 한다.
- 첨부서류가 있을 경우 서류명을 밝힌다.
- 총무부를 통해 문서번호를 발급 받아 표기해야 한다.
- 공문 내용을 항목별로 정리하여 잘 읽히도록 한다.

①

〈가격 결정에 대한 협조문〉

- 발행일 : 2020년 4월 15일
- 수신 : ○○상사 대표이사
- 참조 : ○○상사 총무부 이신영 대리
- 제목 : △△제품의 가격 인상에 대한 협조 부탁드립니다.

ㄱ. 본사에 대한 관심에 감사드리며, 귀사의 무궁한 발전을 기원합니다.

ㄴ. 본사에서는 최근 인상된 부자재 가격으로 인해 △△제품에 대한 가격을 기존 7,600원에서 8,200원으로 인상하기로 결정하였습니다.

ㄷ. 이 가격 결정은 제품의 개발 비용부터 마케팅 비용과 생산단가 등 모든 사항을 고려하여 결정된 것이므로, 본사의 결정에 대해 협조하여 주시기 바랍니다.

(주) □□회사 대표이사 (인)

문서번호 SA-1604-03

담당 총무부 김지영　　우편 서울시 강서구 등촌대로3길 20, 1001호

②

<□□주식회사>

• 발행일 : 2020년 4월 15일

• 수신 : ○○상사 대표이사

• 참조 : ○○상사 총무부 이신영 대리

• 발신 : □□주식회사 총무부 김지영

• 제목 : △△제품의 가격 인상

1. 본사에 대한 관심에 감사드리며, 귀사의 무궁한 발전을 기원합니다.
2. 본사에서는 최근 인상된 부자재 가격으로 인해 △△제품에 대한 가격을 기존 7,600원에서 8,200원으로 인상하기로 결정하였습니다.
3. 이 가격 결정은 제품의 개발 비용부터 마케팅 비용과 생산단가 등 모든 사항을 고려하여 결정된 것이므로, 본사의 결정에 대해 협조하여 주시기 바랍니다.

(주) □□회사 대표이사

③

〈가격 결정에 대한 협조문〉

• 발행일 : 2020년 4월 15일

• 수신 : ○○상사 대표이사

• 참조 : ○○상사 총무부 이신영 대리

• 발신 : □□주식회사 총무부 김지영

• 제목 : △△제품의 가격 인상에 대한 협조 부탁드립니다.

1. 본사에 대한 관심에 감사드리며, 귀사의 무궁한 발전을 기원합니다.
2. 본사에서는 최근 인상된 부자재 가격으로 인해 △△제품에 대한 가격을 기존 7,600원에서 8,200원으로 인상하기로 결정하였습니다.
3. 이 가격 결정은 제품의 개발 비용부터 마케팅 비용과 생산단가 등 모든 사항을 고려하여 결정된 것이므로, 본사의 결정에 대해 협조하여 주시기 바랍니다.

(주) □□회사 대표이사 (인)

문서번호 SA-1604-03

담당 총무부 김지영 　우편 서울시 강서구 등촌대로3길 20, 1001호

④

〈협조문〉

• 문서번호 : SA-1604-03

• 발행일 : 2020년 4월 15일

• 수신 : ○○상사 대표이사

• 참조 : ○○상사 총무부 이신영 대리

• 발신 : □□주식회사 총무부 김지영

• 제목 : △△제품의 가격 인상에 대한 협조 부탁드립니다.

본사에 대한 관심에 감사드리며, 귀사의 무궁한 발전을 기원합니다. 본사에서는 최근 인상된 부자재 가격으로 인해 △△제품에 대한 가격을 기존 7,600원에서 8,200원으로 인상하기로 결정하였습니다. 이 가격 결정은 제품의 개발 비용부터 마케팅 비용과 생산단가 등 모든 사항을 고려하여 결정된 것이므로, 본사의 결정에 대해 협조하여 주시기 바랍니다.

첨부 부자재 가격 인상표

(주) □□회사 대표이사

⑤

〈가격 결정에 대한 협조문〉

• 문서번호 : SA-1604-03

• 발행일 : 2020년 4월 15일

• 수신 : ○○상사 대표이사

• 참조 : ○○상사 총무부 이신영 대리

• 발신 : □□주식회사 총무부 김지영

본사에 대한 관심에 감사드리며, 귀사의 무궁한 발전을 기원합니다. 본사에서는 최근 인상된 부자재 가격으로 인해 △△제품에 대한 가격을 기존 7,600원에서 8,200원으로 인상하기로 결정하였습니다. 이 가격 결정은 제품의 개발 비용부터 마케팅 비용과 생산단가 등 모든 사항을 고려하여 결정된 것이므로, 본사의 결정에 대해 협조하여 주시기 바랍니다.

(주) □□회사 대표이사 (인)

담당 총무부 김지영　　우편 서울시 강서구 등촌대로3길 20, 1001호

**06.** '사교육비의 부담을 줄여야 한다'라는 주장의 글을 쓰려고 할 때, 다음 두 자료의 활용 방안으로 적절한 것은?

〈도시 가구 교육비 지출 현황〉

(단위 : %)

| 학교 납입금 | 각종 과외비 | 교재비 | 기타 |
|---|---|---|---|
| 38 | 55 | 4 | 3 |

〈교사 1인당 학생 수〉

(단위 : 명)

| 한국 | 미국 | 프랑스 | 일본 | 대만 |
|---|---|---|---|---|
| 31 | 15 | 16 | 20 | 25 |

① 도시 가구 교육비가 증가되고 있음을 결론으로 삼고, 그 근거로 공교육의 환경이 비교 국가보다 좋지 않다는 점을 지적한다.

② 도시 가구의 사교육비 부담률이 너무 높다는 점을 문제로 제기하고, 그 원인으로 공교육의 환경이 비교 국가보다 좋지 않다는 점을 지적한다.

③ 도시 가구의 사교육비 부담률이 너무 높다는 점을 원인으로 지적하고, 교육 제도를 개선해야 한다는 점을 결론으로 삼는다.

④ 도시 가구의 교육비가 증가되고 있음을 문제로 제기하고, 그 원인으로 공교육의 환경이 비교 국가보다 좋다는 점을 제시한다.

⑤ 도시 가구의 사교육비 부담률이 너무 높다는 점을 문제로 제기하고, 그 대책으로 교육 제도를 개선해야 한다는 점을 지적한다.

**07.** 다음은 ○○기업의 경영혁신 우수사례를 요약한 보고서이다. ㉠에 어울리는 소제목은?

> 2021년 경영혁신 우수사례
> 〈국유건축, 이젠 스마트하게!〉
>
> 1. (        )
>    - 국유지 개발 건축업무의 급격한 증가에 따라 차질 없는 건축 시공을 위해서 체계적인 '건축 인프라' 구축 필요
>    - 집행사업비 : 945억 원(2020년도) → 1,778억 원(2021년 예상) → 3,227억 원(2022년 예상)
> 2. (    ㉠    )
>    - 건축업무 프로세스 개선을 통해 예산 절감 및 건축품질 제고
>    - 설계단계 경제성 검토를 통해 개발 건축물에 대한 원가 절감, 품질 및 기능 향상 도모
> 3. (        )
>    - (직무별 책임관리 시스템) 건축 전문 기술 분야 인력을 충원하고 해당 업무를 별도의 팀 또는 업무 단위로 분리하여 전문성 확보
>    - (건축업무 종합 업무매뉴얼 제작) 발주, 설계, 시공, 감독 등 건축업무 전반에 걸친 업무 처리절차, 문서 기안방법, 관련 법규 등 망라
>    - (설계 경제성 검토) 확보된 전문성을 바탕으로 설계 단계별 경제성 검토(VE기법을 활용)를 적극적으로 수행하여 최적의 설계안 도출
> 4. 추진 성과
>    - 직무별 책임관리 시스템 구축 및 설계 경제성 검토를 통해 96건의 품질 개선 및 75.4억 원의 예산 절감 효과 달성
>    - 건축 인프라 구축을 통해 달성한 우수한 건축 품질을 인정받아 국토교통부 주관 '2019 대한민국 공공건축상 우수상' 수상

① 추진 목표　　② 추진 배경　　③ 추진 전략
④ 추진 의의　　⑤ 추진 과정

**08.** 다음 글과 관련된 사례로 옳지 않은 것은?

> 이솝 우화 '개미와 베짱이'에는 겨울을 대비해 열심히 음식을 모으는 개미와 놀기만을 좋아해 노래만 부르며 아무런 준비를 하지 않는 베짱이가 등장한다. 이를 통해 우화에서는 베짱이의 게으름을 비난하고 있지만 최근 교육, 마케팅, 홍보 등 여러 분야에서는 베짱이와 같이 재미와 놀이를 좋아하는 인간의 본능을 긍정적인 방향으로 활용하는 '게임화' 전략을 자주 찾아볼 수 있다. 게임화란 게임이 아닌 분야에 재미 · 보상 · 경쟁 등 게임적 요소를 접목하는 것으로, 설계자는 이를 통해 자신이 의도한 메시지를 자연스럽게 전달하며 목적을 달성한다. 이 전략에서는 보상을 받을수록 성과가 높아지는 인간의 보상 심리와 다른 사람과의 대결에서 승리하려는 욕구인 경쟁 심리를 이용한다.
>
> 게임화의 대표적인 예로 우리나라 지식 공유 사이트의 회원 등급 체계를 이야기할 수 있다. 질문자에게 답변이 채택될 때마다 포인트를 부여하고 채택 답변 수에 따른 등급 체계를 둠으로써 사용자가 더 높은 등급을 얻기 위해 양질의 답변을 제공하도록 하는 것이다. 이는 '포인트'라는 보상을 받으며 남들보다 높은 등급을 차지하고자 하는 사람들의 경쟁 심리를 이용한 경우라 할 수 있다.
>
> 2014년 유행했던 아이스 버킷 챌린지(Ice Bucket Challenge)는 게임적 요소에 감성적 요소를 접목한 성공적인 게임화 사례로 손꼽힌다. 이 캠페인은 미국에서 루게릭병에 대한 관심을 불러일으키고 기부금을 모으기 위해 시작된 것으로, 얼음물이 든 양동이를 뒤집어 쓴 후 다음 참가자로 지인 세 명을 지목하여 그들이 얼음물을 뒤집어쓰는 것과 루게릭병 단체에 100달러를 기부하는 것 중 선택하게 하는 방식으로 진행되었다. 아이스 버킷 챌린지 영상은 SNS를 통해 빠르게 확산되었으며, 많은 사람들은 얼음물을 뒤집어쓰는 행위에 재미를 느끼며 캠페인에 참여하였다. 이를 통해 기부에 무지했던 사람도 자연스럽게 루게릭병에 관심을 갖고 기부에 동참하게 되는 효과가 나타났다.

① 게임 산업이 발달함에 따라 게임을 직업으로 삼는 프로게이머가 증가하고 있다.

② 미국의 인기 커피전문점인 A 카페는 음료 구매 시 별 스탬프를 부여하여 무료 음료를 제공하는 쿠폰 이벤트를 시행한다.

③ B 의과 대학에서는 수술 과정의 의료 시뮬레이션 실습을 통해 학생의 단계별 달성도를 평가한다.

④ C 음악 예능 프로그램은 관객이 가면으로 얼굴을 가린 두 가수의 노래를 듣고 즉석에서 투표하여 승자를 선택한다.

⑤ D 애플리케이션은 사용자의 운동 목표를 관리하고 다른 사람과 운동 기록을 공유하며 운동하는 프로그램이다.

**[09 ~ 10] 다음 연설문을 읽고 이어지는 질문에 답하시오.**

저는 오늘 시대와 시민의 요구 앞에 엄중한 소명의식과 책임감을 갖고 이 자리에 섰습니다. ○○시민의 삶을 책임지는 시장으로서 대승적 차원에서 힘겨운 결단을 하였습니다.

우리 아이들 무상교육을 위해, ○○시가 지방채를 발행하겠습니다. 올 한 해 ○○시의 자치구가 부담해야 할 몫까지도 ○○시가 책임지겠습니다. 단, 무상교육을 위한 지방채 발행은 올해가 처음이자 마지막이 돼야만 합니다. 더이상 이렇게 지방 재정을 뿌리째 흔드는 극단적인 선택을 할 수는 없습니다. 이 결정은 올 여름을 뜨겁게 달군 무상교육 논쟁 속에서 과연 ○○시의 주인인 시민 여러분을 위한 길이 무엇인지, 오로지 시민 여러분만 기준으로 놓고 고민하고, 또 고민한 결과입니다. 우리 사회는 그 누구도 부정할 수 없고, 그 누구도 거스를 수 없는 보편적 복지의 길로 나아가고 있습니다.

– 중략 –

무상교육은 대한민국이 복지국가로 나아가는 중요한 시험대가 될 것입니다. 무상교육은 우리의 공동체가, 우리 사회가 나아가야 할 비전과 방향, 원칙과 철학의 문제입니다. 그 핵심은 바로 지속가능성입니다. ○○시가 어렵고 힘든 결단을 내렸습니다. 이것은 오로지 시민을 위한 판단이고 무상교육을 지속적으로 이어가기 위한 절박한 선택입니다.

– 중략 –

지속 가능한 원칙과 기준을 마련하지 않으면, 무상교육의 위기는 앞으로도 계속 되풀이 될 것입니다. 부디 지금부터라도, 중앙 정부와 국회가 결자해지의 자세로 이 문제를 해결하길 바랍니다. 중앙정부와 국회가 국민을 위한 현명한 판단을 한다면, ○○시는 전력을 다해 그 길을 함께 하겠습니다. 우리 아이들의 희망과 미래를 위해 이제 정부와 국회가 답해주시기를 간절히 바랍니다.

감사합니다.

**09. 위 연설의 목적으로 가장 적절한 것은?**

① 새롭게 발견된 사실에 대한 정보를 제공하기 위함이다.

② 자신이 알고 있는 사실을 다른 사람에게 알리기 위함이다.

③ 새로운 정책을 알리고 이에 대한 동의를 구하고 설득하기 위함이다.

④ 중요한 지식을 설명하고 이를 듣는 사람들과 공유하기 위함이다.

⑤ 즐거운 분위기를 조성하여 청중을 유쾌하게 만들기 위함이다.

**10. 위와 같은 연설을 준비할 때 연사가 고려할 사항으로 가장 적절한 것은?**

① 근거의 구체성과 정확성

② 농담으로 말할 내용의 적합성

③ 자신의 경험 사례의 적합성

④ 추상적인 용어 사용의 효율성

⑤ 과정과 절차를 설명하기 위한 도표와 사건의 정확성

**11. 다음 중 자동차 생산을 중심으로 하는 M 그룹의 대응방안에 대한 추론으로 옳지 않은 것은?**

지난 달 일본에 대한 소재 · 부품 부문 의존도는 상반기 '역대 최저'를 기록할 정도로 완화되었지만 개선 추세를 보이던 무역수지는 엔저의 여파로 다시 악화되었다. 산업통상자원부에 따르면 지난 상반기 우리나라의 소재 · 부품 대일 수입 의존도는 21.0%로 역대 최저수준을 기록했다. 반면 최근 몇 년간 개선 추세를 보였던 대일 무역수지는 수출 급감 현상이 나타나며 급격하게 고꾸라졌다.

우리나라의 일본 무역의존도는 중국, 아세안 등 신흥국을 대상으로 한 무역 확대 기조에 밀려 갈수록 줄어들고 있다. 최근 3년간 우리나라의 지역별 교역비중을 보면 일본은 10.3%에서 9.7%로 줄어든 반면, 아세안 국가들과의 비중은 10.9%에서 12.3%로 크게 늘어나, 우리나라 주요 교역대상국으로 중국, 미국, 아세안, 유럽연합 다음에 일본을 얘기할 정도로 일본의 비중이 상당히 줄었다. 그러나 아직도 일본에서 수입하는 소재 · 부품은 디스플레이와 자동차 등 우리 주력 수출 상품에 필요한 핵심 품목이다. 전문가들은 소재 부문 의존도를 더 낮추려면 상당한 시간과 자본이 필요할 것으로 보고 있다. 탄소섬유, 리튬전지 등 핵심 소재는 고도의 기술을 요구하는 만큼 선진국과 5~10년 격차가 존재하는 데다, 핵심 IT소재는 일본 기업이 독식하고 있기 때문이다. 산업부의 한 관계자는 "부품 분야는 과거와 비교해 상당히 많이 성장했다"며 "다만 소재 부문은 원천기술이어서 좀 더 시간이 걸릴 것으로 보인다."고 말했다.

① 선진 기술을 보유한 일본의 소재 · 부품 기업과의 글로벌 연구 협력을 통해 지속적으로 R&D 역량을 강화한다.

② 기술연구소를 설립하여 자동차 부품의 선행기술과 핵심 설계기술을 연구 · 개발하고, 전문교육기관을 통해 전문 인력을 양성한다.

③ 일본이 핵심 기술을 독식하고 있는 소재 부문보다 빠른 시일 내에 성과를 낼 수 있는 부품 부문의 개발에 집중 투자하여 장기적인 대일 무역수지 흑자를 달성한다.

④ 그룹 내 철강사에 대한 장기적인 대규모의 투자 계획을 수립하여 조강생산능력을 확충하고, 자동차용 강종의 집중적인 개발을 통해 자동차 소재에 특화된 제철소를 완성한다.

⑤ 소재 · 부품의 독자적인 기술과 노하우를 가진 국내 중소기업을 발굴하여 투자와 협력을 통해 공생관계를 형성함으로써 소재 · 부품의 국산화를 순차적으로 시행한다.

12. 다음 글에서 밑줄 친 '어려움'을 초래하는 전제들을 〈보기〉에서 모두 고른 것은?

당신이 베토벤의 5번 교향곡 〈운명〉이라는 음악 작품을 듣고 있다고 상상해보자. 이때 '음악 작품'이란 어떤 대상을 가리키는 걸까? 베토벤이 남긴 자필악보일까? 하지만 미술 작품과 달리 악보에서는 적어도 미학적으로 감상할 만한 것이 별로 없다. 그렇다고 연주나 그 연주의 녹음을 음악 작품이라고 부르기도 어렵다. 연주는 그 자체가 작품이라기보다는 작품에 접근하기 위한 하나의 수단이라고 여겨지기 때문이다. 따라서 음악작품은 구체적 악보나 공연 이상의 무엇, 즉 그것들로부터 독립적이면서 그것들을 결정하고 지배하는 추상적인 대상이라는 생각이 자연스럽다. 연주들에 공통되는 어떤 구조, 즉 소리 구조가 추상적인 존재자로 있다는 것이다. 베토벤의 〈운명〉의 서두 부분을 머릿속에 떠올려 보자. 구체적인 물리적 특성이 결여된 머릿속의 음악도 여전히 교향곡 〈운명〉이다. 또 원래의 악기에 의한 것과 전혀 다른 물리적 특성을 보이는 신디사이저 연주도 동일한 작품으로 인정된다. 그렇다면 이 모두를 동일한 작품으로 생각하게 하는 대상은 추상적인 무엇이어야 하지 않겠는가? 따라서 이 입장은 의외로 직관적이다. 내 눈앞에 있는 책상의 경우에는 그것이 무엇인지 확인하기 위해 구체적인 책상 이상의 무엇을 필요로 하지는 않지만 음악 작품이 무엇인지 설명하기 위해서는 악보와 특정 공연만으로는 분명히 무언가 빠진 것이 있는 것처럼 보이기 때문이다. 따라서 책상의 이데아와 같은 추상적 대상이 존재한다고 믿지 않는 사람들도 음악 작품이 시작도 끝도 없이 영원불변한 추상적 존재라는 생각에는 동의해야 할 것 같다. 하지만 음악 작품이 작곡에 의해 창조된다는 사실 또한 부인할 수 없다. 이 점을 고려하게 되면 음악 작품이 추상적 대상이라는 주장은 더 이상 직관적으로 받아들일 수 없게 된다. 이는 음악 작품이 무엇인가를 이해하는 일의 <u>어려움</u>을 잘 드러내 준다.

**보기**

㉠ 음악 작품은 창조된다.
㉡ 추상적 존재자들도 창조될 수 있다.
㉢ 음악 작품은 추상적인 존재자로 있다.
㉣ 추상적 존재자는 시작도 끝도 없이 영원불변하다.

① ㉠, ㉡ ② ㉠, ㉡, ㉢ ③ ㉠, ㉢, ㉣
④ ㉡, ㉢, ㉣ ⑤ ㉢, ㉣

**13.** 밑줄 친 ㉠ ~ ㉤ 중 성격이 같은 소재로만 묶인 것은?

한때 미국 A 기업과 함께 ㉠ 사진 필름 시장에서 우위를 점하던 B 기업은 디지털 카메라의 등장으로 최대 위기를 맞았다. 필름의 수요가 급감하면서 시장 변화에 맞설 새로운 아이디어가 필요했다. 이에 B 기업은 전혀 연관성이 없을 것 같은 화장품을 대안으로 내놓았다. 얼핏 보면 엉뚱한 사업 확장 같지만 사실 이는 내부 역량인 필름 제조 기술을 십분 활용한 아이디어였다. 사진 필름의 주원료는 콜라겐이고 B 기업은 콜라겐 변성 방지 기술과 나노 관련 기술을 가지고 있었던 것이다. 콜라겐은 피부의 주성분이기도 하므로 B 기업은 자사의 기술을 노화방지에 응용할 수 있었다. 그 결과 ㉡ 노화방지 화장품은 매출의 상당 부분을 차지할 만큼 성공을 거두게 되었다. 그 후 B 기업은 제약에도 두각을 나타냈다. 필름 개발 과정에서 얻은 화학 합성 물질 데이터베이스와 노하우를 활용하여 독감 치료제인 ㉢ 'C 약품' 등을 만들어냈다. C 약품은 이후 에볼라 치료에도 특효를 보이며 미 당국이 승인한 최초의 에볼라 치료제로 주목받았다. 그 밖에도 의료 화상정보 네트워크 시스템이나 전자 내시경 등 고성능 렌즈가 필요한 의료기기의 개발에 박차를 가했다. 이렇게 발굴한 사업들은 다소 생소한 감이 있었지만 기존의 주력 사업과 밀접한 연관성을 갖고 있었기 때문에 경쟁력을 발휘할 수 있었다.

포스트잇, 스카치테이프 등 사무용품으로 우리에게 유명한 D 기업이 있다. 이 회사의 시초는 광산업이었으며 ㉣ 사금 채굴을 주로 했다. 그러나 채굴에 실패를 겪으면서 사포와 연마석을 만드는 제조사로 전환하게 되었다. 뛰어난 유연성과 금속 연마력을 지닌 방수 샌드페이퍼와 자동차 도색용 마스킹 테이프는 그 자체로도 주력 상품이 되었다. D 기업은 이에 안주하지 않고 당시 꽤 혁신적인 제품이었던 셀로판지의 단점을 보완할 테이프를 연구하였다. 셀로판지는 열 부근에서는 말리고, 기계 코팅 시에는 찢어지며, 평평하게 부착되지 않는 등의 문제가 있었기 때문이다. 얇고 투명한 셀로판에 접착제를 붙이는 수많은 실험을 한 결과, 마침내 D 기업의 대표 상품으로도 유명한 '스카치테이프'가 출시될 수 있었다. 그 후 접착제에 대한 연구를 바탕으로 그 유명한 ㉤ 포스트잇이 개발됐다. 이러한 과정을 통해 광산회사에서 시작한 D 기업은 점진적인 사업다각화 전략을 통해 지금의 거대 기업으로 성장할 수 있었다.

① ㉠, ㉡, ㉢　② ㉠, ㉢, ㉤　③ ㉡, ㉢, ㉤
④ ㉡, ㉢, ㉣　⑤ ㉢, ㉣, ㉤

14. 다음 글의 중심내용은 무엇인가?

화이트(H. White)는 19세기의 역사 관련 저작들에서 역사가 어떤 방식으로 서술되어 있는지를 연구했다. 그는 특히 이야기식 서술에 주목했는데 이것은 역사적 사건의 경과 과정이 의미를 지닐 수 있도록 서술하는 양식이다. 그는 역사적 서술의 타당성이 문학적 장르 내지는 예술적인 문체에 의해 결정된다고 보았다. 이러한 주장에 따르면 역사적 서술의 타당성은 결코 논증에 의해 결정되지 않는다. 왜냐하면 논증은 지나간 사태에 대한 모사로서의 역사적 진술의 옳고 그름을 사태 자체에 놓여 있는 기준에 의거해서 따지기 때문이다.

이야기식 서술을 통해 사건들은 서로 관련되면서 무정형적 역사의 흐름으로부터 벗어난다. 이를 통해 역사의 흐름은 발단 · 중간 · 결말로 인위적으로 구분되어 인식 가능한 전개 과정의 형태로 제시된다. 문학 이론적으로 이야기하자면 사건 경과에 부여되는 질서는 구성(plot)이며, 이야기식 서술을 만드는 방식은 구성화(employment)이다. 이러한 방식을 통해 사건은 원래 가지고 있지 않던 발단 · 중간 · 결말이라는 성격을 부여받는다. 또 사건들은 일종의 전형에 따라 정돈되는데 이러한 전형은 역사가의 문화적인 환경에 의해 미리 규정되어 있거나 경우에 따라서는 로맨스 · 희극 · 비극 · 풍자극과 같은 문학적 양식에 기초하고 있다.

따라서 이야기식 서술은 역사적 사건의 경과 과정에 특정한 문학적 형식을 부여할 뿐만 아니라 의미도 함께 부여한다. 우리는 이야기식 서술을 통해서야 비로소 이러한 역사적 사건의 경과 과정을 인식할 수 있게 된다는 말이다. 사건들 사이에서 만들어지는 관계는 사건들 자체에 내재하는 것이 아니다. 그것은 사건에 대해 사고하는 역사가의 머릿속에만 존재한다.

① 역사가는 역사적 사건을 객관적으로 서술하여야 한다.
② 역사적 서술의 타당성은 논증에 의해 결정된다.
③ 역사가가 속한 문화적인 환경은 역사와 문학의 기술 내용을 결정짓는다.
④ 이야기식 역사 서술은 문학적 서술 방식을 통하여 역사적 사건의 경과 과정에 의미를 부여한다.
⑤ 이야기식 역사 서술이란 사건들 사이에 내재하는 인과적 연관을 찾아내는 작업이다.

## 15. 다음 글의 제목과 부제목으로 적절한 것은?

사랑을 일종의 광기로 간주한 철학자들은 너무도 많다. 이때 광기란 부정적인 의미가 아니라 자아가 스스로 자신의 가치를 높이는 독특한 형태의 충만감이다. 〈젊은 베르테르의 슬픔〉에서 베르테르는 사랑에 빠진 후 스스로를 숭배하게 되었다고 말한다. 한편 독일의 철학자 니체가 보기에 사랑을 한다는 행위는 자존감을 높여주고, 생명에너지를 분출시키는 것이었다. 사랑에 대한 철학적 논의에서 공통적인 것은 사랑을 통해 자아는 열등감에서 벗어나고, 자신의 유일성을 확인하게 된다는 점이다.

동서고금을 막론하고 사랑은 자존감의 고취를 이끈다. 하지만 여기서 주목하고자 하는 것은 현대사회가 사랑에 부여하는 감정이다. 현대의 인간관계에 있어 사랑이 만들어내는 자존감은 그 어느 때보다 중요한 요소이다. 현대의 개인주의야말로 자존감을 세우는 일로 고군분투하고 있기 때문이다. 자신을 차별화하고 자신감을 가져야 한다는 강박관념이 현대 사회를 지배하고 있다. 과거에는 사랑의 감정이 '사회적'으로는 아무런 의미를 갖지 않았으며, 사회적 인정을 대신해 주는 것도 아니었다. 그런데 이 구조가 현대의 관계에서 변화했으며, 과거의 그 어느 때보다도 심각한 의미를 갖게 되었다.

구애와 관련되어 1897년에 출간된 저서 〈남자를 위한 예절〉은 계급과 성에 맞는 연애예절에 대해 충고한다. 연애에 성공하는 것이 사랑의 가장 중요한 목표라고 할 때 그것은 교육을 잘 받은 교양인의 능력과 관련되어 있었기 때문이다. 남녀는 행동을 통해 자신의 소속 계급과 성정체성을 드러냈고, 동시에 상대방의 그것을 확인하고자 했다.

오늘날의 연애 지침서들은 전혀 다른 문제를 다룬다. 현대의 책들은 더 이상 예절이나 성정체성을 강조하지 않으며, 나의 내면과 감정을 통해 정의되는 자아에 집중한다. 현대의 연애에서 가장 중요하게 여겨지는 것은 상대방을 통해 자신의 가치를 가늠하는 일이다. '불안함'은 19세기의 사랑에서는 발견하기 어려운 어휘였지만 현대의 사랑 관념에서는 매우 핵심적인 개념이 되었다. 불안하다는 것은 자신의 가치를 확신하지 못한다는 것, 이를 위해 다른 사람에게 의존해야 한다는 것을 뜻한다.

현대에 들어와서 일어난 근본적 변화 가운데 하나는 사회관계 안에서 자신을 나타냄으로써 사회적 자존감과 가치가 획득된다는 사실이다. 이는 곧 자아의 가치가 상호작용에 의존하게 된다는 것을 뜻한다. 과거의 낭만적 관계는 고정된 사회계층에 바탕을 둔 반면, 현대에는 자아가 스스로 자신을 책임지고 자기의 자존감을 획득해내야 하기 때문이다. 현대의 사랑은 사회라는 테두리가 설정한 조건들로부터 떨어져 나왔다는 점에서 이제 더 이상 낭만적일 수 없다. 현대의 사랑은 불안감을 바탕으로 자존감을 얻기 위해 협상을 벌이는 무대이자 전장이 되었다.

① 현대 사회에서 사랑이 지닌 의미와 그 역설 – 낭만적 사랑의 탈각(脫却)과 그 자존감을 위한 고투
② 현대 사회의 인간관계가 드러내는 불안의 문제 – 개인주의와 자신감이라는 강박관념
③ 현대의 인간관계와 개인주의 사회에서의 자존감 – 철학자들이 말하는 사랑의 의미
④ 존재의 유일성과 사랑 – 문학에 나타난 사랑의 열정과 황홀함
⑤ 연애 지침서에 나타난 사랑의 본질과 의미 – 계급적 사랑과 현대적 사랑의 차이

16. 다음 글의 주제로 적절한 것은?

현실 사회의 사람들이 주류 경제학에서 이론적으로 상정해 온 경제적 인간(Homo Economicus)처럼 완벽한 이기심과 합리성을 갖춘 존재는 아니지만, 기본적으로 그리고 평균적으로 자기 이익을 추구한다고 보아도 큰 무리는 없을 것이다. 그런데 가격 기구를 통해 효율적인 자원 배분을 이룰 수 있다고 간주된 시장은 그 이론적 전제가 충족되지 않을 때 비효율성을 드러낸다. 이러한 시장 실패를 가져오는 대표적인 존재는 외부성, 공공재, 그리고 정보의 비대칭성이다.

이 중 공공재가 시장에서 조달되기 어려운 것은 자신의 선호를 숨긴 채 타인의 기여에 무임승차하려는 개인의 이기적 태도, 즉 공동체를 생각하는 공공심의 부재에 기인한다. 만약 타인의 공공심에 대한 상호 신뢰가 구축된 사회라면 공공재의 조달에 어려움을 덜 겪게 될 것이다.

또한 정보의 비대칭성으로 인한 불신은 국내외 거래와 동업, 기업합병 등에 장애요인이 된다. 이 경우 사회적 신뢰와 연결망을 바탕으로 하는 사회자본은 대기업 등 대규모 조직의 형성, 금융발전, 무역을 촉진할 수 있다. 이러한 요인들은 모두 사회자본이 경제성장에 긍정적 요인으로 작용하도록 한다. 한편 법질서 준수, 관용과 배려 등 사회규범으로서의 사회자본 역시 사회갈등을 예방하고 사회통합을 통해 안정적 경제활동과 포용적 경제성장에 기여할 수 있다.

그 밖에도 사회자본은 경제 체질 강화를 위한 구조개혁을 가능하게 하는 자원이 된다. 예컨대 경제의 효율성과 성장잠재력을 높이기 위한 개혁의 교섭 과정에서 기득권 일부를 먼저 양보해야 할 세력이 있는 경우를 생각해 보자. 이들이 교섭 상대방이나 중재자에 대한 신뢰가 없어 이번의 양보가 결국 일방적인 희생에 그치게 될 것이라는 생각이 지배적이라면 결코 개혁안을 수용하지 않을 것이다.

또한 체제전환국들이 시장경제와 민주주의를 수용하는 과정에서도 사회자본의 역할이 중요하다. 격변의 과정에서 국민들이 가진 기대치는 높지만 이행과정 초기의 현실은 진통과 혼란이 불가피하다. 이행기 정부와 같은 변화 주도 세력에 대한 공적 신뢰가 뒷받침되어야 국민들이 개혁의 성과가 체감되기까지 기대에 못 미치는 초기의 현실을 인내하고 지속적인 지지를 보낼 수 있을 것이다.

끝으로 사회적 신뢰와 관여 등의 사회자본은 행복감과 같은 주관적 안녕감에도 중요한 역할을 한다. 행복에 영향을 미치는 요인 중 인간관계의 중요성은 사람들의 생애를 추적 조사한 연구에서 입증된 바 있다.

① 사회자본을 통한 정보의 비대칭성 극복
② 사회자본의 중요성과 형성 방안
③ 구조개혁 첨병으로서의 사회자본
④ 사회자본의 역할 및 중요성
⑤ 사회자본이 개인과 국가의 행복감에 미치는 영향

**17. 다음 글을 통해 알 수 없는 내용은?**

최근 들어 경제학자들 사이에서도 인공지능이 중요한 화두로 등장하였다. 인공지능이 일자리에 미칠 영향에 대한 논의는 지난 2013년 영국 옥스퍼드 대학의 경제학자 프레이 교수와 인공지능 전문가 오스본 교수의 연구 이후 본격화됐다. 이들의 연구는 데이비드 오토 등이 선구적으로 연구한 정형화 업무와 비정형화 업무의 분석틀을 이용하되 여기에서 한걸음 더 나아갔다. 인공지능의 발전으로 대부분의 비정형화된 업무도 컴퓨터로 대체될 수 있다고 본 것이 핵심적인 관점의 변화다. 이들은 10~20년 후에도 인공지능이 대체하기 힘든 업무를 '창의적 지능', '사회적 지능', '감지 및 조작' 등 3가지 '병목 업무'로 국한시키고, 이를 미국 직업정보시스템 O*Net에서 조사하는 9개 직능 변수를 이용해 정량화했다.

OECD는 인공지능이 직업 자체를 대체하기보다는 직업을 구성하는 과업의 일부를 대체할 것이라며 프레이와 오스본의 연구가 자동화 위험을 과대 추정하고 있다고 비판했다. 인공지능이 직업 자체를 대체하기보다는 직업을 구성하는 과업(task)의 일부를 대체할 것이라는 주장이었다. OECD의 분석에 따르면 미국의 경우 9%의 일자리만이 고위험군에 해당한다고 밝혔다.

컨설팅 회사 PwC는 OECD의 방법론이 오히려 자동화 위험을 과소평가하고 있다고 주장하고, OECD의 연구 방법을 수정하여 다시 분석하였다. 그 결과 미국의 고위험 일자리 비중이 OECD에서 분석한 9% 수준에서 38%로 다시 높아졌다. 동일한 방법으로 영국, 독일, 일본의 고위험군 비중을 계산한 결과도 OECD의 연구에 비해서 최소 14%p 이상 높은 것으로 나타났다.

매킨지는 직업별로 필요한 업무활동에 투입되는 시간을 기준으로 자동화 위험을 분석하였다. 분석 결과 모든 업무활동이 완전히 자동화될 수 있는 일자리의 비중은 미국의 경우 5% 이하에 불과하지만 근로자들이 업무에 쓰는 시간의 평균 46%가 자동화될 가능성이 있는 것으로 나타났다. 우리나라의 경우 52%의 업무활동 시간이 자동화 위험에 노출될 것으로 나타났는데, 이는 독일(59%), 일본(56%)보다는 낮고, 미국(46%), 영국(43%)보다는 높은 수준이다.

① OECD에서는 인공지능에 의해 특정 직업군이 완전히 사라지기보다 업무의 일부만이 자동화될 것으로 보았으며 미국의 경우 전체 일자리의 9% 정도가 고위험군에 속한다고 분석하였다.

② 매킨지가 근로자들이 업무에 투입하는 시간을 기준으로 분석하자 우리나라 근로자들의 업무활동 시간은 독일, 일본보다는 적고 미국, 영국보다는 많았다.

③ 프레이와 오스본의 연구가 선행 연구들과 다른 점은 정형화된 업무뿐만 아니라 비정형화된 업무도 인공지능이 대체할 수 있다는 관점을 제시한 것이다.

④ PwC가 OECD의 연구 방법을 재해석하여 다시 분석해보자 고위험군에 속하는 일자리 비율이 OECD 결과보다 크게 높아졌다.

⑤ 프레이와 오스본은 직능을 설명하는 변수를 활용하여 각 직업별로 인공지능에 의한 대체 정도를 정량화하였다.

## 18. 글을 읽고 나눈 다음 대화 중 잘못 이해한 사람을 고르면?

한국에서 '공손(恭遜)'이란 '공손하다'의 어간으로서 '말이나 행동이 겸손하고 예의 바르다'라고 정의된다. 이때 '예의(禮儀)'란 '존경의 뜻을 표하기 위하여 예로써 나타내는 말투나 몸가짐'이라 하고 '禮(예)'란 '사람이 마땅히 지켜야 할 도리'로 예식, 예법, 예절 등의 준말로도 쓰인다. 이런 사전적 정의를 보면 언어상의 예의나 공손은 나이가 어린 사람이 자기가 연배가 높은 사람을 대할 때나 지위가 낮은 사람이 지위가 높은 사람을 대할 때 취해야 할 바람직한 말과 행동을 뜻하는 것처럼 보인다.

일본에서 '공손'은 주로 '丁寧ていねいだ'로 표현하는데 이는 '공손' 외에도 '친절함'이나 '정중함'의 뜻도 있다. 일본에서 '공손하다'는 것은 '주의 깊고 신중하다'는 뜻으로 통용된다. 즉 타인으로부터 방해받지 않고 독립심을 유지하고 싶은 마음을 충족시켜 주려는 것인데, 일본인들은 전통적으로 타인에게 폐가 되거나 평정심을 해치지 않도록 교육을 받는 데에서 이런 방향으로 공손의 개념이 발전한 것으로 보인다. 또한 '공손하다'든지 '공손하게 처신하다'를 '下手こ出る'라고도 하는데 '공손하다'는 것을 지위나 능력이 낮은 사람의 행동 특성으로도 보았다는 점이 서양에서 예의가 없는 사람을 상류층의 어법이나 에티켓을 배우지 못한 사람이라고 본 것과 유사하다. 일본어에도 한국어와 마찬가지로 '예의가 바르다'라는 표현으로 '礼儀正しい'가 있는데 이는 예의를 사회적으로 받아들여지는 정확하고 올바른 언행의 형식으로 본 것이다. '공중도덕'이란 말을 애용하는 일본인들은 예의나 예절을 주로 개인들 사이의 윤리의 문제로 보려는 한국인들과 달리 개인보다는 공공의 이익이나 도덕을 해치는 반사회적 행위로 보고 이를 엄격히 규제하는 사회적 압력이 강하다.

중국어에는 영어의 politeness에 해당하는 단어로 '禮貌(예모)'가 있는데 이는 타인을 예로서 대하는 모양을 가리키는 것이다. 한국어에서는 '예모'란 단어보다 '예의' 또는 '공손'이란 단어를 더 많이 사용하는데, '공손'은 타인을 높이는 '恭敬(공경)'과 자신을 낮추는 '謙遜(겸손)'의 합성어로 볼 수 있다. 중국인들이 생각하는 공손함이란 상대방의 체면, 즉 '面子(면자)'와 '얼굴(臉)'을 고려해서 상황에 맞게 행동하거나 말하는 것을 의미한다. 마오(Mao)에 의하면 중국에서 '예'는 원래 서양의 politeness와는 다른 개념으로서 기원전 10세기경 주나라의 봉건적 서열 구조인 종법제도와 신분질서인 노예제도를 가리키는 말이었다고 한다. 엄격한 위계질서의 근간이 되는 주나라의 예, 즉 '周禮(주례)'는 당시 사람들의 행동과 언어를 제약하는 강력한 생활 규범이 되었다. 이런 '예'의 개념은 현대 중국어에서 자신의 사회적 지위나 신분에 걸맞은 예의와 격식을 의미하는 '禮數(예수)'란 단어에서 볼 수 있다. 주나라 사회를 모든 사회의 이상적인 모델이라고 생각한 공자는 서주의 예악제도를 칭송하고 '예'를 그의 사상에서 주요 개념으로 사용했다. 공자 사후 '예'는 점차 오늘과 같은 politeness를 뜻하는 단어로 쓰이게 되었는데 괴이(Goy)에 의하면 존경과 겸양, 배려 및 거슬리지 않음이 현대 중국 사회의 예의 기본 개념이라고 한다.

서양에서의 '예의'나 '공손'의 개념은 앞에서 본 한국이나 중국에서의 '공손'이나 '예' 또는 '예의' 개념과는 차이가 있다. '예의 바름'을 뜻하는 영어단어 politeness는 polite의 명사형으로서 polite는 어말의 '-t'가 시사하듯이 라틴어의 동사 polite의 과거 분사형에서 유래했는데 그 유래와 뜻은 '윤이 나는', '매끄럽게 된'의 뜻이었다. 서양에서 polite는 개인적인 언행과 의모 등에서 세련되고 우아하며 무난함을 의미한다는 점에서 한국이나 중국에서 예의가 갖고 있는 관념적, 윤리적 개념과는 거리가 있다.

한때 우리가 한국어의 표준말을 교양 있는 사람들이 쓰는 현대 서울말이라고 정의했던 것과 유사하게 Oxford English Dictionary에서는 polite를 'social conduct of upper classes'로 정의해서 이것이 모든 사람에게 보편적인 상품적 가치나 능력이 아님을 밝히고 있다. 우리말의 공손에 가까운 영어단어 courtesy는 어근에서도 알 수 있듯이 '궁정(court)'에서 적절한 예의 바른 행동을 말하는 것이었다. 즉 'courteous'는 왕정시대만 해도 궁정의 예절을 뜻하던 것이 민주주의 시대가 되면서 다른 사람에 대한 존중과 배려를 뜻하는 말이 된 것이다. 유럽에서는 중세 때부터 기사들을 중심으로 상위 계층에 속한 사람들의 만행, 태도, 법도를 구별하기 시작했는데 이들 계층이 따라야 할 행동 양식으로서 에티켓은 공적인 영역에서뿐만 아니라 사적인 영역에서도 사회 규범화되어 모든 계층이 지켜야 할 행동 모델이 되었다. 이처럼 서양에서의 '예의 바름'이나 '공손'은 사회적으로 성공하기 위해 습득해야 할 실용적, 개인적 가치라고 생각되었다.

공손이나 예의는 동서양을 떠나 개인적인 것만도 아니며 사회적인 것만도 아니다. 이는 사회적 상호작용의 한 형태로서 개인과 사회를 연결해 주는 것이다. 또한 공손은 어떤 행위 자체에 내재된 특성이 아니라 한 집단을 구성하는 개인들 사이에서 공유된 기준에 근거한 상호 관계에 의해 결정되는 것이다. 각 개인은 자신이 속한 집단에서 받아들여질 수 있는 방식으로 언어적 공손을 실현하려고 하며 이런 개인적 노력이 모여서 비교되고 논의되며 타협을 이루어 사회적 합의에 이르게 된 것이 언어적 소통으로서의 공손의 규칙과 원리이다.

① 영현 : "한국어의 '禮(예)'는 '사람이 마땅히 지켜야 할 도리'를 의미해."

② 현지 : "일본에서 '공손하다'는 것은 '주의 깊고 신중하다'는 뜻으로도 통용돼."

③ 푸름 : "중국에서 '예'는 과거에는 봉건적 서열 구조인 종법제도와 신분질서인 노예제도를 가리키는 말이었다고 해."

④ 수민 : "서양에서 polite는 한국이나 중국에서 예의가 가지고 있는 관념적, 윤리적 개념과는 거리가 멀어."

⑤ 종원 : "공손은 어떤 행위 자체에 내재된 특성으로 각 개인은 자신이 속한 집단에서 받아들여질 수 있는 방식으로 언어적 공손을 실현하려고 해."

**19.** 다음 〈보기〉와 같은 문화 현상에 대해 글쓴이의 입장에서 할 수 있는 말은?

19세기 중반 이후 사진, 영화 같은 시각 기술 매체가 발명되면서 예술 영역에는 일대 변혁이 일어났다. 작품에서는 일회성과 독창성이 사라지고 수용자는 명상적인 수용에서 벗어나기 시작하였다. 그리고 비디오, 위성, 컴퓨터 등의 '위대한 신발명들'로 인해 매체는 단순한 수단 이상의 적극적이고 능동적인 의미를 부여받게 되었다. 이제 이러한 매체와의 소통이 곧 '문화'로 규정되고 있다.

정보와 소통이라는 비물질적 요소가 사회의 토대로 작용하는 매체 시대를 맞아 이성과 합리성에 의해 억압되었던 감각과 이미지의 중요성이 부각되고 있다. 또한 현실과 허구, 과학과 예술의 경계가 무너지면서 그 자리에 '가상 현실'이 들어서게 되었다. 가상 현실에서는 실재하는 것이 기호와 이미지로 대체되고, 그 기호와 이미지가 마치 실재하는 것처럼 작동한다. 따라서 현실 세계의 모방이라는 예술 영역의 기본 범주가 매체 사회에서는 현실과 허구가 구분되지 않는 시뮬레이션이라는 범주로 바뀌게 되었다.

매체 시대의 특징은 속도이다. 텔레비전이 공간의 차이를 소멸시키고, 컴퓨터가 시간의 차이까지 소멸시킴으로써 매체 시대에는 새로운 지각 방식이 대두되었다. 매체에 의해 합성된 이미지는 과거 · 현재 · 미래가 구분되는 '확장된 시간'이 아니라 과거 · 현재 · 미래가 공존하는 '응집된 시간'에 의존하며, 이는 문학과 예술의 서술 형태까지도 변화시킨다. 시간적 연속성의 구조가 파괴된 장면들이 돌발적인 사슬로 엮여진 뮤직 비디오가 그 예이다.

이러한 매체 시대의 특징들을 바탕으로 매체 이론가들은 '매체 작품'이라는 개념을 제시한다. 전통적으로 예술 작품은 고독한 예술가의 창작물로 간주되었으며, 예술가는 창작 주체로서의 특권화된 위치를 차지하였다. 특정 질료를 독창적으로 다루어 만들어 낸 예술 작품은 그 누구도 모방할 수 없는 원본의 가치를 지니며, 모방물은 부정적으로 평가되었다. 그러나 오늘날의 매체 작품은 고독한 주체의 창조물이 아니라 매체들 간의 상호 소통의 결과물이다. 여기저기에서 조금씩 복사하여 책을 만들기도 하고, 예술가의 개별적인 작업보다는 협동 작업이 중시되기도 한다. 또한 홀로그래피, 텔레마틱 같은 새로운 장르 혼합 현상이 나타난다.

전통적인 미학론자들은 이러한 매체 작품이 제2의 문맹화를 가져오며 수용자에게 '나쁜' 영향을 끼칠 것이라고 평가한다. 그런데 이는 인쇄술의 발달과 함께 문학적 글쓰기가 대중성을 획득할 당시의 경고와 흡사하다. 예컨대 18세기 모리츠의 「안톤 라이저」는 '감각을 기분 좋게 마비시키는 아편'으로 간주되었다. 그럼에도 불구하고 소설 문화는 이후 지속적으로 발전하였다. 이를 볼 때 지금의 매체 작품도 향후 지속적으로 발전하여 정상적인 문화 형태로 자리잡으리라는 전망이 가능하며, 따라서 전통적인 예술 작품과 매체 작품 모두 문화적 동인(動因)으로 열린 지평 안에 수용되어야 할 것이다.

**보기**

컴퓨터광들이 공동으로 한 작품을 창작하는 방식과 한 사람의 작가가 총체적인 계획 하에 자신의 고유한 작품을 완성하는 전통적인 글쓰기 방식이 공존하고 있다.

① 서로의 차이를 인정하고 존중하면서 상호 개방적인 태도를 취해야 한다.
② 두 문화 방식을 절충하여 가장 종합적이고 합리적인 대안을 찾아야 한다.
③ 기존의 예술 방식은 새로운 매체 환경에 적응하면서 변해야만 살아남을 수 있다.
④ 기술 매체에 의해 위협받고 있는 전통적인 예술과 문학의 방식이 보호되어야 한다.
⑤ 각자의 예술 방식에 대한 자기반성을 통해 거듭나고자 하는 노력을 기울여야 한다.

**20. 다음 글의 흐름에 맞게 문단의 순서를 배열한 것은?**

(가) 나전칠기에서 가장 많은 부분을 차지하는 검은 색은 옻칠에 의한 것이다. 옻은 옻나무에 흠집을 냈을 때 흘러나온 수액으로, 목재를 보호하고 광택을 내는 데 사용한다. 옻은 일반적으로 6월에서 11월까지 채취하는데 이 기간 중에서도 특히 7월 중순에서 8월 하순의 것을 최상으로 친다. 이렇게 최상의 옻을 준비하면, 먼저 백골에 옻칠을 한다. 이때 백골은 뼈대를 만들어 놓고 아직 옻칠하지 않은 나무 자체를 가리킨다.

(나) 이를 백골에 붙인 다음, 종이 본은 떼어 내고 옻칠을 추가한다. 남아 있는 칠을 긁어내고 인두로 마름질한 후 초벌 광, 중벌 광, 마감 광을 낸다. 그리고 가장 마지막으로 자개의 등 위에 고래를 바르는 평탈 기법을 하는데, 이는 자개 높이와 칠면을 같게 하려는 목적이다. 이처럼 나전칠기는 완성하기까지 칠하고, 건조하고 연마하기를 8개월에서 1년 동안 반복해야 한다. 나전칠기의 아름다움과 화려함 뒤에 장인의 정성이 숨어있다는 사실을 잊지 말아야 한다.

(다) 나전칠기는 옻칠한 가구의 표면에 야광패(夜光貝)나 전복 조개 등의 껍데기를 여러 가지 문양으로 감입하여 장식한 칠기를 말한다. 나전칠기를 만드는 기법은 중국 주대(周代)와 당대(唐代)에 성행하였고, 그것이 한국과 일본에 전해진 것으로 보인다. 한국은 초기에는 주로 백색의 야광패를 사용하였으나 후기에는 청록 빛깔을 띤 복잡한 색상의 전복 조개의 껍데기를 많이 사용하였다.

(라) 이제 자개를 놓는 일만 남았다. 자개를 만들기 위해서는 조개껍데기를 숫돌로 얇게 갈아서 줄로 썰고 무늬에 맞게 끊음질을 해야 한다. 그리고 고래를 바른 상태에서 밑그림에 따라 자개에 구멍을 뚫고, 실톱으로 무늬를 오린 후 종이 본에 붙인다. 문양을 내기 위해 자개를 잘라내는 방법은 주름질과 이음질, 끊음질이 있는데 끊음질이 가장 많이 사용된다.

(마) 이후 황토와 옻칠을 혼합하여 나무의 눈메(나무 무늬)를 메워주고, 표면이 반질거리도록 연마한다. 그다음, 나무의 수축 변화를 막기 위해 옻칠과 찹쌀풀을 혼합시켜 삼베와 한지를 바르고, 그 위에 흑칠을 한다. 흑칠한 백골에 고래[토분(土粉)과 옻칠을 혼합한 것]로 다시 한번 눈메를 메워 매끄럽게 만들면, 나전칠기의 검은 부분이 완성된다.

① (가) – (다) – (마) – (나) – (라)
② (가) – (마) – (다) – (라) – (나)
③ (다) – (가) – (마) – (라) – (나)
④ (다) – (마) – (가) – (라) – (나)
⑤ (다) – (가) – (나) – (마) – (라)

## 21. 다음 글을 읽고 반박하는 진술로 옳지 않은 것은?

> 경제적 불의는 더 이상 방치할 수 없는 상태에 이르렀다. 도시 빈민가의 빈곤은 최소한의 인간적 삶조차 원칙적으로 박탈하고 있으며, 경제력을 독점하고 있는 소수 계층은 각계에 영향력을 행사하여 대다수 국민들의 의사에 반하는 결정들을 관철시키고 있다. 만연된 사치와 향락은 근면과 저축의욕을 감퇴시키고 손쉬운 투기와 불로소득은 기업들의 창의력과 투자 의욕을 감소시킴으로써 경제 성장의 토대가 와해되고 있다. 부익부 빈익빈의 극심한 양극화는 국민 간의 균열을 심화시킴으로써 사회 안정 기반이 동요되고 있으며 공공연한 비윤리적 축적은 공동체의 기본 규범인 윤리 전반을 문란하게 하여 우리와 우리 자손들의 소중한 삶의 터전인 이 땅을 약육강식의 살벌한 세상으로 만들고 있다.
>
> 부동산 투기, 정경유착, 불로소득과 탈세를 공인하는 차명계좌의 허용, 극심한 소득차, 불공정한 노사관계, 농촌과 중소기업의 피폐 및 이 모든 것들의 결과인 부와 소득의 불공정한 분배, 그리고 재벌로의 경제적 집중, 사치와 향락, 환경 오염 등 이 사회에 범람하고 있는 경제적 불의를 척결하고 경제정의를 실천함은 이 시대 우리 사회의 역사적 과제이다.
>
> 이의 실천 없이는 경제 성장도 산업 평화도 민주복지사회의 건설도 한갓 꿈에 불과하다. 이중에서도 부동산 문제의 해결은 가장 시급한 우리의 당면 과제이다. 인위적으로 생산될 수 없는 귀중한 국토는 국민들의 복지 증진을 위하여 생산과 생활에만 사용되어야 함에도 불구하고 소수의 재산 증식 수단으로 악용되고 있다. 토지 소유의 극심한 편중과 투기화, 그로 인한 지가의 폭등은 국민생활의 근거인 주택의 원활한 공급을 곤란하게 하고 있을 뿐만 아니라 물가 폭등 및 노사 분규의 격화, 거대한 투기 소득의 발생 등을 초래함으로써 현재 이 사회가 당면하고 있는 대부분의 경제적 · 사회적 불안과 부정의의 가장 중요한 원인으로 작용하고 있다.
>
> 정부 정책에 대한 국민들의 자유로운 선택권이 보장되며 경제적으로 시장 경제의 효율성과 역동성을 살리면서 깨끗하고 유능한 정부의 적절한 개입으로 분배의 편중, 독과점 및 공해 등 시장 경제의 결함을 해결하는 민주복지사회를 실현하여야 한다. 그리고 이것이 자유와 평등, 정의와 평화의 공동체로서 우리가 지향할 목표이다.

① 뚜렷하고 구체적인 정책을 제시하지 않고 해결책을 에둘러 말하고 있다.

② 경제 · 사회적 불안과 부정의의 가장 큰 원인이 부동산 문제라고만은 할 수 없다.

③ 경제력을 독점하고 있는 소수 계층이 경제적 불의를 일으키고 있다.

④ 수많은 경제적 불의 문제들은 나라가 발전하고 성장하는 데에 필수불가결한 단계이다.

⑤ 소수 전문가들의 의사결정이 필요한 경우도 있으며 이는 더 효율적일 수 있다.

**22.** 다음 글에 대한 이해로 옳지 않은 것은?

농가 태양광 발전은 최근 식량 소비량의 감소 추세와 상대적으로 일사량이 우수한 농지의 특성을 고려했을 때 태양광 보급의 유력한 방도 중에 하나라고 볼 수 있다. 특히 태양광 보급에 따른 이익이 농민들에게 공유된다면 더욱 효과적으로 보급할 수 있을 것으로 예상된다.

산업통상자원부의 '재생에너지 3020 이행계획'에 따르면 농가 태양광 사업이란 농업진흥구역 내 염해간척지, 농업진흥구역 외 농지 등에 태양광 발전 시스템 설치를 활성화하는 것으로 2030년까지 10GW 용량의 설치를 목표로 하고 있다.

영농형 태양광 발전의 경우 농사를 지으면서 태양광 발전을 병행할 수 있기 때문에 농업인이 직접 참여할 수 있어 국내에 적합한 시스템으로 보인다. 정부는 올해 시범사업을 통해 이 모델의 확산 방안을 마련할 계획이다. 이미 덴마크, 독일, 영국 등 유럽 국가들은 농민 혹은 영농조합, 회사(에너지회사, 영농회사) 등의 단체가 태양광 사업에 적극적으로 참여하도록 장려하고 있다. 이는 농업 외 소득을 안정적으로 얻도록 하여 전체 농가 소득을 증진시키는 효과를 낳고 있다.

국내에서는 A 기업이 2017년 충북 청주에서 국내 최초 영농형 태양광 발전 방식으로 유기농 벼를 수확했다. A 기업은 2017년 4월 초 영농형 태양광 발전소를 설치하고 5월 모내기 이후 4개월 만에 벼를 수확했다. 수확된 벼의 양은 기존 유기재배 벼의 생산량에 비해 큰 차이가 없었으며, 이번 실증실험 성공으로 태양광 발전과 벼농사 병행이 가능해짐에 따라 기존 농업소득에 태양광 발전이라는 농업 외 소득을 추가로 확보할 수 있게 됐다. A 기업은 특히 영농형 태양광 발전을 통해 쌀값 하락 등으로 어려움에 처한 쌀 농가의 소득을 보전해 줄 수 있다고 강조했다.

국내에서도 영농형 태양광 발전은 앞으로 재생에너지 보급을 위하여 반드시 필요한 비즈니스 모델이다. 태양광 패널 아래에 그늘이 생김에도 불구하고 생육과 수확이 가능한 이유는 식물의 광포화점에서 비법을 찾을 수 있다. 광포화점이 있는 대부분의 양지식물의 경우 일조량이 많아도 광포화점을 넘기면 광합성이 일어나지 않는다. 최근 과학자들은 광포화점의 특성을 이용하여 작물의 생육에 필요한 일조량, 온도 습도 등의 데이터를 수집하고 이를 바탕으로 최적화된 생육 환경을 제공하기 위해 노력하고 있다. 이와 함께 생육에 필요한 광포화점을 넘긴 태양광 에너지는 태양광 발전에 사용한다.

이처럼 영농형 태양광 발전은 친환경 농산물과 친환경 에너지 생산을 연계하여 지속 가능한 농업을 도모하고 생태환경을 보호하는 순기능을 가지고 있다. 현행법상 농업진흥지역 내 설치 불가 등의 제약이 있지만, 앞으로 정책적 배려를 통해 이와 같은 문제를 잘 해결한다면 20년 이상 안정적인 수익을 확보할 수 있다. 또한 농촌의 고령 농가는 연금과 같은 효과를 누릴 수 있다.

① 영농형 태양광 사업은 유럽보다 국내에서 먼저 시행되었다.

② 영농형 태양광 발전은 자연 생태환경을 보호하는 순기능을 가지고 있다.

③ 영농형 태양광 발전은 현행법상 모든 농업진흥지역 내에는 설치가 불가능하다.

④ 국내에서는 영농형 태양광 발전 방식으로 유기농 벼를 수확하는 데 성공했다.

⑤ 태양광 패널 아래 그늘이 생겨도 광포화점의 특성을 이용하면 태양광 발전으로 작물을 수확할 수 있다.

**23.** 다음 글의 짜임으로 적절한 것은?

> 글의 구조적 특징(特徵)들은 이야기를 이해하고 기억하는 데에도 영향을 주게 된다. 이야기의 구조는 상위 구조와 하위 구조들로 이루어지는데 상위 구조에 속한 요소들, 즉 주제, 배경, 인물 등의 중요한 골자는 더 잘 기억되고 더 오래 기억된다. 우리가 옛날에 읽었거나 들은 심청전을 기억해 보면, 심청이 효녀라는 점, 뺑덕 어멈의 품성이 좋지 못하다는 점을 이를 뒷받침해 주는 하나하나의 구체적인 행동보다 더 잘 기억하고 있음을 알게 된다.

① 전제 – 주지 – 예시　② 주지 – 부연 – 예시　③ 전제 – 종합 – 첨가
④ 주지 – 상술 – 첨가　⑤ 전제 – 예시 – 결론

**24.** 다음 글의 흐름에 맞게 문장의 순서를 배열한 것은?

> (가) 본질은 어떤 사물의 불변하는 측면 혹은 그 사물을 다른 사물과 구별시켜 주는 특성을 의미하는데, 본질주의자는 이러한 사물 본연의 핵심적인 측면을 중시한다.
> (나) 예를 들어 책상의 본질적 기능이 책을 놓고 보는 것이라면, 책상에서 밥을 먹는 것은 비본질적 행위이고 이러한 비본질적 행위는 잘못된 것이라고 본다.
> (다) 책상 자체가 원래 '책을 놓고 보는 것'이라는 본질을 미리 갖고 있었던 것이 아니라, 인간이 책상에서 책을 보거나 글을 쓰면서, 즉 책상에 대해 인간이 경험적으로 행동을 해 보고 난 후에 책상의 본질을 그렇게 규정한 것이라 할 수 있다.
> (라) '본질이란 무엇인가'라는 질문은 서양 철학의 핵심적 질문이다. 탈레스가 세계의 본질을 '물'이라고 이야기했을 때부터 서양 철학은 거의 모든 것들에 대해 불변하는 측면과 그렇지 않은 측면을 탐구하기 시작했다.
> (마) 그런데 본질주의자들이 강조하는 사물의 본질이란 사실 사후적으로 구성된 것이라 할 수 있다.

① (가) – (나) – (마) – (다) – (라)　② (가) – (라) – (마) – (나) – (다)
③ (라) – (가) – (다) – (마) – (나)　④ (라) – (가) – (나) – (마) – (다)
⑤ (라) – (나) – (마) – (가) – (다)

**25.** 다음 (가) ~ (마)를 글을 흐름에 맞게 배열한 것은?

(가) 민간화는 지방자치단체가 담당하는 특정 업무의 운영권을 민간기업에 위탁하는 것으로, 기업 선정을 위한 공청회에 주민들이 참여하는 등의 방식으로 주민들의 요구를 반영하는 것이다. 하지만 민간화를 통해 수용되는 주민들의 요구는 제한적이므로 전체 주민의 이익이 반영되지 못하는 경우가 많고, 민간기업의 특성상 공익의 추구보다는 기업의 이익을 우선한다는 한계가 있다. 경영화는 민간화와는 달리, 지방자치단체가 자체적으로 민간 기업의 운영방식을 도입하는 것을 말한다. 주민들을 고객으로 대하며 주민들의 요구를 충족하고자 하는 것이다. 그러나 주민 감시나 주민자치위원회 등을 통한 외부의 적극적인 견제가 없으면 행정 담당자들이 기존의 관행에 따라 업무를 처리하는 경향이 나타나기도 한다.

(나) 현대 사회가 다원화되고 복잡해지면서 중앙정부는 물론, 지방자치단체 또한 정책 결정과정에서 능률성과 효과성을 우선시하는 경향이 커져 왔다. 이로 인해 전문적인 행정 담당자를 중심으로 한 정책 결정이 빈번해지고 있다. 그러나 지방자치단체의 정책 결정은 지역 주민의 의사와 무관하거나 배치되어서는 안 된다는 점에서 이러한 정책 결정은 지역 주민의 의사에 보다 부합하는 방향으로 보완될 필요가 있다.

(다) 행정 담당자 주도로 이루어지는 정책 결정의 문제점을 극복하기 위해 그동안 지방자치단체의 개선 노력이 없었던 것은 아니다. 지역 주민의 요구를 수용하기 위해 도입한 '민간화'와 '경영화'가 대표적인 사례이다. 이 둘은 모두 행정 담당자 주도의 정책 결정을 보완하기 위해 시장 경제의 원리를 부분적으로 받아들였다는 점에서는 공통되지만, 운영 방식에는 차이가 있다.

(라) 직접민주주의 제도의 활성화를 통해 지역 주민들이 직접적으로 정책 결정에 참여하게 되면, 정책 결정에 대한 주민들의 참여가 지속적이고 안정적으로 이루어질 수 있다. 그리고 각 개인들은 지역 문제에 대한 관심이 높아지고 공동체 의식이 고양되는 효과도 기대된다. 또한 이러한 직접민주주의 제도를 통해 전체 주민의 의사가 가시적으로 잘 드러날 뿐만 아니라, 이에 따라 행정 담당자들도 정책 결정에서 전체 주민의 의사를 더 적극적으로 고려하게 된다. 아울러 주민들의 직접적인 참여를 통해 정책에 대한 지지와 행정에 대한 신뢰가 높아짐으로써 주민들의 정책 집행에 대해 적극적으로 협조하는 경향이 커지게 될 것이다.

(마) 이러한 한계를 해소하고 지방자치단체의 정책 결정과정에서 지역 주민 전체의 의견을 보다 적극적으로 반영하기 위해서는 주민 참여 제도의 활성화가 요구된다. 현재 우리나라의 지방자치단체가 채택하고 있는 간담회, 설명회 등의 주민 참여 제도는 주민들의 의사를 간접적으로 수렴하여 정책에 반영하는 방식인데, 주민들의 의사를 더욱 직접적으로 반영하기 위해서는 주민 투표, 주민 소환, 주민 발안 등의 직접민주주의 제도를 활성화하는 방향으로 주민 참여 제도가 전환될 필요가 있다.

① (나) – (다) – (가) – (마) – (라)
② (다) – (나) – (가) – (마) – (라)
③ (가) – (마) – (라) – (나) – (다)
④ (가) – (라) – (마) – (나) – (다)
⑤ (라) – (가) – (마) – (다) – (나)

**키워드** 지원자의 합격률 구하기
수열의 규칙에 따라 빈칸 구하기
도형의 넓이 계산하기
표나 그래프를 분석 · 계산하기
자료를 그래프로 변환하기

**분석** 소양평가에서 수리력은 45 ~ 50문항 중 10문항 이상 출제되고 있다. 수리력은 단순한 사칙연산 계산 문제부터 농도, 거리 계산, 일률, 할인율, 경우의 수, 확률을 계산하는 문제, 도형의 넓이를 계산하는 문제 등 다양한 응용 계산 문제가 출제된다. 또한 표나 그래프를 분석, 계산하는 자료해석 문제도 꾸준히 출제된다. 외워야 하는 수학 공식을 오류 없이 외워 두고 계산 과정에서 실수가 생기지 않도록 꼼꼼하게 계산하는 법을 연습하도록 한다.

2
파트

# 수리력



**직무능력검사란?** 산업 현장에서 직무를 수행하기 위해 요구되는 각종 지식, 기술, 태도 등 기본적으로 갖추고 있어야 할 인지적 능력을 진단하는 것이다.

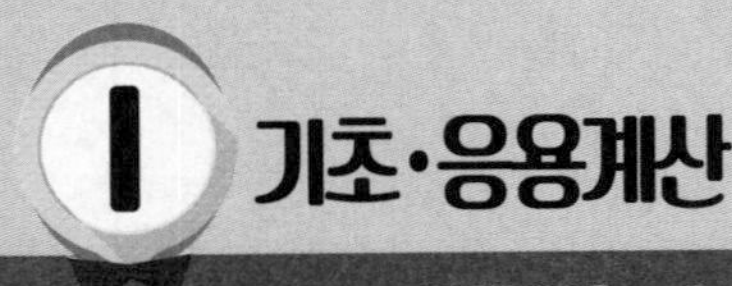




# 출제유형이론학습

## 1 분수의 대소비교

① 곱셈을 사용한다.

예 $\frac{b}{a}$와 $\frac{d}{c}$의 비교(단, $a$, $b$, $c$, $d > 0$)

$bc > ad$이면 $\frac{b}{a} > \frac{d}{c}$

② 어림셈과 곱셈을 사용한다.

예 $\frac{47}{140}$과 $\frac{88}{265}$의 비교

$\frac{47}{140}$은 $\frac{1}{3}$보다 크고 $\frac{88}{265}$은 $\frac{1}{3}$보다 작으므로 $\frac{47}{140} > \frac{88}{265}$

③ 분모와 분자의 배율을 비교한다.

예 $\frac{351}{127}$과 $\frac{3,429}{1,301}$의 비교

3,429는 351의 10배보다 작고 1,301은 127의 10배보다 크므로 $\frac{351}{127} > \frac{3,429}{1,301}$

④ 분모와 분자의 차이를 파악한다.

예 $\frac{b}{a}$와 $\frac{b+d}{a+c}$의 비교(단, $a$, $b$, $c$, $d > 0$)

$\frac{b}{a} > \frac{d}{c}$이면 $\frac{b}{a} > \frac{b+d}{a+c}$ $\qquad$ $\frac{b}{a} < \frac{d}{c}$이면 $\frac{b}{a} < \frac{b+d}{a+c}$

## 2 곱셈 속산법

① %의 계산 : 10%, 5%, 1%를 유효하게 조합하여 간단히 한다.

- 10%는 끝 수 1자릿수를 제한 수
- 1%는 끝 수 2자릿수를 제한 수
- 5%는 10%의 절반

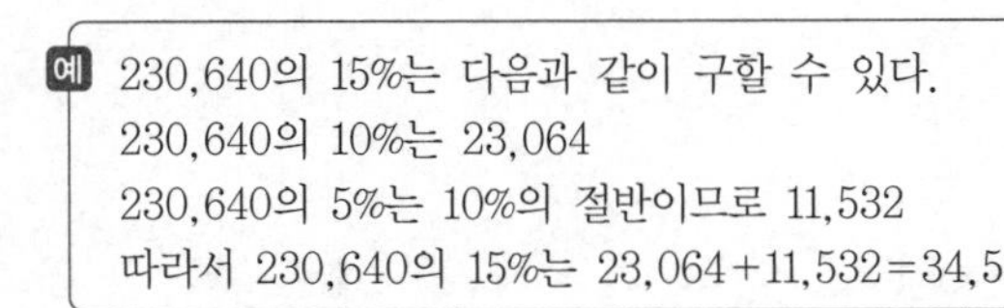

예 230,640의 15%는 다음과 같이 구할 수 있다.
230,640의 10%는 23,064
230,640의 5%는 10%의 절반이므로 11,532
따라서 230,640의 15%는 23,064+11,532=34,596

**미니테스트**

**01. 3,624의 25배는?**

① 90,500 ② 90,600
③ 90,700 ④ 90,800
⑤ 90,900

정답 ②

해설 3,624의 100배는 362,400이므로 362,400÷4=90,600

② 배수의 계산

- 25배는 100배를 4로 나눈다.
- 125배는 1,000배를 8로 나눈다.
- 75배는 300배를 4로 나눈다.

### 3 나눗셈 속산법

① 근사치를 이용하여 계산한다.
② 나눗셈의 성질에 착안하여 곱셈으로 다시 계산한다.
③ 공약수로 두 수를 나눠 숫자의 크기를 줄여 계산한다.
④ 나눗수에 가까운 숫자로 나누어 보정하면서 계산한다.

예
▸ $54,027 \div 162$
↓ 두 수의 공약수인 9로 나눔
$6,003 \div 18$
↓ 두 수의 공약수인 9로 나눔
$667 \div 2 = 333.5$
▸ $421 \div 1.25$
$125 \times 8 = 1,000$이므로 $1.25 = \frac{10}{8}$이다.
따라서 $421 \div 1.25 = 421 \div \frac{10}{8} = 421 \times \frac{8}{10} = 336.8$
▸ $116,900 \div 350$
↓ 두 수에 2를 곱함
$233,800 \div 700$
↓ 두 수를 100으로 나눔
$2,338 \div 7 = 334$

### 4 근사법

① $X$의 절댓값이 1보다 충분히 작을 때($|X| \le 0.05$ 정도),
$(1+X)^n \fallingdotseq 1+nX$

예 $1.025^4 = (1+0.025)^4 \fallingdotseq 1+4 \times 0.025 = 1.1$

② $X_1$, $X_2 \cdots$의 절댓값이 각각 1보다 충분히 작을 때$\left(\frac{|X_1+X_2+\cdots+X_n|}{n} \le 0.05\text{정도}\right)$,
$(1+X_1) \times (1+X_2) \times \cdots \times (1+X_n) \fallingdotseq 1+(X_1+X_2+\cdots+X_n)$

예 $1.015 \times 0.983 \times 0.952 \times 1.084$
$= (1+0.015) \times (1-0.017) \times (1-0.048) \times (1+0.084)$
$\fallingdotseq 1+(0.015-0.017-0.048+0.084)$
$= 1+0.034 = 1.034$

**02. 주어진 수식의 답을 구하면?**

684÷20

① 3.24 ② 342
③ 34.2 ④ 56
⑤ 862

정답 ③

해설 684÷20에서 1의 자리를 버림하고 약분하여 소거하면 계산 없이 소수점의 위치만으로 답을 찾을 수 있다.
$680 \div 20 = 68 \div 2 = 34 \fallingdotseq 34.2$

③ $X$, $Y$의 절댓값이 1보다 충분히 작을 때,

$\frac{1}{1+X} \fallingdotseq 1-X$ $\frac{1+X}{1+Y} \fallingdotseq 1+X-Y$

미니테스트

**03. 다음 주어진 단위에 알맞게 변환하면?**

4시간=(  )초

① 1,800 ② 3,000
③ 10,800 ④ 14,400
⑤ 16,200

정답 ④

해설 1시간=60분=3,600초이므로, 4시간은 3,600×4=14,400(초)이다.

## 5 단위환산

| 단위 | 단위환산 | 단위 | 단위환산 |
|---|---|---|---|
| 길이 | • 1cm=10mm<br>• 1m=100cm<br>• 1km=1,000m | 무게 | • 1kg=1,000g<br>• 1t=1,000kg=1,000,000g |
| 넓이 | • $1cm^2=100mm^2$<br>• $1m^2=10,000cm^2$<br>• $1km^2=1,000,000m^2$ | 시간 | • 1분=60초<br>• 1시간=60분=3,600초 |
| 부피 | • $1cm^3=1,000mm^3$<br>• $1m^3=1,000,000cm^3$<br>• $1km^3=1,000,000,000m^3$ | 할푼리 | • 1푼=0.1할<br>• 1리=0.01할 |
| 들이 | • $1ml=1cm^3$<br>• $1dl=100cm^3=100ml$<br>• $1L=1,000cm^3=10dl$ | | |

## 6 거리 · 속력 · 시간

① 공식

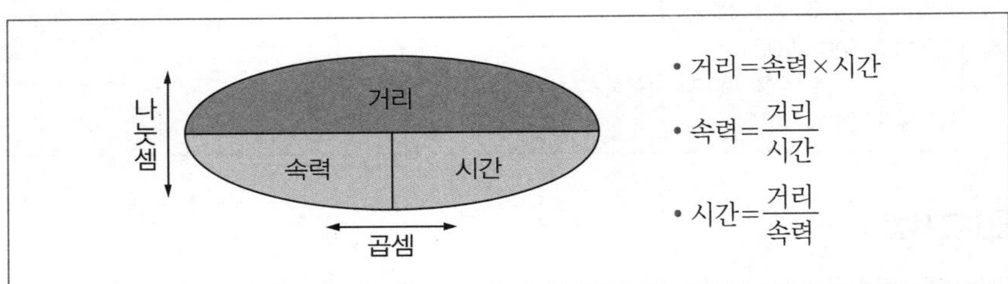


• 거리=속력×시간

• 속력=$\frac{거리}{시간}$

• 시간=$\frac{거리}{속력}$

② 풀이 방법

• 거리, 속력, 시간 중 무엇을 구하는 것인지를 파악하여 공식을 적용하고 방정식을 세운다.

• 단위 변환에 주의한다.

1km=1,000m  1m=$\frac{1}{1,000}$km  1시간=60분  1분=$\frac{1}{60}$시간

## 7 농도

① 공식

$$농도(\%)=\frac{용질(소금)의\ 질량}{용액(소금물)의\ 질량}\times 100=\frac{용질의\ 질량}{용매의\ 질량+용질의\ 질량}\times 100$$

② 풀이 방법

• 두 소금물 A, B를 하나로 섞었을 때

(A+B) 소금의 양=A 소금의 양+B 소금의 양

(A+B) 소금물의 양=A 소금물의 양+B 소금물의 양

(A+B) 농도$=\frac{(A+B)\text{소금의 양}}{(A+B)\text{소금물의 양}}\times 100$

## 8 일의 양

① 공식

• 일률 $=\frac{\text{일량}}{\text{시간}}$ • 일량 = 시간 × 일률 • 시간 $=\frac{\text{일량}}{\text{일률}}$

② 풀이 방법

• 전체 일을 1로 둔다.

• 단위시간당 일의 양을 분수로 나타낸다.

예 일을 하는 데 5일이 걸린다고 하면 1일 동안의 일의 양(=단위시간당 일의 양)은 $1\div 5=\frac{1}{5}$이다.

## 9 금액

① 공식

• 정가 = 원가 $\times\left(1+\frac{\text{이익률}}{100}\right)$

• 정가 = 원가 + 이익

• 할인율(%) $=\frac{\text{정가}-\text{할인가(판매가)}}{\text{정가}}\times 100$

• 할인가 = 정가 $\times\left(1-\frac{\text{할인율}}{100}\right)$ = 정가 − 할인액

• 이익 = 원가 $\times\frac{\text{이익률}}{100}$

• 단리 : 원리합계 = 원금 × (1 + 이율 × 기간)

• 복리 : 원리합계 = 원금 × $(1+\text{이율})^{\text{기간}}$

② 풀이 방법

• 정가가 원가보다 $a$원 비싸다. → 정가=원가$+a$

• 정가가 원가보다 $b$% 비싸다. → 정가=원가$\times\left(1+\frac{b}{100}\right)$

• 판매가가 정가보다 $c$원 싸다. → 판매가=정가$-c$

• 판매가가 정가보다 $d$% 싸다. → 판매가=정가$\times\left(1-\frac{d}{100}\right)$

미니테스트

**04. 수영이는 할인 판매 중인 바지를 22,000원에 구매했다. 만약 할인율이 20%라면 바지의 정가는 얼마인가?**

① 27,500원 ② 28,000원
③ 28,500원 ④ 29,000원
⑤ 29,500원

정답 ①

해설 바지의 정가를 $x$로 놓고 식을 세우면 다음과 같다.

$x-(x\times 0.2)=22{,}000$

$\therefore x=27{,}500$(원)

미니테스트

05. 12와 30의 최대공약수를 구하면?

정답 6

해설 12의 약수는 1, 2, 3, 4, 6, 12
30의 약수는 1, 2, 3, 5, 6, 10, 15, 30
12와 30의 공약수는 1, 2, 3, 6이므로 최대공약수는 6이다.

## 10 약 · 배수

① 공약수란 두 정수의 공통 약수가 되는 정수, 즉 두 정수를 모두 나누어떨어뜨리는 정수를 말한다.

② 최대공약수는 공약수 중에서 가장 큰 수이다.
→ 공약수는 그 최대공약수의 약수이다.

③ 서로소란 공약수가 1뿐인 두 자연수이다.

④ 공배수란 두 정수의 공통 배수가 되는 정수를 말한다.

⑤ 최소공배수는 공배수 중에서 가장 작은 수이다.
→ 공배수는 그 최소공배수의 배수이다.

⑥ 두 자연수 $A$, $B$의 최대공약수가 $G$이고 최소공배수가 $L$일 때 $A=a\times G$, $B=b\times G$($a$, $b$는 서로소)라 하면 $L=a\times b\times G$가 성립한다.

$$G\,\underline{)\ A\quad B}$$
$$\quad a\quad b$$

⑦ 자연수 $n$이 $a^x\times b^y\times c^z$으로 소인수분해될 때, $n$의 약수의 개수는 $(x+1)(y+1)(z+1)$개이다.

## 11 간격

① 직선상에 심는 경우

| 나무의 수 = 간격 수+1 |
|---|

② 원 둘레상에 심는 경우

| 나무의 수 = 간격 수 |
|---|

## 12 나이

① 나이 문제의 포인트는 $x$년이 흐른 뒤에는 모든 사람이 $x$살씩 나이를 먹는다는 것이다.

② 시간이 흘러도 객체 간의 나이 차이는 동일하다.

③ 구하고자 하는 값을 $x$로 두고 방정식을 세운다.

## 13 시계

① 시침은 1시간에 30°씩, 1분에 0.5°씩 움직이고, 분침은 1분에 6°씩 움직인다.
→ a시 b분일 때 시침과 분침이 이루는 각도 :
$|(30°\times a+0.5°\times b)-6°\times b|=|30°\times a-5.5°\times b|$

② 시간의 단위변환에서 실수하지 않도록 주의한다.

## ⑭ 곱셈공식

- $(a \pm b)^2 = a^2 \pm 2ab + b^2$
- $(a+b)(a-b) = a^2 - b^2$
- $(a \pm b)^3 = a^3 \pm 3a^2b + 3ab^2 \pm b^3$
- $(ax+b)(cx+d) = acx^2 + (ad+bc)x + bd$
- $(a \pm b)^2 = (a \mp b)^2 \pm 4ab$
- $(a+b+c)^2 = a^2+b^2+c^2+2ab+2bc+2ca$
- $(a \pm b)(a^2 \mp ab + b^2) = a^3 \pm b^3$
- $(x+a)(x+b) = x^2 + (a+b)x + ab$
- $a^2 + b^2 = (a \pm b)^2 \mp 2ab$
- $a^2 + \dfrac{1}{a^2} = \left(a \pm \dfrac{1}{a}\right)^2 \mp 2$ (단, $a \neq 0$)

## ⑮ 경우의 수

① 합의 법칙 : 두 사건 A, B가 동시에 일어나지 않을 때, 사건 A, B가 일어날 경우의 수를 각각 $m$, $n$이라고 하면, 사건 A 또는 B가 일어날 경우의 수는 $(m+n)$가지이다.

② 곱의 법칙 : 사건 A, B가 일어날 경우의 수를 각각 $m$, $n$이라고 하면, 사건 A, B가 동시에 일어날 경우의 수는 $(m \times n)$가지이다.

③ 순열 : 서로 다른 $n$개에서 중복을 허용하지 않고 $r$개를 골라 순서를 고려해 나열하는 경우의 수

$$_nP_r = n(n-1)(n-2)\cdots(n-r+1) = \frac{n!}{(n-r)!} \quad (\text{단, } r \le n)$$

④ 조합 : 서로 다른 $n$개에서 순서를 고려하지 않고 $r$개를 택하는 경우의 수

$$_nC_r = \frac{n(n-1)(n-2)\cdots(n-r+1)}{r!} = \frac{n!}{r!(n-r)!} \quad (\text{단, } r \le n)$$

⑤ 중복순열 : 서로 다른 $n$개에서 중복을 허용하여 $r$개를 골라 순서를 고려해 나열하는 경우의 수

$$_n\Pi_r = n^r$$

⑥ 중복조합 : 서로 다른 $n$개에서 순서를 고려하지 않고 중복을 허용하여 $r$개를 택하는 경우의 수

$$_nH_r = {}_{n+r-1}C_r$$

**미니테스트**

**06. 6개의 상품 중에서 2개를 고를 때 가능한 경우의 수는? (단, 순서는 상관하지 않는다)**

① 15가지 ② 20가지
③ 25가지 ④ 30가지
⑤ 35가지

정답 ①

해설 순서를 생각하지 않고 뽑으므로 조합을 사용한다.

$_6C_2 = \dfrac{6 \times 5}{2 \times 1} = 15$(가지)

언어논리력 수리력 공간지각력 문제해결력 이해 및 관찰탐구력 실전모의고사 인성검사 면접가이드

⑦ 같은 것이 있는 순열 : $n$개 중에 같은 것이 각각 $p$개, $q$개, $r$개일 때 $n$개의 원소를 모두 택하여 만든 순열의 수

$$\frac{n!}{p!q!r!}\text{(단, } p+q+r=n\text{)}$$

⑧ 원순열 : 서로 다른 $n$개를 원형으로 배열하는 경우의 수

$$\frac{{}_nP_n}{n}=(n-1)!$$

## 16 확률

① 공식

- 일어날 수 있는 모든 경우의 수를 $n$가지, 사건 A가 일어날 경우의 수를 $a$가지라고 하면 사건 A가 일어날 확률 $P=\frac{a}{n}$, 사건 A가 일어나지 않을 확률 $P'=1-P$이다.
- 두 사건 A, B가 배반사건(동시에 일어나지 않을 때)일 경우

$$P(A\cup B)=P(A)+P(B)$$

- 두 사건 A, B가 독립(두 사건이 서로 영향을 주지 않을 때)일 경우

$$P(A\cap B)=P(A)P(B)$$

- 조건부확률 : 확률이 0이 아닌 두 사건 A, B에 대하여 사건 A가 일어났다고 가정할 때, 사건 B가 일어날 확률

$$P(B|A)=\frac{P(A\cap B)}{P(A)}\text{ (단, } P(A)>0\text{)}$$

② 풀이 방법

- '적어도 ~'라는 표현이 있으면 여사건을 활용하는 문제이다.
- '~일 때, ~일 확률'이라는 표현이 있으면 조건부확률을 활용하는 문제이다.

미니테스트

**07.** a, a, a, b, b, c를 일렬로 나열하는 경우의 수는 몇 가지인가?

① 45가지 ② 50가지
③ 55가지 ④ 60가지
⑤ 65가지

정답 ④

해설 $\frac{6!}{3!2!}$=60(가지)이다.

미니테스트

**08.** 서로 배반사건인 두 사건 A, B에 대하여 $P(B)=\frac{2}{3}P(A)$, $P(A\cup B)=\frac{2}{3}$일 때, P(A)의 값은?

① $\frac{3}{10}$ ② $\frac{2}{5}$
③ $\frac{1}{2}$ ④ $\frac{3}{5}$
⑤ $\frac{7}{10}$

정답 ②

해설 두 사건 A, B가 배반사건이므로 $P(A\cup B)=P(A)+P(B)$이다.

$\frac{2}{3}=P(A)+\frac{2}{3}P(A)$

$\frac{2}{3}=\frac{5}{3}P(A)$

$\therefore P(A)=\frac{2}{5}$

## 17 집합

① 집합 : 주어진 조건에 의하여 그 대상을 명확하게 구분할 수 있는 모임

② 부분집합 : 두 집합 A, B에 대하여 집합 A의 모든 원소가 집합 B에 속할 때, 집합 A는 집합 B의 부분집합($A \subset B$)

③ 집합의 포함 관계에 대한 성질

> 임의의 집합 A, B, C에 대하여
> - $\varnothing \subset A$, $A \subset A$
> - $A \subset B$이고 $B \subset A$이면 $A = B$
> - $A \subset B$이고 $B \subset C$이면 $A \subset C$

④ 부분집합의 개수

> 원소의 개수가 $n$개인 집합 A에 대하여
> - 집합 A의 부분집합의 개수는 $2^n$개
> - 집합 A의 부분집합 중 특정한 원소 $m$개를 반드시 포함하는(또는 포함하지 않는) 부분집합의 개수는 $2^{n-m}$개

⑤ 합집합, 교집합, 여집합, 차집합

> - 합집합 : $A \cup B = \{x \mid x \in A$ 또는 $x \in B\}$
> - 교집합 : $A \cap B = \{x \mid x \in A$이고 $x \in B\}$
> - 여집합 : $A^c = \{x \mid x \in U$이고 $x \notin A\}$
> - 차집합 : $A - B = \{x \mid x \in A$이고 $x \notin B\}$

⑥ 집합의 연산법칙

> - 교환법칙 : $A \cup B = B \cup A$, $A \cap B = B \cap A$
> - 결합법칙 : $(A \cup B) \cup C = A \cup (B \cup C)$, $(A \cap B) \cap C = A \cap (B \cap C)$
> - 분배법칙 : $A \cup (B \cap C) = (A \cup B) \cap (A \cup C)$, $A \cap (B \cup C) = (A \cap B) \cup (A \cap C)$
> - 드모르간의 법칙 : $(A \cup B)^c = A^c \cap B^c$, $(A \cap B)^c = A^c \cup B^c$
> - 차집합의 성질 : $A - B = A \cap B^c$
> - 여집합의 성질 : $A \cup A^c = U$, $A \cap A^c = \varnothing$

⑦ 유한집합의 원소의 개수

> 전체집합 U와 그 부분집합 A, B, C가 유한집합일 때
> - $n(A \cup B) = n(A) + n(B) - n(A \cap B)$
> - $n(A \cup B \cup C) = n(A) + n(B) + n(C) - n(A \cap B) - n(B \cap C) - n(C \cap A) + n(A \cap B \cap C)$

미니테스트

**09.** 두 집합 $A = \{0, 1, 3a+5\}$, $B = \{-4, b, 2b-3\}$에 대하여 $A \cap B = \{1, 2\}$를 만족할 때 $a+b$의 값은?

① −2　② −1
③ 0　④ 1
⑤ 2

정답 ④

해설 $3a+5=2$, $a=-1$
$b=1$이면 $B=\{-4, 1, -1\}$로 조건을 만족하지 않으므로 $b=2$이다.
$\therefore a+b=1$

미니테스트

**10. 어떤 학생의 시험 성적이 59점, 68점, 83점일 때, 이 학생의 시험 점수 평균은 몇 점인가?**

① 68점 ② 69점
③ 70점 ④ 71점
⑤ 72점

정답 ③

해설 $\frac{59+68+83}{3}=70$(점)

## 18 통계

① 평균 : 여러 수나 같은 종류의 양에서 중간 값을 갖는 수

$$\text{평균}=\frac{\text{자료의 총합}}{\text{자료의 총 개수}}$$

② 분산 : 변량이 평균으로부터 떨어져 있는 정도를 나타내는 값

$$\text{분산}=\frac{(\text{편차})^2\text{의 총합}}{\text{변량의 개수}}$$

참고 편차=변량－평균

③ 표준편차 : 자료가 평균을 중심으로 얼마나 퍼져 있는지를 나타내는 대표적인 수치

$$\text{표준편차}=\sqrt{\text{분산}}=\sqrt{\frac{(\text{편차})^2\text{의 총합}}{\text{변량의 개수}}}$$

④ 최빈값 : 자료 중 빈도수가 가장 높은 자료 값

⑤ 중앙값 : 자료를 크기순으로 나열했을 때 한가운데에 위치하는 자료 값

- 총수 $n$이 홀수일 때는 $\frac{n+1}{2}$번째의 변량
- 총수 $n$이 짝수일 때는 $\frac{n}{2}$번째와 $\frac{n+2}{2}$번째 변량의 산술평균

⑥ 도수분포표 : 자료를 몇 개의 계급으로 나누고, 각 계급에 속하는 도수를 조사하여 나타낸 표

| 몸무게(kg) | 계급값 | 도수 |
|---|---|---|
| 30 이상 ~ 35 미만 | 32.5 | 3 |
| 35 ~ 40 | 37.5 | 5 |
| 40 ~ 45 | 42.5 | 9 |
| 45 ~ 50 | 47.5 | 13 |
| 50 ~ 55 | 52.5 | 7 |
| 55 ~ 60 | 57.5 | 3 |

- 변량 : 자료를 수량으로 나타낸 것
- 계급 : 변량을 나눈 구간
- 계급의 크기 : 구간의 너비
- 계급값 : 계급을 대표하는 값으로 계급의 중앙값
- 도수 : 각 계급에 속하는 자료의 개수

- 평균 $=\frac{\{(\text{계급값})\times(\text{도수})\}\text{의 총합}}{\text{도수의 총합}}$
- 분산 $=\frac{\{(\text{편차})^2\times(\text{도수})\}\text{의 총합}}{\text{도수의 총합}}$
- 표준편차 $=\sqrt{\text{분산}}=\sqrt{\frac{\{(\text{편차})^2\times(\text{도수})\}\text{의 총합}}{\text{도수의 총합}}}$

## 19 지수와 로그법칙

① 지수법칙

$a>0$, $b>0$이고 $m$, $n$이 임의의 실수일 때
- $a^m \times a^n = a^{m+n}$
- $a^m \div a^n = a^{m-n}$
- $(a^m)^n = a^{mn}$
- $(ab)^m = a^m b^m$
- $\left(\frac{a}{b}\right)^m = \frac{a^m}{b^m}$ (단, $b \neq 0$)
- $a^0 = 1$
- $a^{-n} = \frac{1}{a^n}$ (단, $a \neq 0$)

② 로그법칙

로그의 정의 : $b = a^x \Leftrightarrow \log_a b = x \, (a>0,\ a \neq 1,\ b>0)$
$a>0$, $a \neq 1$, $x>0$, $y>0$일 때
- $\log_a xy = \log_a x + \log_a y$
- $\log_a \frac{x}{y} = \log_a x - \log_a y$
- $\log_a x^p = p \log_a x$
- $\log_a \sqrt[p]{x} = \frac{\log_a x}{p}$
- $\log_a x = \frac{\log_b x}{\log_b a}$ (단, $b>0$, $b \neq 1$)

## 20 제곱근

① 제곱근 : 어떤 수 $x$를 제곱하여 $a$가 되었을 때, $x$를 $a$의 제곱근이라 한다.

$$x^2 = a \Leftrightarrow x = \pm\sqrt{a} \quad (\text{단, } a \geq 0)$$

② 제곱근의 연산

$a>0$, $b>0$일 때
- $m\sqrt{a} + n\sqrt{a} = (m+n)\sqrt{a}$
- $m\sqrt{a} - n\sqrt{a} = (m-n)\sqrt{a}$
- $\sqrt{a}\sqrt{b} = \sqrt{ab}$
- $\sqrt{a^2 b} = a\sqrt{b}$
- $\frac{\sqrt{a}}{\sqrt{b}} = \sqrt{\frac{a}{b}}$

미니테스트

11. $a=\sqrt{2}$, $b=\sqrt[4]{3}$일 때, $\sqrt[8]{6}$을 $a$, $b$로 나타내면?

① $\sqrt[4]{a}\sqrt{b}$ ② $\sqrt[3]{a}\sqrt{b}$
③ $\sqrt{a}\sqrt{b}$ ④ $\sqrt{ab}$
⑤ $a^2 b$

정답 ①

해설 $\sqrt[8]{6} = \sqrt[8]{2}\,\sqrt[8]{3}$
$= \sqrt[4]{\sqrt{2}}\,\sqrt{\sqrt[4]{3}}$
$= \sqrt[4]{a}\,\sqrt{b}$

언어논리력 수리력 공간지각력 문제해결력 이해 및 관찰탐구력 실전모의고사 인성검사 면접가이드

③ 분모의 유리화 : 분수의 분모가 근호를 포함한 무리수일 때 분모, 분자에 0이 아닌 같은 수를 곱하여 분모를 유리수로 고치는 것이다.

$a>0,\ b>0$일 때

- $\dfrac{a}{\sqrt{b}}=\dfrac{a\sqrt{b}}{\sqrt{b}\sqrt{b}}=\dfrac{a\sqrt{b}}{b}$
- $\dfrac{\sqrt{a}}{\sqrt{b}}=\dfrac{\sqrt{a}\sqrt{b}}{\sqrt{b}\sqrt{b}}=\dfrac{\sqrt{ab}}{b}$
- $\dfrac{1}{\sqrt{a}+\sqrt{b}}=\dfrac{\sqrt{a}-\sqrt{b}}{(\sqrt{a}+\sqrt{b})(\sqrt{a}-\sqrt{b})}=\dfrac{\sqrt{a}-\sqrt{b}}{a-b}$ (단, $a\neq b$)
- $\dfrac{1}{\sqrt{a}-\sqrt{b}}=\dfrac{\sqrt{a}+\sqrt{b}}{(\sqrt{a}-\sqrt{b})(\sqrt{a}+\sqrt{b})}=\dfrac{\sqrt{a}+\sqrt{b}}{a-b}$ (단, $a\neq b$)

## 21 방정식

① 등식(A=B)의 성질

- 양변에 같은 수 $m$을 더해도 등식은 성립한다.

$$A+m=B+m$$

- 양변에 같은 수 $m$을 빼도 등식은 성립한다.

$$A-m=B-m$$

- 양변에 같은 수 $m$을 곱해도 등식은 성립한다.

$$A\times m=B\times m$$

- 양변에 0이 아닌 같은 수 $m$을 나누어도 등식은 성립한다.

$$A\div m=B\div m \ (\text{단, } m\neq 0)$$

② 이차방정식의 근의 공식

$ax^2+bx+c=0$일 때 (단, $a\neq 0$) $x=\dfrac{-b\pm\sqrt{b^2-4ac}}{2a}$

참고

$b^2-4ac>0$ → 서로 다른 두 실근을 갖는다.

$b^2-4ac=0$ → 실근인 중근을 갖는다.

$b^2-4ac<0$ → 서로 다른 두 허근을 갖는다.

미니테스트

**12. 이차방정식 $x^2-3x-1=|x-2|$의 두 근의 곱이 $a+b\sqrt{3}$일 때, $a+b$의 값은?**

① −3 ② −2
③ −1 ④ 1
⑤ 2

정답 ①

해설 i) $x\geq 2$

$x^2-3x-1=x-2$

$x^2-4x+1=0$

근의 공식을 이용하면

$x=2+\sqrt{3}$

ii) $x<2$

$x^2-3x-1=-x+2$

$x^2-2x-3=0$

근의 공식을 이용하면

$x=-1$

따라서 두 근의 곱은 $-2-\sqrt{3}$이므로 $a+b=-3$이다.

③ 이차방정식의 근과 계수와의 관계 공식

• $ax^2+bx+c=0(a\neq 0)$의 두 근이 $\alpha,\beta$일 때

$\alpha+\beta=-\dfrac{b}{a}\qquad \alpha\beta=\dfrac{c}{a}$

• $x=\alpha,\ x=\beta$를 두 근으로 하는 이차방정식은

$a(x-\alpha)(x-\beta)=0$

④ 일차방정식의 풀이 순서

- 계수가 분수나 소수로 되어 있을 때에는 정수가 되도록 고치고, 괄호가 있으면 괄호를 푼다.
- 미지수 $x$를 포함한 항은 좌변으로, 상수항은 우변으로 이항한다.
- 양변을 정리하여 $ax=b(a\neq 0)$의 꼴로 만든다.
- 양변을 $x$의 계수 $a$로 나눈다.

⑤ 일차방정식의 응용문제 풀이 순서

- 구하려는 양을 $x$로 한다.
- 문제에서 제시하고 있는 양을 미지수 $x$를 사용하여 나타낸다.
- 양 사이의 관계를 찾아 방정식을 만든다.
- 방정식을 풀어 해를 구한다.
- 구한 해가 문제의 답이 맞는지를 확인한다.

⑥ 연립일차방정식의 풀이 방법

- 계수가 소수인 경우 : 양변에 10, 100, …을 곱하여 계수가 모두 정수가 되도록 한다.
- 계수가 분수인 경우 : 양변에 분모의 최소공배수를 곱하여 계수가 모두 정수가 되도록 한다.
- 괄호가 있는 경우 : 괄호를 풀고 동류항을 간단히 한다.
- A=B=C의 꼴인 경우 : (A=B, A=C), (B=A, B=C), (C=A, C=B)의 3가지 중 어느 하나를 택하여 푼다.

⑦ 연립방정식의 응용문제 풀이 순서

- 무엇을 $x$, $y$로 나타낼 것인가를 정한다.
- $x$, $y$를 사용하여 문제의 뜻에 맞게 연립방정식을 세운다.
- 세운 연립방정식을 푼다.
- 구한 해가 문제의 뜻에 맞는가를 확인한다.

미니테스트

**13. 이차방정식 $x^2-2x+3=0$의 한 근을 $\alpha$라고 할 때, $\alpha+\dfrac{3}{\alpha}$의 값은?**

① −3　　② −2
③ 1　　④ 2
⑤ 3

정답 ④

해설 두 근을 $\alpha$, $\beta$라 하면, 이차방정식 근과 계수의 관계에서

$\alpha+\beta=2,\ \alpha\beta=3$

$\therefore\ \alpha+\dfrac{3}{\alpha}=\alpha+\beta=2$

미니테스트

**14. 다음 이차방정식의 해를 구하면?**

$2x^2-7x+3=0$

정답 $x=3$ 또는 $x=\frac{1}{2}$

해설 $2x^2-7x+3=0$을 인수분해하면 $(x-3)(2x-1)=0$이므로 $x=3$ 또는 $x=\frac{1}{2}$이다.

⑧ 이차방정식의 풀이 방법

• AB=0의 성질을 이용한 풀이

AB=0이면 A=0 또는 B=0
$(x-a)(x-b)=0$이면 $x=a$ 또는 $x=b$

• 인수분해를 이용한 풀이

주어진 방정식을 (일차식)×(일차식)=0의 꼴로 인수분해하여 푼다.

$ax^2+bx+c=0 \xrightarrow[\text{인수분해}]{} a(x-p)(x-q)=0 \longrightarrow x=p$ 또는 $x=q$

• 제곱근을 이용한 풀이

• $x^2=a(a \geq 0)$이면 $x=\pm\sqrt{a}$
• $ax^2=b\left(\frac{b}{a} \geq 0\right)$이면 $x=\pm\sqrt{\frac{b}{a}}$
• $(x-a)^2=b(b \geq 0)$이면 $x-a=\pm\sqrt{b}$에서 $x=a\pm\sqrt{b}$

• 완전제곱식을 이용한 풀이

이차방정식 $ax^2+bx+c=0$($a$, $b$, $c$는 상수, $a \neq 0$)의 해는 다음과 같이 고쳐서 구할 수 있다.

• $a=1$일 때, $x^2+bx+c=0$ ⇨ $(x+p)^2=q$의 꼴로 변형
• $a \neq 1$일 때, $ax^2+bx+c=0$ ⇨ $x^2+\frac{b}{a}x+\frac{c}{a}=0$
⇨ $(x+p)^2=q$의 꼴로 변형

⑨ 이차방정식의 응용문제 풀이 순서

• 문제를 읽고 구하고자 하는 것, 중요한 조건 등을 파악한다.
• 구하고자 하는 것을 $x$로 놓고 방정식을 세운다.
• 방정식을 푼다.
• 구한 근 중에서 문제의 뜻에 맞는 것만을 답으로 한다.

⑩ 연속한 수에 관한 문제

• 연속한 두 정수 : $x$, $x+1$
• 연속한 세 정수 : $x-1$, $x$, $x+1$
• 연속한 두 홀수 : $2x-1$, $2x+1$
• 연속한 세 홀수(짝수) : $x-2$, $x$, $x+2$

## 22 부등식

① 성질

- $a < b$일 때, $a+c < b+c$, $a-c < b-c$
- $a < b$, $c > 0$일 때, $ac < bc$, $\frac{a}{c} < \frac{b}{c}$
- $a < b$, $c < 0$일 때, $ac > bc$, $\frac{a}{c} > \frac{b}{c}$

② 일차부등식의 풀이 순서

- 미지수 $x$를 포함한 항은 좌변으로, 상수항은 우변으로 이항한다.
- $ax > b$, $ax < b$, $ax \geq b$, $ax \leq b$의 꼴로 정리한다($a \neq 0$).
- 양변을 $x$의 계수 $a$로 나눈다.

③ 일차부등식의 응용문제 풀이 순서

- 문제의 뜻을 파악하고 구하고자 하는 수를 $x$로 놓는다.
- 수량의 대소 관계에 주목하여 부등식을 세운다.
- 세운 부등식을 푼다.
- 구한 해가 문제의 뜻에 맞는가를 확인한다.

④ 연립부등식의 풀이 순서

- 2개 이상의 부등식을 각각 푼다.
- 2개 이상의 해의 공통부분을 구한다.

⑤ 연립일차부등식의 응용문제 풀이 순서

- 무엇을 미지수로 나타낼 것인가를 정한다.
- 미지수를 사용하여 연립부등식을 세운다.
- 연립부등식을 푼다.
- 해를 검토한다.

미니테스트

**15. 한 다발에 2,000원인 안개꽃 한 다발과 한 송이에 800원인 장미로 꽃다발을 만들려고 한다. 포장비 3,000원을 포함한 전체 비용이 15,000원 이하라면 장미를 최대 몇 송이 살 수 있는가?**

① 11송이 ② 12송이
③ 13송이 ④ 14송이
⑤ 15송이

정답 ②

해설 장미를 $x$송이 산다고 하면
$2,000+800x+3,000 \leq 15,000$
$800x \leq 10,000$
$x \leq 12.5$
따라서 장미는 최대 12송이 살 수 있다.

미니테스트

16. 양의 실수 $x$, $y$, $z$가 비례식 $(x+y):(y+z):(z+x)=3:4:5$를 만족할 때, $\frac{xy+yz+zx}{x^2+y^2+z^2}$의 값은?

① $\frac{5}{14}$ ② $\frac{9}{14}$

③ $\frac{11}{14}$ ④ $\frac{13}{14}$

⑤ $\frac{15}{14}$

정답 ③

해설 $x+y=3k$, $y+z=4k$, $z+x=5k$ ······ ㉠

세 식을 모두 더하면

$x+y+z=6k$ ······ ㉡

㉠과 ㉡을 통해 $x$, $y$, $z$를 구하면

$x=2k$, $y=k$, $z=3k$

$\therefore \frac{2k^2+3k^2+6k^2}{4k^2+k^2+9k^2}=\frac{11}{14}$

## 23 비와 비율

① 비 : 두 수의 양을 기호 :을 사용하여 나타내는 것

> 비례식에서 외항의 곱과 내항의 곱은 항상 같다.
> A : B=C : D일 때, A×D=B×C

② 비율 : 비교하는 양이 원래의 양(기준량)의 얼마만큼에 해당하는지를 나타낸 것

- 비율=$\frac{\text{비교하는 양}}{\text{기준량}}$
- 비교하는 양=비율×기준량
- 기준량=비교하는 양÷비율

* 백분율(%) : 기준량이 100일 때의 비율

* 할푼리 : 비율을 소수로 나타내었을 때 소수 첫째 자리, 소수 둘째 자리, 소수 셋째 자리를 이르는 말

| 소수 | 분수 | 백분율 | 할푼리 |
|---|---|---|---|
| 0.1 | $\frac{1}{10}$ | 10% | 1할 |
| 0.01 | $\frac{1}{100}$ | 1% | 1푼 |
| 0.25 | $\frac{25}{100}=\frac{1}{4}$ | 25% | 2할5푼 |
| 0.375 | $\frac{375}{1,000}=\frac{3}{8}$ | 37.5% | 3할7푼5리 |

## 24 도형

① 피타고라스의 정리 : 직각삼각형에서 직각을 끼고 있는 두 변의 제곱의 합은 빗변의 길이의 제곱과 같다.

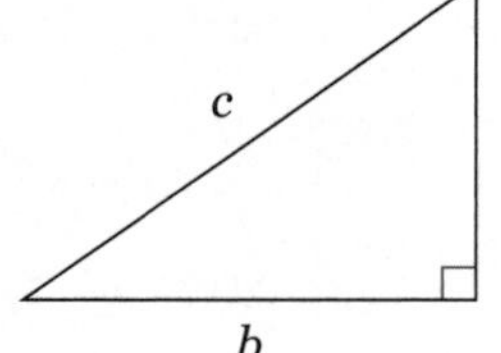


$$a^2+b^2=c^2$$

② 둘레

| 원의 둘레(원주) | 부채꼴의 둘레 |
|---|---|
| $l=2\pi r$ | $2\pi r\times\frac{x}{360}+2r$ |

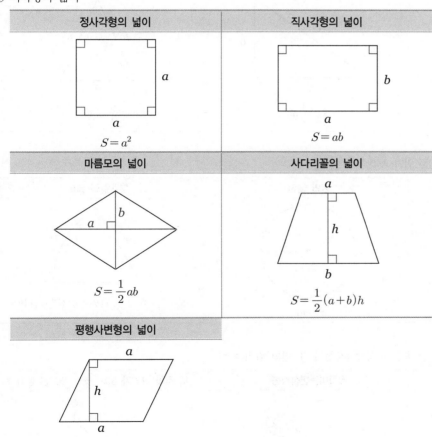

③ 사각형의 넓이

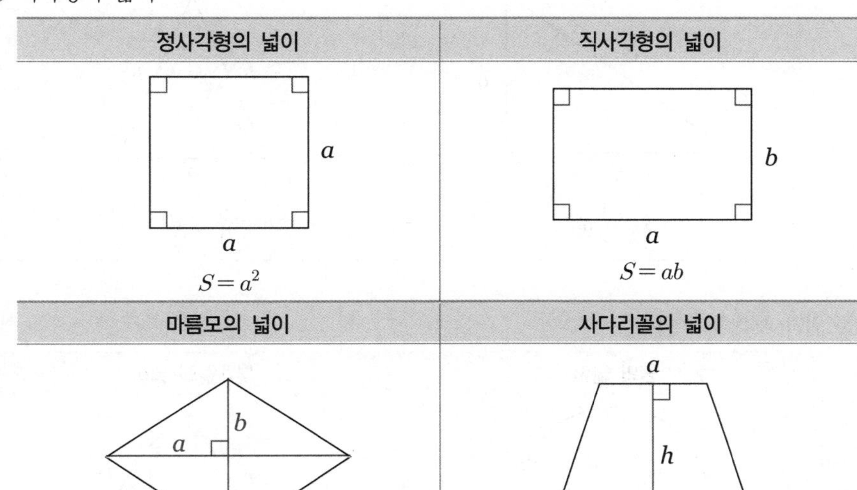

| 정사각형의 넓이 | 직사각형의 넓이 |
|---|---|
| $S=a^2$ | $S=ab$ |
| **마름모의 넓이** | **사다리꼴의 넓이** |
| $S=\frac{1}{2}ab$ | $S=\frac{1}{2}(a+b)h$ |

| 평행사변형의 넓이 |
|---|
| 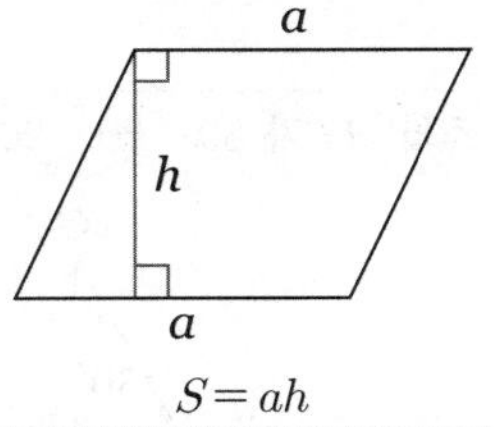 $S=ah$ |

미니테스트

**17. 지름이 40cm인 원의 둘레의 길이는? (단, $\pi$ =3으로 계산한다)**

① 100cm ② 110cm
③ 120cm ④ 130cm
⑤ 140cm

정답 ③

해설 (원의 둘레)=2×$\pi$×(반지름)이므로 지름이 40cm인 원의 둘레의 길이는 40×3=120(cm)이다.

④ 삼각형의 넓이

| 삼각형의 넓이 | 정삼각형의 넓이 |
|---|---|
| $S=\frac{1}{2}bh$ | $S=\frac{\sqrt{3}}{4}a^2$ |
| **직각삼각형의 넓이** | **이등변삼각형의 넓이** |
| $S=\frac{1}{2}ab$ | $S=\frac{a}{4}\sqrt{4b^2-a^2}$ |

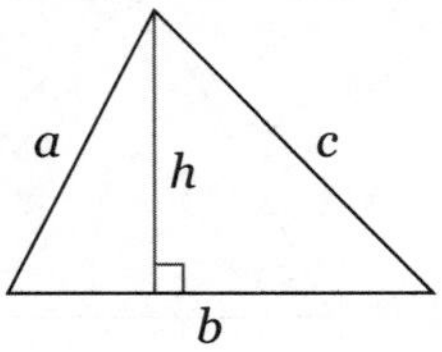

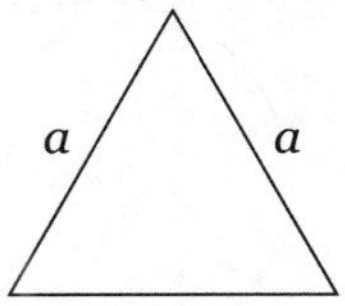

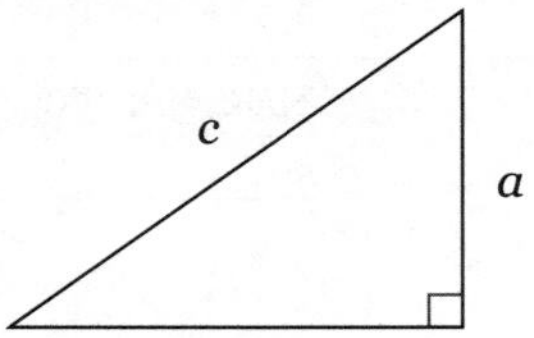

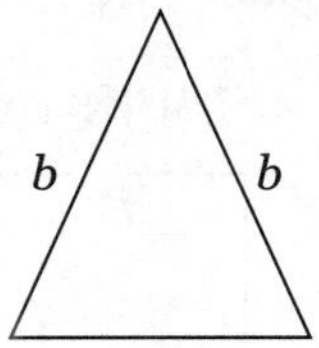

⑤ 원과 부채꼴의 넓이

| 원의 넓이 | 부채꼴의 넓이 |
|---|---|
| $S=\pi r^2$ | $S=\frac{1}{2}r^2\theta=\frac{1}{2}rl$ ($\theta$는 중심각(라디안)) |

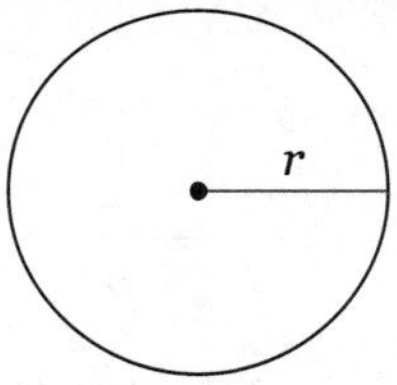

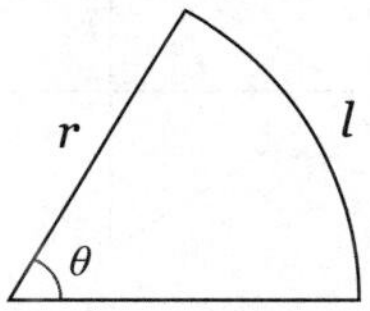

⑥ 특수한 직각삼각형의 세 변의 길이의 비

| 직각이등변삼각형 | 세 각의 크기가 30°, 60°, 90°인 삼각형 |
|---|---|
| $\overline{AB}:\overline{BC}:\overline{AC}=1:1:\sqrt{2}$ | $\overline{AB}:\overline{BC}:\overline{AC}=1:\sqrt{3}:2$ |

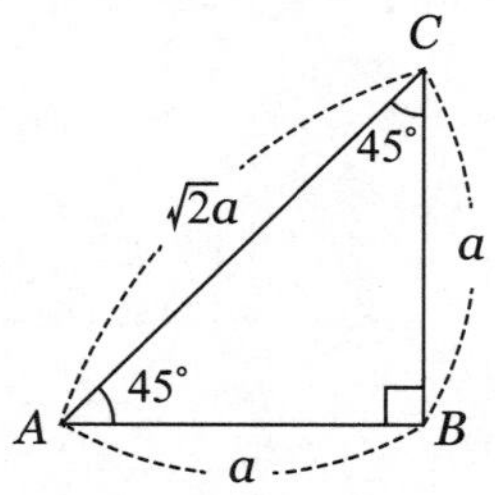

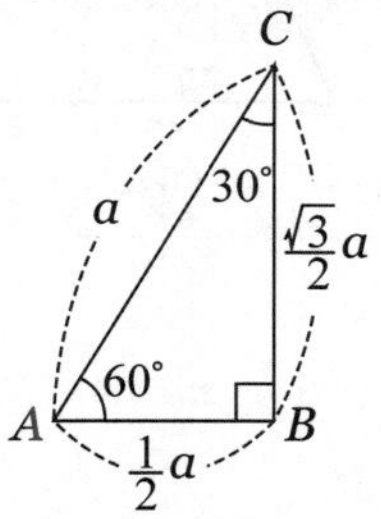

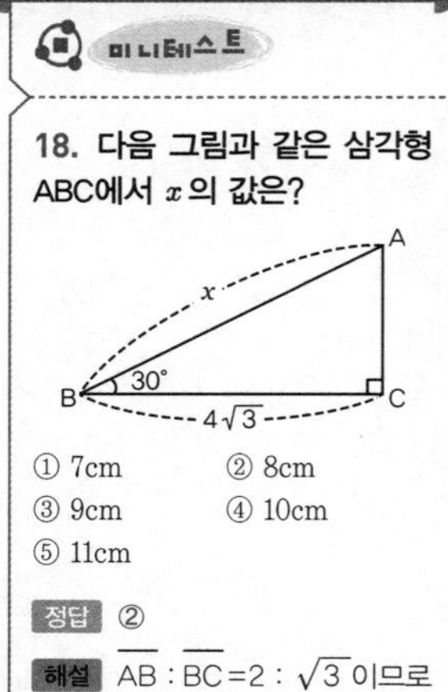

미니테스트

**18. 다음 그림과 같은 삼각형 ABC에서 $x$의 값은?**



① 7cm ② 8cm
③ 9cm ④ 10cm
⑤ 11cm

정답 ②

해설 $\overline{AB}:\overline{BC}=2:\sqrt{3}$이므로 $x:4\sqrt{3}=2:\sqrt{3}$이다. 따라서 $x=8$(cm)이다.

⑦ 입체도형의 겉넓이와 부피

**구**

$S=4\pi r^2$

$V=\dfrac{4}{3}\pi r^3$

**원기둥**

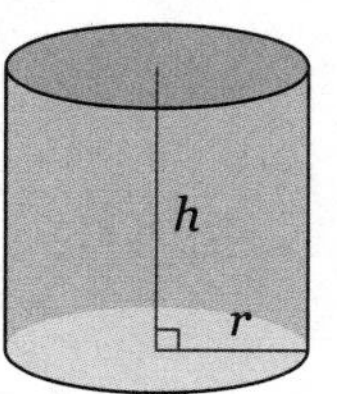


$S=2\pi rh+2\pi r^2$

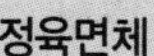

$V=\pi r^2 h$

**원뿔**

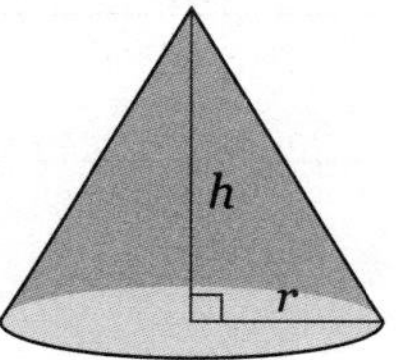


$S=\pi r\sqrt{r^2+h^2}+\pi r^2$

$V=\dfrac{1}{3}\pi r^2 h$

**정육면체**

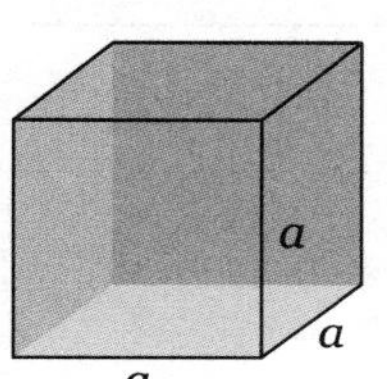


$S=6a^2$

$V=a^3$

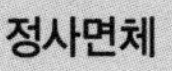

**직육면체**

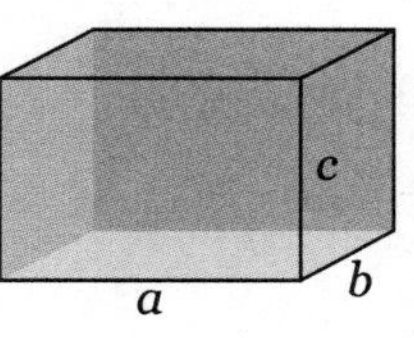


$S=2(ab+bc+ca)$

$V=abc$

**정사면체**

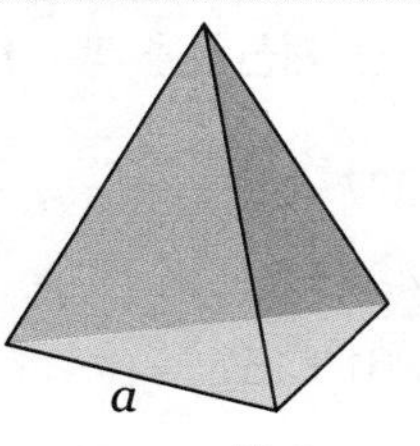


$S=\sqrt{3}\,a^2$

$V=\dfrac{\sqrt{2}}{12}a^3$

**정사각뿔**

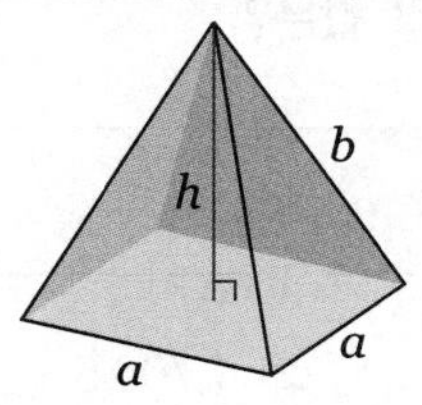


$S=a\sqrt{4b^2-a^2}+a^2=a\sqrt{a^2+4h^2}+a^2$

$V=\dfrac{1}{3}a^2h=\dfrac{1}{3}a^2\sqrt{b^2-\dfrac{a^2}{2}}$

미니테스트

**19. 반지름의 길이가 4cm인 구의 겉넓이는 반지름의 길이가 2cm인 구의 겉넓이의 몇 배인가?**

① 2배 ② 2.5배
③ 3배 ④ 3.5배
⑤ 4배

정답 ⑤

해설 반지름의 길이가 4cm인 구의 겉넓이는 $4\times\pi\times4^2=64\pi$이고, 반지름의 길이가 2cm인 구의 겉넓이는 $4\times\pi\times2^2=16\pi$이므로 4배이다.

▶ 정답과 해설 18쪽

# 출제유형문제연습

## 유형 01 사칙연산

**One Point Lesson**

빈칸에 들어갈 수를 추론하는 문항이다. 빈칸만 좌변에 남기고 나머지 수를 이항하여 정리한다.

- a+b=c → a=c−b
- a×b=c → a=c÷b

**01.** □ 안에 들어갈 수는 무엇인가?

| $17-\square\times4.4=1.6$ |
|---|

① 2.5 ② 2.7 ③ 3.3 ④ 3.5 ⑤ 3.7

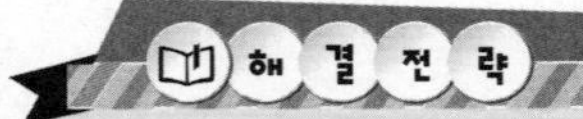


일반적으로 왼쪽부터 계산하되, 괄호를 우선하고, 곱셈과 나눗셈을 덧셈과 뺄셈보다 먼저 계산한다.

**02.** 다음 중 계산했을 때 가장 큰 수가 나오는 식은?

① 183+277−25 ② 235+289−36 ③ 839−421+53 ④ 752−509+194 ⑤ 684−361+157

**03.** 다음의 계량단위로 계산했을 때, '?'에 들어갈 값은?

| 1.7t + 6,500g = ( ? )kg |
|---|

① 170.65 ② 176.5 ③ 1,706.5 ④ 1.765 ⑤ 17.65

**04.** A, B, C의 대소를 바르게 비교한 것은?

$$A=\left(\frac{189}{21}+2.8\right)\times 10$$
$$B=(11^2+18)-4^2$$
$$C=(15-32+1)^2\div 2$$

① B > A > C　　② B > C > A　　③ C > A > B
④ C > B > A　　⑤ A > C > B

**05.** 다음 기호의 일정한 규칙에 따라 '?'에 들어갈 숫자는?

34 ◎ 90 = 1204
85 ◎ 77 = 1512
54 ◎ 15 = 609
48 ◎ 39 = ?

① 717　　② 772　　③ 1217
④ 1272　　⑤ 1717

**06.** 다음에 주어진 ㉠, ㉡을 통해 연산기호의 새로운 법칙을 찾은 후, ㉢의 식에 적용할 때 '?'에 들어갈 숫자는?

㉠ $34\div(7-3)=13$　　㉡ $28-(15\div 10)=140$　　㉢ $(25-4)\div 75=?$

① 19　　② 22　　③ 25
④ 28　　⑤ 31

학습 TIP

1. 연산기호가 하나만 있는 식이 있다면 먼저 해결한 다음 다른 식에 대입한다.
2. 대입이 가능한 사칙연산의 모든 경우의 수를 차례대로 적용한다.

## 유형 02 거리 · 속력 · 시간

보충개념

- 시간=거리÷속력
- 속력=거리÷시간
- 거리=속력×시간

**07.** ○○기업의 사내 체육대회에서 깃발을 먼저 뽑는 한 명이 우승하는 게임을 하였다. 다음 그림은 둘레의 길이가 400m인 원형 운동장에서 참가자 A, B, C, D, E가 출발하는 위치를 나타낸 것이다. A, B, C, D, E가 동시에 출발하여 1초에 각각 5m, 6m, 8m, 4m, 7m의 일정한 속력으로 운동장 중앙에 위치한 깃발을 향해 달려갈 때, 깃발을 1등으로 뽑은 사람과 5등으로 뽑은 사람은 누구인가?

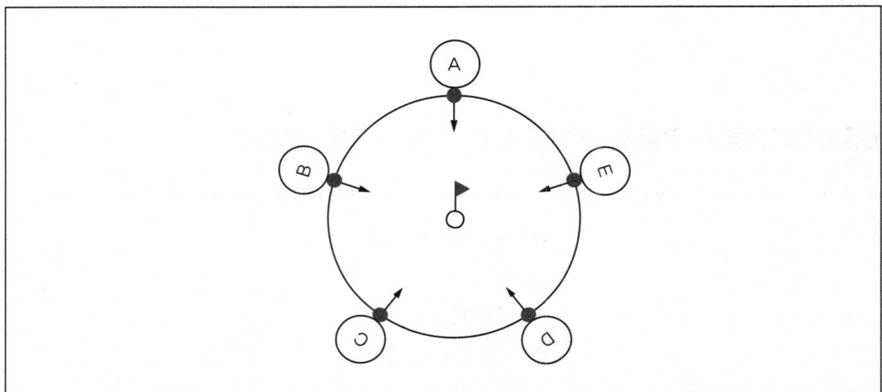


| | 1등 | 5등 | | 1등 | 5등 |
|---|---|---|---|---|---|
| ① | A | B | ② | A | C |
| ③ | C | D | ④ | D | C |
| ⑤ | C | E | | | |

**08.** 회사에서 핵심역량 향상을 위한 세미나 진행을 위해 직원들을 A 팀, B 팀으로 나누어 출장지로 이동하려고 한다. A 팀이 탑승한 버스는 오전 9시 30분에 출발해 70km/h의 속도로 달리고, B 팀이 탑승한 버스는 A 팀보다 30분 뒤에 출발하여 80km/h의 속도로 달린다. 두 버스가 동시에 출장지에 도착한다면 도착 시간은 언제인가?

① 오후 12시　② 오후 1시 30분　③ 오전 10시 30분
④ 오전 11시　⑤ 오전 11시 30분

**09.** A와 B는 서로 마주 본 상태에서 40km 떨어져 있다. A가 B에게 프레젠테이션 자료를 전달하러 가는데, A는 50km/h로 달리는 버스를 타고 가고 B는 15분 뒤에 출발해 16km/h로 걸어간다. B가 출발한 후 두 사람이 만나는 데까지 걸리는 시간은?

① 21분　② 23분　③ 25분
④ 27분　⑤ 29분

해결전략

A가 15분 동안 이동한 거리를 제외하고, A와 B가 각자의 속력으로 이동하여 만나기까지 두 사람의 이동거리의 합이 일정하므로 '거리'를 기준으로 등호 관계가 성립하도록 식을 세운다.

**10.** 어떤 기차가 800m 길이의 터널로 들어가 마지막 칸까지 모두 통과하는 데 36초가 걸렸다. 이 기차의 총 길이가 100m라면 이 기차의 속력은?

① 60km/h　② 70km/h　③ 80km/h
④ 90km/h　⑤ 100km/h

**One Point Lesson**

1. 전체 길이를 틀리지 않는 것!
   - 열차의 이동거리 = 열차의 길이 + 터널의 길이
   - 속력 · 시간 · 거리의 단위를 정리한다.
2. 출제유형은 3가지!
   - 열차가 물체(철교나 터널 등)를 지나갈 경우
   - 열차가 따라잡아 추월할 경우
   - 열차가 스치듯 지나갈 경우

## 유형 03 농도 / 일의 양 / 평균

보충개념

- 농도(%)
  $= \frac{\text{소금의 질량(g)}}{\text{소금물의 질량(g)}} \times 100$
  $= \frac{\text{소금의 질량(g)}}{\text{소금의 질량(g)} + \text{물의 질량(g)}} \times 100$
- 소금의 질량(g)
  $= \text{소금물의 질량(g)} \times \frac{\text{농도(\%)}}{100}$

**11.** 8%의 소금물에 12%의 소금물을 섞은 다음 물 200g을 더 넣었더니 7%의 소금물 600g이 되었다. 첨가된 12%의 소금물의 양은?

① 150g ② 200g ③ 250g
④ 350g ⑤ 400g

**12.** 10%의 소금물 250g과 8%의 소금물 200g을 섞은 후 소금을 추가로 더 넣었더니 12%의 소금물이 되었다. 이때 추가로 넣은 소금의 양은? (단, 소수점 아래 첫째 자리에서 반올림한다)

① 10g ② 13g ③ 15g
④ 16g ⑤ 17g

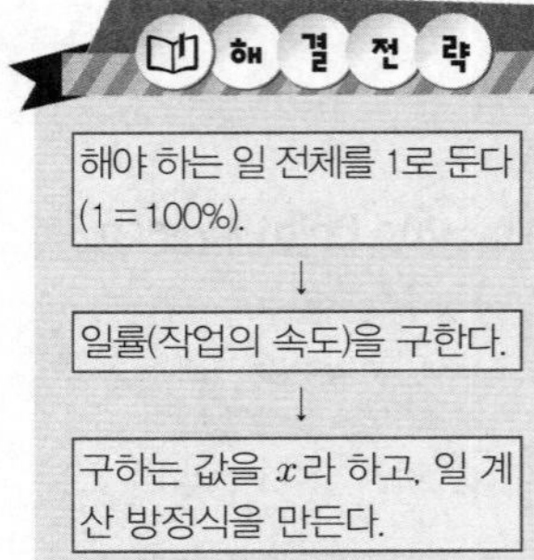


**13.** 유정이가 하면 A일, 세영이가 하면 B일이 걸리는 일이 있다. 유정이와 세영이가 함께 일을 시작하였으나 중간에 세영이가 일을 그만두었고, 일이 모두 끝나기까지 15일이 걸렸다. 세영이가 일을 하지 않은 날은 며칠인가?

① $15-\frac{A(B-15)}{A}$일 ② $15-\frac{B(A-15)}{A}$일
③ $15-\frac{B-15}{AB}$일 ④ $15-\frac{AB-15B}{AB}$일
⑤ $15-\frac{B(A-15)}{B}$일

14. A ~ E 다섯 명의 영어시험 평균 점수는 72점이다. A, B의 점수가 65점, C, D의 점수가 75점이라고 할 때 E의 점수는 몇 점인가?

① 70점 ② 75점 ③ 80점
④ 85점 ⑤ 90점

**One Point Lesson**

- 평균을 구하는 법을 응용한다.
- '총합 = 평균 × 인원수'임을 이용하면 쉽게 해결할 수 있다.

15. A 그룹 30명, B 그룹 50명, C 그룹 20명이 영어시험을 봤다. 평균 점수는 B 그룹이 A 그룹보다 25점 높았고 C 그룹이 A 그룹의 3배로 나왔다. A 그룹의 영어 시험 점수 총합이 600점일 때 A, B, C 세 그룹의 전체 평균 점수는 몇 점인가?

① 40.5점 ② 41점 ③ 41.5점
④ 42점 ⑤ 42.5점

16. ○○공단 민원팀 직원 20명에 대한 고객 평가의 결과가 다음과 같을 때, 친절 영역의 평균 점수는 몇 점인가?

(단위 : 명)

| 친절 영역 \ 전문성 영역 | 100점 | 90점 | 80점 | 70점 |
|---|---|---|---|---|
| 100점 | Ⓐ | 2 | Ⓑ | 1 |
| 90점 | 1 | 3 | 2 | 1 |
| 80점 | 0 | 2 | 3 | 0 |
| 70점 | 1 | 0 | 0 | 1 |

① 83.5점 ② 85.5점 ③ 86점
④ 88.5점 ⑤ 89점

언어논리력 수리력 공간지각력 문제해결력 이해 및 관찰탐구력 실전모의고사 인성검사 면접가이드

## 유형 04 원가 · 정가

보충개념
- 정가 = 원가 + 이익 = 원가 × (1 + 이익률)
- 판매가 = 정가 − (정가 × 할인율)

**17.** 어떤 상품의 원가에 40%의 이익을 붙여 정가로 팔다가, 세일 기간을 맞이하여 정가의 15%를 할인하여 팔았더니 2,660원의 이익을 보았다. 이 상품을 정가에 판다면 이익은 얼마인가?

① 5,000원 ② 5,300원 ③ 5,600원
④ 6,000원 ⑤ 6,400원

**18.** L사는 어떤 상품의 원가에 20%의 이익을 붙여 판매하고 있는데, 경쟁사에서 신제품을 출시한다는 소식을 접하고 다음 분기에는 현재 가격에서 10% 할인해 판매하기로 결정하였다. 할인된 가격이 129,600원이라면 원가는 얼마인가?

① 118,000원 ② 120,000원 ③ 122,000원
④ 124,000원 ⑤ 126,000원

**19.** 재인이는 인터넷 쇼핑몰에서 가습기와 서랍장을 하나씩 구매하여 총 183,520원을 지불하였다. 이때 가습기는 정가의 15%를, 서랍장은 정가의 25%를 할인받아 평균 20%의 할인을 받고 구매한 것이라면 가습기의 정가는 얼마인가?

① 89,500원 ② 92,100원 ③ 106,300원
④ 114,700원 ⑤ 139,500원

## 유형 05 경우의 수 / 확률

**20.** 1부터 9까지의 자연수가 적힌 9장의 카드가 있다. A는 숫자 2, 5, 9가 적힌 카드를, B는 숫자 1, 7, 8이 적힌 카드를, C는 숫자 3, 4, 6이 적힌 카드를 각각 가지고 있다. A, B, C 세 사람이 동시에 카드를 한 장씩 꺼낼 때, A가 뽑은 카드의 숫자가 가장 큰 수가 되는 경우의 수는?

① 8가지　② 9가지　③ 10가지　④ 11가지　⑤ 12가지

**21.** 다음 그림의 A에서 B까지 가는 최단경로는 몇 가지인가?

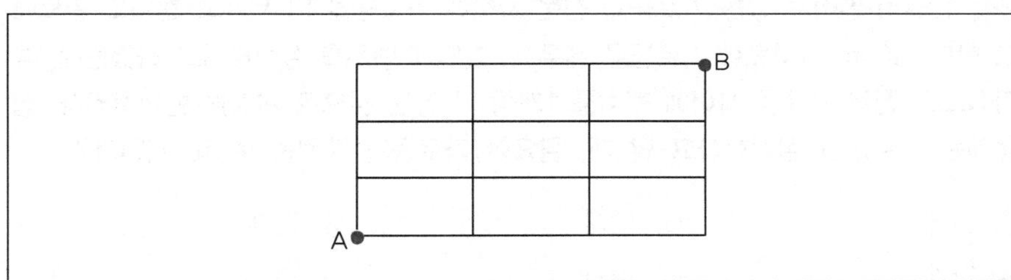


① 18가지　② 19가지　③ 20가지　④ 21가지　⑤ 22가지

**22.** A 팀과 B 팀이 축구경기를 하고 있다. A 팀이 골을 넣을 확률이 70%, B 팀이 골을 넣을 확률이 40%일 때 이 두 팀이 승부차기까지 갈 확률은? (단, 골 득실차로 인해 두 골을 먼저 넣는 팀이 이기는 것으로 한다)

① 0.45　② 0.46　③ 0.47　④ 0.48　⑤ 0.49

**One Point Lesson**

일반적으로 세로 $a$ 블록, 가로 $b$ 블록의 미로를 최단거리로 가려면 ${}_{a+b}C_a$가지의 조합이 있다.

- ${}_nC_r = \dfrac{n!}{r!(n-r)!}$

**보충개념**

- A와 B가 동시에 일어날 확률 =A가 일어날 확률×B가 일어날 확률
- A 또는 B가 일어날 확률=A가 일어날 확률+B가 일어날 확률

## 유형 06 간격 / 나이 / 약 · 배수

**23.** 지름이 400m인 원형 공원의 둘레에 벚나무를 7m 간격으로 심으려고 한다. 공원 입구의 원형 폭이 3m이고 입구 양옆부터 심는다고 할 때 몇 그루의 벚나무가 필요한가? (단, $\pi$=3.14로 계산한다)

① 178그루 ② 179그루 ③ 180그루
④ 181그루 ⑤ 182그루

**보충개념**

양쪽 끝 모두 심는 경우에 비해서 양쪽 끝 모두 심지 않는 경우는 2그루, 한쪽 끝에만 심지 않는 경우는 1그루 적어진다.

1. 양쪽 끝 모두 심는 경우
   나무의 수=간격의 수+1
2. 양쪽 끝 모두 심지 않는 경우
   나무의 수=간격의 수−1
3. 한쪽 끝에만 심지 않는 경우
   나무의 수=간격의 수

**24.** 1.8km 떨어져 있는 가로등과 정문 사이에 가로등을 더 세우고 벤치도 놓으려고 한다. 300m 간격으로 가로등을 세우고 그 옆에 벤치를 설치하려고 하였는데, 추가적으로 전체 가로등 사이에 벤치를 1개씩 더 놓는 것으로 계획을 변경하였다. 정문에는 가로등만 설치한다고 할 때, 필요한 가로등과 벤치는 총 몇 개인가?

① 11개 ② 13개 ③ 15개
④ 17개 ⑤ 19개

**25.** 현재 아버지의 나이가 36세이고 아들의 나이는 8세이다. 아버지의 나이가 아들 나이의 3배가 되는 것은 몇 년 후인가?

① 2년 후 ② 3년 후 ③ 4년 후
④ 5년 후 ⑤ 6년 후

**26.** 진희에게는 47세의 남편과 2명의 아이가 있다. 진희의 나이를 44세, 아이들 나이를 각각 12세, 9세라 할 때 부모 연령의 합계가 자녀 연령 합계의 3배가 되는 것은 몇 년 후인가?

① 6년 후 ② 7년 후 ③ 8년 후
④ 9년 후 ⑤ 10년 후

**One Point Lesson**

시간이 흘러도 객체 간의 나이 차이는 동일하며, $x$년이 지나면 제시된 모든 사람의 나이가 $x$ 살씩 늘어나는 점에 유의한다.

**27.** 세로의 길이가 120cm, 가로의 길이가 90cm인 벽에 남는 부분 없이 정사각형 모양의 타일을 붙이려고 한다. 타일 개수를 가장 적게 사용하려고 할 때, 붙일 수 있는 타일 한 변의 길이는?

① 10cm ② 15cm ③ 20cm
④ 25cm ⑤ 30cm

**보충개념**

- 공약수란 두 정수의 공통 약수가 되는 정수, 즉 두 정수를 모두 나누어떨어뜨리는 정수를 말한다.
- 최대공약수란 공약수 중에서 가장 큰 수이다.
- 공배수란 두 정수의 공통 배수가 되는 정수를 의미한다.
- 최소공배수는 공배수 중에서 가장 작은 수이다.

**28.** 두 대의 버스가 7시에 동시에 출발하고 한 대의 버스는 15분, 다른 한 대의 버스는 20분마다 다시 출발할 때, 다음으로 동시에 출발하게 되는 시간은?

① 7시 30분 ② 8시 ③ 8시 30분
④ 9시 ⑤ 9시 30분

# 유형 07 부등식 / 방정식

**One Point Lesson**

연속하는 세 짝수 / 홀수는 $(a-2)$, $a$, $(a+2)$로 두고 풀이해 나간다.

**29.** 연속하는 세 짝수의 합이 87 미만일 때 이 세 수의 합의 최댓값은?

① 80 ② 82 ③ 84
④ 86 ⑤ 88

**30.** 미영이는 색종이를 200장 가지고 있고, 윤아는 120장 가지고 있다. 미영이는 매일 24장의 색종이를 사고 윤아는 매일 32장의 색종이를 산다고 할 때 윤아의 색종이가 미영이의 색종이보다 많아지는 것은 며칠 후인가?

① 10일 ② 11일 ③ 12일
④ 13일 ⑤ 14일

**보충개념**

- A가 B보다 크다(A>B).
- A가 B보다 작다(A<B).
- A가 B보다 크거나 같다(A≥B).
- A가 B보다 작거나 같다(A≤B).

**31.** 명수는 시간당 최대 25페이지의 책을 읽을 수 있다. 명수가 250페이지인 책을 X시간 동안 읽었을 때 Y페이지가 남았다고 한다. 다음 중 X와 Y의 관계식으로 가장 적절한 것은? (단, X는 10보다 작다)

① $250-Y<\frac{25}{X}$ ② $250>Y+\frac{25}{X}$ ③ $250-Y\leq 25X$
④ $250+25X\leq Y$ ⑤ $250+Y\geq 25X$

**32.** 가로와 세로의 길이가 각각 10cm, 14cm인 직사각형이 있다. 이 직사각형의 가로와 세로를 똑같은 길이만큼 늘려 새로운 직사각형을 만들었더니 넓이가 기존보다 80% 증가하였다. 새로운 직사각형의 가로 길이는 몇 cm인가?

① 12cm ② 14cm ③ 16cm
④ 18cm ⑤ 20cm

보충개념

방정식의 성질

- 양변에 같은 수를 더하거나 빼도 성립한다.
  → a=b일 때, a+c=b+c, a−c=b−c
- 양변에 같은 수를 곱하거나 0이 아닌 같은 수로 나누어도 성립한다.
  → a=b이고 c≠0일 때, ac=bc, $\frac{a}{c}=\frac{b}{c}$

**33.** 아파트를 3일에 걸쳐 분양한 결과, 첫째 날에는 전체 분양 가구 수의 $\frac{1}{5}$, 둘째 날에는 전체 분양 가구 수의 $\frac{1}{12}$, 셋째 날에는 전체 분양 가구 수의 $\frac{1}{4}$이 분양되어 현재 분양 가능한 아파트는 560가구이다. 준비되었던 전체 분양 가구 수는 얼마인가?

① 1,200가구 ② 1,600가구 ③ 1,800가구
④ 2,000가구 ⑤ 2,400가구

**34.** 장교 한 명과 병사 두 명이 한 분대가 되어 훈련을 떠났다. 두 병사가 출발하자마자 식량 가방을 분실하는 바람에 장교는 자신의 식량을 모두가 똑같은 양을 가질 수 있도록 배분하였다. 8일 동안 훈련을 한 후 세 명의 남은 식량을 세어보니 분실 직후 한 사람에게 배분한 양과 같았다. 장교가 처음 가지고 있던 식량은 모두 며칠 치인가?

① 24일 치 ② 36일 치 ③ 38일 치
④ 41일 치 ⑤ 48일 치

언어논리력
수리력
공간지각력
문제해결력
이해 및 관찰탐구력
실전모의고사
인성검사
면접가이드

## 유형 08 도형계산

**이것만은 꼭**

원의 둘레를 구하는 공식을 숙지한다.
원주(원둘레) = 지름 × $\pi$ = 반지름($r$) × 2 × $\pi$

**35.** 어느 마을에 반지름이 $r$km인 호수가 있고, 그 호수의 반지름과 동일한 폭의 산책로가 호수 전체를 둘러싸고 있다. 산책로 둘레의 길이는 얼마인가?

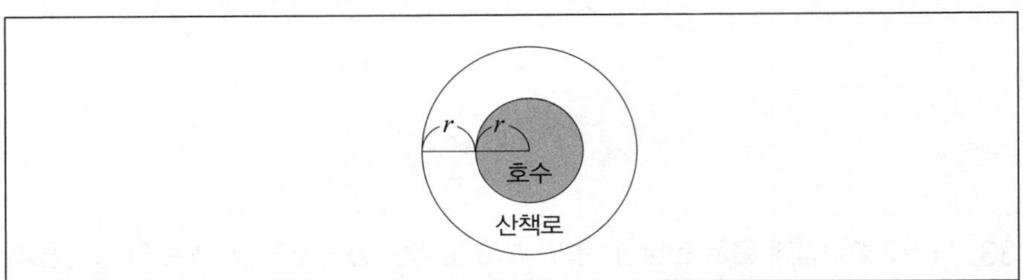


① $\frac{1}{2}\pi r$km ② $3\pi r$km ③ $5\pi r$km
④ $6\pi r$km ⑤ $7\pi r$km

**36.** 다음 그림과 같이 넓이가 각각 $9m^2$, $16m^2$, $25m^2$인 세 개의 정사각형 모양의 정원을 이어 붙여 하나의 정원으로 만들려고 한다. 합쳐진 이 정원의 둘레는 몇 m인가?

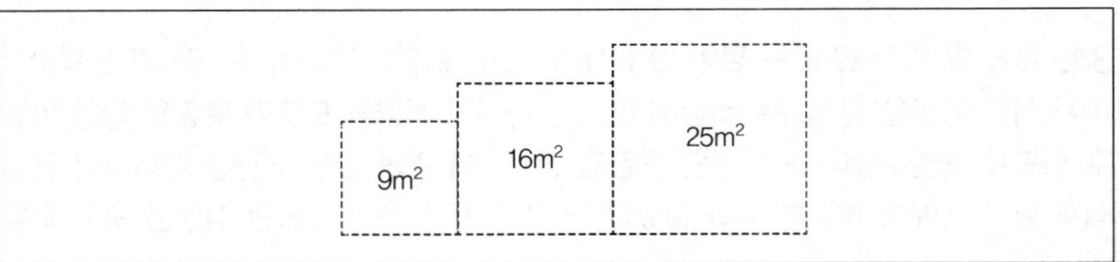


① 34m ② 36m ③ 38m
④ 40m ⑤ 42m

37. 다음 상자 안에 색칠되어 있는 부분의 면적은 전체 면적의 얼마를 차지하는가? (단, 그림 속 모든 사각형은 A를 합쳐서 만들 수 있다)

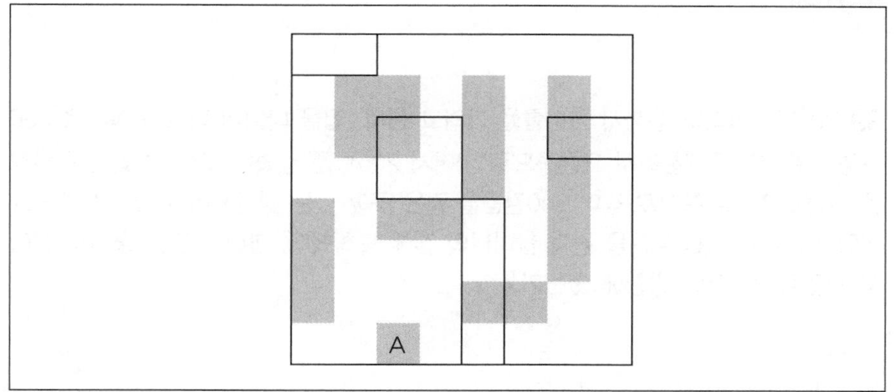


① $\frac{2}{5}$ ② $\frac{2}{3}$ ③ $\frac{3}{8}$

④ $\frac{5}{16}$ ⑤ $\frac{5}{18}$

38. A 씨는 막대 아이스크림을 만들기 위해 아이스크림 틀을 구매했다. 다음 그림과 같이 아이스크림 틀은 높이가 8cm이고 밑면의 가로, 세로의 길이가 각각 $3\sqrt{3}$ cm, 3cm인 직육면체이다. 막대를 어느 방향에서 넣고, 어느 정도까지 넣는지와 상관없이 최소한 손잡이가 2cm는 남는 막대를 구매하려고 한다. 구매할 막대는 최소 몇 cm이어야 하는가?

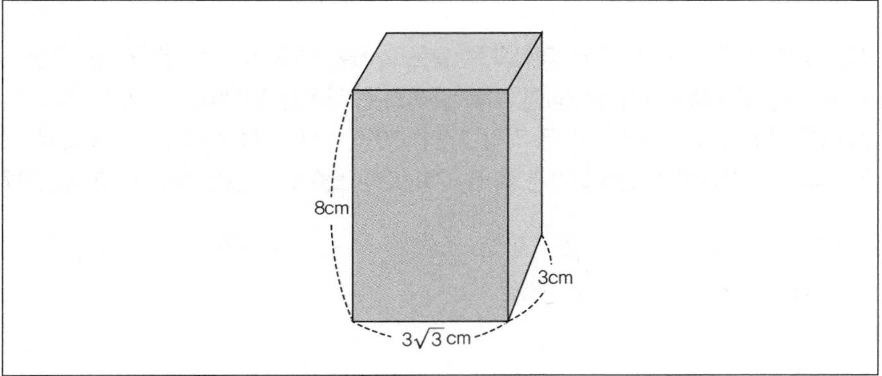


① 10cm ② 11cm ③ 12cm

④ 13cm ⑤ 14cm

## 유형 09 기타(진로와 방향 / 물체의 흐름과 비율 / 기타)

해결전략

- 동 · 서 · 남 · 북을 각각 오른쪽, 왼쪽, 아래쪽, 위쪽으로 정해 두고 객체의 이동경로를 따라 그림을 그려 나간다.
- 그림을 그릴 때 이동한 거리를 함께 써 두어야 답을 찾을 때 혼동하지 않는다.

**39.** 슬기는 할머니 집까지 심부름을 가려고 한다. 집을 나와서 바로 동쪽으로 300보를 걸은 후, 우체통에서 오른쪽으로 꺾어서 200보를 걸었다. 거기에 있는 편의점을 기점으로 오른쪽으로 꺾어 600걸음을 걸은 곳에 있는 경찰서에서 다시 왼쪽으로 꺾었다. 그리고 100걸음을 걷자 할머니의 집에 도착했다. 할머니 집은 슬기의 집에서 보았을 때 어느 방향에 있는가?

① 남동　② 남서　③ 북동　④ 북서　⑤ 동

**40.** 16으로 나누었을 때 나머지가 10이 되는 자연수가 있다. 이 수를 8로 나누었을 때 나머지는 몇인가?

① 1　② 2　③ 3　④ 5　⑤ 7

One Point Lesson

벤 다이어그램을 그려 넣고 구해야 할 항목이 무엇인지 체크한다. 교집합의 숫자에 유의한다.

**41.** G 회사의 직원 100명을 대상으로 설문조사를 하였더니 A를 좋아하는 사람은 55명, B를 좋아하는 사람은 54명, C를 좋아하는 사람은 58명이며 A와 B, A와 C, B와 C를 둘 다 좋아하는 사람은 각각 27명, 30명, 31명이었다. 또한 A, B, C를 모두 좋아하는 사람이 16명이었다면 A, B, C를 모두 좋아하지 않는 사람은 몇 명인가?

① 5명　② 7명　③ 9명　④ 11명　⑤ 13명

**42.** 영화는 30분 전에 시작했고, 현재 시각은 2시 15분이다. 이 영화의 상영시간이 1시간 55분일 경우, 영화가 끝나는 시각에 시침과 분침 사이의 각도 중 크기가 작은 각은 몇 도인가?

① 115°　② 120°　③ 125°　④ 130°　⑤ 135°

**이것 만은 꼭**

- 시간의 단위에 주의한다.
- 시계 각도 구하는 공식을 숙지한다.

**43.** 다음은 어느 전시회가 열리는 미술관의 전시실을 지나는 사람의 흐름에 대한 그림이다. A, B, C, D는 전시실에 방문하는 인원수, $x$, $y$, $z$는 다음 장소를 화살표 방향으로 이동하는 인원수의 비율을 나타낸다. D를 나타내는 올바른 식은 무엇인가?

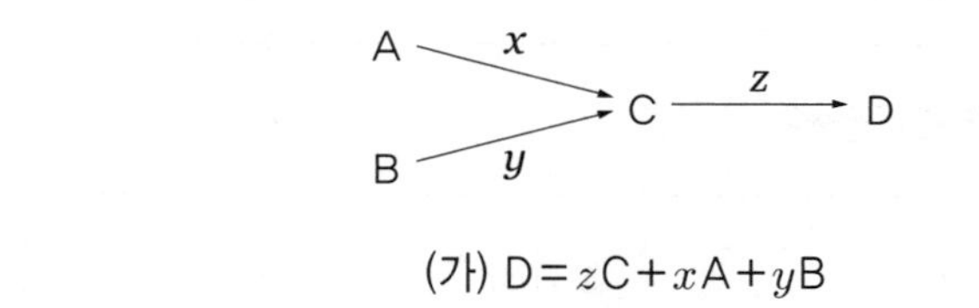


(가) D$=z$C$+x$A$+y$B
(나) D$=xyz$
(다) D$=xz$A$+yz$B

① (가)　② (나)　③ (다)　④ (가), (다)　⑤ (나), (다)

▶ 정답과 해설 26쪽

# 기출예상문제

**01.** □ 안에 들어갈 연산기호로 알맞은 것은?

| $5.3\square4.7+1.6=2.2$ |
|---|

① + ② − ③ ×
④ ÷ ⑤ 답이 없다.

**[02 ~ 03]** 기호를 다음과 같이 가정하여 이어지는 질문에 답하시오.

| $A*B=AB-A+B$<br>$A◎B=AB+A+B$ |
|---|

**02.**

| (5*6)◎(3*2) |
|---|

① 36 ② 87 ③ 187
④ 191 ⑤ 291

**03.**

| (4◎1)*5◎2 |
|---|

① 179 ② 161 ③ 125
④ 43 ⑤ 21

**04.** 다음 수식을 계산했을 때 가장 큰 수가 나오는 것은?

① 225+31−56　② 268+47−26　③ 294+15−39
④ 277+29−61　⑤ 259+56−42

**05.** 다음 수식을 계산했을 때 가장 작은 수가 나오는 것은?

① 236.47+389.25　② 493.18+132.55　③ 919.19−293.35
④ 841.62−215.79　⑤ 209.09+416.76

**06.** 다음 중 $x$의 값이 다른 하나는?

① 가로, 세로, 높이의 길이가 각각 7cm, 10cm, 8cm인 직육면체의 부피는 $10x$cm$^3$이다.
② 몸무게가 60kg인 김 대리보다 4kg 가벼운 김 과장의 몸무게는 $x$kg이다.
③ 직원 24명에게 망고를 2개씩 나눠 줬을 때 남은 망고가 8개라면, 나눠 주기 전 망고는 $x$개다.
④ 한 개에 1,200원인 빵을 4개 사고 만 원을 지불했을 때, 거스름돈은 $100x$원이다.
⑤ 가로가 4cm, 세로가 14cm인 직사각형의 넓이는 $x$cm$^2$이다.

07. 어린이 공원 내부를 가로지르는 보도의 길이는 280m이다. 이 보도 양쪽에 7m 간격으로 은행나무를 심고자 한다. 보도의 양끝에도 나무를 심는다면 은행나무는 몇 그루가 필요한가?

① 65그루 ② 82그루 ③ 83그루
④ 85그루 ⑤ 100그루

08. 학급당 학생 수가 50명씩 총 3개 학급으로 구성된 S 중학교의 1학년 입학시험 결과를 살펴보니 1학년 전체 평균 점수는 108점, 1반의 평균 점수는 116점이었다. 만약 2반의 평균 점수가 1학년 전체의 평균 점수보다 3점이 낮았다면 3반의 평균 점수는?

① 97점 ② 100점 ③ 103점
④ 106점 ⑤ 109점

09. E 매장에서는 원가가 4,000원인 화장품에 25%의 이윤을 추가한 금액을 정가로 정하여 판매하다가 연말 이벤트로 400원의 이익만 남기고 소비자에게 판매하였다. 정가의 몇 %를 할인한 것인가?

① 6% ② 8% ③ 10%
④ 12% ⑤ 14%

**10.** 피자 가게에서 아르바이트를 하는 직원이 부가세를 15%로 잘못 알고 피자를 18,400원에 판매하였다. 부가세를 10%로 계산하여 다시 책정한 피자 가격은? (단, 판매 가격에는 부가세가 포함된다)

① 16,600원　② 16,800원　③ 17,600원
④ 17,800원　⑤ 18,000원

**11.** 6명의 사원이 회의를 위해 원탁에 앉으려 한다. 6명 중 2명은 통역 때문에 나란히 앉아야 할 때, 원탁에 앉을 수 있는 경우는 몇 가지인가?

① 8가지　② 16가지　③ 24가지
④ 36가지　⑤ 48가지

**12.** ○○기업의 직원 55명 중 야구를 좋아하는 직원은 33명이고, 축구를 좋아하는 직원은 21명이다. 야구와 축구를 모두 좋아하지 않는 직원이 11명일 때, 야구와 축구를 모두 좋아하는 직원은 몇 명인가?

① 8명　② 9명　③ 10명
④ 11명　⑤ 12명

**13.** 3년 전 이모의 나이는 3년 전 이모와 이모부 나이 합의 $\frac{3}{7}$이다. 지금부터 5년 후 수현이의 나이는 이모부 나이의 $\frac{1}{2}$이 되고, 세 명의 나이 합은 128이 된다고 할 때, 이모부의 현재 나이는?

① 39세 ② 41세 ③ 48세
④ 51세 ⑤ 56세

**14.** 대학로의 어느 소극장에서 연극 포스터 인쇄를 주문하려고 한다. 100장을 인쇄하는 데 20,000원이고 100장의 초과분에 대해서는 1장당 120원이 청구된다. 포스터 1장당 인쇄비가 150원 이하가 되도록 하려면 최소한 몇 장 인쇄를 맡겨야 하는가?

① 267장 ② 268장 ③ 269장
④ 270장 ⑤ 271장

**15.** S 공장 전체 직원 중 50%는 안경을 썼고 남자 직원 중 40%는 안경을 썼다. 남자가 여자보다 안경을 쓴 직원이 5명 더 많고 총 직원 수가 150명이라면, S 공장의 남자 직원은 모두 몇 명인가?

① 50명 ② 75명 ③ 100명
④ 125명 ⑤ 130명

**16.** ○○기관은 임용시험에서 320명의 합격자를 선발하기로 하였다. 이 중 행정직렬은 200명을 선발하고, 기술직렬은 35명을 선발한다. 전체 응시자 수는 6,400명이고 행정직렬에는 5,200명, 행정직렬과 기술직렬을 제외한 나머지 직렬에는 710명이 지원하였을 때, 기술직렬의 경쟁률은 얼마인가?

① 12 : 1 ② 13 : 1 ③ 14 : 1
④ 15 : 1 ⑤ 16 : 1

**17.** 다음과 같은 길이 있다. 어떤 사람이 A에서 출발하여 C로 가려고 할 때 B를 거쳐서 갈 확률은? (단, 최단경로로 이동한다)

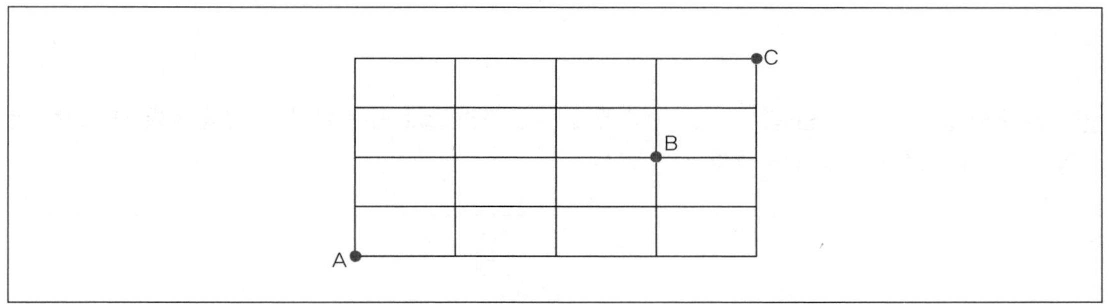


① $\frac{1}{7}$ ② $\frac{3}{7}$ ③ $\frac{5}{7}$
④ $\frac{9}{14}$ ⑤ $\frac{13}{29}$

**18.** 다음은 (주)AA 전자 전략기획팀 팀원 간의 대화 내용이다. 세 명이 같이 프로젝트 ABC－1206을 마무리하는 데 소요되는 시간은? (단, 시너지효과는 고려하지 않는다)

> 김 팀장 : 프로젝트 ABC－1206을 최대한 빨리 처리해야 되는데, 시간이 얼마나 걸릴 것 같나요?
> 안 대리 : 저 혼자 하면 6시간 걸릴 것 같습니다.
> 장 과장 : 저 혼자 하면 4시간이면 될 것 같습니다.
> 김 팀장 : 내가 혼자 하면 3시간이면 될 것 같은데, 지금부터 우리 셋이 다 같이 해요.

① 45분　② 60분　③ 80분
④ 120분　⑤ 135분

**19.** 한 변의 길이가 10cm인 정사각형 ABCD에서 $\overline{BC}$를 지름으로 하는 반원과 $\overline{CD}$를 지름으로 하는 반원을 그릴 때, 그림에서 색칠된 부분의 면적은?

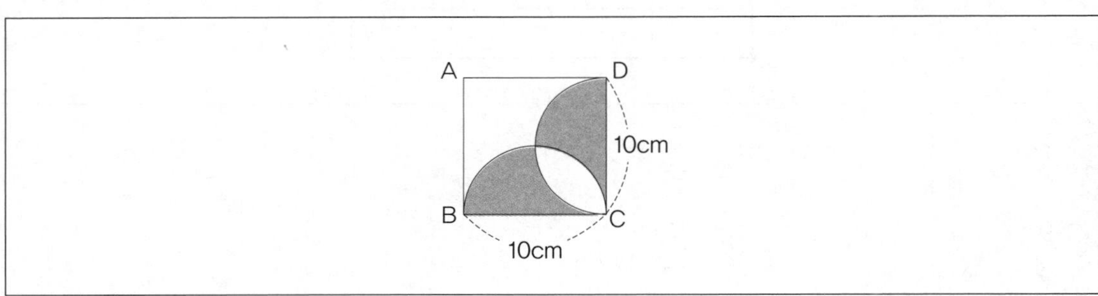


① 40cm$^2$　② 45cm$^2$　③ 50cm$^2$
④ 55cm$^2$　⑤ 60cm$^2$

**20.** 삼각형이 밑변과 평행한 두 선에 의해 같은 높이로 삼등분되어 있다. 삼각형의 높이가 $h$이고 밑변의 길이가 다음과 같다면, 가운데 영역의 넓이는?

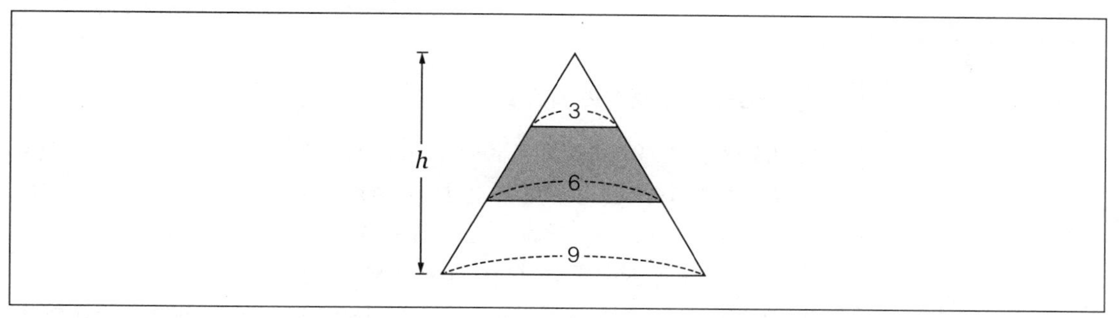


① $0.5h$　② $1h$　③ $1.5h$　④ $2h$　⑤ $2.5h$

**21.** 어느 동아리 학생 10명의 봉사 활동 시간을 조사하여 나타낸 도수분포표가 다음과 같다. 봉사 활동 시간의 평균이 16시간일 때 분산을 $a$라 한다면, $10a$의 값은?

| 봉사 활동 시간(시간) | 도수(명) |
|---|---|
| 11이상 ~ 13미만 | 1 |
| 13 ~ 15 | 1 |
| 15 ~ 17 | 5 |
| 17 ~ 19 | 3 |
| 합계 | 10 |

① 20　② 24　③ 28　④ 32　⑤ 36

# 테마 1 출제유형이론학습

## 1 자료해석의 특징과 대처법

① 자료해석에서 요구하는 것은 주어진 자료만으로 논리적으로 도출해 낼 수 있는 사항을 올바르게 판단하는 능력이다. 선택지의 내용이 상식적으로는 옳다고 여겨지는 경우에도 자료를 통해 논리적으로 이끌어 낼 수 없다면 정답이라고 할 수 없다.

② 비율, 증가율, 지수 등을 올바르게 이해해야 한다.

③ 계산 테크닉을 익혀서 쓸데없는 계산을 하지 않도록 한다. 또한 간단한 계산은 암산으로 끝낼 수 있도록 훈련하는 것이 좋다.

④ 선택지를 검토할 때에는 옳고 그름의 판단이 쉬운 것부터 순서대로 확인한다.

⑤ 자료의 단위, 각주 등을 놓치지 않도록 주의한다.

## 2 변동률(증감률)

① 공식

- 변동률 또는 증감률(%) $= \dfrac{\text{비교시점 수치} - \text{기준시점 수치}}{\text{기준시점 수치}} \times 100$
- 기준시점 수치를 $X$, 비교시점 수치를 $Y$, 변동률(증감률)을 $g$%라 하면

$$g = \frac{Y-X}{X} \times 100 \qquad Y-X = \frac{g}{100} \times X \qquad Y = \left(1 + \frac{g}{100}\right)X$$

② 계산 방법

- 값이 $a$에서 $b$로 변화하였을 때 $\dfrac{b-a}{a} \times 100$ 또는 $\left(\dfrac{b}{a} - 1\right) \times 100$으로 계산한다.

**예** 값이 256에서 312로 변화하였을 때 증감률은 $\dfrac{312-256}{256} \times 100 \fallingdotseq 22(\%)$이다.
다른 방법도 있다.
312는 256의 약 1.22배인데 이는 256을 1로 설정할 때 312는 약 1.22라는 의미이다.
따라서 0.22가 늘어났으므로 증감률은 22%임을 알 수 있다.

### ③ 변동률과 변동량의 관계

변동률이 크다고 해서 변동량(증가량, 변화량, 증감량)이 많은 것은 아니다.

예 축구선수 A의 연봉은 1억 원에서 2억 원으로 인상되었고, B의 연봉은 2,000만 원에서 8,000만 원으로 인상되었다. A의 연봉증가액은 1억 원, B의 연봉증가액은 6,000만 원이며, A의 연봉증가율은 $\frac{2-1}{1}\times 100 = 100(\%)$, B의 연봉증가율은 $\frac{8,000-2,000}{2,000}\times 100 = 300(\%)$이다. 따라서 연봉증가액은 A가 B보다 많지만, 연봉증가율은 A가 B보다 작다.

### ④ 증가율과 구성비의 관계

전체량을 $A$, 부분량을 $B$라고 하면 부분량의 구성비는 $\frac{B}{A}$이다. 만약 어느 기간에 전체량이 $a$, 부분량이 $b$ 증가했다고 하면 증가 후의 구성비는 $\frac{B(1+b)}{A(1+a)}$이다(단, $a$, $b$는 증가율이다). 여기서 $a > b$이면 $\frac{B}{A} > \frac{B(1+b)}{A(1+a)}$, $a < b$이면 $\frac{B}{A} < \frac{B(1+b)}{A(1+a)}$가 된다.

전체량의 증가율 > 부분량의 증가율 → 구성비가 감소
전체량의 증가율 < 부분량의 증가율 → 구성비가 증가

### ⑤ 지수

지수란 구체적인 숫자 자체의 크기보다는 시간의 흐름에 따라 수량이나 가격 등 해당 수치가 어떻게 변화되었는지를 쉽게 파악할 수 있도록 만든 것으로 통상 비교의 기준이 되는 시점(기준시점)을 100으로 하여 산출한다.

기준 데이터를 $X$, 비교 데이터를 $Y$라 하면,

$$\text{지수} = \frac{Y}{X}\times 100$$

데이터 1의 실수를 $X$, 데이터 2의 실수를 $Y$, 데이터 1의 지수를 $k$, 데이터 2의 지수를 $g$라 하면,

$$X : Y = k : g$$

비례식에서 외항의 곱과 내항의 곱은 같으므로 $Xg = Yk$

$$\text{따라서 } Y = \frac{g}{k}\times X,\ X = \frac{k}{g}\times Y$$

### ⑥ 퍼센트(%)와 퍼센트포인트(%p)

퍼센트는 백분비라고도 하는데 전체의 수량을 100으로 하여 해당 수량이 그중 몇을 차지하는가를 가리키는 수이다. 퍼센트포인트는 이러한 퍼센트 간의 차이를 표현한 것으로 실업률이나 이자율 등의 변화가 여기에 해당된다.

> 예 실업률이 작년 3%에서 올해 6%로 상승하였다.
> ⇨ 실업률이 작년에 비해 100% 상승 또는 3%p 상승했다.
> 여기서 퍼센트는 $\frac{\text{현재 실업률}-\text{기존 실업률}}{\text{기존 실업률}} \times 100$으로 하여 '100'으로 산출됐고, 퍼센트 포인트는 퍼센트의 차이이므로 6−3으로 하여 '3'이 산출된 것이다.

### ⑦ 단위당 양

자동차 천 대당 교통사고 발생건수, 단위면적당 인구수 등과 같이 정해진 단위량에 대한 상대치이다. 따라서 기준이 되는 단위량에 대응하는 실수(위의 예에서는 자동차 대수, 면적)가 주어져 있지 않을 때 단위당 양에만 기초해서 실수 그 자체(위의 예에서는 교통사고 발생건수, 인구수)를 비교하는 것은 불가능하다.

### ⑧ 가중평균

중요도나 영향도에 해당하는 각각의 가중치를 곱하여 구한 평균값을 가중평균이라 한다.

> 주어진 값 $x_1, x_2, \cdots, x_n$에 대한 가중치가 각각 $w_1, w_2, \cdots, w_n$이라 하면
>
> $$\text{가중평균} = \frac{x_1 w_1 + x_2 w_2 + \cdots + x_n w_n}{w_1 + w_2 + \cdots + w_n}$$

## 9 그래프의 종류

| 꺾은선 그래프 | 막대 그래프 |
|---|---|
| • 시계열 변화를 표시하는 데 적합한 그래프<br>• 세로축에 양, 가로축에 시계열을 표시한다.<br><br>예 〈월별 고객불만 건수〉<br>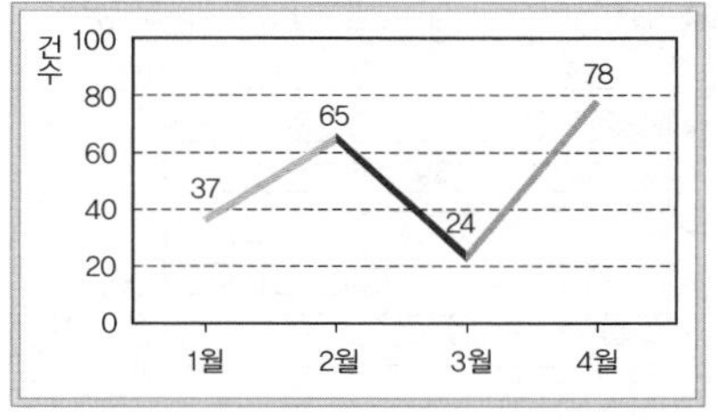 | • 비교하고자 하는 수량을 막대의 길이로 나타냄으로써 각 수량 간의 대소 비교가 가능한 그래프<br>• 가로축에 시계열을 표시할 경우 꺾은선 그래프와 동일한 효과를 가진다.<br><br>예 〈지방 중소병원 고객의 주거지역 분포〉<br>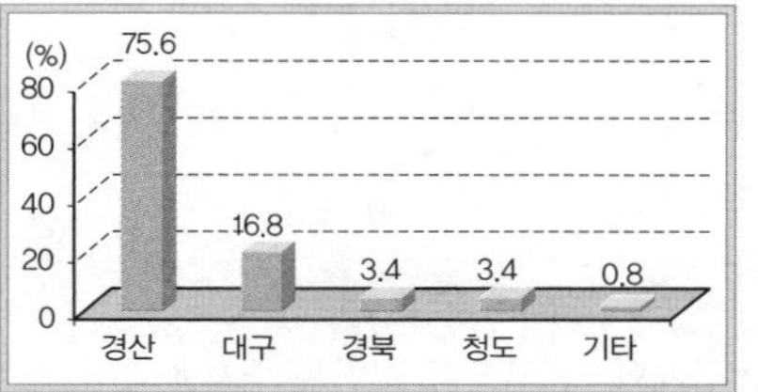 |
| **히스토그램** | **원 그래프** |
| • 도수분포를 나타내는 그래프<br>• 막대 사이에 간격이 없다.<br><br>예 〈볼링 동호회 회원들의 볼링 점수〉<br>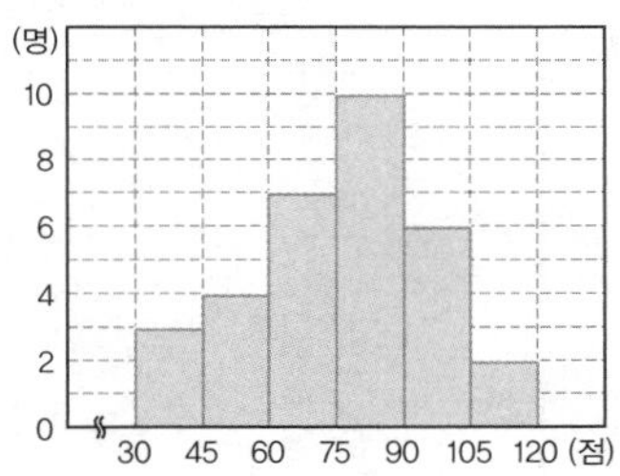 | • 원을 분할하여 내역이나 내용의 구성비를 작성하는 그래프<br>• 전체에 대한 구성비를 표현할 때 적합하다.<br>• 각 항목의 구성비에 따라 중심각이 정해지고 중심각 360°가 100%에 대응한다.<br><br>구성비(%) $=\dfrac{중심각}{360^\circ}\times 100$<br><br>예 〈비용 지출내역〉<br>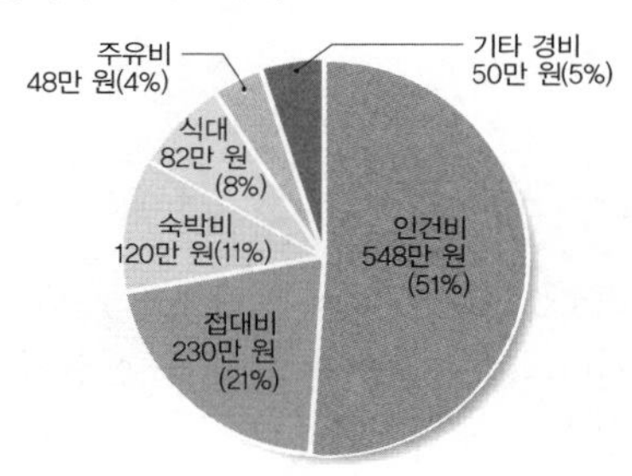 |

미니테스트

**01. 결산보고를 효과적으로 하기 위해 연도별 매출액 추이를 도표로 작성하려고 한다. 다음 중 어떤 도표로 작성하는 것이 가장 효과적인가?**

① 꺾은선 그래프
② 막대 그래프
③ 원 그래프
④ 산점도
⑤ 띠 그래프

정답 ①

해설 시계열 변화를 표시하는 데 적합한 그래프는 꺾은선 그래프이다.

## 레이더차트(방사형 그래프, 거미줄 그래프)

• 항목의 수만큼 레이더 형상으로 축을 뻗어 값을 선으로 연결함으로써 합계나 비율의 차이를 비교하는 그래프

예 〈식품 A, B의 영양성분〉

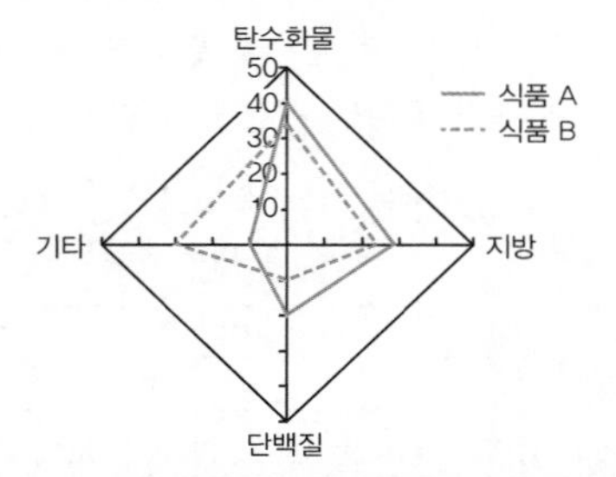


## 띠 그래프

• 각 요소의 구성비를 띠 모양으로 나타낸 그래프

• 막대 전체를 100%로 두고 각 항목의 구성비에 따라 막대의 내용을 구별하여 구성비를 시각적으로 표현한다.

예 〈건설시장의 부문별 시장규모 구성비〉

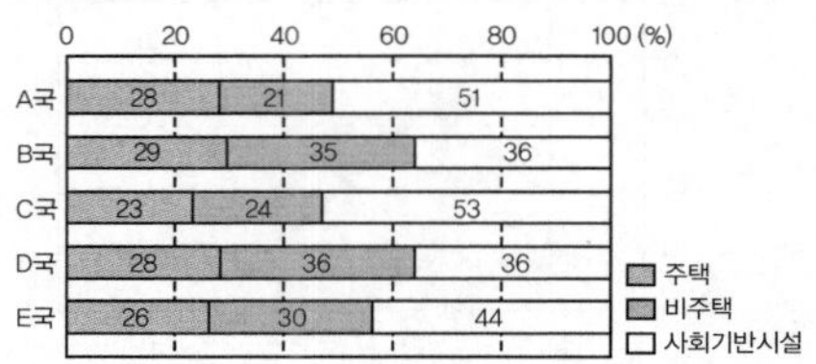


## 층별 그래프

• 합계와 각 부분의 크기를 백분율 또는 실수로 나타내고 시간적 변화를 보고자 할 때 활용할 수 있는 그래프

예 〈상품별 매출액 추이〉

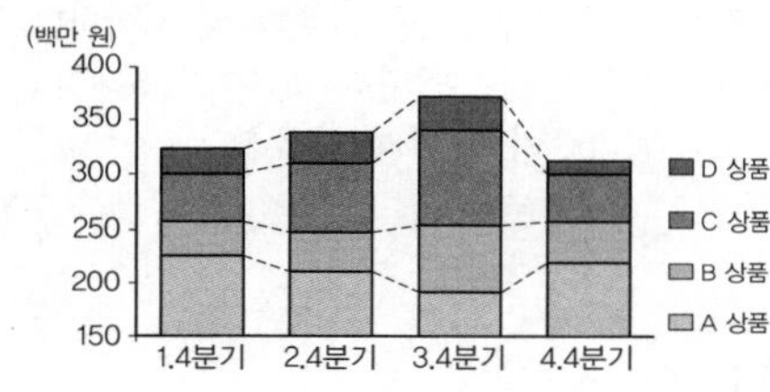


## 피라미드도

• 두 개의 그룹을 대상으로 할 때 사용되며, 하나의 항목에 대한 히스토그램을 좌우에 나누어 표시한다.

예 〈2030년 인구피라미드〉

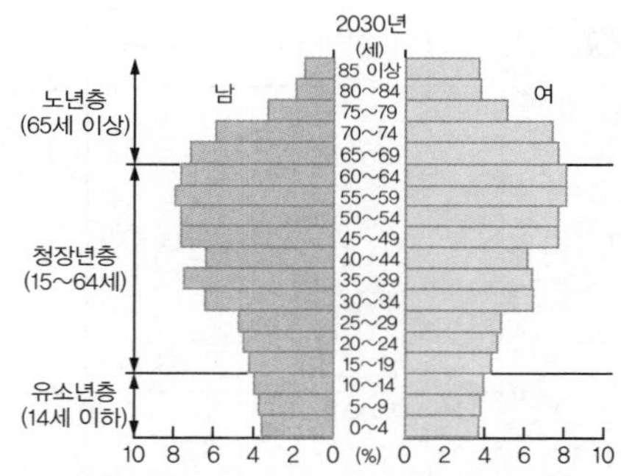


## 영역 그래프

• 데이터의 총량과 그 구성비의 추이를 층으로 나타내고 층 폭의 변화로 경향을 볼 수 있는 그래프

예 〈범죄유형별 시간대별 발생 비율〉

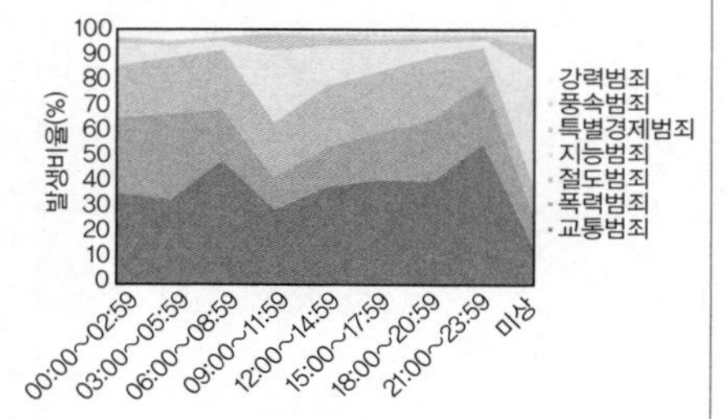


## 그림 그래프

• 수를 그림으로 나타내 한눈에 보이도록 만든 그래프

예 〈성남시 인구수〉

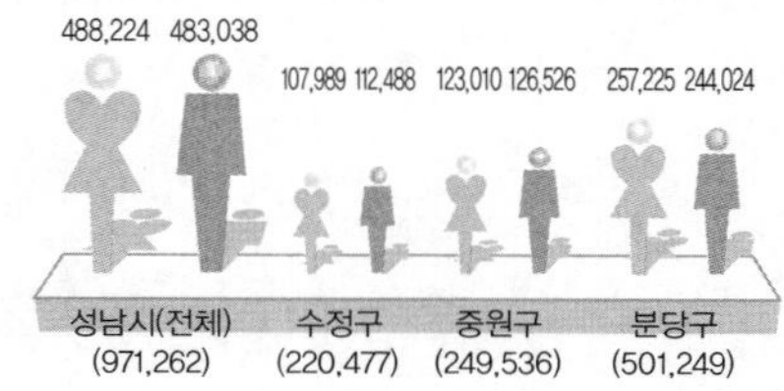

### 산점도(상관도)

- 2개의 연속형 변수 간의 관계를 보기 위하여 직교좌표의 평면에 관측점을 찍어 만든 그래프
- 두 변수의 관계를 시각적으로 검토할 때 유용하다.

예 〈A 중학교 학생들의 키와 몸무게〉

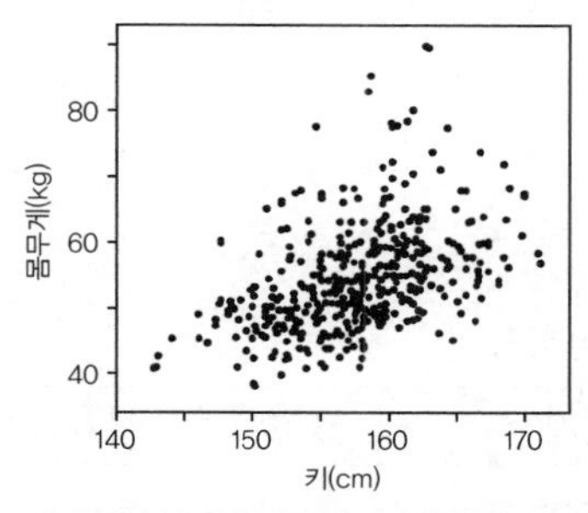


### 물방울차트

- 원(물방울)의 크기로 데이터의 대소를 비교하는 그래프

예 〈은행별 총 자산, 당기순이익, 총 자산 이익률〉

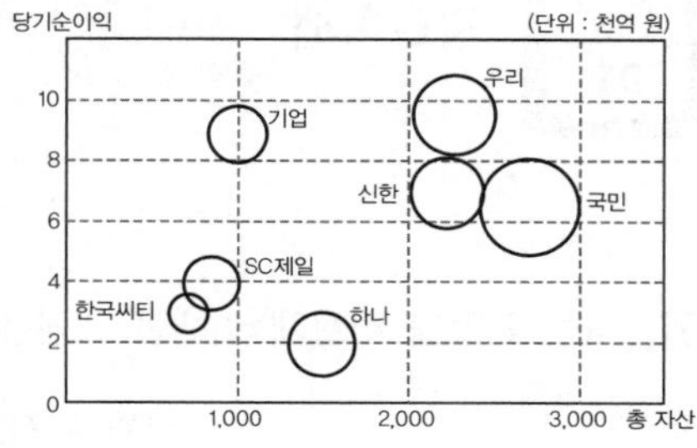


### 상자그림

- 다섯숫자요약(중앙값, 제1사분위수, 제3사분위수, 최댓값, 최솟값)을 시각적으로 표현한 그림
- 이상점이 포함되어 있는지를 쉽게 판단할 수 있다.

예 〈국어, 영어, 수학 성적〉

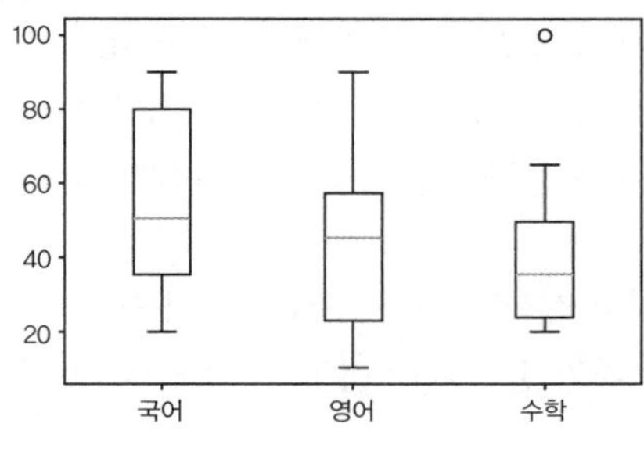


### 삼각도표(삼각좌표)

- 3가지 항목의 전체에 대한 구성비를 정삼각형 내부에 점으로 표현한 그래프
- 자료를 세 가지 요소로 분류 가능할 때 사용한다.

예 〈'의료', '연금', '기타 복지'가 사회보험 비용 전체에서 차지하는 비율〉

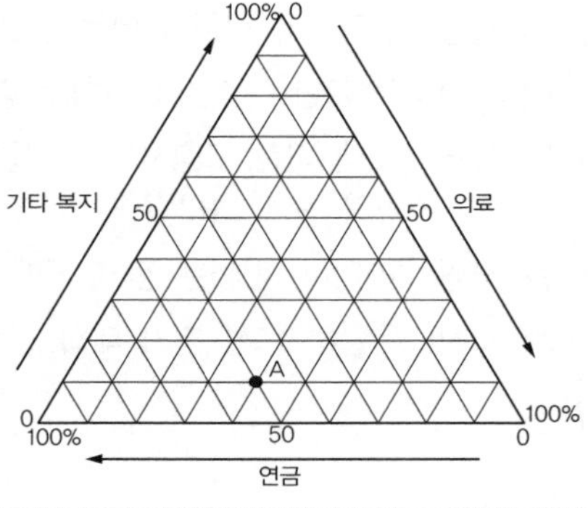

▶ 정답과 해설 29쪽

# 테마 2 출제유형문제연습

## 유형 01 자료이해

상식적으로 옳다고 여겨지는 경우일지라도 자료를 통해 논리적으로 도출해 낼 수 없다면 정답이 아니다.

**01.** 다음 자료를 바르게 이해한 사람은?

〈연령별 구직급여 신청자 수〉

| 구분 | 20X9년 2/4분기 | 20X9년 3/4분기 |
|---|---|---|
| 20대 이하 | 38,597 | 37,549 |
| 30대 | 51,589 | 49,613 |
| 40대 | 47,181 | 47,005 |
| 50대 | 48,787 | 49,770 |
| 60대 이상 | 32,513 | 35,423 |
| 전체 | 218,667 | 219,360 |

① 김 사원 : 구직급여 신청자 비율이 20X9년 2/4분기에 비해 줄어들었구나.

② 이 사원 : 20X9년 2/4분기 신청자 중 30대의 수가 많은 것은 이직 때문이야.

③ 박 사원 : 60대 이상 고령자의 구직급여 신청 증가 비율이 다른 연령대에 비하여 가장 높게 나타났네.

④ 윤 사원 : 20대나 30대는 전 분기에 비하여 신청자 수가 조금씩 늘었구나.

⑤ 최 사원 : 유일하게 전 분기 대비 신청자 수가 증가한 연령대는 60대 이상이네.

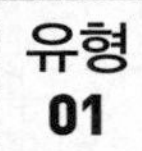

**02.** 다음 자료에 대한 설명으로 옳지 않은 것을 〈보기〉에서 모두 고르면? (단, 괄호는 전년 대비 증감률을 의미한다)

〈국적별 입국자 수 현황〉

(단위 : 명)

| 구분 | | 20X7년 | 20X8년 | 20X9년 |
|---|---|---|---|---|
| 아시아주 | | 1,034,009 | 1,122,374(8.5%) | 1,256,875(12%) |
| | 일본 | 201,489 | 188,420(−6.5%) | 178,735(−5.1%) |
| | 중국 | 517,031 | 618,083(19.5%) | 705,844(14.2%) |
| 미국 | | 67,928 | 70,891(4.4%) | 80,489(13.5%) |
| 캐나다 | | 13,103 | 14,541(11%) | 15,617(7.4%) |

**보기**

㉠ 20X9년 입국자 수의 전년 대비 증가율이 가장 큰 국가는 미국이다.
㉡ 일본과 중국 입국자 수를 합하면 매년 아시아주의 50% 이상을 차지한다.
㉢ 중국인 입국자 수는 20X9년 이후에도 증가할 것이다.
㉣ 매년 입국자 수가 꾸준히 늘어난 국가는 1곳이다.

① ㉠　② ㉡　③ ㉡, ㉢
④ ㉡, ㉣　⑤ ㉠, ㉢, ㉣

One Point Lesson

- 반드시 단위를 확인한다.
- 단순한 숫자의 증감인지, 비율의 변화인지 주의한다.
- $a$의 $b$에 대한 비율은 $\frac{a}{b}$로 계산한다(%로 요구할 경우 $\frac{a}{b}\times100$).

**03.** 다음은 초콜릿 수출입에 관한 조사 자료이다. 이에 대한 설명으로 옳은 것은?

〈자료 1〉 우리나라 연도별 초콜릿 수출입

(단위 : 톤(TON), 천 불(USD 1,000))

| 구분 | 수출총량 | 수입총량 | 수출금액 | 수입금액 | 무역수지 |
|---|---|---|---|---|---|
| 20X4년 | 2,941 | 26,186 | 23,384 | 169,560 | -146,176 |
| 20X5년 | 2,827 | 29,963 | 22,514 | 195,643 | -173,129 |
| 20X6년 | 2,703 | 30,669 | 24,351 | 212,579 | -188,228 |
| 20X7년 | 2,702 | 31,067 | 22,684 | 211,438 | -188,754 |
| 20X8년 | 3,223 | 32,973 | 22,576 | 220,479 | -197,903 |
| 20X9년 | 2,500 | 32,649 | 18,244 | 218,401 | -200,157 |

〈자료 2〉 20X9년 우리나라의 초콜릿 수출입 주요 6개국

(단위 : 톤(TON), 천 불(USD 1,000))

| 구분 | 수출총량 | 수입총량 | 수출금액 | 수입금액 | 무역수지 |
|---|---|---|---|---|---|
| 미국 | 89.9 | 6,008 | 518 | 39,090 | -38,572 |
| 중국 | 900.0 | 3,624 | 6,049 | 14,857 | -8,808 |
| 말레이시아 | 15.3 | 3,530 | 275 | 25,442 | -25,167 |
| 싱가포르 | 13.9 | 3,173 | 61 | 12,852 | -12,791 |
| 벨기에 | 0.0 | 3,155 | 0 | 23,519 | -23,519 |
| 이탈리아 | 0.0 | 2,596 | 0 | 27,789 | -27,789 |

* 〈자료 2〉의 수치는 우리나라를 기준으로 해당 국가와의 수출, 수입 총량과 금액을 의미한다.

① 무역수지는 수출금액에서 수입총량을 뺀 값과 같다.

② 수출입 주요 6개국의 수출금액 평균은 1,000천 불 이하다.

③ 20X7년의 단위 총량당 수입금액은 20X6년에 비해 감소하였다.

④ 20X6년부터 20X9년까지 우리나라는 전년에 비해 수출총량이 감소하면 수출금액도 감소하는 경향을 보인다.

⑤ 20X9년 우리나라의 수출총량에서 중국으로의 수출총량은 40%를 차지한다.

언어논리력
수리력
공간지각력
문제해결력
이해 및 관찰탐구력
실전모의고사
인성검사
면접가이드

## 유형 02 자료계산

**04.** 다음 자료에서 20X9년 65세 이상 인구가 100만 명이라면 생산 가능 인구는 몇 명인가? (단, 천의 자리에서 반올림한다)

〈부양 인구비〉

| 구분 | 20X5년 | 20X6년 | 20X7년 | 20X8년 | 20X9년 |
|---|---|---|---|---|---|
| 부양인구비(%) | 39.1 | 36.8 | 36.3 | 36.2 | 37.1 |
| 소년부양인구비(%) | 26.6 | 22 | 18.8 | 18.2 | 18.5 |
| 노년부양인구비(%) | 12.5 | 14.8 | 17.5 | 18 | 18.6 |

※ 생산 가능 인구 : 15 ~ 64세 인구
※ 노년부양인구비(%)=(65세 이상 인구÷생산 가능 인구)×100
※ 소년부양인구비(%)=(15세 미만 인구÷생산 가능 인구)×100
※ 부양인구비(%)={(15세 미만 인구+65세 이상 인구)÷생산 가능 인구}×100
=소년부양인구비+노년부양인구비

① 536만 명 ② 538만 명 ③ 540만 명
④ 542만 명 ⑤ 544만 명

**05.** 다음 자료를 참고할 때, 가장 많은 양의 비타민 섭취가 요구되는 시기는?

〈연령대별 주요 비타민 하루 섭취 권장량〉

(단위 : mg)

| 구분 / 연령 | 비타민 A | 비타민 D | 비타민 E | 비타민 C | 비타민 $B_1$ | 비타민 $B_2$ |
|---|---|---|---|---|---|---|
| 영아기 | 0.35 | 0.010 | 4 | 35 | 0.4 | 0.5 |
| 소아기 | 0.40 | 0.010 | 6 | 40 | 0.8 | 1.0 |
| 성인기 | 0.70 | 0.010 | 10 | 60 | 1.3 | 1.5 |
| 임신 초기 | 0.70 | 0.015 | 10 | 75 | 1.7 | 1.8 |
| 임신 후기 | 0.80 | 0.015 | 12 | 75 | 1.7 | 1.9 |
| 수유기 | 1.00 | 0.015 | 13 | 95 | 1.8 | 2.1 |

① 영아기 ② 소아기 ③ 성인기
④ 임신 후기 ⑤ 수유기

> 학습 TIP
> 1. 자료와 함께 제시되는 계산식을 빠르게 눈으로 훑고 필요한 정보를 파악한다.
> 2. 필요한 정보에 동그라미, 밑줄 등으로 표시하면 다시 찾는 시간을 줄일 수 있다.

이것 만은 꼭

- 자료가 두 개 이상 주어진 경우 자료 간의 관계를 파악한다.
- 자료의 단위, 각주, 범례 등을 놓치지 않도록 주의한다.

**06.** 의류회사에 근무하는 박 사원은 지난주의 시간대별 모바일 쇼핑 매출 기록을 다음과 같이 정리하였다. 〈자료 1〉, 〈자료 2〉를 바탕으로 평일(5일) 시간대별 모바일 쇼핑 매출 비율을 추정할 때, 15 ~ 21시 구간이 평일 전체 시간대 매출에서 차지하는 비율은 얼마인가? (단, 소수점 아래 둘째 자리에서 반올림한다)

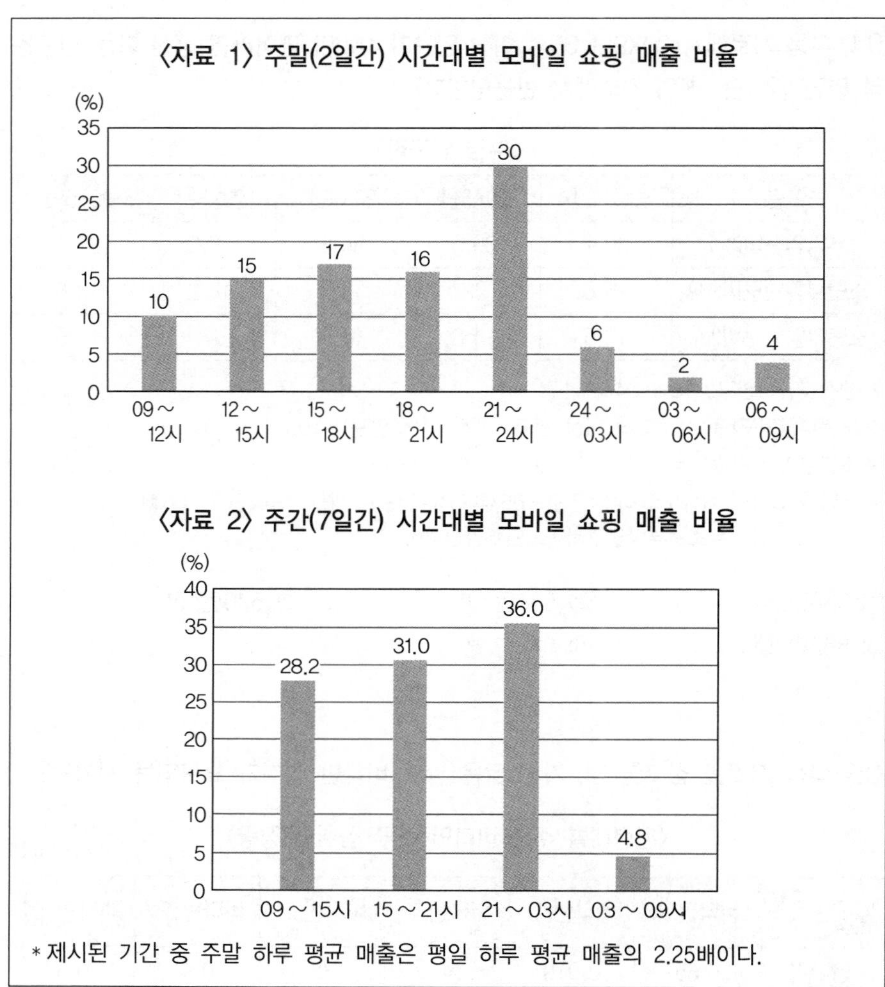


* 제시된 기간 중 주말 하루 평균 매출은 평일 하루 평균 매출의 2.25배이다.

① 28% ② 29% ③ 30% ④ 31% ⑤ 32%

## 유형 03 자료변환

**07.** 제시된 자료를 참고하여 아래의 퍼즐을 완성한다고 할 때, A ~ D에 들어갈 숫자를 모두 합한 값은?

〈출판 현황〉

| 구분 | 출판시장(억 원) | 수출액(천 불) | 수입액(천 불) |
|---|---|---|---|
| 20X2년 | 31,461 | 213,100 | 354,404 |
| 20X3년 | 24,854 | 260,010 | 368,536 |
| 20X4년 | 27,244 | 220,467 | 270,143 |
| 20X5년 | 27,258 | 358,741 | 343,741 |
| 20X6년 | 28,282 | 283,437 | 351,604 |
| 20X7년 | 24,133 | 245,154 | 314,306 |
| 20X8년 | 25,397 | 291,394 | 311,481 |
| 20X9년 | 29,438 | 247,268 | 319,219 |

| ㉠ | | ㉣ | A | |
|---|---|---|---|---|
| | | | | ㉢ |
| | | | | C |
| | | B | | |
| | | ㉡ | D | |

〈가로열쇠〉

㉠ 20X6년의 출판시장과 20X5년의 출판시장 차이는 ○,○○○억 원이다.

㉡ 20X3년의 출판시장은 20X2년 출판시장의 ○○%이다(단, 소수점 아래 첫째 자리에서 반올림한다).

〈세로열쇠〉

㉠ 20X5년의 출판 수출액과 수입액의 차이는 ○○,○○○천 불이다.

㉢ 20X7년 출판시장은 20X6년에 비해 ○○.○% 감소하였다(단, 소수점 아래 둘째 자리에서 반올림한다).

㉣ 20X8년의 출판 수입액과 수출액의 차이는 ○○,○○○천 불이다.

① 20　② 22　③ 24　④ 25　⑤ 28

**해결전략**

1. 퍼즐이 제시되어 당황할 수 있지만 차례대로 채워 넣으면 어렵지 않은 유형이다.
2. 퍼즐에 답을 채워 넣는 것이 끝이 아니라 한 번 더 계산이 필요하다는 것에 유의한다.

**08.** 다음 외국인 노동자와 국제결혼에 관한 보고의 내용을 표로 나타내었을 때 가장 적절하지 않은 것은?

유럽의 국가에서 이삼백 년에 걸쳐 산업화가 진행되었던 반면, 우리나라는 반세기라는 비교적 짧은 시간 동안 산업화를 이룩하면서 빠른 성장을 거듭해 왔다. 이러한 빠른 경제성장과 더불어 생활수준 역시 빠른 속도로 향상되었으며 내국인 노동자의 인건비 역시 상승하였다. 결국 부가가치가 낮은 산업에서의 내국인 노동자 인건비는 그 경쟁력을 잃어버리는 추세를 보여 기업들은 상대적으로 인건비가 낮은 외국인 노동자들을 선호하게 되었다.

이러한 까닭으로 우리나라에도 외국인 노동자의 유입이 증가하고 있는 실정이다. 20X5년부터 20X8년까지의 지역별 외국인 등록 인구를 보면 경기도를 제외하고는 매년 전년 대비 증가하고 있으며, 경기도 역시 20X6년부터 20X8년까지 전년 대비 증가하는 추세를 보이고 있다. 20X8년에 한국국적을 신규로 취득한 전체 외국인 수 역시 20X7년에 비하여 증가하였으며, 그중에서 동북아시아 출신 외국인 수는 900명 이상 증가하였다.

20X8년 국제결혼 이주자 수의 경우에는 아시아 지역이 90% 이상을 차지하고 있으며, 그중에서도 특히 동북아시아 지역이 아시아 지역의 80% 이상을 차지하고 있다. 국제결혼이 증가함에 따라 20X8년의 국제결혼가정 자녀 수 역시 20X7년의 두 배 이상이 되었다. 20X8년 국제결혼가정 자녀의 연령층별 구성을 보면 연령층이 높아질수록 그 수가 감소하고 있다.

① 20X8년 국제결혼가정 부모의 출신지역별 자녀의 연령분포

(단위 : 명)

| 출신지역 / 연령층 | 동북 아시아 | 동남 아시아 | 남부 아시아 | 중앙 아시아 | 미국 | 유럽 | 기타 | 합 |
|---|---|---|---|---|---|---|---|---|
| 6세 이하 | 18,210 | 8,301 | 281 | 532 | 880 | 171 | 714 | 29,089 |
| 7~12세 | 10,922 | 4,011 | 130 | 121 | 829 | 87 | 91 | 16,591 |
| 13~15세 | 4,207 | 2,506 | 30 | 28 | 391 | 24 | 132 | 7,318 |
| 16세 이상 | 3,070 | 1,494 | 13 | 26 | 306 | 21 | 79 | 5,009 |

② 출신지역별 한국국적 신규취득 외국인 수

(단위 : 명)

| 출신지역 / 연도 | 동북 아시아 | 동남 아시아 | 남부 아시아 | 중앙 아시아 | 미국 | 유럽 | 기타 | 합 |
|---|---|---|---|---|---|---|---|---|
| 20X7년 | 18,412 | 14,411 | 9,307 | 4,097 | 23,137 | 3,919 | 31,059 | 104,342 |
| 20X8년 | 19,374 | 12,737 | 8,906 | 5,283 | 24,428 | 4,468 | 29,448 | 104,644 |

③ 출신지역별 국제결혼가정 자녀 수

(단위 : 명)

| 출신지역 / 연도 | 동북 아시아 | 동남 아시아 | 남부 아시아 | 중앙 아시아 | 미국 | 유럽 | 기타 | 합 |
|---|---|---|---|---|---|---|---|---|
| 20X7년 | 17,477 | 8,224 | 288 | 550 | 852 | 263 | 652 | 28,306 |
| 20X8년 | 34,409 | 15,312 | 454 | 707 | 2,406 | 303 | 1,116 | 54,707 |

④ 20X8년 출신지역별 국제결혼 이주자 수

(단위 : 명)

| 출신지역 | 동북 아시아 | 동남 아시아 | 남부 아시아 | 중앙 아시아 | 미국 | 유럽 | 기타 | 합 |
|---|---|---|---|---|---|---|---|---|
| 이주자수 | 98,139 | 17,805 | 1,179 | 1,173 | 1,794 | 835 | 2,564 | 123,489 |

⑤ 연도별 지역별 외국인 등록 인구

(단위 : 명)

| 연도 / 지역 | 20X4년 | 20X5년 | 20X6년 | 20X7년 | 20X8년 |
|---|---|---|---|---|---|
| 경기도 | 165,922 | 155,942 | 200,798 | 234,030 | 256,827 |
| 강원도 | 7,265 | 7,989 | 10,252 | 11,994 | 12,892 |
| 충청북도 | 11,665 | 12,871 | 17,326 | 20,731 | 22,700 |
| 충청남도 | 19,147 | 19,849 | 26,411 | 30,553 | 35,254 |
| 전라북도 | 8,932 | 10,165 | 13,475 | 16,151 | 18,749 |
| 전라남도 | 7,819 | 9,260 | 11,903 | 15,126 | 19,690 |
| 경상북도 | 22,696 | 23,409 | 29,721 | 33,721 | 35,731 |
| 경상남도 | 24,920 | 26,679 | 35,953 | 42,389 | 51,707 |
| 제주도 | 1,873 | 2,178 | 3,199 | 4,130 | 4,902 |

▶ 정답과 해설 31쪽

테마 3

# 기출예상문제

**01.** 다음은 Y 광역시의 주요 지표를 나타낸 표이다. 〈보기〉 중 범죄율이 증가한 해에 함께 증가한 항목은 모두 몇 개인가? (단, 소수점 아래 셋째 자리에서 반올림한다)

〈Y 광역시 주요 지표〉

(단위 : 명, 건, %)

| 구분 | 20X6년 | 20X7년 | 20X8년 | 20X9년 |
|---|---|---|---|---|
| 인구수 | 1,135,494 | 1,147,256 | 1,156,480 | 1,166,377 |
| 범죄 발생 건수 | 36,847 | 37,066 | 40,847 | 40,908 |
| 흡연 인구수 | 279,524 | 267,311 | 267,147 | 262,434 |
| 음주 인구수 | 666,535 | 694,090 | 696,201 | 695,828 |
| 혼인 건수 | 7,768 | 7,887 | 7,998 | 7,674 |
| 출산율 | 1.493 | 1.481 | 1.391 | 1.404 |
| 조이혼율 | 2.1 | 2.3 | 2.3 | 2.4 |

※ 범죄율(%) $= \frac{\text{범죄 발생 건수}}{\text{인구수}} \times 100$

**보기**

㉠ 흡연 인구수　　㉡ 음주 인구수　　㉢ 혼인 건수

㉣ 출산율　　㉤ 조이혼율

① 없음.　　② 1개　　③ 2개

④ 3개　　⑤ 4개

**02.** 다음 그래프를 보고 추측한 내용이 적절하지 않은 사람은?

〈연도별 등록 외국인 · 불법체류 외국인 현황〉

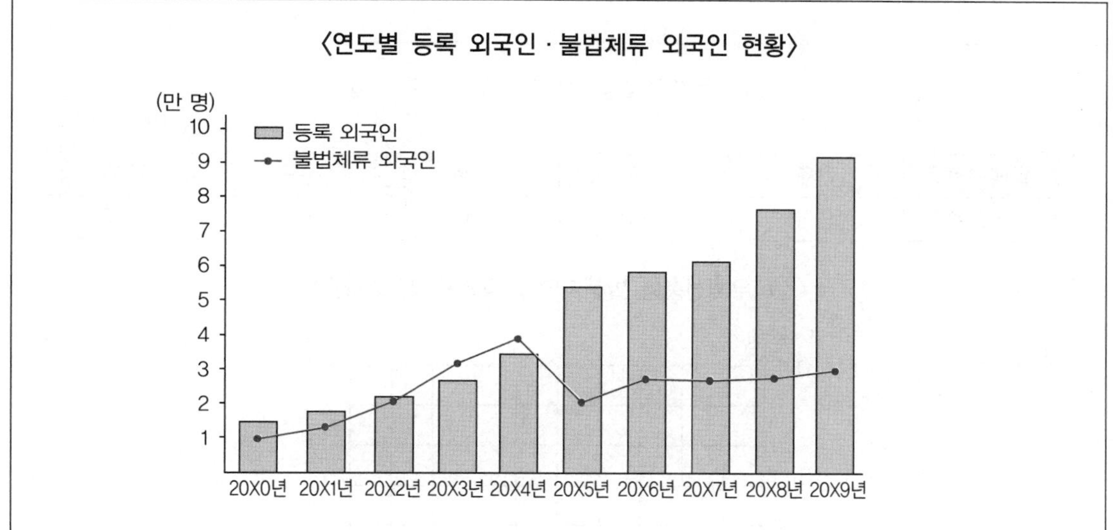


- A : 등록 외국인 수가 매년 증가하고 있지만 변수가 발생하면 그 수가 줄어들 수도 있어.
- B : 불법체류 외국인의 수는 20X4년에 최고치를 기록하면서 처음으로 등록 외국인 숫자보다 많아졌어.
- C : 20X5년에 등록 외국인 수가 급격히 증가한 이유는 불법체류 외국인이 등록 외국인이 되었기 때문은 아닐까?
- D : 20X6년 이후 불법체류 외국인의 숫자는 비교적 안정적으로 유지되고 있어.

① A　　② B　　③ C
④ D　　⑤ B, C

**03.** 다음은 소나무재선충병 발생지역에 관한 자료이다. 제주의 고사한 소나무 수는 거제의 고사한 소나무 수의 약 몇 배인가? (단, 필요시 소수점 아래 둘째 자리에서 반올림한다)

〈소나무재선충병 발생지역별 소나무 수〉

(단위 : 천 그루)

| 발생지역 | 거제 | 경주 | 제주 | 청도 | 포항 |
|---|---|---|---|---|---|
| 소나무 수 | 1,590 | 2,981 | 1,201 | 279 | 2,312 |

〈소나무재선충병 발생지역별 감염률 및 고사율〉

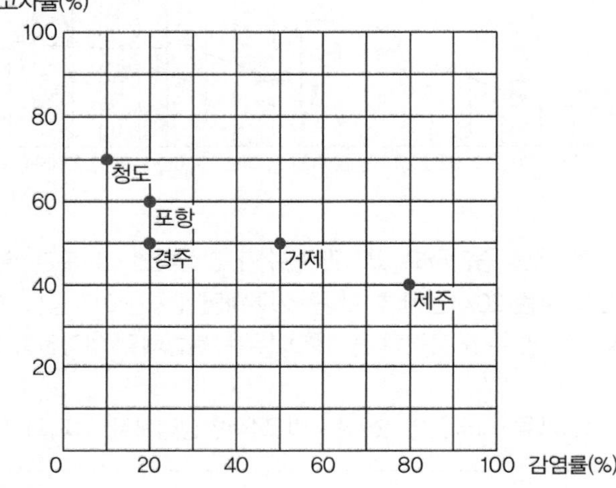


※ 1) 감염률(%) $= \dfrac{\text{발생지역의 감염된 소나무 수}}{\text{발생지역의 소나무 수}} \times 100$

2) 고사율(%) $= \dfrac{\text{발생지역의 고사한 소나무 수}}{\text{발생지역의 감염된 소나무 수}} \times 100$

① 0.5배 ② 1.0배 ③ 1.5배
④ 2.0배 ⑤ 2.5배

04. 다음 중 각 기업이 A 씨에게 제시한 연봉을 원화로 환산했을 때의 총 액수를 바르게 나열한 것은?

〈각국의 기업이 A 씨에게 제시한 2021 ~ 2023년 연봉〉

| 구분 | 미국 기업 | 중국 기업 | 일본 기업 |
|---|---|---|---|
| 연봉 | 4만 달러 | 30만 위안 | 280만 엔 |

〈2021 ~ 2023년 예상 환율〉

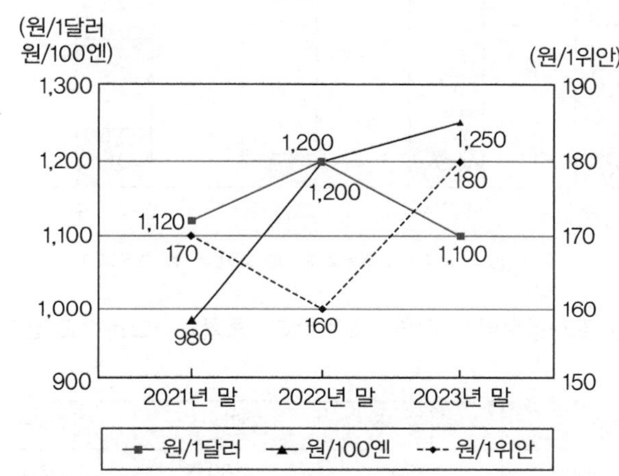


※ 각국의 기업은 제시한 연봉을 해당국 통화로 매년 말 연 1회 지급함.

※ 해당년 원화환산 연봉은 각국의 기업이 제시한 연봉에 해당 연말 예상 환율을 곱하여 계산함.

| | 미국 기업 | 중국 기업 | 일본 기업 |
|---|---|---|---|
| ① | 11,580만 원 | 13,600만 원 | 9,340만 원 |
| ② | 12,650만 원 | 14,500만 원 | 9,540만 원 |
| ③ | 13,680만 원 | 15,300만 원 | 9,604만 원 |
| ④ | 14,720만 원 | 16,700만 원 | 9,840만 원 |
| ⑤ | 14,850만 원 | 16,800만 원 | 9,870만 원 |

05. 다음 20XX년도 학교급별 인원에 대한 자료를 적절하게 파악한 내용은?

〈자료 1〉 조사항목에 따른 학교급별 해당 비율

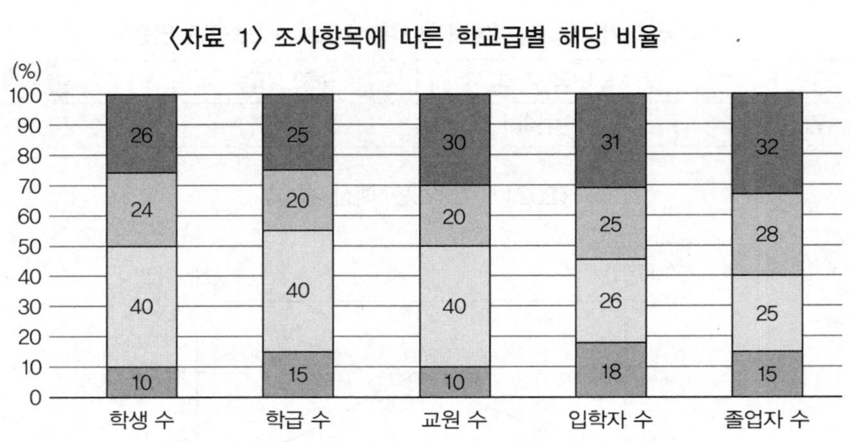


〈자료 2〉 조사항목별 유치원 · 초등학교 · 중학교 · 고등학교 합계 현황

(단위 : 만 개, 만 명)

| 구분 | 학생 수 | 학급 수 | 교원 수 | 입학자 수 | 졸업자 수 |
|---|---|---|---|---|---|
| 합계 | 6,600 | 250 | 460 | 1,730 | 1,830 |

① 초등학교 학급당 학생 수는 25명이다.

② 교원 1명당 학생 수는 고등학교가 가장 많다.

③ 모든 조사항목에서 초등학교의 비율이 가장 높다.

④ 중학교 졸업자 수는 중학교 입학자 수보다 많다.

⑤ 전체 고등학교 학생 중에서 고등학교 졸업자의 비율은 30% 이하이다.

**06.** 다음 표를 보고 제시된 조건에 따라 가로세로 퍼즐을 완성한다고 할 때, A ~ D에 들어갈 숫자를 모두 합한 값은? (단, 필요시 소수점 아래 첫째 자리에서 반올림한다)

〈주요 소아암 종류별 진료인원 및 점유율〉

| 구분 | 진료인원(명) | | | 점유율(%) | | |
|---|---|---|---|---|---|---|
| | 20X7년 | 20X8년 | 20X9년 | 20X7년 | 20X8년 | 20X9년 |
| 백혈병 | 3,495 | 3,405 | 3,484 | 23.6 | 23.2 | 22.1 |
| 뇌 및 중추신경계 | 1,525 | 1,514 | 1,728 | 10.4 | 10.3 | 11.0 |
| 비호치킨림프종 | 1,465 | | 1,576 | 9.9 | 9.8 | 10.0 |
| 갑상선 | 358 | 357 | 413 | 2.4 | 2.4 | 2.6 |
| 신장 | 366 | 372 | 363 | 2.5 | 2.5 | 2.3 |

※ 위 표는 상위 5개 소아암의 자료이다.

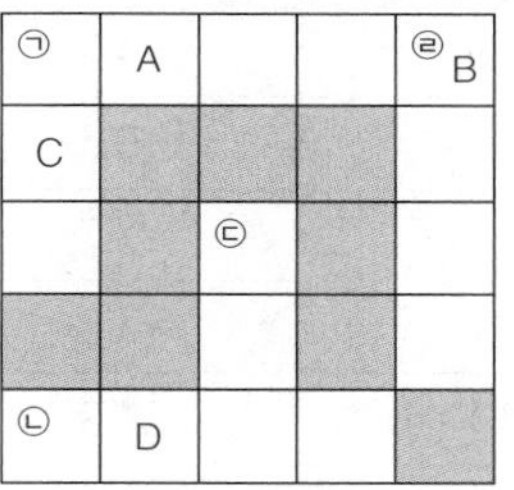


〈가로열쇠〉

㉠ 백혈병의 점유율을 통해 볼 때 20X8년 총 진료인원 수는 □□,□□□명이다.

㉡ ㉠의 총 진료인원 수와 백혈병의 점유율을 통해 볼 때 20X8년 비호치킨림프종 진료인원 수는 □,□□□명이다.

〈세로열쇠〉

㉠ 20X9년 비호치킨림프종, 갑상선암, 신장암의 점유율을 합한 값은 □□.□%이다.

㉢ 20X9년 뇌 및 중추신경계 소아암 진료인원 수는 20X7년에 비해 □□□명 늘었다.

㉣ 20X7년 상위 5개 소아암의 진료인원 수를 합한 값은 □,□□□명이다.

① 15 ② 17 ③ 19

④ 21 ⑤ 23

**07.** 다음 자료에 대한 설명으로 옳은 것은?

〈표 1〉 학교 성적에 따른 주당 사교육 참여 시간

(단위 : 시간)

| 구분 | 평균 | 초등학교 | 중학교 | 고등학교 |
|---|---|---|---|---|
| 상위 10% 이내 | 7.3 | 8.2 | 8.9 | 4.3 |
| 상위 11 ~ 30% | 6.9 | 8.0 | 8.0 | 4.2 |
| 상위 31 ~ 60% | 6.3 | 7.3 | 7.3 | 4.0 |
| 상위 61 ~ 80% | 5.5 | 6.4 | 5.8 | 3.7 |
| 하위 20% 이내 | 4.3 | 5.3 | 3.7 | 3.4 |

〈표 2〉 부모의 학력에 따른 주당 사교육 참여 시간

(단위 : 시간)

<table>
<tr><th colspan="2">구분</th><th>평균</th><th>초등학교</th><th>중학교</th><th>고등학교</th></tr>
<tr><td rowspan="4">아버지의 학력</td><td>중졸 이하</td><td>2.9</td><td>4.0</td><td>3.2</td><td>2.1</td></tr>
<tr><td>고졸</td><td>5.4</td><td>6.6</td><td>5.8</td><td>3.2</td></tr>
<tr><td>대졸</td><td>7.0</td><td>7.7</td><td>7.7</td><td>4.9</td></tr>
<tr><td>대학원 졸</td><td>7.2</td><td>7.6</td><td>8.3</td><td>5.7</td></tr>
<tr><td rowspan="4">어머니의 학력</td><td>중졸 이하</td><td>3.1</td><td>4.3</td><td>3.8</td><td>2.0</td></tr>
<tr><td>고졸</td><td>5.5</td><td>6.8</td><td>6.0</td><td>3.5</td></tr>
<tr><td>대졸</td><td>7.1</td><td>7.5</td><td>7.9</td><td>5.2</td></tr>
<tr><td>대학원 졸</td><td>7.4</td><td>7.5</td><td>8.6</td><td>5.9</td></tr>
</table>

① 학교 성적과 주당 사교육 참여 시간의 평균은 비례하지 않는다.

② 중학교 성적 상위 10% 이내 학생들의 사교육 참여 시간은 상위 61~80%와 하위 20% 이내 학생들의 사교육 참여 시간을 합친 것보다 많다.

③ 학교 성적으로 나눈 그룹에서 초등학교와 중학교 사교육 참여 시간이 같은 그룹은 두 개이다.

④ 아버지의 학력이 높을수록 아이의 초등학교 사교육 참여 시간은 늘어난다.

⑤ 어머니의 학력이 대학원 졸업 이상일 때 아이의 초등학교부터 고등학교까지 사교육 참여 시간은 계속 늘어난다.

**08.** 다음 자료에 대한 설명으로 옳은 것은? (단, 소수점 아래 둘째 자리에서 반올림한다)

〈초 · 중 · 고등학교의 학생 수 및 교원 수〉

(단위 : 천 명)

| 구분 | 학생 수 | | | | 교원 수 | | | |
|---|---|---|---|---|---|---|---|---|
| | 초등학교 | 중학교 | 고등학교 | 계 | 초등학교 | 중학교 | 고등학교 | 계 |
| 2000년 | 4,759 | 2,232 | 2,211 | 9,202 | 138 | 92 | 95 | 325 |
| 2010년 | 4,089 | 1,831 | 1,911 | 7,831 | 143 | 93 | 104 | 340 |
| 2015년 | 3,925 | 2,075 | 1,776 | 7,776 | 164 | 107 | 118 | 389 |
| 2019년 | 3,299 | 1,975 | 1,962 | 7,236 | 177 | 109 | 126 | 412 |
| 2020년 | 3,132 | 1,911 | 1,944 | 6,987 | 181 | 111 | 131 | 423 |

〈초 · 중 · 고등학교의 여교원 비율〉

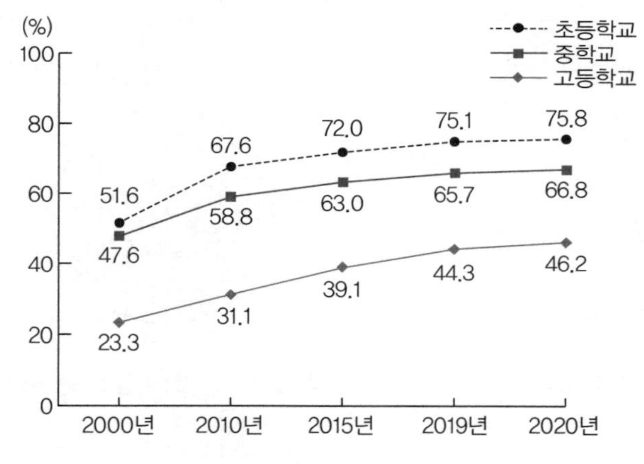


① 2000 ~ 2020년 사이에 전체 학생 수는 꾸준히 감소하였고, 2000년 대비 2020년의 학생 수 감소율 중 중학교 학생의 감소율이 가장 크다.

② 2020년 중학교와 고등학교의 교사 1인당 학생 수는 약 17.2명으로 동일하다.

③ 2015년 초등학교의 여교원 수는 중학교의 여교원 수보다 두 배 많다.

④ 2010년 대비 2020년 초 · 중 · 고등학교의 교사 1인당 학생 수는 6명 이상 감소하였다.

⑤ 교원 수의 증가는 상급 학교일수록 낮은데 이는 상급 학교일수록 진학률이 낮기 때문이다.

**09.** 다음 금융감독원 회계감리 결과 현황에 대한 표의 내용과 일치하지 않는 것은?

| 구분 | | 표본감리(사) | 협의감리(사) | 위탁감리(사) | 합계(사) |
|---|---|---|---|---|---|
| 20X5년 | 감리 | 204 | 28 | 13 | 245 |
| | 위반 | 16 | 26 | 12 | 54 |
| 20X6년 | 감리 | 222 | 30 | 16 | 268 |
| | 위반 | 43 | 26 | 16 | 85 |
| 20X7년 | 감리 | 99 | 20 | 18 | 137 |
| | 위반 | 29 | 19 | 18 | 66 |
| 20X8년 | 감리 | 79 | 33 | 15 | 127 |
| | 위반 | 19 | 32 | 15 | 66 |
| 20X9년 | 감리 | 49 | 16 | 33 | 98 |
| | 위반 | 10 | 14 | 28 | 52 |

① 20X5년 회계감리 결과 위반 비율

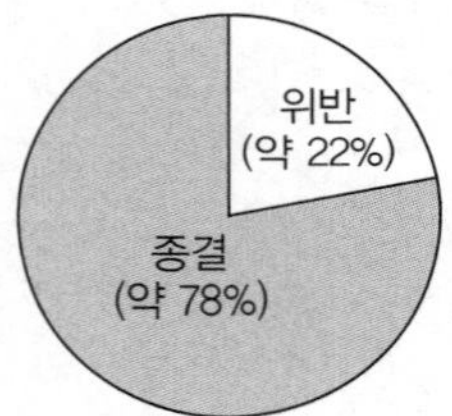


② 20X6년 표본감리 결과 위반 비율

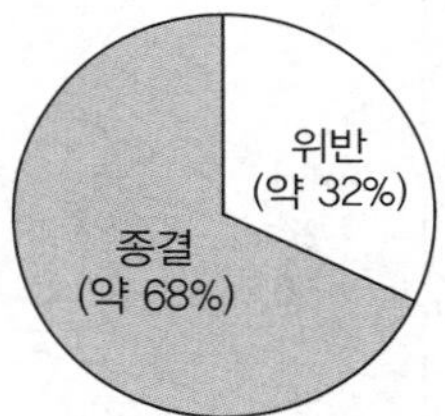


③ 20X7년 회계감리 종류별 비율

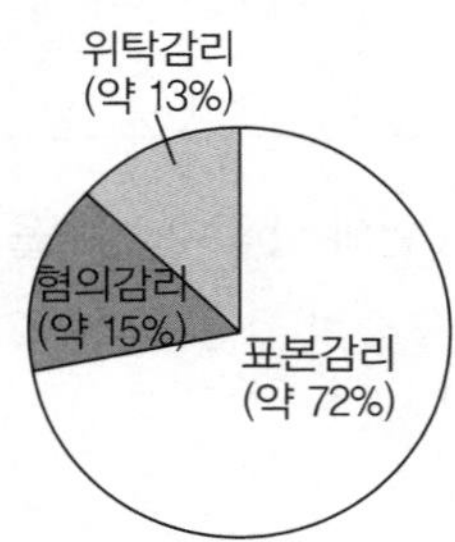


④ 20X8년 회계감리 종류별 비율

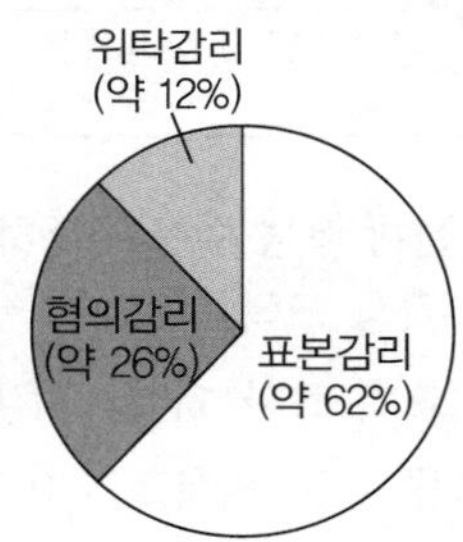


⑤ 20X9년 회계감리 종류별 위반 비율

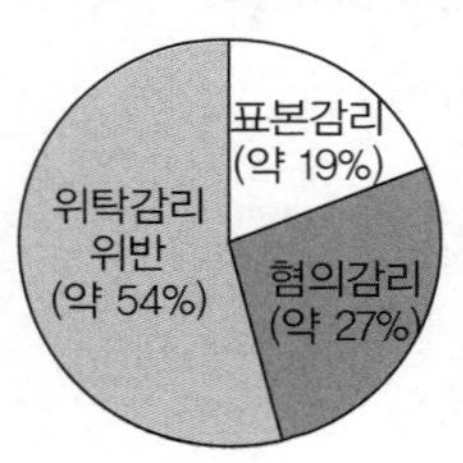

**10.** 다음은 초혼 신혼부부의 자녀 가운데 만 5세 이하의 영유아에 대한 보육형태를 나타낸 표이다. 이에 대한 설명으로 옳지 않은 것은?

〈초혼 신혼부부의 자녀 보육형태별 현황〉

(단위 : 명, %)

| 구분 | 합계 | 가정양육 | 어린이집 | 유치원 | 아이돌봄 서비스(종일제) | 혼합 | | | | 기타(미상 등) |
|---|---|---|---|---|---|---|---|---|---|---|
| | | | | | | 소계 | 가정양육+돌봄 | 어린이집+돌봄 | 유치원+돌봄 | |
| 20X8년 | 956,523 | 483,168 | 388,348 | 27,992 | 1,208 | 30,545 | 13,056 | 16,449 | 1,040 | 25,262 |
| 구성비 | 100.0 | 50.5 | 40.6 | 2.9 | 0.1 | 3.2 | 1.4 | 1.7 | 0.1 | 2.6 |
| 20X9년 | 917,863 | 458,208 | 393,205 | 28,747 | 1,147 | 23,617 | 8,485 | 14,221 | 911 | 12,939 |
| 구성비 | 100.0 | 49.9 | 42.8 | 3.1 | 0.1 | 2.6 | 0.9 | 1.5 | 0.1 | 1.4 |

① 20X9년 어린이집에 자녀 보육을 맡기는 비율이 20X8년에 비하여 증가하였다.

② 20X9년 아이돌봄 서비스(종일제)를 받는 비율은 20X8년과 거의 비슷하다.

③ 20X9년 기준 보육형태를 보면 가정양육이 가장 많고 그 다음이 어린이집, 유치원 순이다.

④ 가정양육과 아이돌봄 서비스를 동시에 받는 혼합형의 보육형태는 20X8년에 비하여 20X9년에 소폭 상승하였다.

⑤ 20X8년과 20X9년 모두 혼합형의 보육형태 중 어린이집과 아이돌봄 서비스를 동시에 받는 보육형태가 가장 많았다.

**11.** ○○교육청에 근무하는 A 주무관은 다음과 같은 자료를 바탕으로 중 · 고등학생에 대한 학교 정책을 마련하려고 한다. 자료에 대한 설명으로 적절하지 않은 것을 〈보기〉에서 모두 고르면?

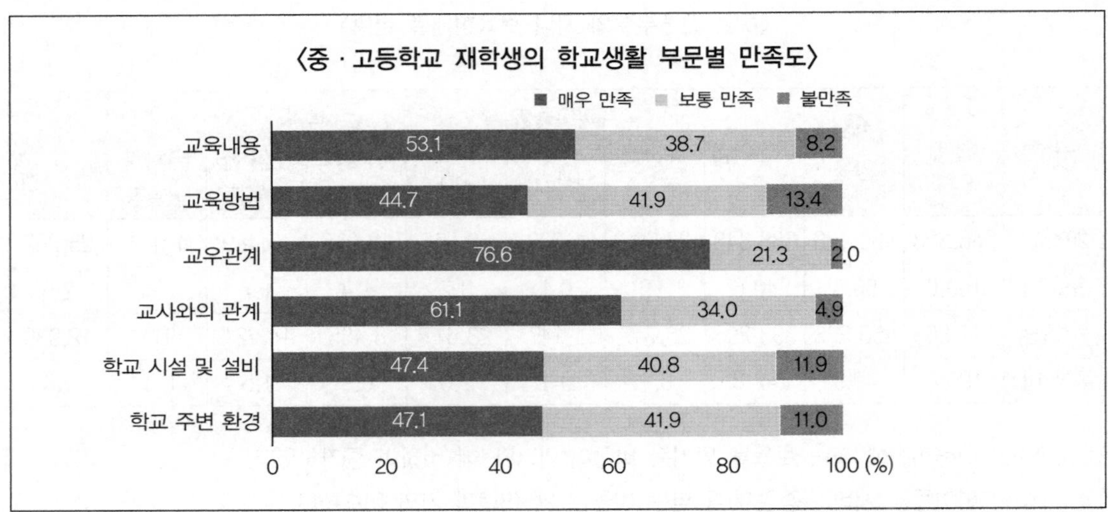


**보기**

㉠ 학교생활 부문별로는 교우관계에 대한 '매우 만족'이 76.6%로 가장 높았다.
㉡ 중 · 고등학생들은 학교 시설이나 학교 주변 환경에 대해서 매우 불만족스럽다는 반응을 나타냈다.
㉢ 교사의 교육방법에 대한 만족도가 다른 부문에 비하여 가장 낮게 나타났다.
㉣ 교사와의 관계에 있어서 불만족스럽다는 반응은 4.9%로, 교사에 대해 매우 만족하고 있음을 알 수 있다.

① ㉠, ㉡　② ㉠, ㉢　③ ㉡, ㉢
④ ㉡, ㉣　⑤ ㉢, ㉣

**[12 ~ 13] 다음은 최근 우리나라의 유학생 현황에 대한 자료이다. 이어지는 질문에 답하시오.**

(단위 : 명, 백만 달러)

| 구분 | | 20X3년 | 20X4년 | 20X5년 | 20X6년 | 20X7년 | 20X8년 | 20X9년 |
|---|---|---|---|---|---|---|---|---|
| 우리나라의 해외 유학생 수 | 초등학생 | 8,794 | 7,477 | 6,061 | 5,154 | 4,455 | 4,271 | 3,796 |
| | 중학생 | 5,870 | 5,468 | 4,977 | 4,377 | 3,729 | 3,226 | 2,700 |
| | 고등학생 | 4,077 | 3,570 | 3,302 | 2,843 | 2,723 | 2,432 | 2,247 |
| | 대학생 | 251,887 | 262,465 | 239,213 | 227,126 | 219,543 | 214,696 | 223,908 |
| | 학위과정 | 152,852 | 164,169 | 154,178 | 144,087 | 140,560 | 158,415 | 133,178 |
| 국내 외국인 유학생 수 | 대학생 | 83,842 | 89,537 | 86,878 | 85,923 | 84,891 | 91,332 | 104,262 |
| | 학위과정 | 60,000 | 63,653 | 60,589 | 56,715 | 53,636 | 55,739 | 63,104 |
| 유학 및 연수 수지 | 국내수입액 | 37.4 | 128.3 | 71.8 | 104 | 123.9 | 122.6 | 122.7 |
| | 해외지출액 | 4,488 | 4,389.5 | 4,150.4 | 4,306.9 | 3,722.1 | 3,741.9 | 3,518.5 |

**12.** 20X9년 우리나라 대학생의 해외 유학생 수는 전년 대비 얼마나 증가했는가? (단, 소수점 아래 첫째 자리에서 반올림한다)

① 3%　② 4%　③ 5%
④ 6%　⑤ 7%

**13.** 우리나라의 유학 및 연수 수지가 가장 심한 적자를 기록한 해는 언제인가?

① 20X3년　② 20X4년　③ 20X5년
④ 20X6년　⑤ 20X7년

[14 ~ 16] 다음은 A시에서 2020년에 발생한 월별 교통사고 발생건수 비율을 나타낸 표이다. 이어지는 질문에 답하시오(단, A시의 2020년 전체 교통사고 발생건수는 총 256,000건이고 음주 교통사고 발생건수는 총 25,000건이다).

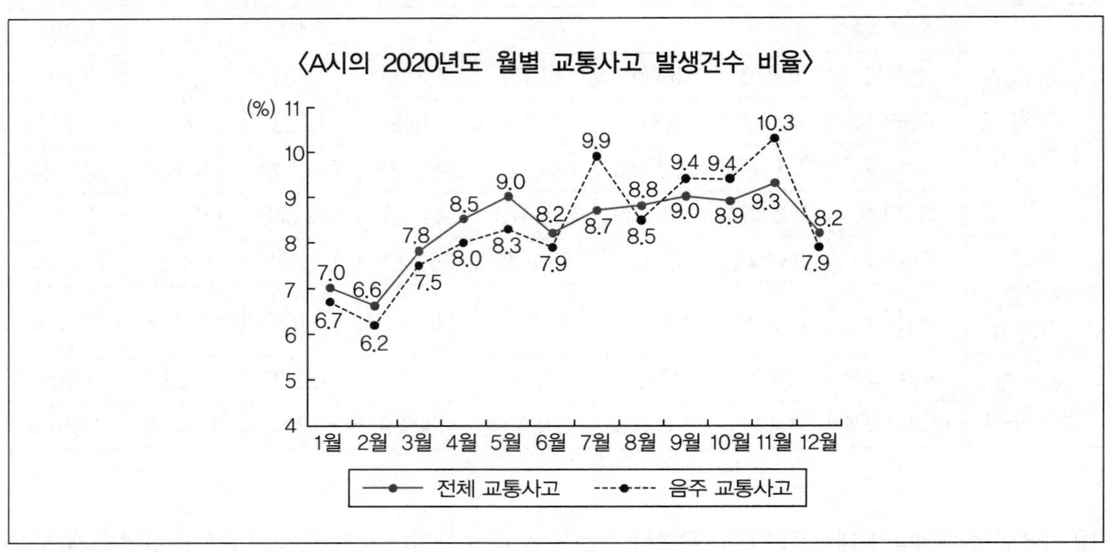


**14.** 전체 교통사고 발생건수 비율이 가장 낮은 달의 음주 교통사고를 제외한 교통사고 발생건수는 몇 건인가?

① 15,346건 ② 15,589건 ③ 16,256건
④ 16,752건 ⑤ 17,259건

**15.** 전월 대비 음주 교통사고 발생건수 비율이 가장 많이 증가한 달의 전체 교통사고 발생건수는 몇 건인가?

① 21,458건 ② 22,272건 ③ 23,808건
④ 24,658건 ⑤ 25,072건

**16.** 11월의 전체 교통사고 발생건수와 5월의 음주 교통사고 발생건수 차이는 몇 건인가?

① 19,373건 ② 19,633건 ③ 21,733건
④ 21,953건 ⑤ 22,653건

**[17 ~ 18] 다음 표를 보고 이어지는 질문에 답하시오.**

〈20X9년 6월 27일 종목별 채권대차거래 현황〉

(단위 : 억 원)

| 종목명 | 전일잔량 | 금일거래 | 금일상환 | 금일잔량 |
|---|---|---|---|---|
| 04-3 | 9,330 | 0 | 0 | 9,330 |
| 04-6 | 27,730 | 419 | ㉠ | 27,507 |
| 05-4 | 35,592 | 822 | 0 | 36,414 |
| 06-5 | 8,200 | 0 | 0 | 8,200 |
| 08-5 | 17,360 | 0 | 0 | 17,360 |
| 10-3 | 20,900 | 0 | 0 | 20,900 |
| 11-7 | 11,680 | 480 | 750 | 11,410 |
| 12-2 | 18,160 | 3,200 | 500 | 20,860 |
| 12-3 | 19,400 | 200 | 1,600 | 18,000 |
| 12-4 | 11,870 | 600 | 1,000 | 11,470 |
| 12-6 | 30,610 | 2,700 | 1,300 | 32,010 |
| 13-1 | 26,370 | 2,500 | 800 | 28,070 |
| 13-2 | 33,870 | 2,250 | 1,200 | 34,920 |
| 13-3 | 11,080 | 900 | 300 | 11,680 |
| 기타 | 68,042 | 1,350 | 3,530 | 65,862 |
| 합계 | 350,194 | 15,421 | ㉡ | 353,993 |

**17.** 다음 중 ㉠, ㉡에 들어갈 숫자는?

| | ㉠ | ㉡ |
|---|---|---|
| ① | 0 | 10,980 |
| ② | 196 | 11,176 |
| ③ | 223 | 11,203 |
| ④ | 642 | 11,622 |
| ⑤ | 466 | 11,980 |

**18.** 전일잔량에 비해 금일잔량이 가장 크게 증가한 종목은?

① 12-2　② 12-6　③ 13-1

④ 13-2　⑤ 13-3

[19 ~ 20] 다음 자료를 보고 이어지는 질문에 답하시오.

〈자료 1〉 한국 섬유산업 동향

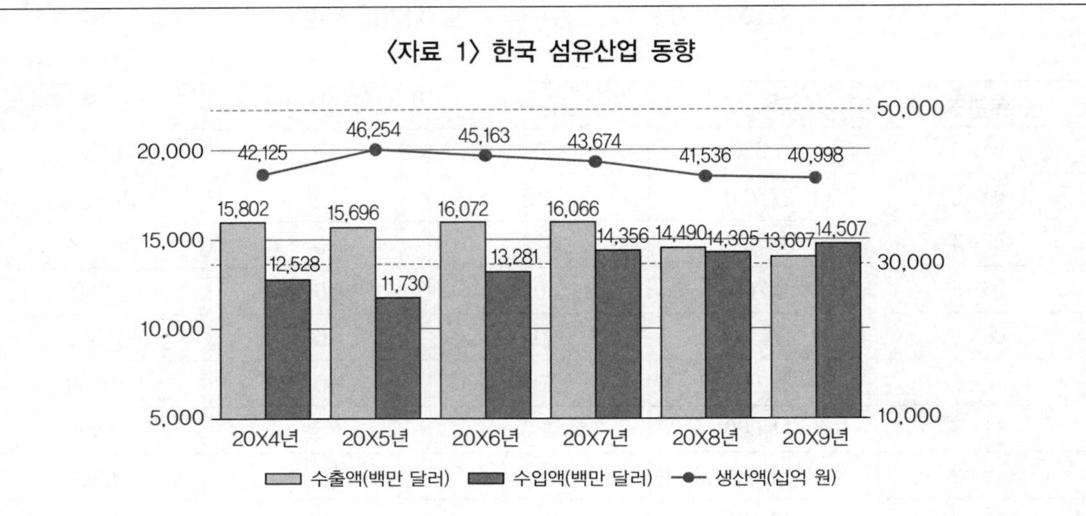


〈자료 2〉 20X9년 세계 주요국별 섬유 수출 현황

(단위 : 억 달러)

| 순위 | 국가 | 금액 | 순위 | 국가 | 금액 |
|---|---|---|---|---|---|
| | 세계 | 7,263 | 8 | 홍콩 | 236 |
| 1 | 중국 | 2,629 | 9 | 미국 | 186 |
| 2 | 인도 | 342 | 10 | 스페인 | 170 |
| 3 | 이탈리아 | 334 | 11 | 프랑스 | 150 |
| 4 | 베트남 | 308 | 12 | 벨기에 | 144 |
| 5 | 독일 | 307 | 13 | 대한민국 | 136 |
| 6 | 방글라데시 | 304 | 14 | 네덜란드 | 132 |
| 7 | 터키 | 260 | 15 | 파키스탄 | 128 |

* 기타 국가는 위 목록에서 제외함.

**19.** 다음 중 자료에 대한 설명으로 옳지 않은 것은? (단, 모든 계산은 소수점 아래 둘째 자리에서 반올림한다)

① 20X5년부터 20X9년까지 한국 섬유산업의 생산액은 지속적으로 감소하고 있다.
② 20X5년 한국 섬유산업 수출액은 전년 대비 236백만 달러 감소했다.
③ 20X8년 한국 섬유산업 수입액은 20X5년 대비 2,575백만 달러 증가했다.
④ 20X9년 이탈리아 섬유 수출액은 한국 섬유 수출액보다 145% 더 많다.
⑤ 20X6년 한국 섬유 수출액은 20X9년 프랑스의 섬유 수출액보다 더 많다.

**20.** 위 자료를 바탕으로 만든 그래프 중 바르게 작성된 것을 모두 고르면? (단, 모든 계산은 소수점 아래 둘째 자리에서 반올림한다)

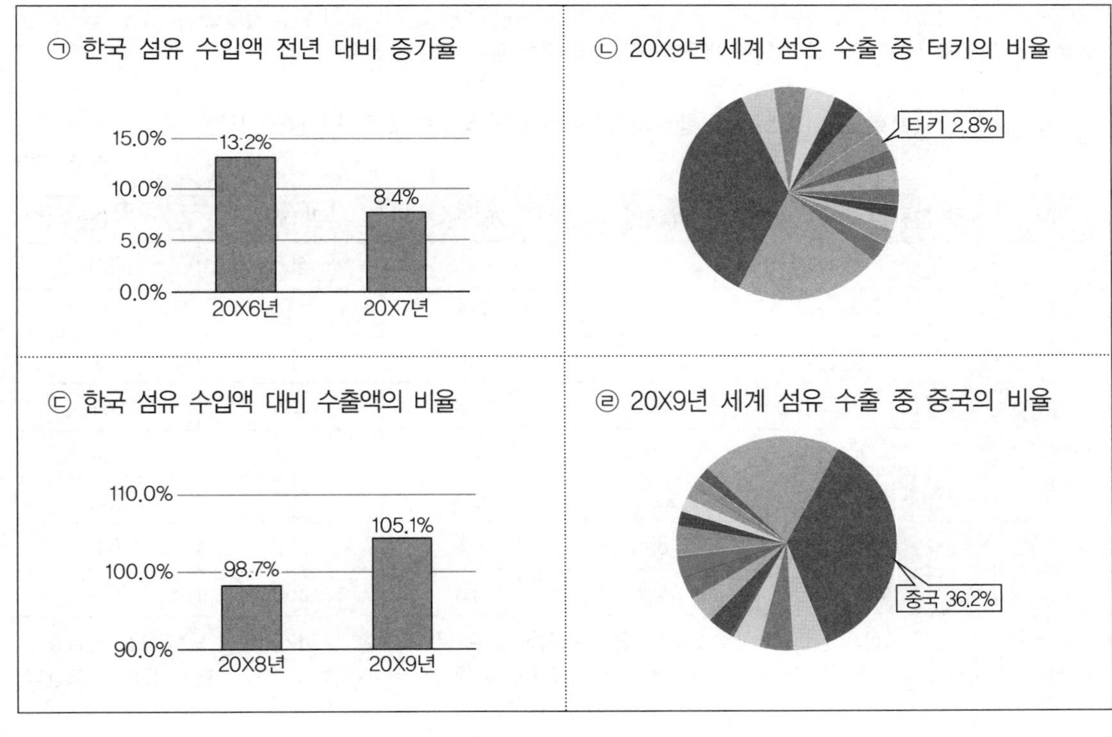


① ㉡　　② ㉠, ㉡　　③ ㉣
④ ㉠, ㉣　　⑤ ㉡, ㉢, ㉣

[21 ~ 22] 다음 생활시간조사에 관한 자료를 보고 이어지는 질문에 답하시오.

〈자료 1〉 18세 이상 전체 인구의 생활 행동별 요일 내 평균 시간

(단위 : 분)

| 행동 분류별 | | 2005년 | 2010년 | 2015년 | 2020년 |
|---|---|---|---|---|---|
| 필수시간 | 수면 | 442 | 445 | 450 | 480 |
| | 식사 | 94 | 111 | 116 | 127 |
| | 건강관리 | 8 | 8 | 7 | 6 |
| 의무시간 | 근로시간 | 206 | 187 | 183 | 180 |
| | 가정관리 | 110 | 106 | 105 | 109 |
| | 학습시간 | 33 | 17 | 15 | 23 |
| 여가시간 | 게임시간 | 5 | 13 | 10 | 10 |
| | 여가활동 | 217 | 275 | 248 | 259 |

* 생활시간조사는 18세 이상의 국민이 각자 주어진 24시간을 보내는 양상을 파악하기 위한 것으로 24시간을 필수시간, 의무시간, 여가시간으로 구분하여 행동 분류별 시간 사용량을 파악하고 있다.

〈자료 2〉 18세 이상 행위자 인구의 생활 행동별 요일 내 평균 시간

(단위 : 분)

| 행동 분류별 | | 2005년 | 2010년 | 2015년 | 2020년 |
|---|---|---|---|---|---|
| 필수시간 | 수면 | 442 | 445 | 450 | 480 |
| | 식사 | 94 | 111 | 116 | 127 |
| | 건강관리 | 8 | 60 | 47 | 43 |
| 의무시간 | 근로시간 | 385 | 343 | 334 | 341 |
| | 가정관리 | 146 | 137 | 131 | 134 |
| | 학습시간 | 222 | 327 | 294 | 232 |
| 여가시간 | 게임시간 | 85 | 80 | 73 | 64 |
| | 여가활동 | 220 | 276 | 250 | 261 |

* 행위자 인구는 18세 이상의 성인 중 하루 24시간 중 1분 이상 필수시간, 의무시간, 여가시간에 속한 특정 행위를 한 사람들을 의미한다. 따라서 〈자료 2〉는 해당 생활 행동 행위자만을 대상으로 계산한 요일 평균 행위시간을 나타낸다.

**21. 〈자료 1〉에 대한 해석으로 적절한 것은?**

① 2020년 여가활동은 2005년에 비해 110% 이상 증가하였다.
② 2005년부터 2020년까지 의무시간의 세 항목들은 같은 추세를 보인다.
③ 가정관리에 투자하는 시간이 계속 감소하고 있음을 알 수 있다.
④ 조사 기간 중 5년 전 조사 대비 식사시간의 증가율은 2020년에서 가장 크다.
⑤ 전체적으로 필수시간의 총합은 증가하고, 근로시간은 감소한다.

**22. 다음 중 주어진 자료를 통해서 알 수 없는 사실은?**

① 2020년 게임 행위자의 평균 시간은 전체 인구 평균에 비해 6배 이상이다.
② 여가활동의 행위자 평균 시간과 전체 인구의 평균 시간의 추세는 동일하다.
③ 학습을 하지 않는 사람의 수는 학습을 하는 사람의 수보다 10배 이상 많다.
④ 조사 기간의 수면시간과 식사시간은 전체 인구 평균과 행위자의 평균이 동일하다.
⑤ 의무시간과 여가시간의 모든 항목에서 행위자 평균이 전체 인구 평균보다 높게 나타났다.

**[23 ~ 24] 다음 자료를 보고 이어지는 질문에 답하시오.**

〈자료 1〉 우리나라 학력별 임금 격차(임금지수)

(단위 : %)

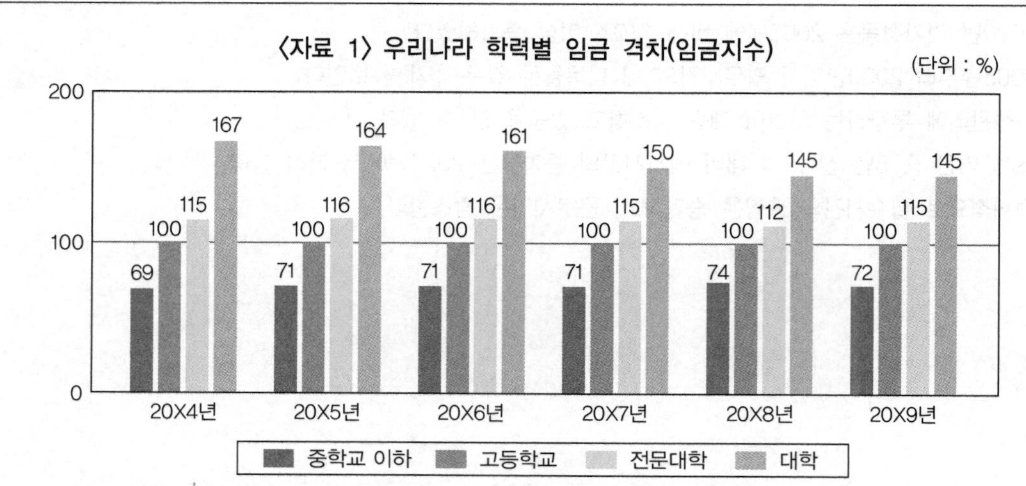


* 임금지수는 고등학교 졸업자의 평균 임금을 100으로 하여 환산(25 ~ 64세 성인인구)
* 수치 간 차이가 클수록 학력별 임금 격차가 심한 것으로 볼 수 있음.

〈자료 2〉 20X9년 주요국 학력별 임금 격차(임금지수)

(단위 : %)

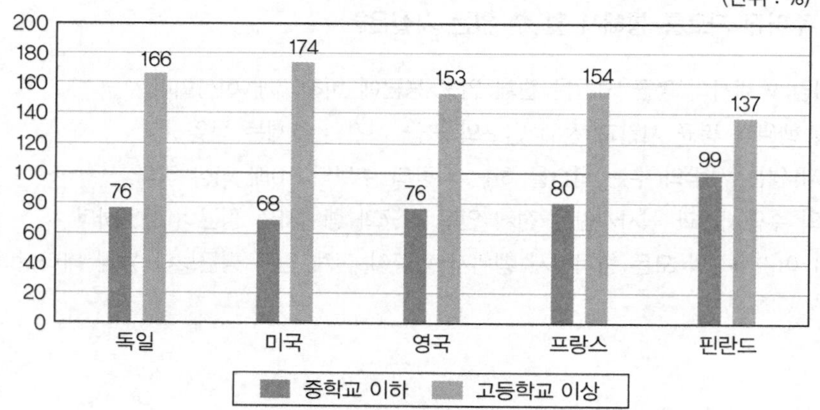


〈자료 3〉 주요국 고등교육 이상 졸업자의 임금수준 변화 추이(임금지수)

(단위 : %)

| 구분 | 한국 | 미국 | 영국 | 뉴질랜드 | 스위스 |
|---|---|---|---|---|---|
| 20X5년 | 147 | 177 | 157 | 118 | 155 |
| 20X6년 | 147 | 174 | 156 | 123 | 158 |
| 20X7년 | 145 | 176 | 151 | 139 | 156 |
| 20X8년 | 138 | 168 | 148 | 146 | 143 |
| 20X9년 | 141 | 174 | 153 | 154 | 151 |

* 고등교육 이상은 전문대학, 대학을 포함한 전체 고등교육기관을 의미함.

**23.** 위 자료를 올바르게 해석한 것은?

① 20X9년 한국, 미국, 영국, 뉴질랜드의 고등교육 이상 졸업자 임금지수는 20X5년보다 감소하였다.

② 20X9년 한국의 중학교 이하 졸업자와 고등교육 이상 졸업자의 임금지수 차이는 68이다.

③ 20X4년부터 20X9년까지 한국의 중학교 이하 졸업자와 대학 졸업자의 임금 격차는 지속적으로 감소하고 있다.

④ 20X9년 독일과 프랑스의 고등학교 졸업자 평균 임금이 동일하다고 가정했을 때, 두 나라 간 고등교육 이상 졸업자의 임금지수 차이는 10 이상이다.

⑤ 조사기간 동안 스위스의 고등교육 이상 졸업자의 임금지수는 계속하여 증가하고 있다.

**24.** 20X8년 한국의 전문대학 졸업자 평균 임금이 180만 원이라면 20X8년 한국의 대학 졸업자 평균 임금은? (단, 소수점 아래 첫째 자리에서 반올림한다)

① 225만 원 ② 233만 원 ③ 238만 원

④ 241만 원 ⑤ 255만 원

**키워드** 입체도형의 단면도 찾기
크고 작은 사각형의 개수 세기
입체도형을 회전한 모양 찾기
순서대로 종이를 접은 후 펼친 모양 찾기
블록을 결합하여 나오는 모양 찾기

**분석** 소양평가에서 공간지각력은 45 ~ 50문항 중 10문항 정도가 출제되며 교육청별로 출제영역이 다르다. 종이접기 문제, 조각과 다른 도형의 관계를 파악하는 문제, 전개도 문제, 투상도로 입체도형을 추측하는 문제, 블록을 결합하거나 회전하는 문제, 정육면체의 개수를 파악하는 문제 등이 주로 출제되며 이외에도 궤적, 절단면 등을 이해하여 추론하는 문제들도 출제된다. 공간지각력은 제시된 도형의 3차원적 공간감을 인식하고 이를 이용한 시각적 사고력을 평가한다.

3
파트

# 공간지각력

## 01 시각적 사고



**직무능력검사란?** 산업 현장에서 직무를 수행하기 위해 요구되는 각종 지식, 기술, 태도 등 기본적으로 갖추고 있어야 할 인지적 능력을 진단하는 것이다.

# 출제유형이론학습

> 학습 TIP
>
> **빈출 유형**
> 1. 종이를 접어 구멍을 뚫은 후 다시 펼쳤을 때 맞는 그림을 찾는 유형
> 2. 종이를 접어 자른 후 다시 펼쳤을 때 맞는 그림을 찾는 유형
> 3. 종이를 접은 후 앞면 혹은 뒷면에서 볼 수 있는 모양을 찾는 유형

## 1 종이접기

• 종이를 점선에 따라 접고 색칠된 부분을 잘라내어 펼쳤을 때 모양 구하기

예

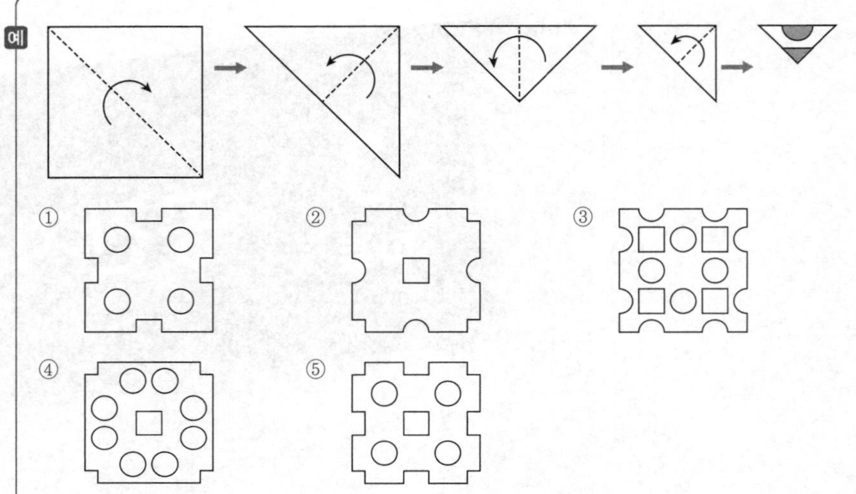

**| 풀이방법 1 |**

위와 같은 패턴의 문제는 제일 마지막 그림이 처음 종이의 어느 위치에 해당하는지를 확인하는 것으로 간단히 풀 수 있다.

• 접은 부분을 표시하면 아래와 같다.

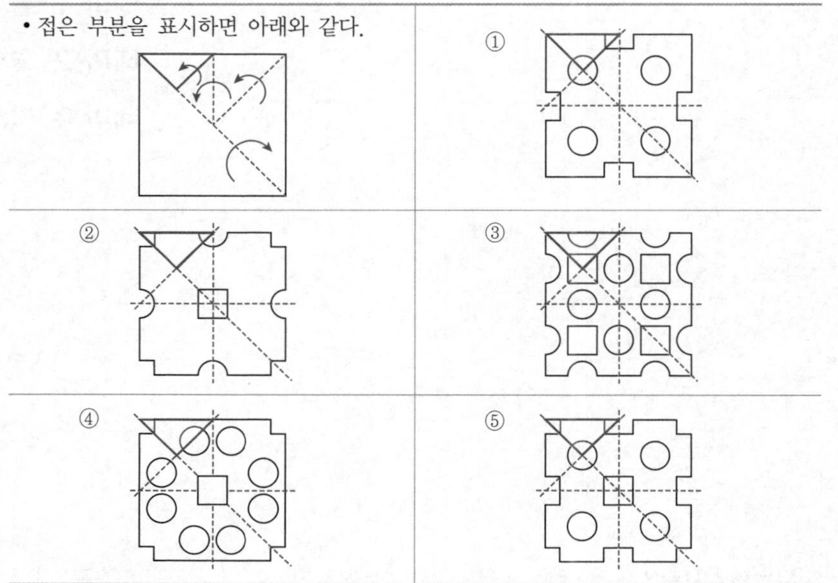

| 풀이방법 2 |

종이를 접은 역순으로 펼치며 그림을 그린다. 보조선을 그리면 확인하기 쉽다. 이 부분을 확인해 잘려나간 부분이 일치하는지를 파악한다. 이와 같은 방법으로 답을 찾으면 ③임을 알 수 있다.

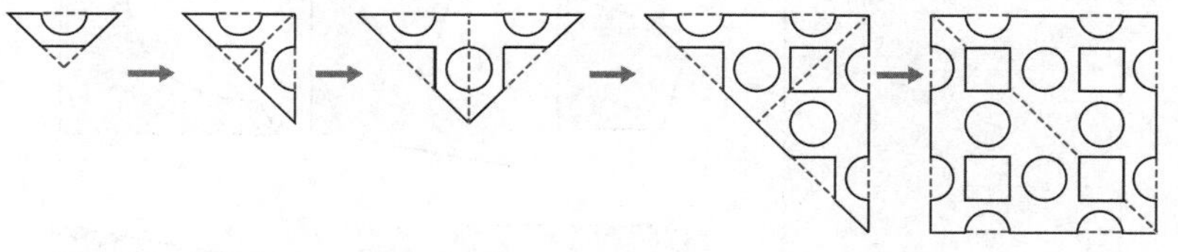

## 2 궤적

• 궤적을 통해 회전시킨 도형 구하기

예

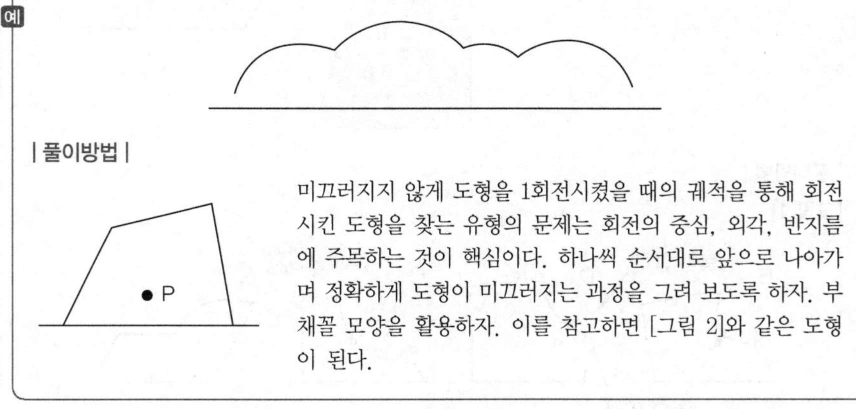


| 풀이방법 |

미끄러지지 않게 도형을 1회전시켰을 때의 궤적을 통해 회전시킨 도형을 찾는 유형의 문제는 회전의 중심, 외각, 반지름에 주목하는 것이 핵심이다. 하나씩 순서대로 앞으로 나아가며 정확하게 도형이 미끄러지는 과정을 그려 보도록 하자. 부채꼴 모양을 활용하자. 이를 참고하면 [그림 2]와 같은 도형이 된다.

**학습 TIP**

**도형의 한 꼭짓점에 대한 궤적**

1. 도형의 한 꼭짓점 A가 궤적을 그릴 때 점 A를 제외한 꼭짓점이 회전의 중심이 된다.
2. 궤적에 나타나는 호의 수는 회전 중심의 개수와 같다.
3. 회전한 도형의 꼭짓점 수=회전 반경에 따른 호의 수+1

### 해결전략

- 도형분할의 경우 제시된 그림과 선택지 속 조각을 서로 비교할 때 상대적으로 잘 보이는 특징적인 한 부분을 잡아 대입해 보고 연결하면 문제풀이 시간을 단축할 수 있다.
- 도형조합의 경우 주어진 조각 중 가장 큰 것의 위치를 찾아 먼저 배치한 후 나머지 작은 크기의 조각을 끼워 맞추는 방법을 이용하면 시간을 단축할 수 있다.

## 3 조각모음

- A ~ G에서 아래 사각형을 완성할 수 있는 조각 고르기

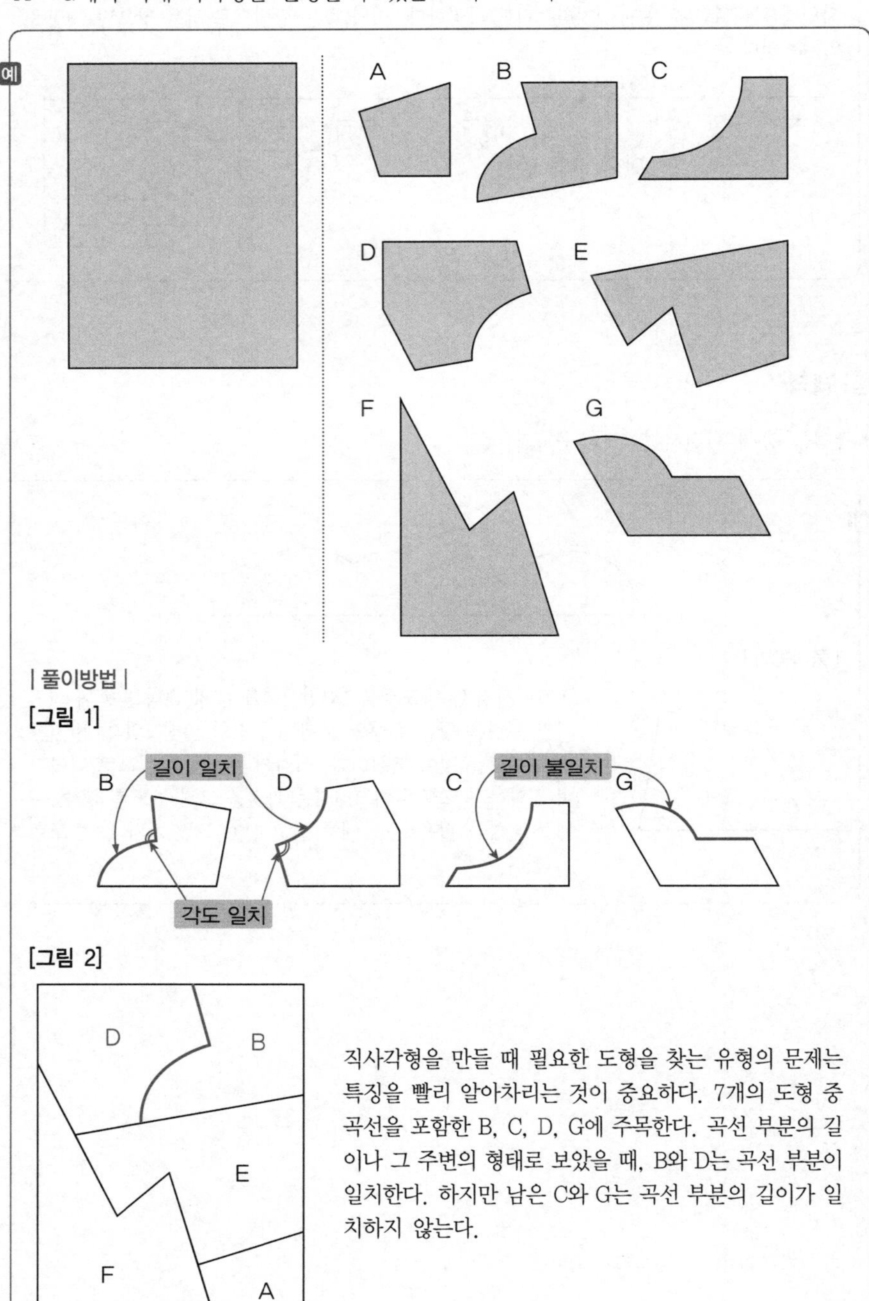


직사각형을 만들 때 필요한 도형을 찾는 유형의 문제는 특징을 빨리 알아차리는 것이 중요하다. 7개의 도형 중 곡선을 포함한 B, C, D, G에 주목한다. 곡선 부분의 길이나 그 주변의 형태로 보았을 때, B와 D는 곡선 부분이 일치한다. 하지만 남은 C와 G는 곡선 부분의 길이가 일치하지 않는다.

## 4 도형 개수

• 정사각형의 개수 구하기

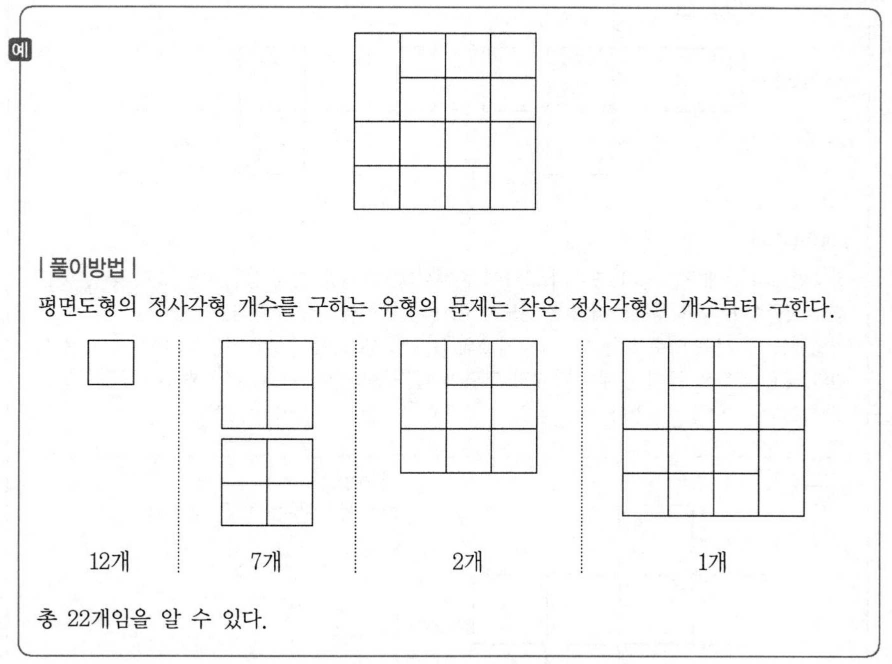

예

| 풀이방법 |

평면도형의 정사각형 개수를 구하는 유형의 문제는 작은 정사각형의 개수부터 구한다.



총 22개임을 알 수 있다.

## 5 전개도

• 정육면체의 전개도 구하기

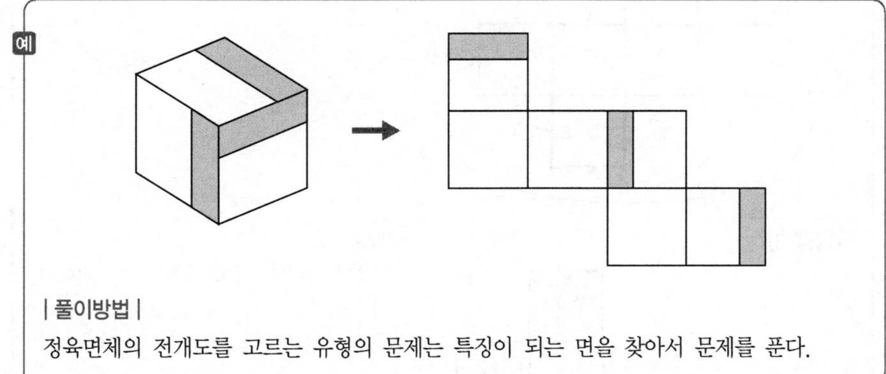

예

| 풀이방법 |

정육면체의 전개도를 고르는 유형의 문제는 특징이 되는 면을 찾아서 문제를 푼다.

### (1) 정육면체의 전개도

예

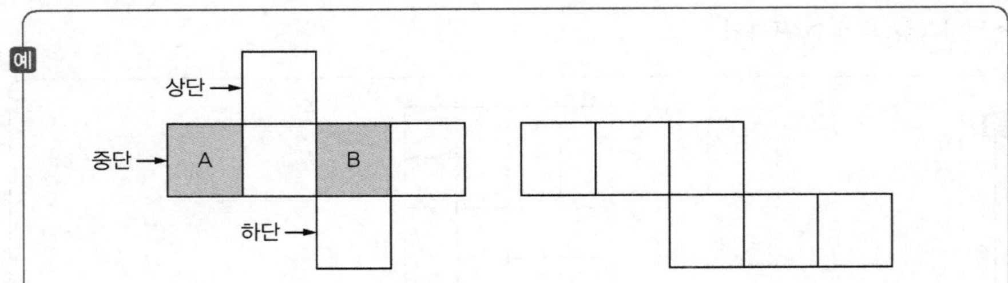


| 풀이방법 |

정육면체의 전개도는 총 11종류의 모양이 존재한다. 하지만 대개 상단 1면, 중단 4면, 하단 1면의 구조가 되면 정육면체의 전개도가 성립한다고 암기하면 된다.
조립했을 때 서로 마주 보는 면, 그림의 A와 B는 한 면을 가운데에 끼운 위치 관계가 된다.
위와 같은 패턴의 문제는 제일 마지막 그림이 처음 종이의 어느 위치에 해당하는지를 보는 것으로 간단히 풀 수 있다.

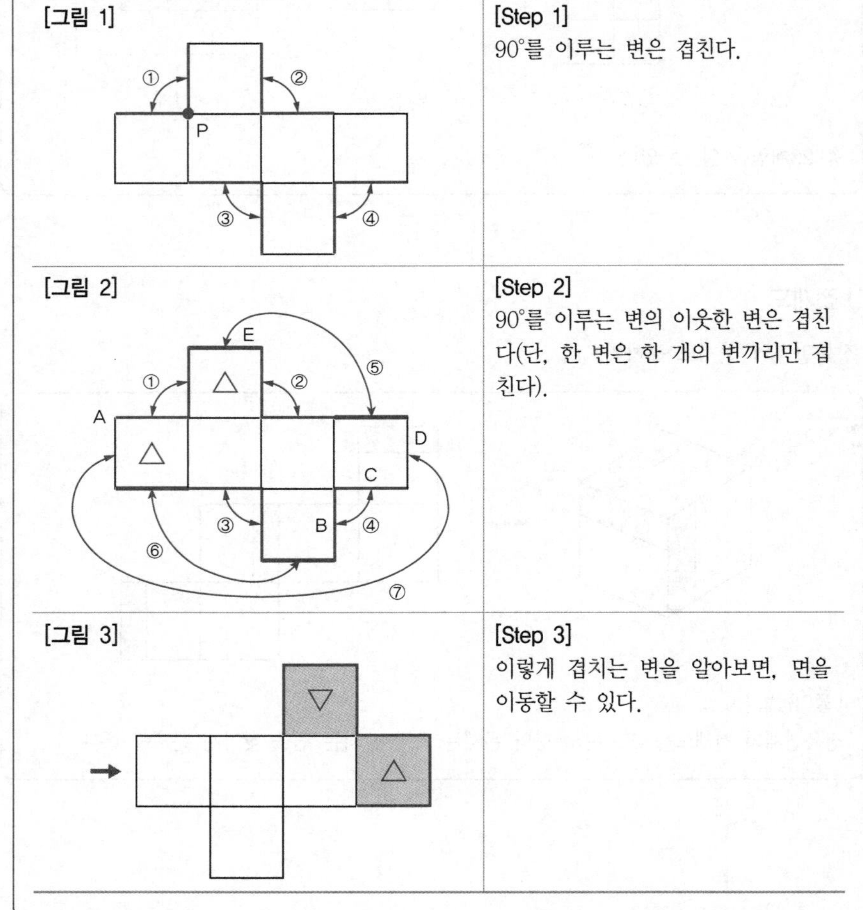

## (2) 정팔면체의 전개도

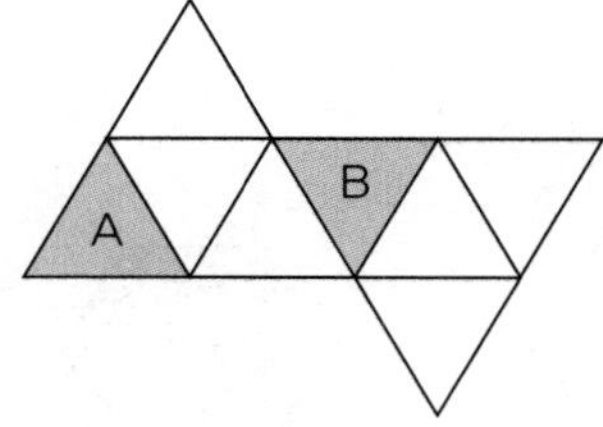


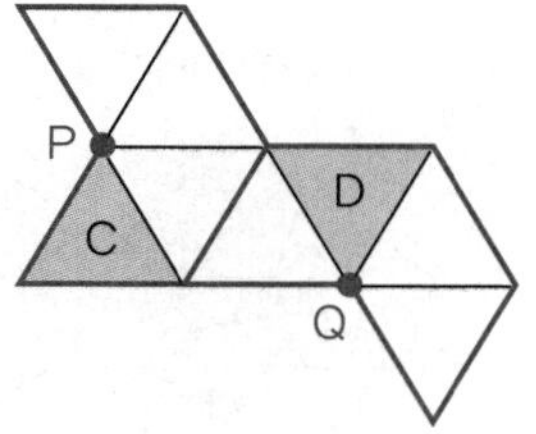


| 풀이방법 |

정팔면체의 전개도는 위와 같다. 상단 1면, 중단 6면(△과 ▽을 번갈아 배열), 하단 1면이 되거나, 오른쪽처럼 한 꼭짓점(P, Q) 주변에 4장의 정삼각형이 모이는 두 개의 그림이 되면 정팔면체의 전개도이다. 조립했을 때 서로 마주 보는 면은 A와 B, C와 D이다.

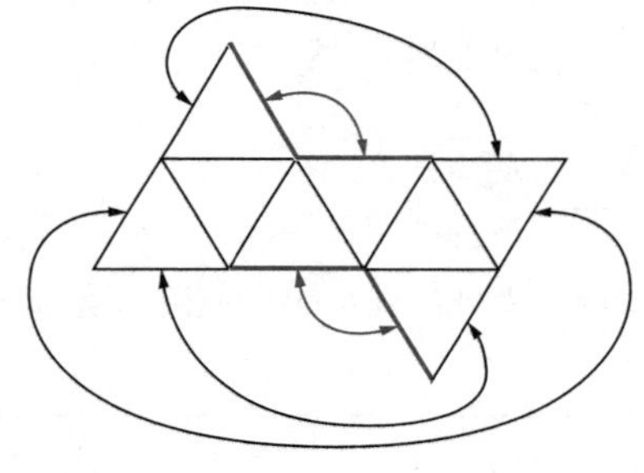

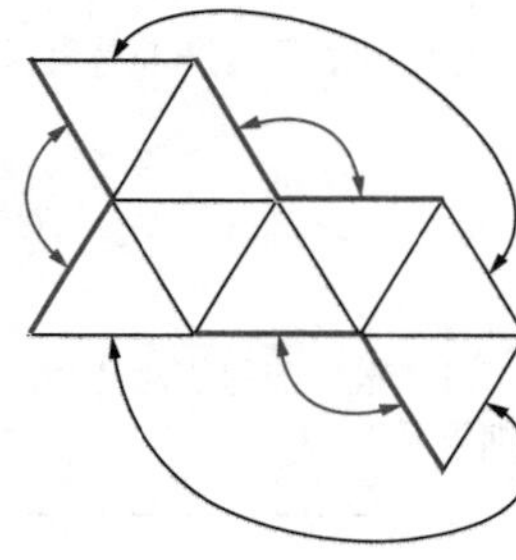

| 풀이방법 |

조립했을 때 겹치는 면은 처음에 120°를 이루는 변이며, 이어서 그 이웃한 변이 겹친다. 정육면체와 마찬가지로 면을 이동시켜 전개도를 변형할 수 있다.

## (3) 정사면체의 전개도

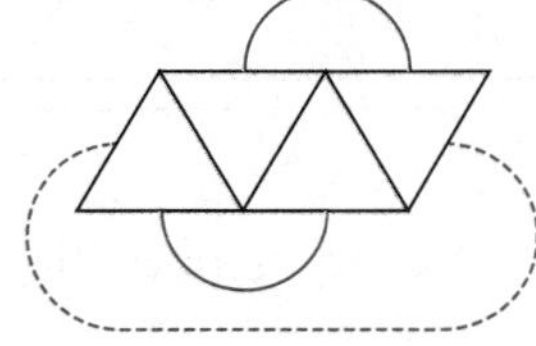

| 풀이방법 |

정사면체의 전개도는 두 가지뿐이다. 평행 관계에 위치한 면은 없다.

학습 TIP

[Step 1] 최소의 각을 이루는 변은 겹친다.
[Step 2] 최소의 각을 이루는 변과 이웃한 변은 겹친다.

### (4) 정십이면체의 전개도

예

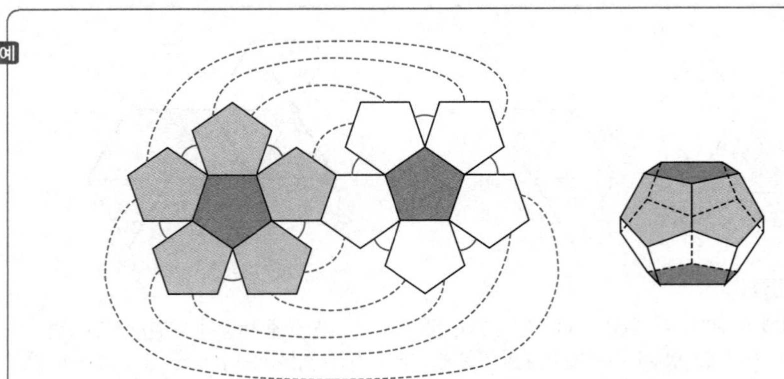

| 풀이방법 |

1장의 면(진한색의 면)의 주변을 5장의 면이 감싸며, 꽃이 핀 듯한 그림 두 개로 구성되어 있다. 각각 오른쪽 입체도형의 위쪽과 아래쪽의 절반에 해당한다.

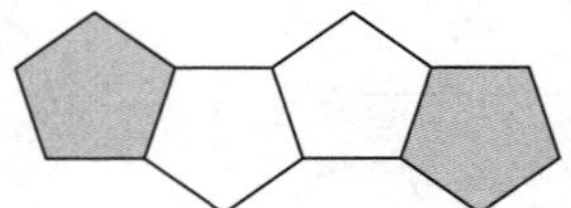

서로 마주 보는 면(평행한 면)의 위치는 정오각형을 똑바로 세운 것과 뒤집은 것을 교대로 4개 배열했을 때, 양 끝의 두 면이다.

### (5) 정이십면체의 전개도

예

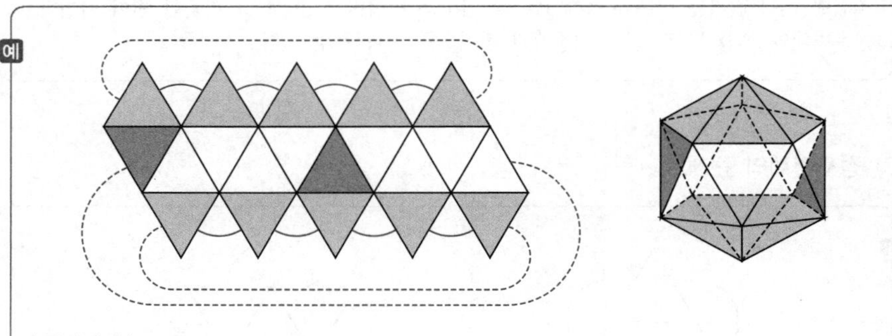

| 풀이방법 |

전개도와 입체도형을 각각 그림처럼 상단, 중단, 하단으로 나누어보면 이해하기 쉽다.

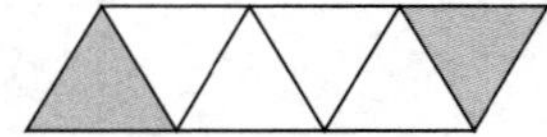

마주 보는 면(평행한 면)의 위치 관계는 정삼각형 △와▽를 교대로 6개 배열했을 때, 양 끝의 두 면이다.

## (6) 전개도를 접었을 때의 모양 구하기

예

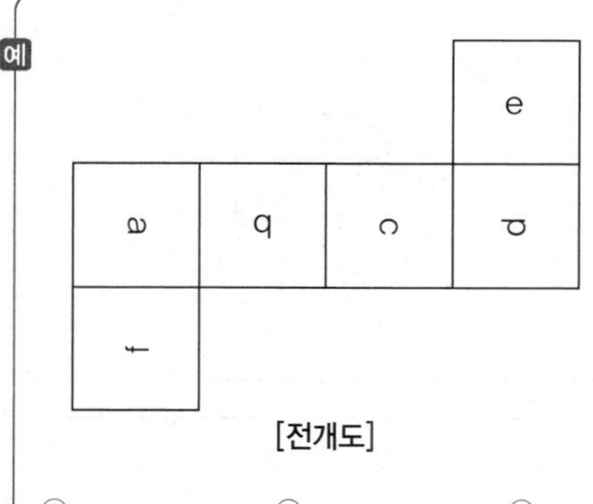

[전개도] [접었을 때]

①
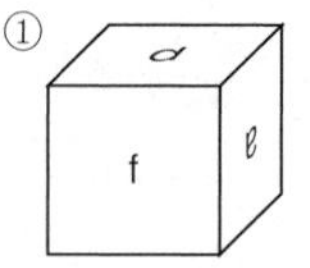


②
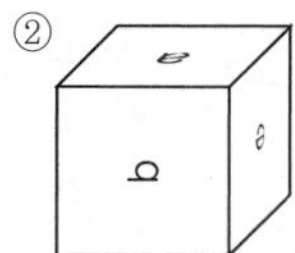

③
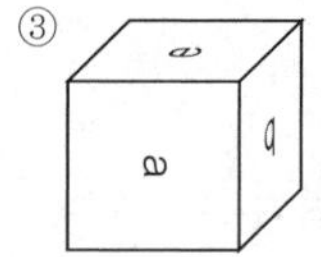

④
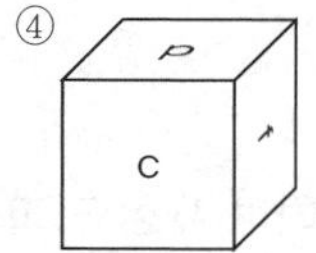


⑤
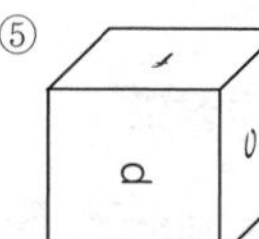

| 풀이방법 |

• 겹치는 면을 알아본다.

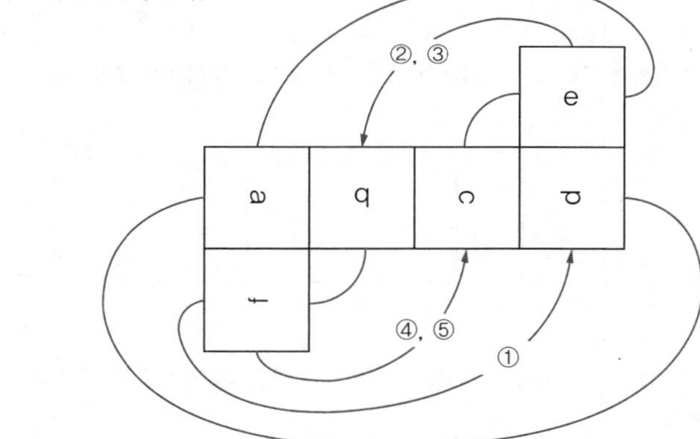

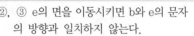

| ① f의 면을 이동시키면 f와 d의 문자방향은 일치하지 않는다. | ②, ③ e의 면을 이동시키면 b와 e의 문자의 방향과 일치하지 않는다. |
|---|---|
| 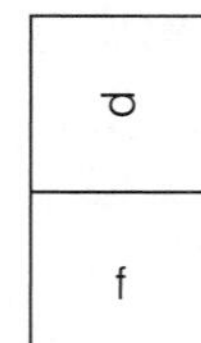 | 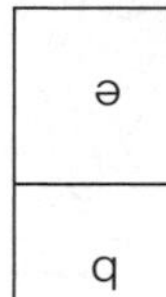 |

④, ⑤ f의 면을 이동시키면 c, d, f의 문자의 방향은 ④는 일치하지 않지만 ⑤는 일치한다.

• 아래와 같은 입체도형이 완성된다.

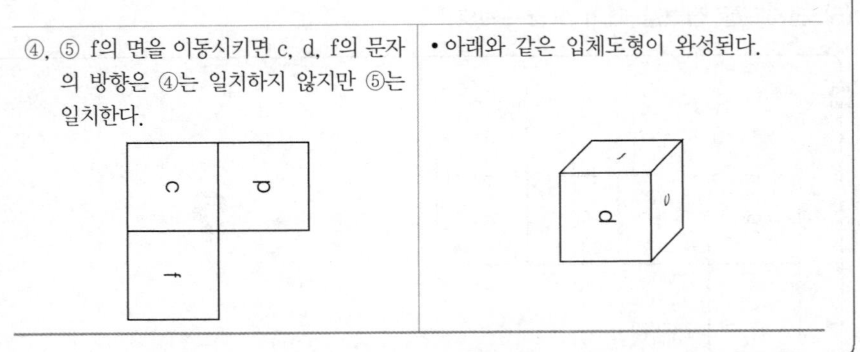

## 6 투상도

### (1) 입체도형 추측하여 투상도 고르기

예

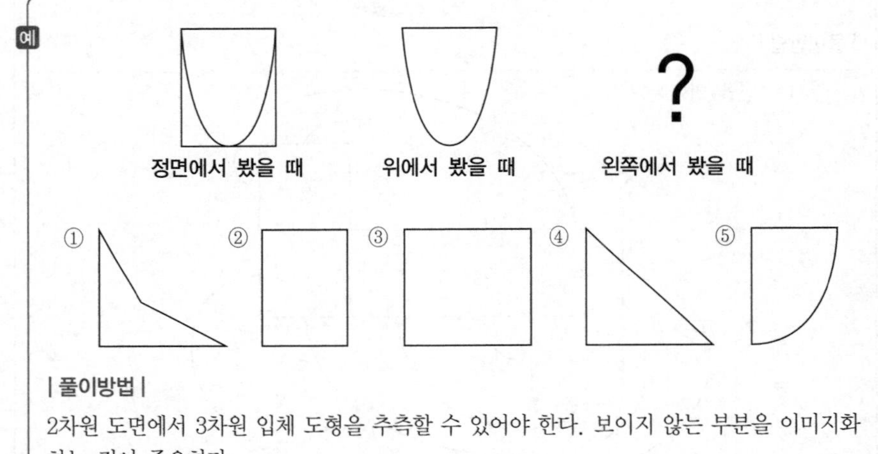


**| 풀이방법 |**

2차원 도면에서 3차원 입체 도형을 추측할 수 있어야 한다. 보이지 않는 부분을 이미지화하는 것이 중요하다.

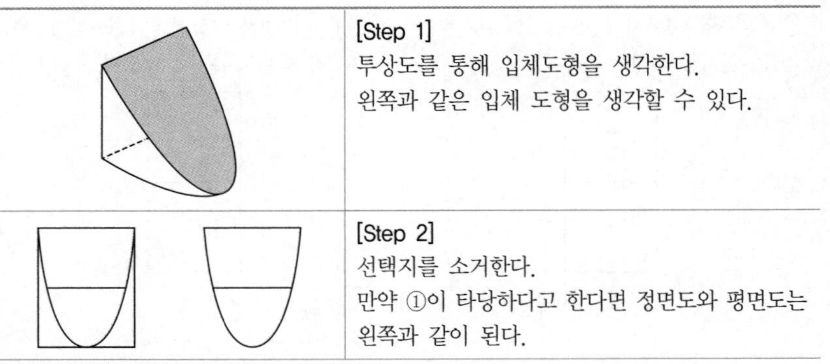

[Step 1]
투상도를 통해 입체도형을 생각한다.
왼쪽과 같은 입체 도형을 생각할 수 있다.

[Step 2]
선택지를 소거한다.
만약 ①이 타당하다고 한다면 정면도와 평면도는 왼쪽과 같이 된다.

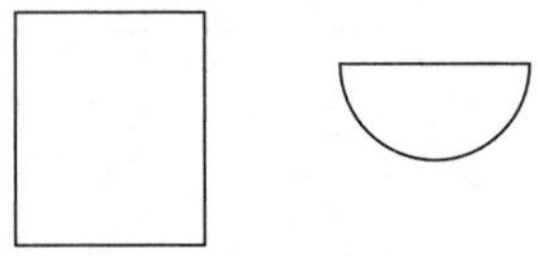

②, ③의 경우 정면도, 평면도는 왼쪽과 같이 된다.

## (2) 투상도로 입체도형 추측하기

예

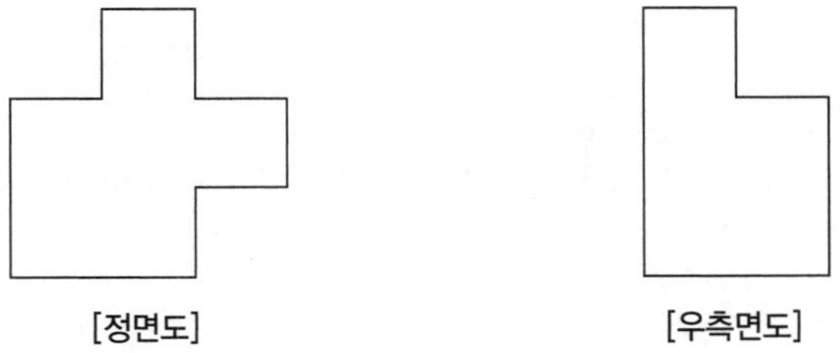


| 풀이방법 |

• 다음과 같은 입체도형을 예측할 수 있다.

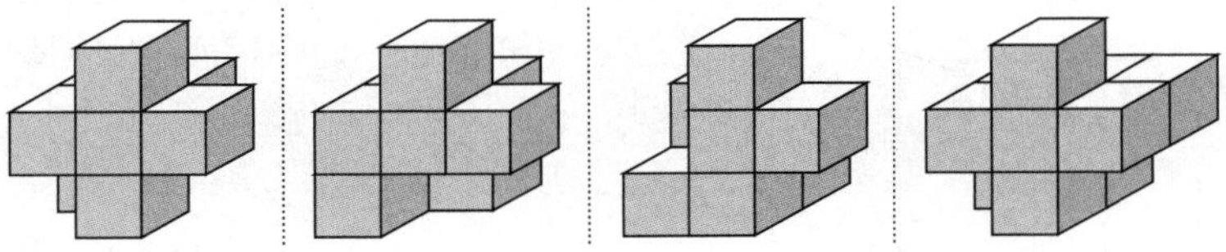

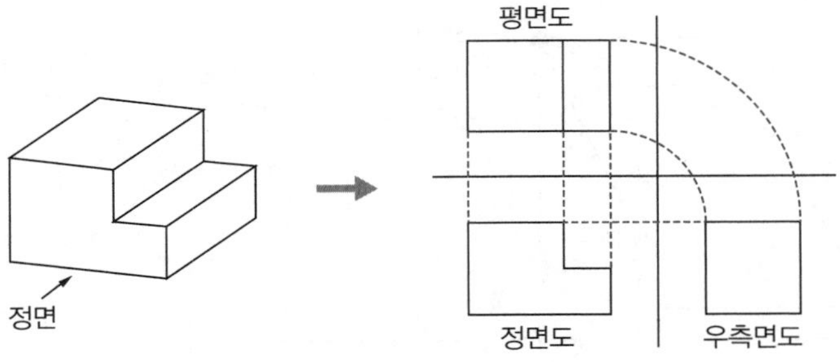


**해결전략**

1. 가로와 세로의 블록 개수를 먼저 확인하여 맞지 않는 선택지를 소거한다.
2. 정면도를 기준으로 블록의 라인을 잡는다. 이것만으로도 몇 개의 선택지를 소거할 수 있다.
3. 정면이 아닌 다른 투상도를 기준으로, 투상도의 맨 윗줄부터 블록의 개수가 맞는지 비교한다. 단순한 부분보다 복잡하거나 특징이 있는 부분을 포착하여 비교하면 더 빨리 정답을 찾을 수 있다.

보충개념

다면체의 자른 단면 형태에 대해 알아두면 다른 유형의 문제가 나와도 빠르게 풀 수 있다.

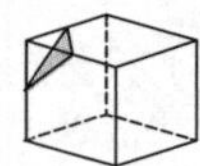

정삼각형

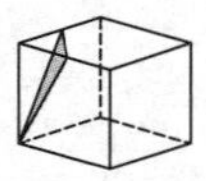

이등변삼각형

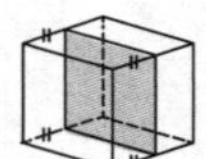

정사각형

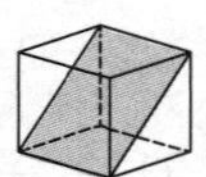

직사각형

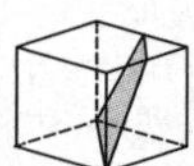

등변사다리꼴

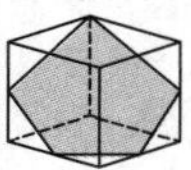

오각형

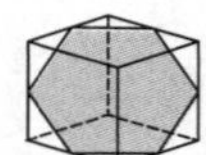

정육각형

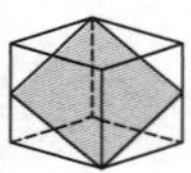

마름모꼴

### (3) 절단면 그리기

예 • 정육면체를 A, B, C 세 점을 통과하여 절단한다.

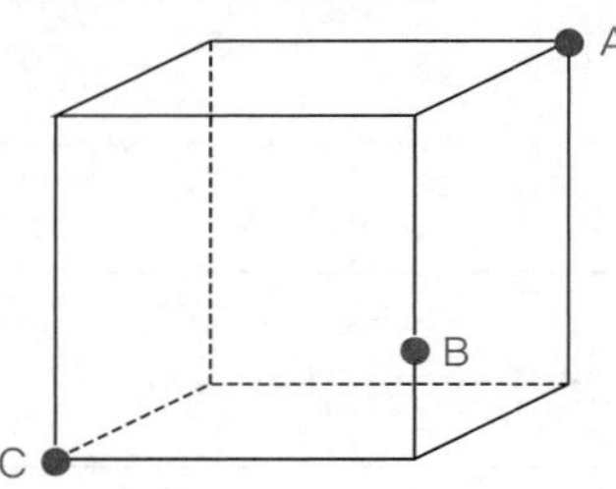


| 풀이방법 |

| | |
|---|---|
| 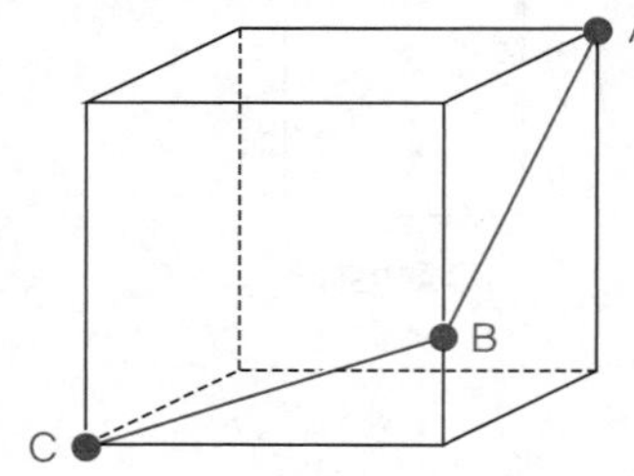 | [Step 1]<br>동일 면 위의 점은 그대로 잇는다. |
| 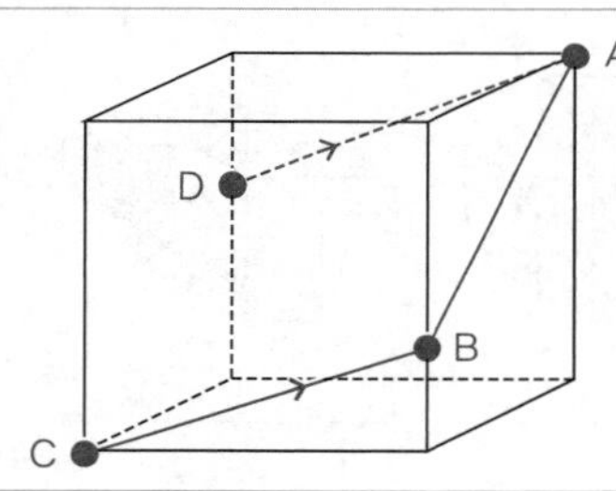 | 절단선은 같은 면 위에만 들어갈 수 있다(A와 C는 같은 면 위에 있지 않기 때문에, 직접 이을 수 없다). |
| 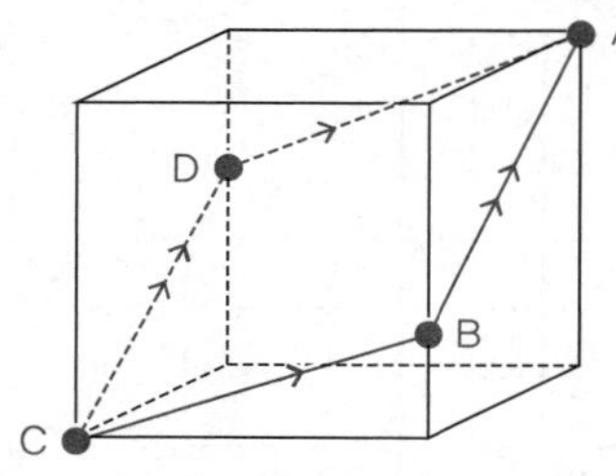 | [Step 2]<br>평행한 면에 들어가는 절단선은 평행이 되도록 잇는다. |

### (4) 투상도를 통해 정육면체의 최소 개수 구하기

예

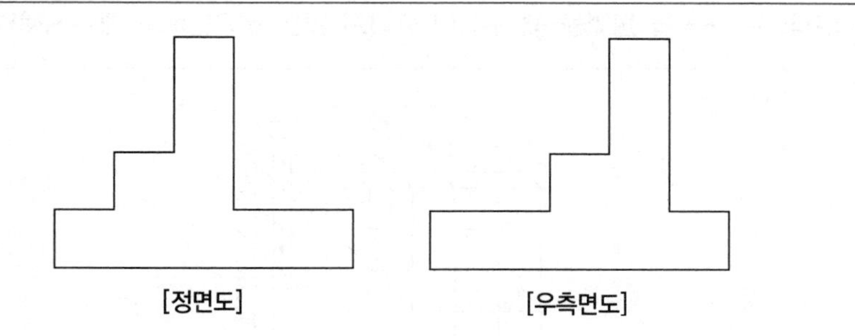

[정면도] [우측면도]

| 풀이방법 |

| 1 | 1 | 1 | 1 | 1 | 1단 ① |
|---|---|---|---|---|---|
| 1 | 2 | 4 | 1 | 1 | 4단 ② |
| 1 | 2 | 2 | 1 | 1 | 2단 ③ |
| 1 | 1 | 1 | 1 | 1 | 1단 ④ |
| 1 | 1 | 1 | 1 | 1 | 1단 ⑤ |
| 1단<br>1 | 2단<br>2 | 4단<br>3 | 1단<br>4 | 1단<br>5 | |

정면 / 우측면

[Step 1]
최대한 정육면체를 쌓을 때 위에서 본 모습을 기준으로 정육면체의 개수를 적는다. 3-②의 교차하는 곳에서만 4단이다.

[Step 2]
2단인 곳은 정면에서도 측면에서도 보이는 2-③이 교차하는 곳이다.

[Step 3]
정면에서도 측면에서도 1단이 되는 곳을 고른다. 다른 1단인 곳은 정육면체가 없어도 괜찮기 때문에, 4+2+1+1+1=9개이다.

## 7 정육면체의 개수

### (1) 수직으로 구멍을 뚫었을 때 구멍이 뚫리지 않은 정육면체의 개수 구하기

예

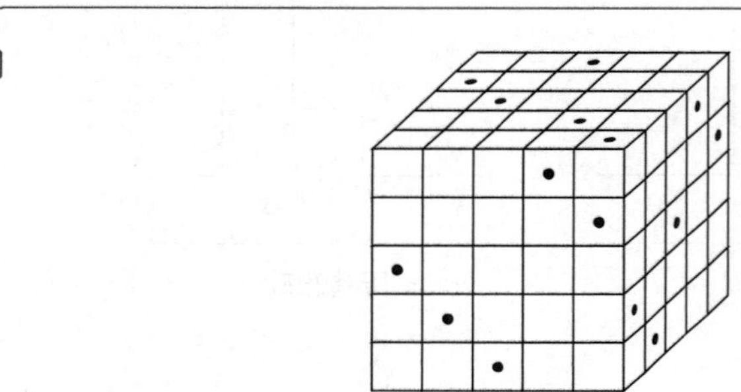

| 풀이방법 |

1단 슬라이스 방법을 사용한다.

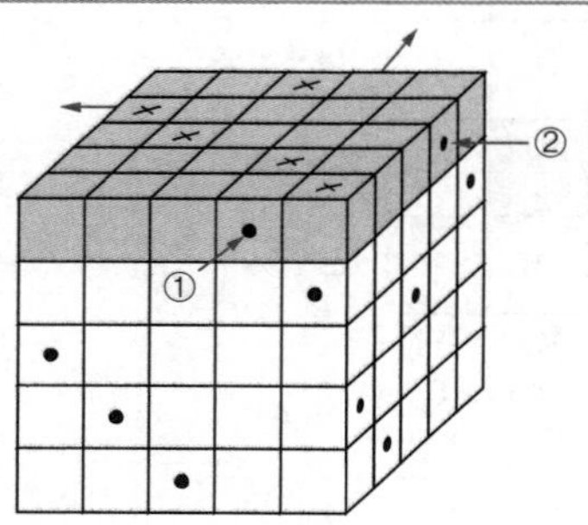


• 큰 정육면체를 위에서부터 1단씩 5단으로 슬라이스하여, 각 단마다 위에서 본 평면도에 구멍이 뚫린 모습을 그린다. 윗면의 5개의 점에서는 바닥까지 구멍이 뚫려 5단 모두 구멍이 생기기 때문에, 모든 평면도에 X자를 적어 넣는다.

1단

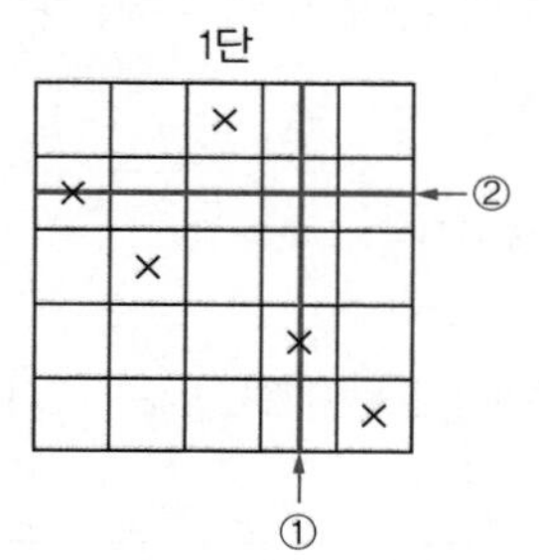


2단

3단

4단

| 5단 | |
|---|---|
| 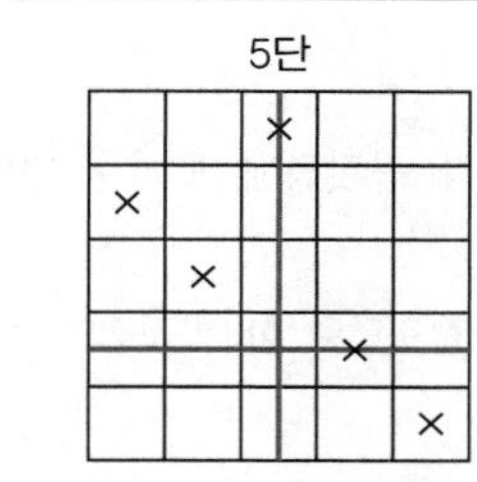 | • 각 단에 구멍이 뚫린 작은 정육면체의 개수를 확인하면, 모든 단에 각 12개의 구멍이 뚫려있으며, 남은 13개가 구멍이 뚫리지 않은 정육면체임을 알 수 있다. 따라서 13개×5단=65개이다. |

**(2) 색칠된 작은 정육면체가 정육면체의 한 면에서 반대편까지 일직선으로 배열되어 있을 때 흰 정육면체의 수 구하기**

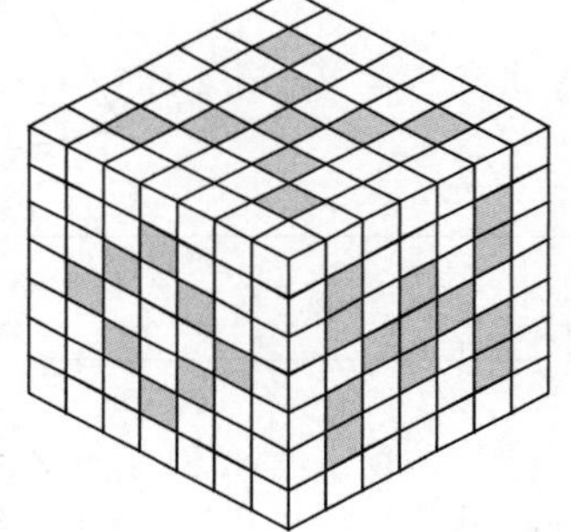

**| 풀이방법 |**

1. 색칠된 정육면체가 더 세기 쉬우므로 전체에서 색칠된 정육면체의 수만큼 뺀다.
2. 정육면체는 대칭 구조로 뒤집어도 똑같은 모양이기 때문에, 1단과 7단, 2단과 6단, 3단과 5단은 같다. 1단의 작은 색칠된 정육면체는 눈에 보이는 9개 뿐(7단도 마찬가지)이므로 굳이 평면도를 그리지 않아도 된다.

| 2단(=6단) | 3단(=5단) | 4단 |
|---|---|---|
| | 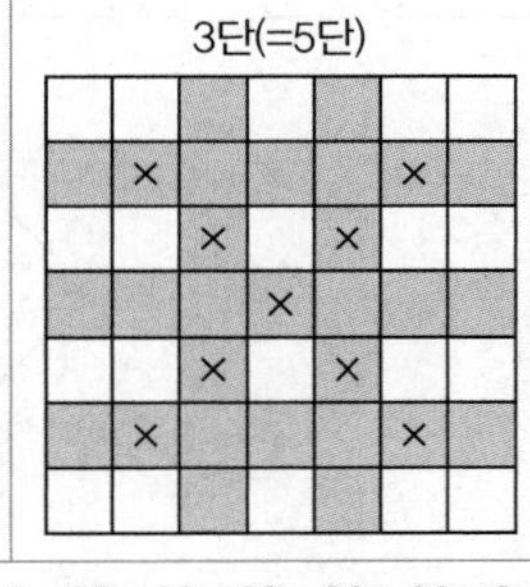 | |

• 색칠된 정육면체의 개수는 9+23+29+29+29+23+9=151(개)이므로 흰 정육면체의 개수는 343−151=192(개)이다.

## 8 도형의 성격

### (1) 정다면체의 의미와 특징

① 정다면체 : 모든 면이 같은 정다각형으로 되어있으며 각 꼭짓점에 모이는 면의 수가 모두 같은 다면체로 의미한다.

② 특징 : 모든 꼭짓점, 변, 면이 같은 조건으로 구성되어 있으므로 한 꼭짓점에 적용되는 사항은 다른 모든 꼭짓점에도 똑같이 적용된다.

**이것만은 꼭**

변과 꼭짓점의 수는 계산으로 구할 수 있으므로 굳이 외울 필요는 없다. 면의 형태와 한 꼭짓점에 모이는 면의 수를 외우고 입체도형을 이해하는 것이 중요하다.

### (2) 정다면체의 종류

① 정사면체

- 면의 형태 : 정삼각형
- 한 꼭짓점에 모이는 면의 수 : 3
- 면의 수 : 4
- 변의 수 : 6
- 꼭짓점의 수 : 4

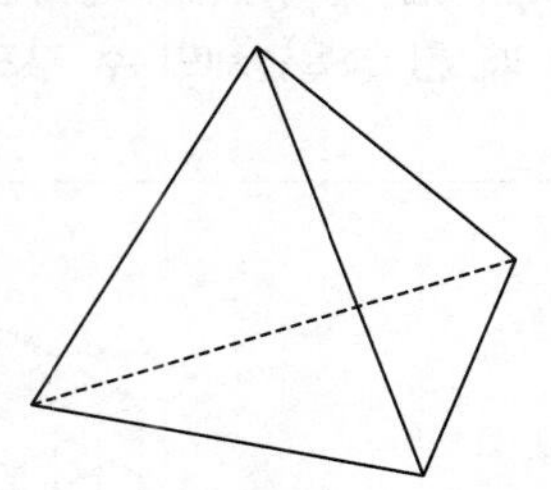

② 정육면체

- 면의 형태 : 정사각형
- 한 꼭짓점에 모이는 면의 수 : 3
- 면의 수 : 6
- 변의 수 : 12
- 꼭짓점 수 : 8

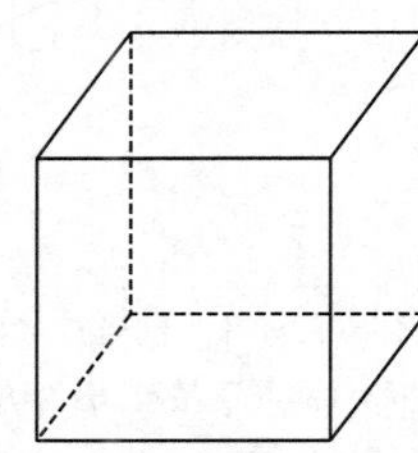

③ 정팔면체

- 면의 형태 : 정삼각형
- 한 꼭짓점에 모이는 면의 수 : 4
- 면의 수 : 8
- 변의 수 : 12
- 꼭짓점 수 : 6

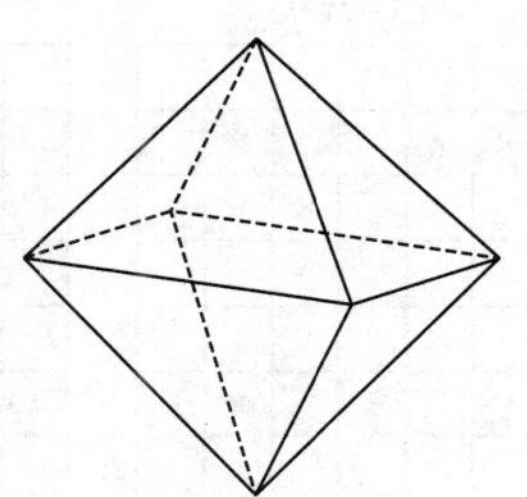

④ 정십이면체

- 면의 형태 : 정오각형
- 한 꼭짓점에 모이는 면의 수 : 3
- 면의 수 : 12
- 변의 수 : 30
- 꼭짓점 수 : 20

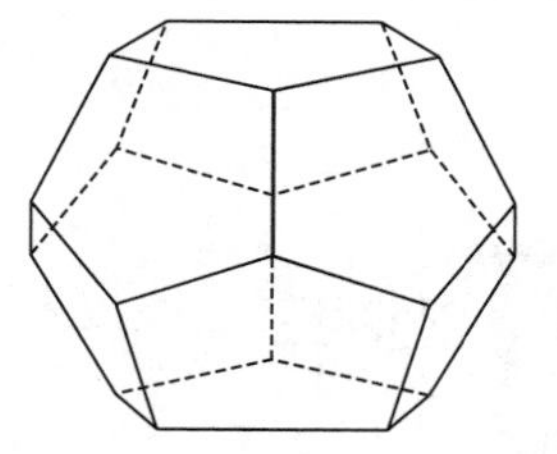

⑤ 정십오면체

- 면의 형태 : 정오각형
- 한 꼭짓점에 모이는 면의 수 : 5
- 면의 수 : 20
- 변의 수 : 30
- 꼭짓점 수 : 12

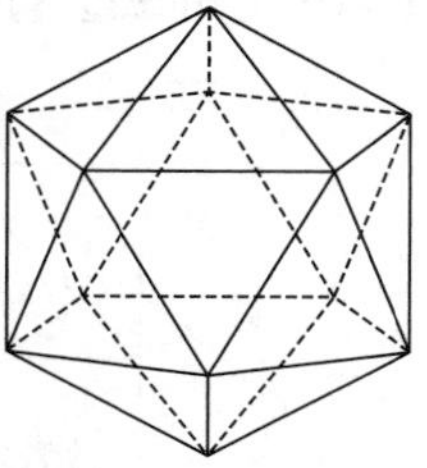

▶ 정답과 해설 36쪽

# 테마 2 출제유형문제연습

## 유형 01 전개도

> 학습 TIP
>
> 전개도의 인접하는 변끼리 표시하는 습관을 들여 맞닿는 부분의 무늬를 확인하기 쉽도록 한다.

01. 다음 펼쳐진 전개도를 접어 완성했을 때 나올 수 없는 주사위는?

**02.** 다음 전개도를 접었을 때 모양이 다른 하나는?

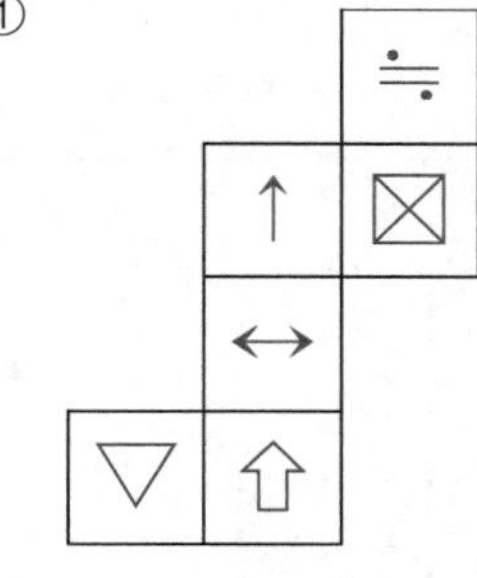

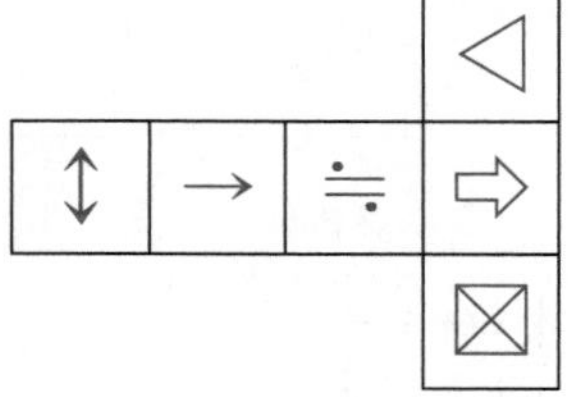

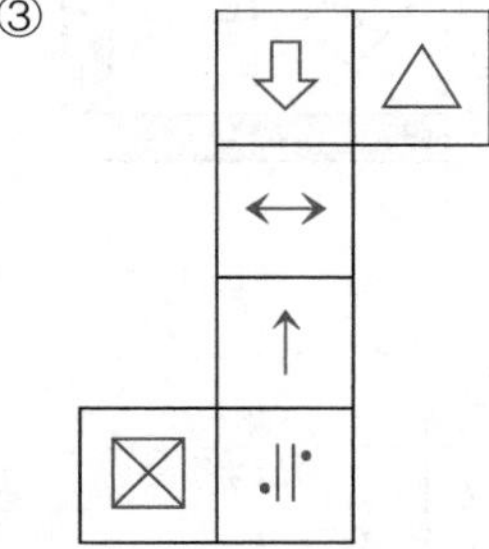

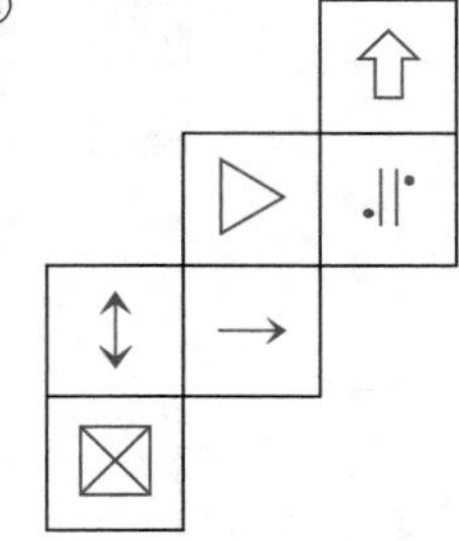

⑤

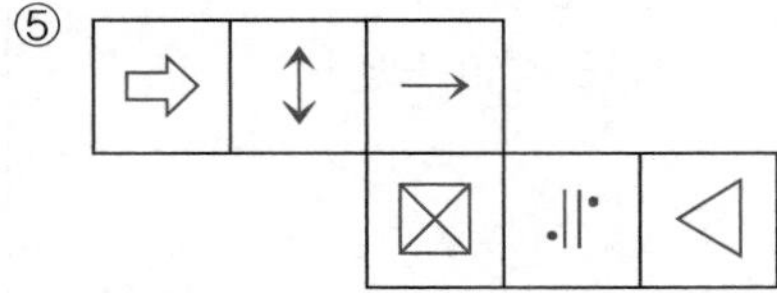

**One Point Lesson**

전개도를 접을 때 모양이 다른 것을 찾는 문제는 하나를 기준 모양으로 두고 기준모양에 붙는 모양이 무엇인지를 생각하며 선택지끼리 비교하고, 다른 하나를 소거하는 방식으로 답을 찾는다.

> 학습 TIP
>
> 학습 시 전개도를 만들어 직접 전개도를 회전시켜보고, 다양한 유형의 문제를 풀어보면서 노하우를 터득하는 것이 좋다.

**03.** 다음 전개도를 접어 A는 $x$축으로 90°, B는 $y$축으로 180° 회전시킨 후 A, B 순으로 나란히 결합하게 하여 맞닿아 있는 모양을 위에서 내려다보았을 때 알맞은 것은?

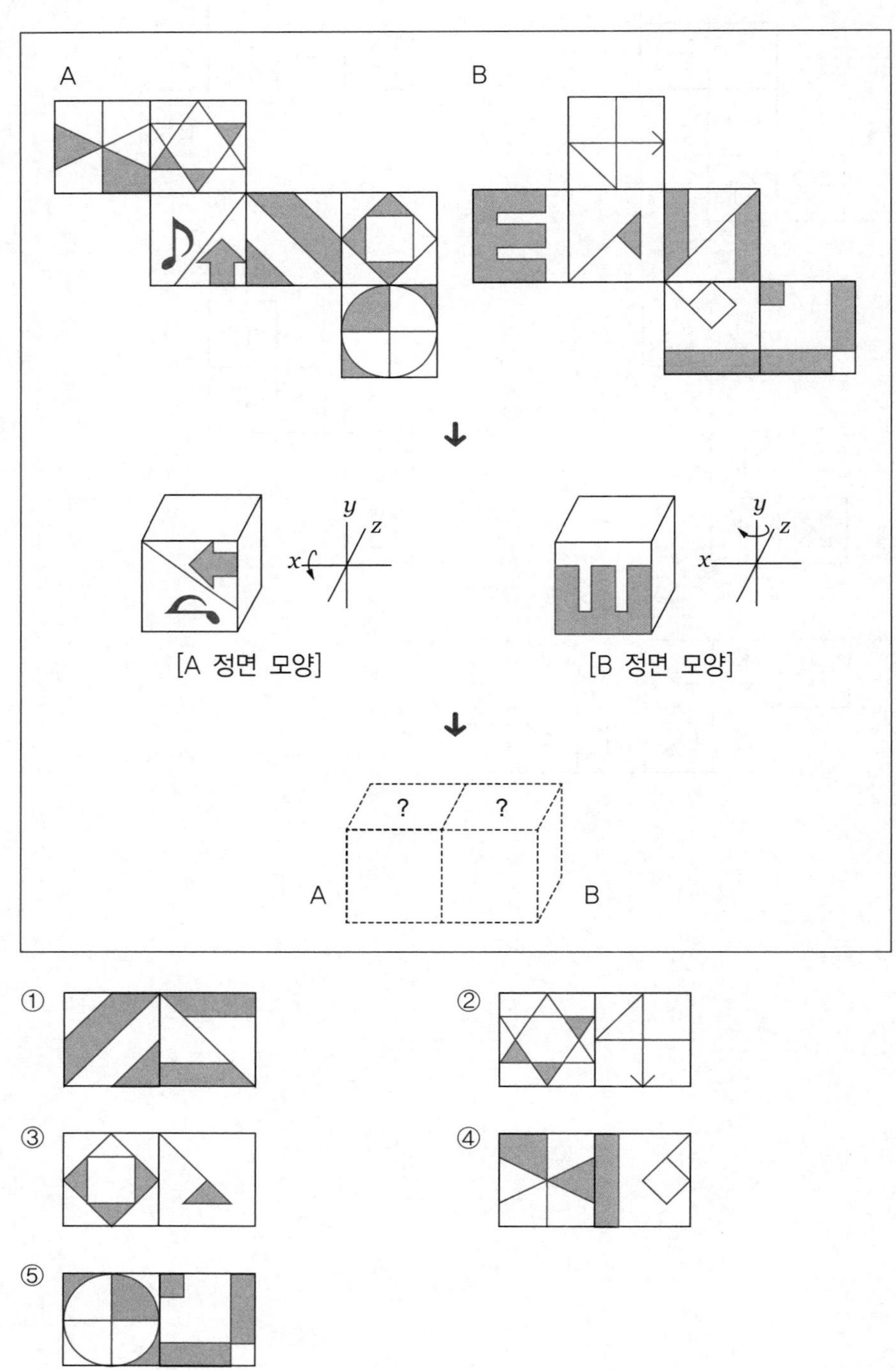

## 유형 02 투상도



**[04 ~ 05] 다음에 제시된 세 개의 투상도를 보고 일치하는 입체도형을 고르시오.**

04.

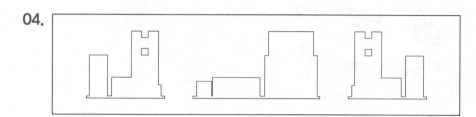

①

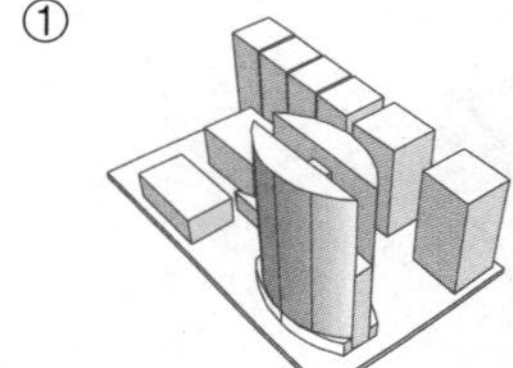

②

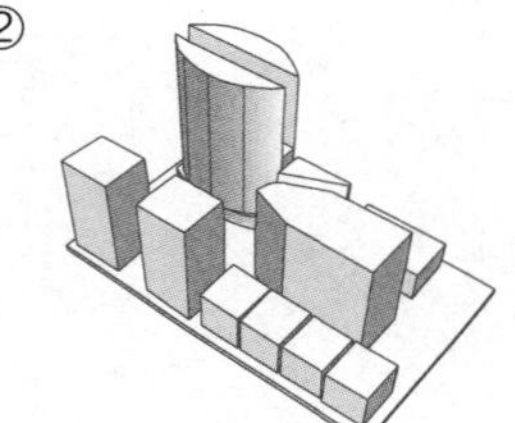

③

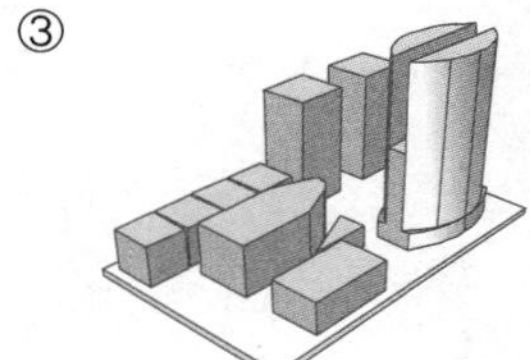

④

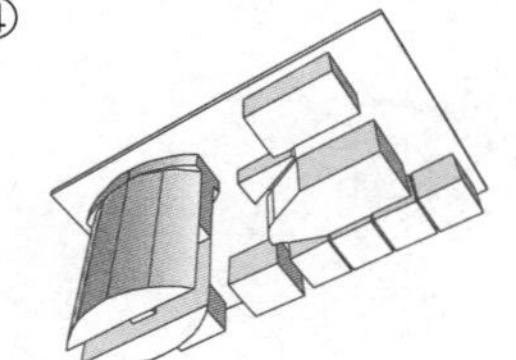

⑤

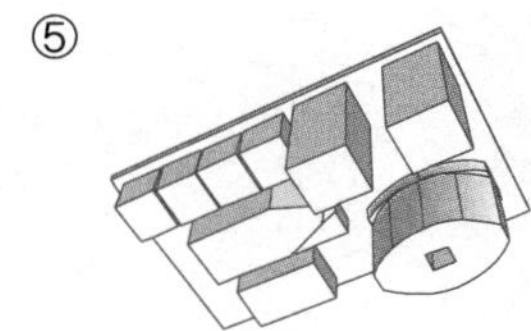

05.

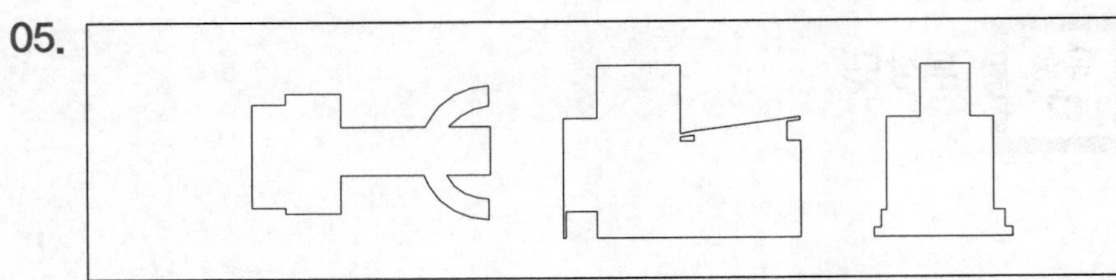

①

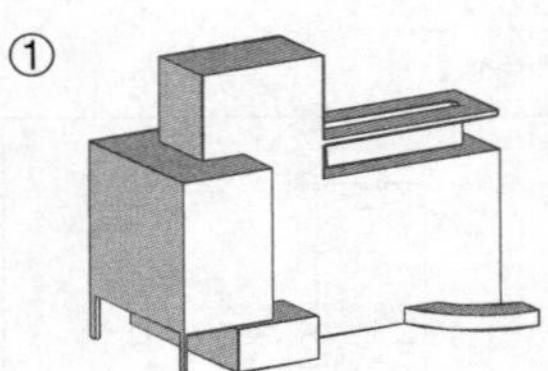

②

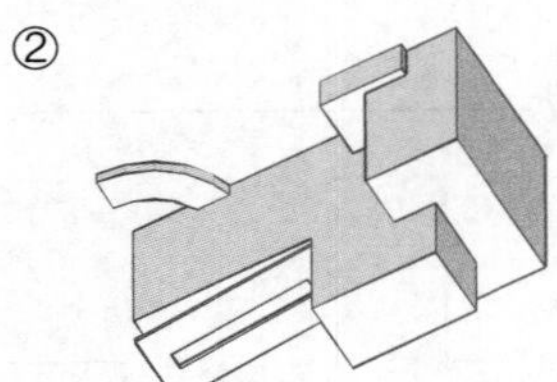

③

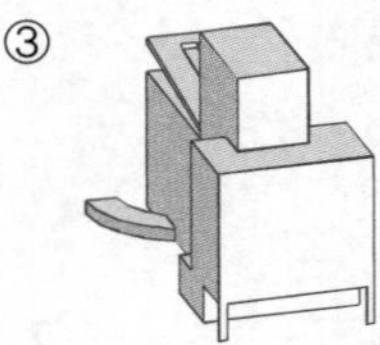

④

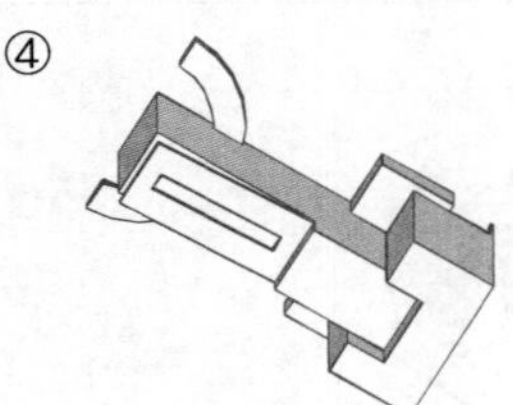

⑤

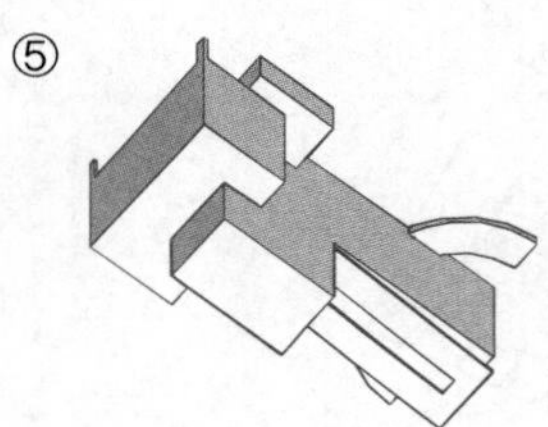

**06.** 다음은 같은 크기의 블록을 쌓아 만든 입체도형을 가지고 앞에서 본 정면도, 위에서 본 평면도, 오른쪽에서 본 우측면도를 그린 것이다. 이에 해당하는 입체도형은? (단, 화살표 방향은 정면을 의미한다)

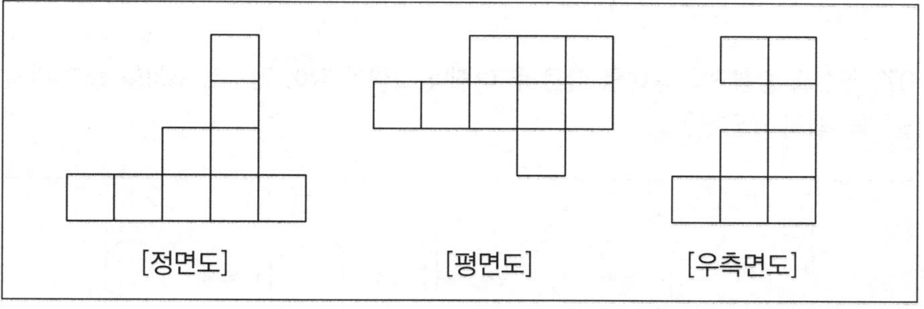


①
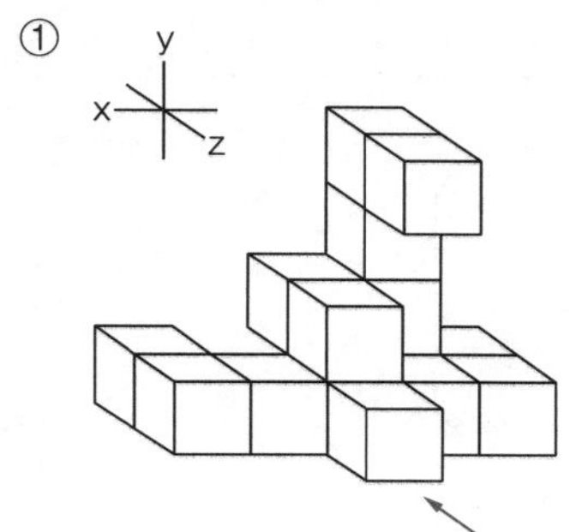


②
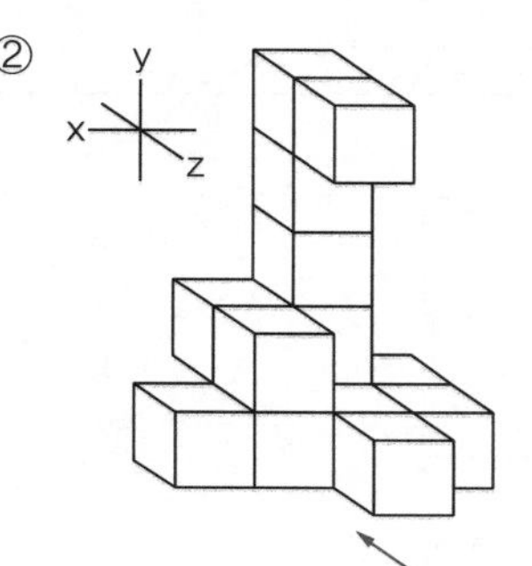


③
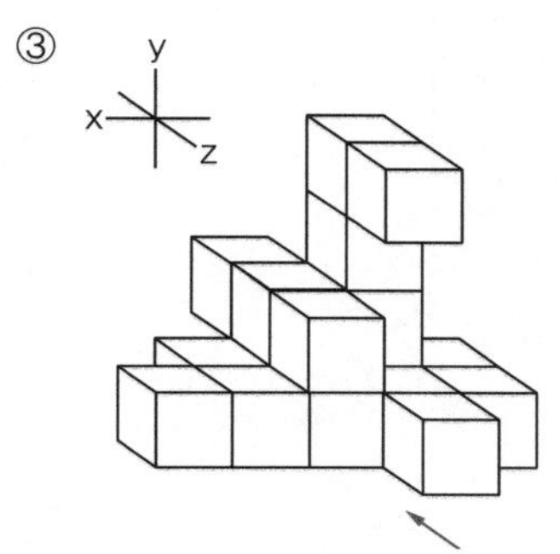


④
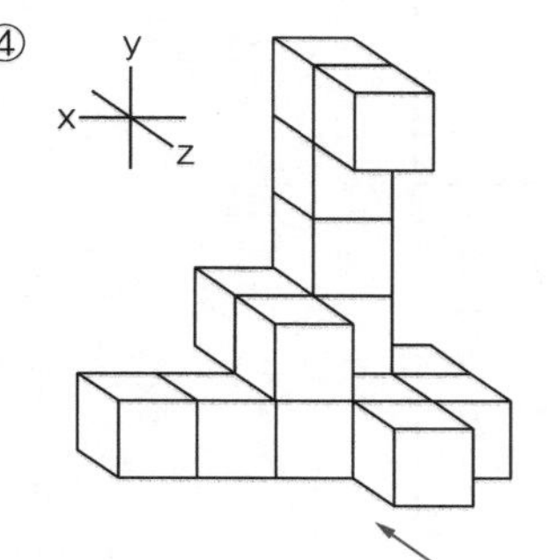


⑤
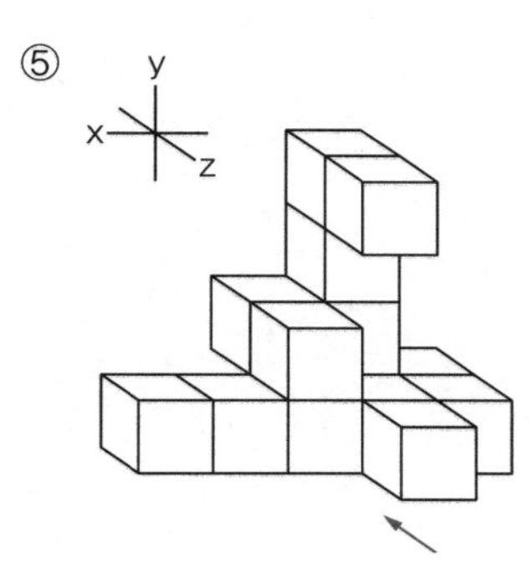


**해결 전략**

정면도를 기준으로 가로와 세로의 블록 개수를 먼저 확인하여 맞지 않는 선택지를 소거한다.

↓

정면이 아닌 다른 투상도를 기준으로, 투상도의 맨 윗줄부터 블록의 개수가 맞는지 비교한다.

↓

단순한 부분보다 복잡하거나 특징이 있는 부분을 포착하여 비교하면서 푸는 것으로 풀이 시간을 단축시킨다.

## 유형 03 종이접기



종이를 접은 역순으로 펼치며 확인하는 것이 풀이의 핵심이다. 구멍이 뚫리는 위치가 모서리인지 꼭짓점인지 파악하는 것만으로도 선택지 중 일부를 소거할 수 있다.

**07.** 화살표 방향으로 종이를 접은 후 마지막 그림과 같이 펀치로 구멍을 뚫고 다시 펼쳤을 때의 모양은?

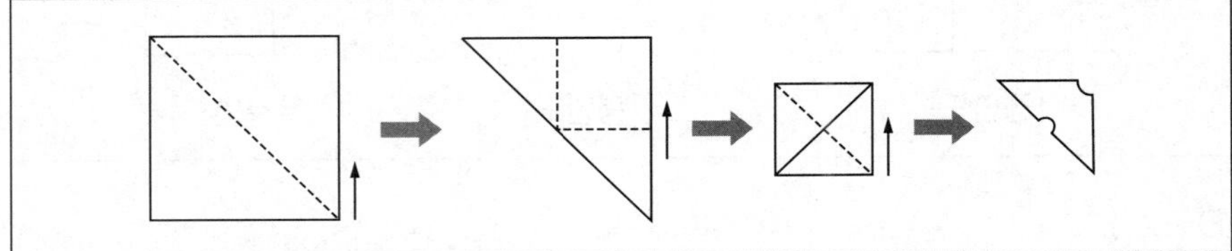

①

② 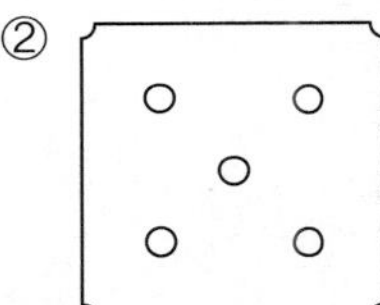

③

④ 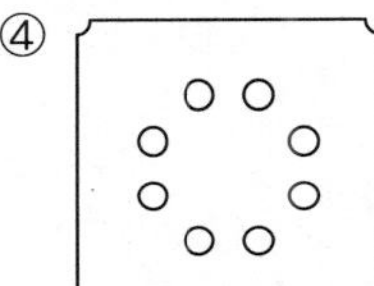

⑤ 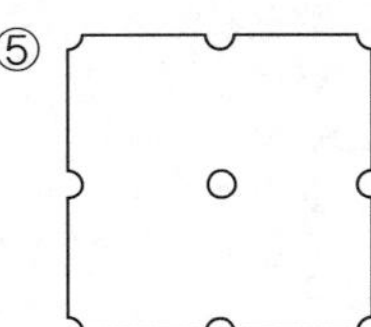

**08.** 다음 그림과 같이 화살표 방향으로 종이를 접은 후 마지막 색칠된 부분을 자르고 다시 펼쳤을 때의 모양은?

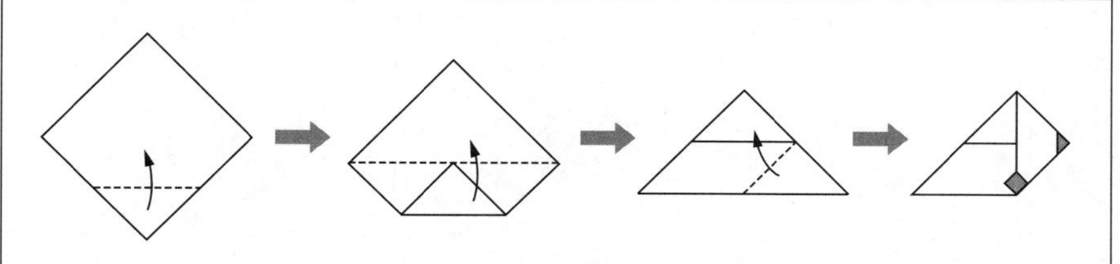

①
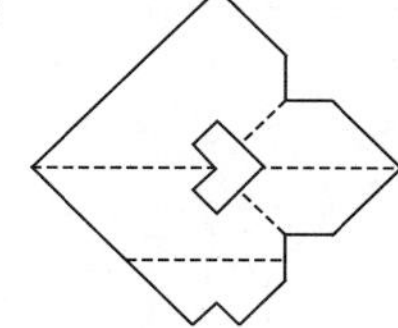

②
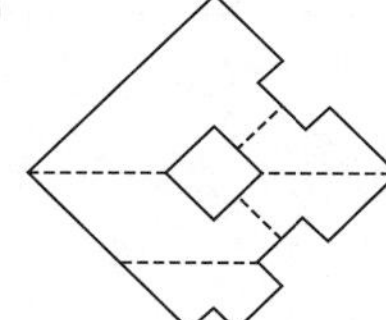

③
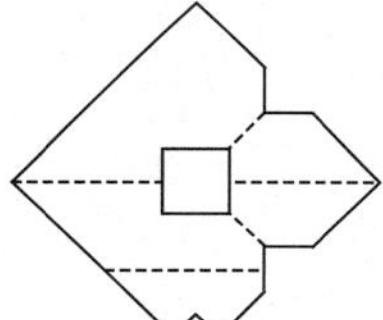

④
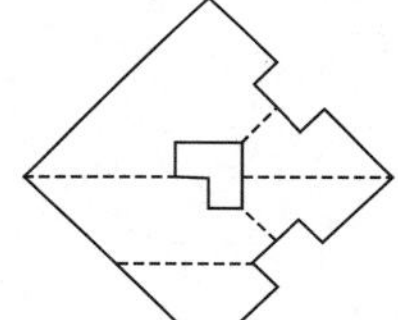

⑤
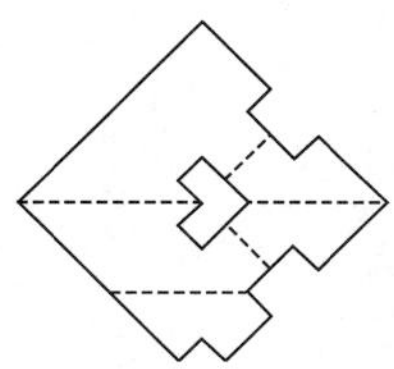

**One Point Lesson**

접은 순서를 반대로 되돌리며 생각하면 좋다. 펼칠 때마다 접혔던 부분을 점선으로 표시하고 자른 모양을 실선으로 표시하면 모양을 확인하기 쉽다.

해결전략

- 처음부터 뒷면이 어떤 모양으로 접히는지 생각해 본다.
- 남아 있는 선택지에서 앞뒷면의 모양에 대한 단서를 찾을 수도 있다.

**[09 ~ 10] 다음과 같이 접은 후 뒤에서 본 모양으로 알맞은 것을 고르시오.**

**09.**

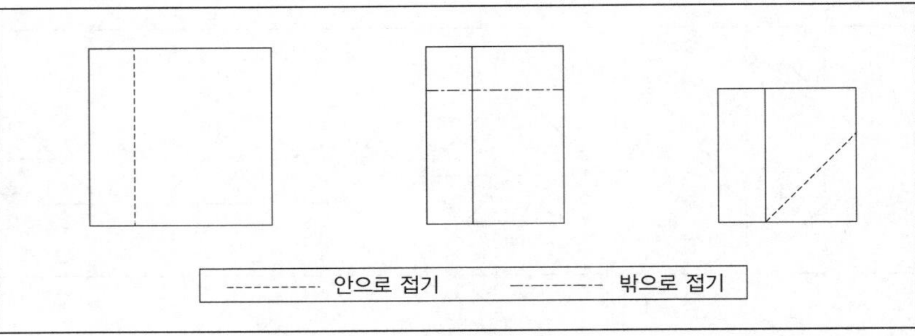


① 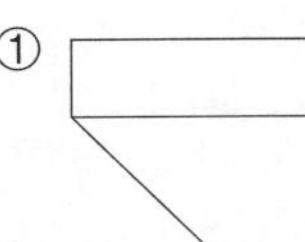

② 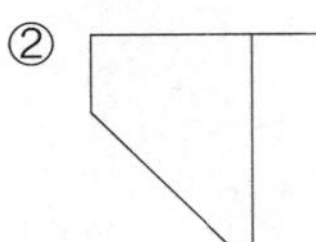

③ 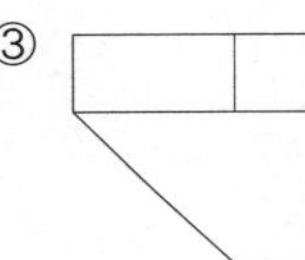

④ 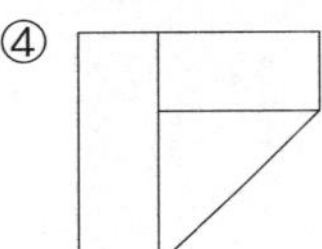

⑤ 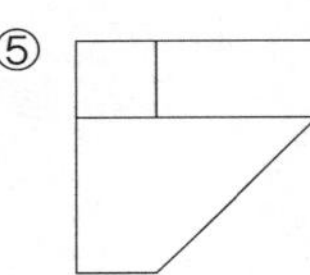

10.

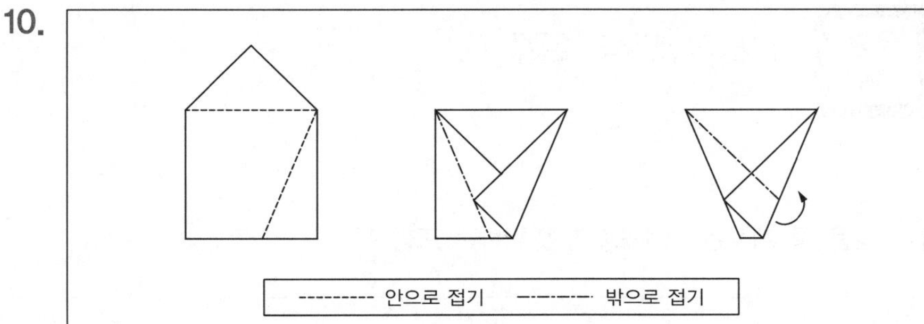


① 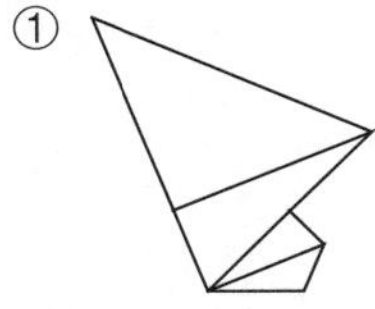

② 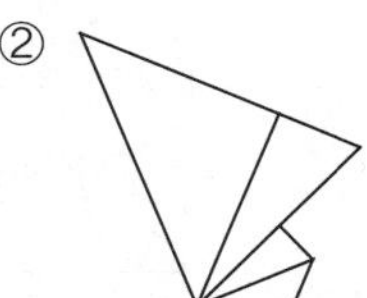

③ 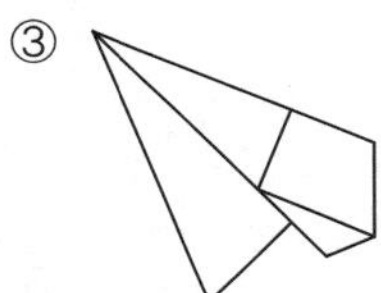

④ 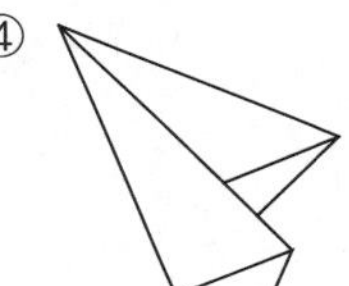

⑤ 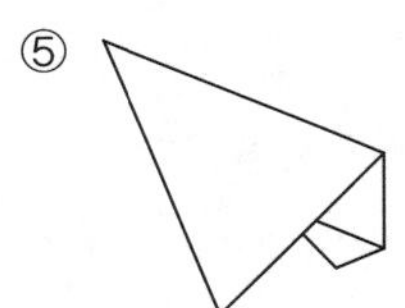

## 유형 04 도형과 조각의 일치

**이것만은 꼭**

- 복잡한 구조를 가지는 입체도형의 경우 특징적인 부분을 확인한 후 선택지를 비교한다.
- 구조적으로 잘 드러나지 않는 부분은 기준이 되기 어려우므로 명확한 구조 위주로 찾아낸다.

**11.** 다음 중 제시된 입체도형과 일치하는 도형은?

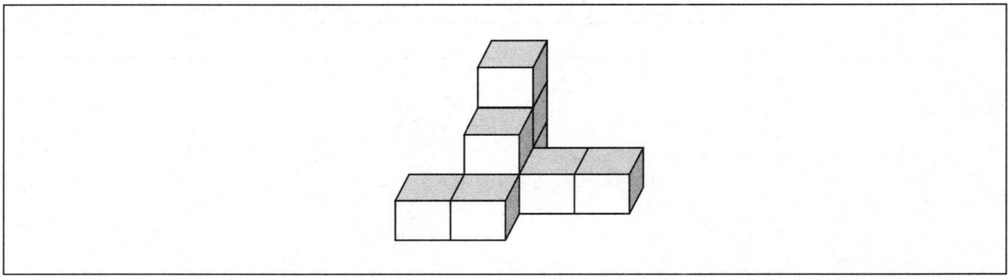

①

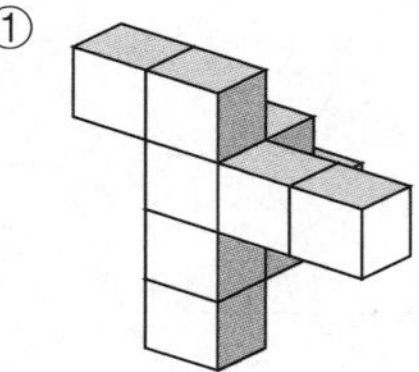

②

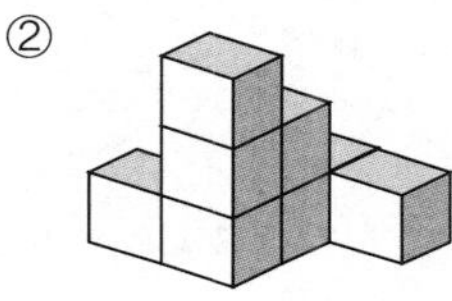

③

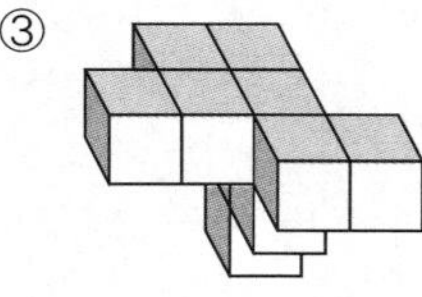

④

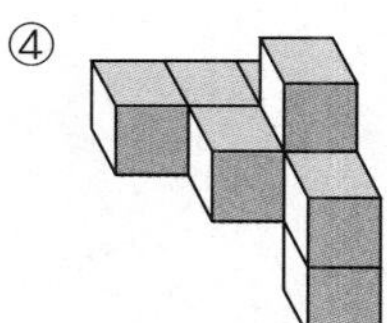

⑤

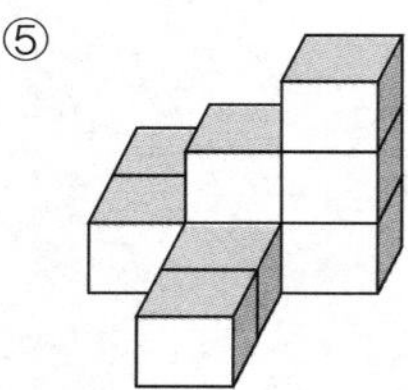

12. 다음 입체도형 중에서 나머지와 다른 하나는?

①

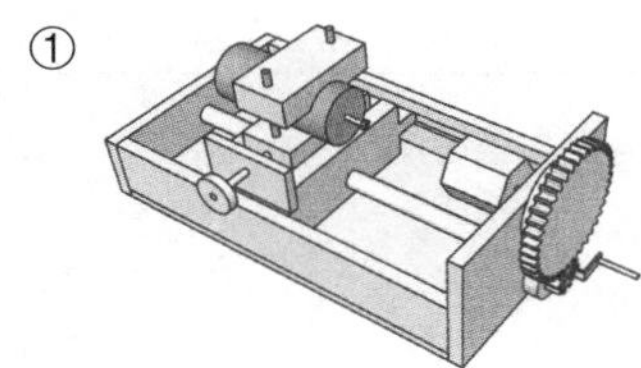

②

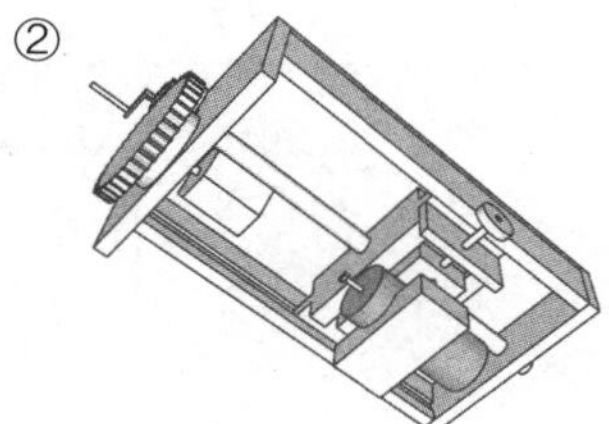

③

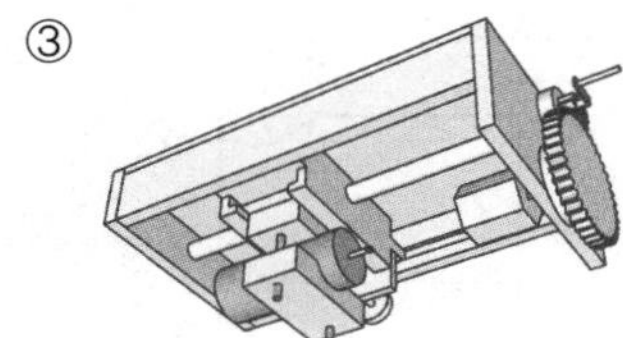

④

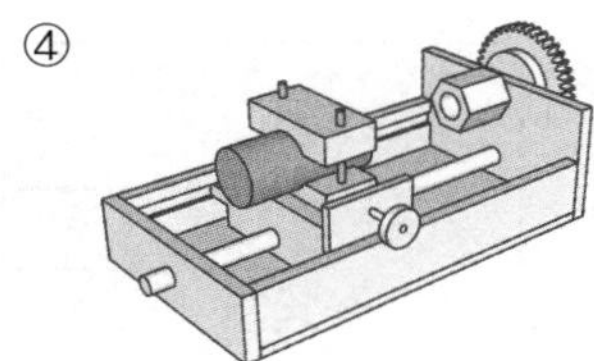

⑤

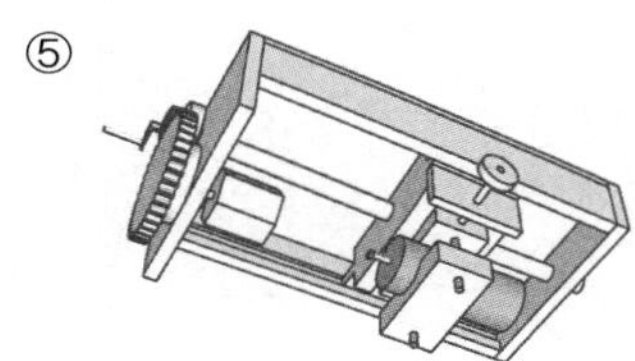

> 학습 TIP
>
> - 주어진 조각 중 가장 큰 것의 위치를 찾아 먼저 배치한 후 나머지 작은 크기의 조각을 끼워 맞추는 방법을 이용하면 시간을 단축할 수 있다.
> - 있는 조각은 색칠해 두거나 선을 그어서 확인하는 것이 빠르다.

**[13 ~ 14] 다음 주어진 도형 조각을 재배치하여 만들 수 있는 것을 고르시오.**

**13.**

①
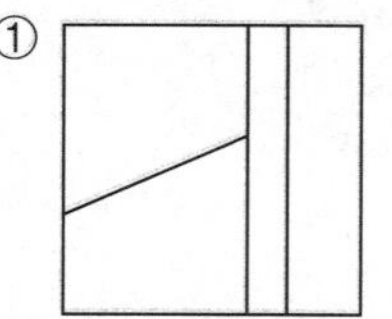

②
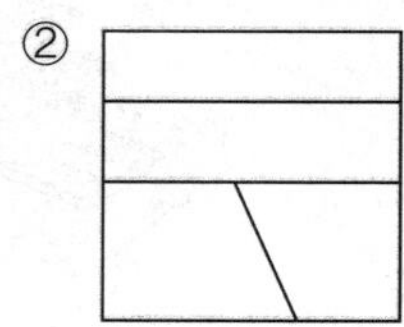

③
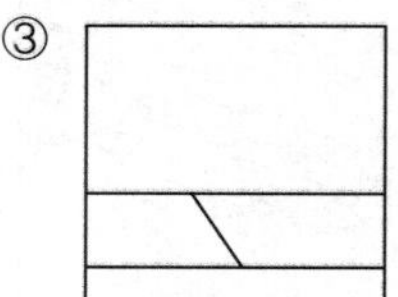

④
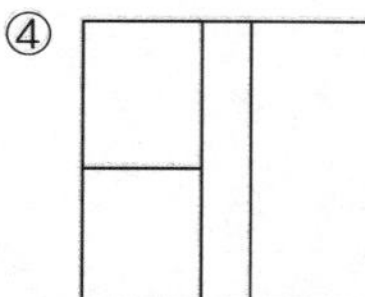

⑤
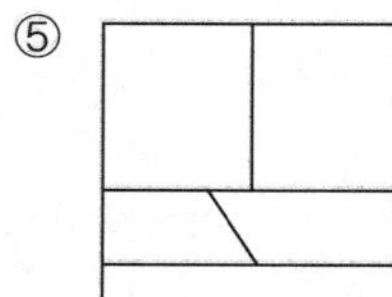

**14.**

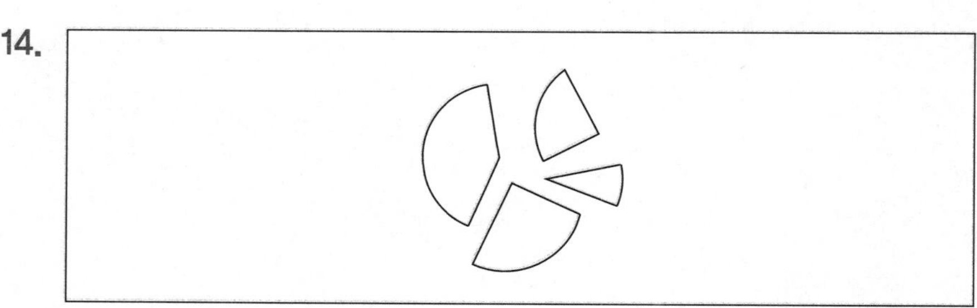

①
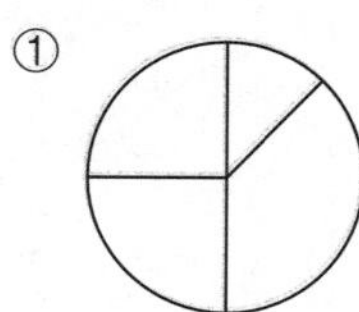

②
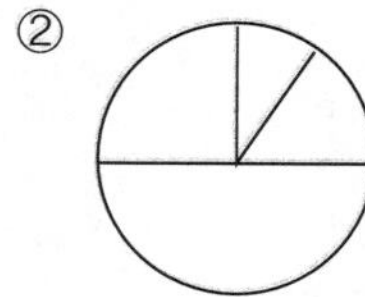

③

④
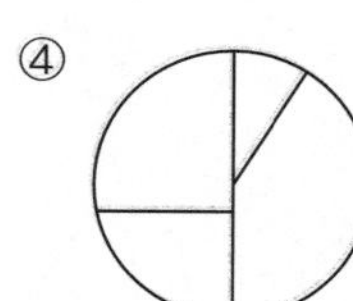

⑤
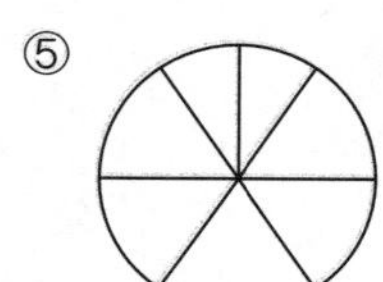

## 유형 05 블록

**15.** 다음 두 블록을 합쳤을 때 나올 수 없는 형태는? (단, 회전은 자유롭다)

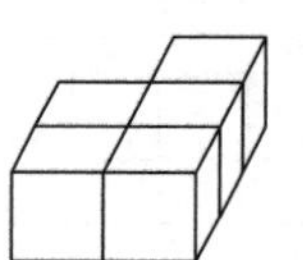
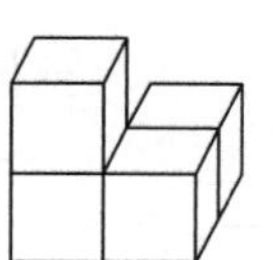

①

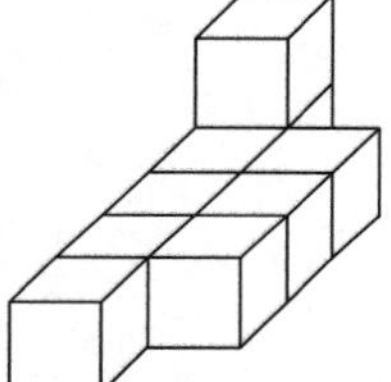

②

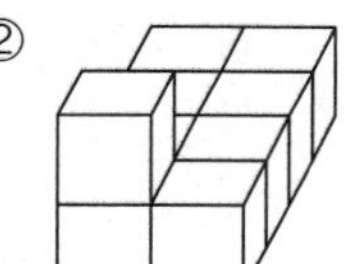

③

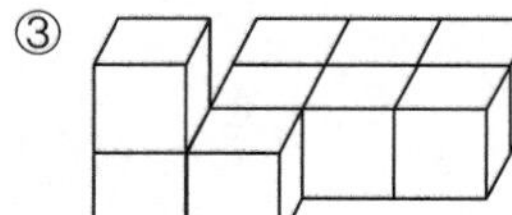

④

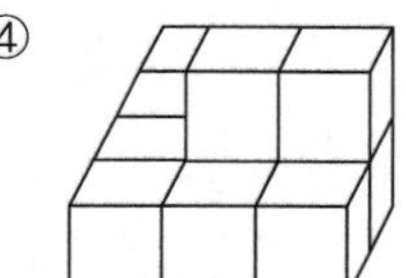

⑤

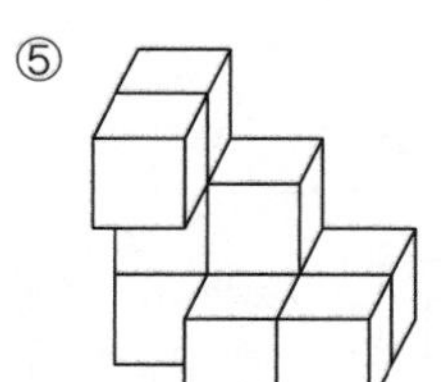

**해결전략**

- 제시된 블록의 개수를 합하여 총 블록의 개수를 구한다. 각 선택지 블록의 수를 확인하여 문제를 푼다.
- 선택지의 블록과 문제의 블록이 합쳐졌을 때, (가로×세로×높이)의 개수를 확인한다.

16. 다음은 같은 크기의 블록을 쌓아올린 그림이다. 블록을 더 쌓아 정육면체를 만들려고 할 때 필요한 블록의 최소 개수는?

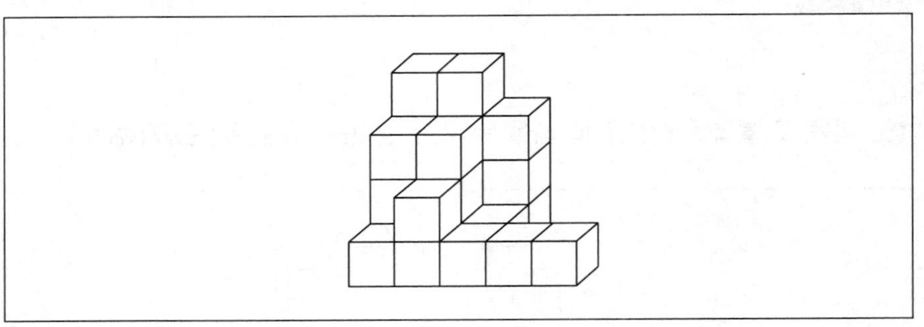

① 101개 ② 103개 ③ 105개
④ 107개 ⑤ 108개

17. 다음 중 4개를 조합하여 3×3×3인 정육면체를 만들 때, 필요 없는 블록은?

**One Point Lesson**

블록들이 자유롭게 회전할 수 있다는 점을 고려하고, 움폭 들어간 부분과 튀어 나온 부분을 결합한 형태를 생각해 본다.

①
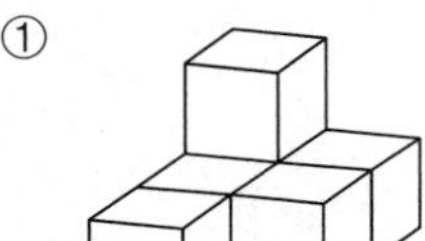

②
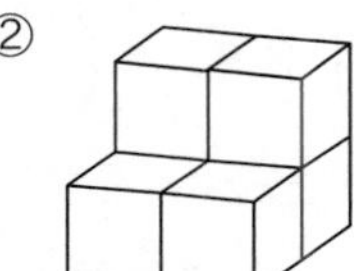

③
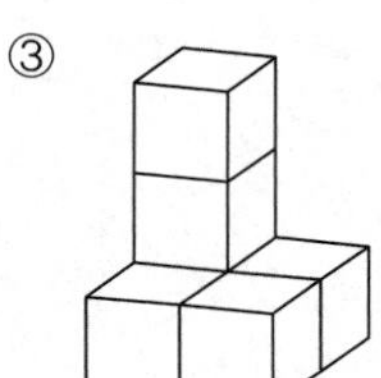

④
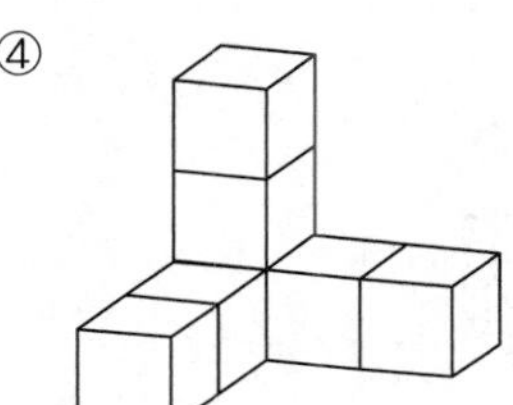

⑤
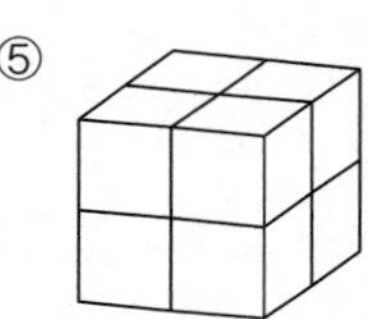

**18.** 같은 크기의 정육면체 27개를 빈틈없이 쌓아 다음과 같은 큰 정육면체를 만들었다. 여기에서 작은 정육면체 몇 개를 빼내어 만들어진 입체도형을 a와 b의 화살표 방향에서 본 평면도는 각각 [그림 1]과 [그림 2]와 같다. 이때 남은 입체도형의 최소 개수는?

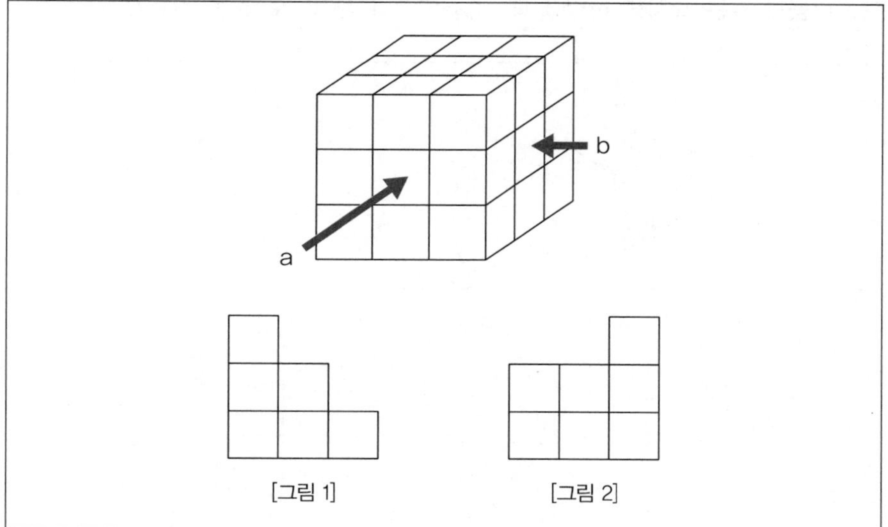


① 8개　② 11개　③ 13개
④ 16개　⑤ 18개

▶ 정답과 해설 41쪽

# 테마 3 기출예상문제

01. 정육면체 표면의 두 면에 다음과 같은 표시를 하였을 때, 정육면체의 전개도로 옳은 것은?

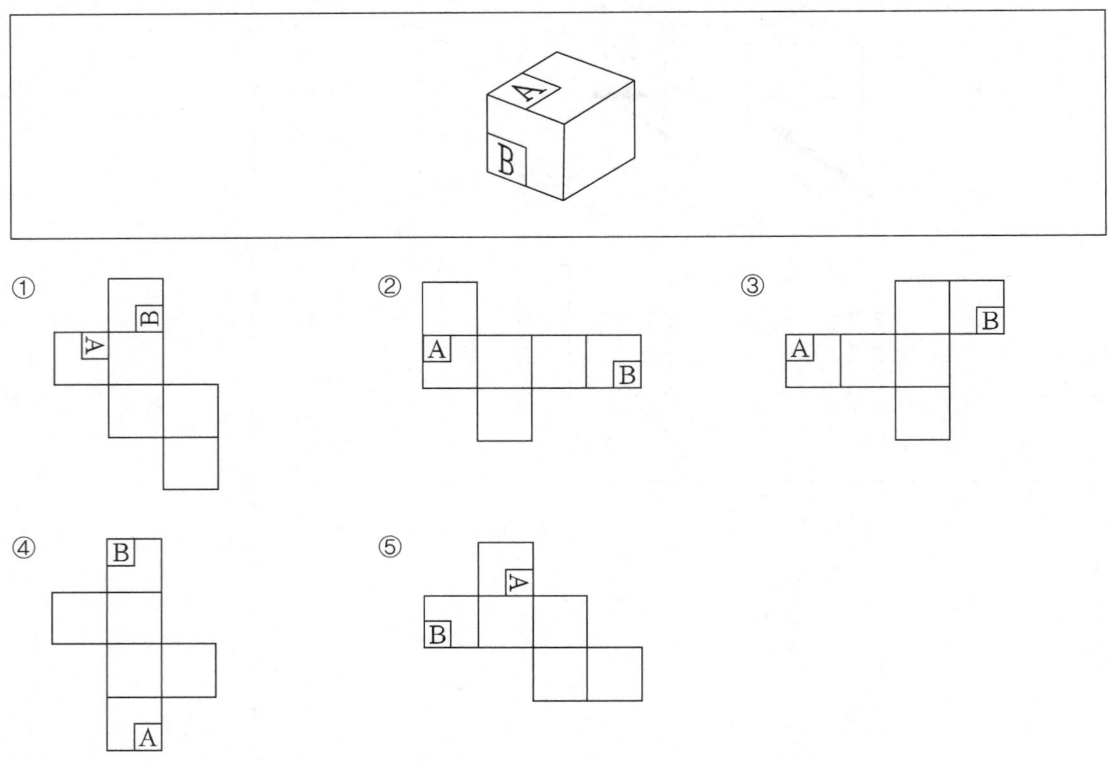


02. 다음 펼쳐진 전개도를 접었을 때 나타나는 도형은?

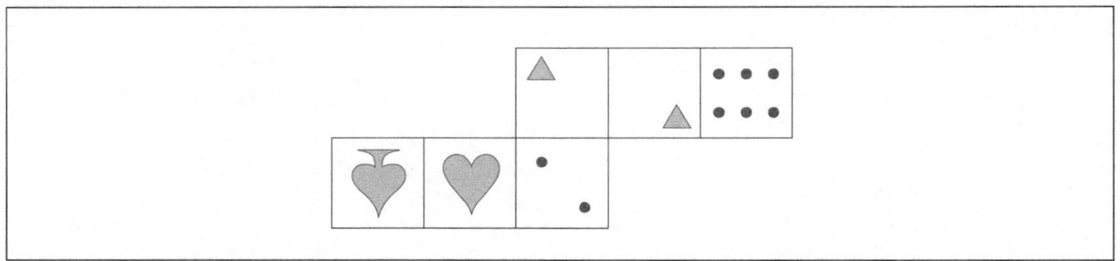

①
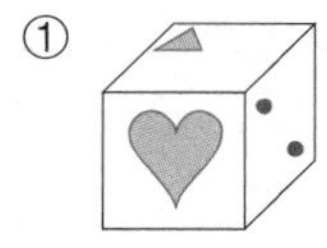

②
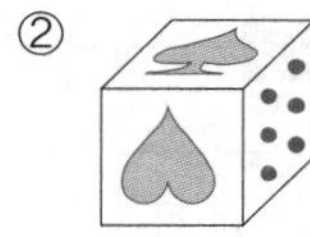

③
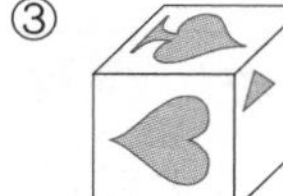

④
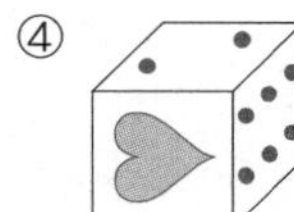

⑤

**[03 ~ 04] 〈보기〉에서 왼쪽 전개도를 접어 오른쪽 주사위 모형을 만들었을 때, 다음 방향에서 바라본 면의 모습을 고르시오.**

## 03.

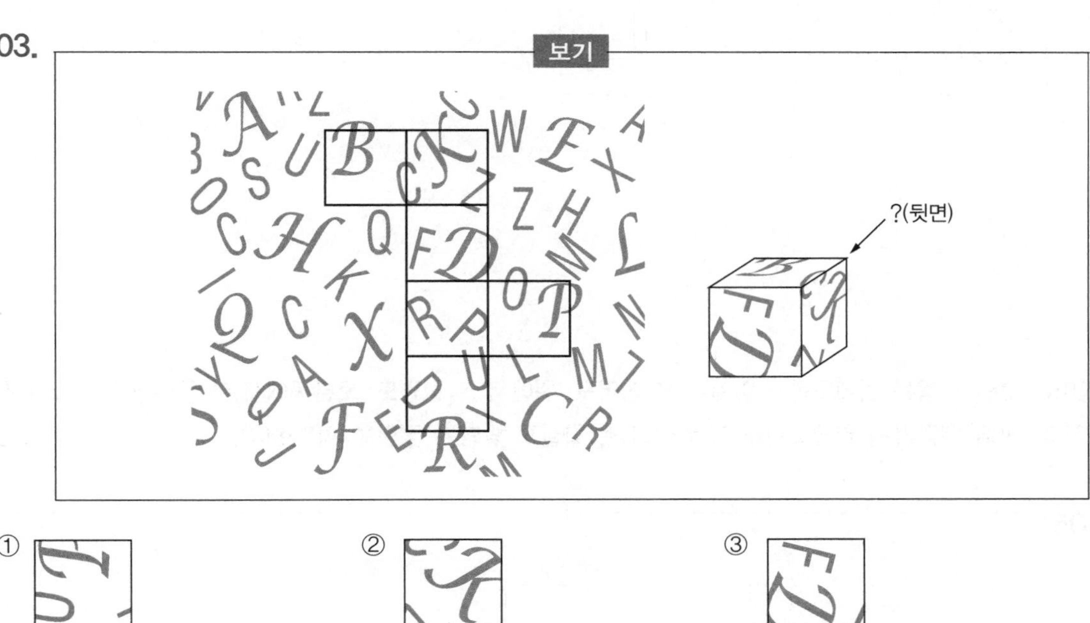


①

②
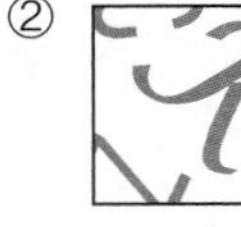

③

④

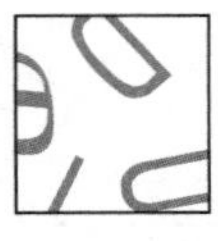

⑤
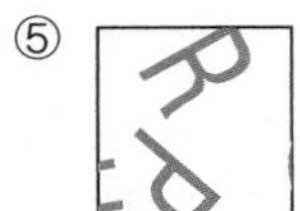

04.

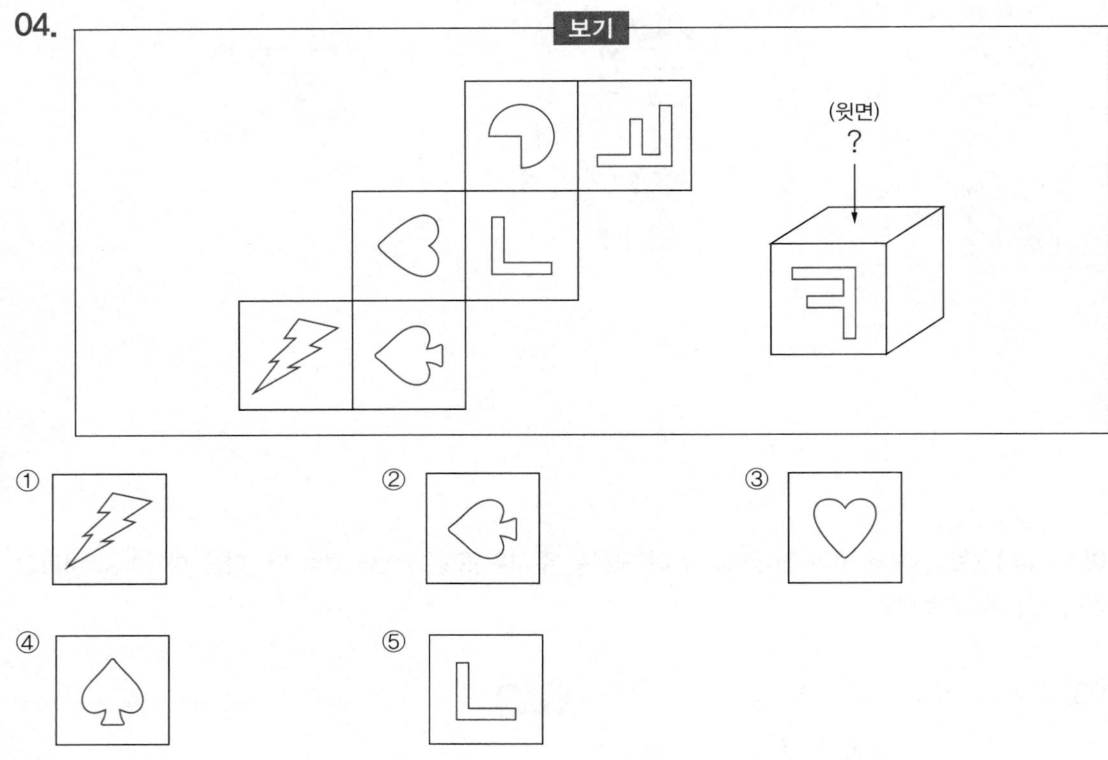


[05 ~ 06] 다음은 입체도형을 앞에서 본 정면도, 위에서 본 평면도, 오른쪽에서 본 우측면도를 그린 것이다. 이에 해당하는 입체도형을 고르시오(단, 화살표 방향은 정면을 의미한다).

05.

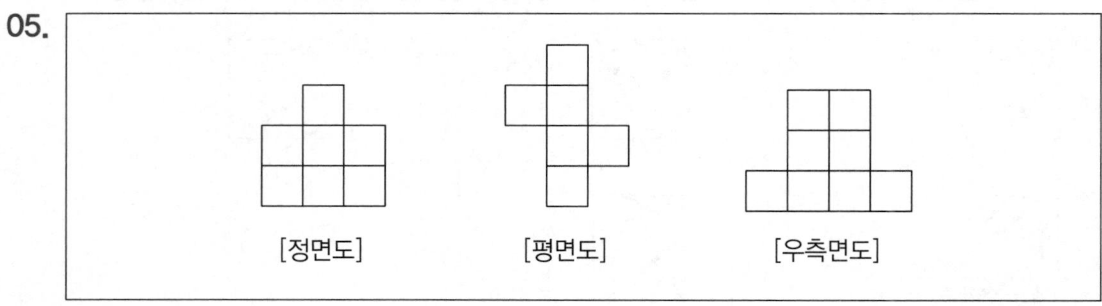

①

② 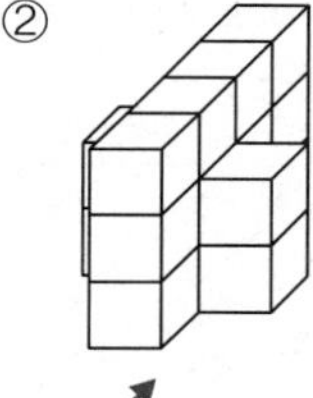

③ 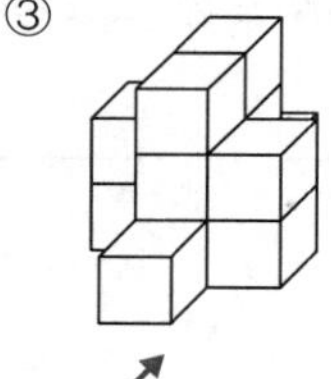

④

⑤ 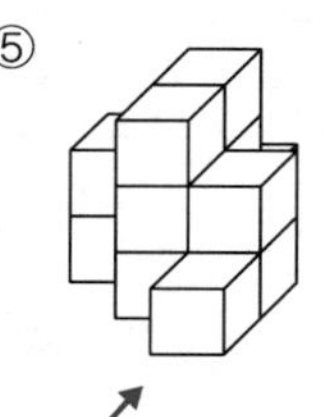

**06.**

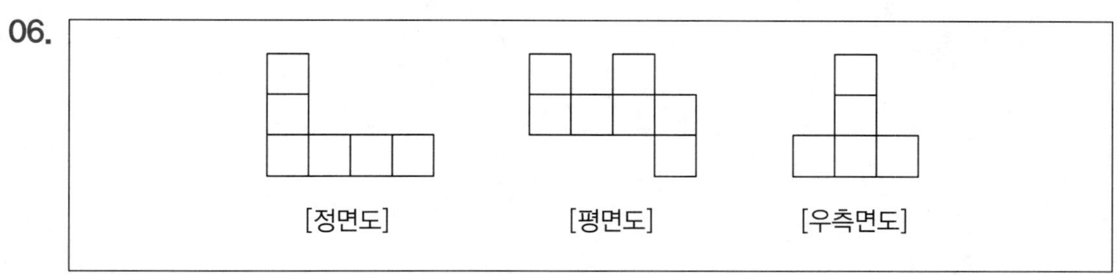


① 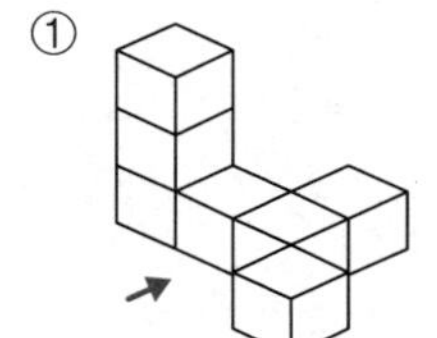

② 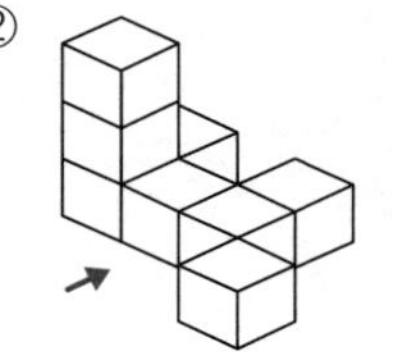

③ 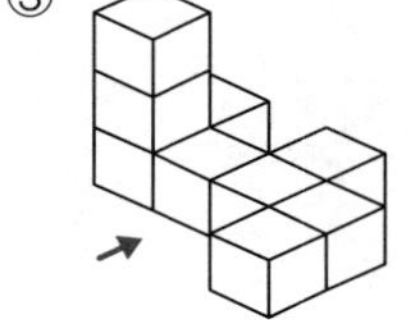

④ 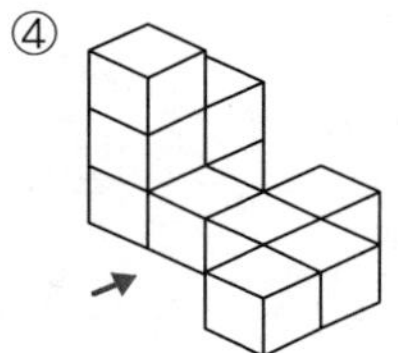

⑤ 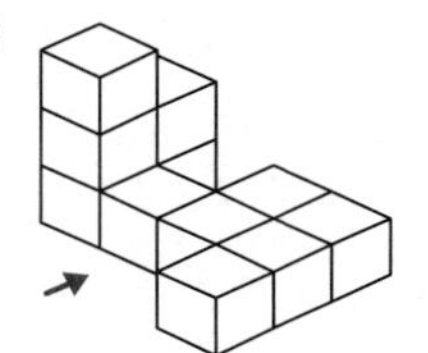

**[07 ~ 08] 다음 투상도를 보고 해당하는 입체도형을 고르시오.**

**07.**

①

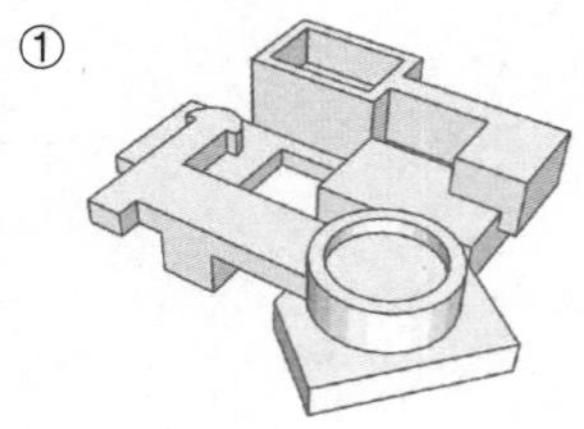

②

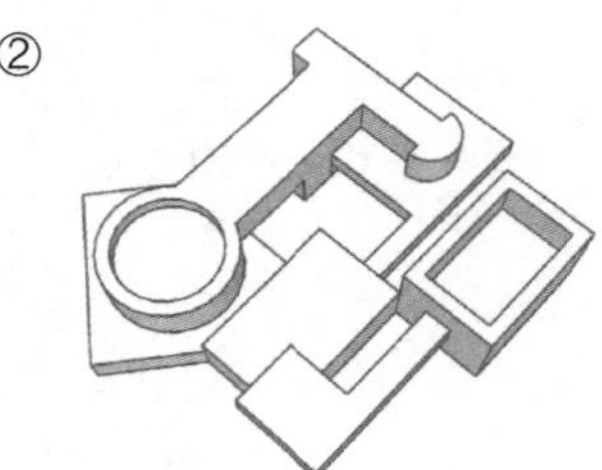

③

④

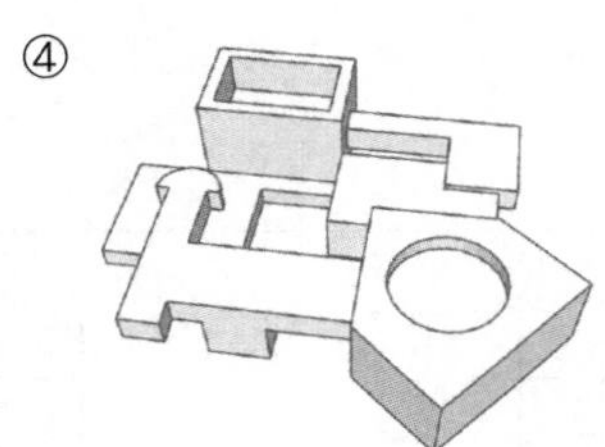

⑤

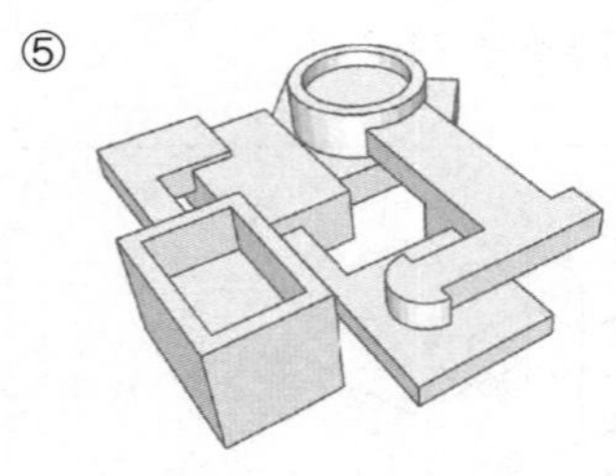

08.

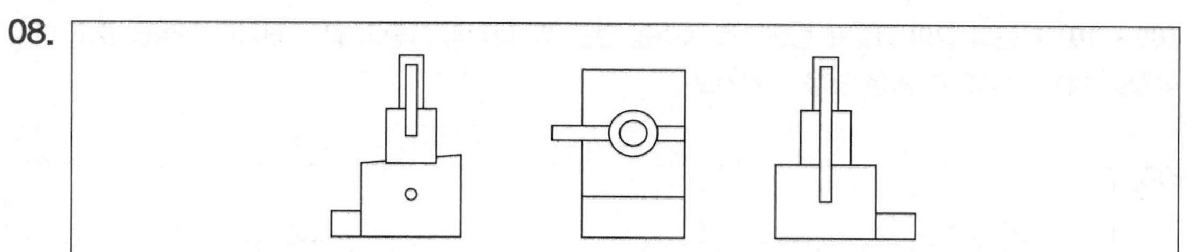

①

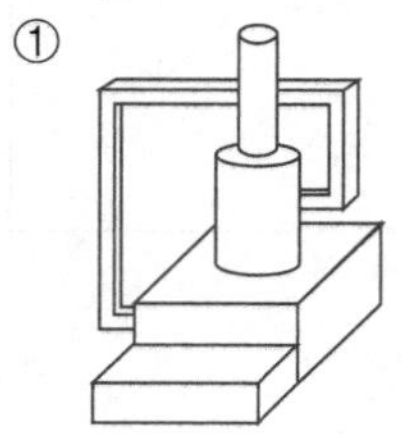

②

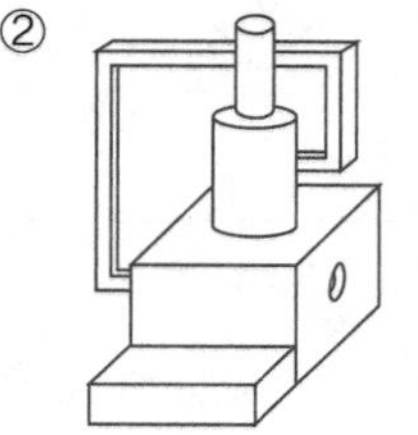

③

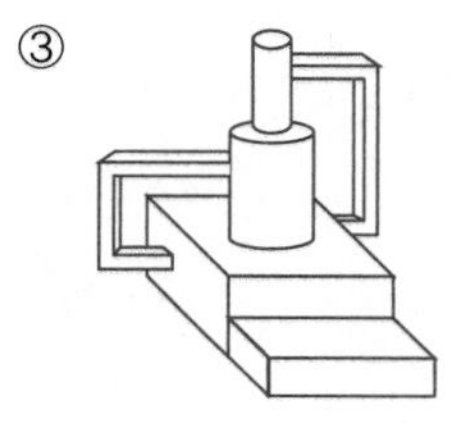

④

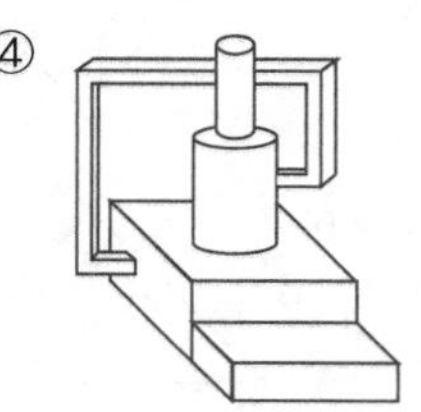

⑤

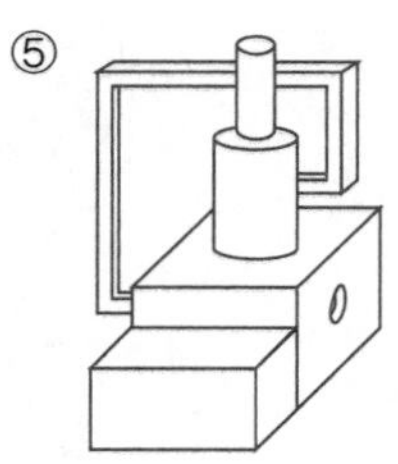

**[09 ~ 10]** 다음과 같이 화살표 방향으로 종이를 접은 후, 마지막 그림과 같이 펀치로 구멍을 뚫고 다시 펼쳤을 때의 모양으로 옳은 것을 고르시오.

**09.**

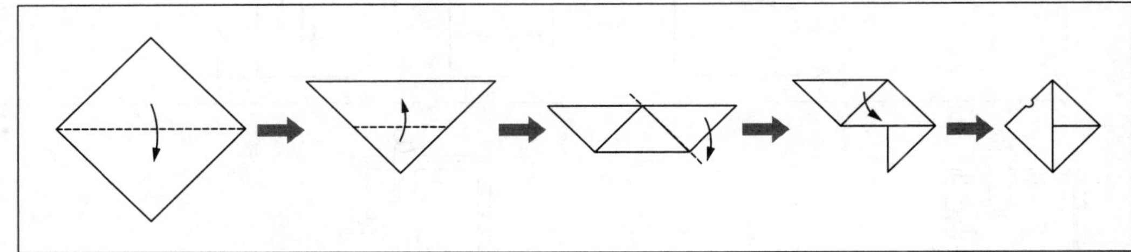

①

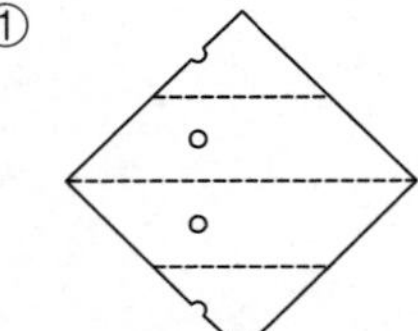

②

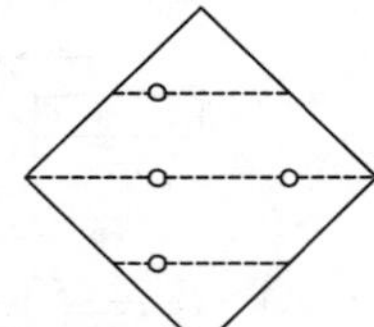

③

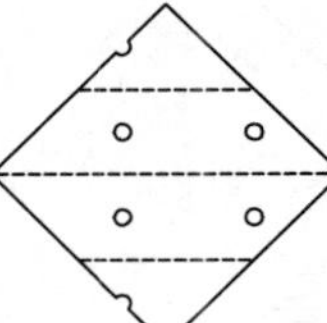

④

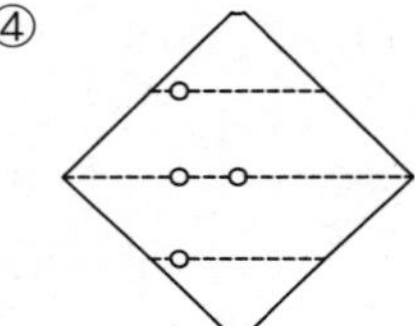

⑤

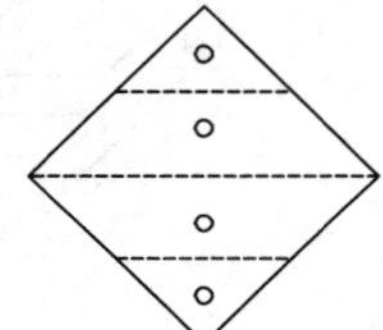

**10.**

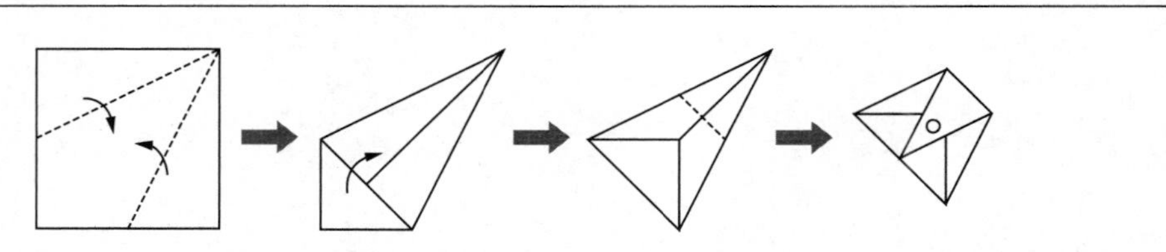

① 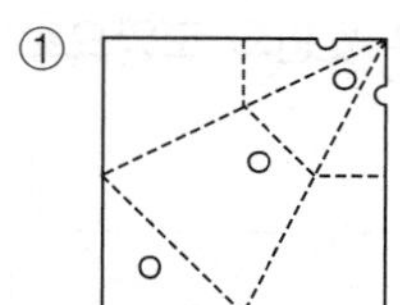

② 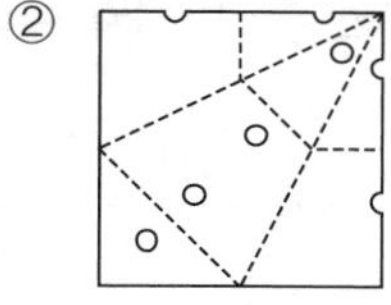

③ 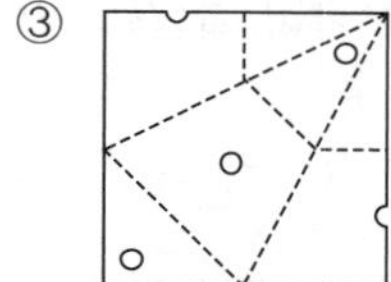

④ 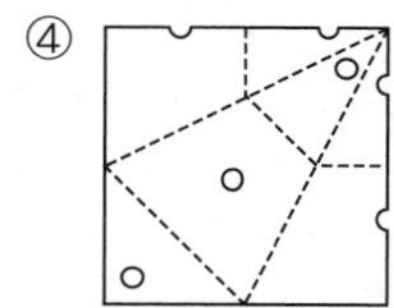

⑤ 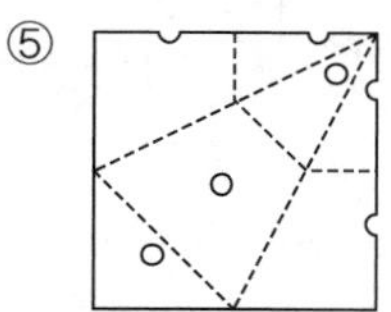



**11.** 직각이등변 삼각형을 다음 그림처럼 접고 색칠된 부분을 잘라냈을 때, 펼친 모습으로 옳은 것은?

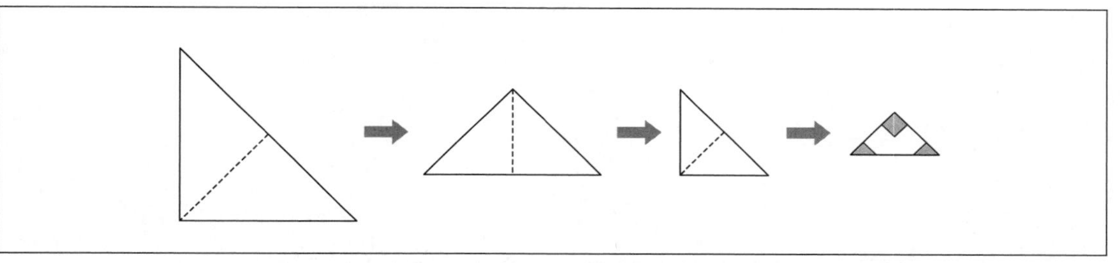

① 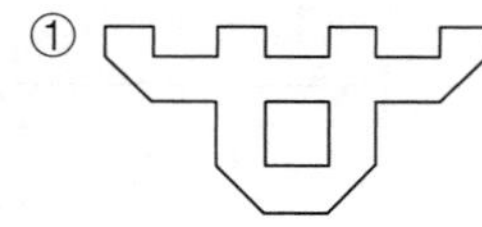

② 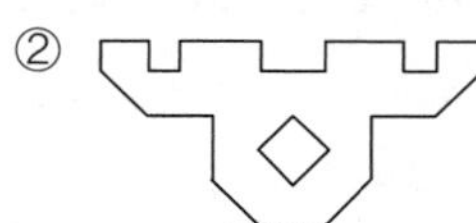

③ 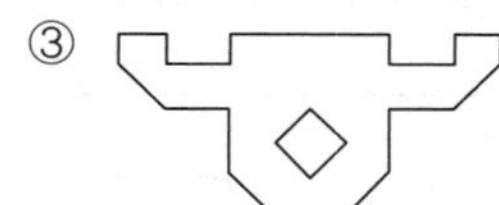

④ 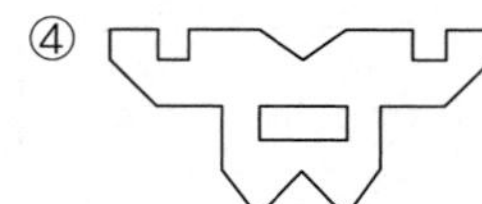

⑤ 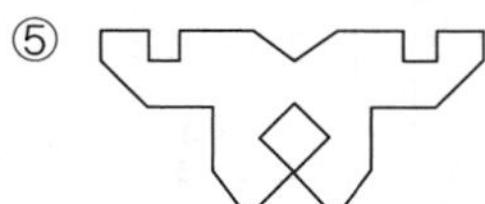

12. 다음 그림과 같이 화살표 방향으로 종이를 접은 후, 마지막 색칠된 부분을 자른 뒷면의 모양으로 옳은 것은?

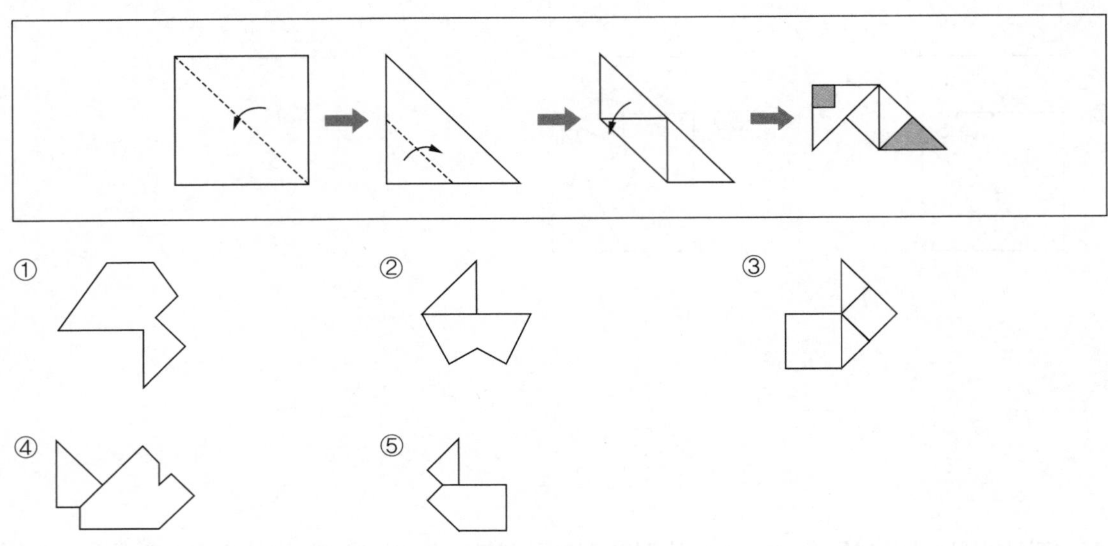

13. 다음과 같이 종이를 접은 후 앞이나 뒤에서 볼 수 있는 모양은?

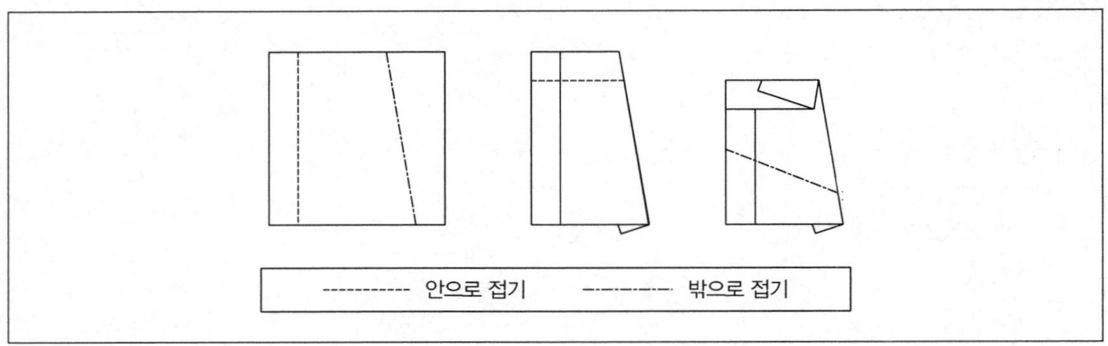

① 

② 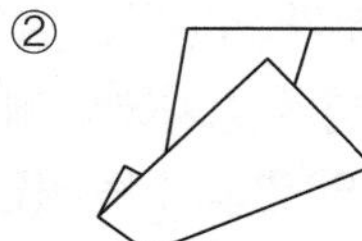

③ 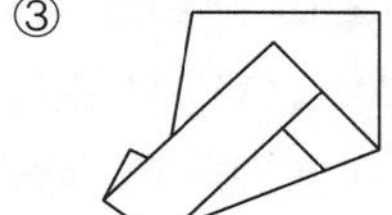

④ 

⑤ 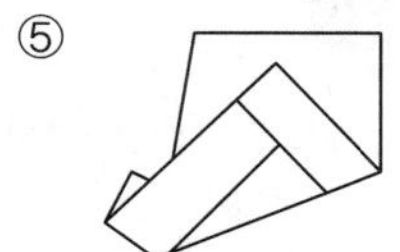



**14. 다음과 같이 종이를 접은 후 앞이나 뒤에서 볼 수 있는 모양으로 옳지 않은 것은?**

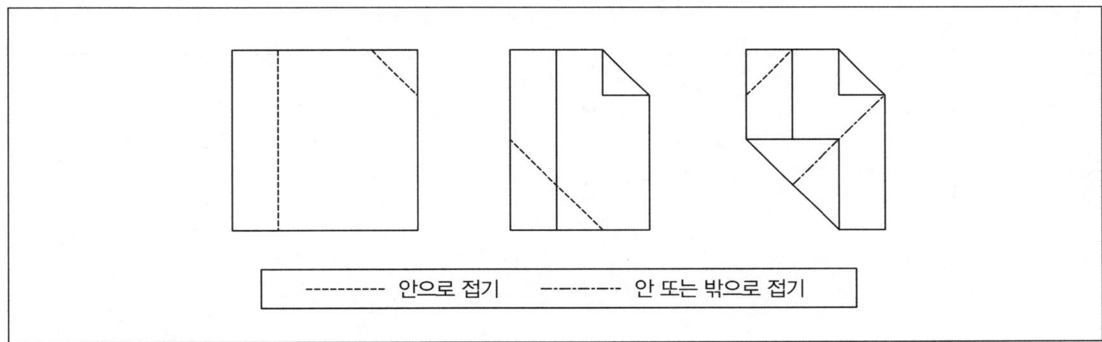


① 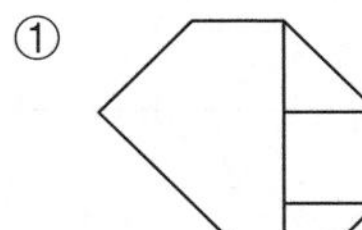

② 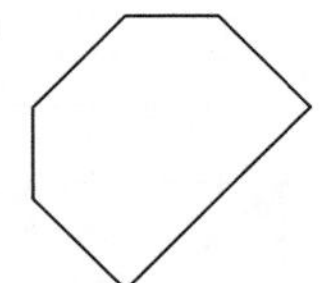

③ 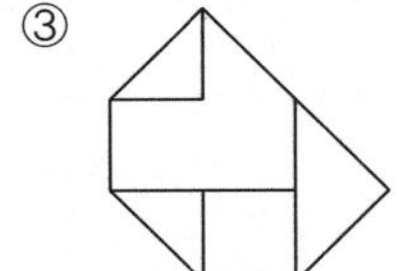

④ 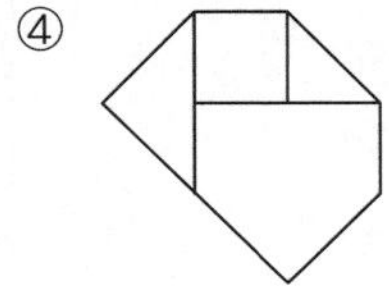

⑤ 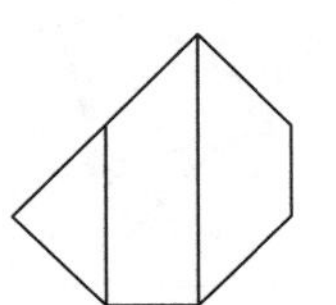

**15.** 다음 그림과 같이 한 변의 길이가 3cm이고, 내부가 비어있는 상자가 있다. 이 상자에 한 변의 길이가 1cm인 작은 정육면체들을 조합한 A ~ D 입체도형을 상자에서 빠져 나오지 않도록 한 개씩 넣는다. 다음 〈조건〉에 맞춰 넣었을 때, 바닥에 접하는 C와 D의 면의 수는? (단, 면의 수는 작은 정육면체의 면을 단위로 하여 센다)

**조건**

- A ~ D의 각 입체도형은 적어도 한 면은 다른 입체도형 또는 상자의 바닥에 접한다.
- A의 바닥은 다른 입체도형의 면과 두 면 접한다.
- C는 A, D와는 접하지 않는다.
- A와 D는 한 면 접한다.

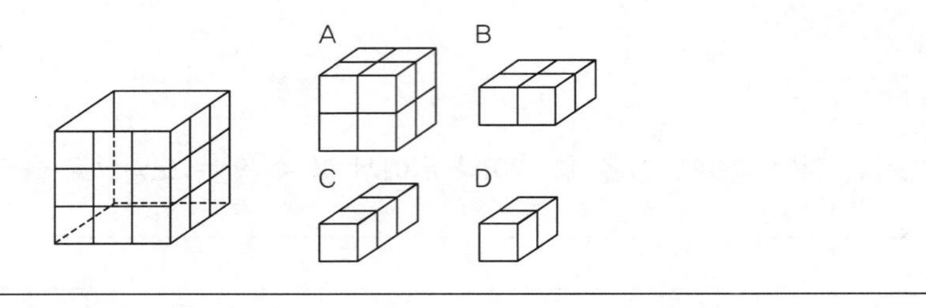


| | C | D | | C | D | | C | D |
|---|---|---|---|---|---|---|---|---|
| ① | 1 | 0 | ② | 1 | 1 | ③ | 1 | 2 |
| ④ | 3 | 1 | ⑤ | 3 | 2 | | | |

**16.** 다음 그림에 나타나 있지 않은 조각은?

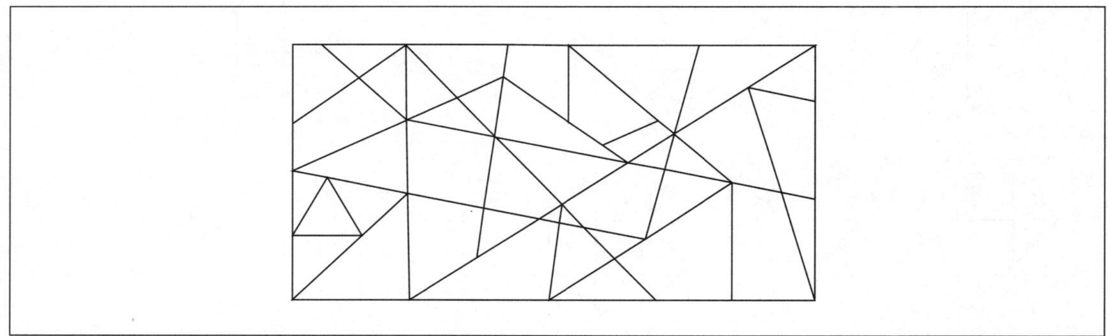

① 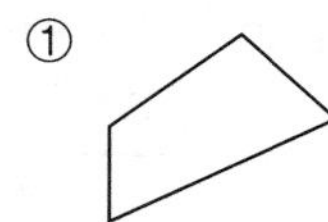

② 

③ 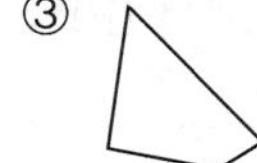

④ 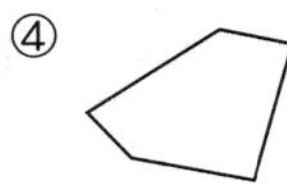

⑤ 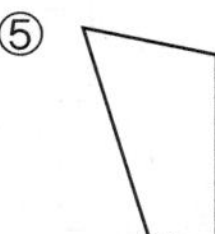

**17.** **다음 두 블록을 합쳤을 때 나올 수 있는 형태는? (단, 회전은 자유롭다)**

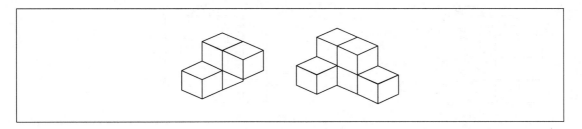

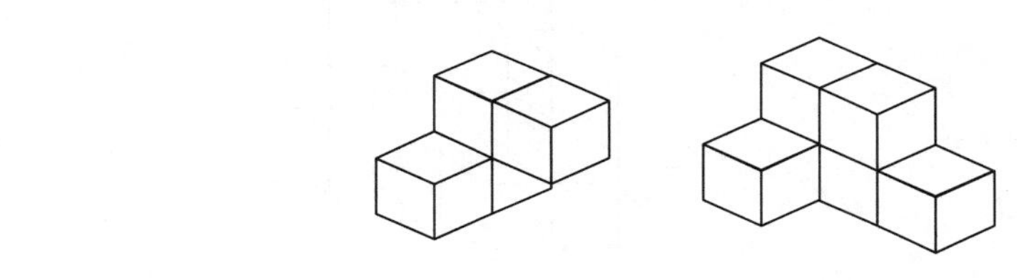

 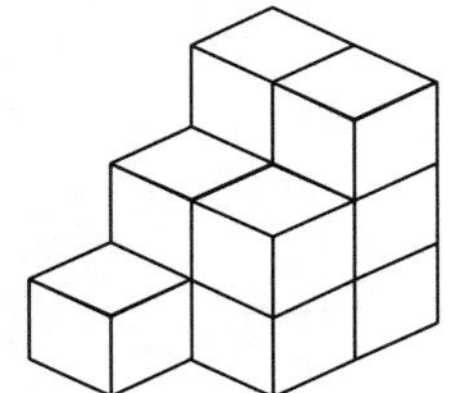

② 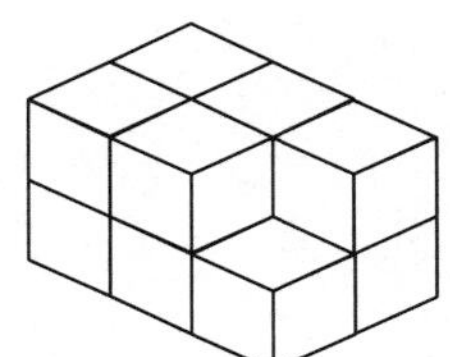

③ 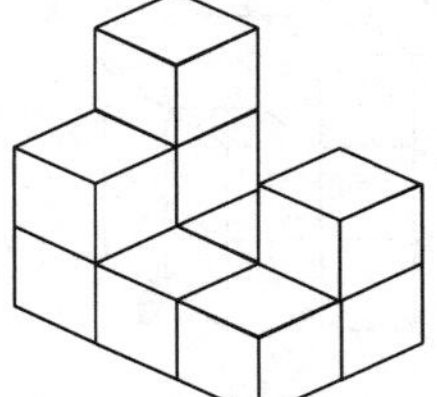

④ 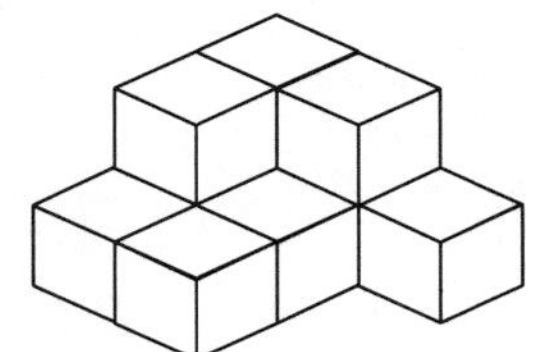

 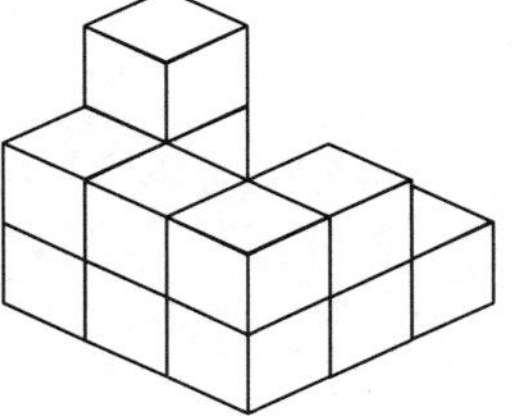

18. 다음 정육면체 (A)에서 (B)의 블록을 제거하고 남은 형태의 블록 모양으로 옳은 것은?

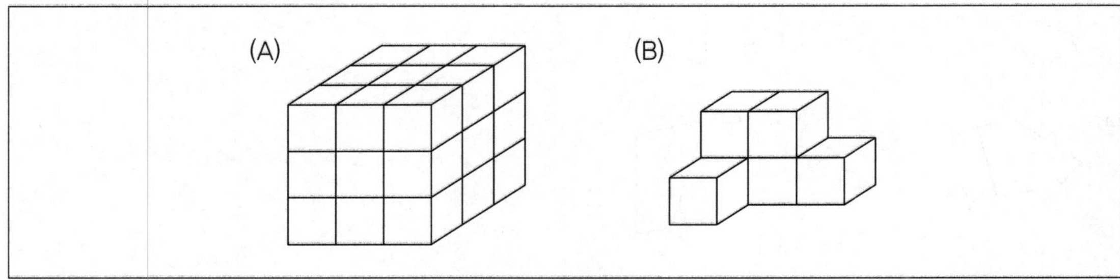


①

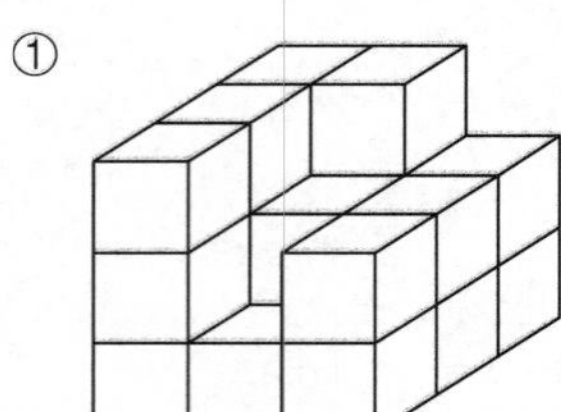

②

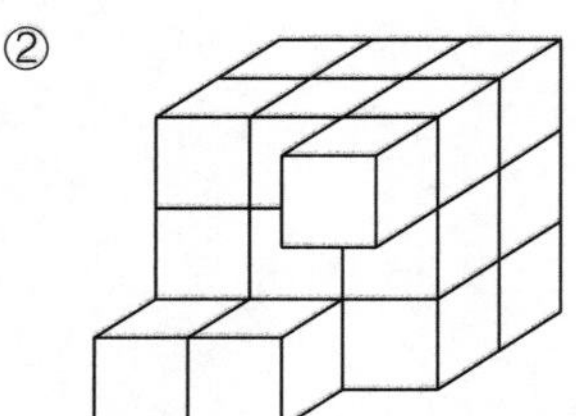

③

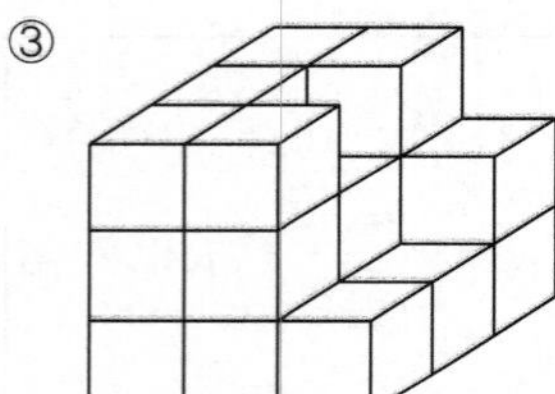

④

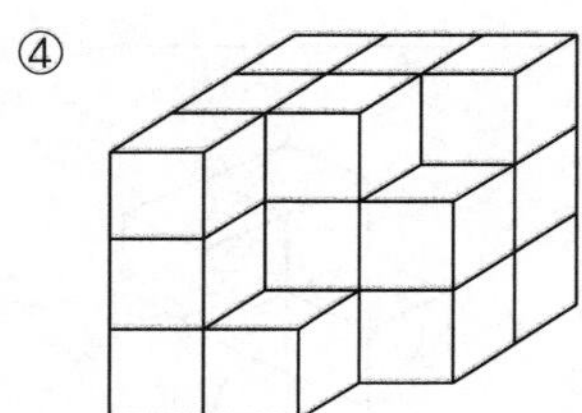

⑤

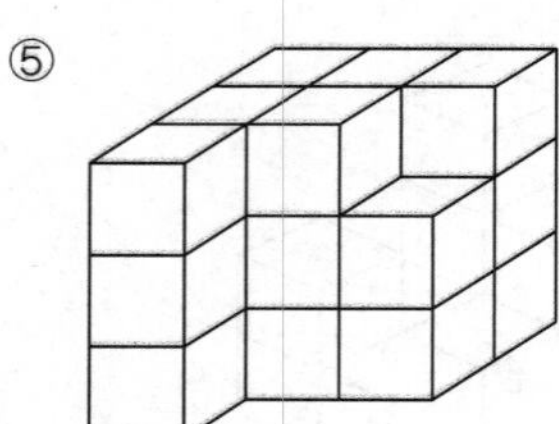

[19 ~ 20] 다음은 같은 크기의 블록을 쌓아올린 그림이다. 이어지는 질문에 답하시오.

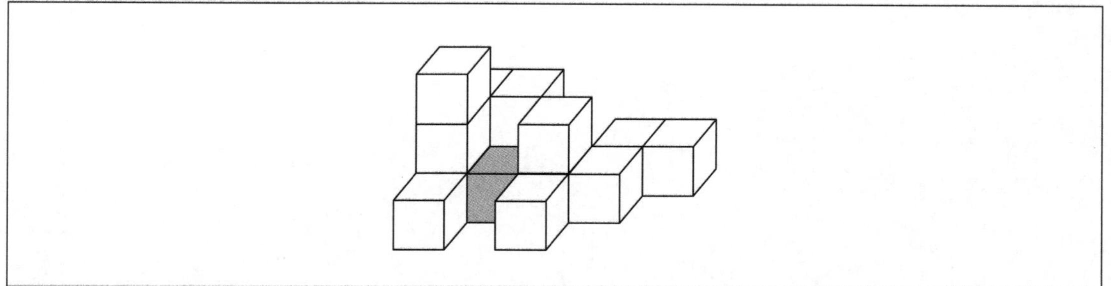

19. 블록의 개수는 모두 몇 개인가?

① 14개　② 15개　③ 16개
④ 17개　⑤ 18개

20. 색칠된 블록에 접촉하고 있는 블록의 수는 모두 몇 개인가?

① 3개　② 4개　③ 5개
④ 6개　⑤ 7개

**키워드** 참인 명제 추론하기
조건에 따라 거짓말한 사람 찾기
논리적 오류가 없는 문장 찾기
제시된 문제의 유형 파악하기
브레인스토밍의 방법 이해하기

**분석** 소양평가에서 문제해결력은 45 ~ 50문항 중 약 10문항이 출제되고 있다. 명제의 대우, 삼단논법 등을 이용해 참 · 거짓을 추론하는 문제, 조건에 맞는 결론 또는 순서를 도출해 내는 논리게임 문제, 어휘 관계와 논리적 오류를 추리하는 문제가 주로 출제된다. 논리적으로 정해진 답을 구해야 하므로 주어진 자료와 정보에 근거해 생각하는 습관을 들이도록 한다.

4
파트

# 문제해결력

## 01 분석사고력



**직무능력검사란?** 산업 현장에서 직무를 수행하기 위해 요구되는 각종 지식, 기술, 태도 등 기본적으로 갖추고 있어야 할 인지적 능력을 진단하는 것이다.

# 출제유형이론학습

**01.** 다음은 어떤 단어의 속성을 나열한 것이다. 이에 해당하는 단어는?

| 뜨거움　항성　흑점 |
|---|

① 달　② 태양
③ 우주　④ 지구
⑤ 은하수

정답 ②

해설 '뜨거움, 항성, 흑점'은 태양에서 볼 수 있는 특징이다.

## 1 단어관계

### (1) 유의관계

의미가 같거나 비슷한 단어들의 의미 관계이다. 이러한 관계를 가진 단어를 '유의어'라 한다.

| 특징 | • 의미가 비슷하지만 똑같지 않다는 점에 유의한다.<br>• 가리키는 대상의 범위가 다르거나 미묘한 느낌의 차이가 있어 서로 바꾸어 쓸 수 없다. 예 낯-얼굴 : 낯이 상하다(×), 얼굴이 상하다(○) |
|---|---|
| 예시 | 곱다-아름답다 / 말-언사(言辭) / 지금-당금(當今) 등 |

### (2) 반의관계

서로 반대의 뜻을 지닌 단어들의 의미 관계이다. 이러한 관계에 있는 단어를 '반의어'라 한다.

| 특징 | • 대상에 대한 막연한 의미를 대조적인 방법으로 명확하게 부각시켜 준다.<br>• 반의 관계에 있는 두 단어는 서로 공통되는 의미요소 중 오직 한 개의 의미요소만 달라야 한다.<br>• 반대 관계 : 두 단어 사이에 중간 항이 존재한다. 예 크다-작다<br>• 모순 관계 : 두 단어 사이에 중간 항이 존재하지 않는다. 예 살다-죽다 |
|---|---|
| 예시 | 낮-밤 / 가다-오다 / 덥다-춥다 등 |

### (3) 상하관계

두 단어 중 한쪽이 의미상 다른 쪽을 포함하거나 다른 쪽에 포함되는 의미 관계이다. 다른 단어의 의미를 포함하는 단어를 '상위어', 포함되는 단어를 '하위어'라 한다.

| 특징 | • 상위어와 하위어의 관계는 상대적이다.<br>• 상위어는 일반적이고 포괄적인 의미를 가진다.<br>• 하위어일수록 개별적이고 한정적인 의미를 지닌다. |
|---|---|
| 예시 | 나무-소나무, 감나무, 사과나무 / 동물-코끼리, 판다, 토끼 등 |

### (4) 동음이의어관계

단어의 소리가 같을 뿐 의미의 유사성은 없는 관계이다. 형태와 소리는 같지만 의미는 다른 단어들을 '동음이의어'라 한다.

| 특징 | • 사전에 서로 독립된 별개의 단어로 취급된다.<br>• 상황과 문맥에 따라 의미를 파악해야 한다. |
|---|---|
| 예시 | 배(선박)-배(배수)-배(신체)-배(과일) |

### (5) 다의관계

의미적으로 유사성을 갖는 관계이다. 두 가지 이상의 의미를 가진 단어를 '다의어'라 한다.

| 특징 | • 의미에는 기본적인 '중심 의미'와 확장된 '주변 의미'가 있다.<br>• 사전에서 하나의 단어로 취급한다. |
|---|---|
| 예시 | 다리1. 사람이나 동물의 몸통 아래 붙어 있는 신체의 부분. 서고 걷고 뛰는 일 따위를 맡아 한다.<br>예 다리에 쥐가 나다.<br>다리2. 물체의 아래쪽에 붙어서 그 물체를 받치거나 직접 땅에 닿지 아니하게 하거나 높이 있도록 버티어 놓은 부분.<br>예 책상 다리<br>다리3. 안경의 테에 붙어서 귀에 걸게 된 부분.<br>예 안경다리를 새것으로 교체했다.<br>다리4. 둘 사이의 관계를 이어 주는 사람이나 사물을 비유적으로 이르는 말. 예 나는 그 분을 잘 모르니 자네가 다리가 되어 주게나.<br>다리5. 중간에 거쳐야 할 단계나 과정<br>예 이것이 우리에게 오는 데 다리를 여럿 거친 것이다. |

## 2 논증

하나 이상의 명제들로 하여 어떤 판단의 이유를 분명하게 하는 것을 말한다.

### (1) 연역추론

전제에서 시작하여 논리적인 주장을 통해 특정 결론에 도달한다.

예
㉠ 사람은 음식을 먹어야 살 수 있다.
㉡ 나는 사람이다.
㉢ 나는 음식을 먹어야 살 수 있다.

### (2) 귀납추론

관찰이나 경험에서 시작하여 일반적은 결론에 도달한다.

예
㉠ 소크라테스는 죽었다. 플라톤도 죽었다. 아리스토텔레스도 죽었다.
㉡ 이들은 모두 사람이다.
㉢ 그러므로 모든 사람은 죽는다.

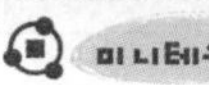


**02. 다음을 읽고 밑줄 친 부분에 들어갈 알맞은 말은?**

• 만화책을 좋아하면 아이스크림을 좋아한다.
• 매운 음식을 즐겨 먹지 않으면 아이스크림을 좋아하지 않는다.
• ______________

① 매운 음식을 즐겨 먹으면 아이스크림을 좋아한다.
② 만화책을 좋아하면 매운 음식을 즐겨 먹는다.
③ 아이스크림을 좋아하지 않으면 만화책을 좋아한다.
④ 만화책을 좋아하면 매운 음식을 즐겨 먹지 않는다.
⑤ 아이스크림을 좋아하면 만화책을 좋아한다.

정답 ②

해설 첫 번째 명제와 두 번째 명제의 대우 '아이스크림을 좋아하면 매운 음식을 즐겨 먹는다'를 연결하면 '만화책을 좋아하면 매운 음식을 즐겨 먹는다'가 성립한다.

**03. 다음 제시된 명제가 참(眞)일 때 옳은 것은?**

- 요리를 잘하는 사람은 반드시 청소도 잘한다.
- 청소를 잘하는 사람은 반드시 키가 크다.
- 나는 요리를 잘한다.

① 키가 크면 청소를 잘한다.
② 청소를 잘하면 요리를 잘한다.
③ 키가 작으면 청소를 잘한다.
④ 나는 키가 크다.
⑤ 내가 아니면 반드시 키가 크다.

정답 ④

해설 첫 번째 명제와 두 번째 명제를 조합해 보면 '요리를 잘하는 사람은 반드시 키가 크다'가 성립하므로 세 번째 명제에 따라 '나는 키가 크다'가 성립한다.

## 3 명제 추리

### (1) 명제

'P이면 Q이다(P → Q)'라고 나타내는 문장을 명제라 부르며 P는 가정, Q는 결론이다.

> 예 삼각형 세 변의 길이가 같다면 세 개의 각은 모두 60°이다.
>
> P(가정) : 삼각형 세 변의 길이가 같다.
> ⇓
> Q(결론) : 세 개의 각은 모두 60°이다.

① 명제의 역 : 원 명제의 가정과 결론을 바꾼 명제 'Q이면 P이다'를 말한다(Q → P).

> 예 세 개의 각이 모두 60°이면 삼각형 세 변의 길이는 같다.

② 명제의 이 : 원 명제의 가정과 결론을 둘 다 부정한 명제 'P가 아니면 Q가 아니다'를 말한다(~P → ~Q).

> 예 삼각형 세 변의 길이가 같지 않다면 세 개의 각은 모두 60°가 아니다.

③ 명제의 대우 : 원 명제의 역의 이, 즉 'Q가 아니면 P가 아니다'를 말한다(~Q → ~P).

> 예 세 개의 각이 모두 60°가 아니면 삼각형 세 변의 길이는 같지 않다.

④ 역 · 이 · 대우의 관계 : 원 명제가 옳을(참) 때 그 역과 이도 반드시 옳다고 할 수 없으나 그 대우는 반드시 참이다. 즉 원 명제와 대우의 진위는 반드시 일치한다.

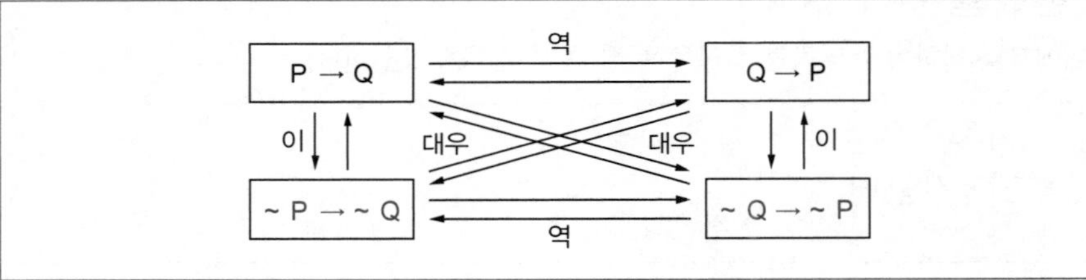


### (2) 삼단논법

두 개의 명제를 전제로 하여 하나의 새로운 명제를 도출해 내는 것을 말한다.

> 명제 1 P이면 Q이다(P → Q).
> 명제 2 Q이면 R이다(Q → R).
> ⇓
> P이면 R이다(P → R).

여기서 'P → Q'가 참이고 'Q → R'이 참일 경우, 'P → R' 또한 참이다.

> 예
> 테니스를 좋아하는 사람은 축구를 좋아한다.
> 축구를 좋아하는 사람은 야구를 싫어한다.
> ⇓
> 테니스를 좋아하는 사람은 야구를 싫어한다.

### (3) 참 · 거짓

여러 인물의 발언 중에서 거짓말을 하는 사람과 진실을 말하는 사람이 있는 문제이다. 이런 문제를 해결하는 기본 원리는 참인 진술과 거짓인 진술 사이에 모순이 발생한다는 점이다.

① 직접 추론 : 제시된 조건에 따른 경우의 수를 하나씩 고려하면서 다른 진술과의 모순 여부를 확인하여 참 · 거짓을 판단한다.

- 가정한 후 모순을 고려하는 방법
  - 한 명이 거짓을 말하거나 진실을 말하고 있다고 가정한다.
  - 가정에 따라 조건을 보고 정리한다.
  - 모순이 없는지 확인한다.

> 예 네 사람 중에서 진실을 말하는 사람이 3명, 거짓을 말하는 사람이 1명 있다고 할 때, 네 명 중 한 사람씩 거짓말을 하고 있다고 가정한다. 그리고 네 가지 경우를 하나씩 검토하면서 다른 진술과 제시된 조건과의 모순 여부를 확인하여 거짓을 말한 사람을 찾는다. 거짓을 말한 사람이 확정되면 나머지는 진실을 말한 것이므로 다시 모순이 없는지 확인한 후 이를 근거로 하여 문제에서 요구하는 사항을 추론할 수 있다.

- 그룹으로 나누어 고려하는 방법
  - 진술에 따라 그룹으로 나누어 가정한다.
  - 나눈 가정에 따라 조건을 반영하여 정리한다.
  - 모순이 없는지 확인한다.

| | |
|---|---|
| A의 발언 중에 'B는 거짓말을 하고 있다'라는 것이 있다. | A와 B는 다른 그룹 |
| A의 발언과 B의 발언 내용이 대립한다. | |
| A의 발언 중에 'B는 옳다'라는 것이 있다. | A와 B는 같은 그룹 |
| A의 발언과 B의 발언 내용이 일치한다. | |

※ 모든 조건의 경우를 고려하는 것도 방법이지만 그룹을 나누어 분석하는 것이 더 효율적일 때 사용하는 방법이다.

- 거짓을 말하는 한 명을 찾는 문제에서 진술하는 사람 A ~ E 중 A, B, C가 A에 대해 말하고 있고 D에 대해 D, E가 말하고 있다면 적어도 A, B, C 중 두 사람은 정직한 사람이므로 A와 B, B와 C, C와 A를 각각 정직한 사람이라고 가정하고 분석하여 다른 진술의 모순을 살핀다.

• 그 외

– 반은 진실이고 반은 거짓인 경우

▶특정 발언만 진실이거나 거짓이라고 가정한다.
▶가정한 조건과 주어진 조건들을 대응표로 정리한다.
▶답이 도출될 때까지 반복하여 결론을 찾는다.

– 순서 관계와 혼합문제로 출제되는 경우

▶주어진 조건들을 잘 파악한다.
▶거짓말을 하는 사람(진실을 말하는 사람)을 가정하거나 발언 내용을 그룹으로 나눈다.
▶그것에 따라 조건을 기호 등으로 표시하여 정리한다.

– 대응 관계와 혼합문제로 출제되는 경우

▶문제를 파악한다.
▶거짓말을 하는 사람(진실을 말하는 사람)을 가정하거나 발언 내용을 그룹으로 나눈다.
▶나눈 것에 따라 대응표를 만들고 조건을 정리한다.

② 간접 추론 : 제시된 진술이 모두 참이라고 가정하고 모순이 발생하는 진술을 찾아 문제를 해결한다. 특히 제시된 정보가 상당히 제한적일 때 직접 추론을 통해서는 너무나 많은 경우를 고려해야 한다면 간접추론을 통한 문제해결이 더 적절할 수 있다.

예 네 사람 중에서 진실을 말하는 사람이 3명, 거짓을 말하는 사람이 1명 있다고 할 때 거짓을 말하는 사람을 찾아가는 방법은 진술이 모두 참이라고 가정하고 진술 간의 조화 여부를 검토하여 다른 세 진술과 조화를 이룰 수 없거나 제시된 조건에 부합하지 않는 진술을 찾는 것이다.

## 4 논리적 오류

**(1) 형식적 오류** : 추리 과정에서 논리적 규칙을 범하여 생기는 오류

① 타당한 논증형식

– 순환 논증의 오류(선결문제 요구의 오류) : 증명해야 할 논제를 전제로 삼거나 증명되지 않은 전제에서 결론을 도출함으로써 전제와 결론이 순환적으로 서로의 논거가 될 때의 오류

예 그의 말은 곧 진리이다. 왜냐하면 그가 지은 책에 그렇게 적혀 있기 때문이다.

– 자가당착의 오류(비정합성의 오류) : 모순이 내포된 전제를 바탕으로 결론을 도출해 내는 오류

예 무엇이든 녹이는 물질이 존재합니다. 그것은 지금 이 호리병 안에 있습니다.

미니테스트

**04. 다음 글에 해당하는 논리 오류는?**

담배는 백해무익(百害無益)하다는데 흡연을 하다니, 넌 죽고 싶은가 보구나?

① 연민에 호소하는 오류
② 의도 확대의 오류
③ 분할의 오류
④ 애매어의 오류
⑤ 범주의 오류

정답 ②

해설 흡연을 한다고 해서 그 결과를 의도한 것이 아닌데 의도한 것이라고 판단하는 의도 확대의 오류에 해당한다.

② 부당한 논증형식

- 선언지 긍정의 오류 : 배타성이 없는 두 개념 외에는 다른 가능성이 없을 것으로 생각하여 생긴 오류

예 인간은 폭력적인 종족이거나 자만적인 종족이다. 인간은 폭력적인 종족이다. 그러므로 인간은 자만적인 종족이 아니다.

- 전건 부정 및 후건 긍정의 오류 : 전건을 부정하여 후건을 부정한 것을 결론으로 도출해 내는 전건 부정의 오류와 후건을 긍정하여 전건을 긍정한 것으로 도출해 내는 후건 긍정의 오류

예 • 전건 부정 : 바람이 부는 곳에는(전건) 잎이 있다(후건).
그 숲에서는 바람이 불지 않았다(전건 부정). 그러므로 그 숲에는 잎이 없다(후건 부정).
• 후건 긍정 : 눈이 오면(전건) 신발이 젖는다(후건).
신발이 젖었다(후건 긍정). 그러므로 눈이 왔다(전건 긍정).

**(2) 비형식적 오류** : 논리적 규칙은 준수하였지만 논증의 전개 과정에서 생기는 오류

① 심리적 오류

- 공포(협박)에 호소하는 오류 : 공포나 위협, 힘 등을 동원하여 자신의 주장을 받아들이게 하는 오류

예 제 뜻에 따르지 않는다면 앞으로 발생하는 모든 일의 책임은 당신에게 있음을 분명히 알아두십시오.

- 대중(여론)에 호소하는 오류 : 많은 사람의 선호나 인기를 이용하여 자신의 주장을 정당화하려는 오류

예 대다수가 이 의견에 찬성하므로 이 의견은 옳은 주장이다.

- 동정(연민)에 호소하는 오류 : 연민이나 동정에 호소하여 자신의 주장을 받아들이게 하는 오류

예 재판관님, 피고가 구속되면 그 자식들을 돌볼 사람이 없습니다. 재판관님의 선처를 부탁드립니다.

- 부적합한 권위에 호소하는 오류 : 논지와 직접적인 관련이 없는 권위(자)의 견해를 근거로 내세워 자기주장에 정당성을 부여하는 오류

예 환자에게 수혈을 하는 것은 환자 자신에게 좋지 않아. 경전에 그렇게 쓰여 있어.

- 원천 봉쇄의 오류(우물에 독 뿌리기) : 자신의 주장에 반론 가능성이 있는 요소를 나쁜 것으로 단정함으로써 상대방의 반론을 원천적으로 봉쇄하는 오류

예 나의 주장에 대하여 이의를 제기하는 사람이 있습니까? 공산주의자라면 몰라도 아니라면 나의 주장에 반대하지 않겠지요.

- 인신공격의 오류 : 주장하는 논리와는 관계없이 상대방의 인품, 과거의 행적 등을 트집 잡아 인격을 손상하면서 주장이 틀렸다고 비판하는 오류

예 넌 내 의견에 반박만 하고 있는데, 넌 이만한 의견이라도 낼 실력이 되니?

**05. 다음 논리 오류 중 심리적 오류에 해당하지 않는 것은?**

① 공포에 호소하는 오류
② 원천 봉쇄의 오류
③ 정황에 호소하는 오류
④ 역공격의 오류
⑤ 허수아비 공격의 오류

정답 ⑤

해설 허수아비 공격의 오류는 자료적 오류로, 상대의 주장을 다른 논점으로 비약하여 반박하는 오류이다.

- 정황에 호소하는 오류 : 주장하는 사람이 처한 개인적인 정황 등을 근거로 하여 자신의 주장에 타당성을 부여하거나 다른 사람의 주장을 비판하는 오류

  예 아이를 낳아보지도 않은 사람이 주장하는 육아 정책은 절대 신뢰할 수 없습니다.

- 역공격의 오류(피장파장의 오류) : 비판받은 내용이 상대방에게도 동일하게 적용될 수 있음을 근거로 비판을 모면하고자 할 때 발생하는 오류

  예 나한테 과소비한다고 지적하는 너는 평소에 얼마나 검소했다고?

② 자료적 오류

- 무지에 호소하는 오류 : 증명할 수 없거나 반대되는 증거가 없음을 증거로 제시하여 자신의 주장이 옳다고 정당화하려는 오류

  예 진품이 아니라는 증거가 없기 때문에 이 도자기는 진품으로 봐야 해.

- 발생학적 오류 : 어떤 대상의 기원이 갖는 특성을 그 대상도 그대로 지니고 있다고 추리할 때 발생하는 오류

  예 은우의 아버지가 공부를 잘했으니 은우도 틀림없이 공부를 잘할 거다.

- 성급한 일반화의 오류 : 부적합한 사례나 제한된 정보를 근거로 주장을 일반화할 때 생기는 오류

  예 그녀는 이틀 동안 술을 마신 걸로 보아 알코올 중독자임이 틀림없다.

- 우연의 오류 : 일반적인 사실이나 법칙을 예외적인 상황에 무차별로 적용하여 발생하는 오류

  예 모든 사람은 표현의 자유를 가지고 있다. 그러므로 판사는 법정에서 자신의 주관적 의견을 표현해도 된다.

- 원인 오판의 오류(잘못된 인과관계의 오류) : 두 사건이 동시에 발생하여 우연히 일치하는 것인데도 한 사건이 다른 사건의 원인이라고 주장한다거나 한 사건이 다른 사건보다 먼저 발생했다고 해서 전자 후자의 원인이라고 잘못 추론할 때 범하는 오류

  예 어젯밤에 돼지꿈을 꾸고 복권에 당첨되었습니다.

- 의도 확대의 오류 : 의도하지 않은 결과에 대해 의도가 있다고 판단하여 생기는 오류

  예 난간에 기대면 추락의 위험이 있다고 적혀 있다. 그러므로 이 난간에 기댄 사람은 모두 추락하고 싶은 것이다.

- 복합 질문의 오류 : 한 번에 둘 이상의 질문을 하여 답변자가 어떠한 대답을 하더라도 질문자의 생각대로 끌려가 한 개의 질문에는 긍정하게 되는 오류

  예 어제 당신이 때린 사람이 두 사람이지요? / 아니오. / 음, 그러니까 당신은 어제 사람들을 때렸다는 것을 인정하는 군요.

- 분할 및 합성의 오류 : 전체가 참인 것을 부분에 대해서도 참이라고 단정하여 발생하는 분할의 오류와 부분이 참인 것을 전체에 대해서도 참이라고 단정하여 발생하는 합성의 오류

  예 • 분할의 오류 : 스페인은 남아공 월드컵의 우승국이다. 그러므로 스페인의 축구 선수는 모두 훌륭하다.

- 합성의 오류 : 축구대표팀의 구성원은 각각 최고의 선수들이다. 그러므로 이 팀은 단연 최고이다.

– 허수아비 공격의 오류 : 상대방의 주장을 반박하기 쉬운 다른 논점(허수아비)으로 변형, 왜곡하여 비약된 반론을 하는 오류

예 방사능 피폭으로 인간은 각종 암과 기형아 출산 등의 큰 피해를 입었다. 그러므로 이 지역에 원자력 발전소를 세우는 것에 반대하는 바이다.

– 흑백 논리의 오류 : 모든 문제를 양극단으로만 구분하여 추론할 때 생기는 오류

예 민주주의자가 아니라면 모두 공산주의자이다.

– 논점 일탈의 오류 : 어떤 논점에 대하여 주장하는 사람이 그 논점에서 빗나가 다른 방향으로 주장하는 경우에 범하는 오류

예 너희들 왜 먹을 것을 가지고 싸우니? 빨리 들어가서 공부나 해!

– 잘못된 유추의 오류(기계적 유비 추리) : 서로 다른 사물의 우연적이며 비본질적인 속성을 비교하여 결론을 이끌어 냄으로써 생기는 오류

예 컴퓨터와 사람은 비슷한 점이 많아. 그렇기 때문에 틀림없이 컴퓨터도 사람처럼 감정을 지녔을 거야.

③ 언어적 오류

– 강조의 오류 : 문장의 어떤 부분을 부당하게 강조함으로써 범하는 오류

예 친구를 헐뜯으면 안 되느니라. / 그럼 친구 아닌 다른 사람은 헐뜯어도 되겠죠.

– 애매어의 오류 : 둘 이상의 의미가 있는 다의어나 애매한 말의 의미를 혼동하여 생기는 오류

예 꼬리가 길면 결국 잡힌다. 원숭이는 꼬리가 길다. 그러므로 원숭이는 결국 잡힌다.

– 애매문의 오류 : 구나 문장의 구조가 애매하여 발생하는 오류

예 아내는 나보다 고양이를 더 좋아해(아내가 고양이를 좋아하는 정도가 내가 고양이를 좋아하는 정도보다 크다는 의미일수도 있고 아내가 나를 좋아하는 정도보다 고양이를 좋아하는 정도가 더 크다는 의미일수도 있다).

– 은밀한 재정의의 오류 : 어떤 용어의 사전적 의미에 자의적 의미를 덧붙여 사용함으로써 발생하는 오류

예 그런 완벽한 남자의 청혼을 거절하다니 제정신이니? 나와 정신병원에 한번 가 보자.

– 범주의 오류 : 단어의 범주를 잘못 인식한 데서 생기는 오류

예 아버지, 저는 과학자가 되기보다는 물리학자가 되고 싶습니다(물리학자가 과학자의 하나라는 점에서 보면 단어의 범주를 잘못 인식하고 있다).

 미니테스트

**06. 다음 중 언어적 오류에 해당하지 않는 것은?**

① 나는 하루와 단오를 만났다.
② 친구와 밤늦게 다니지 말라고 하셨으니까 형과는 밤늦게 다녀도 된다.
③ 필구는 겨울을 싫어하니까 여름을 좋아한다.
④ 동주가 응원하는 야구팀이 3연패하였다.

정답 ③

해설 자료적 오류 중 흑백 논리의 오류에 해당한다.

## 5 조건 추론

### (1) 순서 · 자리 유추

① 기준이 되는 사람을 찾아 고정한 후 위치 관계를 파악한다.

② 다른 사람과의 위치 관계 정보가 가장 많은 사람을 주목한다.

③ 정면에 앉은 사람들의 자리를 고정한다.

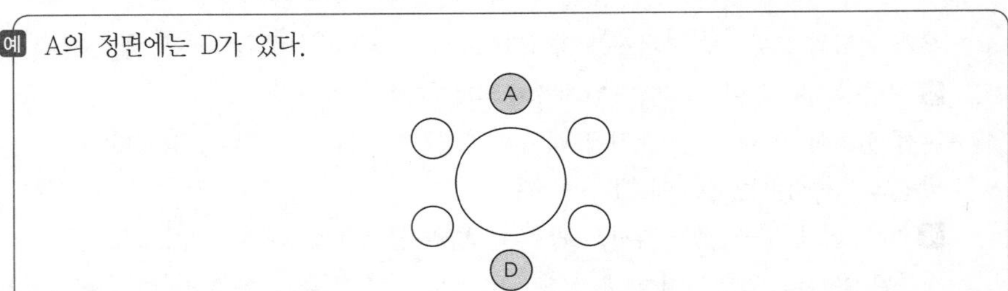

예 A의 정면에는 D가 있다.
A
D


④ 떨어져 있는 것들의 위치 관계를 먼저 정한다.

⑤ 좌우의 위치에 주의한다.

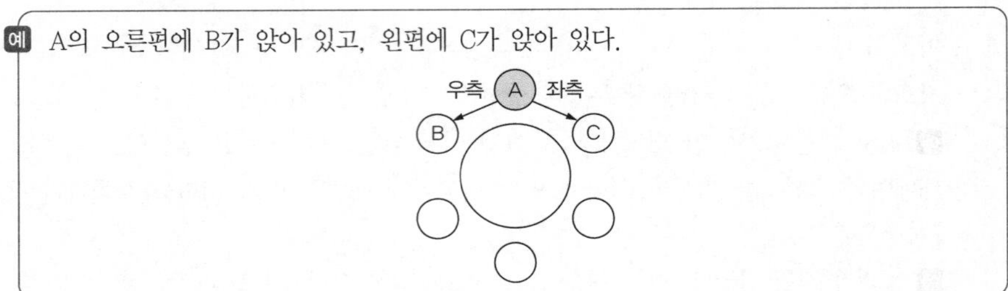

예 A의 오른편에 B가 앉아 있고, 왼편에 C가 앉아 있다.
우측
A
좌측
B
C


### (2) 순위 변동

마라톤과 같은 경기에서 경기 도중의 순서와 최종 순위로 답을 추론하는 문제이다.

① 가장 많은 조건이 주어진 것을 고정한 후 분석한다.

② '어느 지점을 먼저 통과했다' 등으로 순위를 확실하게 알 수 있는 경우에는 부등호를 사용한다.

예 A는 B보다 먼저 신호를 통과했다. A > B


③ 순위를 알 수 없는 부분은 □, ○ 등을 사용하여 사이 수를 표시한다.

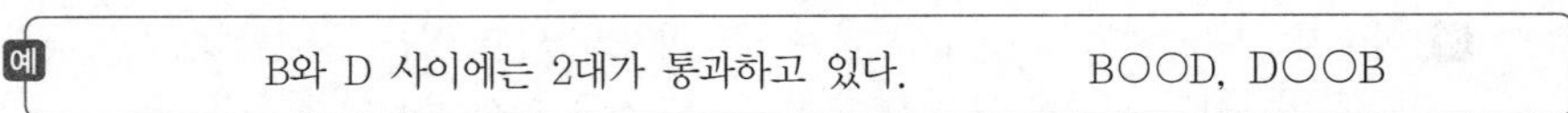

예 B와 D 사이에는 2대가 통과하고 있다. B○○D, D○○B


④ 생각할 수 있는 경우의 수를 전부 정리한다.

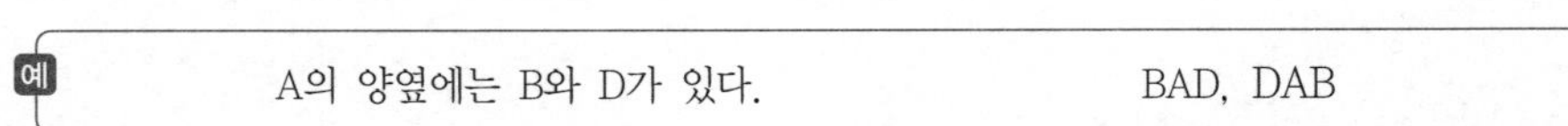

예 A의 양옆에는 B와 D가 있다. BAD, DAB


⑤ 'B와 C 사이에 2명이 있다', 'B와 C는 붙어 있지 않다' 등 떨어져 있는 조건에 주목하여 추론한다. 선택지에 있는 값을 넣어 보면 더 쉽게 찾을 수 있다.

---

**미니테스트**

**07. A ~ E는 마라톤 경기 중이다. 다음 조건을 바탕으로 할 때, 최종 순위가 2등인 사람은? (단, 주어진 조건 외 변동사항은 없다)**

〈조건〉

- 출발 직후 1등은 C이며, B와 C 사이에 두 명이 있다.
- A는 B보다 앞서 있다.
- A는 가장 먼저 반환점을 통과했다.
- E는 D보다 먼저 반환점을 통과했다.

① A ② B
③ C ④ D
⑤ E

정답 ③

해설 알 수 있는 출발 직후 순위를 정리하면 C□□B□이다. A가 B보다 앞서 있으므로 CA□B□ 또는 C□AB□로 추론할 수 있다. 반환점을 A가 먼저 통과하여 순위는 AC□B□가 되고 마지막 조건에 따라 ACEBD가 된다.

### (3) 기간 추론

회사 중역의 재직 기간이나 취임 순서 또는 잡지의 발행 기간 등에 관한 문제이다.

① 선분도는 다음과 같이 시간 순으로 나타내며 다음과 같이 대입해 보면 이해하기 쉽다.

예 부장은 2003년 4월에 A 부서에서 B 부서로 이동하였고 과장은 2001년 4월에 C 부서에서 D 부서로 이동하였다.

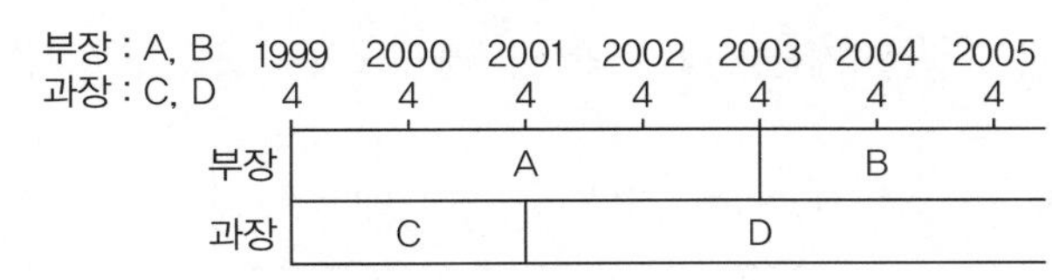


② 조건에서 재직과 이동한 기간을 명확하게 알아본다.

③ '○○와 함께 ○○년 근무했다'라는 조건에 주의한다.

**Tip**

- 조건을 선분도 등으로 표시한다.
- 조건을 잘 이해하고 정리하며 선분도에 표시할 부분을 표시해 나간다.
- 위의 결과를 분석하여 답을 찾는다.

### (4) 방향 추론

건물과 건물, 인물과 건물 간의 위치 관계를 묻는 문제이다.

① 8방위를 기본으로 하여 방향의 기준을 찾는다.

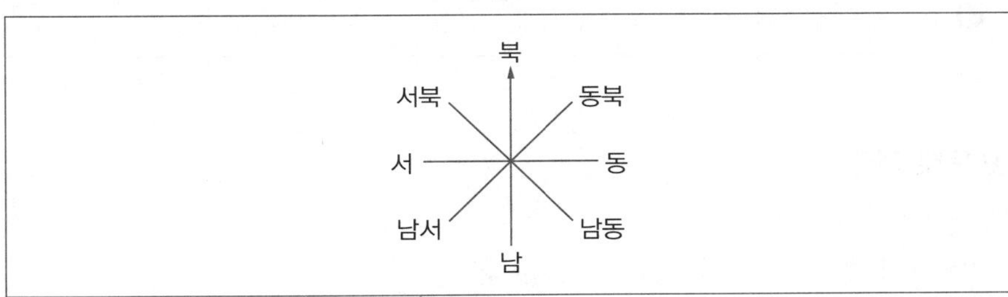


② 제시된 조건을 그림으로 정리한다.

예 학교는 A의 집의 동쪽에 있다.

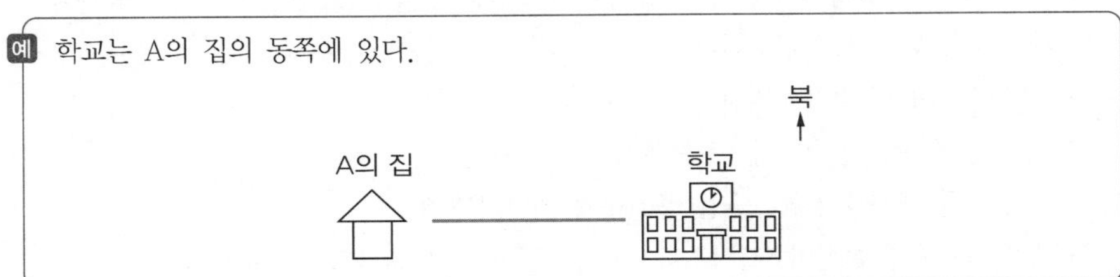

Tip

- 조건에 맞춰 방향과 거리의 관계를 그림으로 표시한다. 이때, 조건에서 여러 패턴의 그림을 그리는 경우도 많다.
- 정리한 조건에 따라 확인할 수 있는 것부터 표시한다.

### (5) 시간 추론

도착한 순서나 작업시간을 계산할 때, 각각의 시계에 오차가 있을 경우 시간을 추론하는 문제이다.

① 각 시계별 시간을 도식화하여 정리하면 파악하기 쉽다.

예
- A 시계가 정확한 시간을 표시하고 있다고 가정한다.
- A의 도착시각은 A의 시계로는 10시 10분, B의 시계로는 10시 8분, C의 시계로는 10시 13분이다.
- B의 도착시각은 B의 시계로는 10시 5분이다.
- C의 도착시각은 C의 시계로는 10시 4분이다.

| 구분 | A 도착 | B 도착 | C 도착 | 오차 |
|---|---|---|---|---|
| A의 시계 | 10 : 10 | | | ±0 |
| B의 시계 | 10 : 08 | 10 : 05 | | − 2 |
| C의 시계 | 10 : 13 | | 10 : 04 | +3 |

② 기준으로 설정한 시간과 차이를 다음과 같이 명확하게 표기한다.

예 B 시계가 A 시계보다 $x$분 빠르면 $-x$분, 느리면 $+x$분이 된다.

## 6 문제 해결

### (1) 문제의 유형

① 발생형 문제(보이는 문제) : 눈앞에 보이는 문제
- 이미 발생하여 걱정하고 해결해야 하는 문제이다.
- 원상복귀가 필요하며 기준을 일탈해서 발생하는 일탈형 문제와 기준에 미달하여 생기는 미달형 문제로 나누진다.
- 문제 원인이 내재되어 원인지향적 문제라고도 한다.

② 탐색형 문제(찾는 문제) : 눈에 보이지 않는 문제
- 현 상황을 개선하거나 효율을 증가하기 위한 문제이다.
- 방치하면 후에 손실이 따르고 해결할 수 없는 문제로 나타나게 된다.
- 잠재문제, 예측문제, 발견문제로 구분된다.

미니테스트

**08.** 서울에 근무하는 A 과장은 4월 20일 오후 7시 30분에 터키 앙카라에 근무하는 P 지사장과 업무통화를 시작해서 30분 후 종료했다. 통화를 종료한 앙카라 현지 시각은?

〈서울 – 오타와 시간〉

| 도시 | 대한민국 서울 | 캐나다 오타와 |
|---|---|---|
| 날짜 | 4월 20일 | 4월 20일 |
| 시간 | 오후 7시 | 오전 6시 |

〈오타와 – 앙카라 시간〉

| 도시 | 캐나다 오타와 | 터키 앙카라 |
|---|---|---|
| 날짜 | 4월 20일 | 4월 21일 |
| 시간 | 오후 7시 | 오전 2시 |

① 4월 20일 오후 1시
② 4월 20일 오후 1시 30분
③ 4월 20일 오후 2시
④ 4월 21일 오후 1시
⑤ 4월 21일 오후 1시 30분

정답 ③

해설 서울은 오타와보다 13시간 바르고 앙카라는 오타와보다 7시간 빠르다. 따라서 서울은 앙카라보다 6시간 빠르므로 통화가 종료된 앙카라 현지시각은 4월 20일 오후 2시이다.

| 잠재문제 | • 잠재되어 인식하지 못하다가 문제가 커져 해결이 어려운 문제<br>• 존재하지만 숨어 있어서 조사 및 분석을 통해 찾아야 하는 문제 |
|---|---|
| 예측문제 | • 현재는 문제가 발견되지 않았으나 진행 상황을 바탕으로 예측하였을 때 문제가 일어날 수 있는 문제 |
| 발견문제 | • 현재는 문제가 발견되지 않았지만 유사 기업 또는 선진 기업의 업무 방식을 통해 보다 나은 제도나 기술 등을 발견하여 개선 및 향상할 수 있는 문제 |

③ 설정형 문제(미래 문제) : 미래에 대응하는 경영 전략 문제

- '앞으로 어떻게 할 것인가'에 대한 문제이다.
- 기존과 관계없이 미래지향적인 새 과제와 목표를 설정함에 따라 발생하는 문제를 말한다.
- 다양하고 창조적인 노력이 요구되어 창조적 문제라고도 한다.

### (2) 문제해결절차

문제해결능력은 문제를 해결해 나가는 실천과정에서 요구되는 능력으로, 문제의 원인 및 특성을 파악하고 적절한 해결안을 선택 · 적용한 후 그 결과를 평가하여 피드백하는 능력을 말한다. 목표와 현상을 분석하고 그 분석 결과를 토대로 문제를 도출하여 최적의 해결책을 찾아 실행 및 평가하는 활동을 할 수 있으며 그 절차는 다음과 같다.

**[문제해결절차]**

| 1단계 문제 인식 | • 문제를 파악해 우선순위를 정하고 목표를 명확히 하는 단계<br>• WHAT?을 결정함. |
|---|---|
| 2단계 문제 도출 | • 문제를 분석하여 해결점을 명확히 하는 단계<br>• 인과 관계 및 구조를 파악함. |
| 3단계 원인 분석 | • 핵심 문제 분석을 통해 근본 원인을 도출하는 단계<br>• Issue 분석 → Data 분석 → 원인 파악 |
| 4단계 해결안 개발 | • 근본 원인을 해결할 수 있는 최적의 해결 방안을 수립하는 단계 |
| 5단계 실행 및 평가 | • 장애가 되는 문제의 원인을 제거하는 단계<br>• 실행 계획을 실제 상황에 맞게 적용함. |

보충개념

**문제처리능력이 필요한 경우**

- 업무 수행 중 발생하는 문제를 해결해야 하는 경우
- 변화하는 주변 환경과 현장 상황을 파악해서 업무의 핵심에 도달해야 하는 경우
- 주어진 업무를 처리하는 서류를 다루는 경우
- 문제 해결을 위한 사례를 분석, 개발, 적용해야 하는 경우
- 공정 개선 및 인원의 효율적인 운영이 필요한 경우

### (3) 환경 분석

> **FAW(Force At Work)분석**
> 3C 분석의 부족한 거시환경 분석을 보완하기 위한 것으로 경제, 규제, 기술, 국제관계를 분석 후 거시적 경영환경과 사업의 발전 방향을 도출할 때 사용된다.

① 3C 분석 : 환경을 구성하고 있는 요소인 자사(Company), 경쟁사(Competitor), 고객(Customer)을 3C라고 하며 3C 분석을 통해 환경 분석을 수행할 수 있다.

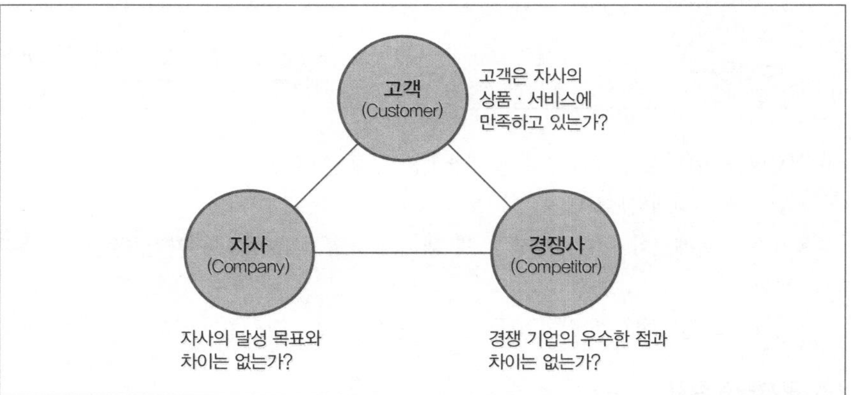


② SWOT 분석 : 문제해결방안을 개발하는 방법으로 내부 요인과 외부 요인 2개의 축으로 구성된다. 내부 요인은 자사 내부 환경을 강점과 약점으로, 외부 요인은 외부의 환경을 기회와 위협으로 구분하여 분석한다. 내 · 외부 요인에 대한 분석이 끝난 후 매트릭스가 겹치는 SO, WO, ST, WT에 해당되는 최종 분석을 실시하게 된다.

| | | 내부 환경 요인 | |
|---|---|---|---|
| | | 강점<br>(Strength) | 약점<br>(Weakness) |
| 외부 환경 요인 | 기회<br>(Opportunity) | SO<br>내부 강점과<br>외부 기회를 극대화 | WO<br>외부 기회를 이용하여<br>내부 약점을 강점으로 전환 |
| | 위협<br>(Threat) | ST<br>외부 위협을 최소화하기 위해<br>내부 강점을 극대화 | WT<br>내부 약점과<br>외부 위협을 최소화 |

③ 4P 분석 : 제품, 가격, 유통, 판매촉진을 효과적으로 구성 및 조합함으로써 소비자 욕구를 충족시키고 이익, 매출, 명성 등에서 기업의 목표달성을 위한 마케팅 효과를 극대화하고자 할 때 사용된다.

- 제품(Product) : 제품의 품질이 우수한가?
- 가격(Price) : 가격에서 경쟁력이 있는가?
- 유통(Place) : 빠르고 원가절감이 되는 유통망을 확보하고 있는가?
- 판매촉진(Promotion) : 판매촉진을 제대로 추진하고 있는가?

### (4) 브레인스토밍(Brainstorming)

알렉스 오즈번이 고안한 기법으로 집단 효과를 살려 아이디어의 연쇄 반응을 통해 자유로운 아이디어를 내는 방법이다.

① 4대 원칙

| | |
|---|---|
| 비판 엄금 (Support) | 비판은 커뮤니케이션의 폐쇄와 연결되므로 평가 단계 이전에 비판이나 판단은 하지 않고 나중까지 평가를 유보한다. |
| 자유분방 (Silly) | 자유롭게 발언하며 터무니없는 말을 해서는 안 된다는 생각은 배제해야 한다. |
| 질보다 양 (Speed) | 많은 아이디어가 있을 때 유용한 아이디어가 있을 가능성이 커지므로 양이 질을 낳는다는 생각으로 진행한다. |
| 결합과 개선 (Synergy) | 타인의 아이디어에 자극되면 보다 좋은 아이디어가 떠오를 수 있으며 여러 아이디어의 조합으로 또 다른 아이디어가 도출될 수 있다. |

② 특징 및 유의사항

- 명확한 주제 : 주제가 구체적이고 명확할수록 많은 아이디어가 도출될 수 있다.
- 효율적인 자리 배치 : 구성원들이 서로 얼굴을 볼 수 있도록 사각형이나 타원형으로 책상을 배치해야 한다.
- 리더 선출 : 직급 및 근무 경력에 관계없이 분위기를 잘 조성하는 사람을 선출한다. 리더는 사전에 주제를 분석하여 다양한 아이디어가 나올 수 있도록 방법을 연구한다.
- 구성원 모집 : 5 ~ 8명으로 구성된 다양한 분야의 사람들을 참석시키고 주제에 대한 전문가는 절반 이하로 포함한다.
- 발언 기록 : 발언하는 모든 내용은 요약해서 잘 기록함으로써 구조화할 수 있어야 한다.
- 아이디어에 대한 비판 금지 : 비판은 활발한 아이디어 도출을 저해하므로 엉뚱한 발언이라도 비판은 하지 않는다.

③ 장점

- 자연스러운 참가자들의 참여를 유도할 수 있다.
- 창의적인 아이디어 및 해결책을 획득할 수 있다.
- 비판 배제 원칙을 통한 발언의 활성화로 다양한 의견이 도출된다.
- 소극적인 사람도 참여 가능하다.
- 여러 아이디어의 결합이 획기적인 해결책으로 연결된다.

④ 단점

- 엉뚱한 아이디어로 인해 회의의 방향을 잃을 수 있다.
- 정해진 시간 내 원하는 결과를 도출하지 못할 수 있다.
- 경직된 분위기에서는 자유로운 발상을 살리지 못할 수 있다.

**브레인라이팅(Brain writing)**

아이디어를 종이에 기록하여 제출하는 방법이다. 공개적인 발표가 어렵거나 구성원이 많은 경우에 적절하다. 6인의 구성원이 아이디어 3개를 5분마다 생각해 낸다고 하여 6－3－5기법으로도 불렸으며 문제해결 전 과정에서 광범위하게 활용될 수 있다.

▶ 정답과 해설 46쪽

# I 분석사고력

## 테마 2 출제유형문제연습

### 유형 01 명제추리

**학습 TIP**

조건을 간략하게 기호화하는 연습을 한다. 예를 들어 'A라면 B이다'에서 A는 가정이 되고, B는 결론이 된다. 이것을 'A → B'로 나타낼 수 있다.
대우 명제는 본래의 진릿값(참, 거짓)과 동일한 진릿값을 갖기 때문에 참을 고르는 문제는 '대우'가 정답일 경우가 많다.

**01.** 다음의 명제가 모두 참일 때 반드시 참인 것은?

> ㉠ 안경을 쓴 사람은 가방을 들지 않았다.
> ㉡ 안경을 쓰지 않은 사람은 키가 크지 않다.
> ㉢ 스카프를 맨 사람은 가방을 들었다.

① 가방을 들지 않은 사람은 안경을 썼다.
② 안경을 쓰지 않은 사람은 스카프를 맸다.
③ 안경을 쓴 사람은 키가 크다.
④ 키가 큰 사람은 스카프를 매지 않았다.
⑤ 가방을 든 사람은 스카프를 맸다.

**이것만은 꼭**

**삼단논법**
p → q가 참이고 q → r이 참이면 p → r도 참이다.

**02.** 밑줄 친 부분에 들어갈 문장으로 적절한 것은?

> • 의류를 판매하지 않으면 핸드백을 팔 수 있다.
> • 핸드백을 팔 경우에는 구두를 판매할 수 없다.
> • ______________________________
> • 그리고 의류를 판매하려고 한다.

① 핸드백을 팔기로 했다.
② 구두를 팔지 않고 핸드백을 판매한다.
③ 핸드백과 구두를 팔지 않기로 했다.
④ 의류를 팔면 핸드백을 판매하지 않는다.
⑤ 구두를 판매하기로 했다.

**03.** 다음 중 A와 B에서 도출되는 결론으로 옳지 않은 것은?

A : 달리기를 좋아하는 사람은 말랐거나 야채를 좋아한다.
B : 건강관리를 못하는 사람은 야채를 싫어하며 뚱뚱하다.

① 건강관리를 못하는 사람은 달리기를 좋아하지 않는다.
② 마른 사람은 건강관리를 잘한다.
③ 뚱뚱한 사람이 모두 달리기를 싫어한다는 것은 아니다.
④ 달리기를 좋아하는 사람 중에서도 건강관리를 못하는 사람이 있다.
⑤ 달리기를 좋아하며 뚱뚱한 사람 중에서도 건강관리를 잘하는 사람이 있다.

**04.** 다음 명제를 읽고 〈결론〉에 대한 설명으로 옳은 것은?

- 학생들은 모두 이과 또는 문과에 간다.
- 소설책 읽는 것을 좋아하는 학생은 국어 시험 성적이 높다.
- 이과에 간 학생은 국어 시험 성적이 낮다.
- 문과에 간 학생은 수다 떠는 것을 좋아한다.
- 수다 떠는 것을 좋아하지 않는 학생은 소설책 읽는 것을 좋아하지 않는다.

결론

(가) 수다 떠는 것을 좋아하지 않는 학생은 이과에 간다.
(나) 문과에 간 학생은 소설책 읽는 것을 좋아한다.
(다) 국어 시험 성적이 높은 학생은 수다 떠는 것을 좋아한다.

① (가)만 항상 옳다.
② (나)만 항상 옳다.
③ (다)만 항상 옳다.
④ (나), (다) 모두 항상 옳다.
⑤ (가), (다) 모두 항상 옳다.

## 유형 02 논리게임

**05.** 다음을 읽고 〈보기〉 중 항상 참인 것을 모두 고르면?

H사에 다니고 있는 사원 A가 하는 말은 모두 거짓이고, 사원 B가 하는 말은 모두 진실이다. 어느 날 H사에 A와 B의 후임으로 신입사원 C, D가 들어왔는데 둘 중 한 명이 하는 말은 모두 거짓이고 나머지 한 명이 하는 말은 모두 진실이다. 사원 B는 "신입사원 중 여자사원이 한 명 이상 있고, 여자사원만 진실을 말한다."라고 말했다.

보기

㉠ 신입사원 C가 하는 말은 모두 거짓이다.
㉡ 신입사원 D가 하는 말은 모두 진실이다.
㉢ 사원 A가 "신입사원 D는 남자"라고 말했다면, D가 하는 말은 모두 거짓이다.
㉣ 신입사원 C가 하는 말이 모두 거짓이라면, D는 여자이다.

① ㉢　　② ㉣　　③ ㉠, ㉡
④ ㉠, ㉣　　⑤ ㉡, ㉢

**06.** 여학생이 1 ~ 5번까지 순서대로 앉아 있고 여학생 사이에 남학생 A ~ E가 앉기로 하였다. 다음 조건에 따라 자리 배치를 할 때 3번 여학생의 옆자리에 앉은 남학생은? (단, 남학생이 가장 왼쪽에 있다)

- A는 짝수 번호 옆에 앉아야 한다.
- B는 짝수 번호 옆에 앉을 수 없다.
- C는 4의 옆에 앉을 수 없다.
- E는 반드시 1 옆에 앉아야 한다.

① C, A 또는 C, E　　② C, A 또는 C, D
③ C, E 또는 A, D　　④ A, B 또는 C, D
⑤ C, B 또는 A

**07.** 모두가 퇴근한 후 A ~ E 중 누군가가 최 부장 자리에 감사의 선물을 올려두었다. 다음 날 최 부장이 이들에게 누가 선물을 둔 것인지 물었을 때, 5명의 사원 중 한 명만 진실을 말한다면 최 부장 책상에 선물을 놓고 간 사람은 누구인가? (단, 선물을 놓고 간 사람은 한 명이다)

- A 사원 : 나는 선물을 놓고 갔다.
- B 사원 : C 사원이 선물을 놓고 갔다.
- C 사원 : E 사원은 선물을 놓고 가지 않았다.
- D 사원 : 나는 선물을 놓고 가지 않았고, A 사원은 진실을 말하고 있다.
- E 사원 : B 사원과 C 사원 중 선물을 놓고 간 사람이 있다.

① A 사원 ② B 사원 ③ C 사원
④ D 사원 ⑤ E 사원

**해결전략**

문제의 조건 및 상황을 파악한다.

↓

동시에 참 · 거짓이 될 수 없는 조건을 찾는다(하나가 참이면 다른 하나는 반드시 거짓인 경우를 모순 관계라고 한다).

↓

모순 조건을 기준으로 경우의 수를 찾는다.

**08.** 최 사원은 졸업하는 후배 12명에게 다음과 같이 장미꽃 한 송이씩을 전달하였다. 〈보기〉 중 옳은 것을 모두 고르면?

- 꽃은 붉은색, 노란색, 하얀색, 하늘색 4종류로 각각 한 송이 이상 있고 총 12송이이다.
- 하얀 장미를 받은 사람은 노란 장미를 받은 사람보다 적다.
- 붉은 장미를 받은 사람은 하얀 장미를 받은 사람보다 적다.
- 하늘색 장미는 붉은 장미보다 많고, 하얀 장미보다는 적다.

**보기**

㉠ 노란 장미를 받은 사람은 5명 이상이다.
㉡ 붉은 장미를 받은 사람이 1명이면, 하얀 장미를 받은 사람은 4명이다.
㉢ 노란 장미를 받은 사람이 6명이라면, 하늘색 장미를 받은 사람은 2명이다.

① ㉠ ② ㉡ ③ ㉢
④ ㉠, ㉡ ⑤ ㉠, ㉢

학습 TIP

자리배열 문제는 연이어 앉는 사람과 명확하게 앉거나 앉지 않는 경우를 그림으로 정리하면 수월하게 풀 수 있다. 특히 원탁 배치일 경우, 한 사람을 고정시키고 마주 보는 사람을 확인해야 한다.

**09. 카페 원탁에 A ~ F 6명이 같은 간격으로 앉아 커피, 홍차, 콜라 중 하나를 각각 주문하였다. 좌석과 주문한 음료 상태가 다음과 같을 때, 확실하게 알 수 있는 사실은?**

(가) A의 한 좌석 건너 앉은 E는 콜라를 주문하였다.
(나) B의 맞은편에 앉은 사람은 D이다.
(다) C의 양 옆에 앉은 사람은 모두 커피를 주문하였다.

① A는 커피를 주문했다.
② B는 A 옆에 앉지 않았다.
③ E의 양 옆은 D와 F였다.
④ F는 홍차를 주문했다.
⑤ 옆에 앉은 사람과 다른 음료를 주문했다.

**10. ○○기업에 다니는 A와 B는 회사 구내식당에서 점심을 먹고 계단 오르기 게임을 했다. 다음 내용을 토대로 할 때, 〈보기〉에서 항상 옳은 것은?**

- A와 B는 10번째 계단에서 가위바위보 게임을 시작했다.
- 가위바위보를 하여 이기는 사람은 3계단을 오르고, 진 사람은 1계단을 내려가기로 하였다.
- A와 B는 가위바위보를 10번 하였고, 비기는 경우는 없었다.

보기

가. A가 가위바위보에서 3번 졌다면 B보다 16계단 위에 있을 것이다.
나. B가 가위바위보에서 6번 이겼다면 A보다 8계단 위에 있을 것이다.
다. B가 가위바위보에서 10번 모두 이겼다면 30번째 계단에 올라가 있을 것이다.

① 가
② 나
③ 다
④ 가, 나
⑤ 나, 다

## 유형 03 어휘추리 / 오류

**11.** 둘째 줄에 있는 단어들이 가진 공통된 속성을 추리하여 빈칸에 들어갈 알맞은 단어를 고르면?

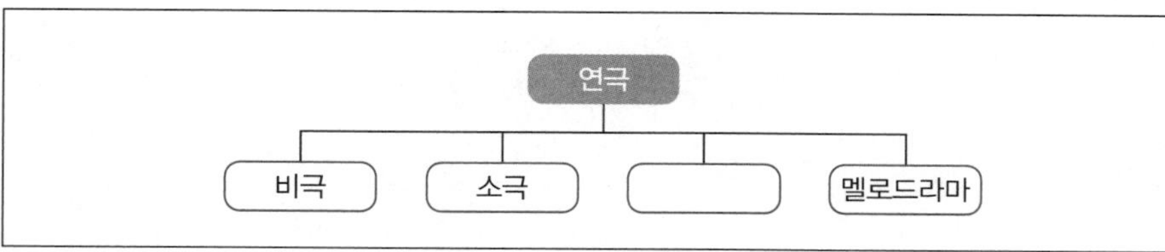


① 뮤지컬　② 희극　③ 팬터마임
④ 현대극　⑤ 마이미스트

**[12 ~ 14] 다음 중 단어의 연결이 나머지와 다르거나 잘못 연결된 것을 고르시오.**

**12.**

① 대장장이 – 가위 – 엿장수　② 기술자 – 경운기 – 농부
③ 디자이너 – 드레스 – 모델　④ 레스토랑 – 스테이크 – 고객
⑤ 프로그래머 – 게임 – 프로게이머

**13.**

① 옷감 – 홍두깨 – 다듬이질　② 나무 – 불 – 연소
③ 공책 – 펜 – 필기　④ 셔틀콕 – 라켓 – 배드민턴
⑤ 드럼 – 스틱 – 연주

**14.**

① 뉴턴 – 아인슈타인 – 갈릴레이　② 이사도라 던컨 – 최승희 – 공옥진
③ 반 고흐 – 파블로 피카소 – 폴 고갱　④ 모차르트 – 베토벤 – 슈베르트
⑤ 셰익스피어 – 괴테 – 베르테르

**One Point Lesson**

다음과 같이 단어 관계에서 자주 활용되는 관계를 학습해 두는 것이 효과적이다.

1. 등위관계
   1) 유의관계 예 책방 : 서점
   2) 반의관계 예 길다 : 짧다
   3) 상보관계 예 이론 : 실험
2. 계층관계
   1) 상하관계 예 가구 : 책상
   2) 동위관계 예 수필 : 소설
   3) 부분관계 예 얼굴 : 입술
   4) 인과관계 예 폭우 : 홍수
3. 기타
   1) 목적과 수단 예 재정정책 : 경기조절
   2) 순환관계 예 아침 – 점심 – 저녁

**[15 ~ 18] 제시된 단어들 중 최소 3개 이상에 공통으로 적용 · 연상되는 단어를 고르시오.**

**15.**

| 나무, 한국, 문제, 주택, 핸드볼, 저축, 피아노, 실수, 달력, 브라질 |
|---|

① 축구 ② 은행 ③ 손가락
④ 화폐 ⑤ 나이

**16.**

| 곤충, 씨름, 주식, 싸움, 수도, 스모, 테너, 라자냐, 날다 |
|---|

① 오페라 ② 반지 ③ 파리
④ 먹다 ⑤ 박물관

**17.**

| 수영, 집중, 방어, 한글, 보리, 파도, 지구, 배, 조소 |
|---|

① 지하철 ② 바다 ③ 전쟁
④ 이름 ⑤ 미술

**18.**

| 사자, 안경, 샐러드, 흉내, 손가락, 새, 깻잎, 부리, 가위 |
|---|

① 달리기 ② 채소 ③ 학용품
④ 구관조 ⑤ 반지

**[19 ~ 20] 다음 중 논리적 오류가 없는 문장을 고르시오.**

## 19.

① 자동차에 아기가 타고 있으므로 안전운전을 해야 한다.

② 공룡이 존재하지 않았다는 것을 증명할 수 없으므로 공룡은 분명히 존재했다.

③ 염화나트륨(NaCl)의 독성이 강한 이유는 염소(Cl)와 나트륨(Na)이 강한 독성을 가지고 있기 때문이다.

④ 물을 많이 마셨더니 피부가 촉촉해졌다.

⑤ 외계인이 있다는 확실한 증거가 없으므로 외계인은 없다.

> 학습 TIP
>
> 논리적 오류는 예시와 함께 학습해야 효과적이며 같은 오류지만 명칭이 다를 수 있으므로 함께 익혀 둔다.

## 20.

① 모든 강아지는 동물이다. 모든 고양이는 동물이다. 그러므로 모든 강아지는 고양이다.

② 비가 많이 오면 길이 미끄럽다. 지금 길이 미끄럽다. 그러므로 비가 많이 왔다.

③ 한국여대 학생들은 모두 여성이다. 한국여대 학생들은 사치스럽다. 그러므로 모든 여성은 사치스럽다.

④ 영수는 대학생 아니면 고등학생이다. 그런데 영수는 대학생이 아니다. 그러므로 영수는 고등학생이다.

⑤ 칼로 상처를 내는 것은 범죄행위이다. 외과의사는 칼로 상처를 낸다. 따라서 외과의사는 범죄자이다.

▶ 정답과 해설 50쪽



# 기출예상문제

**01.** 다음 제시된 명제들이 참일 때 옳은 것은?

> • 국어 수업을 듣는 학생은 A 선생님의 수업을 좋아한다.
> • B 선생님의 수업을 좋아하는 학생은 과학 수업을 듣지 않는다.
> • 영어 수업을 듣는 학생은 국어 수업도 듣는다.
> • B 선생님의 수업을 좋아하지 않는 학생은 A 선생님의 수업도 좋아하지 않는다.

① 국어 수업을 듣는 학생은 영어 수업을 듣는다.
② 과학 수업을 듣는 학생은 국어 수업을 듣지 않는다.
③ 과학 수업을 듣지 않는 학생은 A 선생님의 수업을 좋아한다.
④ A 선생님의 수업을 좋아하지 않는 학생은 영어 수업을 듣는다.
⑤ 영어 수업을 듣지 않는 학생은 국어 수업도 듣지 않는다.

**02.** 다음 명제를 통해 얻을 수 있는 결론은?

> • 성공한 모든 사업가는 존경받는다.
> • 합리적인 어떤 사업가는 존경받지 못한다.

① 합리적이지 않은 모든 사업가는 성공한다.
② 합리적인 어떤 사업가는 성공하지 못한다.
③ 합리적인 모든 사업가는 존경받는다.
④ 성공한 모든 사업가는 합리적이다.
⑤ 성공하지 못한 어떤 사업가는 존경받지 못한다.

**03.** 제시된 문장들이 모두 참이고, 모든 사람이 피자 또는 리소토를 먹었다고 할 때 다음 중 반드시 참인 것은?

> • 피자를 먹은 사람은 모두 샐러드를 먹었다.
> • 리소토를 먹은 사람은 스파게티를 먹지 않았다.
> • 피자를 먹은 사람은 김밥을 먹지 않았다.
> • 리소토를 먹은 사람은 피자를 먹지 않았다.

① 샐러드를 먹은 사람은 모두 피자를 먹었다.
② 스파게티를 먹지 않은 사람은 리소토를 먹은 사람이다.
③ 김밥을 먹지 않은 사람은 피자를 먹은 사람이다.
④ 샐러드를 먹지 않은 사람은 피자를 먹지 않은 사람이다.
⑤ 피자를 먹지 않은 사람은 리소토를 먹은 사람이다

**04.** 다음 문장을 읽고 밑줄 친 부분에 들어갈 내용으로 알맞은 것은?

> • 어떤 작가는 모방을 잘한다.
> • 어떤 기자는 모방을 잘한다.
> • 모든 기자는 실천을 잘한다.
> • 그러므로 ______________

① 모든 기자는 모방을 못한다.
② 모든 작가는 실천을 못한다.
③ 모든 작가는 모방을 잘한다.
④ 어떤 기자는 모방과 실천을 모두 잘한다.
⑤ 어떤 작가는 실천을 잘한다.

**05.** (가)와 (나)의 조건으로 (다)가 성립한다고 할 때, (나)에 들어갈 조건으로 옳은 것은?

> (가) 그녀가 카페라테를 좋아한다면 커피도 좋아하고 우유도 좋아할 것이다.
> (나) ______________________________
> (다) 그녀가 커피나 우유 중 어느 한 쪽을 싫어한다면 그녀는 녹차와 홍차를 좋아할 것이다.

① 그녀가 카페라테를 좋아한다면, 그녀는 녹차도 싫어하고 홍차도 싫어할 것이다.
② 그녀가 녹차도 좋아하고 홍차도 좋아한다면, 그녀는 카페라테를 좋아할 것이다.
③ 그녀가 녹차도 싫어하고 홍차도 싫어한다면, 그녀는 카페라테를 좋아할 것이다.
④ 그녀가 녹차를 싫어하거나 홍차를 싫어한다면, 그녀는 카페라테를 좋아할 것이다.
⑤ 그녀가 우유를 좋아하고 홍차도 좋아한다면, 그녀는 카페라테를 좋아할 것이다.

**06.** 다음 사실을 토대로 추론할 수 있는 것은?

> (가) 나무를 좋아하는 사람은 새를 좋아한다.
> (나) 하늘을 좋아하는 사람은 꽃을 좋아하며 숲을 좋아한다.
> (다) 숲을 좋아하는 사람은 나무를 좋아한다.

① 숲을 좋아하는 사람은 꽃을 좋아한다.
② 꽃을 좋아하는 사람은 자연을 좋아한다.
③ 새를 좋아하는 사람은 하늘을 좋아한다.
④ 하늘을 좋아하는 사람은 새를 좋아한다.
⑤ 하늘을 좋아하는 사람은 나무를 좋아하지 않는다.

**07.** A, B, C, D, E는 업무 파악을 위해 5개 지점을 모두 방문하기로 했다. 지점 방문 순서와 내용이 다음과 같을 때, 항상 참인 것은?

- 대전점, 대구점, 광주점, 부산점, 원주점의 총 5개 지점이 있다.
- 5명은 모든 지점을 한 번씩 방문해야 하며, 한 곳에 두 명 이상이 동시에 방문할 수 없다.
- A는 가장 먼저 부산점을 방문했고, 그 다음 대구점을 방문했다.
- B는 1번째 방문 지점을 제외하고는 항상 A가 직전에 방문한 지점에 갔다.
- 대전점에 가장 먼저 방문한 사람은 E이고, 2번째로 방문한 사람은 D이다.
- E는 광주점 방문 후 대구점에 갔고, A는 원주점에 가장 마지막으로 방문했다.
- D는 E 바로 다음 순서로 대구점에 갔다.
- C가 4번째로 방문한 장소는 원주점이 아니었다.

① A가 4번째로 방문한 곳은 대전점이다.
② B가 1번째로 방문한 곳은 광주점이다.
③ C가 4번째로 방문한 곳은 원주점이다.
④ D가 3번째로 방문한 곳은 부산점이다.
⑤ E가 2번째로 방문한 곳은 대구점이다.

**08.** A ~ D 4명 중 2명이 독신자, 2명이 기혼자이다. 기혼자 2명은 모두 거짓말을 하고, 독신자 2명은 모두 사실을 말하고 있다. 독신자는 누구인가?

- A : 나도 D도 독신이다.
- B : 나는 결혼하지 않았다.
- C : A는 결혼하지 않았다.
- D : C는 결혼했다

① B, D
② A, D
③ A, C
④ A, B
⑤ C, D

**09.** A, B, C, D, E, F의 6명 중 2명이 사진기를 한 대씩 훔쳤다. 이들의 심문 과정이 다음과 같을 때 올바른 설명은?

> • A : 도둑은 D와 E이다. • B : 도둑은 C와 F이다. • C : 도둑은 D와 F이다.
> • D : 도둑은 A와 E이다. • E : 도둑은 B와 C이다.
>
> F를 심문하려 할 때 그는 없었다. 때문에 그가 무슨 진술을 할지는 알지 못한다. 이들 중 4명은 한 명의 도둑만 정확히 지목하였다. 그리고 나머지 한 명은 완전한 거짓말을 하였다. 위의 내용만으로 사진기를 훔친 범인을 찾을 수가 있을까?

① 두 명의 범인은 A와 D이다.
② 두 명의 범인은 A, B, C 중에 있다.
③ 두 명의 범인은 C와 D이다.
④ 두 명의 범인은 B와 C이다.
⑤ 두 명의 범인은 C, D, E, F 중에 있다.

**10.** 그림과 같은 도로에서 검은 점 표시 부분에 A ~ F 6명이 서 있다. 6명이 다음과 같이 말했을 때, 6명의 위치 관계로 올바른 것은?

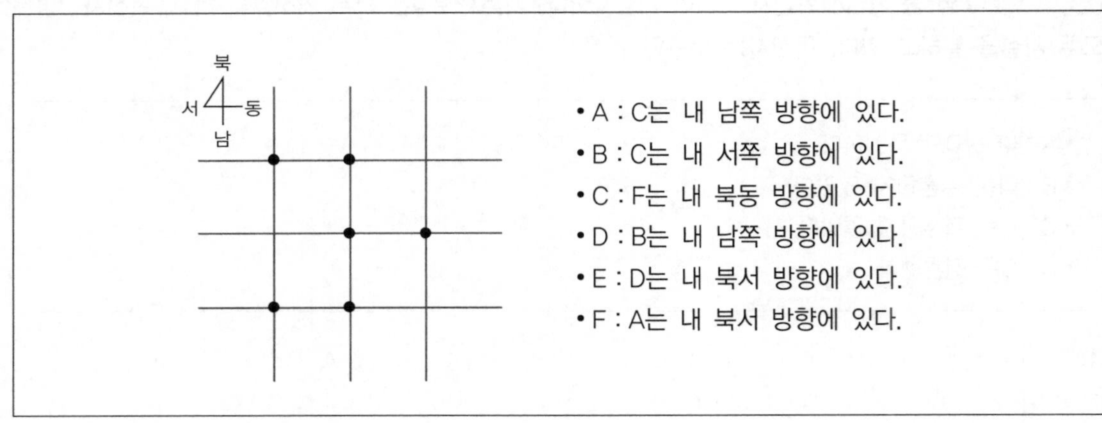

북
서
동
남
• A : C는 내 남쪽 방향에 있다.
• B : C는 내 서쪽 방향에 있다.
• C : F는 내 북동 방향에 있다.
• D : B는 내 남쪽 방향에 있다.
• E : D는 내 북서 방향에 있다.
• F : A는 내 북서 방향에 있다.


① A는 B의 동쪽 방향에 있다.
② B는 E의 북동 방향에 있다.
③ D는 C의 북서 방향에 있다.
④ E는 F의 동쪽 방향에 있다.
⑤ F는 D의 동쪽 방향에 있다.

**11. 재열, 해수, 동민, 수광, 영진, 소녀, 강우가 매점 앞에 일렬로 줄을 서 있다. 자리 배치가 다음과 같은 〈조건〉을 따른다고 할 때, 다음 중 반드시 참인 것은?**

조건

- 정 가운데에는 동민이가 서 있다.
- 수광이는 맨 앞이나 맨 뒤에 서 있다.
- 소녀의 뒤로 2번째 사람은 영진이다.
- 강우와 수광이는 앞뒤로 서 있지 않다.
- 재열이와 해수는 바로 앞뒤로 서 있다.

① 소녀의 위치는 반드시 맨 앞이다.

② 해수가 동민이의 바로 뒤에 서거나 재열이가 동민이의 바로 앞에 선다.

③ 강우의 위치는 항상 소녀의 앞이다.

④ 소녀가 맨 앞에 서면 재열이가 맨 뒤에 선다.

⑤ 수광이가 맨 앞에 서면 영진이는 맨 뒤에 선다.

**12. 이 부장, 박 과장, 김 대리가 외근을 나가기 위해 내려간 지하 주차장에는 두 기둥 사이에 A, B, C 세 차량이 나란히 일렬로 주차되어 있다. 다음과 같은 〈조건〉에 따를 때 항상 참인 것은?**

조건

- 차를 정면에서 바라볼 때 A는 오른쪽 기둥 옆에 주차되어 있다.
- 김 대리의 차는 박 과장의 차보다 왼쪽에 주차되어 있다.
- B는 김 대리의 차이다.
- 가장 왼쪽에 주차되어 있는 차는 이 부장의 차가 아니다.

① A는 이 부장의 차이다.

② C는 박 과장의 차이다.

③ 왼쪽 기둥 옆에 있는 것은 김 대리의 차이다.

④ 박 과장의 차는 가장 오른쪽에 주차되어 있다.

⑤ B는 가운데에 주차되어 있다.

13. A, B, C, D, E는 다음 조건에 따라 주번 한 명, 보조 두 명으로 총 세 명이 한 조를 이루어 하루씩 일하려고 한다. 오늘이 2월 10일이라면 5월 10일 주번은 누구인가?

- 한번 주번을 한 사람은 다섯 명이 모두 한 번씩 주번을 할 때까지 다시 주번을 할 수 없다.
- 어제 보조였던 사람은 오늘 주번이나 주번 보조를 할 수 없다.
- B와 E는 연속으로 주번을 할 수 없다.
- 오늘 주번은 A, 보조는 B, C이며, 2월의 마지막 날은 28일이다.

① A ② B ③ C
④ D ⑤ E

14. 다음 〈상황〉에서 A가 범하고 있는 오류의 유형과 가장 유사한 것은?

상황

학교수업 끝날 무렵 교문 밖. 학부모 A, B 두 사람이 아동을 기다리며 대화 중이다.

A : 댁의 딸 소정이의 새 남자 친구인 승호는 내 남동생 민기의 어린 시절 모습과 닮았어요.
B : 어머! 그런가요?
A : 네, 생김새나 마음 씀씀이는 물론 유머 감각까지 아주 비슷해요. 그런데 민기는 여자 아이들한테 아주 짓궂게 굴어서 여자애들이 싫어했죠. 그래서 드리는 말씀인데요, 소정이와 승호는 오래 사귀지 못할 것 같네요.

① 여성이 사회적 활동을 왕성하게 하기 위해서는 남성의 협조가 반드시 필요하다. 남자가 집안일을 돕지 않으면 여성이 사회적 활동을 할 수 없기 때문이다.
② 시계가 빨리 간다고 좋은 시계가 아니야. 마찬가지로 남들보다 부지런하게 한 발 앞서 산다고 좋은 것은 아니야.
③ 모든 꿈은 정신현상이다. 인생은 꿈이다. 인생이란 정신현상에 불과하다.
④ 귀신이 실제로 있다고 주장할 수 있어? 귀신이 있다는 걸 증명한 사람이 아무도 없잖아. 그러니까 귀신은 세상에 없어.
⑤ 물로 불을 끌 수 있다. 물은 수소와 산소로 되어 있다. 그러므로 수소와 산소로 불을 끌 수 있다.

**15.** 다음 주장에 나타난 논증 방식은 무엇인가?

- 정교한 기계에는 그것을 제작한 제작자가 있다.
- 인간의 몸은 그 어떤 기계와 비교가 안 될 정도로 정교하다.

→ 따라서 인간의 몸을 정교하게 만든 창조자가 있을 것이다.

① 연역적 논증　② 유비 추리 논증　③ 원인 결과
④ 문제 해결　⑤ 순환 논증

**16.** 다음 글에서 나타난 논리적 오류와 가장 유사한 것은?

신은 존재한다. 왜냐하면 성경에 그렇게 기록되어 있기 때문이다.

① 현지는 영어를 잘하거나 수학을 잘한다. 현지는 수학을 잘한다. 따라서 현지는 영어를 잘하지 못한다.
② 이번에 발생한 경제 문제를 해결하기 위해 우리는 아인슈타인의 의견을 받아들여야 한다. 왜냐하면 그는 노벨상 수상자이기 때문이다.
③ 된장이 오래될수록 맛이 깊어지는 것처럼 인간관계도 오래될수록 깊어진다.
④ 최근 무분별한 소비 문화가 만연해있기 때문에 자식 교육을 더 엄하게 해야 한다.
⑤ 선생님은 거짓말을 하지 않기 때문에 선생님의 말은 모두 사실이다.

**[17 ~ 19] 제시된 단어들 중 최소 3개 이상에 공통으로 적용 · 연상되는 단어를 고르시오.**

**17.**

| 단군 | 식물 | 도시락 |
|---|---|---|
| 우유 | 바늘 | 지붕 |
| 햇빛 | 투명 | 물고기 |

① 폭탄　② 수술　③ 낚시
④ 채소　⑤ 인간

**18.**

| 장미 | 정글 | 빙하 |
|---|---|---|
| 여우 | 수요일 | 메뚜기 |
| 보아뱀 | 계산기 | 인어 |

① 안데르센　② 꼬리　③ 모글리
④ 코끼리　⑤ 생텍쥐페리

**19.**

| 요정 | 포도주 | 탈모 |
|---|---|---|
| 권선징악 | 방화범 | 내면 |
| 유리구두 | 면도 | 조랑말 |

① 판례　② 동화　③ 화재
④ 정신병　⑤ 모자

**20.** A ~ C 3명이 다음 그림에 표시된 각각의 미로 입구로 들어가서 같은 출구로 나왔다. 그 과정에 대해서 A와 C 두 사람은 〈보기〉와 같이 말했다.

보기

- A : 내가 T차로 도로를 좌회전했을 때, B가 전방의 사거리를 가로지르는 것이 보였다.
- C : 전방으로 향하는 A와 사거리에서 엇갈렸지만 나도 A도 그 모퉁이를 돌 것 없이 그대로 걸어갔다.

A ~ C 3명은 미로에 동시에 들어가 같은 속도로 걸었지만 출구에 도착한 것은 B, A, C 순이었다. 모퉁이를 돌아간 횟수는 A와 C가 3회, B가 2회였을 때, 가 ~ 마 중 세 명이 모두 지나간 지점은?

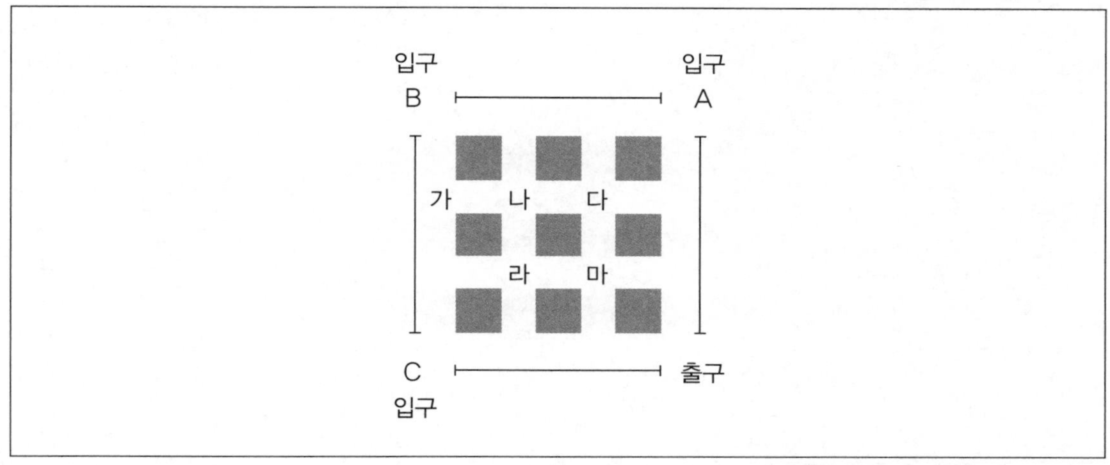


① 가　② 나　③ 다
④ 라　⑤ 마

**키워드 ⋙** 영양소의 작용 구분하기
제시된 사례에 해당하는 과학 현상 파악하기
문화 현상 파악하기
수열 규칙을 찾아 빈칸 넣기
변화하는 도형의 규칙 파악하기

**분석 ⋙** 교육청에 따라 출제 영역이 다르므로 지원하고자 하는 교육청의 출제 범위와 유형을 미리 파악하고 있어야 한다. 이해력은 과학상식이나 사회상식을 묻는 문제가 주로 출제된다. 상식의 경우 별도로 공부가 필요한 유형이므로 틈틈이 문제집이나 신문기사를 통해 학습하도록 한다. 관찰탐구력은 수열 문제, 알고리즘이나 도형의 규칙을 파악하여 적용하는 문제, A와 B를 비교하는 문제 등 다양한 유형이 출제되므로 미리 유형을 풀어 봄으로써 문제 풀이 시간을 단축시키는 것이 중요하다.

5
파트

# 이해 및 관찰탐구력



**직무능력검사란?** 산업 현장에서 직무를 수행하기 위해 요구되는 각종 지식, 기술, 태도 등 기본적으로 갖추고 있어야 할 인지적 능력을 진단하는 것이다.

테마 I

# 출제유형이론학습

## 1 과학상식

### (1) ABO식 혈액형

A, B, AB, O 4가지로 구분한 혈액형이다. 혈액형의 유전자로는 A, B, O 3가지가 있는데 A와 B 사이에는 우열관계가 없고, A와 B는 모두 O에 대해 우성이다. 따라서 유전자의 조합이 AA · AO인 경우에는 A형, BB · BO인 경우에는 B형, OO인 경우에는 O형, AB인 경우에는 AB형이 된다.

보충개념

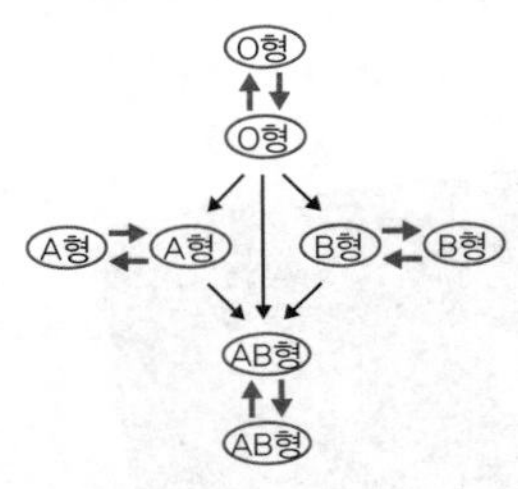


〈유전자 조합에 따른 혈액형〉

| 부모 | 자식 | 부모 | 자식 |
|---|---|---|---|
| O+O | O | B+O | B, O |
| A+A | A, O | B+B | B, O |
| A+O | A, O | B+AB | A, B, AB |
| A+B | A, O, B, AB | AB+AB | A, B, AB |
| A+AB | A, B, AB | AB+O | A, B |

### (2) 영양소

생명체의 성장과 유지에 필요한 모든 물질을 말한다. 대사 활동의 재료가 되며 주영양소와 부영양소로 나눌 수 있다.

① 주영양소 : 가장 많이 섭취하고 에너지원으로 가장 많이 쓰이는 영양소로 3대 영양소라고도 한다.

| 구분 | 탄수화물 | 단백질 | 지방 |
|---|---|---|---|
| 구성 단위 | 단당류 | 아미노산 | 지방산, 글리세롤 |
| 에너지량 | 4kcal/g | 4kcal/g | 9kcal/g |

② 부영양소 : 물, 무기염류, 비타민으로 몸의 생리작용을 조절한다.

| 무기염류 | 작용 | 무기염류 | 작용 |
|---|---|---|---|
| 칼슘(Ca) | 뼈와 이의 성분, 혈액응고 | 마그네슘(Mg) | 뼈의 성분 |
| 나트륨(Na) | 삼투압 조절 | 아이오딘(I) | 호르몬의 성분 |
| 칼륨(K) | 근육 및 신경 기능 조절 | 구리(Cu) | 헤모글로빈 생성에 관여 |
| 철(Fe) | 헤모글로빈의 성분 | 인(P) | 뼈, ATP, 핵산의 성분 |

| 비타민 | A | B | C | D | E | F |
|---|---|---|---|---|---|---|
| 결핍 증상 | 야맹증 | 각기병 | 괴혈병 | 구루병 | 세포파괴 | 혈액응고 지연 |

### (3) 산과 염기

① 산 : 신맛을 띠며 리트머스의 색을 청색에서 적색으로 변화시키는 특성을 갖는다. 금속과 반응하면 수소를 생성하고 수용액의 상태에서는 전류가 잘 통한다.

② 염기 : 쓴맛을 띠며 리트머스의 색을 적색에서 청색으로 변화시킨다. 미끈미끈한 성질을 가지며 수용액 상태에서는 전류가 잘 통한다.

③ pH : 수소이온지수를 나타내는 단위로, 용액의 산성도를 표시한다. 1기압 · 25℃에서 물 1L는 $10^{-7}$mol의 수소이온을 가지며, 이때 pH는 7로 중성이다. 이를 기준으로 pH가 7보다 낮은 용액은 산성, 7보다 높은 용액은 알칼리성 혹은 염기성이라 한다.

### (4) 산화와 환원

| | |
|---|---|
| 산화 | • 산소와 결합하는 반응 예 연소 반응, 철의 부식반응<br>• 원소 또는 화합물이 수소를 잃는 반응 예 물의 전기 분해<br>• 산화수의 증가(전자의 수가 줄어듦)의 경우 |
| 환원 | • 산소를 잃는 반응 예 철의 제련과정, 산화크롬의 환원과정<br>• 원소 또는 화합물이 수소와 결합하는 반응 예 암모니아 생성 반응<br>• 산화수의 감소(전자의 수가 늘어남)의 경우 |

### (5) 물질의 상변화

물질은 한 가지 상에서 다른 상으로 바뀔 수 있으며 열이 이 변화를 주도한다. 예를 들어 물(액체)을 가열하면 수증기(기체)가 되고, 냉각시키면 얼음(고체)이 된다. 대부분의 물질은 고온에서는 기체가 되고 저온에서는 고체가 되며 그 중간 온도에서 액체 상태를 취한다. 이와 같이 물질의 상태가 바뀌는 것을 상전이 또는 상변화라 부른다.

• 플라스마(Plasma) : 전기적으로 중성인 원자가 전자를 잃고 이온이 되어 (+)전하를 띤 입자와 (−)전하를 띤 입자가 기체 상태로 뒤섞여 있는 상태를 말한다. 전기적으로나 열적으로 보통의 기체와는 다른 성질을 지니고 있어 고체 · 액체 · 기체에 이은 제4의 물질상태로 보기도 하며, 자체 내에서 빛을 낼 수도 있다.

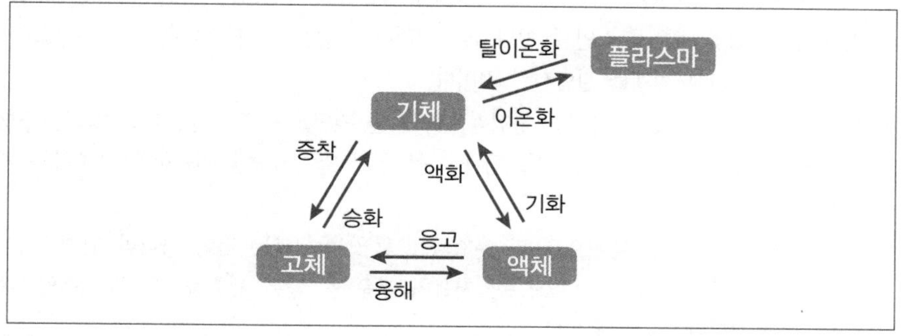


**One Point Lesson**

전통적으로 물질은 고체, 액체, 기체의 3가지 상태로 구분되어 왔지만 제4의 물질 상태로 플라스마가 추가되었다.

언어논리력 / 수리력 / 공간지각력 / 문제해결력 / 이해 및 관찰탐구력 / 실전모의고사 / 인성검사 / 면접가이드

보충개념

관성의 법칙의 예

- 달리던 버스가 급정거하면 앞으로 넘어지거나 브레이크를 급히 밟으면 차가 앞으로 밀리는 경우
- 트럭이 급커브를 돌면 가득 실린 짐들이 도로로 쏟아지는 경우
- 컵 아래 깔려 있는 얇은 종이를 갑자기 빠르고 세게 당기면 컵은 그 자리에 가만히 있는 현상

### (6) 운동의 법칙

물체에 힘이 작용하면 물체에서는 변형이 일어나거나 운동 상태가 변하거나 변형과 운동 상태의 변화가 같이 일어난다. 물체의 운동에 영향을 주는 힘에 대해 뉴턴(Newton)은 세 가지 법칙을 발표하였다.

| 구분 | 내용 |
|---|---|
| 제1법칙<br>관성의 법칙 | 외력이 작용하지 않으면 물체는 처음의 운동 상태를 유지한다. 처음에 정지해 있던 물체는 계속 정지해 있고 운동하던 물체는 등속 직선 운동을 한다. |
| 제2법칙<br>가속도의 법칙 | 속도의 변화는 질량이 일정할 때 작용하는 힘의 크기에 비례하고 작용하는 힘의 크기가 일정할 때 물체의 질량에 반비례한다. |
| 제3법칙<br>작용 · 반작용의 법칙 | A, B 두 물체 사이에서 A가 B에 힘(작용)을 가하면 B도 A에 크기는 같고 방향은 반대인 힘(반작용)을 가한다. |

### (7) IT기술 관련 용어

① 가상 현실(VR ; Virtual Reality) : 어떤 특정한 환경이나 상황을 컴퓨터로 제작하여 그것을 사용하는 사람이 마치 실제 주변 환경과 상호작용을 하고 있는 것처럼 느끼게 해 주는 인간과 컴퓨터 사이의 인터페이스이다.

② 증강 현실(AR ; Augmented Reality) : 실제 세계에 3차원의 가상물체를 겹쳐서 보여주는 기술로, 현실과 가상환경을 융합한 복합형 가상현실 시스템이다.

③ 혼합 현실(MR ; Mixed Reality) : 현실을 기반으로 가상 정보를 부가하는 증강 현실과 가상 환경에 현실 정보를 부가하는 가상 현실의 의미를 포함하는 것으로, 현실과 가상이 자연스럽게 연결된 스마트 환경을 제공하는 기술이다.

④ 사물인터넷(IoT ; Internet of Thing) : 세상에 존재하는 유형 혹은 무형의 객체들이 다양한 방식으로 서로 연결되어 개별 객체들이 제공하지 못했던 새로운 서비스를 제공하는 것으로, 침대와 실내등이 연결되어 침대가 사람이 자고 있는지를 스스로 인지한 후 자동으로 실내등이 켜지거나 꺼지도록 하는 기술이다.

⑤ 유비쿼터스(Ubiquitous) : 언제 어디서나 편리하게 컴퓨터 자원을 활용할 수 있도록 현실 세계와 가상 세계를 결합시킨 것이다.

⑥ 머신러닝(Machine Learning) : 경험적 데이터를 기반으로 학습을 하고 예측을 수행해 스스로 성능을 향상시키는 시스템과 이를 위한 알고리즘을 연구하고 구축하는 기술이다.

⑦ 3D 프린팅 : 프린터로 평면으로 된 문자나 그림을 인쇄하는 것이 아니라 입체도형을 찍어 내는 것으로, 의료나 생활용품, 자동차 부품 등 많은 제품을 제작할 수 있으며 첨단 과학 분야에서도 활용된다.

## 2 사회상식

### (1) 리더십과 권력

① 리더의 4가지 유형

| | |
|---|---|
| 독재자 유형 | • 정책 의사결정과 핵심정보를 혼자 소유한다.<br>• 업무를 공정히 나누어 주고 결과에 대한 책임을 지도록 일깨운다.<br>• 방만한 상태, 가시적인 성과물이 안 보일 때 효과적이다. |
| 민주주의에 근접한 유형 | • 정보를 전달하고 모든 구성원을 목표 설정에 참여하게 하여 확신을 심어준다.<br>• 혁신적이고 탁월한 구성원들이 있을 때 효과적이다. |
| 파트너십 유형 | • 리더와 구성원 사이에 구분이 희미하고 리더가 조직에서 구성원이 된다.<br>• 소규모 조직에서 경험과 재능을 소유한 구성원들이 있을 때 효과적이다. |
| 변혁적 유형 | • 개개인과 팀이 유지해 온 업무수행 상태를 뛰어넘고자 하는 원동력이 된다.<br>• 조직에서 현상을 뛰어넘어 획기적인 변화가 요구될 때 효과적이다. |

② 그 외 리더십 개념

| | |
|---|---|
| 셀프 리더십 | 자신이 리더가 되어 스스로를 통제하고 행동하는 리더십 |
| 카리스마 리더십 | 구성원들은 카리스마 있는 사람을 자신의 욕구, 기대를 해결해 줄 비범한 능력자로 받아들이게 된다는 개념 |
| 서번트 리더십 | 섬기는 리더십, 다른 사람의 요구에 귀를 기울이는 하인이 결국은 리더가 된다는 개념 |

③ 권력의 유형

- 보상적 권력 : 다른 사람들에게 보상을 제공할 수 있는 능력에 기반을 두는 권력을 말한다. 조직이 제공하는 보상으로는 봉급, 승진, 직위부여 등이 있다.
- 강압적 권력 : 인간의 공포에 기반을 둔 권력으로 다른 사람을 처벌할 수 있는 능력을 가지거나 육체적 · 심리적으로 위해를 가할 수 있는 능력에 기반을 둔 권력이다. 부하들의 분노나 적대감을 불러일으킬 수 있다.
- 합법적 권력 : 법규에 의해 부여되며 조직 내의 직위에 의해 결정되는 권력을 말한다.
- 준거적 권력 : 권력 주체를 좋아해서 그에게 동화되고 그를 본받으려고 하는 데 기초를 둔 권력을 말한다.
- 전문적 권력 : 전문적인 기술이나 지식에 기반해 발생하는 권력을 말한다. 직위와 직무를 초월해 조직 내 누구나 가질 수 있다.

### (2) 지위와 역할

① 사회적 지위 : 사회적 관계 속의 한 개인이 자신이 속한 집단이나 사회 내에서 차지하고 있는 위치이다. 모든 인간은 사회적 지위를 가지며, 한 개인은 여러 집단 속에서 다양한 지위를 가진다. 전통 사회에서는 귀속 지위가 중시되었지만 현대 사회로 올수록 성취 지위의 중요성이 더 커지고 있다.

- 귀속지위 : 개인이 출생이나 직접적인 가족적 배경의 결과로서 할당받게 되는 사회적 지위로, 그 자신의 성취에 의해 쉽게 대체될 수 없다.
- 성취지위 : 개인적인 노력이나 공개경쟁을 통해 얻어진 사회적 지위를 말한다.

② 사회적 역할과 역할갈등

- 역할 : 개인이 위치에 맞게 행동하도록 사회적으로 기대되고 요구되는 행동양식이다.
- 역할갈등 : 역할들이 충돌하여 나타나는 긴장이나 갈등상태로, 역할 긴장과 역할 모순이 있다.
- 역할 긴장 : 한 개인이 가지고 있는 하나의 지위에 대하여 기대되는 역할들이 서로 대립될 때 발생한다.
- 역할 모순 : 한 개인이 가지고 있는 여러 가지 지위에 대해 기대되는 역할들이 서로 상충될 때 발생한다.

### (3) 문화 접변

서로 문화가 다른 둘 이상의 집단이나 사회가 계속적이고 직접적인 접촉을 함으로써 어떤 한쪽 또는 양쪽의 문화유형이 달라지는 현상이다.

| | |
|---|---|
| 문화 수용 | 두 개의 이질적인 문화가 접촉을 하면서도 각각 문화 자체의 가치관을 그대로 유지하면서 한 사회 내에서 공존하는 현상 |
| 문화 동화 | 외부로부터 유입된 문화에 의해서 수용하는 측의 문화가 상당한 정도로 변질된 결과로, 수용자의 문화가 제공자의 문화를 닮아 가는 현상 |
| 문화 융합 | 한 사회에서 다른 사회로 문화가 전파된 결과로, 어느 문화에도 속하지 않았던 제3의 문화가 나타나는 현상 |

### (4) 경제활동

인간에게 필요한 재화와 서비스를 생산, 분배, 소비하는 모든 활동을 말한다.

① 경제 활동의 대상

- 재화 : 인간 생활에 효용을 주는 유형의 상품이다.
- 용역 : 재화와 함께 경제 행위의 객체가 되는 것으로, 형태는 없으면서 인간의 만족을 충족시켜 주는 사람들의 활동이나 작용을 말하며 흔히 서비스라고 한다.

② 경제 활동의 종류

- 생산 : 인간의 효용을 증가시켜 줄 수 있는 가치를 새로 만들어 내거나 가치를 증대시키는 모든 활동 예 의사의 진료, 재화의 제조, 저장, 수송
- 분배 : 생산에 필요한 생산 요소를 제공함으로써 생산에 기여한 대가로 생산물의 일부를 나눠 받는 것 예 노동 → 임금, 자본 → 이자, 토지 → 지대, 경영 → 이윤
- 소비 : 재화나 서비스를 사용함으로써 효용을 증대시키는 행위

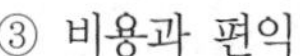

③ 비용과 편익

- 기회비용 : 경제적 선택의 결과로 포기되는 여러 대안의 가치 중에서 가장 높은 값이다. X, Y, Z의 세 가지 대안 중 X를 선택했다면 기회비용은 포기한 Y 또는 Z가 된다.
- 매몰비용 : 어떤 선택을 위해 지불된 비용 가운데 다시 회수할 수 없는 비용을 말한다.
- 비용과 편익 : 비용이란 선택에 따른 직·간접적인 실을 의미하며, 편익이란 경제적 선택에서 비용을 지불하여 얻으려는 것을 의미한다. 편익이 비용보다 클 경우 합리적 선택이다.
- 합리적 선택 : 가능한 한 기회비용을 최소화하고 만족을 극대화할 수 있는 선택을 말한다.

**One Point Lesson**

**매몰비용의 예**

호텔 예약을 정해진 기간 내에 취소하면 일부 또는 전체 환불이 가능하고, 투숙 날짜가 지나면 숙박 취소와 무관하게 숙박료를 돌려받을 수 없다. 이와 같이 선택을 번복해도 지출된 비용 가운데 회수될 수 없는 금액이 매몰비용이다.

### (5) 기업 경영

① 기업의 사회적 책임(CSR ; Corporate Social Responsibility) : 기업의 이해 당사자들이 기업에 기대하고 요구하는 사회적 의무들을 충족시키기 위해 수행하는 활동으로, 기업이 자발적으로 사업 영역에서 이해관계자들의 사회적·환경적 관심사들을 분석, 수용하여 기업의 경영 활동에 적극적으로 적용하는 과정을 통해 이해 당사자들과 지속적인 상호작용을 이루는 것이다.

② 공유 가치 창출(CSV ; Creating Shared Value) : 기업이 수익 창출 이후에 사회 공헌 활동을 하는 것이 아니라 기업 활동 자체가 사회적 가치를 창출하면서 동시에 경제적 수익을 추구할 수 있는 방향으로 이루어지는 행위를 말한다.

③ 지속가능경영 : 경제적 신뢰성, 환경적 건전성, 사회적 책임성을 바탕으로 지속가능발전을 추구하는 경영을 가리키는 말이다.

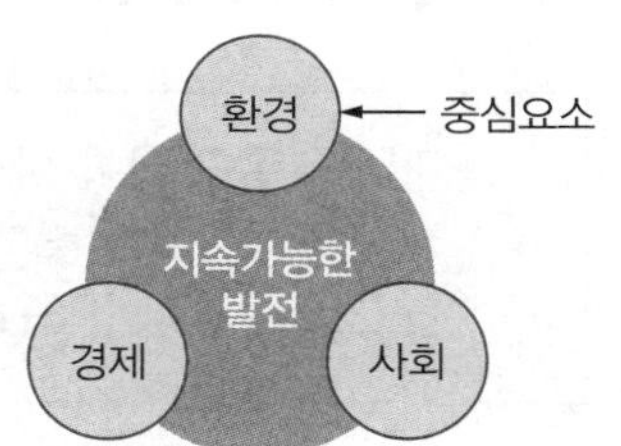

▶ 정답과 해설 55쪽

I 이해력

테마 2

# 출제유형문제연습

## 유형 01 과학상식

보충개념

**무기염류의 작용**

- 철 : 헤모글로빈의 성분
- 칼슘 : 뼈나 이의 성분, 혈액 응고
- 나트륨 : 삼투압 조절, 체액의 성분
- 요오드 : 호르몬 구성

**01.** B 씨는 다음 〈보기〉와 같은 식단 원칙을 정하였다. B 씨가 정한 원칙은 어떤 영양소의 흡수를 좋게 하는 방법인가?

보기

- 전기밥솥 대신 무쇠솥에 밥을 짓는다.
- 녹색 채소를 자주 섭취하고, 커피나 차의 섭취량을 줄인다.
- 매주 3~4회 육류를 섭취한다.
- 아스코르브산을 섭취하여 흡수율을 높인다.

① 인 ② 칼슘 ③ 철
④ 비타민 D ⑤ 나트륨

**02.** 다음 제시된 현상들의 명칭을 순서대로 바르게 나열한 것은?

(가) 마당에 뿌린 물이 마르는 현상
(나) 천연가스가 냉각 혹은 압축 과정을 거쳐 새로운 상태가 되는 현상
(다) 옷장에 넣어 둔 나프탈렌이 사라지는 현상

① 승화, 액화, 기화 ② 승화, 기화, 액화 ③ 기화, 액화, 승화
④ 기화, 승화, 액화 ⑤ 액화, 기화, 승화

**03.** 다음 수용액을 산성, 염기성, 중성 용액으로 바르게 분류한 것은?

| ㉠ 식초 | ㉡ 사이다 | ㉢ 비눗물 |
|---|---|---|
| ㉣ 설탕물 | ㉤ 암모니아수 | ㉥ 오렌지 주스 |

| | 산성 | 염기성 | 중성 |
|---|---|---|---|
| ① | ㉠, ㉡ | ㉣, ㉤, ㉥ | ㉢ |
| ② | ㉢, ㉣ | ㉡, ㉤, ㉥ | ㉠ |
| ③ | ㉠, ㉡, ㉥ | ㉢, ㉤ | ㉣ |
| ④ | ㉡, ㉢, ㉣ | ㉠, ㉥ | ㉤ |
| ⑤ | ㉡, ㉢ | ㉠, ㉣, ㉥ | ㉤ |

**04.** 다음은 영희 씨 가족의 ABO식 혈액형을 조사하여 정리한 모식도이다. 영희 씨가 혈액형이 AB형인 남자와 결혼하였을 때, 가능한 아이의 혈액형을 모두 고른 것은?

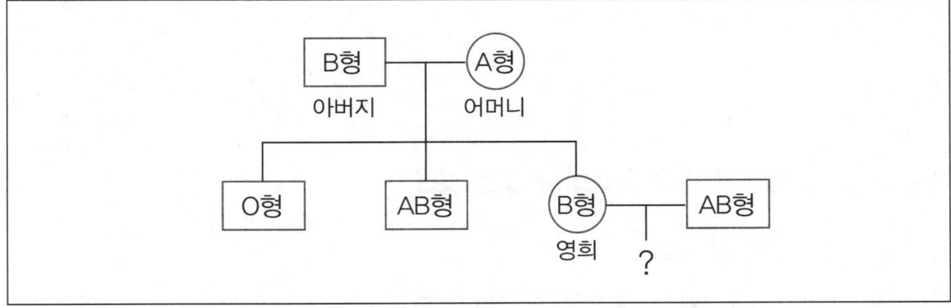


① A형, B형
② B형, AB형
③ A형, B형, AB형
④ A형, AB형, O형
⑤ A형, O형

해결전략

ABO식 혈액형으로 구별할 때 B형의 유전자 조합은 BO 또는 BB가 가능하다. 따라서 먼저 김영희 씨의 유전자조합을 파악해야 한다.

**05.** 다음은 산화구리가 산소를 잃고 구리로 변화하는 과정에 대한 실험이다. 실험결과로 옳은 것을 〈보기〉에서 모두 고르면?

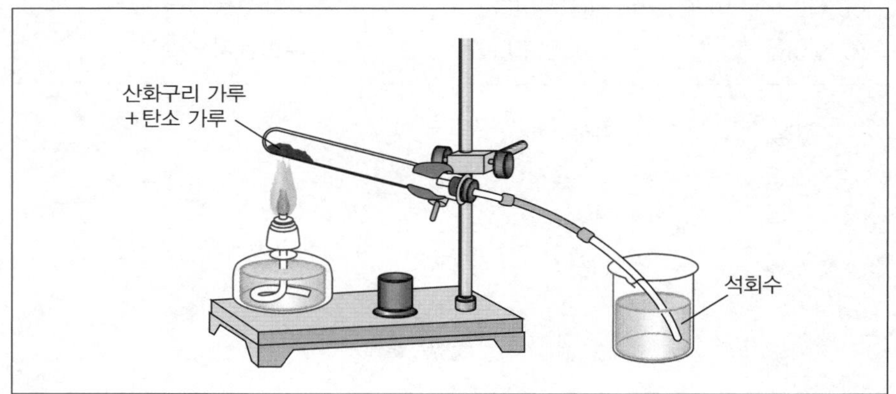


**보기**

(ㄱ) 탄소는 환원제이다.
(ㄴ) 석회수가 뿌옇게 흐려진다.
(ㄷ) 산화구리는 붉은색의 구리로 변한다.
(ㄹ) 산화구리 속의 산소가 탄소와 결합한다.

① (ㄱ), (ㄷ)
② (ㄱ), (ㄴ), (ㄷ)
③ (ㄴ), (ㄷ), (ㄹ)
④ (ㄱ), (ㄴ), (ㄷ), (ㄹ)
⑤ (ㄱ), (ㄷ), (ㄹ)

**06.** 다음 중 일광 효과로 적절하지 않은 것은?

① 강한 살균 작용이 있다.
② 신진 대사를 촉진시키고 피부를 튼튼하게 한다.
③ 장기 기능을 증진시키고 식욕 증진에 효과가 있다.
④ 비타민 C를 형성하여 세균에 대한 저항력을 증진시킨다.
⑤ 피부의 말초혈관이 확장돼 혈액의 공급이 원활해진다.

07. 다음 그림과 같이 A 동전을 고정시킨 후 B 동전을 화살표 방향으로 회전시켜 제자리로 돌아왔다면, B 동전은 몇 바퀴 회전하였는가?

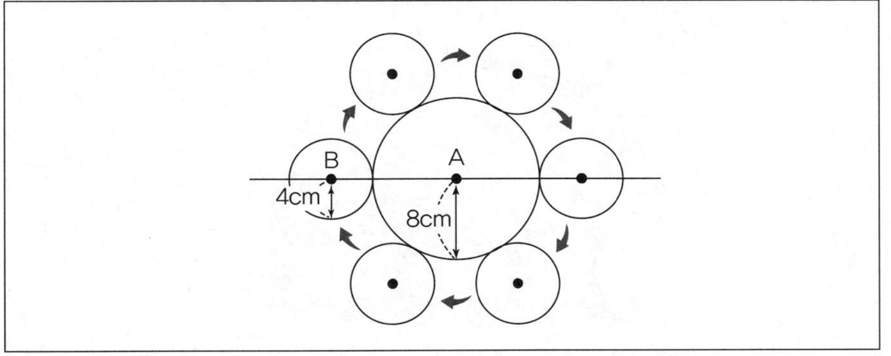


① 1바퀴 ② 1.5바퀴 ③ 2바퀴
④ 2.5바퀴 ⑤ 3바퀴

해결전략

반지름을 활용하여 둘레의 길이를 구한 뒤 그 값을 활용한다.

08. 다음 현상과 같은 원리를 설명한 것은?

휴대폰 화면을 거울처럼 사용할 수 있다.

① 창틀에 잘 미끄러지도록 창문에 바퀴를 단다.
② 겨울철에 털옷을 벗을 때 머리카락이 털옷에 달라붙는다.
③ 차로 중앙선에 반짝이는 물체를 박아 놓는다.
④ 용수철을 당겼다 놓으면 원래대로 돌아간다.
⑤ 물이 가득 찬 욕조에 물체를 넣으면 물이 넘친다.

09. 다음 (가) ~ (다)는 '뉴턴의 운동 제3법칙'을 표현한 그림이다. 각 그림과 <보기>의 예시가 바르게 짝지어진 것은?

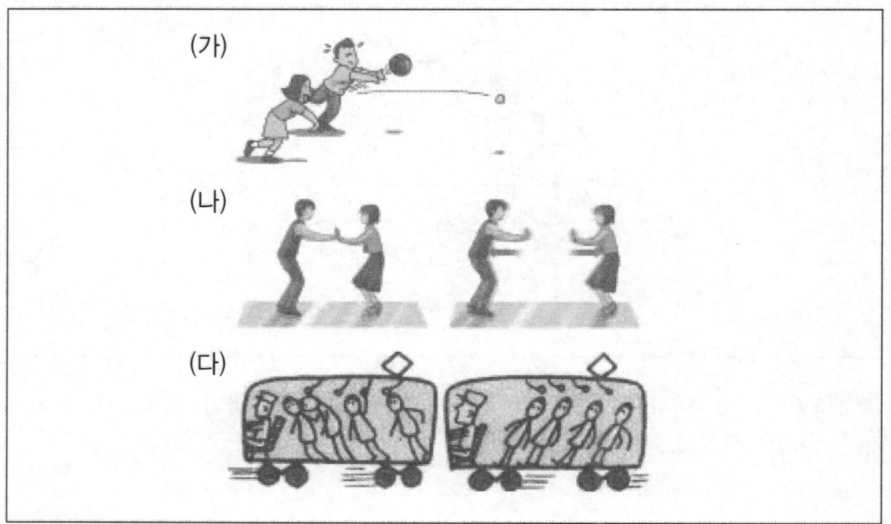


보기

㉠ 옷이나 이불의 먼지를 털 때, 손이나 먼지떨이로 두드린다.
㉡ 에스컬레이터는 올라와 있는 사람들의 무게에 따라 소모하는 전력량이 다르다.
㉢ 로켓과 제트기가 전진할 때 가스가 분출된다.

| | (가) | (나) | (다) |
|---|---|---|---|
| ① | ㉠ | ㉡ | ㉢ |
| ② | ㉡ | ㉠ | ㉢ |
| ③ | ㉡ | ㉢ | ㉠ |
| ④ | ㉢ | ㉡ | ㉠ |
| ⑤ | ㉢ | ㉠ | ㉡ |

## 유형 02 사회상식

### 10. 다음 상황에서 요구되는 리더의 유형은?

> 귀하의 본부는 위기이자 일대의 전환점을 맞이하게 되었다. 지난달 정기 인사이동 때 공석이 된 본부장 자리에 새로 부임할 적당한 인물이 없을 뿐 아니라 나날이 줄어드는 매출 실적 때문에 귀하의 본부 내 2개 팀은 존폐의 기로에 서 있으며 나머지 팀들도 축소 내지 통폐합될 위기 상황을 겪고 있다. 또한 지난 한 달 동안 본부 직원들의 근태는 유례를 찾기 힘들 정도로 방만하게 진행되어 왔고 작년에 계약을 마친 수출 건이 이번 달에 선적되면서 일어난 일부 매출을 제외하고는 이렇다 할 성과도 보이지 않는 상황이다.

① 파트너십 유형 ② 조직친화적 유형
③ 민주주의에 근접한 유형 ④ 독재자 유형
⑤ 변혁적 유형

**학습 TIP**

리더의 유형은 다양하므로 여러 문제를 접하여 용어를 정리해 두는 것이 좋다.

### 11. 다음 상황에 대한 설명으로 적절하지 않은 것은?

> 실적 100%의 기대와 함께 경력직 부장으로 부임된 홍길동 부장의 실적에 문제가 있는 것으로 나타나고 있다. 낮은 실적의 원인에 대한 A 팀 사원들의 평가는 부장의 독선적인 리더십을 말하고 있다. 전 직장에서 업무에 대해 비전문가였던 구성원들에게는 독선적 리더십이 효과적일 수 있으나, 전문가 집단인 A 팀에서는 다른 리더십이 필요하다고 말하고 인사처에서도 같은 평가를 하고 있다.

① 홍길동 부장에게 요구되는 리더십은 상황적 리더십(SL)이다.
② 상황적 리더십은 구성원들의 성숙도에 따라 리더십 스타일이 달라져야 한다는 것이다.
③ 상황적 리더십에서 구성원들의 성숙도는 솔직성, 공정성에 근거한다.
④ 상황적 리더십은 구성원의 역량과 의욕을 진단한 후 리더십 스타일을 선택한다.
⑤ 상황적 리더십에 따르면 구성원의 변화에 따라 리더십을 유연하게 변화시켜야 한다.

**보충개념**

**상황적 리더십 이론(SL)**

- 리더십을 효과적으로 발휘하기 위하여 구성원의 성숙도에 따라 리더의 행동 유형이 달라져야 한다는 리더십의 생명주기(life-cycle)를 설명하는 이론이다.
- 리더는 직원이 성숙해짐에 따라 권한을 점진적으로 넘겨줘야 한다.

12. 다음에서 설명하고 있는 윤리적 의사결정의 원칙은?

> 같은 상황에서 누가 결정을 하더라도 똑같은 선택을 할 수밖에 없었는가?

① 보편성의 원칙
② 공개성의 원칙
③ 공정성의 원칙
④ 불가피성의 원칙
⑤ 자율성의 원칙

해결전략

CSR에 대한 배경지식이 있다면 제시된 글을 전부 읽지 않아도 문제를 빠르게 풀 수 있다.

13. 다음 중 ㉠과 관련된 활동으로 적절하지 않은 것은?

> 기업 평판(Reputation)은 한 기업이 차분하게 쌓아올린 브랜드 가치로 경제적 이익추구와 직결된다. 오늘날 기업 평판이란 사회적으로 인식을 공유하여 구성된 기업에 대한 인상 또는 이미지의 결과물이다. 따라서 기업 평판은 눈에 보이는 이익, 생산품에 대한 가격 프리미엄, 피고용자로부터 높은 애사심, 위기에 대한 충격 완화 등을 이끌어 낼 수 있는 전략적 자산을 의미한다. 한편 평판측정과 평판의 발전방식에 주목하는 사회학적인 관점에서 기업평판은 기업에 대한 신뢰와 신용의 주관적이고 집합적인 평가를 의미한다.
>
> 기업이 평판리스크에 대한 일종의 면역력을 키워 좋은 기업으로 명성을 쌓는 길은 사회적 책임(CSR)을 인지하는 것이다. 평판리스크 관리의 마지막 종착역이라고 할 수 있는 CSR 프로그램으로는 ( ㉠ )과 같은 활동들을 고려해 볼 수 있다.

① 공정한 원 · 하청 관계개선 프로그램을 통해 취약한 하청업체의 생산 활동을 지원
② 거래관계에 있는 모든 거래처의 노동권을 존중하는 문화의 정착
③ 좋은 기업복지 및 양질의 직업 재교육 프로그램을 제공
④ 에너지 기후변화 등 환경 문제에 대한 전향적인 대응
⑤ 기업의 이익을 극대화하여 일류 기업으로의 성장 발판 마련

**14.** **문화 충격(Culture Shock)은 한 문화권에 속한 사람이 다른 문화를 접하게 되었을 때 체험하는 충격을 의미한다. 다음 중 문화 충격의 긍정적인 영향으로 알맞지 않은 것은?**

① 끊임없이 변화하는 환경에 대처하는 과정은 새로운 반응이 필요한 체류자에게 배울 기회를 제공한다.

② 대부분의 사람들은 독특하고 특별한 목표를 추구하는 경향이 있어서 문화 충격은 우리들에게 새로운 자아실현과 목표를 이룰 동기가 되어 준다.

③ 극단적으로 높은 수준의 불안을 제공함으로써 학습량이 늘어나게 해 주는 역할을 한다.

④ 문화 배경이 다른 사람들을 다루는 과정을 통하여 해외 체류자에게 도전과 성취감을 줄 수 있다.

⑤ 새로운 아이디어를 생산해 내고 이러한 아이디어는 앞으로 겪을 낯선 상황에 대한 새로운 행위적 반응을 제공할 수 있다.

**15.** **다음 ㉠, ㉡에 대해 옳게 분석한 사람을 〈보기〉에서 모두 고르면?**

㉠ 하나의 대안을 선택해야 하는 상황에서 드는 경제학적 비용
㉡ 이미 지출되어 회수가 불가능한 비용

**보기**

갑 : ㉠은 기회비용에 해당한다.
을 : 가격이 동일한 상품 중 하나를 소비할 때 포기한 대안들 중 가장 편익이 큰 것으로 ㉠을 측정할 수 있다.
병 : 가격이 동일한 상품 중 하나를 소비할 때 포기한 대안들의 편익을 모두 합한 것으로 ㉡을 측정할 수 있다.
정 : 합리적 선택은 편익이 ㉠과 ㉡의 합계보다 큰 대안을 선택하는 것이다.

① 갑, 을 ② 갑, 병 ③ 을, 병
④ 을, 정 ⑤ 병, 정

▶ 정답과 해설 58쪽



# 테마 3 기출예상문제

**01.** 다음에서 설명하고 있는 원소는?

> 주기율표의 첫 번째 화학 원소로, 우주에서 가장 흔하고 가벼우며 빛깔, 맛, 냄새가 없다. 이 원소를 얻는 대표적인 방법은 물을 전기분해하는 것이다. 그러나 불이 붙는 속도가 빨라 폭발력이 강하므로 다룰 때 주의해야 한다.

① 수소(H) ② 아르곤(Ar) ③ 헬륨(He)
④ 산소(O) ⑤ 마그네슘(Mg)

**02.** 다음 〈보기〉에서 화학변화에 해당하는 것을 모두 고르면?

> **보기**
> ㉠ 드라이아이스가 승화한다.
> ㉡ 쇠가 녹슬어 붉은색으로 변한다.
> ㉢ 우유를 발효시켜 치즈를 만든다.
> ㉣ 가스레인지의 메테인을 연소시킨다.
> ㉤ 얼음이 녹으면 물이 되고, 물이 얼면 다시 얼음이 된다.

① ㉠, ㉤ ② ㉡, ㉢ ③ ㉠, ㉣, ㉤
④ ㉡, ㉢, ㉣ ⑤ ㉠, ㉢, ㉣

**03.** 다음 중 물의 역할로 적절하지 않은 것은?

① 체온을 조절한다.
② 체내의 일과 운동을 전달한다.
③ 인체 내에서 영양소를 운반한다.
④ 우리 몸에서 사용되는 주요 에너지원이다.
⑤ 노폐물을 제거, 배설한다.

**04.** 다음에서 설명하고 있는 원소는?

> 알칼리 토류 금속에 속하는 천연의 방사성 원소로 1898년 퀴리 부부에 의해 우라늄 광석인 피치블렌드 속에서 발견되었다. 은색의 고체 금속이지만 공기 중에 노출되면 표면이 쉽게 산화되어 검은색으로 변한다.

① 라듐(Radium)
② 리튬(Lithium)
③ 플루토늄(Plutonium)
④ 토륨(Thorium)
⑤ 우라늄(Uranium)

**05.** 다음 중 비타민의 특성으로 옳은 것을 모두 고르면?

> ㉠ 비타민은 매우 적은 양으로 물질 대사나 생리 기능을 조절하는 필수 영양소이다.
> ㉡ 비타민은 수용성 비타민과 지용성 비타민으로 분류된다.
> ㉢ 신체 에너지를 생성하기 위해서는 비타민을 가능한 한 많이 섭취하는 것이 좋다.
> ㉣ 모든 비타민은 체내에서 합성이 가능하다.

① ㉡
② ㉠, ㉡
③ ㉠, ㉢
④ ㉠, ㉡, ㉣
⑤ ㉡, ㉢, ㉣

**06.** 고무공을 두 손으로 잡고 눌렀더니 누른 부분이 찌그러졌다. 이러한 현상에 대한 설명으로 옳은 것을 〈보기〉에서 모두 고르면?

**보기**

㉠ 고무공이 찌그러진 것과 밀가루 반죽을 잡아당겨서 모양이 변하는 것은 모두 힘이 작용한 것이다.
㉡ 고무공에 작용한 것을 힘이라고 하고 힘은 물체의 모양, 운동 방향을 변하게 할 수 있다.
㉢ 고무공에 작용한 것은 힘이며 힘의 단위는 뉴턴(N)이다.
㉣ 야구공을 방망이로 치면 공의 운동 방향이 바뀌는 것과 공이 찌그러지는 것은 모두 힘 때문이다.

① ㉠, ㉡　　② ㉢, ㉣　　③ ㉠, ㉡, ㉢
④ ㉡, ㉢, ㉣　　⑤ ㉠, ㉡, ㉢, ㉣

**07.** 다음은 A 씨가 자전거를 타고 이동할 때 시간에 따른 이동 거리를 그래프로 나타낸 것이다. 이에 대한 설명으로 옳지 않은 것은?

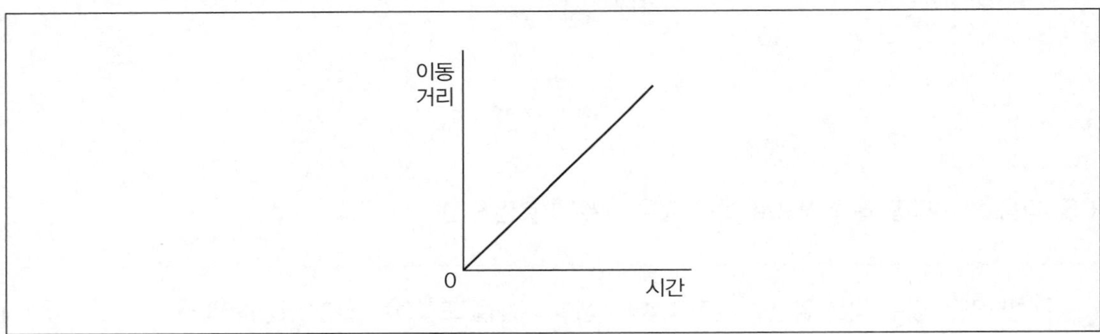


① A 씨의 이동속도는 일정하다.
② 다이빙대에서 떨어지는 다이빙 선수의 시간에 따른 이동거리도 그래프와 같다.
③ 백화점의 에스컬레이터는 손님의 안전을 위해 그래프와 같이 이동한다.
④ 스키장의 리프트는 위 그래프와 같이 등속운동을 한다.
⑤ 위와 같은 상황에서의 가속도는 0이다.

**08.** 다음에 나열된 현상 중 과학적 원리가 같은 것끼리 짝지어진 것은?

> ㉠ 노를 저어 배를 움직인다.
> ㉡ 손에 들고 있던 창을 놓으면 땅으로 떨어진다.
> ㉢ 대포를 쏘면 대포알은 날아가고 대포는 뒤로 밀린다.
> ㉣ 말을 타고 달리다가 돌부리에 걸리면 앞으로 넘어진다.

① ㉠, ㉡　② ㉡, ㉢　③ ㉢, ㉣
④ ㉠, ㉢　⑤ ㉡, ㉣

**09.** 다음 그림과 같은 현상의 예시로 적절한 것을 〈보기〉에서 모두 고르면?

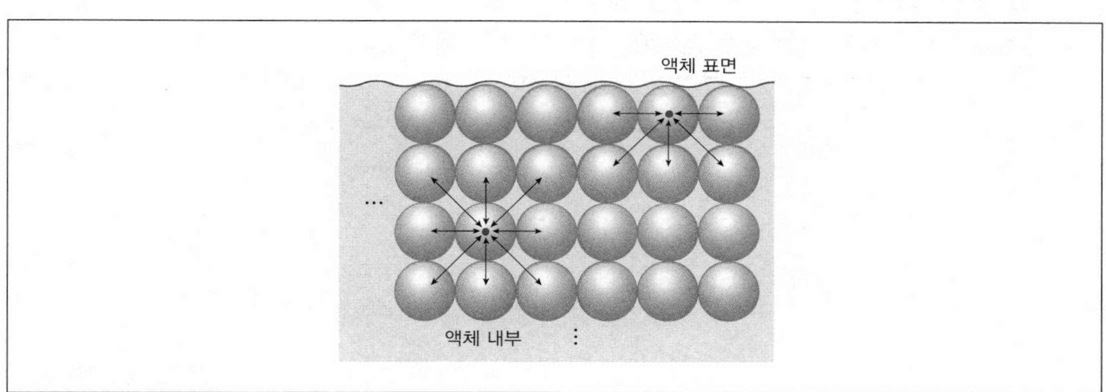


**보기**

> ㉠ 소금쟁이는 수면 위를 뛰어다녀도 물속으로 빠지지 않는다.
> ㉡ 드라이아이스의 크기가 작아졌다.
> ㉢ 물이 가득 찬 컵에 클립을 올리면 클립이 물 위에 떠 있는다.
> ㉣ 배영을 할 때 가만히 누워 힘을 빼면 수면 위로 떠오른다.
> ㉤ 연꽃잎 표면에 비가 내렸더니 물방울이 유리구슬처럼 굴러다녔다.

① ㉠, ㉡　② ㉠, ㉤　③ ㉠, ㉢, ㉤
④ ㉡, ㉢, ㉣　⑤ ㉠, ㉢, ㉣, ㉤

**10.** 민아는 요리 교실에서 배운 김치 담그는 방법을 다음과 같이 메모하였다. 밑줄 친 ㉠~㉣에서 일어나는 화학 변화에 대한 설명으로 옳은 것을 〈보기〉에서 모두 고르면?

〈김치를 담그는 방법〉

1. 손질을 끝낸 ㉠ 배추를 소금에 절인다.
2. 김치 속 양념을 만들어 배추에 버무린다.
3. 김치를 김칫독에 넣고 그 위를 ㉡ 무거운 돌로 누른다.
4. ㉢ 김칫독을 땅에 묻어 익힌다.
5. ㉣ 알맞게 익은 김치를 맛있게 먹는다.

보기

㉠ 삼투 현상으로 수분이 빠진 배춧잎에 양념이 잘 배게 된다.
㉡ 공기 중에 있는 세균의 차단을 위해 산소를 차단하려는 것이다.
㉢ 김치는 익을수록 pH가 높아져 신맛을 낸다.
㉣ 김치와 같은 원리로 만들어지는 음식에는 청국장, 젓갈 등이 있다.

① ㉠, ㉡　② ㉢, ㉣　③ ㉠, ㉢
④ ㉡, ㉢　⑤ ㉠, ㉣

**11.** 다음 중 문화 상대주의의 관점에서 말하고 있는 사람은?

① A : 문화란 그 사회의 맥락 속에서 이해해야 해.
② B : 선진국은 후진국보다 문화 수준이 훨씬 높아.
③ C : 문화가 발달된 유럽에는 관광명소가 아시아보다 훨씬 많아.
④ D : 우리나라의 고려청자는 다른 나라의 어떤 도자기보다 뛰어나.
⑤ E : 후진국의 문화는 다소 미개하기 때문에 존중할 필요가 없지.

12. 다음 글을 통해서 볼 때 토인비가 바라본 사회변동의 의미는?

> 토인비(Toynbee, A.)에게 역사는 인간이 주도한 운동의 결과이며 지금도 끝나지 않은 과정이다. 토인비는 국가나 민족보다 좀 더 포괄적 개념인 문명을 기본 단위로 하여 역사를 분석한다. 문명은 유기체와 마찬가지로 발생 · 성장 · 쇠퇴 · 해체의 과정을 거치는데 결국 역사는 인류 문명의 생성과 소멸의 과정이라는 것이다.

① 사회는 생성과 몰락의 순환을 반복한다.
② 사회는 일정한 방향으로 진보 또는 발전해 간다.
③ 사회는 끊임없는 불안과 갈등의 반복으로 변동해 간다.
④ 사회는 균형과 통합을 찾고자 하는 노력으로 변동해 간다.
⑤ 사회는 가장 높은 지점에 도달하면 더 이상 발전하지 않고 고착화된다.

13. 다음 〈보기〉와 같은 활동을 한 예로 가장 적절한 것은?

> 보기
>
> 사람들에게 필요한 재화나 서비스를 만들어 내거나 이미 만들어진 재화의 경제적 가치를 높이는 행위

① A 선생님은 학교에서 학생들을 가르치고 있다.
② 정형외과 B 원장은 간호사를 고용하였다.
③ C 사원은 점심시간에 회사 구내식당에서 밥을 사 먹었다.
④ D 주부는 집에서 인터넷 쇼핑몰을 통해 옷을 주문하였다.
⑤ E는 보육원에 가 봉사활동을 하였다.

**14.** 다음 (가) ~ (다)의 사례들에 모두 적용할 수 있는 용어는?

(가) 음식이 맛없지만 돈이 아깝다며 다 먹은 호용
(나) 신제품 개발을 위해 R&D 분야에 대규모 투자를 진행한 희승
(다) 회복 가능성이 없는 주식을 몇 년간 매도하지 않는 성민

① 한계비용 ② 기회비용 ③ 매몰비용
④ 전환비용 ⑤ 요소비용

**15.** 다음의 사례와 관련이 있는 마케팅 용어는?

세계적 신발 브랜드인 T는 신발이 한 켤레 판매될 때마다 빈민국의 아이들에게 똑같은 신발을 한 켤레씩 기부하는 것으로 유명하다.

① 코즈 마케팅 ② 바이럴 마케팅 ③ 넛지 마케팅
④ 소셜타이징 ⑤ 버즈 마케팅

**16.** 리더십의 4가지 유형 중 '변혁적 유형'에 대한 설명으로 옳은 것을 모두 고르면?

㉠ 부하들에게 칭찬을 아끼지 않는다.
㉡ 대부분의 핵심 정보를 공개하지 않는다.
㉢ 리더는 구성원 중 하나일 뿐이라고 생각한다.
㉣ 조직에 획기적인 변화가 요구될 때 필요한 리더십이다.

① ㉠, ㉡ ② ㉠, ㉣ ③ ㉡, ㉢
④ ㉡, ㉣ ⑤ ㉠, ㉢, ㉣

**17.** 다음 글에서 설명하고 있는 리더십 유형은?

> 유비가 다스렸던 촉나라의 국력은 위나라 국력의 10% 정도에 불과했다. 물자, 사람, 군대 등 모든 불리함을 극복하기 위해 유비가 선택한 방법은 바로 인재 등용과 그들의 자발적인 충성심 유도였다. 그것은 국가와 자신의 생존과도 직결되는 일이었다. 유비는 겸손과 신의, 상황에 따라 지혜롭게 머리를 굽히는 처세학을 바탕으로 리더십을 펼쳤다. 유비야말로 '실리 추구 리더십'의 대표 인물이었던 셈이다.
>
> 그의 겸손과 굽힘 리더십의 결정체는 제갈량을 얻을 때에 드러났다. 당시 유비는 제갈량보다 스무 살이나 더 나이가 많았다. 그럼에도 유비는 제갈량을 세 번 찾아가 머리를 숙였고 세 번째 방문에 낮잠을 자는 제갈량을 몇 시간 동안 서서 기다리며 제갈량의 마음을 얻어 내었다. 또한 유비는 나이, 신분, 부, 출신 지역 등을 가리지 않고 인재를 등용하며 인재를 얻기 위해 자신을 낮추는 데 있어 주저함이 없었다.

① 셀프 리더십 ② 독재적 리더십 ③ 민주적 리더십
④ 서번트 리더십 ⑤ 카리스마 리더십

**18.** 조직의 문화는 무엇을 지향하느냐에 따라 관계지향, 혁신지향, 위계지향, 과업지향으로 나눌 수 있다. 다음 〈보기〉를 문화 유형에 따라 적절히 나열한 것은?

**보기**

> A. 조직의 성과 달성과 과업 수행에 있어서의 효율성을 강조함.
> B. 조직 내부의 안정적이고 지속적인 통합, 조정을 바탕으로 조직 효율성을 추구함.
> C. 조직의 유연성을 강조하고 외부 환경에의 적응성에 초점을 둠.
> D. 조직 구성원들의 소속감, 상호 신뢰, 인화 단결 및 팀워크 그리고 참여 등이 이 문화유형의 핵심가치로 자리잡음.

| | 관계지향 | 혁신지향 | 위계지향 | 과업지향 |
|---|---|---|---|---|
| ① | D | C | B | A |
| ② | D | C | A | B |
| ③ | C | D | B | A |
| ④ | A | C | B | D |
| ⑤ | D | B | C | A |

19. 다음 중 밑줄 친 ㉠으로 가장 적절하지 않은 것은?

> 전 세계적으로 공급이 수요를 초과하고 저성장 기조가 이어지는 최근의 상황에서 고객중심의 경영은 더욱 중요하다고 전문가들은 말한다. ○○경제연구원은 "2000년대 중반까지 기업들이 주로 주주와 이윤 추구에 초점을 맞췄지만, 그 이후부터는 고객의 가치에 중점을 두고 경영하는 패러다임으로 바뀌고 있다."며 "저성장 시기에 고객가치중심경영은 기업 생존을 위한 필수요소"라고 말했다.
>
> 이를 뒷받침하듯이 요즘 신문의 경제면에는 많은 기업들이 '고객중심경영'을 표방하고 있다는 내용이 많이 보도되고 있다. 그 내용을 보면 '고객만족을 제고시키겠다', '고객을 위해 다양한 가치를 창조하겠다' 등 기업이 지향하는 핵심가치에 고객을 중심으로 놓겠다는 내용이 주류를 이루고 있다. 고객중심경영을 표방하는 기업들은 공통적으로 자신들이 고객지향적 기업이 될 것이라고 선언하고 있는 것이다.
>
> 치열한 경쟁 환경에서 지속적인 경쟁우위를 확보하기 위한 방법으로 고객지향성을 추구하는 현상은 매우 고무적이다. 그러나 진정한 고객지향적 기업이 되기 위해서는 먼저 '㉠ 고객지향적 기업이 갖추어야 할 경영원칙'에 대한 정확한 이해가 필수적이다. '고객지향적 기업이 갖추어야 할 경영원칙'에 대한 정확한 이해가 바탕이 되어야 적극적인 실천이 올바른 방향으로 뒤따를 수 있기 때문이다.

① 고객의 목소리가 빠르고 생생하게 전달될 수 있는 경영시스템을 갖춘다.
② 고객에게 보다 나은 서비스를 제공할 수 있도록 하는 기업정책을 수립한다.
③ 고객에 대한 이해를 바탕으로 관계강화와 문제해결을 통해 수익을 창출한다.
④ 기업의 구성원들은 외부 고객의 만족 없이는 내부 고객의 만족도 없다는 원칙을 공유하고 실천한다.
⑤ 기업의 성과평가요소에 고객만족도, 고객확보율 등의 고객관련 지표를 비중 있게 포함시킨다.

**20.** 다음 글을 바탕으로 할 때 CSV의 사례로 적절한 것은?

○○그룹은 CSV(Creating Shared Value) 정신을 추구하며 지속적인 도전과 혁신의 과정을 통해 국가 · 사회의 발전과 기업 성장을 함께 도모하고 있다. ○○그룹의 경영 가치인 CSV는 2011년 하버드 대학의 마이클 교수가 〈하버드 비즈니스 리뷰〉에서 개념을 소개하면서 처음 등장했다. 또한 세계적인 경영사상가 필립 코틀러는 〈마켓 3.0〉에서 "소비자의 이성에 호소하던 1.0의 시대와 감성 · 공감에 호소하던 2.0의 시대에서, 소비자의 영혼에 호소하는 3.0의 시대가 도래했다."고 말하며 앞으로는 소비자 가치와 기업 가치, 사회적 가치가 상호 조화를 이루는 기업 정신이 요구될 것이라고 주장했다. CSR(Corporate Social Responsibility)이 아닌 CSV를 바탕으로 한 미래 시장의 경영 전략을 제안한 것이다.

CSV와 CSR은 선행을 통해 사회에 도움이 되려는 목적은 동일하지만 근본적인 개념은 다르다. CSR은 시민의식과 자선활동을 동기로 하여 사회적 문제에 대응하는 활동이다. 기업 당사자들이 기업에 대한 기대와 사회적 의무들을 충족시키기 위해 수행하는 것이다. CSR을 위한 예산은 한정적이기 때문에 그 활동은 제한적일 수밖에 없다. 반면 CSV는 기업의 이윤 극대화를 위한 전략 내에 사회적 · 환경적 가치를 통합한다. 기업이 수익을 창출하고 사회 공헌 활동을 하는 것이 아니라 기업 활동 자체가 사회적 가치를 창출함과 동시에 경제적 수익을 추구할 수 있는 방향으로 이루어지는 것이다. 따라서 CSV는 CSR의 개념이 확장하여 변모한 형태라고 볼 수 있다.

○○그룹은 한국에서 CSV 가치를 잘 보여 주고 있는 기업들 중 하나이다. 가장 대표적인 예시로 베트남 농촌개발 CSV 사업과 즐거운 동행, △△TV가 있다. '베트남 농촌개발 사업'은 현지에 적합한 선진 농업 기술을 전수함으로써 베트남 농가의 소득 증대 및 빈곤퇴치에 기여하는 활동이다. '즐거운 동행'은 지역의 유망한 중소업체를 발굴하고 전문 역량을 지원하는 활동으로, 중소기업과의 동반성장을 추구하여 상생의 산업 생태계를 만드는 것이 목적이다. 마지막으로 '△△TV'는 유튜브에서 활동하는 창작자들과 제휴하여 이들의 마케팅, 저작권 관리, 콘텐츠 유통 등을 돕고 수익을 창출하는 디지털 콘텐츠 사업이다. 새로운 사업 모델 발굴, 플랫폼 확대, 글로벌 진출을 돕는 등 콘텐츠 창작자들에게 성장의 기회를 제공해 줌으로써 콘텐츠 생태계를 만들어 주고 그 영역을 넓혀 주는 활동이다. 이 외에도 ○○그룹은 다양한 CSV 활동을 펼치고 있다.

① 회원들에게 '기부하시겠습니까'라고 물어본 뒤 '예'라고 대답하면 기업에서 1인당 1달러를 노숙자들에게 후원하는 캠페인

② 빵 두 개가 팔릴 때마다 빵 하나를 아동시설에 전달하는 착한 빵 캠페인

③ 기업 봉사활동을 통해 사람들에게 환경오염 문제의식을 전파하는 캠페인

④ 댓글이 100개가 넘으면 차가 필요한 사람에게 차를 선물해 주는 캠페인

⑤ 물 교육 프로그램을 운영하여 물의 소중함과 보존을 위한 실천방법을 알리는 캠페인

# 출제유형이론학습

## 1 수열

### (1) 수열

① 등차수열 : 첫째항부터 차례로 일정한 수를 더하여 만들어지는 수열
각 항에 더하는 일정한 수, 즉 뒤의 항에서 앞의 항을 뺀 수를 등차수열의 공차라고 한다. 등차수열 $\{a_n\}$에서 $a_2 - a_1 = a_3 - a_2 = \cdots = a_{n+1} - a_n = d$(공차)이다.

예 1 →(+2) 3 →(+2) 5 →(+2) 7 →(+2) 9

② 등비수열 : 첫째항부터 차례로 일정한 수를 곱하여 만들어지는 수열
각 항에 곱하는 일정한 수, 즉 뒤의 항을 앞의 항으로 나눈 수를 등비수열의 공비라고 한다. 등비수열 $\{a_n\}$에서 $\frac{a_2}{a_1} = \frac{a_3}{a_2} = \cdots = \frac{a_{n+1}}{a_n} = r$(공비)이다.

예 1 →(×3) 3 →(×3) 9 →(×3) 27 →(×3) 81

③ 등차계차수열 : 앞의 항과의 차가 등차를 이루는 수열

예 1 →(+1) 2 →(+2) 4 →(+3) 7 →(+4) 11
+1 →(+1) +2 →(+1) +3 →(+1) +4

④ 등비계차수열 : 앞의 항과의 차가 등비를 이루는 수열

예 1 →(+2) 3 →(+4) 7 →(+8) 15 →(+16) 31
+2 →(×2) +4 →(×2) +8 →(×2) +16

⑤ 조화수열 : 각 항의 역수가 등차수열을 이루는 수열
⑥ 분수수열 : 분자는 분자대로, 분모는 분모대로 규칙을 가지는 수열
분자, 분모를 다르게 접근해서 문제를 푼다.
⑦ 피보나치수열 : 앞의 두 항의 합이 그 다음 항이 되는 수열

예 1, 1, 2, 3, 5, 8, 13, 21, 34, ⋯

⑧ 반복수열 : 두 개 이상의 연산기호가 반복되는 수열

예 1 →(+2) 3 →(×3) 9 →(+2) 11 →(×3) 33 →(+2) 35 →(×3) 105

**미니테스트**

**01.** 다음 숫자들의 배열 규칙을 찾아 '?'에 들어갈 알맞은 숫자를 고르면?

$\frac{1}{3}$ $\frac{1}{7}$ $\frac{1}{11}$ (?)

① $\frac{1}{12}$ ② $\frac{1}{13}$
③ $\frac{1}{14}$ ④ $\frac{1}{15}$
⑤ $\frac{1}{16}$

정답 ④
해설 각 항의 역수로 만들어진 수열 3, 7, 11, $\frac{1}{?}$이 공차가 4인 등차수열이므로 $\frac{1}{?}$=15이다. 따라서 '?'에 들어갈 숫자는 $\frac{1}{15}$이다.

### (2) 문자수열

① 일반 자음 순서

| ㄱ | ㄴ | ㄷ | ㄹ | ㅁ | ㅂ | ㅅ |
|---|---|---|---|---|---|---|
| 1 | 2 | 3 | 4 | 5 | 6 | 7 |
| ㅇ | ㅈ | ㅊ | ㅋ | ㅌ | ㅍ | ㅎ |
| 8 | 9 | 10 | 11 | 12 | 13 | 14 |

② 쌍자음이 포함된 자음 순서

| ㄱ | ㄲ | ㄴ | ㄷ | ㄸ | ㄹ | ㅁ | ㅂ | ㅃ | ㅅ |
|---|---|---|---|---|---|---|---|---|---|
| 1 | 2 | 3 | 4 | 5 | 6 | 7 | 8 | 9 | 10 |
| ㅆ | ㅇ | ㅈ | ㅉ | ㅊ | ㅋ | ㅌ | ㅍ | ㅎ | |
| 11 | 12 | 13 | 14 | 15 | 16 | 17 | 18 | 19 | |

③ 일반 모음 순서

| ㅏ | ㅑ | ㅓ | ㅕ | ㅗ | ㅛ | ㅜ |
|---|---|---|---|---|---|---|
| 1 | 2 | 3 | 4 | 5 | 6 | 7 |
| ㅠ | ㅡ | ㅣ | | | | |
| 8 | 9 | 10 | | | | |

④ 이중모음이 포함된 모음 순서

| ㅏ | ㅐ | ㅑ | ㅒ | ㅓ | ㅔ | ㅕ |
|---|---|---|---|---|---|---|
| 1 | 2 | 3 | 4 | 5 | 6 | 7 |
| ㅖ | ㅗ | ㅘ | ㅙ | ㅚ | ㅛ | ㅜ |
| 8 | 9 | 10 | 11 | 12 | 13 | 14 |
| ㅝ | ㅞ | ㅟ | ㅠ | ㅡ | ㅢ | ㅣ |
| 15 | 16 | 17 | 18 | 19 | 20 | 21 |

⑤ 알파벳 순서

| A | B | C | D | E | F | G |
|---|---|---|---|---|---|---|
| 1 | 2 | 3 | 4 | 5 | 6 | 7 |
| H | I | J | K | L | M | N |
| 8 | 9 | 10 | 11 | 12 | 13 | 14 |
| O | P | Q | R | S | T | U |
| 15 | 16 | 17 | 18 | 19 | 20 | 21 |
| V | W | X | Y | Z | | |
| 22 | 23 | 24 | 25 | 26 | | |

미니테스트

**02. 다음 문자들의 배열 규칙을 찾아 '?'에 들어갈 알맞은 문자를 고르면?**

A D G J M ( ? )

① P ② Q
③ R ④ S
⑤ T

정답 ①

해설 3씩 증가하는 규칙을 가진 등차수열이다.

A → D → G → J → M → (?)

1 → 4 → 7 → 10 → 13 → (?)
+3 +3 +3 +3 +3

따라서 '?'에 들어갈 문자는 13+3=16에 해당하는 P이다.

## 2 알고리즘

주어진 문제를 논리적으로 해결하기 위한 절차나 방법, 명령어들의 집합이다.

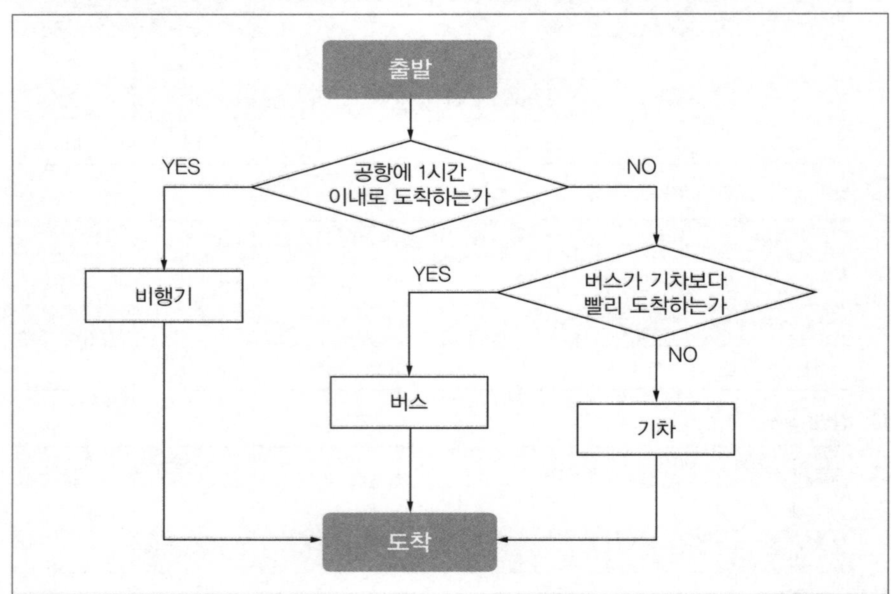


## 3 블랙박스

(1) 제어공학용어로서 어떤 입력을 주면 그에 맞는 출력을 주는 장치이다. 장치의 내용이나 실태는 문제 삼지 않고, 입력과 출력의 관계만을 논하는 추상적 개념으로서 사용된다.

(2) 주어진 블랙박스를 통과할 때, 그 수가 어떻게 변화했는지를 찾아내는 유형이다. 기본적인 사칙연산이 많이 사용되나 더 복잡한 연산식이 주어지기도 한다.

## 4 PERT 방식

도표를 통해 작업의 흐름이나 일정을 정확하게 파악해 낼 수 있는가가 PERT 문제 정복의 포인트이다.

Program Evaluation and Review Technique의 약어로 일정 계획, 즉 스케줄의 흐름을 나타내는 방식이다.

(1) 활동(Activity) : 프로젝트 수행에 필요한 단위 과제나 업무로 시간과 자원을 요하는 행위이며, 숫자는 활동시간이다.

(2) 단계(Event) : 활동을 수행하는 과정에서의 특정 시점으로 시작단계와 완료단계로 구분된다.

(3) 가상활동(Dummy Activity) : 실제로 존재하지는 않지만 네트워크의 선후 관계를 조정하기 위한 보조수단으로, 점선으로 표시한다.

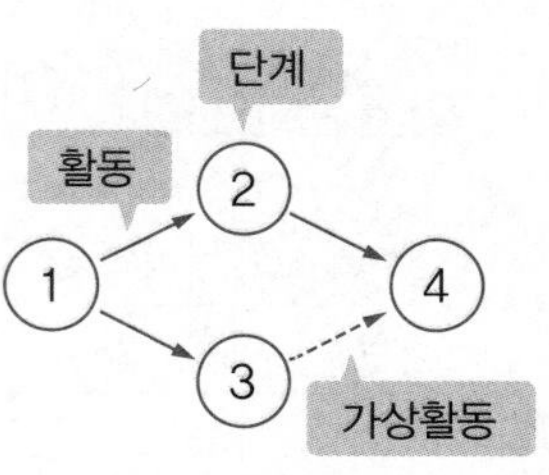

## 5 도형관찰탐구

### (1) 해결방법

① 도형에서 발견되는 움직임을 파악하여 정리한다.

② 정리한 조건으로 시뮬레이션을 해 보고 도형을 도출한다.

### (2) 규칙성의 종류

① 오른쪽 아래 □는 고정, 위에 □가 반시계 방향으로 회전한다.

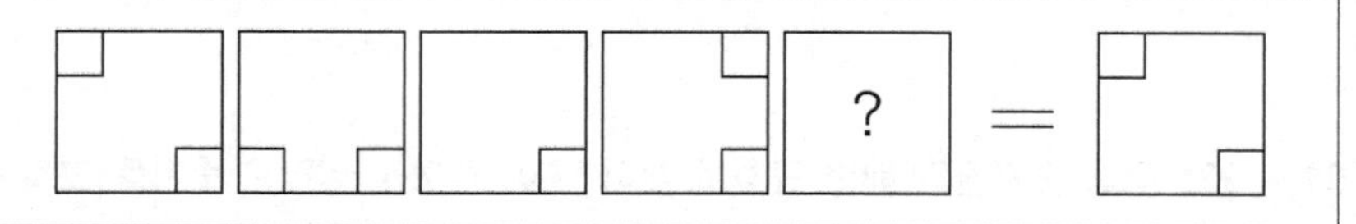


② ●가 시계 방향으로 이동하고 선은 90도씩 회전한다(혹은 번갈아 가면서 보아도 동일).

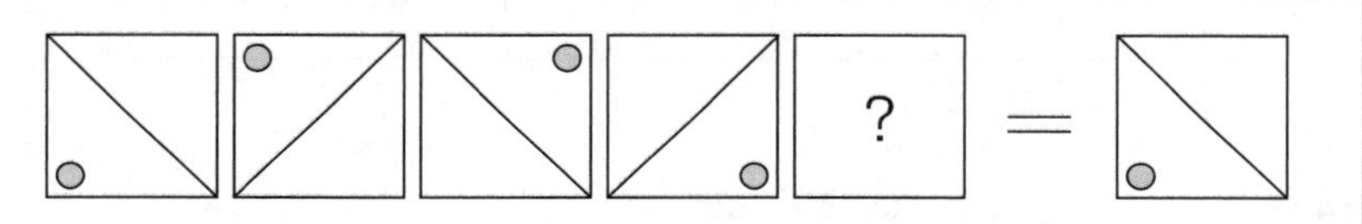


③ 직선의 수가 1 → 2 → 3 → 4 → 5로 증가한다(형태에 현혹되지 않을 것).

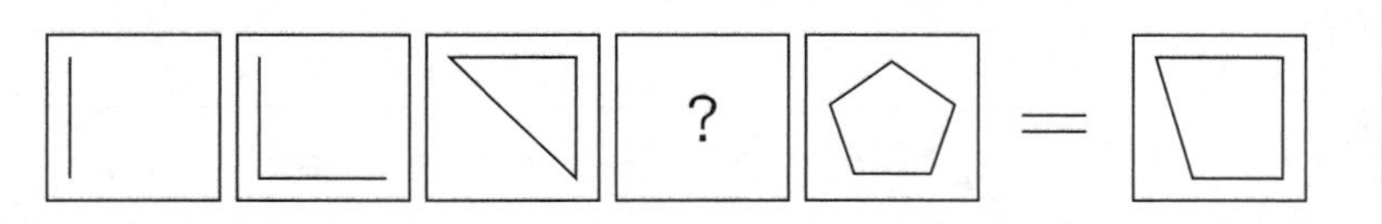


④ 화살표가 45도씩 시계방향으로 회전하고, ○의 색이 번갈아 가면서 바뀐다.

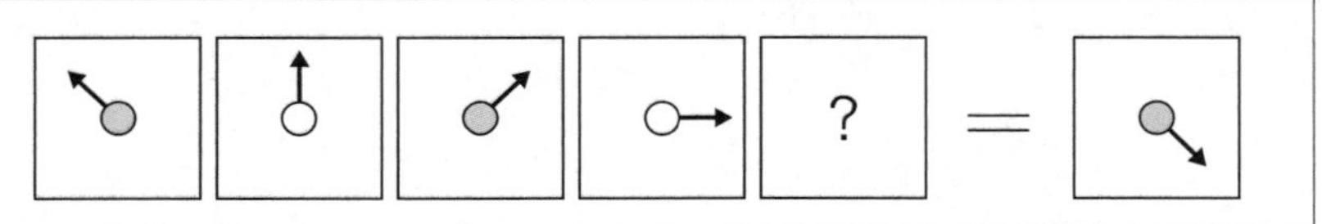


⑤ ○가 반시계 방향으로 회전, △가 시계 방향으로 회전한다.

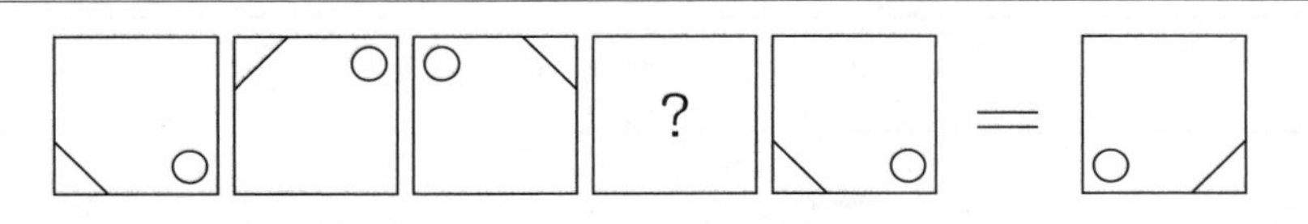


**학습 TIP**

주어진 조건에 따라 도형이 어떻게 바뀌는지를 파악하여 중간 과정이나 최종 모양을 고르는 문제가 출제된다. 조건의 변화 규칙을 빠르게 파악하는 연습이 필요하다.

테마 2

# 출제유형문제연습

## 유형 01 수열

[01 ~ 02] 다음 숫자들의 배열 규칙을 찾아 '?'에 들어갈 알맞은 숫자를 고르시오.

01.

| −2  0  3  8  15  26  ( ? ) |
|---|

① 37 ② 39 ③ 41
④ 43 ⑤ 45

02.

| −2  2  0  2  2  4  6  10  ( ? ) |
|---|

① 14 ② 15 ③ 16
④ 17 ⑤ 18

03. 다음 문자들의 배열 규칙을 찾아 '?'에 들어갈 알맞은 문자를 고르면?

| G  K  O  S  W  A  ( ? ) |
|---|

① C ② D ③ E
④ F ⑤ H

학습 TIP

| A | B | C | D | E | F | G |
|---|---|---|---|---|---|---|
| 1 | 2 | 3 | 4 | 5 | 6 | 7 |
| H | I | J | K | L | M | N |
| 8 | 9 | 10 | 11 | 12 | 13 | 14 |
| O | P | Q | R | S | T | U |
| 15 | 16 | 17 | 18 | 19 | 20 | 21 |
| V | W | X | Y | Z | | |
| 22 | 23 | 24 | 25 | 26 | | |

**04.** 〈보기〉에서 ㉠, ㉡, ㉢에 해당하는 알파벳을 순서대로 나열한 것은?

**보기**

- C와 E의 관계는 D와 ㉠의 관계와 같다.
- F와 I의 관계는 W와 ㉡의 관계와 같다.
- T와 X의 관계는 B와 ㉢의 관계와 같다.

① Z, F, C ② F, Z, F ③ F, C, F
④ E, Z, E ⑤ E, C, Z

**이것 만은 꼭**

각 문자에 해당하는 숫자를 활용하는 것이 대부분의 방법이지만 문자만으로 규칙을 추론할 수도 있다. 그럴 경우 숫자로 접근하는 것보다 시간을 더 줄일 수 있다.

**05.** 다음은 일정한 규칙에 따라 나열한 것이다. (a), (b)에 들어갈 숫자나 문자를 순서대로 바르게 나열한 것은?

| 3 | 7 | 11 | (a) |
|---|---|---|---|
| C | G | K | (b) |

① 15, O ② 14, N ③ 16, P
④ 15, H ⑤ 16, R

**06.** 다음은 일정한 규칙에 따라 나열한 것이다. '?'에 들어갈 알맞은 숫자는?

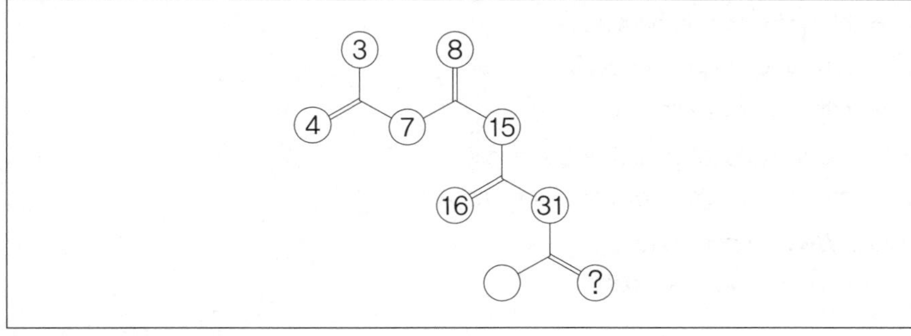


① 32 ② 36 ③ 40
④ 54 ⑤ 63

## 유형 02 사무지각

**[07 ~ 08] 다음 문자를 비교하여 내용이 서로 다른 것을 고르시오.**

> 학습 TIP
>
> • 두 번 대조하게 되면 시간이 많이 소요되므로 학습 시 시간을 정해 두고 신속 · 정확하게 한 번에 짚어내는 연습을 한다.
> • 제시된 자료의 길이가 길고 많은 내용이 포함되어 있다면 어절이나 문장 단위로 적당히 끊어 읽으며 부분별로 동일성 여부를 확인한다.

### 07.

① ISBN 89KG-001A-5902 – ISBN 89KG-001A-5902
② ISBN 46PV-5330-0GVX – ISBN 46PV-5330-0GVX
③ ISBN 72YK-B5ER-4233 – ISBN 72YK-B5ER-4233
④ ISBN HSCV-361J-R798 – ISBN HSCV-861J-R793
⑤ ISBN 23DF-X234-VS18 – ISBN 23DF-X234-VS18

### 08.

① http://www.president.go.kr/kr/index.php
– http://www.president.go.kr/kr/index.php
② http://www.korcham.net/
– http://www.korcham.net/
③ http://www.whitehouse.gov/
– http;//www.whitehouse.gov/
④ http://www.gscaltex.com/index.aspx
– http://www.gscaltex.com/index.aspx
⑤ http://www.knoc.co.kr/
– http://www.knoc.co.kr/

**[09 ~ 11] 다음 제시된 문자 · 기호군 중에서 찾을 수 없는 문자, 기호를 고르시오.**

**09.**

| |
|---|
| 끗 끝 끞 끕 끌 끗 끅 끝 끚 끔 끈 끙 끌 끓 끅 끓 끞 끖 끔 |
| 끈 끙 끌 끓 끅 끚 끞 끓 끙 끕 끚 끋 끅 끗 끔 끈 끙 끌 끓 |
| 끅 끝 끖 끞 끓 끕 끚 끅 끖 뀪 끝 끔 끈 끙 끌 끓 끅 끝 끚 |
| 끔 끈 끕 끚 끋 끅 끓 끅 끚 끅 끖 뀪 끓 끔 끈 끙 끌 끓 끅 |
| 끓 끞 끖 끔 끈 끙 끌 끓 끝 끅 끚 끓 끙 끕 끚 끋 끅 끗 끔 |

① 끞 ② 뀪 ③ 끟
④ 끗 ⑤ 끛

**10.**

| |
|---|
| ♧ ☆ ◐ Σ ∮ ▥ £ ♡ ▣ ▦ £ ¥ ◈ ♥ ▧ ℃ ☎ ♣ |
| ♤ ◑ ▩ ▶ ⊠ ☸ ◁ ♀ ▨ ▶ ♬ ▤ ♭ ◉ ⇛ Ⅷ ◍ ₡ |
| ☍ ✪ ∮ ◱ ⊛ ◭ ☊ ☮ ☈ ◒ ◩ Ⓚ ◶ ⋑ 〶 ⇔ ⁉ @ |

① ∮ ② £ ③ ‰
④ ♭ ⑤ ☊

**11.**

| |
|---|
| ╡ ╢ ╖ ╕ ╣ ║ ╨ ╤ ╥ ╙ ╘ ╒ ╓ ╫ |
| ║ ╝ ╜ ╛ ╞ ╟ ╝ ╜ ╛ ╞ ╟ ╙ ╔ ╘ |
| ╒ ╓ ╫ ╠ ═ ╬ ╧ ╚ ╔ ╠ ═ ╬ ╡ ╢ |
| ╖ ╕ ╣ ╧ ╨ ╤ ╥ ╙ ╞ ╟ ╝ ╣ ║ ╨ |

① ╢ ② ╘ ③ ╟
④ ╪ ⑤ ╙

**학습 TIP**

- 비슷한 글자들과 헷갈리지 않도록 주의한다. 빠르게 풀어나가다 보면 무심코 비슷한 글자를 잘못 고를 수 있다. 같은 문자이지만 크기가 다른 경우가 있다는 점에도 주의한다.
- 자신에게 맞는 풀이 방법을 찾는다. 가로로 확인하다가 미처 못 보고 지나칠 것 같으면 길이가 짧은 세로로 푸는 것도 빨리 풀 수 있는 방법이다. 다양한 문제를 풀어 봄으로써 자신에게 맞는 방법을 찾도록 한다.

## 유형 03 알고리즘 / 블랙박스

전체의 흐름을 파악한다.

↓

사각형이나 마름모가 무엇을 나타내고 있는지 정확하게 알고 있어야 한다.

↓

차트의 흐름을 놓치기 쉬우니 집중하여 신중히 따라간다.

[12 ~ 14] 자동판매기에서 동전투입 후 상품선택 단추를 눌러서 음료수를 사려고 한다. 도표상에서 ▭은 동작이나 작업, ◇은 판단, 처리를 나타낸다. 이어지는 질문에 답하시오(단, 투입금액을 X, 상품 금액을 Y라 한다).

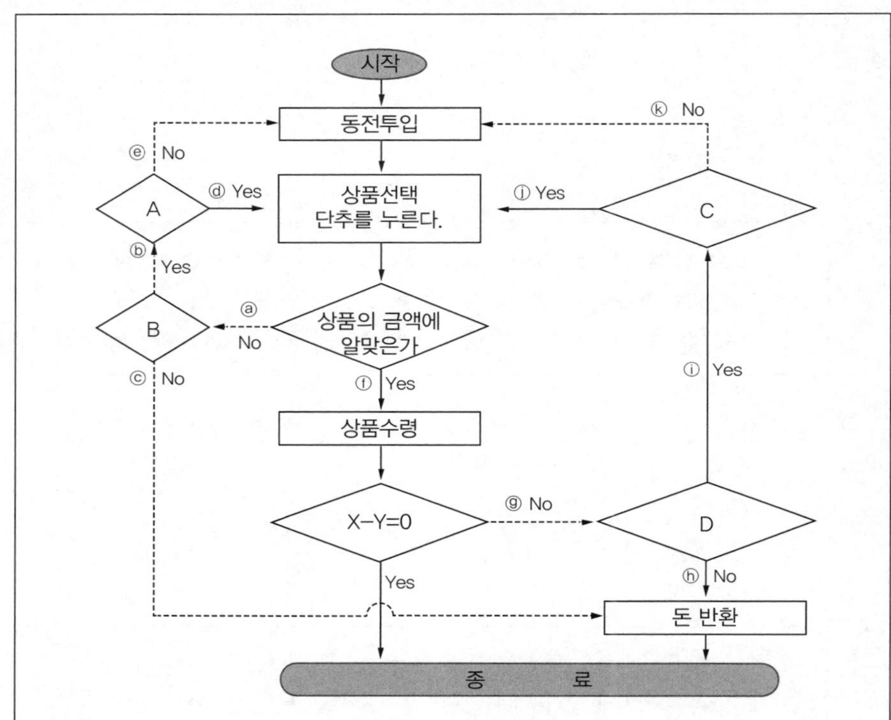

12. B에서 이뤄지는 판단은?

① 목적 상품의 구입금액에 이르지 않았으므로 다른 상품을 구입한다.
② 목적 상품의 구입금액에 이르지 않았으므로 사지 않았다.
③ 목적 상품의 구입금액에 이르지 않았으나 구입의지를 확인하고 있다.
④ 목적 상품의 구입금액에 달했으나 다시 동전을 투입했다.
⑤ 목적 상품의 구입금액에 달했으나 사는 것을 그만두었다.

13. 이 흐름도에서 ⓖ – ⓘ를 경유하여 C까지 왔을 때 C에서 이루어질 판단은?

① 구입 후 남은 돈으로 다시 구입하고자, 잔돈과 상품가격을 비교하고 있다.
② 구입 후 남은 돈이 없어서 다시 동전을 투입하려고 한다.
③ 구입 후 남은 돈으로 다시 구입하고자 하는데 남은 돈보다 상품가격이 높아 구입할 수 없었다.
④ 투입금액이 적어 구입할 수 없었으므로 다시 동전을 투입하려고 한다.
⑤ 구입을 그만두었다.

14. 이 흐름도에서 ⓕ–ⓖ–ⓗ를 경유하여 종료하는 경우의 의미는?

① 상품을 구입한 뒤 잔돈이 남아 1개 더 구입했다.
② 상품을 구입한 뒤 잔돈이 남았으나 더 사지 않았다.
③ 상품을 구입한 뒤 잔돈이 없어 더 사지 못했다.
④ 상품을 구입한 뒤 잔돈이 안 나왔다.
⑤ 상품을 사지 않고 돈을 반환했다.

**One Point Lesson**

**플로우차트**

자동판매기로 상품을 살 때 '1. 기계에 돈을 넣고, 2. 원하는 상품을 선택하고, 3. 상품을 꺼낸다'와 같은 일련의 작업을 흐름도표로 나타낸 것을 플로우차트라고 한다. 이를 사용하면 작업 전체의 과정을 문장으로 기술하는 것보다 빠르고 간결하게 파악할 수 있다.

언어논리력
수리력
공간지각력
문제해결력
이해 및 관찰탐구력
실전모의고사
인성검사
면접가이드

**One Point Lesson**

특수한 연산과 알고리즘이 결합된 문항이다. 각 장치가 가지고 있는 기능을 써 놓으면 실수를 방지할 수 있다.

**15.** 블랙박스 A, B가 다음 법칙을 만족시킬 때, X의 값은?

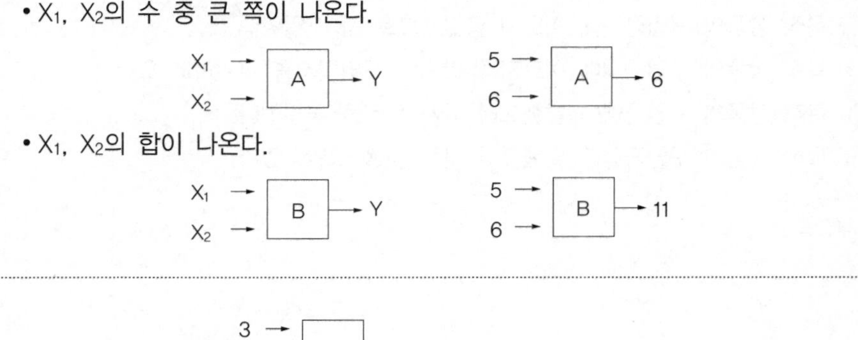


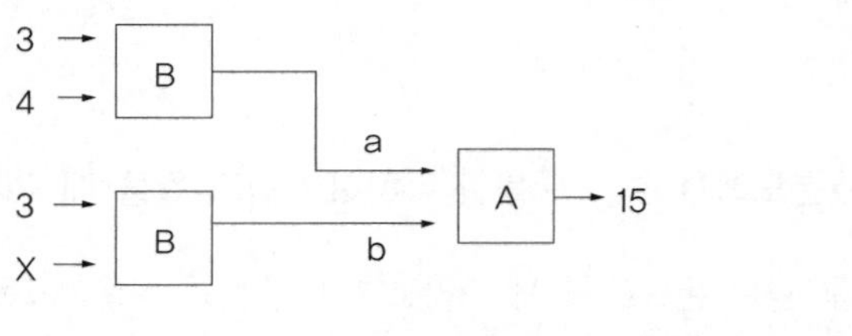


① 8　　② 9　　③ 10
④ 11　　⑤ 12

**16.** 다음 도표는 어떤 작업의 흐름과 그 소요일수를 나타낸 것이다. 도표를 보고 작업 ㉪가 개시되기 위해 먼저 종료되어야 하는 작업을 모두 고른 것은?

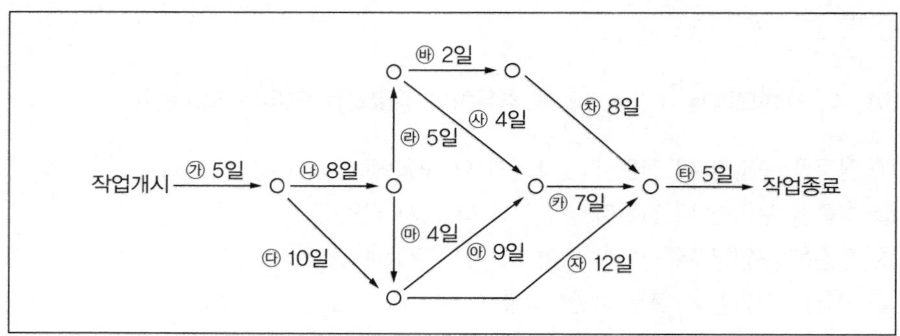


① ㉮, ㉯, ㉲, ㉳, ㉴
② ㉮, ㉯, ㉰, ㉲, ㉵, ㉶
③ ㉮, ㉯, ㉲, ㉳, ㉵, ㉶
④ ㉮, ㉯, ㉰, ㉱, ㉲, ㉳, ㉵
⑤ ㉮, ㉯, ㉰, ㉱, ㉲, ㉴, ㉵

## 유형 04 도형관찰탐구

**17.** 다음 규칙을 적용했을 때 최종적으로 도출되는 도형은? (단, 색은 모양에 포함되지 않는다)

**규칙**

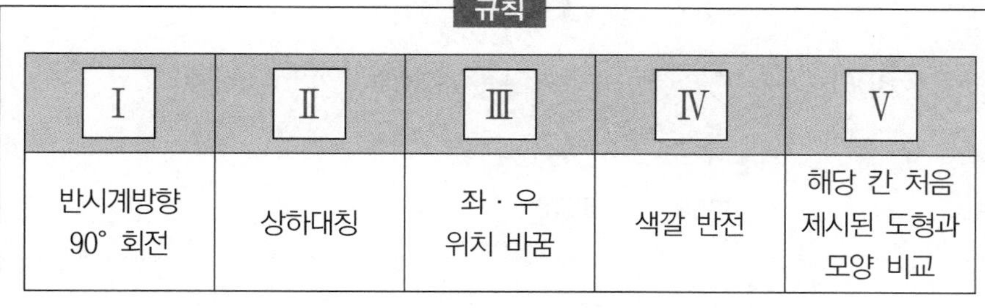

| Ⅰ | Ⅱ | Ⅲ | Ⅳ | Ⅴ |
|---|---|---|---|---|
| 반시계방향 90° 회전 | 상하대칭 | 좌 · 우 위치 바꿈 | 색깔 반전 | 해당 칸 처음 제시된 도형과 모양 비교 |

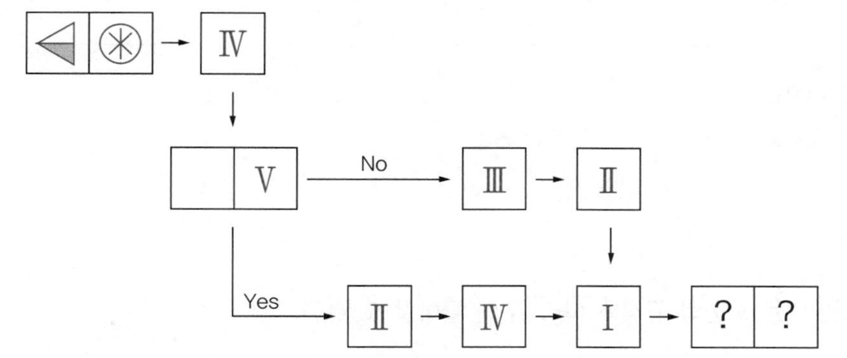


① 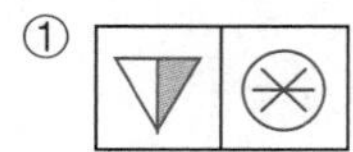

② 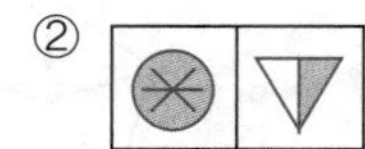

③ 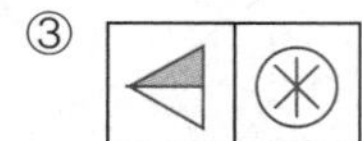

④ 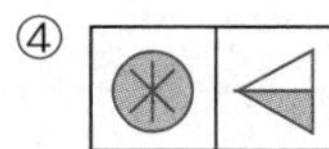

⑤ 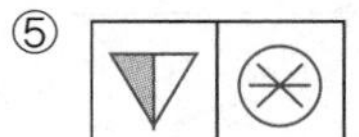

> 학습 TIP
>
> 제시된 조건과 예제를 제대로 파악해야 문제에 접근하기 용이하며 조건의 변화 규칙을 빠르게 파악하는 연습이 필요하다.

18. 다음 흐름도의 기호들은 일정한 규칙에 따라 문자를 변화시킨다. 기호의 규칙에 따라 '?'에 들어갈 문자는?

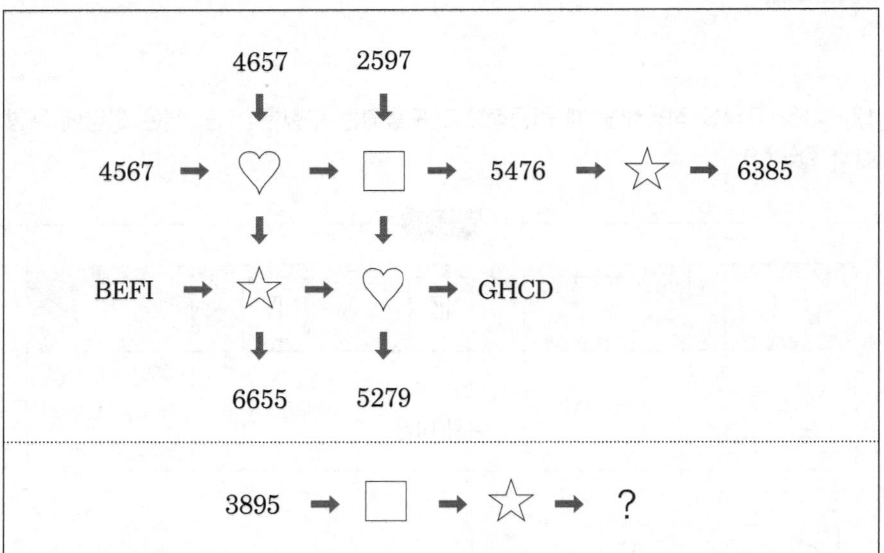


① 6982　② 6892　③ 9268
④ 6829　⑤ 6298

19. 다음 도형의 규칙에 따라 '?'에 들어갈 도형은?

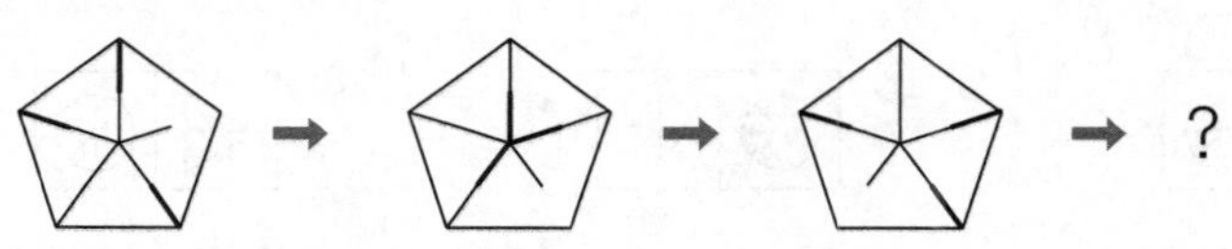


① 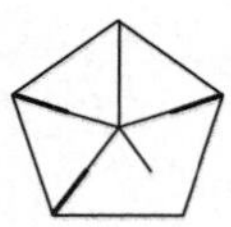　② 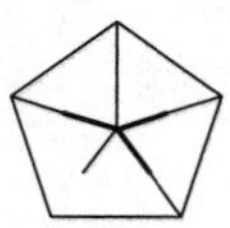　③ 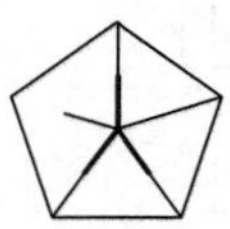
④ 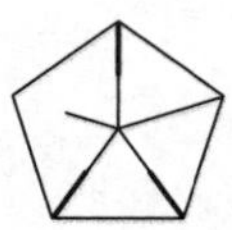　⑤

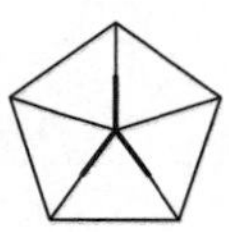

**One Point Lesson**

해당 도형의 대칭 · 회전 · 색반전 · 선의 이동 등이 이루어지고 규칙에 따라 빈칸에 들어갈 도형을 유추하는 문항이다. 도형이 변화하는 과정뿐만 아니라 도형의 관계를 파악하는 연습도 필요하다.

20. 다음 규칙에 따라 '?'에 들어갈 도형은?

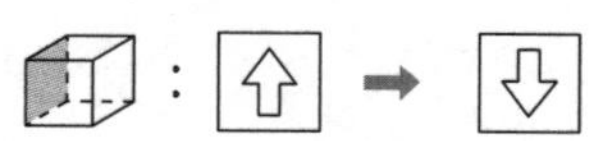

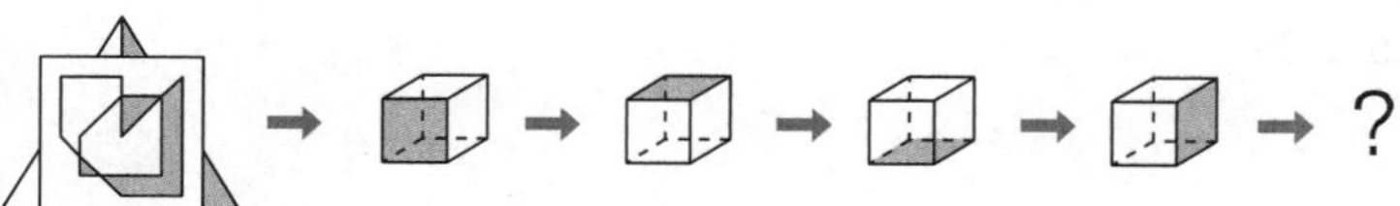


① 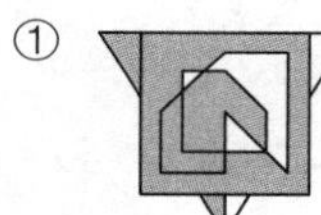
② 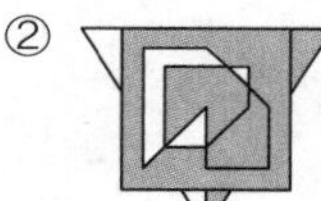
③ 
④ 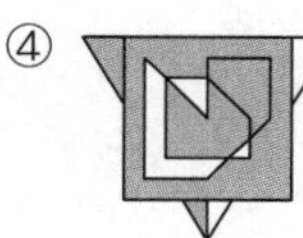
⑤ 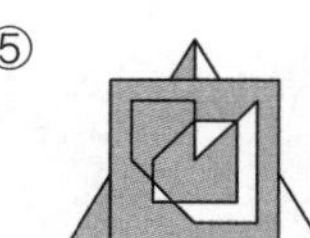

▶ 정답과 해설 66쪽

# 기출예상문제

**[01 ~ 02]** 다음 숫자들의 배열 규칙을 찾아 '?'에 들어갈 숫자를 고르시오.

**01.**

1　4　2　9　4　16　8　( ? )

① 9　② 12　③ 16
④ 25　⑤ 32

**02.**

5　10　8　16　14　( ? )

① 12　② 18　③ 24
④ 28　⑤ 30

**[03 ~ 06]** 다음 문자들의 배열 규칙을 찾아 '?'에 들어갈 문자를 고르시오.

**03.**

ㄱ　ㄴ　ㅁ　ㅊ　ㄷ　( ? )

① ㄹ　② ㅂ　③ ㅇ
④ ㅊ　⑤ ㅌ

**04.**

① D　② G　③ J
④ M　⑤ Q

**05.**

| DA | EB | FC | GD | ( ? ) |
|---|---|---|---|---|

① CI ② HE ③ JQ
④ MW ⑤ IK

**06.**

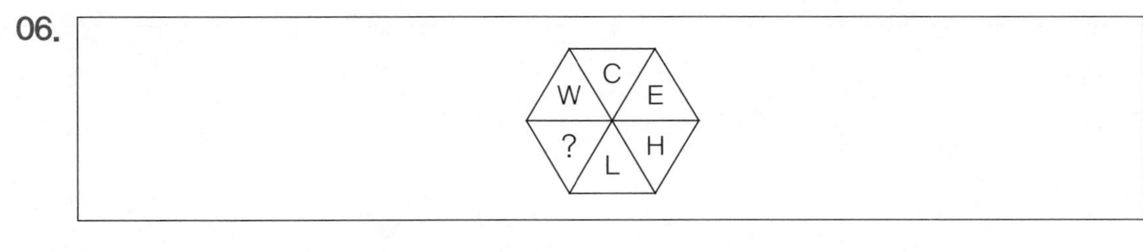


① P ② Q ③ R
④ S ⑤ T

**07. 다음 숫자들의 배열규칙을 찾아 '?'에 들어갈 숫자를 고르면?**

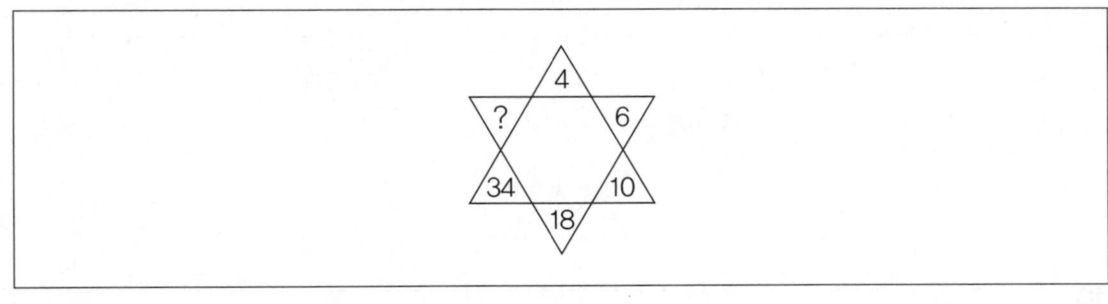


① 66 ② 67 ③ 68
④ 69 ⑤ 70

**08.** 다음 숫자들의 배열규칙을 찾아 '?'에 들어갈 숫자를 고르면?

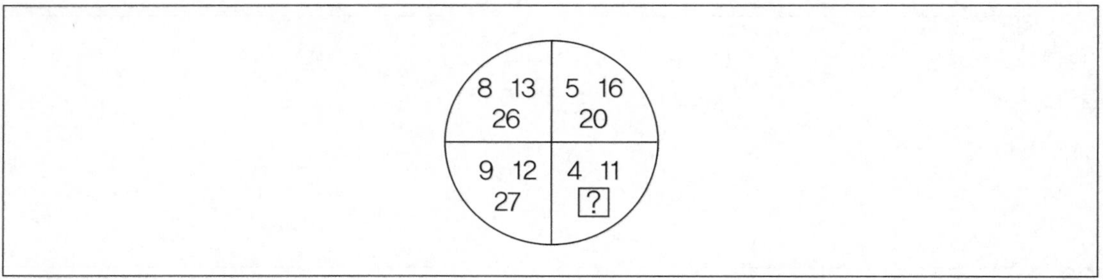


① 11 ② 13 ③ 15
④ 17 ⑤ 19

**[09 ~ 10] 다음 제시된 A와 B를 비교하여 서로 일치하는 것의 개수를 고르시오.**

**09.**

A.

| bmi | sze | gil |
|---|---|---|
| cns | wio | vjk |
| tuy | vxq | rll |

B.

| prz | tuy | bni |
|---|---|---|
| cns | vxq | qil |
| sze | vno | ril |

① 1개 ② 2개 ③ 3개
④ 4개 ⑤ 5개

**10.**

A.

| 해안 | 해미 | 해서 |
|---|---|---|
| 해파 | 해물 | 해지 |
| 해주 | 해설 | 해동 |

B.

| 해서 | 해치 | 해진 |
|---|---|---|
| 해복 | 해녀 | 해실 |
| 해탈 | 해파 | 해피 |

① 1개 ② 2개 ③ 3개
④ 4개 ⑤ 5개

11. 어학교를 1년 이상 다닌 사람이 어린이 영어 강사가 되기 위해 〈보기〉에서 반드시 필요한 조건은?

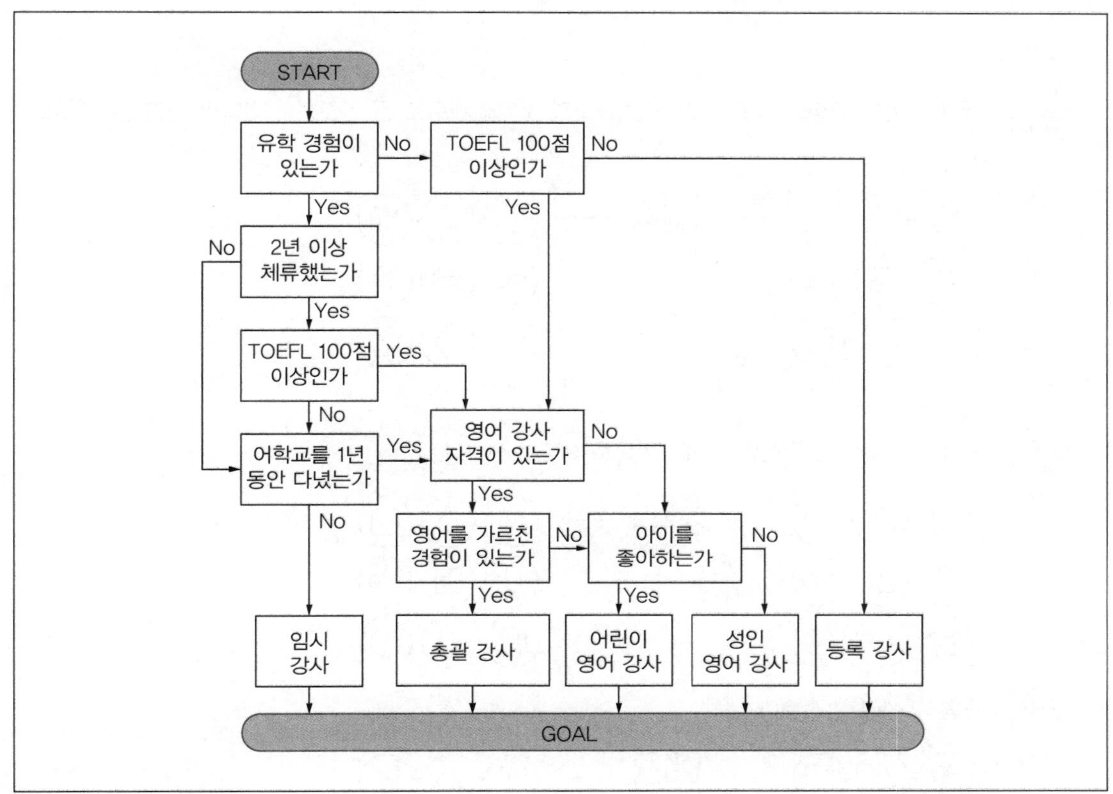


**보기**

(가) 25세 이하이다.
(나) 아이를 좋아한다.
(다) TOEFL 점수가 70점이다.
(라) 영어를 좋아한다.
(마) 연봉이 4,000만 원 이하이다.

① (가) ② (나) ③ (다)
④ (라) ⑤ (마)

12. 주어진 알고리즘의 순서에 따라 다음 규칙대로 그림을 변환한 결과와 일치하는 것은?

[규칙 1]

• 1 : 1열과 3열의 도형을 서로 바꾼다(단, 1열과 3열에 세로로 된 연결선이 있다면 연결선의 위치도 바꾼다).

〈예시〉

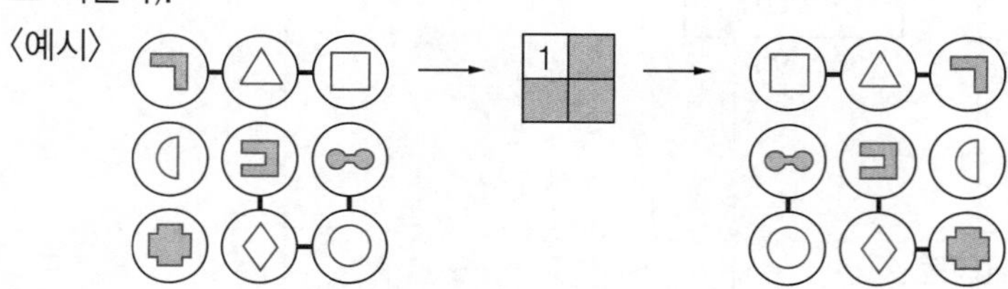

• 2 : 도형을 제외한 연결선만 시계방향으로 90° 회전한다.

〈예시〉

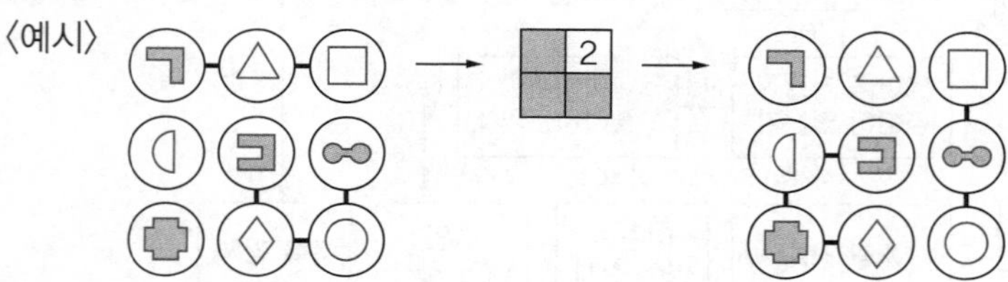

• 3 : 도형의 색이 반전된다.

〈예시〉

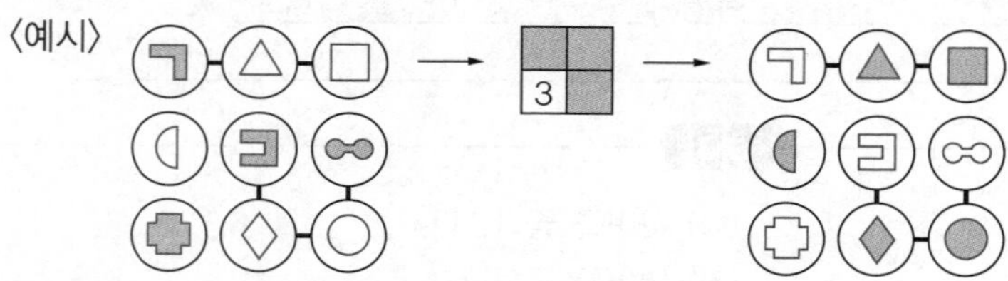

• 4 : 연결선이 반전된다.

〈예시〉

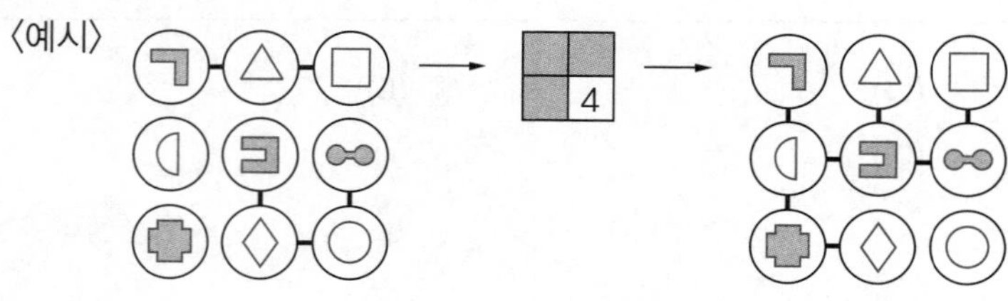

[규칙 2]

• ◇ : 해당 칸의 도형이 처음 해당 칸에 제시된 도형과 일치하는가?

• ◆ : 연결선의 형태가 다음과 일치하는가?

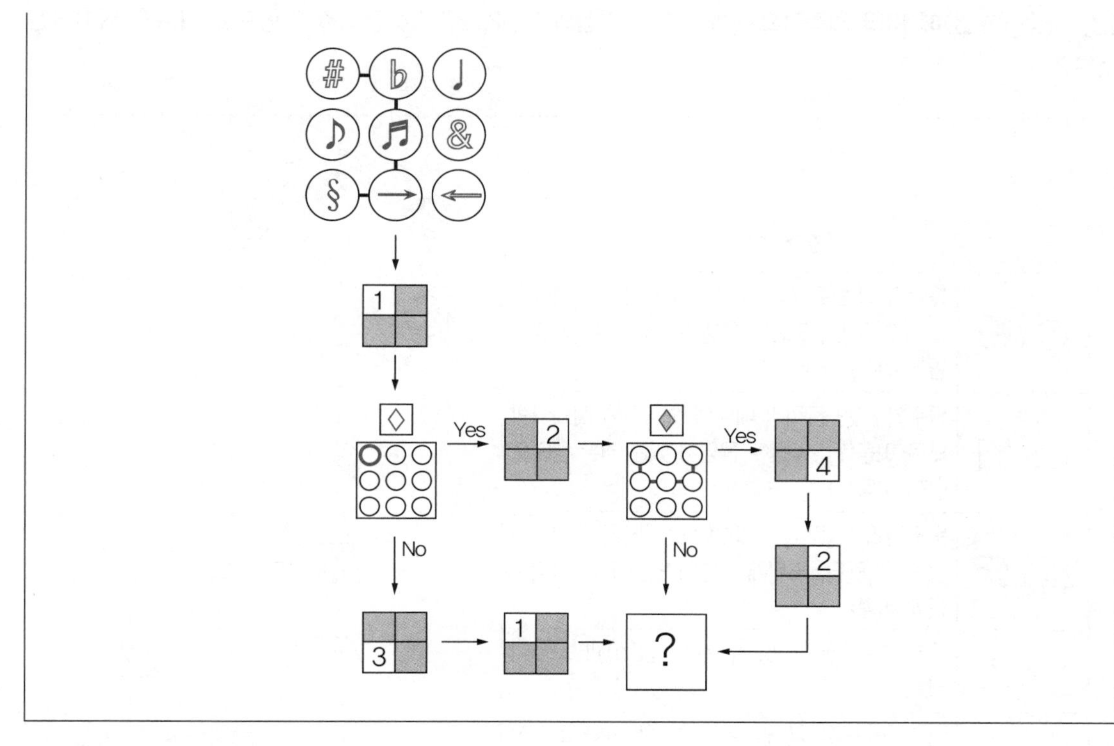


①

②

③

④

⑤

13. 다음 〈조건〉에 따라 최종적으로 도출되는 그림의 '1, 2, 3, 4'에 들어갈 도형으로 바르게 짝지어진 것은?

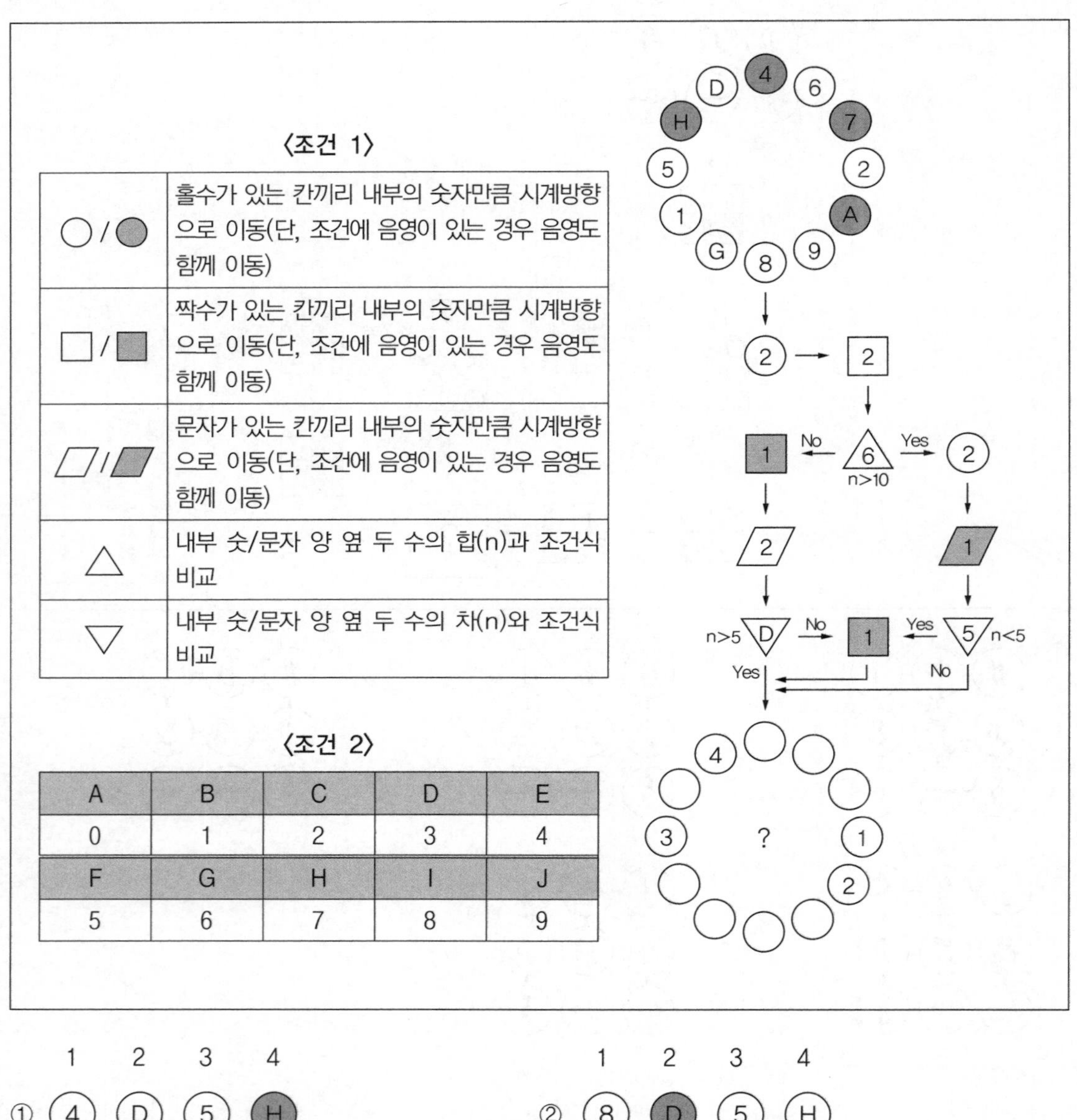


〈조건 1〉

| | |
|---|---|
| ○/● | 홀수가 있는 칸끼리 내부의 숫자만큼 시계방향으로 이동(단, 조건에 음영이 있는 경우 음영도 함께 이동) |
| □/■ | 짝수가 있는 칸끼리 내부의 숫자만큼 시계방향으로 이동(단, 조건에 음영이 있는 경우 음영도 함께 이동) |
| ▱/▰ | 문자가 있는 칸끼리 내부의 숫자만큼 시계방향으로 이동(단, 조건에 음영이 있는 경우 음영도 함께 이동) |
| △ | 내부 숫/문자 양 옆 두 수의 합(n)과 조건식 비교 |
| ▽ | 내부 숫/문자 양 옆 두 수의 차(n)와 조건식 비교 |

〈조건 2〉

| A | B | C | D | E |
|---|---|---|---|---|
| 0 | 1 | 2 | 3 | 4 |
| **F** | **G** | **H** | **I** | **J** |
| 5 | 6 | 7 | 8 | 9 |

| | 1 | 2 | 3 | 4 |
|---|---|---|---|---|
| ① | ④ | Ⓓ | ⑤ | Ⓗ(음영) |
| ② | ⑧ | Ⓓ(음영) | ⑤ | Ⓗ |
| ③ | ④ | Ⓗ(음영) | ⑤ | Ⓐ |
| ④ | ⑧(음영) | Ⓓ | ⑦ | Ⓗ(음영) |
| ⑤ | ④(음영) | Ⓗ | ⑦ | Ⓐ(음영) |

**[14 ~ 16]** 甲은 X와 Y를 조합하여 다음 블랙박스를 고안하였다. 이어지는 질문에 답하시오.

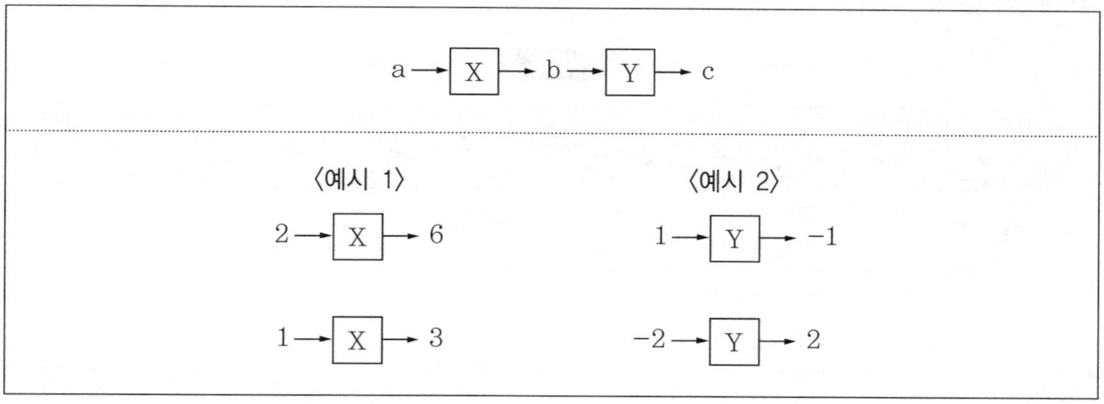

a → [X] → b → [Y] → c

〈예시 1〉

2 → [X] → 6

1 → [X] → 3

〈예시 2〉

1 → [Y] → −1

−2 → [Y] → 2

**14.** a가 4일 경우 c의 값은?

① −12 ② −6 ③ −5
④ −4 ⑤ 4

**15.** c가 −36일 경우 a의 값은?

① −12 ② −6 ③ 6
④ 9 ⑤ 12

**16.** a+c=−36일 경우 a의 값은?

① 8 ② 12 ③ 14
④ 18 ⑤ 22

**[17 ~ 18]** 다음 〈규칙〉을 적용하여 마지막에 도출되어야 하는 도형을 고르시오(단, 조건에 의해 비교할 대상은 각 문제의 처음에 제시된 도형이다).

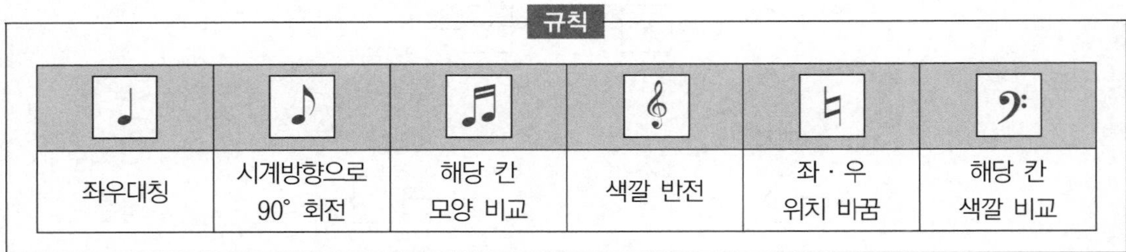

규칙

| ♩ | ♪ | ♬ | 𝄞 | ♮ | 𝄢 |
|---|---|---|---|---|---|
| 좌우대칭 | 시계방향으로 90° 회전 | 해당 칸 모양 비교 | 색깔 반전 | 좌 · 우 위치 바꿈 | 해당 칸 색깔 비교 |

**17.**

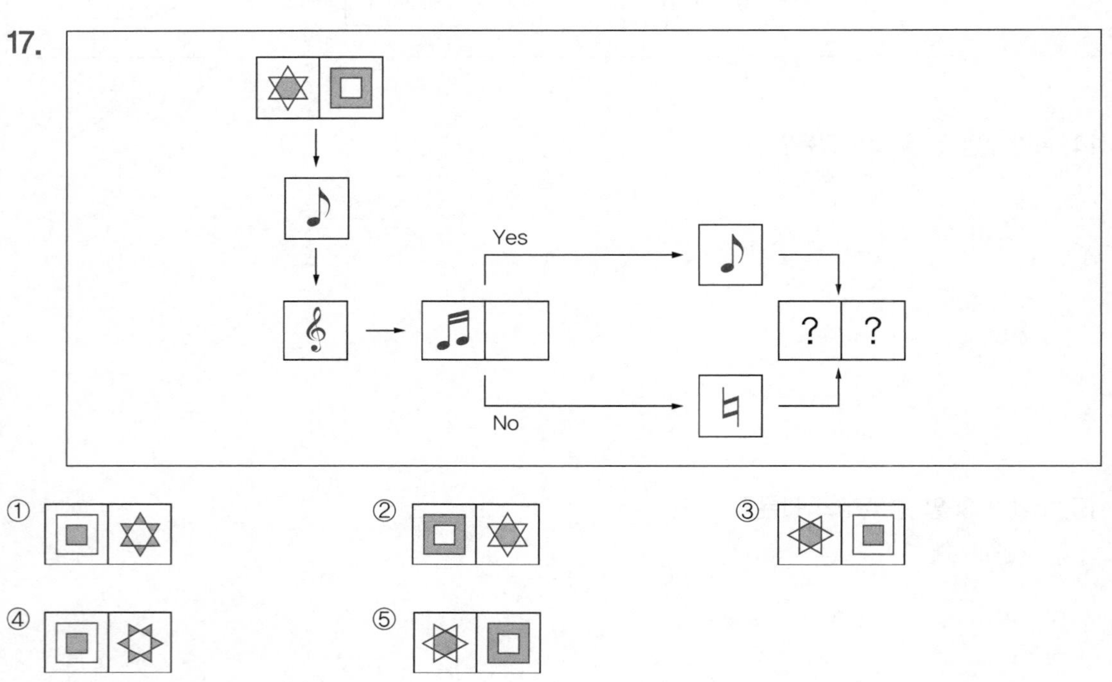


① ② ③

④ ⑤

**18.**

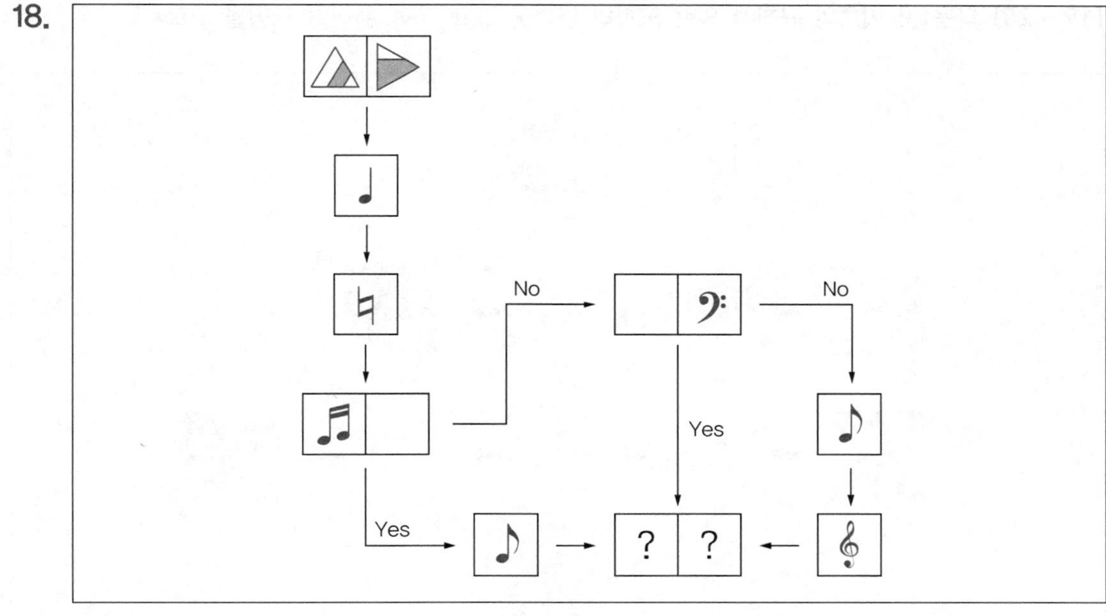


① 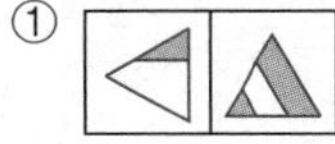

② 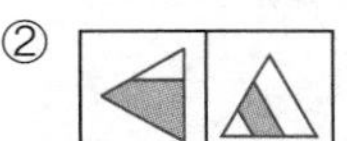

③ 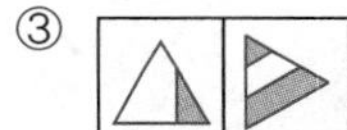

④ 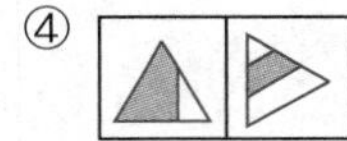

⑤ 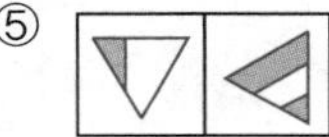

[19 ~ 20] 다음 각 기호의 규칙에 의한 도형의 변화를 보고 '?'에 들어갈 도형을 고르시오.

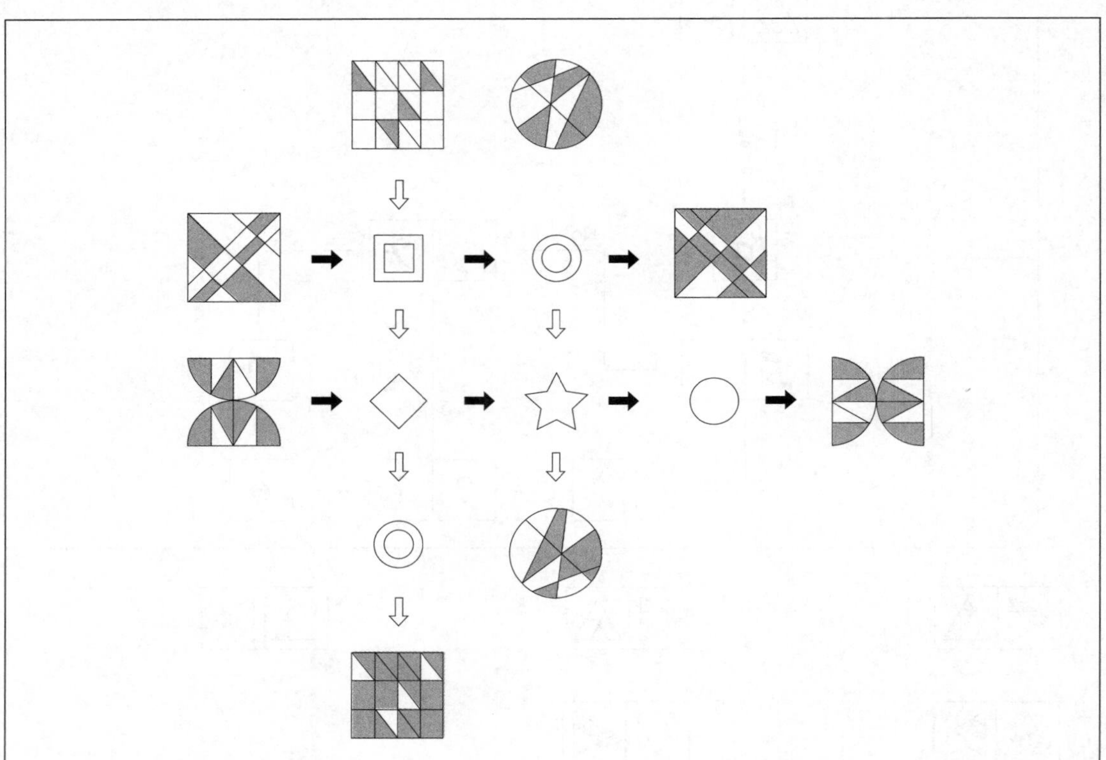

19.

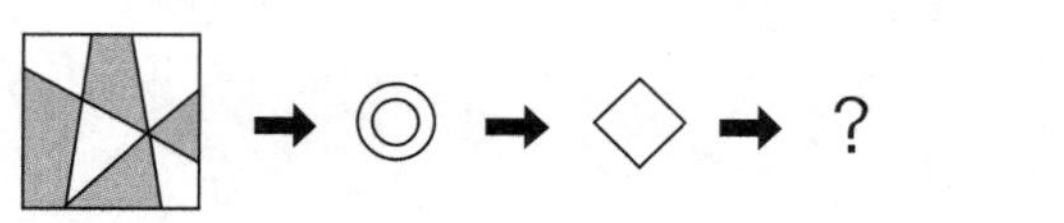

① 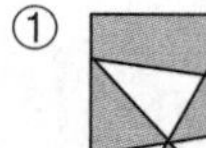

② 

③ 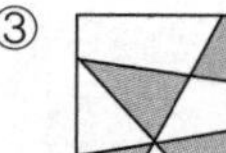

④ 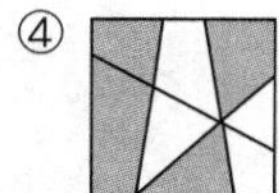

⑤ 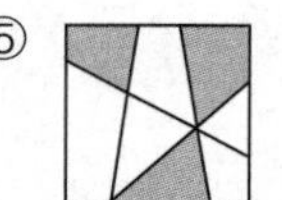

20.

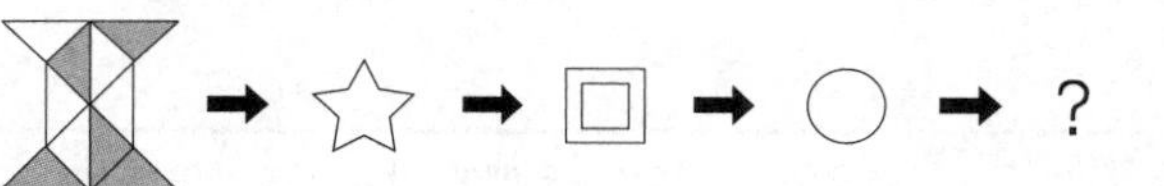

① 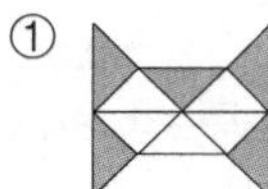

② 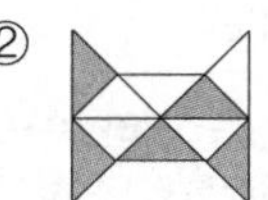

③ 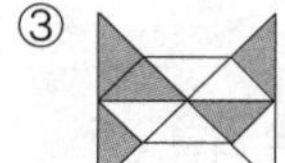

④ 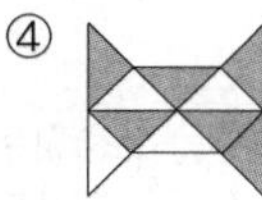

⑤ 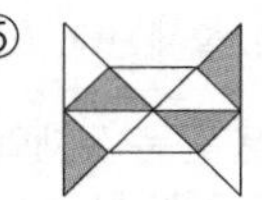

분석 ≫

| 영역 | 내용 |
|---|---|
| 언어논리력 | 유의어, 반의어, 문맥에 맞는 사자성어, 단어관계 등 어휘력을 묻는 유형이 많은 비중을 차지하며 문서이해의 절차, 문서 작성 방법, 단어의 다양한 쓰임, 문장 배열 등의 문제도 출제된다. |
| 수리력 | 수 추리, 방정식 계산, 농도, 거리, 속도, 시간, 확률, 도형계산 등 응용수리 문제와 표와 그래프를 보고 자료를 계산하거나 해석하는 문제가 출제된다. |
| 공간지각력 | 전개도, 투상도, 종이접기, 도형 회전에 따라 일치하는 모양 찾기, 블록결합 등 여러 가지 도형 문제가 출제된다. |
| 문제해결력 | 명제, 참, 거짓 등 진위를 묻는 문제와 제시된 조건을 바탕으로 결론을 도출하는 문제가 많은 비중을 차지하며 문제해결의 절차나 문제의 유형 등을 묻는 문제도 출제된다. |
| 이해 및 관찰탐구력 | 이해력의 경우 과학상식, 사회상식 등 일반적인 상식을 묻는 문제가 출제되며 관찰탐구력의 경우 수열, 사무지각, 도형관찰탐구 등 다양한 유형이 출제된다. |

# 6 파트 실전모의고사

실전모의고사 1회_45문항

실전모의고사 2회_50문항

# 실전모의고사 1 회

문항 수 45 문항
시험 시간 50 분

▶ 정답과 해설 70쪽

**01. 다음 문장에서 밑줄 친 부분과 가장 유사한 의미로 사용된 것은?**

| 지용성 비타민은 기름에 <u>녹는다</u>. |
|---|

① 날씨가 따뜻해져 고드름이 <u>녹아</u> 흐른다.
② 서운한 감정이 봄눈처럼 <u>녹는</u> 듯하였다.
③ 생선회가 입안에서 살살 <u>녹는다</u>.
④ 폐수 속에 <u>녹아</u> 있는 독성 물질은 유해하다.
⑤ 글에는 글쓴이의 지식이나 경험이 <u>녹아</u> 있다.

**02. 다음 중 맞춤법에 어긋난 문장은?**

① <u>외할머니와의 갑작스러운 이별로 저는 무척 상심했습니다.</u> ② <u>그것은 제가 경험한 첫 번째 이별이었습니다.</u> ③ <u>생전 외할머니의 모습은 아직 가끔 꿈에 나옵니다.</u> ④ <u>꿈에서 깨어나 보면 저는 할머니가 돌아가셨던 그때처럼 눈물을 흘리고 있습니다.</u> ⑤ <u>죽음은 한순간 우리를 덥치고 소중한 것을 앗아 갑니다.</u>

**03. 다음 빈칸에 들어갈 알맞은 것은?**

국민의 4대 의무 가운데 하나가 '납세의 의무'다. 교과서에도 납세의 의무라고 나와 있지만, (　　　) '의'를 굳이 넣어야 할까. (　　　) '의'의 쓰임에는 매우 다양하다. 사전에 나와 있는 것만 21가지다. '어머니의 성경책(소유)', '우리의 각오(행동 주체)', '다윈의 진화록(형성자)' 등이다.

① 주격조사　　② 서술격조사　　③ 목적격조사
④ 보격조사　　⑤ 관형격조사

**04.** 다음 중 밑줄 친 부분의 품사가 나머지와 다른 하나를 고르면?

① 이곳에 온지도 거의 10년이 된다.
② 비가 내릴 것 같으니 빨리 집으로 돌아가자.
③ 광안대교는 언제 보아도 화려하고 아름답다.
④ 모임 시간이 거의 다 되었는데, 아직 아무도 안 왔다.
⑤ 명심해야 할 것은 오늘 해야 할 일을 다음 날로 미루어서는 안 된다는 점이다.

**05.** 다음 글의 빈칸에 들어갈 수 없는 한자성어는?

> 총리와 장관 후보자에 대한 국회 인사청문회가 사자성어 학습장이 되었다. 다만 부정적인 예문이 대부분인 게 안타깝다. 먼저 (　　　)(이)다. 다들 '위장전입이 뭐 어떠냐'는 투다. 자녀의 학업을 위해선데 말이다. 쪽방촌 매입은 투기가 아니라 투자란다. 노후 대비란 것이다. 이쯤 되면 (　　　)(이)가 맞다. 남이 하면 불륜, 내가 하면 로맨스다. 법적·도덕적 흠결을 (　　　)(으)로 호도하며 어물쩍 넘기는 거다. 일국의 지도자로서 (　　　)(이)다. 낯가죽이 두꺼워 부끄러움을 모른다는 말이다.

① 아전인수(我田引水)　② 견강부회(牽强附會)　③ 허장성세(虛張聲勢)
④ 후안무치(厚顔無恥)　⑤ 인지상정(人之常情)

**06.** 다음 ㉠～㉤ 대신 들어갈 수 있는 어휘로 적절하지 않은 것은?

> 국립공원은 자연자원을 국가가 특별히 관리하기 위해 지정하는 자연유산이다. 1967년 지리산이 최초 국립공원으로 지정된 이래 근래에는 스물한 번째 무등산, 스물두 번째 태백산이 국립공원으로 지정되는 등 주민, 지자체들의 국립공원에 대한 기대와 ㉠ 여망(輿望)이 부쩍 커지는 ㉡ 형국(形局)이다.
> 국립공원을 우리가 앞으로 지속가능하게 보전하고 다음 세대에 물려주기 위해 어떤 노력을 기울여야 할 것인가. 국립공원 업무는 '여럿이 함께'라는 인식이 중요하다. ㉢ 주무(主務) 부처는 환경부이지만 보호지역 관리를 위해서는 부처 간 협업과 지자체, 지역주민 등의 협력이 필요하기 때문이다. 국립공원 신규 지정으로 대표되는 보호지역의 확대는 국제협약의 ㉣ 이행(履行)을 넘어서 미래 세대에게 자연유산을 가장 가치 있게 물려주는 효과적인 ㉤ 방안(方案)이 될 것이다.

① ㉠ : 중망(衆望)　② ㉡ : 국면(局面)　③ ㉢ : 직할(直轄)
④ ㉣ : 실행(實行)　⑤ ㉤ : 방책(方策)

## 07. 다음 글의 ㉠에 들어갈 내용으로 적절한 것은?

키치(Kitsch)란 미학에서 보기 괴상한 것, 저속한 것과 같은 사물을 뜻하는 미적 가치이다. 키치라는 용어는 그것이 지칭하는 개념처럼 매우 근대적인 것이다. 키치는 1860년대에서 1870년대 사이에 뮌헨의 화가와 회상(畫商)의 속어로 사용되었으며, 하찮은 예술품을 지칭하는 데 사용되었다. 1910년대에 이르면 느슨하고 널리 유통되는 호칭으로서 국제적인 용어가 된다.

키치는 대중적 취향과 심리가 산업 사회에 직면하는 생생한 태도와 산물을 반영하고 있다. 이러한 의미에서 키치는 결코 쉽게 단정 짓고 파기할 수 없는 대중문화의 중요한 자원인 것이다. 또한 문화 내에 만연된 키치적 속성은 디자인이 반영해야 할 문화적 의미뿐만 아니라 표현성 면에서 미적 범주를 확장시킬 수 있는 가능성을 제공할 수 있다. 왜냐하면 만일 어떤 특정 시공간에 좋은 취향(good taste)과 좋은 디자인(good design)이 존재한다고 가정한다면 거기에는 언제나 키치의 모습이 함께 존재하기 때문이다.

키치와 '좋은' 취향의 예술 또는 디자인 사이의 관계는 '같은 동전의 양면'과 같은 것으로 우리는 이 모두를 함께 문화 현상으로 파악해야 한다. 따라서 그것이 미술, 디자인 또는 그 어떤 예술 형태이든 간에 일상 삶으로부터 유래하는 키치 현상을 이해하지 못한 채 막연히 '순수하고 진정하게 아름다운 것'을 만든다고 한다면 마치 그림자 없이 빛이 존재한다고 주장하는 것과 같다고 하겠다. 그러나 무엇이 빛이고 그림자인지는 오직 대중적 선택에 의해 결정될 일이다. 대중문화는 ( ㉠ )

① 키치와 고급 예술을 분류하는 확실한 기준이 되기 때문이다.

② 문화 현상에서 '동전의 양면'과 같은 역할을 담당하기 때문이다.

③ 영원히 고정된 것도 불변적인 것도 아니기 때문이다.

④ 산업 사회에 대한 인간의 태도를 반영하기 때문이다.

⑤ 대중의 미적 범주를 확장시키는 기능을 갖고 있기 때문이다.

**08.** 다음 글의 전개방식으로 적절한 것은?

> 바위와 달은 서로 다른 존재인가? 달이라는 것은 결국 바윗덩어리가 아니었던가? 그렇다면 우리가 바위의 성질을 모두 이해한다면 달의 성질도 이해하게 될 수 있지 않을까? 공기 속에서 부는 바람을 바다에 이는 파도와 비슷한 원리로 이해할 수 있을까? 서로 다른 것으로 보이는 여러 움직임의 공통점은 무엇인가? 이런 질문들에 대한 올바른 답을 구하려면 우리는 언뜻 보기에 전혀 다른 듯한 대상들을 순차적으로 분석하여 다른 점이 별로 없는 근본까지 파고들어 가야 한다. 계속 파고들어 가다 보면 공통점이 발견되리라는 희망을 가지고 모든 물질과 자연 현상을 낱낱이 분석해야 한다. 이러한 노력 속에서 우리의 이해는 한층 더 깊어지게 된다.
>
> 무언가를 이해한다는 것의 진정한 의미는 무엇인가? 이 우주의 진행 방식을 하나의 체스 게임에 비유해 보자. 그렇다면 이 체스 게임의 규칙은 신이 정한 것이며, 우리는 규칙을 제대로 이해하지 못한 채로 게임을 관람하는 관객에 불과하다. 우리에게 허락된 것은 오로지 게임을 지켜보는 것뿐이다. 물론 충분한 시간을 두고 지켜본다면 몇 가지 규칙 정도는 알아낼 수도 있다. 체스 게임이 성립되기 위해 반드시 요구되는 기본 규칙들, 이것이 바로 기초 물리학이다. 그런데 체스에 사용되는 말의 움직임이 워낙 복잡한 데다가 인간의 지성에는 명백한 한계가 있기 때문에 모든 규칙을 다 알고 있다 해도 특정한 움직임이 왜 행해졌는지를 전혀 이해하지 못할 수도 있다. 체스 게임의 규칙은 비교적 쉽게 배울 수 있지만, 매 순간 말이 갈 수 있는 최선의 길을 찾아내는 것은 결코 쉬운 일이 아니기 때문이다.

① 대상의 변화 과정을 살펴본 뒤 전망을 제시하고 있다.

② 새로운 이론을 소개한 뒤에 이를 구체적인 현상에 적용하고 있다.

③ 개념에 대한 정의를 분명하게 제시하여 대상의 본질을 나타내고 있다.

④ 상반된 입장의 문제점을 모두 비판하여 종합적인 결론에 이르고 있다.

⑤ 낯설고 익숙하지 않은 개념을 쉽고 친숙한 대상에 빗대어 설명하고 있다.

**09.** 다음 글에 대한 이해로 적절한 것은?

성과지향성은 조직이 업무성과의 향상이나 수월성을 어느 정도 강조하고 이에 대해 얼마나 적극적으로 보상하는가에 따라 규정된다. 성과지향성이 높은 조직은 개인의 성취를 중시하고 개인의 성취에 따라 보상이나 지위가 달라져야 함을 인정한다. 따라서 조직구성원은 자신에게 주어진 일을 어떻게, 얼마나 잘 수행하였는가에 근거하여 평가를 받는다. 또한 성과지향성이 높은 조직은 지속적인 자기개발이나 성과의 향상을 요구하고 이에 가치를 부여한다. 이에 반해 성과지향성이 낮은 조직은 객관적인 성취보다는 개인의 사회적 배경을 포함한 귀속적 요인이나 연공서열에 따른 평가와 그에 기초한 보상이 이루어지는 경향이 있다. 같은 맥락에서 성과지향성이 낮은 조직은 사회 또는 가족관계를 중시하며 소속감을 강조한다. 성과지향이 낮은 조직의 경우, 성과평가에 충성심이나 협동심 등 주관적인 요소가 작용할 여지가 많다. 결과적으로 성과지향성이 낮은 조직은 업무에 대한 평가에 '무엇'을 하였는가보다는 '누가' 하였는가가 더 중요하다.

이렇게 볼 때 성과지향적 조직에서는 관리자에 대한 평가가 그 관리자가 얼마나 업무를 잘 수행하는가의 객관적인 요소에 따라 달라지기 때문에 성별과 같은 사회적 배경이 작용할 여지가 그만큼 적어질 것이다. 이는 관리자의 성에 따른 성 고정관념적 평가의 여지가 적어진다는 것을 의미하기도 한다. 실제로 62개국을 대상으로 한 경험적 연구는 높은 성과지향성이 양성평등에 긍정적인 영향요인임을 밝힌 바 있다. 또한 성과지향성은 객관적인 과업이나 성취를 강조하는 시장지향적인 합리문화와 그 특성의 일부를 공유한다. 합리문화는 개인주의적 정형성과 일정한 관련이 있다. 물론 합리문화의 개인주의적 성향이 지나칠 경우, 응집력과 팀워크를 약화시키는 부정적 측면이 없지 않지만 개인의 성과와 성취를 강조한다는 점에서 여성 구성원의 평가에는 긍정적일 것이다. 여성관리자는 권력의 원천 중 전문적 권력(expert power)을 통해 조직에서 겪는 어려움을 극복하려고 한다. 이는 전문적 권력이 주관적 편견이나 관행에 따른 평가의 여지가 상대적으로 적기 때문이다. 결국 여성관리자는 전문적 권력을 통해 '무엇'을 할 수 있는가를 보여 줌으로써 '누구'인가의 영향력을 상쇄하려는 시도를 하는 것이라고 볼 수 있다.

① 가족적 조직문화는 여성관리자에 대한 인식에 긍정적으로 작용할 것이다.
② 성과지향적 조직문화는 구성원의 성별에 따른 차별을 더욱 강화할 것이다.
③ 성과지향적 조직문화는 여성관리자에 대한 인식에 긍정적으로 작용할 것이다.
④ 성과지향성이 낮은 조직에서는 조직구성원 간의 성차별 가능성이 낮을 것이다.
⑤ 성과지향성이 낮은 조직에서 여성관리자의 전문적 권력이 발휘될 가능성은 높아질 것이다.

**10.** 다음 중 스마트시티에 대한 설명으로 옳지 않은 것은?

일반적으로 스마트시티는 도시에 ICT · 빅데이터 등 신기술을 접목하여 각종 도시문제를 해결하고 삶의 질을 개선할 수 있는 도시모델로 정의되고 있다. 최근에는 다양한 혁신기술을 도시 인프라와 결합해 구현하고 융 · 복합할 수 있는 공간이라는 도시 플랫폼으로 그 의미가 확장되고 있다. 스마트시티는 이동성, 공공안전, 생산성 등의 분야에서 현재와 다를 것이다.

가장 피부에 와닿는 예로는 자율주행차와 스마트기술이 결합해 이동성이 높아진다는 것이다. 스마트 신호등이 교통흐름을 파악해 신호를 조절하여 교통체증 없이 목적지에 도착할 수 있고 주차장에 설치된 센서를 통해 실시간으로 주차장의 빈 자리를 알 수 있다. 방대한 범죄 데이터를 분석한 인공지능 기술을 활용해 범죄를 예방하고, 인적이 드문 길에 쓰러진 환자를 센서가 감지해 구급차가 출동하는 식이다. 이를 통해 공공안전이 확보될 수 있다. 이렇듯 도시의 운영과 관리도 효율화되면서 비용 절감과 생산성 향상이 이루어질 수 있다. 기존 도시관리 방식에서는 신규로 인프라를 건설하거나 인력 등 자원을 추가로 투입해 문제를 해결한다면, 스마트시티는 도시 전역에서 수집한 정보를 분석하여 적재적소에 자원을 투입하거나 기존 자원의 효율적 활용을 유도하는 방식으로 인프라 문제를 해결한다.

이러한 스마트시티의 특징은 저마다 다른 문제 양상을 가지는 각국의 개별 도시들의 문제 해결에 적합하다. 세계 각국은 각자의 목적에 부합하는 스마트시티 프로젝트를 추진하고 있다. 유럽 등 선진국에서는 도시 시설물의 노후화, 도심지역의 쇠퇴를 극복하기 위한 스마트 도시재생사업으로 활기를 불어넣고자 한다. 기후변화와 자원고갈을 대비한 지속가능한 도시발전을 위해 에너지 및 교통 중심의 스마트시티사업을 진행하기도 한다. 한편, 아시아와 중남미 등 신흥국에서는 급격한 인구증가와 도시로의 인구이동에 따라 주택, 물, 에너지, 도로 등 인프라 부족이 심각한 문제가 되면서 스마트기술을 활용하여 보다 효율적으로 대응하는 노력이 이어지고 있다.

인프라가 스마트화되면 그 인프라를 사용하는 수요자에게 편익을 제공함과 동시에 인프라를 운영하고 유지 · 관리하는 주체의 생산성과 효율성도 크게 높일 수 있다. 따라서 다양한 기술과 역량을 가진 민간투자의 새로운 사업성이 창출된다. 공적투자에 비해 도시의 인프라 수요에 유연하게 대처할 수 있는 민간사업은 스마트시티 관련 사업을 발굴하고 제안하며 융 · 복합하는 데 필수적인 요소가 될 것이다.

① 자가용을 활용 시 통근 시간이 단축될 것이다.

② 신규 인프라를 건설하거나 신규 인력채용을 하지 않고도 도시의 효율성을 높일 수 있다.

③ 유럽 등 선진국은 급격한 인구증가에 따른 인프라 부족 문제를 해결하기 위해 ICT · 빅데이터 등 신기술을 활용한다.

④ 아시아와 중남미 등 신흥국은 기존의 방식인 신규 인프라 건설, 자원 추가 투입으로는 인구 증가와 인프라 부족 문제를 해결할 수 없다.

⑤ 도시 플랫폼의 스마트시티를 위해 민간투자가 중요한 역할을 할 수 있다.

11. 어느 초등학교의 남녀 비율이 원래 3 : 2였는데 여학생 몇 명이 전학을 와서 5 : 4가 되었다. 현재 총인원이 189명이라면 전학을 온 여학생은 몇 명인가?

① 7명 ② 10명 ③ 12명
④ 14명 ⑤ 16명

12. 수영장의 물을 채우는 데 A 수도꼭지로는 6시간이 걸리고, B 수도꼭지로는 4시간이 걸린다. A, B 수도꼭지를 동시에 틀어서 수영장의 물을 다 채운다면, 시간이 얼마나 걸리는가?

① 2시간 ② 2시간 24분 ③ 2시간 30분
④ 3시간 ⑤ 3시간 24분

13. S 사원이 서류를 보내기 위해 회사에서 출발하여 우체국에 다녀왔다. 갈 때는 5km/h로, 올 때는 6km/h로 걸어서 총 1시간 50분이 걸렸다면 회사와 우체국 사이의 거리는 몇 km인가? (단, 우체국에서 소비된 시간은 무시한다)

① 4.5km ② 5km ③ 5.5km
④ 6km ⑤ 6.5km

**14.** 눈이 온 다음 날 또다시 눈이 내릴 확률은 $\frac{2}{5}$이고, 눈이 오지 않은 다음 날에 눈이 내릴 확률은 $\frac{1}{6}$이다. 만약 월요일에 눈이 내렸다면, 이틀 후인 수요일에 눈이 내릴 확률은?

① $\frac{13}{50}$　② $\frac{29}{50}$　③ $\frac{11}{30}$

④ $\frac{17}{30}$　⑤ $\frac{19}{30}$

**15.** S 물산의 총 해외 파견 주재원의 수는 120명이다. 이 중 첫 번째 해외 근무자와 두 번 이상의 해외 근무 경험자의 비율은 2 : 1이고, 두 번 이상의 해외 근무 경험자 중 과장급 이하와 차장급 이상의 비율이 2 : 3이다. 두 번 이상의 해외 근무 경험자 중 과장급 이하인 주재원의 수는 몇 명인가?

① 12명　② 14명　③ 16명

④ 18명　⑤ 20명

**16.** P 연구원은 실험에 사용하기 위해 서로 다른 농도의 용액 두 가지를 준비하려고 한다. P 연구원이 준비하려고 하는 용액의 정보가 다음과 같을 때, 용액 B의 농도는 몇 %인가? (단, 소수점 아래 첫째 자리에서 반올림한다)

• 서로 다른 농도의 용액 A와 B를 준비하였다.

| 구분 | 용액 A | 용액 B |
|---|---|---|
| 물의 양 | 65g | 용액 A에 사용하고 남은 양 |
| 원액의 양 | 35g | 용액 A에 사용하고 남은 양 |

• 지금 보유하고 있는 재료는 물 200g과 원액 50g이다.

① 8%　② 9%　③ 10%

④ 11%　⑤ 12%

**17.** 그림과 같이 반지름 6cm인 원에 정육각형이 내접해 있을 때, 색칠된 부분의 면적은?

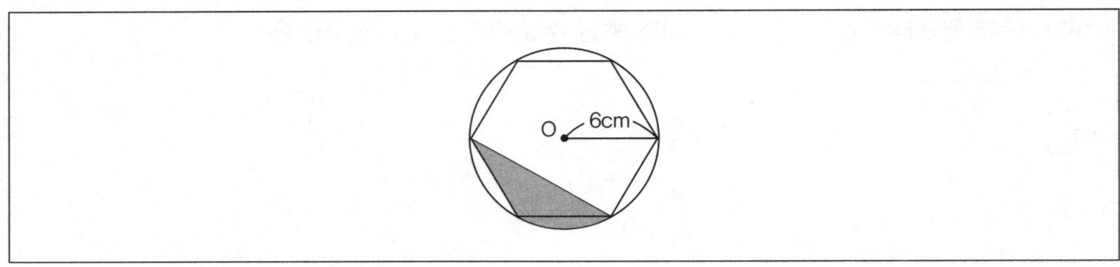


① $6\pi$cm$^2$　② $6\sqrt{3}\pi$cm$^2$　③ $9\pi$cm$^2$
④ $9\sqrt{3}\pi$cm$^2$　⑤ $10\sqrt{3}\pi$cm$^2$

**18.** 다음은 지난 1개월간 패밀리레스토랑 방문 경험이 있는 20 ~ 35세 113명을 대상으로 연령대별 방문 횟수와 직업을 조사한 자료이다. 이에 대한 설명으로 옳은 것은?

〈표 1〉 연령대별 패밀리레스토랑 방문 횟수

(단위 : 명)

| 방문 횟수 \ 연령대 | 20 ~ 25세 | 26 ~ 30세 | 31 ~ 35세 | 계 |
|---|---|---|---|---|
| 1회 | 19 | 12 | 3 | 34 |
| 2 ~ 3회 | 27 | 32 | 4 | 63 |
| 4 ~ 5회 | 6 | 5 | 2 | 13 |
| 6회 이상 | 1 | 2 | 0 | 3 |
| 계 | 53 | 51 | 9 | 113 |

〈표 2〉 응답자의 직업 조사결과

(단위 : 명)

| 직업 | 학생 | 회사원 | 공무원 | 전문직 | 자영업 | 가정주부 | 계 |
|---|---|---|---|---|---|---|---|
| 응답자 | 49 | 43 | 2 | 7 | 9 | 3 | 113 |

※ 복수응답과 무응답은 없음.

① 전체 응답자 중 20 ~ 25세 응답자가 차지하는 비율은 50% 이상이다.
② 26 ~ 30세 응답자 중 4회 이상 방문한 응답자 비율은 15% 미만이다.
③ 31 ~ 35세 응답자의 1인당 평균 방문횟수는 2회 미만이다.
④ 전체 응답자 중 직업이 학생 또는 공무원인 응답자 비율은 50% 이상이다.
⑤ 전체 응답자 중 20 ~ 25세인 전문직 응답자 비율은 5% 미만이다.

**19.** 다음 자료에 대한 설명으로 옳지 않은 것은?

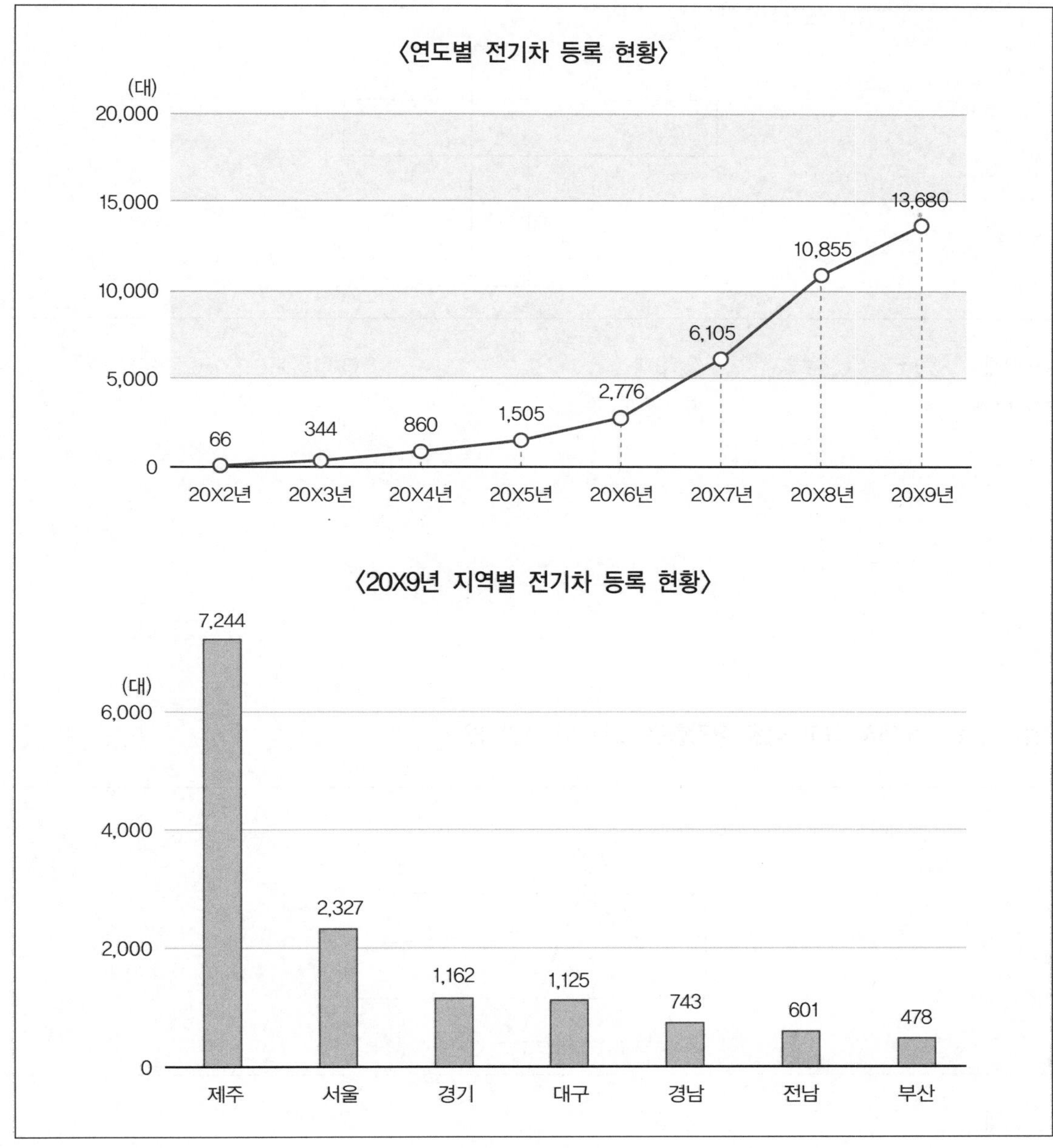


① 20X9년 경기와 대구의 전기차 등록 수의 합은 서울의 전기차 등록 수보다 적다.

② 20X9년 대구의 전기차 등록 수는 부산의 전기차 등록 수의 3배보다 적다.

③ 20X9년 전체 전기차 등록 수 대비 제주의 전기차 등록 수의 비율은 50% 이하이다.

④ 20X9년 전체 전기차 등록 수 대비 대구, 경남, 부산의 전기차 등록 수의 비율은 15%보다 높다.

⑤ 20X9년 전기차 등록 수가 1,000대보다 적은 지역의 전기차 등록 수 평균은 600대보다 높다.

20. 다음 그림에서 크고 작은 사각형은 모두 몇 개인가?

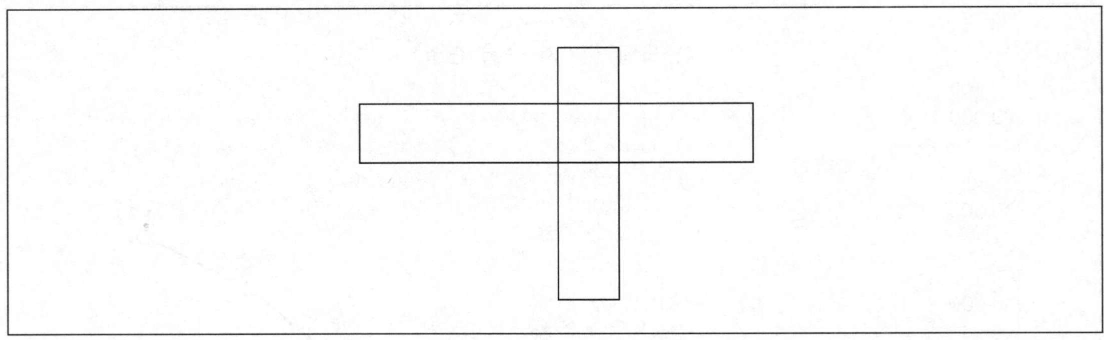

① 8개 ② 9개 ③ 10개
④ 11개 ⑤ 12개

21. 다음 그림에서 크고 작은 삼각형은 모두 몇 개인가?

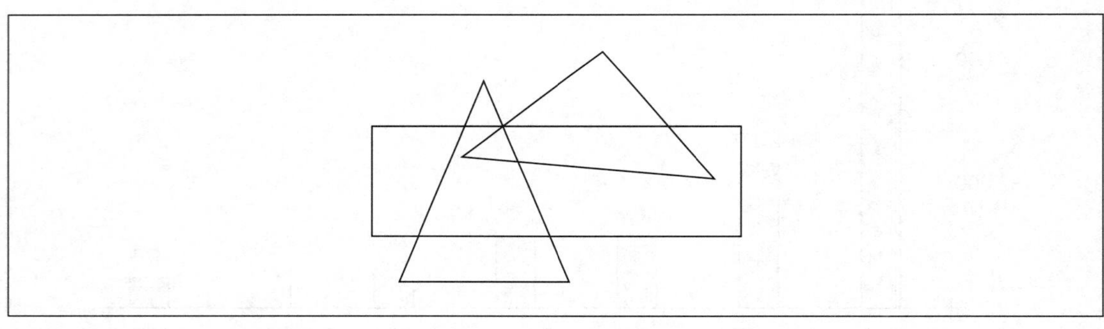

① 2개 ② 3개 ③ 4개
④ 5개 ⑤ 6개

**[22 ~ 23] 제시된 도형을 그림과 같이 잘랐을 때 나오는 단면도를 찾으시오.**

**22.**

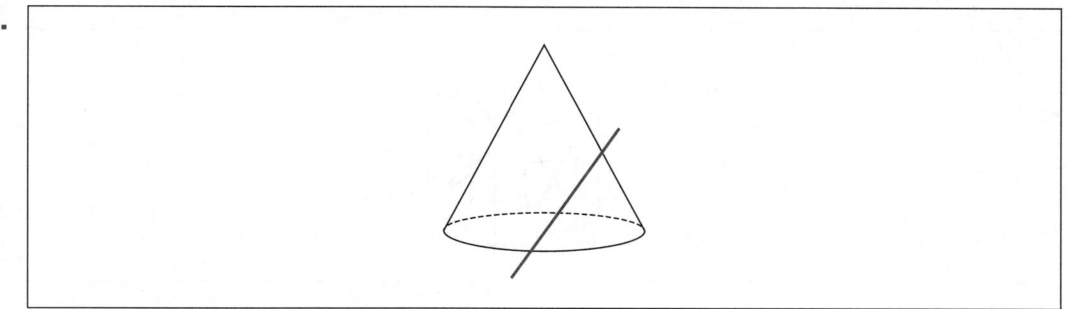

① 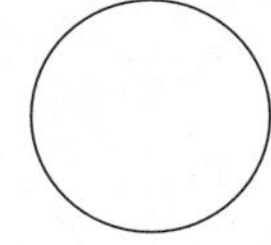
② 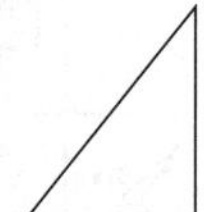
③ 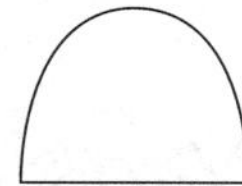
④ 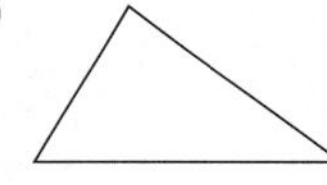
⑤ 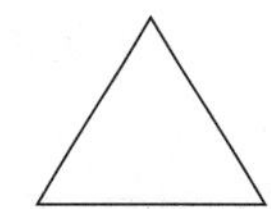

**23.**

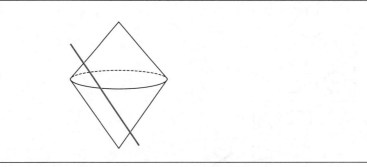

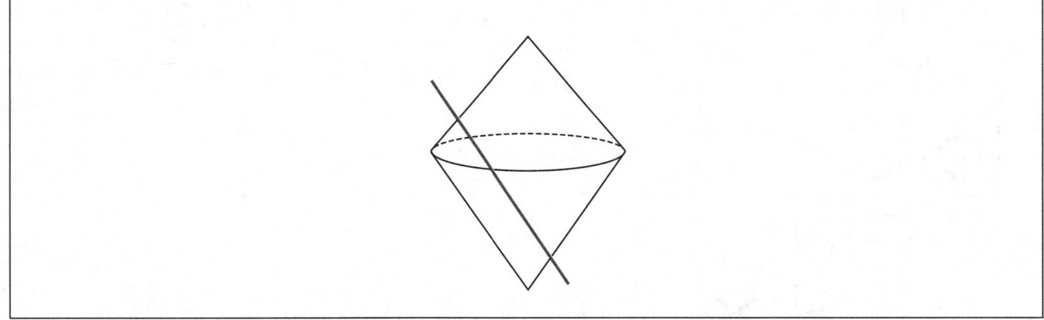

① 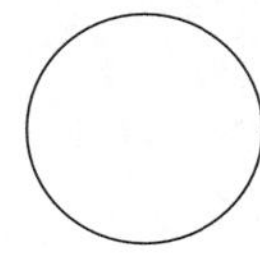
② 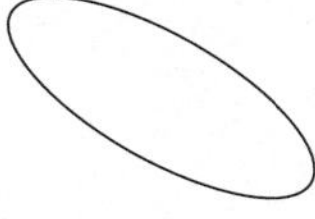
③ 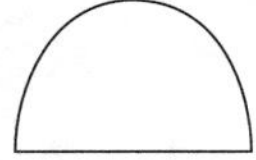
④ 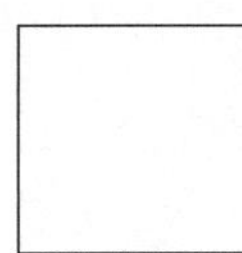
⑤ 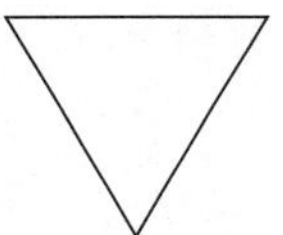

24. 다음 중 주사위를 펼쳤을 때 나타날 수 있는 전개도로 적절하지 않은 것은?

①

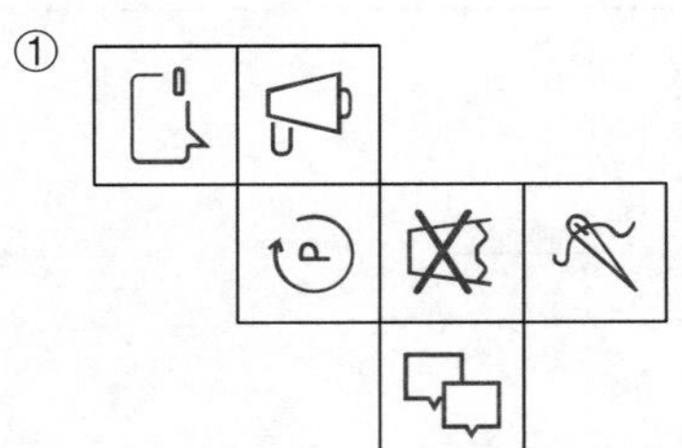

②

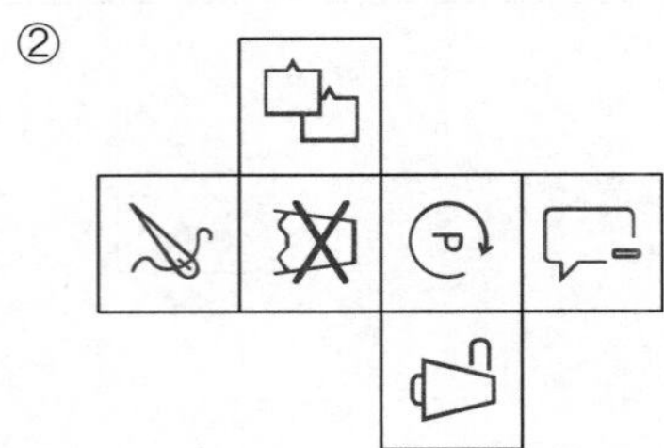

③

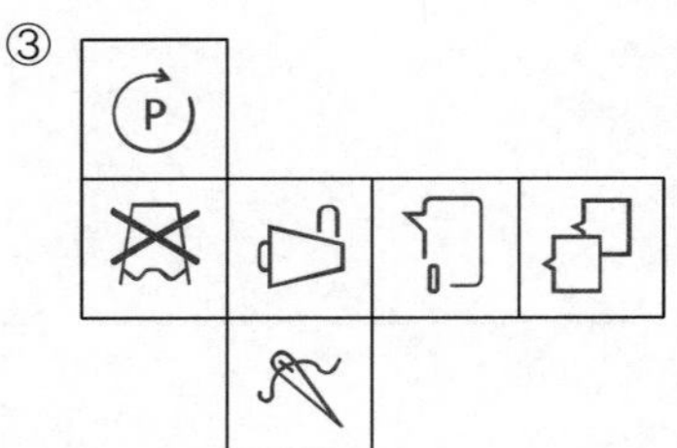

④

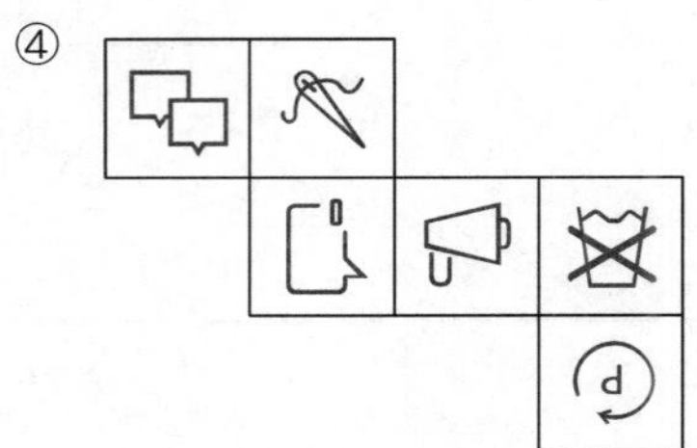

⑤

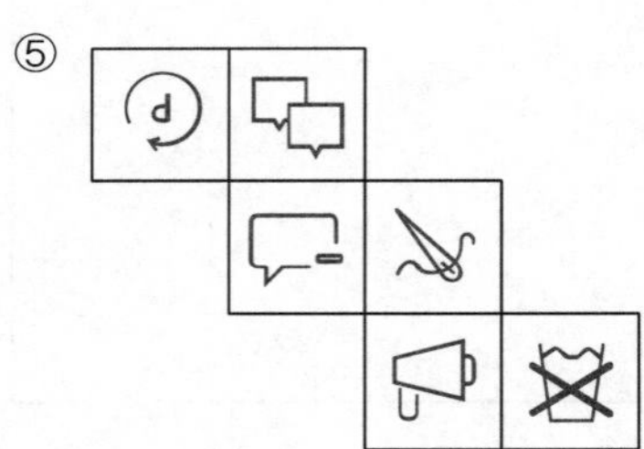

**25.** 화살표 방향으로 종이를 접은 후 마지막 그림과 같이 펀치로 구멍을 뚫고 다시 펼쳤을 때의 모양으로 옳은 것은?

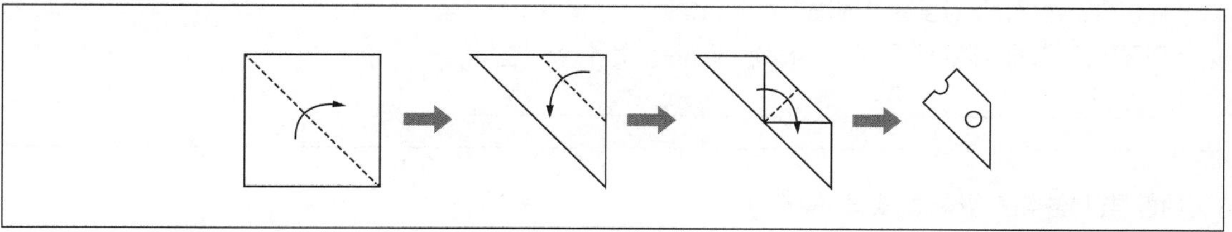

① 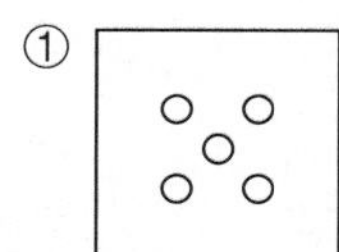

② 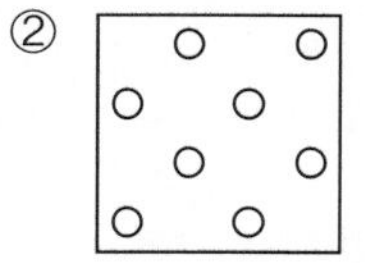

③ 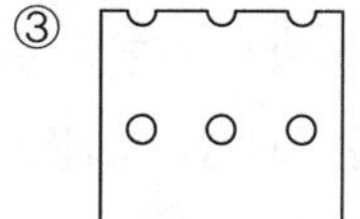

④ 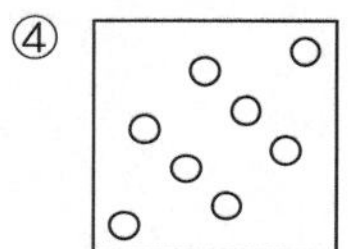

⑤ 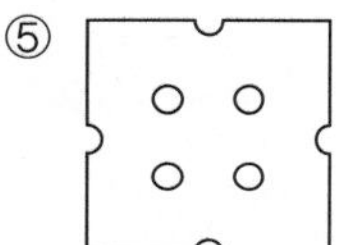

**26.** 화살표 방향으로 종이를 접은 후 마지막 그림과 같이 색칠된 부분을 자르고 다시 펼쳤을 때의 모양으로 옳은 것은?

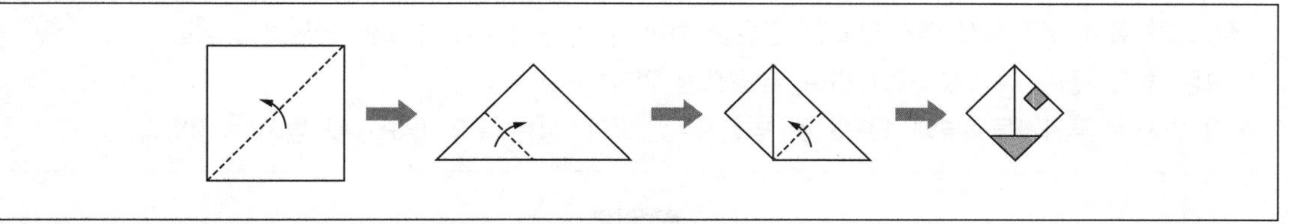

① 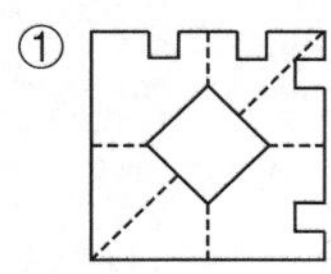

② 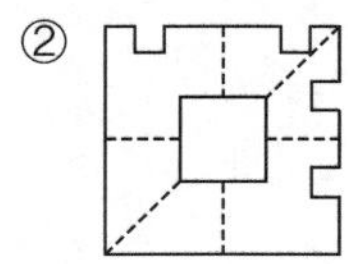

③ 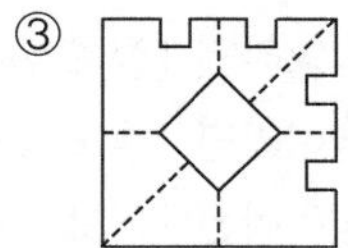

④ 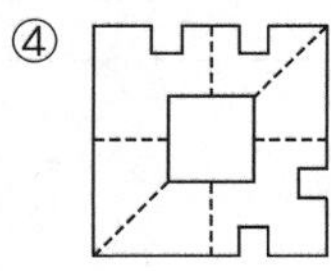

⑤ 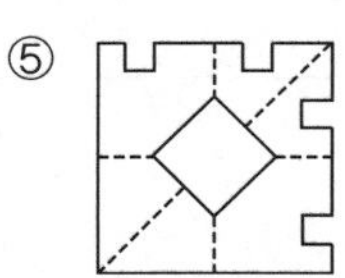

**27.** '외향적인 성격은 외국어를 쉽게 배운다'가 성립하기 위해서 필요한 명제는?

- 내향적인 성격은 사람을 사귀는 것이 어렵다.
- 외국어를 쉽게 배우지 못하는 사람은 말하는 것을 싫어한다.
- ______________________________

① 내향적인 성격은 말하는 것을 싫어한다.
② 내향적인 성격은 외국어를 쉽게 배우지 못한다.
③ 외향적인 성격은 말하는 것을 좋아한다.
④ 외향적인 성격은 사람을 사귀는 것이 쉽다.
⑤ 외국어를 쉽게 배우는 사람은 말하는 것을 좋아한다.

**28.** 5명의 투자자가 3개의 회사 A, B, C 중 한 곳에 투자하기 위해 투표를 진행하여 그중 다수의 의견을 따르려고 한다. 다음 제시된 [정보 1 ~ 3]에 대한 진위여부는 정확하지 않다고 할 때, 〈보기〉의 추론 중 옳지 않은 것을 모두 고르면?

정보

[정보 1] 3명의 투자자들이 회사 A에 투표하였다.
[정보 2] 과반수가 회사 B에 투표하였다.
[정보 3] 회사 B와 회사 C에 투표한 인원을 합한 것이 회사 A에 투표한 인원보다 적다.
- 모든 투자자들은 투표를 해야 하며, 무효표는 없다.
- 각 회사는 투자자들로부터 1표도 못 받을 수 있으며, 같은 수의 투표수를 받지는 않았다.

보기

ㄱ. [정보 1]이 참이라면 [정보 2]도 참이다.
ㄴ. [정보 2]가 참이라면 [정보 3]도 참이다.
ㄷ. [정보 3]이 참이라면 [정보 2]는 항상 참이다.
ㄹ. [정보 3]이 참이라면 [정보 1]은 항상 참이다.

① ㄱ, ㄴ　② ㄱ, ㄷ　③ ㄴ, ㄹ
④ ㄱ, ㄴ, ㄷ　⑤ ㄱ, ㄴ, ㄷ, ㄹ

**29.** 다음은 P사의 근무 계획에 따를 때, 가장 적은 부서원이 근무하는 요일은?

- P사는 토요일을 제외한 나머지 요일에 한 사람 이상 출근해야 한다.
- 갑(남자)과 을(남자)은 평일에 하루씩 교대로 근무한다.
- 병(여자)은 평일 중 4일 근무하며, 이번 주에는 화요일에 쉬기로 했다.
- 정(여자)은 주말 1일과 평일 3일을 근무한다.
- 무(여자)는 주말 1일과 평일 1일을 근무한다. 이번 주에는 월요일에 반드시 근무하기로 했다.
- 평일 근무에 있어서 정은 여자 중 특정 1명하고만 근무를 같이 서도록 계획되어 있다.

① 일요일 ② 월요일 ③ 화요일
④ 수요일 ⑤ 목요일

**30.** 다음 사례와 같은 논리적 오류가 드러난 문장은?

비가 온 뒤엔 땅이 굳는다고 하던데, 그럼 땅이 굳으면 그 전엔 항상 비가 왔었겠군.

① 내가 가족과 이야기 해 보니 문제가 해결되었어. 그러니 대화로 풀지 못하는 문제는 없는 거야.
② 음주운전은 나쁜 것이니, 음주 후 노래방에 가는 것도 나쁜 것이야.
③ 넌 어제 라면을 먹지 않았다고 했으니 밥을 먹었겠구나.
④ 까마귀 날자 배 떨어진다는 말은, 배는 항상 까마귀가 날아야만 떨어진다는 거야.
⑤ 너도 담배를 피우면서 왜 내가 쓰레기 버리는 걸 잘못되었다고 지적하니?

**31.** 다음 상황에서 볼 수 있는 문제 유형 두 가지를 올바르게 나열한 것은?

> 개인정보 유출 사건은 최근에도 빈번하게 발생하고 있다. 특히 1분기에는 A 카드 개인정보 유출 사건을 시작으로, B사, A 카드 2차 유출, 공공기관 채용과정 등 대형 개인정보 유출 사건이 발생하였다. 또한 신용평가업체인 K사의 박 모 차장(39)이 A 카드 5천300만 명, L 카드 2천600만 명, N 카드 2천500만 명 등 1억 400만여 명의 고객 개인정보를 이동식 저장장치(USB)에 불법 복사하는 방법으로 유출하였다. 유출된 개인정보에는 고객의 이름, 휴대전화번호, 직장명, 주소 등을 비롯해 신용카드 사용과 관련한 신용정보도 일부 포함되어 있어 카드복제, 금융사기 등 2차 피해가 우려되고 있다.

① 발생형 문제, 예측 문제
② 설정형 문제, 잠재 문제
③ 발생형 문제, 잠재 문제
④ 설정형 문제, 발견 문제
⑤ 발생형 문제, 발견 문제

**32.** 다음 글에서 엄 대리의 사고방식을 올바르게 평가하지 못한 것은?

> 통신장비를 판매하는 T사의 엄 대리는 평소 탁월한 업무 성과를 거두었다. 엄 대리는 지난 몇 년간 수많은 고객 불만사항을 접해 보고 그에 따른 원만한 해결을 통해 서비스의 질도 높이고 고객의 만족도도 향상시키는 성과를 이루어왔다. 그러나 엄 대리는 늘 고객의 불만과 불편사항을 해결하기에 앞서, 왜 그러한 문제점을 회사가 먼저 찾아내지 못했는지에 대한 의문점을 가지고 있었다. 엄 대리는 직원들의 눈으로는 만족스런 서비스라 할지라도 항상 그런 곳에서 고객의 불만이 생기는 것은 분명 고객의 눈높이와 다른 무언가가 있을 것이라는 문제의식을 지울 수 없었다.

① 고정관념을 버리고 새로운 개선책을 추구하였다.
② 왜 그럴까 하는 의문점과 호기심을 가지고 문제를 바라보았다.
③ 지식이나 정보를 바탕으로 한 합당한 근거에 기초를 두고 현상을 분석하고 평가하였다.
④ 다른 사람의 의견보다는 내가 생각했던 것을 굽하지 않고 밀고 나갔다.
⑤ 현재에 안주하지 않고 늘 문제의식을 가지고 있었다.

**33.** 다음 중 마인드 맵(Mind Map)에 대한 설명으로 옳지 않은 것은?

① 일상생활부터 업무 영역까지 폭넓게 활용할 수 있다.
② 전체 내용을 오랫동안 기억할 수 있다.
③ 핵심 단어의 이미지를 통한 아이디어 발상에 집중한다.
④ 제한된 시간에 많은 아이디어와 정보를 한 장으로 정리하는 것이다.
⑤ 아이디어 발상과 동시에 논리적인 순서나 세부정리가 가능하다.

**34.** 다음은 3C 분석방법에 대한 설명이다. ㉠ ~ ㉤ 중 각 요소에 포함되는 항목이 아닌 것은?

〈3C 분석〉

1. 자사(Company)
   - 기업의 활동이 목표와 일치하는가? ······ ㉠
   - 기존 브랜드에 마케팅 요소를 결합하여 시너지 효과를 창출할 수 있는가?
2. 고객(Customer)
   - 주 고객층의 속성과 특성은 무엇인가?
   - 해당 시장의 규모와 성장 가능성은 적절한가? ······ ㉡
   - 잠재적 수요는 어느 정도인가? ······ ㉢
3. 경쟁자(Competitor)
   - SWOT 분석을 통한 기대효과는 어느 정도인가? ······ ㉣
   - 현재 경쟁자들의 강점과 단점은 무엇인가?
   - 새로운 경쟁자들의 시장 내 진입장벽은 어떠한가? ······ ㉤

① ㉠　　② ㉡　　③ ㉢
④ ㉣　　⑤ ㉤

**35.** A 씨는 자신이 처한 상황을 극복하기 위해 스스로 환경에 대한 SWOT 분석을 실시하였다. 다음 중 분석 내용으로 옳은 것은?

> 대기업을 다니다가 최근 직장을 그만두게 된 A 씨는 귀농을 결정하게 되었다. 직장 생활을 통하여 모아 둔 자금으로 원하는 규모의 토지를 구매하는 일은 문제가 없을 것으로 판단한 A 씨는 1년간 농업 경영을 배워 마침내 귀농을 결심한 것이다. 또한 A 씨는 그간 농기계를 거래하며 알게 된 많은 지인들이 귀농 후 어려운 점이 있으면 얼마든지 도와주겠노라는 믿음을 준 터라 어렵지 않게 농촌 일을 시작하게 되었다. 최근 정부에서는 새롭게 귀농을 시작한 사람에게는 조기 정착을 위하여 세제 혜택을 준다는 정책을 발표한 것도 A 씨의 귀농 결심을 앞당긴 계기가 되었다.
>
> 그러나 막상 일을 시작하게 된 A 씨는 아내가 농촌 생활을 매우 힘들어 한다는 사실에 마음 편히 활동을 이어가기 어려워졌고, 최근의 기후변화에 따른 농업 활동의 불확실성이 예상보다 크다는 것을 절감하고 매우 어려운 시기를 맞이하게 되었다. 다행히 마을 조합에서 A 씨와 같이 귀농 정착에 어려움을 겪고 있는 가구를 위한 지원 프로그램을 제공해 주어 그나마 아내와 함께 그곳 환경에 간신히 적응을 해 나가고 있다.

① 충분한 자금력은 기회 요인(O)에 해당한다.
② 직장 생활에서 알게 된 지인들의 도움은 기회 요인(O)에 해당한다.
③ 아내의 농촌 생활 부적응은 약점(W)에 해당한다.
④ 정부의 세제 혜택은 강점(S)에 해당한다.
⑤ 최근의 기후변화는 약점(W)에 해당한다.

**36.** 다음 사례에 드러난 창의적인 사고 발상법은?

> [사례 1]
> A 기업의 창시자인 B 회장이 C 국가에서 처음 전차를 탔는데, 거리에 관계없이 요금은 동일했다고 한다. 여기에서 힌트를 얻어 B 회장은 크기에 따라 달랐던 제품 가격을 동일하게 하였다.
>
> [사례 2]
> D 기업의 창시자인 E 회장은 얼굴에 부딪쳤던 공에서 자동차 타이어를 생각해 냈다.

① 자유연상법 ② 체크리스트 ③ 시네틱스 발상법
④ 강제연상법 ⑤ 브레인스토밍

**37.** 다음 ㉠, ㉡에 들어갈 말을 순서대로 나열한 것은?

온도의 단위로는 여러 가지가 있는데, 전 세계적으로 가장 많이 쓰이는 단위인 ( ㉠ )은/는 표준대기압 하에서 순수한 물의 어는점을 0, 끓는점을 100으로 정하고 그 사이를 100등분하여 나타낸 온도 단위를 말한다. 스웨덴의 천문학자인 셀시우스(A. Celsius)가 제안하였다.

현재 국제 표준화 기구(ISO)에서는 국제단위계로 ( ㉡ )을/를 사용하고 있다. 국제단위계에서는 −273.15℃가 절대 영도인( ㉡ )을/를 채택하고 있다.

| | ㉠ | ㉡ |
|---|---|---|
| ① | 절대온도(K) | 화씨온도(°F) |
| ② | 화씨온도(°F) | 섭씨온도(℃) |
| ③ | 섭씨온도(℃) | 절대온도(K) |
| ④ | 섭씨온도(℃) | 화씨온도(°F) |
| ⑤ | 절대온도(K) | 섭씨온도(℃) |

**38.** 다음 빈칸에 공통적으로 들어갈 용어는 무엇인가?

(　　　)은/는 일부 또는 전체가 전리되어 있어 전류가 잘 흐르는 기체이다. 고체, 액체, 중성 기체와 구별되는 물질의 또 다른 상태이다. 전류는 대부분 음의 전하를 갖는 자유전자의 흐름에 의해서 결정된다. 디바이 길이(Debye length)라고 하는 크기보다 큰 규모에서 보면 양의 전하량과 음의 전하량이 균형을 이루기 때문에, 전하 밀도는 0이고, 전기장도 없다. 그러나 이보다 작은 규모에서 보면 전하 밀도는 0이 아니며, 전기장도 0이 아니다. (　　　)의 물리는 어느 규모에서 보느냐에 따라 달라지는데, 대개 디바이 길이보다 큰 규모가 (　　　) 물리학의 관심사이다.

① 플라스마　② 복사　③ 초전도
④ 람자우어　⑤ 슈타르크

**39.** 타인의 심리나 상황을 교묘하게 조작해 그 사람이 스스로 의심하게 만듦으로서 타인에 대한 지배력을 강화하는 행위로, 다음 사례에서 유래한 용어는?

> 남편은 집안의 등을 일부러 어둡게 만들고 부인이 집안이 어두워졌다고 말하면 그렇지 않다는 식으로 아내를 탓한다. 이에 아내는 점차 자신의 현실인지능력을 의심하면서 판단력이 흐려지고, 남편에게 의존하게 된다.

① 아포페니아
② 보이지 않는 고릴라
③ 티핑포인트
④ 가스라이팅
⑤ 팜 파탈

**40.** 다음 글을 통해 시스템생물학에 융합된 세 가지 기술을 적절하게 나열한 것은?

> 시스템생물학(Systems biology)은 시스템이론을 생명과학에 적용하여 생체 구성인자 간의 상호작용을 이해하고 그 특성을 규명함으로써 잠재된 지배원리를 이해하는 신기술 융합분야이다. 시스템생물학의 본질은 개별요소가 독립적으로 존재할 때는 나타나지 않지만 집단, 즉 시스템을 형성하여 다른 요소와 상호작용할 때 표출되는 창발적 속성(Emergent property)을 이해하는 것이다. 다시 말해, 기존의 생물학이 생물체의 구성요소 하나하나를 분해하여 유전자나 단백질의 개별적 기능을 알아내는 환원주의적 방식이었다면, 시스템생물학은 생명현상을 총괄적이고 체계적으로 분석하기 위한 전체론적인 관점의 접근방식이라 할 수 있다.
>
> 시스템생물학이란 개념은 이미 오래 전부터 존재해왔으나, 시스템의 구성인자에 관한 정보획득과정의 어려움 때문에 시스템생물학적 접근법이 본격적으로 사용된 것은 21세기에 들어와서부터라고 볼 수 있다. 이는 복잡한 생물체를 단순한 실험적 재현의 틀 안에서 이해하려는 환원주의적 접근법에 대한 한계와 더불어, 그동안 축적된 소위 오믹스(omics)로 표현되는 다층적인 대량의 데이터 발굴(High Throughput)과 컴퓨팅 능력의 조합이 시스템적 접근을 가능하게 한 것이다.

① 생명과학, 정보과학, 나노과학
② 인지공학, 시스템 과학, 생명공학
③ 시스템 과학, 생명과학, 정보과학
④ 나노과학, 인지공학, 시스템 과학
⑤ 인지공학, 시스템 과학, 정보과학

41. 다음 빈칸에 공통으로 들어갈 알맞은 용어는?

> 1945년 6월 개선장군이 되어 미국에 돌아온 아이젠하워는 세계적인 영웅이 되었다. 그는 참모총장, 컬럼비아 대학교 총장, 북대서양조약기구(NATO) 최고사령관을 거쳐, 1952년 미국의 서른네 번째 대통령에 당선되기에 이르며, 1956년 재선에도 성공했다.
>
> 아이젠하워가 말하는 (　　　)은/는 "성실하고 고결한 성품 그 자체"이며, (　　　)은/는 "잘못된 모든 것에 대한 책임은 자신이 지고, 잘된 것에 대한 모든 공로는 부하에게 돌릴 줄 아는 것"이라고 말했다.

① 리더십　　② 코칭　　③ 임파워먼트
④ 멤버십　　⑤ 팔로워십

**[42 ~ 43] 다음 규칙을 추론하여 빈칸에 들어갈 알맞은 내용을 고르시오.**

42.

| 2　6　14　30　62　(　　) |
|---|

① 124　　② 125　　③ 126
④ 127　　⑤ 128

43.

| ㅁ　ㅇ　ㅊ　ㅍ　ㄱ　(　　) |
|---|

① ㄴ　　② ㄷ　　③ ㄹ
④ ㅁ　　⑤ ㅂ

**[44 ~ 45] 다음 〈규칙〉을 참고하여 이어지는 질문에 답하시오.**

규칙

- 4개의 행과 열로 이루어진 격자가 존재한다.
- 행바꿈이란 각 행에 해당하는 모든 칸을 서로 바꾸어 주는 것이다.
- 열바꿈이란 각 열에 해당하는 모든 칸을 서로 바꾸어 주는 것이다.

〈버튼의 기능〉

| 버튼 | 기능 |
|---|---|
| A | 1행과 2행을 행바꿈한 후 3열과 4열을 열바꿈한다. |
| B | 3행과 4행을 행바꿈한 후 1열과 2열을 열바꿈한다. |
| C | 1행과 3행을 행바꿈한 후 2열과 4열을 열바꿈한다. |
| D | 2행과 4행을 행바꿈한 후 1열과 3열을 열바꿈한다. |

예 (ㄱ)에 A 버튼을 누르면 (ㄴ)의 과정을 거쳐 (ㄷ)의 결과물이 된다.

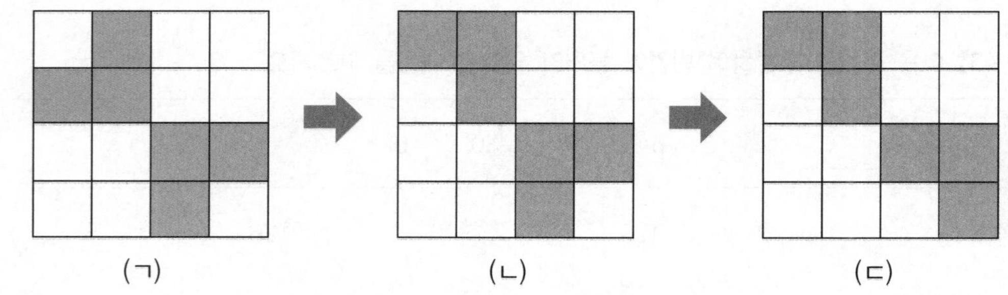

44. (ㄱ)을 (ㄴ)과 같이 만들기 위해서는 어떤 버튼을 눌러야 하는가?

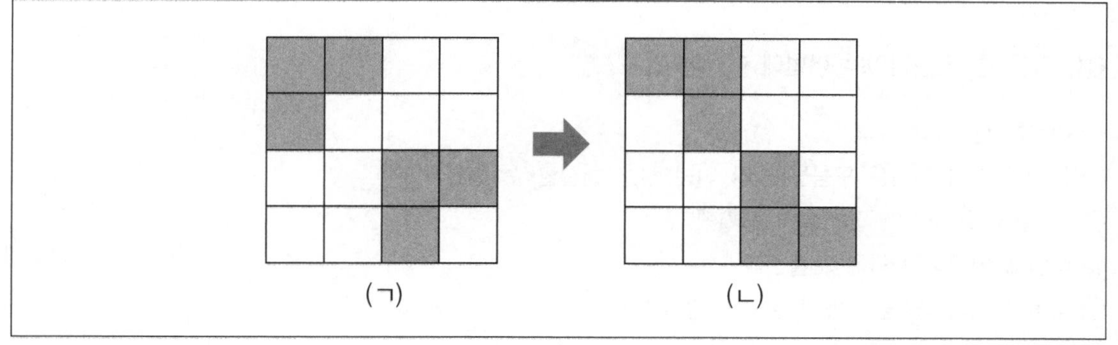


① A 버튼 ② B 버튼 ③ C 버튼
④ D 버튼 ⑤ 알 수 없음.

45. (ㄱ)에서 버튼을 3번 눌렀더니 (ㄴ)과 같이 바뀌었다. 어떤 순서로 버튼을 눌렀는가?

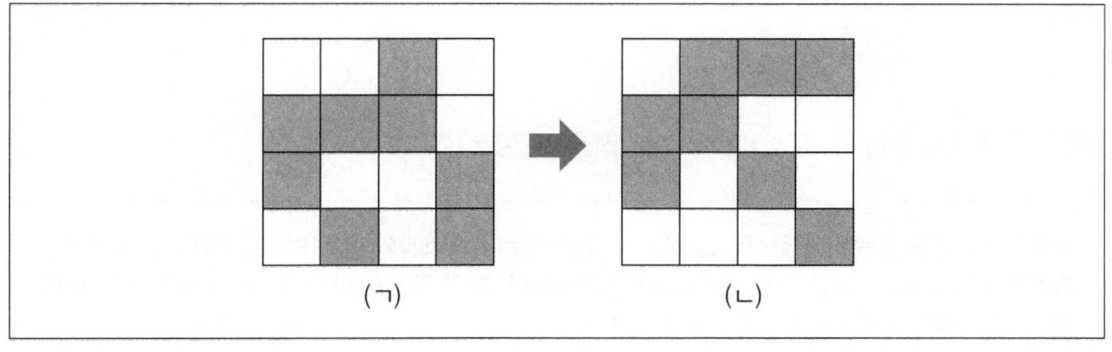


① A → B → B ② D → C → B ③ A → B → D
④ D → C → A ⑤ B → C → A

# 실전모의고사 2 회

▶ 정답과 해설 78쪽

| 문항 수 | 50 문항 |
| --- | --- |
| 시험 시간 | 50 분 |

**01. 다음 중 맞춤법이나 어법에 어긋난 것은?**

① 아무튼 넌 나와 달라.
② 그 사람한테 적잖은 도움을 받아 이번 일을 해결할 수 있었다.
③ 그 일을 하기엔 재력이 붙여 포기했다.
④ 바람에 낙엽이 차곡차곡 쌓인다.
⑤ 나를 미워하리만큼 그에게 잘못한 일이 없다.

**02. 두 쌍의 단어 관계가 같아지도록 빈칸 안에 들어갈 단어는?**

> 행정부 : (　　　) = (　　　) : 대법원장

① 법률, 선거　　② 국무총리, 국회의장　　③ 대통령, 사법부
④ 청와대, 여의도　　⑤ 공무원, 판결

**03. 다음 글에서 밑줄 친 ㉠과 바꿔 쓰기에 적절한 것은?**

> 이제 오브제는 단순히 사물, 인공물에 ㉠ 머물지 않는다. 입체파와 함께 출현한 현대적인 오브제는 회화의 일부로 취급되었던 최초의 시도에서 멀리 벗어나 그 자체로 독립되는 과정을 거치면서 그 영역과 개념을 거의 무제한적으로 확대하고 있다.

① 국한(局限)되지　　② 제어(制御)되지　　③ 규정(規定)되지
④ 개입(介入)되지　　⑤ 무산(霧散)되지

**04.** 다음 내용과 가장 관련이 있는 한자성어는?

> 최근 영국 · 홍콩을 비롯하여 해외 조세 피난처로 분류되는 60여 개 국가로 빠져나가는 자금이 급증하고 있다. 이 지역을 이용해 비자금을 조성하거나 탈세하는 사례는 한 개인의 단순한 세금 탈루나 재산 해외 은닉 차원을 넘어 국부를 유출시키는 행위라 볼 수 있으며, 이를 그대로 방치한다면 국민의 납세 회피를 조장하고, 나라의 경제 성장 동력을 훼손할 수 있다. 따라서 국가 차원에서 엄정히 대응해야 할 필요가 있다.

① 박이부정(博而不精)
② 부화뇌동(附和雷同)
③ 도탄지고(塗炭之苦)
④ 발본색원(拔本塞源)
⑤ 갑론을박(甲論乙駁)

**05.** 밑줄 친 ㉠과 같은 의미로 쓰인 것은?

> 무엇보다 자신의 적성과 소질에 ㉠ <u>맞추어</u> 진로를 결정하는 것이 중요합니다.

① 선생님은 학교에서 지정한 심사 기준에 <u>맞추어</u> 학생들의 작품을 검토하였다.
② 다행히 깨진 조각을 잘 <u>맞추어</u> 강력 접착제로 붙이니 다시 쓸 수 있게 되었다.
③ 네가 운전해 주어서 다행히 약속한 시간에 <u>맞추어</u> 잘 도착할 수 있었어.
④ 아이는 화단에 핀 꽃들을 바라보다가 붉은 꽃에 얼굴을 대더니 입을 <u>맞추었다.</u>
⑤ 입사 기념으로 내 몸에 꼭 맞는 정장을 <u>맞추어</u> 나만의 옷을 갖게 되었다.

## 06. 다음 글에서 추론할 수 없는 내용은?

> 우주는 물체와 허공으로 구성된다. 물체와 허공 이외에는 어떠한 것도 존재한다고 생각할 수 없다. 그리고 우리가 허공이라고 부르는 것이 없다면 물체가 존재할 곳이 없고 움직일 수 있는 공간도 없을 것이다. 허공을 제외하면 비물질적인 것은 존재하지 않는다. 허공은 물체에 영향을 주지도 받지도 않으며 다만 물체가 자신을 통과해서 움직이도록 허락할 뿐이다. 물질적인 존재만이 물질적 존재에 영향을 줄 수 있다.
>
> 영혼은 아주 미세한 입자들로 구성되어 있기 때문에 몸의 나머지 구조들과 조화를 더 잘 이룰 수 있다. 감각의 주요한 원인은 영혼에 있다. 그러나 몸의 나머지 구조에 의해 보호되지 않는다면 영혼은 감각을 가질 수 없을 것이다. 몸은 감각의 원인을 영혼에 제공한 후 감각 속성으로서의 자신의 몫을 영혼으로부터 얻는다. 영혼이 몸을 떠나면 몸은 더 이상 감각을 소유하지 않는다. 왜냐하면 몸은 감각 능력을 스스로 가진 적이 없으며 몸과 함께 태어난 영혼이 몸에게 감각 능력을 주었기 때문이다. 물론 몸의 일부가 소실되어 거기에 속했던 영혼이 해체되어도 나머지 영혼은 몸 안에 있다. 또한 영혼의 한 부분이 해체되더라도 나머지 영혼이 계속해서 존재하기만 한다면 여전히 감각을 유지할 것이다. 반면에 영혼을 구성하는 입자들이 전부 몸에서 없어진다면 몸 전체 또는 일부가 계속 남아 있더라도 감각을 가지지 못할 것이다. 더구나 몸 전체가 분해된다면 영혼도 더 이상 이전과 같은 능력을 가지지 못하고 해체되며 감각 능력도 잃게 된다.

① 허공은 물체의 운동을 위해 반드시 필요하다.
② 감각을 얻기 위해서는 영혼과 몸 모두가 필요하다.
③ 영혼은 비물질적인 존재이며 몸에게 감각 능력을 제공한다.
④ 영혼이 담겨 있던 몸 전체가 분해되면 영혼의 입자들은 흩어져 버린다.
⑤ 육체의 일부가 소실되면 영혼의 일부가 해체되지만 나머지 영혼은 여전히 감각 능력을 유지할 수 있다.

## 07. ○○기업 K 사원은 수도요금의 산정에 대한 보고서 초안을 다음과 같이 작성하였다.

> 〈수도요금 산정〉
>
> 가. 우리나라의 현황
> - 전국 평균 수도요금이 다른 OECD 국가에 비하여 상당히 낮음.
>   - OECD 회원국 중 수자원 여건이 가장 열악한 국가이나, 선진국보다 물 사용량이 많고 수도요금은 최저 수준이며 요금 현실화율도 매우 낮은 수준
>   - 수도요금은 꾸준히 상승하였으나 원가도 인상되어 현실화율은 개선되지 않음.

나. 우리나라의 문제점
㉠ 수도요금 원가의 부적정한 산정
- 비공기업 사업자의 원가산정 신뢰성 저하
- 상하수도 서비스의 외부효과 및 물 사용의 기회비용 미반영
- 지자체에 따라서는 원가가 실제원가의 $\frac{1}{4}$도 안 되는 경우도 있음.
㉡ 낮은 수도요금으로 인한 과도한 물 사용
- 지역적 물 부족 초래
- 신규 수도시설 조기 건설, 늘어난 하수처리량으로 인한 비용 낭비
㉢ 수도사업자 재정 악화로 적절한 시설 투자 장애
- 상하수도 사업으로 인한 부채액 매년 증가
㉣ 재정부족으로 인한 물 산업 육성 장애
- 하수 재이용사업, 해수담수화 사업 등 경쟁력 확보 곤란

**이에 대해 팀장은 우리나라의 문제점을 기반으로 한 개선방안을 추가하는 것이 좋겠다는 의견을 주었다. 보고서에 다음과 같은 내용을 추가하려고 할 때, 팀장의 의견으로 볼 수 없는 것은?**

**〈우리나라 수도요금 체계 개선방안〉**

가. 수도요금 원가산정의 적정화
- 수도요금 계산 시 총비용 회수원칙을 적용하여 수도 서비스 제공에 소요되는 모든 비용을 원가에 반영 ······ ⓐ
- 기타 비공기업으로 운영되는 수도사업자의 원가계산의 정확성 확보 ······ ⓑ

나. 요금 부과체계의 합리화
- 수요자의 경제적 능력에 관계없이 필수 사용량을 고려한 정책적 배려 필요 ······ ⓒ

다. 요금 현실화율 제고
- 수도 서비스 지속성 확보 및 소비자의 효율적인 물 사용 유도를 위해 필요 ······ ⓓ
- 수도요금 현실화율과 국고보조금 지원 연계 등 지자체의 현실화 유도를 위한 제도적 장치 마련 ······ ⓔ

① ⓐ ② ⓑ ③ ⓒ
④ ⓓ ⑤ ⓔ

**08.** 다음 글의 기술 방식에 대한 설명으로 적절하지 않은 것은?

> 자기실현적 행복관은 아리스토텔레스의 행복(eudaimonia) 개념에 뿌리를 두고 있다. 이 관점에 따르면, 최선의 삶은 개인의 안락을 추구하기보다 자신의 덕성과 잠재능력을 충분히 발현하며 개인적으로나 사회적으로 가치 있는 삶을 구현하는 것이다. 이는 크게 세 가지 측면의 함의를 가진다. 첫째, 사회적 존재로서의 인간이 지향해야 할 행복한 삶의 모습을 제시한다는 것이다. 둘째, 행복은 주관적인 체험을 넘어서 좀 더 객관적인 관점에서 인식되어야 한다는 것이다. 셋째, 덕성의 발현이 행복한 삶에 중요하다는 것이다. 덕성은 개인의 행복뿐만 아니라 타인 또는 집단의 행복을 증진하는 데 기여하는 개인의 특성이나 행위를 의미한다. 행복은 개인의 긍정적 성품과 잠재능력을 충분히 발현함으로써 자신뿐만 아니라 타인 또는 사회의 상생 번영을 이루는 삶의 상태로 정의한다. 이러한 정의를 선호하는 긍정심리학자는 인간의 긍정적 성품과 덕성을 탐구할 뿐만 아니라 이를 함양하고 발휘하도록 지원하는 활동에 깊은 관심을 보인다. 대표적 학자인 러프(C. Ryff)는 '주관적 안녕'에 대비되는 것으로서 '심리적 안녕(psychological well-being)'이라는 용어를 사용한다. 그는 인간의 행복과 성숙에 깊은 관심을 지녔던 매슬로우(A. Harold Maslow)나 로저스(C. Rogers)와 같은 인본주의 심리학자들의 견해를 통합하여 심리적 안녕의 6가지 요소로서 환경의 효율적 통제, 타인과의 긍정적인 인간관계, 자율성, 개인의 성장감, 인생의 목적의식, 자기수용을 제시하였다.

① 예를 들어 설명하는 방식으로 주장에 대한 근거를 제시하였다.
② 열거의 방법을 통하여 특정 가치관을 구체화하여 설명하고 있다.
③ 같거나 유사한 사고를 가진 타인을 거론하여 자신의 주장을 제시하고 있다.
④ 서두에 핵심 주장을 밝히고, 이후 그에 대한 논거와 이론적 배경을 보완하였다.
⑤ 관련 분야에서 통용되는 지식을 간접인용을 통하여 주장에 대한 뒷받침으로 활용하였다.

**09.** '청년 실업 문제'에 관하여 개요를 작성한 후 〈보기〉와 같은 사실을 알게 되었다. A ~ C를 활용한 개요 수정 방안으로 적절한 것은?

> 제목 : 청년 실업 문제의 원인과 대책
> Ⅰ. 서론 : 문제 제기
> Ⅱ. 본론
> 가. 청년 실업 문제의 실태
> 나. 청년 실업 문제의 심각성
> ㉠ 사회적 차원
> ㉡ 개인적 차원
> 다. 청년 실업 문제의 원인
> ㉠ 장기간에 걸친 경기 불황
> ㉡ 일자리의 해외 유출
> ㉢ 중소기업의 열악한 복지환경
> 라. 청년 실업 문제에 대한 대책
> ㉠ 정부에서 할 일
> ㉡ 청년 구직자가 할 일
> Ⅲ. 결론 : 요약 및 제언

보기

A. 중소기업을 외면하는 청년 구직자들이 많은 것으로 조사되었다.
B. 취업난 속에서도 중소기업의 부족 인력이 20만 명을 상회하는 것으로 나타났다.
C. 중소기업의 연봉과 복지가 대기업의 절반 가량에도 미치지 못하는 것으로 나타났다.

① B를 바탕으로 기업의 사회적 책임을 강조하여 'Ⅱ-라'에 '기업에서 할 일'이라는 항목을 추가한다.
② A와 C를 활용하여 'Ⅱ-라-㉠'에 '대기업의 청년고용을 적극적으로 유도하여야 한다'라는 내용을 제안한다.
③ A를 활용하여 'Ⅱ-나-㉡'에 '청년 구직자의 비현실적인 눈높이'라는 항목을 추가한다.
④ B와 C를 바탕으로 'Ⅱ-라-㉠'에 '청년 구직자들이 중소기업으로 관심을 돌릴 수 있도록 중소기업을 지원해야 한다'라는 내용을 제안한다.
⑤ 'Ⅱ-다-㉡'을 뒷받침하기 위해 B를 활용하여 근거자료로 제시한다.

**10. 다음 (가) ~ (라)를 글의 흐름에 맞게 순서대로 배열한 것은?**

(가) 충직한 장군이었던 맥베스는 마녀들의 예언을 들은 후 왕이 되기 위해 야망을 불태운다. 맥베스 부인은 덩컨 왕을 시해할 준비를 하지만, 맥베스가 주저하는 모습을 보고 남성의 최고 가치인 용기를 들먹이면서 맥베스를 비난한다. 이처럼 맥베스 부부에 의해 전통적 남녀의 역할이 전도된 것은 도덕적 질서가 교란되고 있음을 보여 준다. 결국 맥베스는 아내의 재촉으로 인해 칼을 들게 된다.

(나) 〈맥베스〉는 세 마녀가 맥베스와 뱅코 장군에게 미래를 예언하면서 시작한다. 예언의 내용은 맥베스가 머지않아 스코틀랜드의 왕위에 오르리라는 것과 뱅코의 자손이 차기 왕이 되리라는 것이다. 안개가 자욱한 동굴 앞에서 혼란을 예고한 세 마녀는 당시 사람들에게는 악마의 대리자로 해석되었지만, 현대인들에게는 인간의 근원적 욕망과 공포의 상징, 즉 인간 내면의 악이 투영된 존재로 해석된다.

(다) 덩컨 왕의 시해 이후 자연계의 질서가 혼란해지는데, 이는 인간사회의 질서 교란과 병치된다. 왕위에 오른 맥베스는 예언을 기억하고 자객을 보내 뱅코를 살해한다. 하지만 어느 날, 그의 앞에 뱅코의 유령이 나타난다. 유령이 맥베스에게만 보이는 것을 보면 맥베스의 죄책감이 유령이라는 형상을 지닌 채 일상의 영역을 침범하게 된 것이다.

(라) 셰익스피어 연구가 브래들리(Bradley)는 셰익스피어의 비극을 '높은 지위에 있는 사람을 죽음으로 이끄는 특별한 불행'이라고 정의한다. 주인공에게 불행을 일으키는 원인은 도덕적 악이고, 그것이 주인공의 의식질서를 파괴함으로써 불행을 자아낸다는 것이다. 이러한 불행으로 가장 파멸적인 결과를 낳는 작품은 셰익스피어의 4대 비극 중 〈맥베스〉이다.

① (나) – (가) – (라) – (다)　② (라) – (가) – (다) – (나)　③ (라) – (나) – (가) – (다)
④ (라) – (나) – (다) – (가)　⑤ (라) – (가) – (나) – (다)

**11.** 다음 ㉠, ㉡을 통해 연산기호의 새로운 법칙을 찾아 ㉢의 식에 적용할 때 '?'에 들어갈 숫자는?

| ㉠ 95÷(2−13)=69 | ㉡ 37−(7÷4)=111 | ㉢ (22÷3)−3=? |
|---|---|---|

① 41 ② 48 ③ 53
④ 57 ⑤ 59

**12.** 형제가 퀴즈쇼에 나가 상금 1억 4천만 원을 받았다. 나이에 비례해서 상금을 나눠 첫째가 6천만 원을 가졌다. 10년 후 3형제가 다시 퀴즈쇼에 나가 상금 1억 4천만 원을 받았다. 이번에도 나이에 비례해서 상금을 나눈 후 첫째와 셋째가 금액을 바꾸었다. 그 결과 셋째가 5천6백만 원을 받았다면 현재 첫째의 나이는 몇 세인가?

① 40세 ② 41세 ③ 42세
④ 43세 ⑤ 44세

**13.** 어떤 상점에서 원가의 40%를 이익으로 얻을 수 있도록 정가를 책정하였다. 만약 상품 T를 정가의 20% 할인으로 판매할 때의 이익이 90원이었다면 상품 T의 원가는 얼마인가?

① 600원 ② 650원 ③ 700원
④ 750원 ⑤ 800원

**14.** 50명이 소속된 교육기관에서 A, B 시험을 실시했다. A 시험만 합격한 사람은 18명, 모두 합격한 사람은 8명, B 시험만 합격한 사람은 모두 불합격한 사람의 3배일 때, 모두 불합격한 사람은 몇 명인가?

① 3명　② 4명　③ 5명
④ 6명　⑤ 7명

**15.** 다음 도형에서 색칠된 부분의 넓이는?

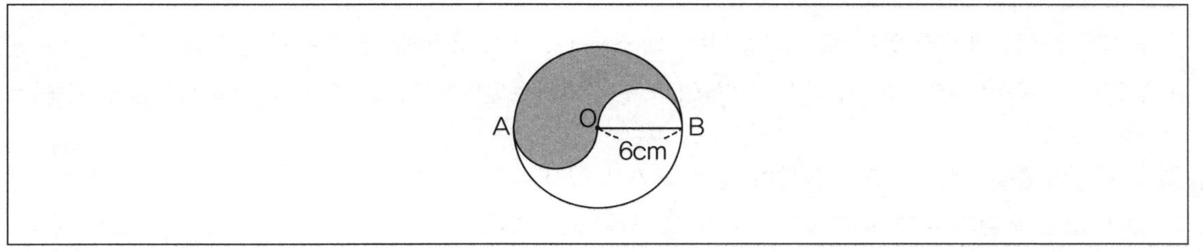


① $16\pi cm^2$　② $17\pi cm^2$　③ $18\pi cm^2$
④ $20\pi cm^2$　⑤ $21\pi cm^2$

**16.** 다음 전개도로 만들어지는 원뿔의 모선의 길이($R$)는 몇 cm인가?

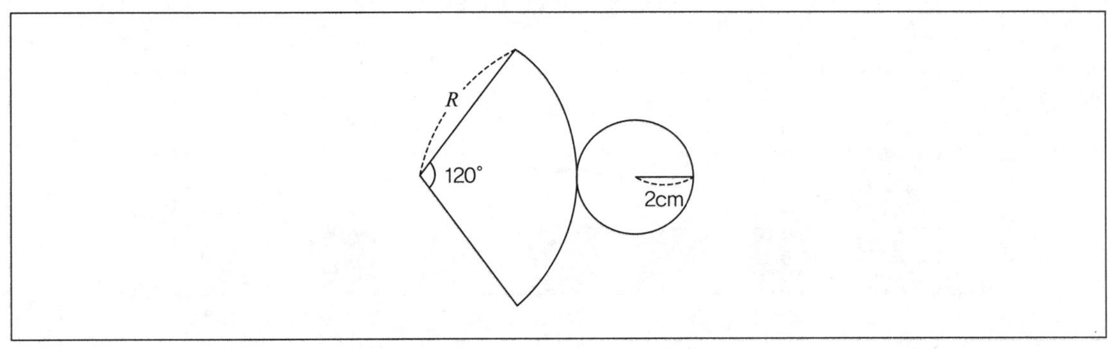


① 4cm　② 5cm　③ 6cm
④ 7cm　⑤ 8cm

**17.** 다음 도표에 대한 설명으로 옳지 않은 것은?

〈K 제품에 대한 각국의 물동량 현황〉

(단위 : 천 톤)

| 출발지 \ 도착지 | 태국 | 필리핀 | 인도 | 인도네시아 |
|---|---|---|---|---|
| 태국 | 0 | 25 | 33 | 30 |
| 필리핀 | 12 | 0 | 9 | 22 |
| 인도 | 23 | 15 | 0 | 10 |
| 인도네시아 | 16 | 24 | 6 | 0 |

① 출발지에서의 국가별 이동 물량의 순위는 '태국－인도－인도네시아－필리핀'의 순이다.

② 인도네시아에서 출발하는 국가별 K 제품이 모두 절반으로 감소해도 도착지의 국가별 도착량 순위는 바뀌지 않는다.

③ K 제품의 출발 물량과 도착 물량이 같은 국가가 있다.

④ 전체 출발 물량의 40% 이상을 차지하고 있는 국가는 없다.

⑤ 필리핀으로 도착하는 K 제품의 75%와 같은 양이 인도로 도착한다.

**18.** 다음 자료에 대한 설명으로 옳지 않은 것은?

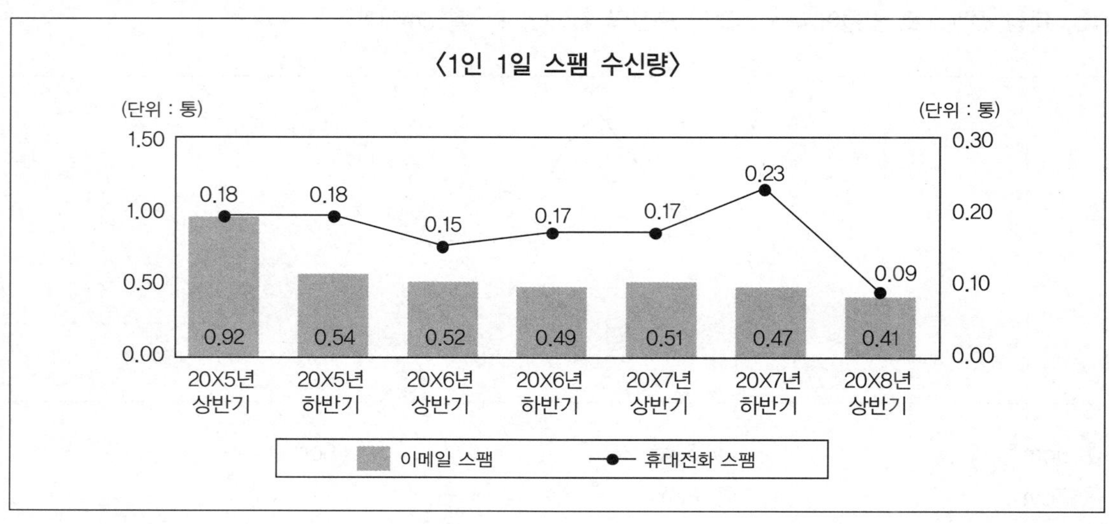

① 휴대전화 스팸 수신량이 전년 동기 대비 가장 크게 감소한 시기는 20X8년 상반기로 45% 이상 감소하였다.

② 이메일 스팸 수신량이 전년 동기 대비 가장 크게 감소한 시기는 20X6년 상반기로 45% 이상 감소하였다.

③ 20X5년 하반기 휴대전화 스팸 수신량은 20X8년 상반기의 휴대전화 스팸 수신량의 두 배이다.

④ 20X7년 상반기에는 6개월간 90통 이상의 스팸 이메일을 받았을 것으로 추론할 수 있다.

⑤ 20X8년 상반기에는 2017년 하반기보다 이메일 스팸 수신량이 12% 이상 감소하였다.

**19.** **다음 표에서 20X9년 국내 화장품 전체 유통채널 판매액 가운데 인터넷의 점유율은 20X3년 대비 몇 배 증가하였는가? (단, 점유율은 판매액을 기준으로 하고, 소수점 아래 둘째 자리에서 반올림하여 계산한다)**

〈국내 화장품 유통채널별 판매액〉

(단위 : 억 원)

| 유통채널 \ 연도 | 20X3년 | 20X4년 | 20X5년 | 20X6년 | 20X7년 | 20X8년 | 20X9년 |
|---|---|---|---|---|---|---|---|
| 백화점 | 1,014 | 1,101 | 1,150 | 1,280 | 1,550 | 1,900 | 2,200 |
| 방문판매 | 1,188 | 1,248 | 1,433 | 1,570 | 1,690 | 1,790 | 1,920 |
| 직판 | 390 | 318 | 300 | 280 | 290 | 287 | 300 |
| 다단계 | 400 | 380 | 320 | 300 | 290 | 273 | 283 |
| 일반점 | 1,118 | 840 | 610 | 560 | 480 | 410 | 400 |
| 브랜드샵 | 259 | 500 | 770 | 940 | 1,170 | 1,450 | 1,700 |
| 인터넷 | 85 | 115 | 130 | 145 | 160 | 165 | 180 |
| 홈쇼핑 | 195 | 215 | 250 | 280 | 300 | 340 | 370 |
| 계 | 4,649 | 4,717 | 4,963 | 5,355 | 5,930 | 6,615 | 7,353 |

① 1.1배　② 1.2배　③ 1.3배

④ 1.4배　⑤ 1.5배

**20.** 다음 자료를 참고하여 작성한 그래프로 옳은 것은?

〈S 시의 통근시간별 통근 인구와 평균 통근시간〉

(단위 : 천 명, 분)

| 구분 | 20X5년 | 20X6년 | 20X7년 | 20X8년 |
|---|---|---|---|---|
| 30분 미만 | 548 | 515 | 562 | 547 |
| 30분 이상 60분 미만 | 462 | 441 | 488 | 616 |
| 60분 이상 | 109 | 183 | 181 | 241 |
| 평균 통근시간 | 29.6 | 32.1 | 31.1 | 33.7 |

① 〈연도별 통근시간 30분 미만 인구〉

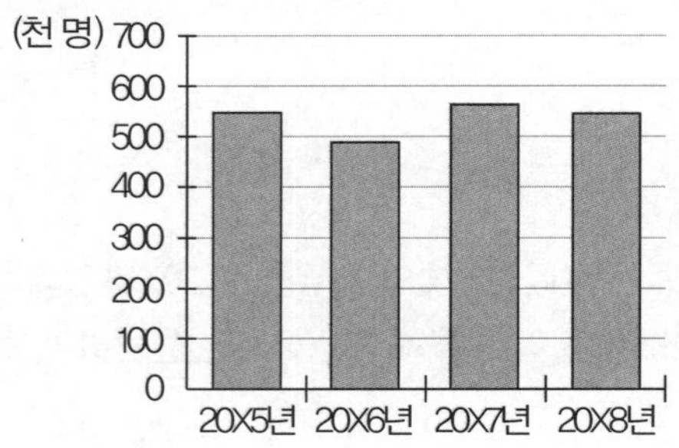


② 〈연도별 통근시간 60분 이상 인구〉

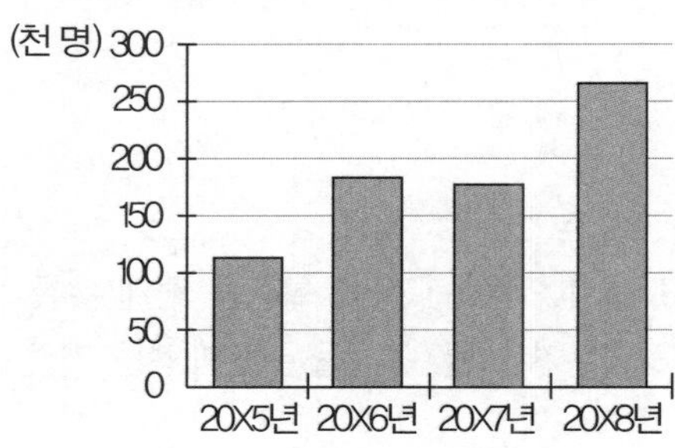


③ 〈연도별 평균 통근시간〉

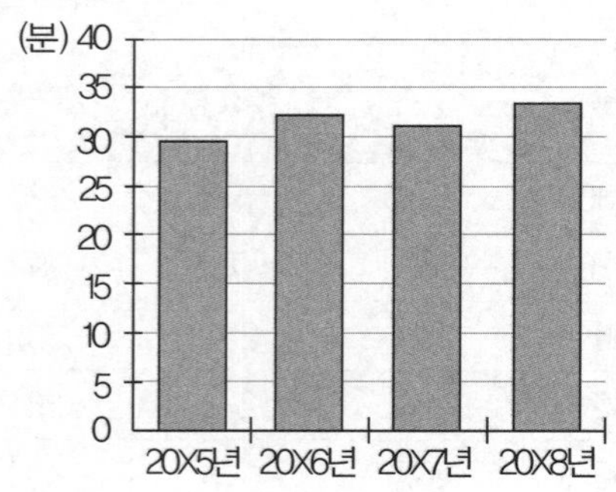


④ 〈전년 대비 평균 통근시간의 증감〉

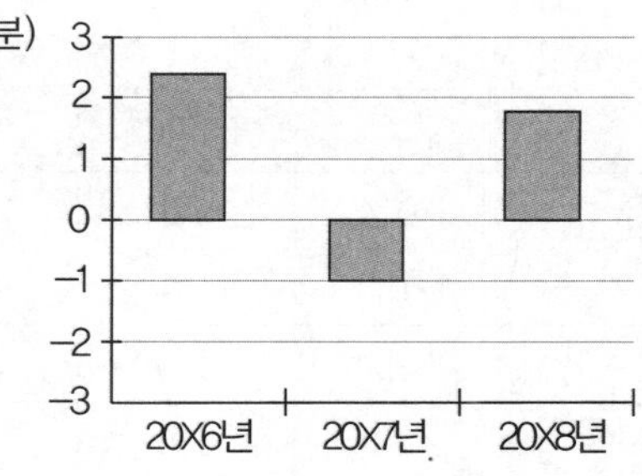


⑤ 〈20X7년 통근시간별 인구〉

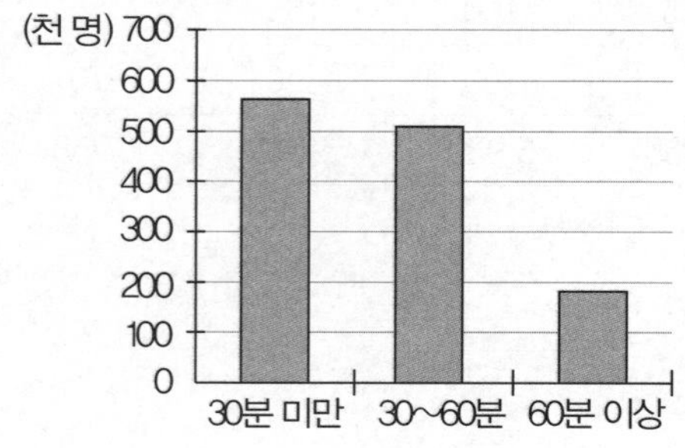

**[21 ~ 22] 제시된 도형과 일치하는 도형을 고르시오.**

**21.**

① 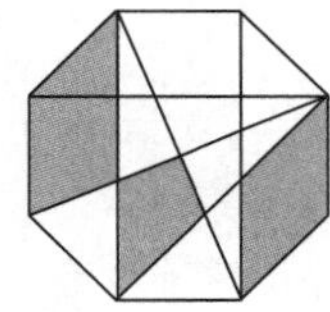

② 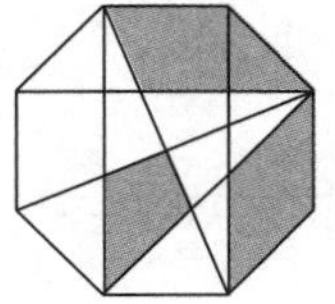

③ 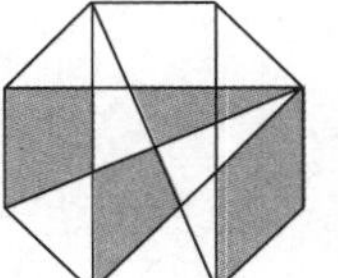

④ 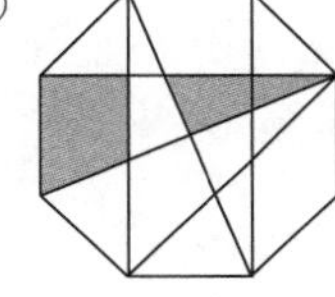

⑤ 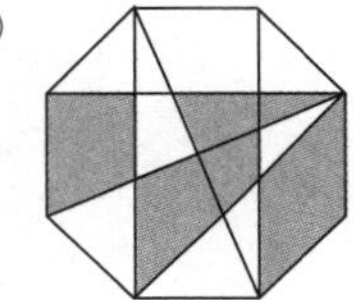

**22.**

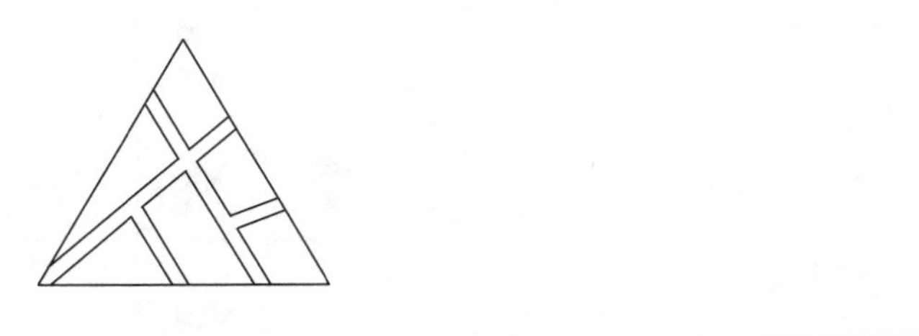

① 

② 

③ 

④ 

⑤ 

23. 다음 그림에서 크고 작은 사각형은 모두 몇 개인가?

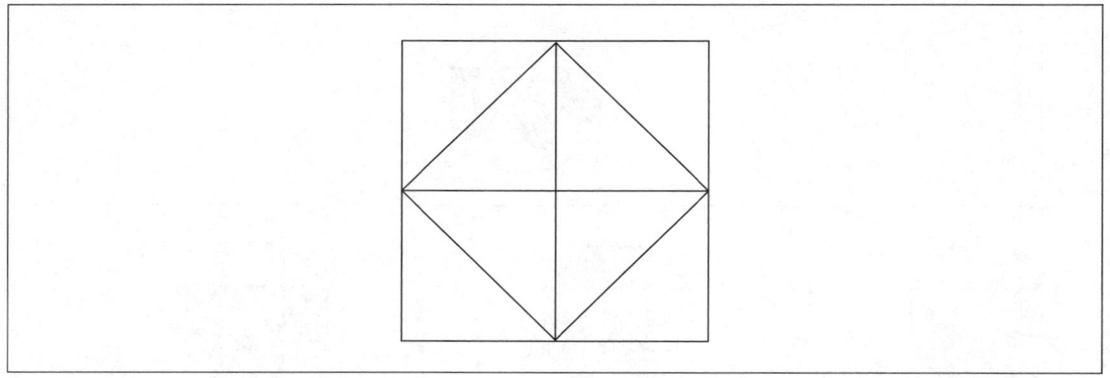

① 5개 ② 6개 ③ 9개
④ 10개 ⑤ 11개

24. 다음 펼쳐진 전개도를 접어 완성했을 때 나올 수 있는 주사위로 적절하지 않은 것은?

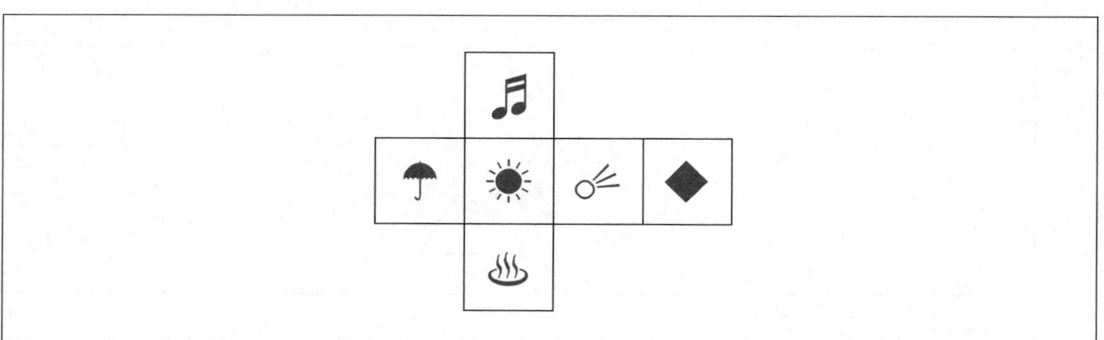

①

②

③
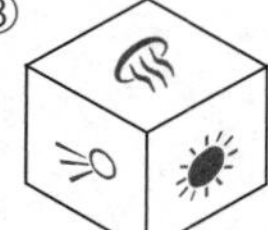
④

⑤
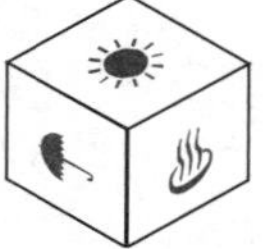

**[25 ~ 26] 다음에 세 개의 투상도를 보고 일치하는 입체도형을 고르시오.**

**25.**

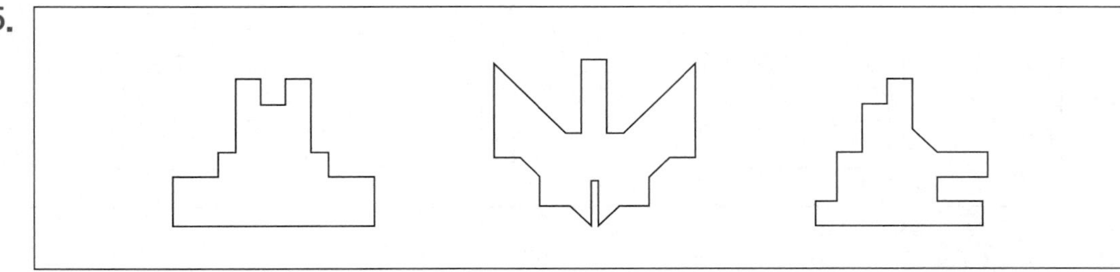

①

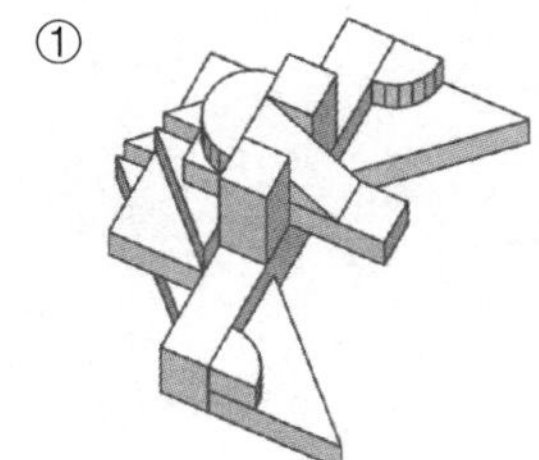

②

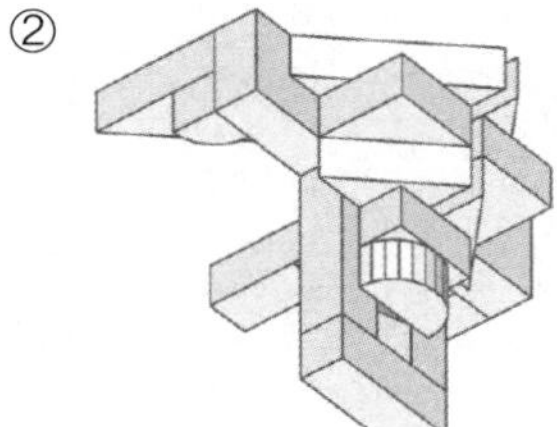

③

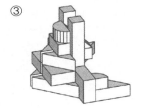

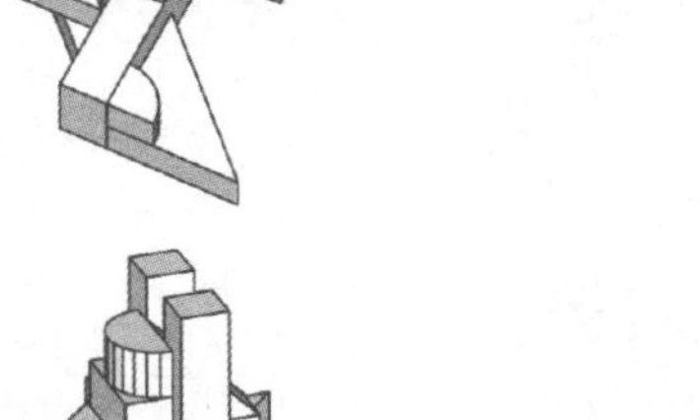

④

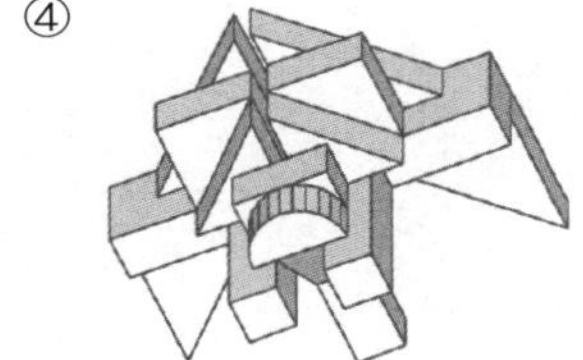

⑤

26.

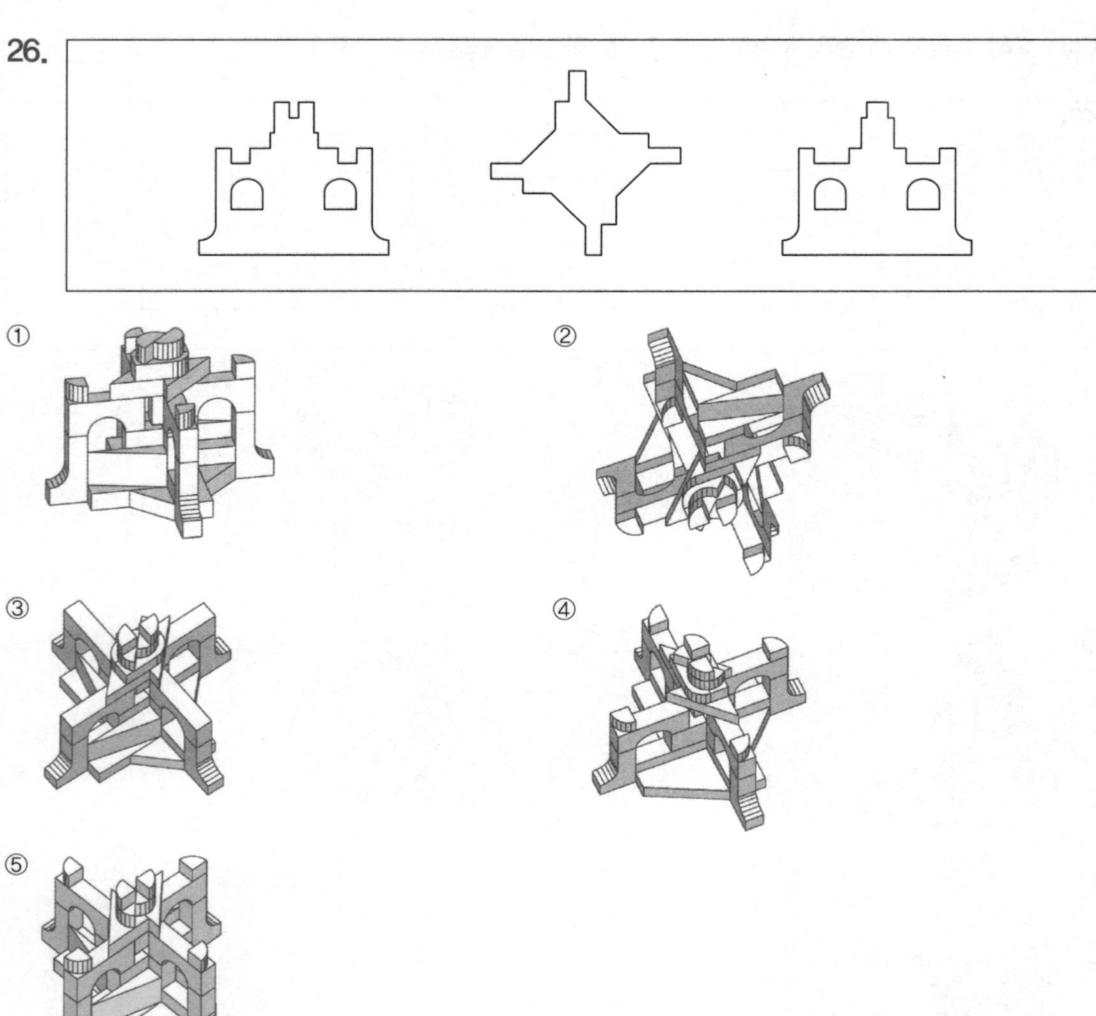

**[27 ~ 28] 다음 입체도형 중에서 나머지와 다른 하나를 고르시오.**

## 27.

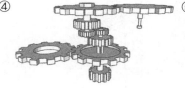

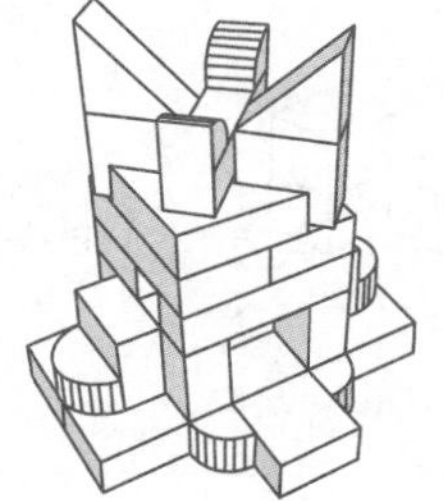

③

④
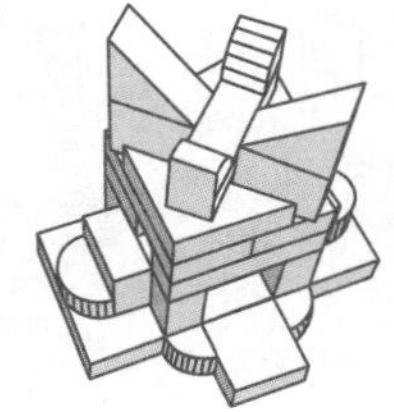

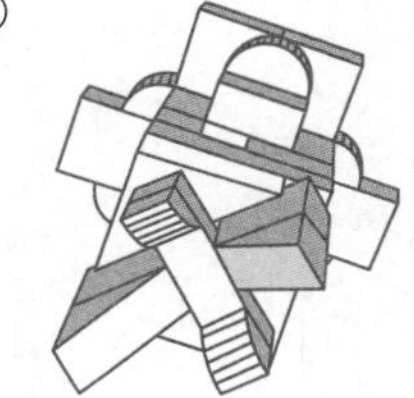

## 28.

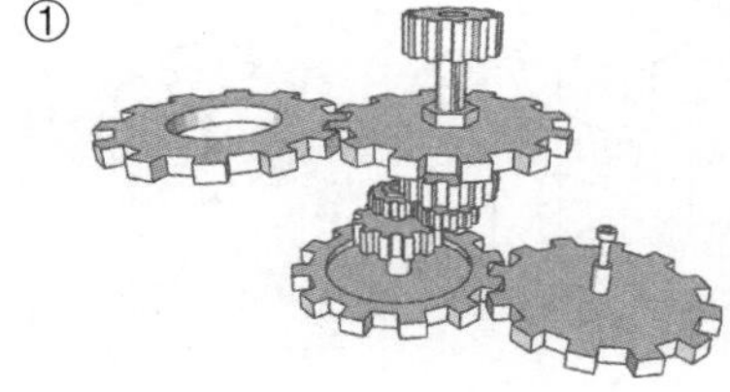

②

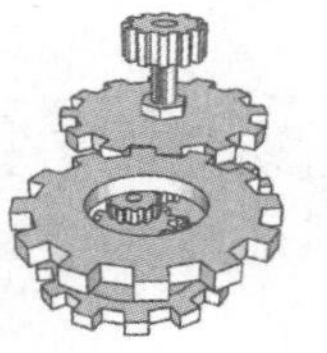

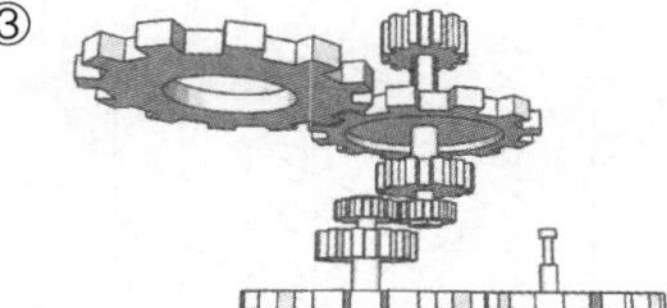

④

⑤
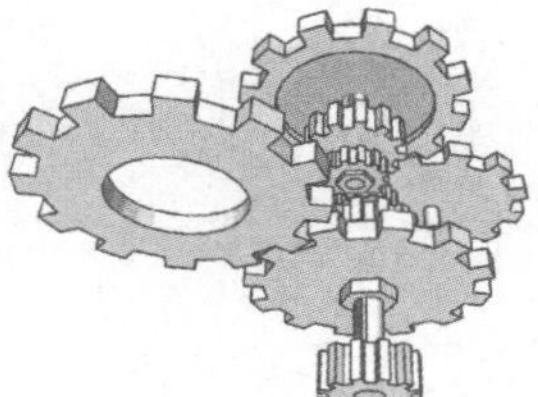

**[29 ~ 30]** 입체도형 A, B, C를 조합하여 〈보기〉와 같은 입체도형을 완성한다고 할 때, C에 들어갈 입체도형을 고르시오.

**29.**

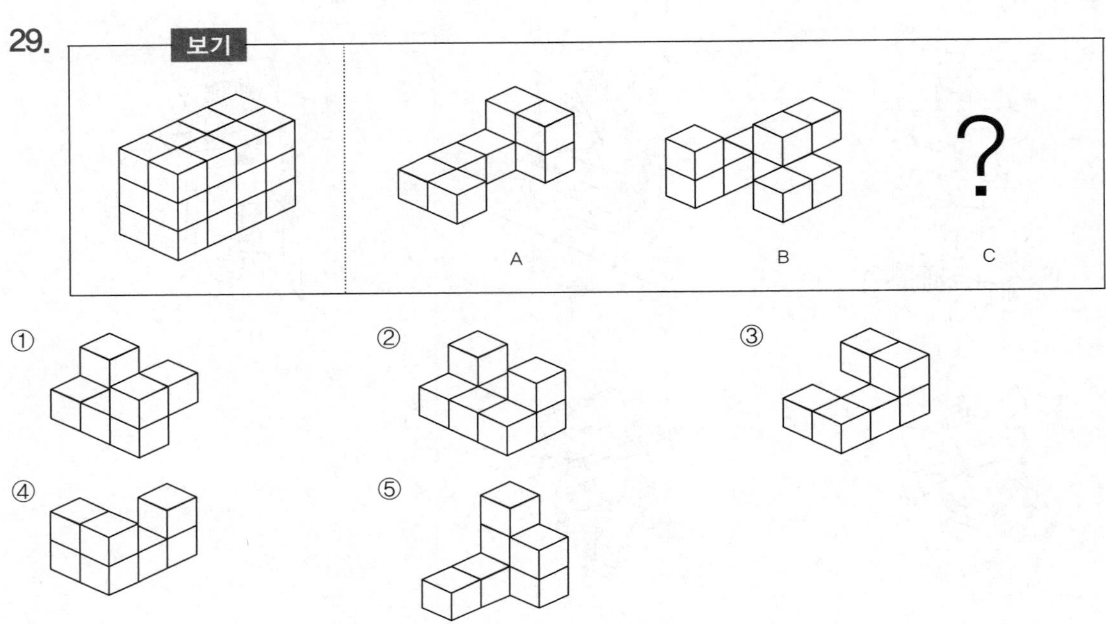


① ② ③ ④ ⑤

**30.**

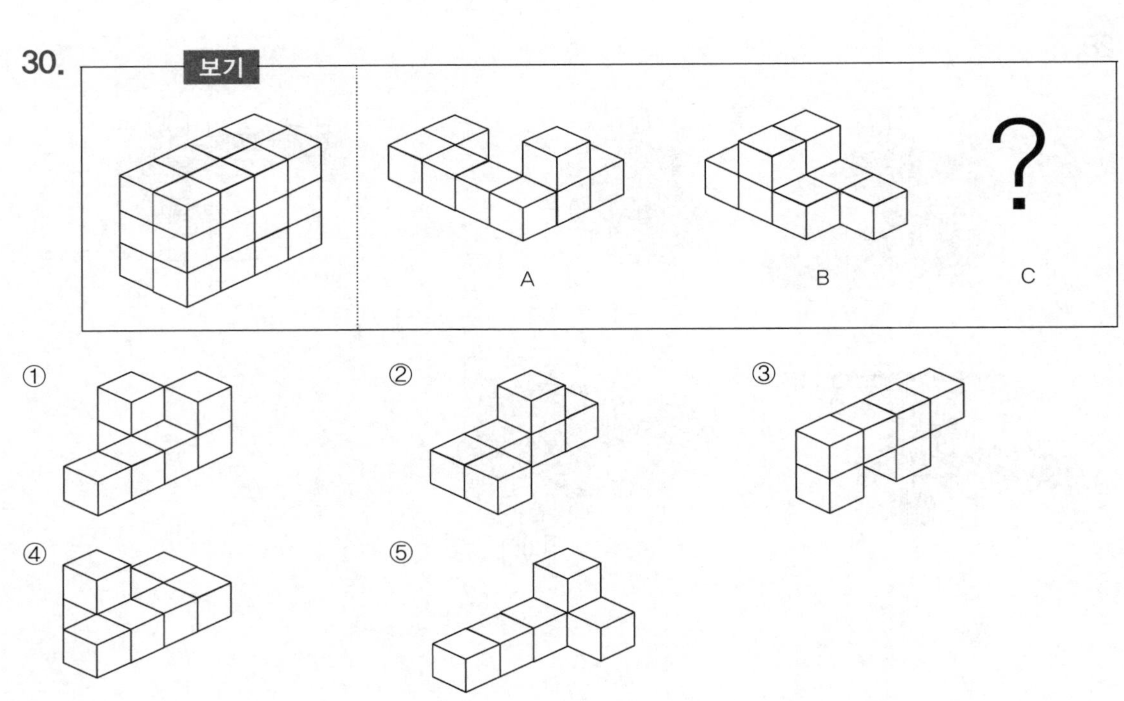


① ② ③ ④ ⑤

**31.** 다음 전제와 결론이 모두 참일 때, 빈칸에 들어갈 문장은?

> [전제] • 심성이 온순한 어린이는 인간관계가 원만하다.
> • ______________________
> [결론] 우울증에 걸린 어린이는 심성이 온순하지 않다.

① 인간관계가 원만하지 않은 어린이는 심성이 온순하지 않다.
② 우울증에 걸린 어린이는 인간관계가 원만하지 않다.
③ 우울증에 걸리지 않은 어린이는 인간관계가 원만하다.
④ 심성이 온순하지 않은 어린이는 우울증에 걸린다.
⑤ 심성이 온순하지 않은 어린이는 우울증에 걸릴 확률이 낮다.

**32.** 다음 내용이 사실일 때, 가장 정확한 추론은?

> [사실 1] A 스위치가 켜져 있으면 B와 C 스위치도 켜져 있다.
> [사실 2] D 스위치가 꺼져 있으면 C 스위치도 꺼져 있다.
> [사실 3] C 스위치가 켜져 있으면 E 스위치도 켜져 있다.

① C 스위치가 켜져 있으면 A 스위치도 켜져 있다.
② E 스위치가 꺼져 있으면 C 스위치도 꺼져 있다.
③ A 스위치가 꺼져 있으면 B 스위치도 꺼져 있다.
④ E 스위치가 켜져 있으면 C와 B 스위치도 켜져 있다.
⑤ C 스위치가 꺼져 있으면 D 스위치도 꺼져 있다.

33. 사내식당 배식대 앞에서 A ~ F가 〈조건〉에 따라 한 줄로 서 있을 때, 다음 중 옳지 않은 것은?

조건

- A는 맨 뒤에서 두 번째에 서 있다.
- C와 D는 앞뒤로 붙어서 서 있다.
- B, E는 한 사람을 사이에 두고 서 있다.
- F는 맨 앞이나 맨 뒤에 설 수 없다.

① A와 F는 항상 한 사람을 사이에 두고 서 있다.
② F의 위치는 항상 같다.
③ B는 항상 A의 앞 또는 뒤이다.
④ C가 맨 앞에 오면 E가 맨 뒤이다.
⑤ 맨 앞은 C이거나 D이다.

34. 어떤 가게에서는 어떤 주의 월요일부터 토요일까지 6일간 A ~ E 5명의 학생을 아르바이트로 고용하기로 하였다. 학생을 (가) ~ (바)의 조건으로 고용할 때, 반드시 옳은 것은?

(가) 1일 고용하는 학생은 3명이다.
(나) 학생 A는 6일 중 격일로 3일간 고용된다.
(다) 학생 B는 6일 중 격일로 3일간 고용된다.
(라) 학생 C는 4일 연속으로 고용된다.
(마) 학생 D는 4일 연속으로 고용된다.
(바) 학생 조합이 같은 요일은 없다.

① C는 월요일에 고용되었다.
② D는 화요일에 고용되었다.
③ E는 수요일에 고용되었다.
④ B와 C와 E 3명이 같은 날 고용된 요일이 있다.
⑤ C와 D와 E 3명이 같은 날 고용된 요일이 있다.

**[35 ~ 36] 낱말 두 쌍의 관계가 같아지도록 빈칸에 들어갈 가장 적절한 낱말들을 순서대로 나열하시오.**

**35.**

| 반 고흐 : (　　) = 모차르트 : (　　) |
|---|

① 별이 빛나는 밤, 레퀴엠
② 게르니카, 소
③ 나와 마을, 백조의 노래
④ 아를의 여인들, 메시아
⑤ 비창, 백조의 노래

**36.**

| (　　) : (　　) = 지속 : 단절 |
|---|

① 증가, 수축
② 대피, 연쇄
③ 팽창, 수축
④ 대피, 폭발
⑤ 조치, 수렴

**37. 다음 중 타당한 논증은 무엇인가?**

① 민수는 축구를 했거나 농구를 했다. 민수는 축구를 했다. 그러므로 민수는 농구를 하지 않았다.
② 만약 그가 IQ가 높다면 그는 일류 대학에 합격할 것이다. 그는 일류 대학에 합격했다. 그러므로 그는 IQ가 높다.
③ 날씨가 따뜻하면 빨래가 잘 마른다. 태양이 내리쬐면 날씨가 따뜻하다. 그러므로 태양이 내리쬐면 빨래가 잘 마른다.
④ 만일 대통령이 위대한 정치가라면, 그 나라는 번영할 수 있을 것이다. 대통령은 위대한 정치가가 아니다. 그러므로 그 나라는 번영할 수 없을 것이다.
⑤ 윤아는 노래를 했거나 피아노를 쳤다. 윤아는 피아노를 쳤다. 그러므로 윤아는 노래를 부르지 않았다.

**38.** 홍보팀 직원 A, B, C, D, E 5명이 모여서 회의를 하고 있다. A부터 시작하여 시계방향 순으로 앉은 사람을 나열했을 때 옳은 것은? (단, 방향은 자리에 앉았을 때를 기준으로 한다)

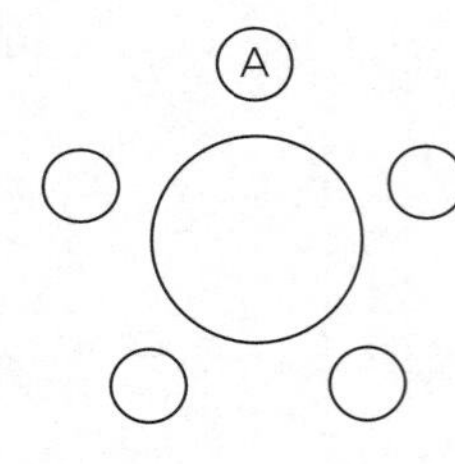


- A, B, C, D, E는 둥근 탁자에 앉아 있다.
- A는 C 바로 옆에 앉아 있다.
- E 오른편에 C가 앉아있으며, 그 사이에 한 명이 더 앉아 있다
- D 바로 오른편에 B가 앉아 있다.

① A, B, C, D, E ② A, C, B, E, D ③ A, C, D, E, B
④ A, D, E, B, C ⑤ A, E, B, D, C

**39.** 브레인스토밍(Brainstorming)은 창의적인 사고력을 배양할 수 있는 방법으로, 자유롭게 많은 생각을 도출하여 우수한 아이디어를 선정하는 방식이다. 다음 중 브레인스토밍에 대한 설명으로 옳지 않은 것은?

① 발언은 누구나 자유롭게 하며 정해진 순서 등에 구애받지 않는다.
② 그룹으로 진행할 경우 5 ~ 8명 정도의 인원이 적당하다.
③ 주제는 가급적 구체적이고 명확하게 정하는 것이 좋다.
④ 자유로운 아이디어의 제시와 즉석 평가는 많은 양의 아이디어를 도출하는 데 유용하다.
⑤ 서로의 얼굴을 볼 수 있도록 좌석을 둥글게 배치하고 아이디어를 바로 적을 종이를 준비하는 것이 좋다.

**40.** 다음 중 밑줄 친 부분은 문제해결 단계 중 어디에 해당하는가?

○○기업에 다니는 김성실 씨는 오늘 30분이나 지각을 하였다. 어제 저녁까지 동네에서 친구들을 만나 과음을 한 탓에 알람소리를 듣지 못한 것이다. 늦게 일어난만큼 최대한 빠르게 준비하면서 택시를 탔지만 길마저 막혀 지각을 면치 못하였다. 결국 김성실 씨는 시말서 작성 및 탕비실 정리 1주일을 맡게 되었으며 다시는 <u>다음 날이 출근 날이라면 과음하지 않겠다</u>고 다짐하였다.

① 문제인식 ② 문제도출 ③ 원인분석
④ 해결안 개발 ⑤ 실행 및 평가

**41.** 그림과 같이 줄에 공을 매달고 돌리고 있다가 해당 위치에서 줄을 놓았다. 이때 줄에 매달린 동안 공에 작용하는 힘의 방향과 줄을 놓았을 때의 공의 운동 방향으로 적절한 것은?

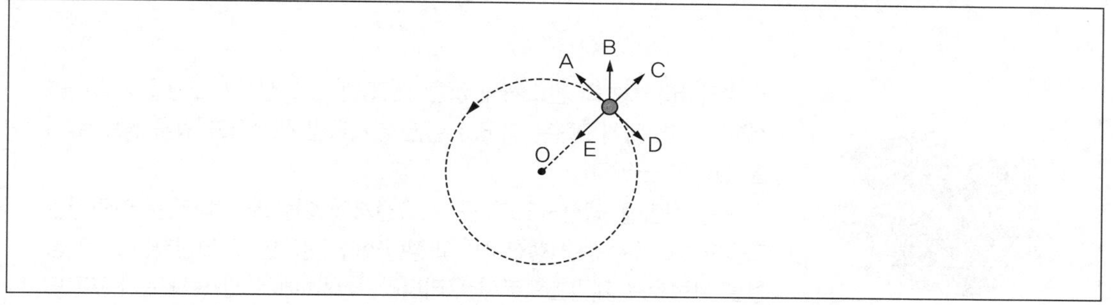


| | 힘의 방향 | 운동 방향 | | 힘의 방향 | 운동 방향 |
|---|---|---|---|---|---|
| ① | C | A | ② | B | A |
| ③ | E | B | ④ | E | A |
| ⑤ | E | C | | | |

**42.** 다음의 설명과 관련 있는 것을 〈보기〉에서 모두 고르면?

> 진동수는 파동을 일으키는 물체(혹은 파동을 발생하는 파원)의 운동이나 관측자의 운동에 따라 변화가 생긴다.

**보기**

㉠ 구급차가 뒤에서 달려올 때의 소리와 지나간 후의 소리는 다른 것처럼 느껴진다.
㉡ 야구공의 속도를 측정하기 위해 스피드건을 사용한다.
㉢ 이 원리를 통해 지구 공전과 우주 팽창의 증거를 설명할 수 있다.
㉣ 도서관에서는 작은 소리로 말해도 들리지만, 공사장에서는 큰 소리로 말해야 들을 수 있다.

① ㉠, ㉡　② ㉡, ㉣　③ ㉠, ㉡, ㉢
④ ㉠, ㉢, ㉣　⑤ ㉡, ㉢, ㉣

**43.** 다음은 해외 기업과의 치열한 경쟁 속에서 세계적 수준의 경쟁력을 갖춘 기업에 대한 사례이다. 이를 바탕으로 최고경영자의 리더십과 관련이 깊은 요소를 〈보기〉에서 모두 고르면?

〈사례 1〉

우리나라 최초의 반도체 산업은 1983년 ○○전자가 D램을 개발하면서부터였다. 당시 D램은 미국과 일본 업체들만 생산하고 있을 정도로 기술 장벽이 높았다.

단순 칩만을 생산하고 있던 ○○전자의 기술과 장비로는 어림없는 도전이었고 무수한 시행착오의 과정이었다. 하지만 ○○전자는 모든 공정을 자력으로 개발함으로써 우리나라는 세계에서 세 번째로 초고밀도 전자회로(VLSI)를 생산하는 국가가 되었다.

〈사례 2〉

올 상반기 이익률 11.4%로 세계 2위. 50년의 짧은 역사를 가진 한국의 자동차 산업이 이런 경쟁력을 갖게 된 비결에 대해 △△자동차는 '품질경영'과 '현지 전략형 모델' 생산을 꼽았다.

△△자동차는 이런 전략으로 유로존 재정 위기로 흔들리는 글로벌 자동차 업체와는 달리 두 자릿수 수출 증가세를 기록했다. 이 회사 관계자는 "로마에 가면 로마법을 따라야 하듯 각국의 문화적 · 지리적 특성을 파악한 뒤 차량을 만들고 있다."라고 말했다.

**보기**

㉠ 도전 정신을 발휘하였다.
㉡ 현지화 전략을 추구하는 리더십을 발휘하였다.
㉢ 선진 기술력을 빠른 속도로 흡수하는 능력을 발휘하였다.
㉣ 서번트 리더십을 발휘하여 궁극적으로 기업의 성과를 최대화시켰다.
㉤ 한 자리에 안주하지 않고 끊임없이 도전하는 디지털 노마드 정신을 발휘하였다.

① ㉠, ㉢　② ㉠, ㉡, ㉤　③ ㉡, ㉢, ㉣
④ ㉡, ㉢, ㉤　⑤ ㉢, ㉣, ㉤

**44. 다음 글의 밑줄 친 부분에 해당하는 리더십은 무엇인가?**

> 최근 들어 조직 활동을 주도하면서 적당한 선에서 타협점을 찾아 현실에 안주하는 과거의 보스형 리더십에서 벗어나 상명하복의 고정관념을 깨고 아랫사람들에게 자신의 위치를 낮추며 희생정신을 내보이는 리더십이 주목을 받고 있다. 이는 기술 경쟁력면으로는 서두를 지키기 어려운 현실에서 리더의 신뢰 확보가 새로운 경쟁력이 된다는 판단에서이다.

① 독재적 리더십　② 셀프 리더십　③ 서번트 리더십
④ 거래적 리더십　⑤ 자유방임적 리더십

**45. 다음 중 CSR(Corporate Social Responsibility)에 대한 옳은 설명을 모두 고르면?**

> ㉠ 기업의 이윤 추구와 사회적 공헌을 별개로 본다.
> ㉡ CSR에서 CSV(Creating Shared Value)로 점차 변화되어 가고 있다.
> ㉢ 기업이 주주의 이익을 보장해 주는 것도 CSR에 포함된다.
> ㉣ CSR의 국제 표준으로 제시된 ISO 26000에는 책임성, 투명성, 윤리적 행동, 인권 존중으로 구성된 4대 기본원칙이 있다.

① ㉠, ㉡　② ㉢, ㉣　③ ㉠, ㉡, ㉣
④ ㉡, ㉢, ㉣　⑤ ㉠, ㉢, ㉣

**46. 다음 제시된 문자의 규칙을 찾아 '?'에 들어갈 문자를 고르면?**

> A　A　B　C　E　H　( ? )

① J　② K　③ L
④ M　⑤ N

47. 다음 공통된 규칙을 찾아 '?'에 알맞은 숫자를 고르면?

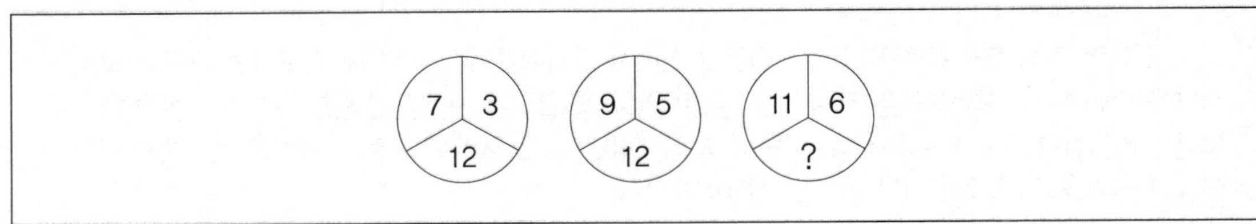


① 15 ② 18 ③ 21

④ 24 ⑤ 26

48. 다음의 기호군 중에서 왼쪽에 제시된 기호는 몇 개인가?

| Ɛ | ℃ ℄ ℟ ℏ ℷ ℎ ℳ Ɛ Ⅎ ℱ ב ℉ ℊ ℞ Ω Ʒ ℨ<br>ד ℳ ℱ ћ ℚ Ж Ф ћ № ℐ ℏ И Я Ю У Ⅎ ℰ<br>℧ ℨ K ℕ ℵ Ɛ L 𝕍 ℤ ℎ ℝ ℒ ℑ ℍ ℐ ℕ ℐ<br>ב Ɛ Э Å Ⅎ X ℙ ℵ ћ ℟ ℏ Ɛ ℧ ℒ ℑ ℂ Э |
|---|---|

① 2개 ② 3개 ③ 4개

④ 5개 ⑤ 6개

[49 ~ 50] 다음 〈규칙〉을 적용하여 도출되는 도형을 고르시오(단, 조건에 의해 비교할 대상은 각 문제의 처음에 제시된 도형이다).

**규칙**

해당 칸 색깔 비교

색깔 반전

시계방향으로 90° 회전

49.

①
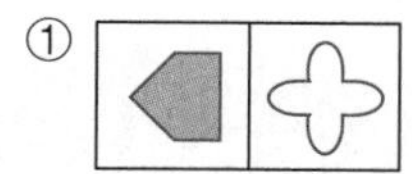
②
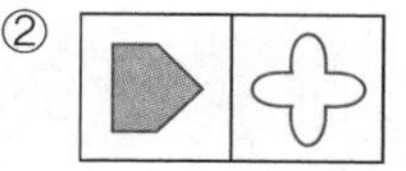
③
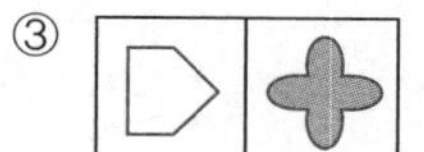
④
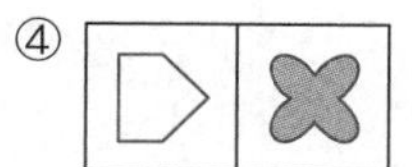
⑤
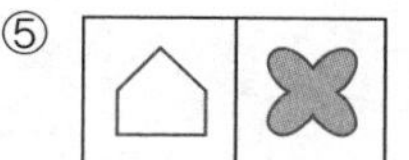

50.

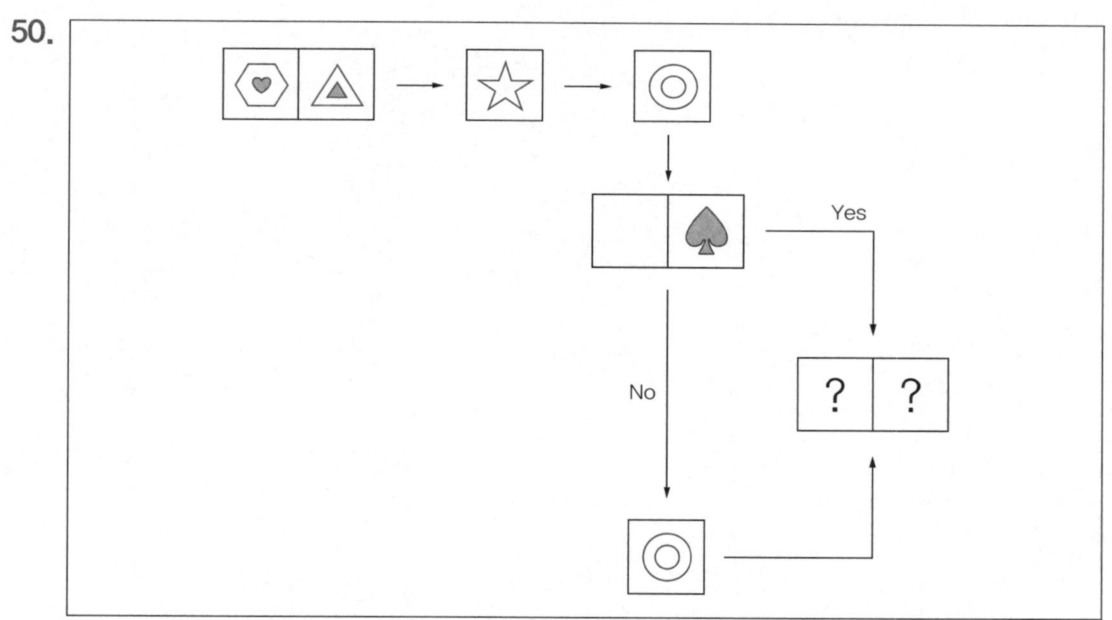


①
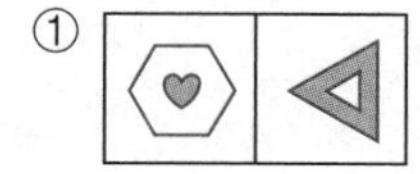
②
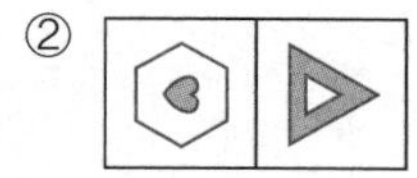
③
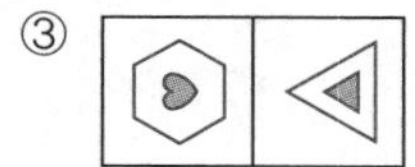
④
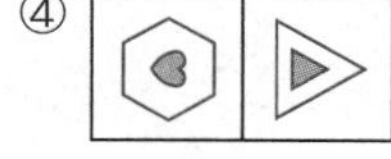
⑤
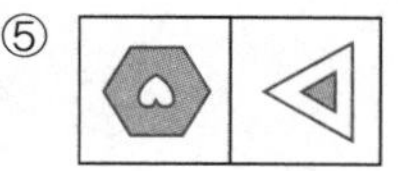

**인성검사란?** 개개인이 가지고 있는 사고와 태도 및 행동 특성을 정형화된 검사를 통해 측정하여 해당직무에 적합한 인재인지를 파악하는 검사를 말한다.

# 7 파트 인성검사

# 01 인성검사의 이해

## 1 인성검사, 왜 필요한가?

채용기업은 지원자가 '직무적합성'을 지닌 사람인지를 인성검사와 필기평가를 통해 판단한다. 인성검사에서 말하는 인성(人性)이란 그 사람의 성품, 즉 각 개인이 가지고 있는 사고와 태도 및 행동 특성을 의미한다. 인성은 사람의 생김새처럼 사람마다 다르기 때문에, 몇 가지 유형으로 분류하고 이에 맞추어 판단한다는 것 자체가 억지스럽고 어불성설일지 모른다. 그럼에도 불구하고 기업들의 입장에서는 입사를 희망하는 사람이 어떤 성품을 가졌는지에 대한 정보가 필요하다. 그래야 해당 기업의 인재상에 적합하고 담당할 업무에 적격한 인재를 채용할 수 있기 때문이다.

지원자의 성격이 외향적인지 아니면 내향적인지, 어떤 직무와 어울리는지, 조직에서 다른 사람과 원만하게 생활할 수 있는지, 업무 수행 중 문제가 생겼을 때 어떻게 대처하고 해결할 수 있는지에 대한 전반적인 개성은 자기소개서나 면접을 통해서도 어느 정도 파악할 수 있다. 그러나 이것들만으로는 인성을 충분히 파악할 수 없기 때문에, 객관화되고 정형화된 인성검사로 지원자의 성격을 판단하고 있다.

채용기업은 직무적성검사를 높은 점수로 통과한 지원자라 하더라도 해당 기업과 거리가 있는 성품을 가졌다면 탈락시키게 된다. 일반적으로 직무적성검사 통과자 중 인성검사로 탈락하는 비율이 10% 내외라고 알려져 있다. 물론 인성검사에서 탈락하였다 하더라도 특별히 인성에 문제가 있는 사람이 아니라면 절망할 필요는 없다. 자신을 되돌아보고 다음 기회를 대비하면 되기 때문이다. 탈락한 기업이 원하는 인재상이 아니었다면 맞는 기업을 찾으면 되고, 적합한 경쟁자가 많았기 때문이라면 자신을 다듬어 경쟁력을 높이면 될 것이다.

## 2 인성검사의 특징

우리나라 대다수의 채용기업은 인재개발 및 인적자원을 연구하는 한국행동과학연구소(KIRBS), 에스에이치알(SHR), 한국사회적성개발원(KSAD), 한국인재개발진흥원(KPDI) 등 전문기관에 인성검사를 의뢰하고 있다.

이 기관들의 인성검사 개발 목적은 비슷하지만 기관마다 검사 유형이나 평가 척도는 약간의 차이가 있다. 또 지원하는 기업이 어느 기관에서 개발한 검사지로 인성검사를 시행하는지는 사전에 알 수 없다. 그렇지만 공통으로 적용하는 척도와 기준에 따라 구성된 여러 형태의 인성검사지로 사전 테스트를 해 보고 자신의 인성이 어떻게 평가되는가를 미리 알아보는 것은 가능하다.

인성검사는 필기시험 당일 직무능력평가와 함께 실시하는 경우와 직무능력평가 합격자에 한하여 면접과 함께 실시하는 경우가 있다. 인성검사의 문항은 100문항 내외에서부터 최대 500문항까지 다양하다. 인성검사에 주어지는 시간은 문항 수에 비례하여 30~100분 정도가 된다.

문항 자체는 단순한 질문으로 어려울 것은 없지만, 제시된 상황에서 본인의 행동을 정하는 것이 쉽지만은 않다. 문항 수가 많을 경우 이에 비례하여 시간도 길게 주어지지만, 단순하고 유사하며 반복되는 질문에 방심하여 집중하지 못하고 실수하는 경우가 있으므로 컨디션 관리와 집중력 유지에 노력하여야 한다. 특히 같거나 유사한 물음에 다른 답을 하는 경우가 가장 위험하니 주의해야 한다.

## 3 인성검사 척도 및 구성

### ❶ 미네소타 다면적 인성검사(MMPI)

MMPI(Minnesota Multiphasic Personality Inventory)는 1943년 미국 미네소타 대학교수인 해서웨이와 매킨리가 개발한 대표적인 자기 보고형 성향 검사로서, 오늘날 가장 대표적으로 사용되는 객관적 심리검사 중 하나이다. MMPI는 약 550여 개의 문항으로 구성되며, 각 문항을 읽고 '예(YES)' 또는 '아니오(NO)'로 대답하게 되어 있다.

MMPI는 4개의 타당도 척도와 10개의 임상척도로 구분된다. 500개가 넘는 문항들 중 중복되는 문항들이 포함되어 있는데 내용이 똑같은 문항도 10문항 이상 포함되어 있다. 이 반복 문항들은 응시자가 얼마나 일관성 있게 검사에 임했는지를 판단하는 지표로 사용된다.

| 구분 | 척도명 | 약자 | 주요 내용 |
|---|---|---|---|
| 타당도 척도<br>(바른 태도로 임했는지, 신뢰할 수 있는 결론인지 등을 판단) | 무응답 척도<br>(Can not say) | ? | 응답하지 않은 문제와 복수로 답한 문제들의 총합으로 빠진 문제를 최소한으로 줄이는 것이 중요하다. |
| | 허구 척도<br>(Lie) | L | 자신을 좋은 사람으로 보이게 하려고 고의적으로 정직하지 못한 답을 판단하는 척도이다. 허구 척도가 높으면 장점까지 인정받지 못하는 결과가 발생한다. |
| | 신뢰 척도<br>(Frequency) | F | 검사 문제에 빗나간 답을 한 경향을 평가하는 척도로 정상적인 집단의 10% 이하의 응답을 기준으로 일반적인 경향과 다른 정도를 측정한다. |
| | 교정 척도<br>(Defensiveness) | K | 정신적 장애가 있음에도 다른 척도에서 정상적인 면을 보이는 사람을 구별하는 척도로, 허구 척도보다 높은 고차원으로 거짓 응답을 하는 경향이 나타난다. |
| 임상척도<br>(정상적 행동과 그렇지 않은 행동의 종류를 구분하는 척도로, 척도마다 다른 기준으로 점수가 매겨짐) | 건강염려증<br>(Hypochondriasis) | Hs | 신체에 대한 지나친 집착이나 신경질적 혹은 병적 불안을 측정하는 척도로, 이러한 건강염려증이 타인에게 어떤 영향을 미치는지도 측정한다. |
| | 우울증<br>(Depression) | D | 슬픔 · 비관 정도를 측정하는 척도로, 타인과의 관계 또는 본인 상태에 대한 주관적 감정을 나타낸다. |
| | 히스테리<br>(Hysteria) | Hy | 갈등을 부정하는 정도를 측정하는 척도로, 신체 증상을 호소하는 경우와 적대감을 부인하며 우회적인 방식으로 드러내는 경우 등이 있다. |
| | 반사회성<br>(Psychopathic Deviate) | Pd | 가정 및 사회에 대한 불신과 불만을 측정하는 척도로, 비도덕적 혹은 반사회적 성향 등을 판단한다. |
| | 남성-여성특성<br>(Masculinity-Feminity) | Mf | 남녀가 보이는 흥미와 취향, 적극성과 수동성 등을 측정하는 척도로, 성에 따른 유연한 사고와 융통성 등을 평가한다. |

| | | | |
|---|---|---|---|
| | 편집증<br>(Paranoia) | Pa | 과대망상, 피해망상, 의심 등 편집증에 대한 정도를 측정하는 척도로 열등감, 비사교적 행동, 타인에 대한 불만과 같은 내용을 질문한다. |
| | 강박증<br>(Psychasthenia) | Pt | 과대 근심, 강박관념, 죄책감, 공포, 불안감, 정리정돈 등을 측정하는 척도로 만성 불안 등을 측정한다. |
| | 정신분열증<br>(Schizophrenia) | Sc | 정신적 혼란을 측정하는 척도로 자폐적 성향이나 타인과의 감정 교류, 충동 억제불능, 성적 관심, 사회적 고립 등을 평가한다. |
| | 경조증<br>(Hypomania) | Ma | 정신적 에너지를 측정하는 척도로 생각의 다양성 및 과장성, 행동의 불안정성, 흥분성 등을 나타낸다. |
| | 사회적 내향성<br>(Social introversion) | Si | 대인관계 기피, 사회적 접촉 회피, 비사회성 등의 요인을 측정하는 척도로 외향성 및 내향성을 구분한다. |

## ❷ 캘리포니아 성격검사(CPI)

CPI(California Psychological Inventory)는 캘리포니아 대학의 연구팀이 개발한 인성검사로 MMPI와 함께 세계에서 가장 널리 사용되고 있는 인성검사 툴이다. CPI는 다양한 인성 요인을 통해 지원자가 답변한 응답 왜곡 가능성, 조직 역량 등을 측정한다. MMPI가 주로 정서적 측면을 진단하는 특징을 보인다면, CPI는 정상적인 사람의 심리적 특성을 주로 진단한다.

CPI는 약 480개 문항으로 구성되어 있으며 다음과 같은 18개의 척도로 구분된다.

| 구분 | 척도명 | 주요 내용 |
|---|---|---|
| 제1군 척도<br>(대인관계<br>적절성 측정) | 지배성(Do) | 리더십, 통솔력, 대인관계에서의 주도권을 측정한다. |
| | 지위능력성(Cs) | 내부에 잠재되어 있는 내적 포부, 자기 확신 등을 측정한다. |
| | 사교성(Sy) | 참여 기질이 활달한 사람과 그렇지 않은 사람을 구분한다. |
| | 사회적 자발성(Sp) | 사회 안에서의 안정감, 자발성, 사교성 등을 측정한다. |
| | 자기 수용성(Sa) | 개인적 가치관, 자기 확신, 자기 수용력 등을 측정한다. |
| | 행복감(Wb) | 생활의 만족감, 행복감을 측정하며, 긍정적인 사람으로 보이고자 거짓 응답하는 사람을 구분하는 용도로도 사용된다. |
| 제2군 척도<br>(성격과 사회화,<br>책임감 측정) | 책임감(Re) | 법과 질서에 대한 양심, 책임감, 신뢰성 등을 측정한다. |
| | 사회성(So) | 가치 내면화 정도, 사회 이탈 행동 가능성 등을 측정한다. |
| | 자기 통제성(Sc) | 자기조절, 자기통제의 적절성, 충동 억제력 등을 측정한다. |
| | 관용성(To) | 사회적 신념, 편견과 고정관념 등에 대한 태도를 측정한다. |
| | 호감성(Gi) | 타인이 자신을 어떻게 보는지에 대한 민감도를 측정하며, 좋은 사람으로 보이고자 거짓 응답하는 사람을 구분한다. |
| | 임의성(Cm) | 사회에 보수적 태도를 보이고 생각 없이 적당히 응답한 사람을 판단하는 타당성 척도로도 사용된다. |

| | | |
|---|---|---|
| 제3군 척도<br>(인지적, 학업적<br>특성 측정) | 순응적 성취(Ac) | 성취동기, 내면의 인식, 조직 내 성취 욕구 등을 측정한다. |
| | 독립적 성취(Ai) | 독립적 사고, 창의성, 자기실현을 위한 능력 등을 측정한다. |
| | 지적 효율성(Le) | 지적 능률, 지능과 연관이 있는 성격 특성 등을 측정한다. |
| 제4군 척도<br>(제1~3군과<br>무관한 척도의<br>혼합) | 심리적 예민성(Py) | 타인의 감정 및 경험에 대해 공감하는 정도를 측정한다. |
| | 융통성(Fx) | 개인적 사고와 사회적 행동에 대한 유연성을 측정한다. |
| | 여향성(Fe) | 남녀 비교에 따른 흥미의 남향성 및 여향성을 측정한다. |

## ❸ SHL 직업성격검사(OPQ)

OPQ(Occupational Personality Questionnaire)는 세계적으로 많은 외국 기업에서 널리 사용하는 CEB사의 SHL 직무능력검사에 포함된 직업성격검사이다. 4개의 질문이 한 세트로 되어 있고 총 68세트 정도 출제되고 있다. 4개의 질문 안에서 '자기에게 가장 잘 맞는 것'과 '자기에게 가장 맞지 않는 것'을 1개씩 골라 '예', '아니오'로 체크하는 방식이다. 단순하게 모든 척도가 높다고 좋은 것은 아니며, 척도가 낮은 편이 좋은 경우도 있다.

기업에 따라 척도의 평가 기준은 다르다. 희망하는 기업의 특성을 연구하고, 채용 기준을 예측하는 것이 중요하다.

| 척도 | 내용 | 질문 예 |
|---|---|---|
| 설득력 | 사람을 설득하는 것을 좋아하는 경향 | – 새로운 것을 사람에게 권하는 것을 잘한다.<br>– 교섭하는 것에 걱정이 없다.<br>– 기획하고 판매하는 것에 자신이 있다. |
| 지도력 | 사람을 지도하는 것을 좋아하는 경향 | – 사람을 다루는 것을 잘한다.<br>– 팀을 아우르는 것을 잘한다.<br>– 사람에게 지시하는 것을 잘한다. |
| 독자성 | 다른 사람의 영향을 받지 않고, 스스로 생각해서 행동하는 것을 좋아하는 경향 | – 모든 것을 자신의 생각대로 하는 편이다.<br>– 주변의 평가는 신경 쓰지 않는다.<br>– 유혹에 강한 편이다. |
| 외향성 | 외향적이고 사교적인 것을 좋아하는 경향 | – 다른 사람의 주목을 끄는 것을 좋아한다.<br>– 사람들이 모인 곳에서 중심이 되는 편이다.<br>– 담소를 나눌 때 주변을 즐겁게 해 준다. |
| 우호성 | 친구가 많고 대세의 사람이 되는 것을 좋아하는 경향 | – 친구와 함께 있는 것을 좋아한다.<br>– 무엇이라도 얘기할 수 있는 친구가 많다.<br>– 친구와 함께 무언가를 하는 것이 많다. |
| 사회성 | 세상 물정에 밝고 사람 앞에서도 낯을 가리지 않는 성격 | – 자신감이 있고 유쾌하게 발표할 수 있다.<br>– 공적인 곳에서 인사하는 것을 잘한다.<br>– 사람들 앞에서 발표하는 것이 어렵지 않다. |

| | | |
|---|---|---|
| 겸손성 | 사람에 대해서 겸손하게 행동하고 누구라도 똑같이 사귀는 경향 | - 자신의 성과를 그다지 내세우지 않는다.<br>- 절제를 잘하는 편이다.<br>- 사회적인 지위에 무관심하다. |
| 협의성 | 사람들에게 의견을 물으면서 일을 진행하는 경향 | - 사람들의 의견을 구하며 일하는 편이다.<br>- 타인의 의견을 묻고 일을 진행시킨다.<br>- 친구와 상담해서 계획을 세운다. |
| 돌봄 | 측은해 하는 마음이 있고, 사람을 돌봐 주는 것을 좋아하는 경향 | - 개인적인 상담에 친절하게 답해 준다.<br>- 다른 사람의 상담을 진행하는 경우가 많다.<br>- 후배의 어려움을 돌보는 것을 좋아한다. |
| 구체적인 사물에 대한 관심 | 물건을 고치거나 만드는 것을 좋아하는 경향 | - 고장 난 물건을 수리하는 것이 재미있다.<br>- 상태가 안 좋은 기계도 잘 사용한다.<br>- 말하기보다는 행동하기를 좋아한다. |
| 데이터에 대한 관심 | 데이터를 정리해서 생각하는 것을 좋아하는 경향 | - 통계 등의 데이터를 분석하는 것을 좋아한다.<br>- 표를 만들거나 정리하는 것을 좋아한다.<br>- 숫자를 다루는 것을 좋아한다. |
| 미적가치에 대한 관심 | 미적인 것이나 예술적인 것을 좋아하는 경향 | - 디자인 감각이 뛰어나다.<br>- 미술이나 음악을 좋아한다.<br>- 미적인 감각에 자신이 있다. |
| 인간에 대한 관심 | 사람의 행동에 대한 동기나 배경을 분석하는 것을 좋아하는 경향 | - 다른 사람을 분석하는 편이다.<br>- 타인의 행동을 보면 동기를 알 수 있다.<br>- 다른 사람의 행동을 잘 관찰한다. |
| 정통성 | 이미 있는 가치관을 소중히 하고, 익숙한 방법으로 사물을 행하는 방법을 좋아하는 경향 | - 실적이 보장되는 확실한 방법을 취한다.<br>- 낡은 가치관을 존중하는 편이다.<br>- 보수적인 편이다. |
| 변화 지향 | 변화를 추구하고 변화를 받아들이는 것을 좋아하는 경향 | - 새로운 것을 하는 것을 좋아한다.<br>- 해외여행을 좋아한다.<br>- 경험이 없더라도 시도해 보는 것을 좋아한다. |
| 개념성 | 지식에 대한 욕구가 있고 논리적으로 생각하는 것을 좋아하는 경향 | - 개념적인 사고가 가능하다.<br>- 분석적인 사고를 좋아한다.<br>- 순서를 만들고 단계에 따라 생각한다. |
| 창조성 | 새로운 분야에 대한 공부를 하는 것을 좋아하는 경향 | - 새로운 것을 추구한다.<br>- 독창성이 있다.<br>- 신선한 아이디어를 낸다. |
| 계획성 | 앞을 생각해서 사물을 예상하고, 계획적으로 실행하는 것을 좋아하는 경향 | - 과거를 돌이켜보며 계획을 세운다.<br>- 앞날을 예상하며 행동한다.<br>- 실수를 돌아보며 대책을 강구하는 편이다. |

| | | |
|---|---|---|
| 치밀함 | 정확한 순서를 세워서 진행하는 것을 좋아하는 경향 | - 사소한 실수는 거의 하지 않는다.<br>- 정확하게 요구되는 것을 좋아한다.<br>- 사소한 것에도 주의하는 편이다. |
| 꼼꼼함 | 어떤 일이든 마지막까지 꼼꼼하게 마무리 짓는 경향 | - 맡은 일을 마지막까지 해결한다.<br>- 마감 시한은 반드시 지킨다.<br>- 시작한 일은 중간에 그만두지 않는다. |
| 여유 | 평소에 릴랙스하고, 스트레스에 강한 경향 | - 감정의 회복이 빠르다.<br>- 분별없이 함부로 행동하지 않는다.<br>- 스트레스에 잘 대처한다. |
| 근심 · 걱정 | 어떤 일이 잘 진행되지 않으면 불안을 느끼고, 중요한 약속이나 일의 앞에는 긴장하는 경향 | - 예정대로 잘되지 않으면 근심 · 걱정이 많다.<br>- 신경 쓰이는 일이 있으면 불안하다.<br>- 중요한 만남 전에는 기분이 편하지 않다. |
| 호방함 | 사람들이 자신을 어떻게 생각하는지를 신경 쓰지 않는 경향 | - 사람들이 자신을 어떻게 생각하는지 그다지 신경 쓰지 않는다.<br>- 상처받아도 동요하지 않고 아무렇지 않은 태도를 취한다.<br>- 사람들의 비판을 신경 쓰지 않는다. |
| 억제 | 감정을 표현하지 않는 경향 | - 쉽게 감정적으로 되지 않는다.<br>- 분노를 억누른다.<br>- 격분하지 않는다. |
| 낙관적 | 사물을 낙관적으로 보는 경향 | - 낙관적으로 생각하고 일을 진행시킨다.<br>- 문제가 일어나도 낙관적으로 생각한다. |
| 비판적 | 비판적으로 사물을 생각하고, 이론 · 문장 등의 오류에 신경 쓰는 경향 | - 이론의 모순을 찾아낸다.<br>- 계획이 갖춰지지 않음이 신경 쓰인다.<br>- 누구도 신경 쓰지 않는 오류를 찾아낸다. |
| 행동력 | 운동을 좋아하고, 민첩하게 행동하는 경향 | - 동작이 날렵하다.<br>- 여가를 활동적으로 보낸다.<br>- 몸을 움직이는 것을 좋아한다. |
| 경쟁성 | 지는 것을 싫어하는 경향 | - 승부를 겨루게 되면 지는 것을 싫어한다.<br>- 상대를 이기는 것을 좋아한다.<br>- 싸워 보지 않고 포기하는 것을 싫어한다. |
| 출세 지향 | 출세하는 것을 중요하게 생각하고, 야심적인 목표를 향해 노력하는 경향 | - 출세 지향적인 성격이다.<br>- 어려운 목표도 달성할 수 있다.<br>- 실력으로 평가받는 사회가 좋다. |
| 결단력 | 빠르게 판단하는 경향 | - 답을 빠르게 찾아낸다.<br>- 문제에 대한 빠른 상황 파악이 가능하다.<br>- 위험을 감수하고도 결단을 내리는 편이다. |

## 4 인성검사 합격 전략

### ❶ 포장하지 않은 솔직한 답변

'다른 사람을 험담한 적이 한 번도 없다', '물건을 훔치고 싶다고 생각해 본 적이 없다'

이 질문에 당신은 '그렇다', '아니다' 중 무엇을 선택할 것인가? 채용기업이 인성검사를 실시하는 가장 큰 이유는 '이 사람이 어떤 성향을 가진 사람인가'를 효율적으로 파악하기 위해서이다.

인성검사는 도덕적 가치가 빼어나게 높은 사람을 판별하려는 것도 아니고, 성인군자를 가려내기 위함도 아니다. 인간의 보편적 성향과 상식적 사고를 고려할 때, 도덕적 질문에 지나치게 겸손한 답변을 체크하면 오히려 솔직하지 못한 것으로 간주되거나 인성을 제대로 판단하지 못해 무효 처리가 되기도 한다. 자신의 성격을 포장하여 작위적인 답변을 하지 않도록 솔직하게 임하는 것이 예기치 않은 결과를 피하는 첫 번째 전략이 된다.

### ❷ 필터링 함정을 피하고 일관성 유지

앞서 강조한 솔직함은 일관성과 연결된다. 인성검사를 구성하는 많은 척도는 여러 형태의 문장 속에 동일한 요소를 적용해 반복되기도 한다. 예컨대 '나는 매우 활동적인 사람이다'와 '나는 운동을 매우 좋아한다'라는 질문에 '그렇다'고 체크한 사람이 '휴일에는 집에서 조용히 쉬며 독서하는 것이 좋다'에도 '그렇다'고 체크한다면 일관성이 없다고 평가될 수 있다.

그러나 일관성 있는 답변에만 매달리면 '이 사람이 같은 답변만 체크하기 위해 이 부분만 신경 썼구나'하는 필터링 함정에 빠질 수도 있다. 비슷하게 보이는 문장이 무조건 같은 내용이라고 판단하여 똑같이 답하는 것도 주의해야 한다. 일관성보다 중요한 것은 솔직함이다. 솔직함이 전제되지 않은 일관성은 허위 척도 필터링에서 드러나게 되어 있다. 유사한 질문의 응답이 터무니없이 다르거나 양극단에 치우치지 않는 정도라면 약간의 차이는 크게 문제되지 않는다. 중요한 것은 솔직함과 일관성이 하나의 연장선에 있다는 점을 명심하자.

### ❸ 지원한 직무와 연관성을 고려

다양한 분야의 많은 계열사와 큰 조직을 통솔하는 대기업은 여러 사람이 조직적으로 움직이는 만큼 각 직무에 걸맞은 능력을 갖춘 인재가 필요하다. 그래서 기업은 매년 신규채용으로 입사한 신입사원들의 젊은 패기와 참신한 능력을 성장 동력으로 활용한다.

기업은 사교성 있고 활달한 사람만을 원하지 않는다. 해당 직군과 직무에 따라 필요로 하는 사원의 능력과 개성이 다르기 때문에, 지원자가 희망하는 계열사나 부서의 직무가 무엇인지 제대로 파악하여 자신의 성향과 맞는지에 대한 고민은 반드시 필요하다. 같은 질문이라도 기업이 원하는 인재상이나 부서의 직무에 따라 판단 척도가 달라질 수 있다.

### ❹ 평상심 유지와 컨디션 관리

역시 솔직함과 연결된 내용이다. 한 질문에 대해 오래 고민하고 신경 쓰면 불필요한 생각이 개입될 소지가 크다. 이는 직관을 떠나 이성적 판단에 따라 포장할 위험이 높아진다는 뜻이기도 하다. 오래 생각하지 말고 자신의 평상시 생각과 감정대로 답하는 것이 중요하며, 가능한 한 건너뛰지 말고 모든 질문에 답하도록 한다. 300~400개 정도의 문항을 출제하는 기업이 많기 때문에, 끝까지 집중하여 임하는 것이 중요하다.

특히 적성검사와 같은 날 실시하는 경우, 적성검사를 마친 후 연이어 보기 때문에 신체적 · 정신적으로 피로한 상태에서 자세가 흐트러질 수도 있다. 따라서 컨디션을 유지하면서 문항당 7~10초 이상 쓰지 않도록 하고, 문항 수가 많을 때는 답안지에 바로 바로 표기하도록 한다.

# 인성검사 유형 연습

## 인성검사 유형

- **TYPE A** : 예 / 아니오 선택 유형
- **TYPE B** : 문항군 개별 항목 선택 유형
- **TYPE C** : 둘 중 가장 가까운 문항 선택 유형
- **TYPE D** : 개별 항목 선택 후 가장 가깝다 / 가장 멀다 선택 유형
- **TYPE E** : 상황 선택 유형

## TYPE A 예 / 아니오 선택 유형

| **01~24** | 제시된 항목이 자신의 성향에 해당된다고 생각하면 '예', 해당되지 않는다면 '아니오'를 선택하는 유형이다. 비슷한 문항이 반복되기 때문에 일관성을 유지해야 한다.

※ 질문에 해당된다고 생각하면 '예', 해당되지 않는다면 '아니오'를 선택하시오.

| 번호 | 질문 | 예 / 아니오 | |
|---|---|---|---|
| | | YES | NO |
| 1 | 나는 수줍음을 많이 타는 편이다. | | |
| 2 | 한 가지 일에 집중하기 힘들다. | | |
| 3 | 나는 개인적 사정으로 타인에게 피해를 주는 사람을 이해할 수 없다. | | |
| 4 | 요즘 같은 세상에서는 누구든 믿을 수 없다. | | |
| 5 | 나는 새로운 집단에서 친구를 쉽게 사귀는 편이다. | | |
| 6 | 곤경을 모면하기 위해 꾀병을 부린 적이 있다. | | |
| 7 | 나는 자주 무력감을 느낀다. | | |
| 8 | 일단 화가 나면 냉정을 잃는다. | | |
| 9 | 나는 다른 사람을 챙기는 태도가 몸에 배여 있다. | | |
| 10 | 나는 내가 하고 싶은 일은 꼭 해야 한다. | | |
| 11 | 나는 부지런하다는 말을 자주 듣는다. | | |
| 12 | 나는 사람들에게 잘 보이기 위해 마음에 없는 거짓말을 한다. | | |
| 13 | 내가 인정받기 위해서 규칙을 위반한 행위를 한 적이 있다. | | |
| 14 | 모르는 사람과 있을 때 내가 먼저 말을 거는 일은 거의 없다. | | |
| 15 | 나는 몸이 좋지 않더라도 내 일에 최선을 다 한다. | | |

| | | | |
|---|---|---|---|
| 16 | 남이 나에게 친절을 베풀면 대개 숨겨진 이유가 무엇인지 생각해 본다. | | |
| 17 | 나는 난처한 상황에 처하면 다른 사람에게 먼저 말을 건다. | | |
| 18 | 나는 감정을 표현하는 것이 자연스럽다. | | |
| 19 | 중요한 일은 먼저 한다. | | |
| 20 | 나는 새로운 방식을 좋아한다. | | |
| 21 | 나는 다른 사람들의 눈에 띄지 않게 조용히 살고 싶다. | | |
| 22 | 나는 누군가 내 의견을 반박하면 물러서지 않고 논쟁을 벌인다. | | |
| 23 | 나는 할 말은 반드시 하는 사람이다. | | |
| 24 | 나는 주어진 일에 최선을 다해 완수하려고 한다. | | |

## TYPE B 문항군 개별 항목 선택 유형

| 01~23 | 제시된 항목에 대해 자신의 성향에 따라 '① 매우 그렇지 않다 ~ ⑤ 매우 그렇다' 가운데 해당하는 것을 선택한다. 문항 수가 많고 답변하기 어려운 항목이 있기 때문에 자신의 가치관이나 신념을 바탕으로 개별 항목을 선택한다.

※ 제시된 항목을 읽고 본인에게 해당되는 부분을 선택하시오.

① 매우 그렇지 않다 ② 그렇지 않다 ③ 보통이다 ④ 그렇다 ⑤ 매우 그렇다

01. 항상 사람들에게 정직하고 솔직하다.

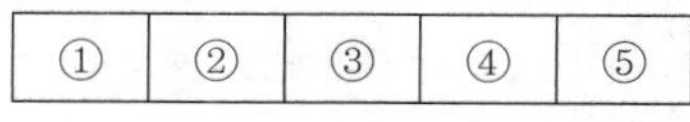


02. 여러 사람들이 어울리는 장소는 매우 불편하다. ① ② ③ ④ ⑤

03. 내가 한 행동에 대해 절대 후회하지 않는다. ① ② ③ ④ ⑤

04. 사소한 절차를 어기더라도 일을 빨리 진행하는 것이 우선이다. ① ② ③ ④ ⑤

05. 어차피 누군가가 해야 할 일이라면 내가 먼저 한다. ① ② ③ ④ ⑤

06. 정해진 원칙과 계획대로만 일을 진행해야 실수를 하지 않는다. ① ② ③ ④ ⑤

07. 언제나 모두의 이익을 생각하면서 일한다. ① ② ③ ④ ⑤

| | | | | | |
|---|---|---|---|---|---|
| 08. 누구와도 어렵지 않게 어울릴 수 있다. | ① | ② | ③ | ④ | ⑤ |
| 09. 비록 나와 관계없는 사람일지라도 도움을 요청하면 도와준다. | ① | ② | ③ | ④ | ⑤ |
| 10. "악법도 법이다."라는 말을 이해할 수 없다. | ① | ② | ③ | ④ | ⑤ |
| 11. 누군가가 나를 조종하는 것 같다. | ① | ② | ③ | ④ | ⑤ |
| 12. 제품별로 선호하는 브랜드가 있다. | ① | ② | ③ | ④ | ⑤ |
| 13. 내 주위 사람들은 나의 감정을 잘 알아채지 못한다. | ① | ② | ③ | ④ | ⑤ |
| 14. 항상 다니는 익숙한 길을 선호한다. | ① | ② | ③ | ④ | ⑤ |
| 15. 갈등은 부정적인 결과를 초래하기 때문에 피하는 것이 좋다. | ① | ② | ③ | ④ | ⑤ |
| 16. 문제 해결을 위해서 기발한 아이디어를 제공하는 편이다. | ① | ② | ③ | ④ | ⑤ |
| 17. 실패가 예상되는 일은 시작하지 않는다. | ① | ② | ③ | ④ | ⑤ |
| 18. 조직의 문화는 따라야 한다고 생각한다. | ① | ② | ③ | ④ | ⑤ |
| 19. 조직은 개인의 성장을 위해 물질적인 보상을 아낌없이 해 주어야 한다. | ① | ② | ③ | ④ | ⑤ |
| 20. 요즘에는 무슨 일이든 결정을 잘 내리지 못한다. | ① | ② | ③ | ④ | ⑤ |
| 21. 다른 사람들이 내 이야기를 하고 있는 것을 느낀다. | ① | ② | ③ | ④ | ⑤ |
| 22. 나는 돈보다는 시간이 중요하다. | ① | ② | ③ | ④ | ⑤ |
| 23. 다른 사람이 잘못하는 것을 보면 지적하는 편이다. | ① | ② | ③ | ④ | ⑤ |

## TYPE C 둘 중 가장 가까운 문항 선택 유형

| 01~15 | 제시된 2개의 문항을 읽고 자신에게 해당된다고 생각하는 것을 선택하는 유형이다.

※ 제시된 항목을 읽고 본인에게 해당되는 것을 선택하시오.

01. ① 의견을 자주 표현하는 편이다.
② 주로 남의 의견을 듣는 편이다.

| ① | ② |
|---|---|

02. ① 정해진 틀이 있는 환경에서 주어진 과제를 수행하는 일을 좋아한다.
② 새로운 아이디어를 활용하여 변화를 추구하는 일을 하고 싶다.

| ① | ② |
|---|---|

03. ① 실제적인 정보를 수집하고 이를 체계적으로 적용하는 일을 하고 싶다.
② 새로운 아이디어를 활용하여 변화를 추구하는 일을 하고 싶다.

| ① | ② |
|---|---|

04. ① 계획을 세울 때 세부일정까지 구체적으로 짜는 편이다.
② 계획을 세울 때 상황에 맞게 대처할 수 있는 여지를 두고 짜는 편이다.

| ① | ② |
|---|---|

05. ① 한 가지 일에 몰두한다.
② 멀티태스킹이 가능하다.

| ① | ② |
|---|---|

06. ① 외향적인 성격이라는 말을 듣는다.
② 내향적인 성격이라는 말을 듣는다.

| ① | ② |
|---|---|

07. ① 일을 선택할 때는 인간관계를 중시한다.
② 일을 선택할 때는 일의 보람을 중시한다.

| ① | ② |
|---|---|

08. ① 사람들은 나에 대해 합리적이고 이성적인 사람이라고 말한다.
② 사람들은 나에 대해 감정이 풍부하고 정에 약한 사람이라고 말한다.

| ① | ② |
|---|---|

09. ① 신속한 의사결정을 선호하는 편이다.
② 시간이 걸려도 여러 가지 면을 고려한 의사결정을 선호하는 편이다.

| ① | ② |
|---|---|

10. ① 인성보다는 능력이 중요하다.
② 능력보다는 인성이 중요하다.

| ① | ② |
|---|---|

11. ① SNS 활동을 즐겨한다.
② SNS는 인생의 낭비라고 생각한다.

| ① | ② |
|---|---|

12. ① 미래를 위해 돈을 모아야 한다고 생각한다.
② 현재를 즐기기 위해 나에게 투자해야 한다고 생각한다.

| ① | ② |
|---|---|

13. ① 인류의 과학 발전을 위해 동물 실험은 필요하다.
② 인류를 위한 동물 실험은 없어져야 한다.

| ① | ② |
|---|---|

14. ① 외계인이 있다고 생각한다.
② 외계인은 상상의 허구라고 생각한다.

| ① | ② |
|---|---|

15. ① 능력이 있는 선배를 보고 자극을 느낀다.
② 능력이 있는 후배를 보고 자극을 느낀다.

| ① | ② |
|---|---|

## TYPE D 개별 항목 선택 후 가장 가깝다 / 가장 멀다 선택 유형

| 01~10 | 4개 내외의 문항군으로 구성된 항목에서 자신이 동의하는 정도에 따라 '매우 그렇지 않다 ~ 매우 그렇다' 중 해당하는 것을 선택한 후, 자신과 가장 가까운 것과 가장 먼 것을 하나씩 선택하는 유형이다.

※ 제시된 항목에 대해 각각 '매우 그렇지 않다 ~ 매우 그렇다' 중 선택한 후, 네 항목 중 자신과 가장 가까운 것을 하나, 가장 먼 것을 하나 선택한다.

01. 1.1 내 분야에서 전문성에 관한 한 동급 최강이라고 생각한다.
1.2 규칙적으로 운동을 하는 편이다.
1.3 나는 사람들을 연결시켜 주거나 연결해 달라는 부탁을 주변에서 많이 받는 편이다.
1.4 다른 사람들이 생각하기에 관련 없어 보이는 것을 통합하여 새로운 아이디어를 낸다.

L 가장 멀다 / M 가장 가깝다
1 (매우 그렇지 않다) / 5 (매우 그렇다)

| | L | M | 1 | 2 | 3 | 4 | 5 |
|---|---|---|---|---|---|---|---|
| 1.1 | ○ | ○ | ○ | ○ | ○ | ○ | ○ |
| 1.2 | ○ | ○ | ○ | ○ | ○ | ○ | ○ |
| 1.3 | ○ | ○ | ○ | ○ | ○ | ○ | ○ |
| 1.4 | ○ | ○ | ○ | ○ | ○ | ○ | ○ |

02. 2.1 모임을 주선하게 되는 경우가 자주 있다.
2.2 나는 학창시절부터 리더역할을 많이 해 왔다.
2.3 새로운 아이디어를 낸다.
2.4 변화를 즐기는 편이다.

L 가장 멀다 / M 가장 가깝다
1 (매우 그렇지 않다) / 5 (매우 그렇다)

| | L | M | 1 | 2 | 3 | 4 | 5 |
|---|---|---|---|---|---|---|---|
| 2.1 | ○ | ○ | ○ | ○ | ○ | ○ | ○ |
| 2.2 | ○ | ○ | ○ | ○ | ○ | ○ | ○ |
| 2.3 | ○ | ○ | ○ | ○ | ○ | ○ | ○ |
| 2.4 | ○ | ○ | ○ | ○ | ○ | ○ | ○ |

03. 3.1 혼자서 생활해도 밥은 잘 챙겨먹고 생활리듬이 많이 깨지 않는 편이다.
3.2 다른 나라의 음식을 시도해 보는 것이 즐겁다.
3.3 나 스스로에 대해서 높은 기준을 제시하는 편이다.
3.4 "왜?"라는 질문을 자주 한다.

L 가장 멀다 / M 가장 가깝다
1 (매우 그렇지 않다) / 5 (매우 그렇다)

| | L | M | 1 | 2 | 3 | 4 | 5 |
|---|---|---|---|---|---|---|---|
| 3.1 | ○ | ○ | ○ | ○ | ○ | ○ | ○ |
| 3.2 | ○ | ○ | ○ | ○ | ○ | ○ | ○ |
| 3.3 | ○ | ○ | ○ | ○ | ○ | ○ | ○ |
| 3.4 | ○ | ○ | ○ | ○ | ○ | ○ | ○ |

04. 4.1 대화를 주도한다.
4.2 하루에 1~2시간 이상 자기 계발을 위해 시간을 투자한다.
4.3 나 스스로에 대해서 높은 기준을 세우고 시도해 보는 것을 즐긴다.
4.4 나와 다른 분야에 종사하는 사람들을 만나도 쉽게 공통점을 찾을 수 있다.

L 가장 멀다 / M 가장 가깝다
1 (매우 그렇지 않다) / 5 (매우 그렇다)

| | L | M | 1 | 2 | 3 | 4 | 5 |
|---|---|---|---|---|---|---|---|
| 4.1 | ○ | ○ | ○ | ○ | ○ | ○ | ○ |
| 4.2 | ○ | ○ | ○ | ○ | ○ | ○ | ○ |
| 4.3 | ○ | ○ | ○ | ○ | ○ | ○ | ○ |
| 4.4 | ○ | ○ | ○ | ○ | ○ | ○ | ○ |

05. 5.1 자신감 넘친다는 평가를 주변으로부터 듣는다.
5.2 다른 사람들의 눈에는 상관없어 보일지라도 내가 보기에 관련이 있으면 활용해서 할 수 있는 일에 대해서 생각해 본다.
5.3 다른 문화권 중 내가 잘 적응할 수 있다고 생각하는 곳이 있다.
5.4 한 달 동안 사용한 돈이 얼마인지 파악할 수 있다.

L 가장 멀다 / M 가장 가깝다
1 (매우 그렇지 않다) / 5 (매우 그렇다)

| | L | M | 1 | 2 | 3 | 4 | 5 |
|---|---|---|---|---|---|---|---|
| 5.1 | ○ | ○ | ○ | ○ | ○ | ○ | ○ |
| 5.2 | ○ | ○ | ○ | ○ | ○ | ○ | ○ |
| 5.3 | ○ | ○ | ○ | ○ | ○ | ○ | ○ |
| 5.4 | ○ | ○ | ○ | ○ | ○ | ○ | ○ |

06. 6.1 내 분야의 최신 동향 혹은 이론을 알고 있으며, 항상 업데이트하려고 노력한다.
6.2 나는 설득을 잘하는 사람이다.
6.3 현상에 대한 새로운 해석을 알게 되는 것이 즐겁다.
6.4 새로운 기회를 만들기 위해서 다방면으로 노력을 기울인다.

L 가장 멀다 / M 가장 가깝다
1 (매우 그렇지 않다) / 5 (매우 그렇다)

| | L | M | 1 | 2 | 3 | 4 | 5 |
|---|---|---|---|---|---|---|---|
| 6.1 | ○ | ○ | ○ | ○ | ○ | ○ | ○ |
| 6.2 | ○ | ○ | ○ | ○ | ○ | ○ | ○ |
| 6.3 | ○ | ○ | ○ | ○ | ○ | ○ | ○ |
| 6.4 | ○ | ○ | ○ | ○ | ○ | ○ | ○ |

07. 7.1 한 달 동안 필요한 돈이 얼마인지 파악하고 있다.
7.2 업무나 전공 공부에 꼭 필요한 분야가 아니더라도 호기심이 생기면 일정 정도의 시간을 투자하여 탐색해 본다.
7.3 어디가서든 친구들 중에서 내가 제일 적응을 잘하는 편이다.
7.4 대개 어떤 모임이든 나가다 보면 중심 멤버가 돼 있는 경우가 많다.

L 가장 멀다 / M 가장 가깝다
1 (매우 그렇지 않다) / 5 (매우 그렇다)

| | L | M | 1 | 2 | 3 | 4 | 5 |
|---|---|---|---|---|---|---|---|
| 7.1 | ○ | ○ | ○ | ○ | ○ | ○ | ○ |
| 7.2 | ○ | ○ | ○ | ○ | ○ | ○ | ○ |
| 7.3 | ○ | ○ | ○ | ○ | ○ | ○ | ○ |
| 7.4 | ○ | ○ | ○ | ○ | ○ | ○ | ○ |

08. 8.1 어떤 모임에 가서도 관심사가 맞는 사람들을 금방 찾아낼 수 있다.
8.2 잘 모르는 것이 있으면 전문서적을 뒤져서라도 알아내야 직성이 풀린다.
8.3 나와 함께 일하는 사람들을 적재적소에서 잘 이용한다.
8.4 상대방의 욕구를 중요하게 생각하며 그에 맞추어 주려고 한다.

L 가장 멀다 / M 가장 가깝다
1 (매우 그렇지 않다) / 5 (매우 그렇다)

| | L | M | 1 | 2 | 3 | 4 | 5 |
|---|---|---|---|---|---|---|---|
| 8.1 | ○ | ○ | ○ | ○ | ○ | ○ | ○ |
| 8.2 | ○ | ○ | ○ | ○ | ○ | ○ | ○ |
| 8.3 | ○ | ○ | ○ | ○ | ○ | ○ | ○ |
| 8.4 | ○ | ○ | ○ | ○ | ○ | ○ | ○ |

09. 9.1 극복하지 못할 장애물은 없다고 생각한다.
9.2 생활패턴이 규칙적인 편이다.
9.3 어디에 떨어트려 놓아도 죽진 않을 것 같다는 소리를 자주 듣는다.
9.4 내 분야의 전문가가 되기 위한 구체적인 계획을 가지고 있다.

L 가장 멀다 / M 가장 가깝다
1 (매우 그렇지 않다) / 5 (매우 그렇다)

| | L | M | 1 | 2 | 3 | 4 | 5 |
|---|---|---|---|---|---|---|---|
| 9.1 | ○ | ○ | ○ | ○ | ○ | ○ | ○ |
| 9.2 | ○ | ○ | ○ | ○ | ○ | ○ | ○ |
| 9.3 | ○ | ○ | ○ | ○ | ○ | ○ | ○ |
| 9.4 | ○ | ○ | ○ | ○ | ○ | ○ | ○ |

10. 10.1 누구보다 앞장서서 일하는 편이다.
10.2 내가 무엇을 하면 처져 있을 때 기분이 전환되는지 잘 알고 있다.
10.3 일어날 일에 대해서 미리 예상하고 준비하는 편이다.
10.4 동문회에 나가는 것이 즐겁다.

L 가장 멀다 / M 가장 가깝다
1 (매우 그렇지 않다) / 5 (매우 그렇다)

| | L | M | 1 | 2 | 3 | 4 | 5 |
|---|---|---|---|---|---|---|---|
| 10.1 | ○ | ○ | ○ | ○ | ○ | ○ | ○ |
| 10.2 | ○ | ○ | ○ | ○ | ○ | ○ | ○ |
| 10.3 | ○ | ○ | ○ | ○ | ○ | ○ | ○ |
| 10.4 | ○ | ○ | ○ | ○ | ○ | ○ | ○ |

## TYPE E 상황 선택 유형

| 01~06 | 회사 생활에서 당면하는 각각의 상황을 읽고 그 행동에 대한 대부분 사람들의 공감 정도를 생각하여 '① 전혀 그렇지 않다, ② 별로 그렇지 않다, ③ 보통이다, ④ 약간 그렇다, ⑤ 거의 그렇다, ⑥ 매우 그렇다' 중 하나를 선택하는 문항과 일상 및 업무 중에 마주할 수 있는 상황과 함께 선택지에서 본인이 어떤 선택을 할 것인지 고르는 유형이 있다.

※ 제시된 항목을 읽고 본인에게 해당되는 부분을 선택하시오.

01. D 대리는 아직 입사 1년이 되지 않은 후임 Y 사원과 프로젝트 A, B를 하나씩 나눠 맡으라는 지시를 받았다. A 프로젝트는 난이도가 높고 임원들까지 각별히 관심을 갖고 있어 상당히 부담스러운 반면, B 프로젝트는 신입이라도 그럭저럭 진행할 만큼 무난하다. D 대리가 A 프로젝트를 맡으면 이로 인한 업무 스트레스와 실패 시 남을 오점이 우려되며, 반대로 D 대리가 B 프로젝트를 맡으면 아직 업무에 미숙한 Y 사원의 A 프로젝트 실패가 확실시된다. 당신이 D 대리라면 어떻게 하겠는가?

① Y 사원보다는 내가 업무에 능숙하므로 어렵더라도 A 프로젝트를 선택한다.
② Y 사원에게는 미안한 일이지만 나의 회사생활이 더 중요하므로 B 프로젝트를 선택한다.
③ 먼저 선택할 권한을 Y 사원에게 넘긴다.
④ 상사에게 자신과 Y 사원이 담당할 프로젝트를 각각 지정해 달라고 한다.

02. 당신은 평소 가고 싶던 부서에 발령을 받아 반드시 지방에 내려가야 하는 상황이다. 그런데 배우자는 자녀의 교육을 위해서는 지방 생활이 도움이 되지 않는다며 이사를 완강히 거부하고 있다. 어떻게 하겠는가?

① 가정과 자녀의 교육을 위해서 부서 발령과 이사를 포기한다.
② 혼자 지방에 내려가 따로 지낸다.
③ 부인에게 새로운 부서 발령과 지방 생활의 이점을 설득한다.
④ 부인의 설득은 나중으로 미루고 이사를 추진한다.

03. Z 회사의 직원인 P는 평소처럼 W 상사가 재미없는 농담을 해서 그냥 한 귀로 흘려듣고 있었다. 그런데 P를 꼭 찍어 "왜 안 웃어?"라고 W 상사가 묻는다. 이때 당신이 P라면 어떻게 하겠는가?

① 일단 큰 소리로 웃는다.
② 재미없었다는 생각이 드러나지 않게 다른 핑계를 댄다.
③ 웃음까지 강요하는 것은 부당하다고 말한다.
④ 더 재미있는 농담을 건네며 넘어간다.

04. K는 창의적인 기획안을 제출하였으나, 상사는 기존의 방식대로 일을 처리하자고 한다. 당신이 K라면 어떻게 하겠는가?

① 상사의 지시대로 한다.
② 더 높은 상사에게 기획안을 제출한다.
③ 동료들과 상의하여 기획안을 제출한다.
④ 창의적인 기획안을 실행했을 때의 장단점을 제출한다.

05. 함 사원의 부서는 상반기 성과가 좋아 회사로부터 추가 수당과 함께 휴가도 얻었다. 그런데 함 사원은 우연히 같은 부서 상사인 이 부장이 회사 규칙에 반하는 영업방식을 통해 부당한 업무성과를 내고 있으며, 이로 인해 함 사원의 부서가 이익을 얻고 있음을 알게 되었다. 이 사실을 알리면 추가 수당과 휴가의 반납은 물론 부서 사람들과의 관계도 완전히 틀어질 것이다.

| | 전혀 그렇지 않다 | 별로 그렇지 않다 | 보통이다 | 약간 그렇다 | 거의 그렇다 | 매우 그렇다 |
|---|---|---|---|---|---|---|
| 05-1 당신이 함 사원이라면 이 사실을 묵인할 것인가? | ① | ② | ③ | ④ | ⑤ | ⑥ |
| 05-2 당신이 함 사원이라면 이 부장의 행동이 업계 관행인지 알아볼 것인가? | ① | ② | ③ | ④ | ⑤ | ⑥ |

06. 이 팀장은 새로운 기획안을 진행하기 위해 팀원들로부터 세부적인 아이디어를 모았다. 이를 구체적으로 진행하려면 인력 보충이 필요한 상황이다. 이 팀장은 이번 프로젝트에 확실한 성과를 내야 하고, 충원할 수 있는 인력으로는 경력사원 P와 신입사원 A가 있다.

| | 전혀 그렇지 않다 | 별로 그렇지 않다 | 보통이다 | 약간 그렇다 | 거의 그렇다 | 매우 그렇다 |
|---|---|---|---|---|---|---|
| 06-1 당신이 이 팀장이라면 경력사원과 함께 일할 것인가? | ① | ② | ③ | ④ | ⑤ | ⑥ |
| 06-2 당신이 이 팀장이라면 신입사원과 함께 일할 것인가? | ① | ② | ③ | ④ | ⑤ | ⑥ |

**면접이란?** 지원자가 보유한 직무 관련 능력 및 직무적합도와 더불어 인품, 언행 등을 직접 만나 평가하는 것을 말한다.

# 8 파트 면접가이드

# 면접의 이해

※ 능력 중심 채용에서는 타당도가 높은 구조화 면접을 적용한다.

## 1 면접이란?

일을 하는 데 필요한 능력(직무역량, 직무지식, 인재상 등)을 지원자가 보유하고 있는지를 다양한 면접기법을 활용하여 확인하는 절차이다. 자신의 환경, 성취, 관심사, 경험 등에 대해 이야기하여 본인이 적합하다는 것을 보여 줄 기회를 제공하고, 면접관은 평가에 필요한 정보를 수집하고 평가하는 것이다.

- 지원자의 태도, 적성, 능력에 대한 정보를 심층적으로 파악하기 위한 선발 방법
- 선발의 최종 의사결정에 주로 사용되는 선발 방법
- 전 세계적으로 선발에서 가장 많이 사용되는 핵심적이고 중요한 방법

## 2 면접의 특징

서류전형이나 인적성검사에서 드러나지 않는 것들을 볼 수 있는 기회를 제공한다.

- 직무수행과 관련된 다양한 지원자 행동에 대한 관찰이 가능하다.
- 면접관이 알고자 하는 정보를 심층적으로 파악할 수 있다.
- 서류상으로 미비한 사항과 의심스러운 부분을 확인할 수 있다.
- 커뮤니케이션, 대인관계행동 등 행동 · 언어적 정보도 얻을 수 있다.

## 3 면접의 평가요소

### ❶ 인재적합도

해당 기관이나 기업별 인재상에 대한 인성 평가

### ❷ 조직적합도

조직에 대한 이해와 관련 상황에 대한 평가

### ❸ 직무적합도

직무에 대한 지식과 기술, 태도에 대한 평가

# 4 면접의 유형

## 구조화된 정도에 따른 분류

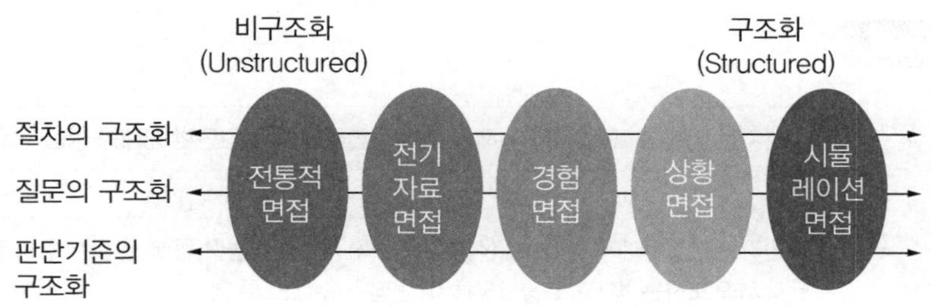


### ❶ 구조화 면접(Structured Interview)

사전에 계획을 세워 질문의 내용과 방법, 지원자의 답변 유형에 따른 추가 질문과 그에 대한 평가역량이 정해져 있는 면접 방식(표준화 면접)

- 표준화된 질문이나 평가요소가 면접 전 확정되며, 지원자는 편성된 조나 면접관에 영향을 받지 않고 동일한 질문과 시간을 부여받을 수 있음.
- 조직 또는 직무별로 주요하게 도출된 역량을 기반으로 평가요소가 구성되어, 조직 또는 직무에서 필요한 역량을 가진 지원자를 선발할 수 있음.
- 표준화된 형식을 사용하는 특성 때문에 비구조화 면접에 비해 신뢰성과 타당성, 객관성이 높음.

### ❷ 비구조화 면접(Unstructured Interview)

면접 계획을 세울 때 면접 목적만 명시하고 내용이나 방법은 면접관에게 전적으로 일임하는 방식(비표준화 면접)

- 표준화된 질문이나 평가요소 없이 면접이 진행되며, 편성된 조나 면접관에 따라 지원자에게 주어지는 질문이나 시간이 다름.
- 면접관의 주관적인 판단에 따라 평가가 이루어져 평가 오류가 빈번히 일어남.
- 상황 대처나 언변이 뛰어난 지원자에게 유리한 면접이 될 수 있음.

# 구조화 면접 기법

## 1 경험면접(Behavioral Event Interview)

### 면접 프로세스

**안내** — 지원자는 입실 후, 면접관을 통해 인사말과 면접에 대한 간단한 안내를 받음.

**질문** — 지원자는 면접관에게 평가요소(직업기초능력, 직무수행능력 등)와 관련된 주요 질문을 받게 되며, 질문에서 의도하는 평가요소를 고려하여 응답할 수 있도록 함.

**세부질문**
- 지원자가 응답한 내용을 토대로 해당 평가기준들을 충족시키는지 파악하기 위한 세부질문이 이루어짐.
- 구체적인 행동·생각 등에 대해 응답할수록 높은 점수를 얻을 수 있음.

- 방식

  해당 역량의 발휘가 요구되는 일반적인 상황을 제시하고, 그러한 상황에서 어떻게 행동했었는지(과거 경험)를 이야기하도록 함.

- 판단기준

  해당 역량의 수준, 경험 자체의 구체성, 진실성 등

- 특징

  추상적인 생각이나 의견 제시가 아닌 과거 경험 및 행동 중심의 질의가 이루어지므로 지원자는 사전에 본인의 과거 경험 및 사례를 정리하여 면접에 대비할 수 있음.

- 예시

| 지원분야 | | 지원자 | | 면접관 | (인) |
|---|---|---|---|---|---|
| 경영자원관리<br>조직이 보유한 인적자원을 효율적으로 활용하여, 조직 내 유·무형 자산 및 재무자원을 효율적으로 관리한다. | | | | | |
| 주질문 | | | | | |
| A. 어떤 과제를 처리할 때 기존에 팀이 사용했던 방식의 문제점을 찾아내 이를 보완하여 과제를 더욱 효율적으로 처리했던 경험에 대해 이야기해 주시기 바랍니다. | | | | | |
| 세부질문 | | | | | |
| [상황 및 과제] 사례와 관련해 당시 상황에 대해 이야기해 주시기 바랍니다.<br>[역할] 당시 지원자께서 맡았던 역할은 무엇이었습니까?<br>[행동] 사례와 관련해 구성원들의 설득을 이끌어 내기 위해 어떤 노력을 하였습니까?<br>[결과] 결과는 어땠습니까? | | | | | |

| 기대행동 | 평점 |
|---|---|
| 업무진행에 있어 한정된 자원을 효율적으로 활용한다. | ① - ② - ③ - ④ - ⑤ |
| 구성원들의 능력과 성향을 파악해 효율적으로 업무를 배분한다. | ① - ② - ③ - ④ - ⑤ |
| 효과적 인적/물적 자원관리를 통해 맡은 일을 무리 없이 잘 마무리한다. | ① - ② - ③ - ④ - ⑤ |

척도해설

| 1 : 행동증거가 거의 드러나지 않음 | 2 : 행동증거가 미약하게 드러남 | 3 : 행동증거가 어느 정도 드러남 | 4 : 행동증거가 명확하게 드러남 | 5 : 뛰어난 수준의 행동증거가 드러남 |
|---|---|---|---|---|
| 관찰기록 :<br><br>총평 : | | | | |

※ 실제 적용되는 평가지는 기업/기관마다 다름.

## 2 상황면접(Situational Interview)

### 면접 프로세스

**안내**
- 지원자는 입실 후, 면접관을 통해 인사말과 면접에 대한 간단한 안내를 받음.

**질문**
- 지원자는 상황질문지를 검토하거나 면접관을 통해 상황 및 질문을 제공받음.
- 면접관의 질문이나 질문지의 의도를 파악하여 응답할 수 있도록 함.

**세부질문**
- 지원자가 응답한 내용을 토대로 해당 평가기준들을 충족시키는지 파악하기 위한 세부질문이 이루어짐.
- 구체적인 행동·생각 등에 대해 응답할수록 높은 점수를 얻을 수 있음.

• 방식

직무 수행 시 접할 수 있는 상황들을 제시하고, 그러한 상황에서 어떻게 행동할 것인지(행동의도)를 이야기하도록 함.

• 판단기준

해당 상황에 맞는 해당 역량의 구체적 행동지표

• 특징

지원자의 가치관, 태도, 사고방식 등의 요소를 평가하는 데 용이함.

• 예시

| 지원분야 | | 지원자 | | 면접관 | (인) |
|---|---|---|---|---|---|
| 유관부서협업<br>타 부서의 업무협조요청 등에 적극적으로 협력하고 갈등 상황이 발생하지 않도록 이해관계를 조율하며 관련 부서의 협업을 효과적으로 이끌어 낸다. | | | | | |
| 주질문 | | | | | |
| 당신은 생산관리팀의 팀원으로, 2개월 뒤에 제품 A를 출시하기 위해 생산팀의 생산 계획을 수립한 상황입니다. 그러나 원가가 곧 실적으로 이어지는 구매팀에서는 최대한 원가를 줄여 전반적 단가를 낮추려고 원가절감을 위한 제안을 하였으나, 연구개발팀에서는 구매팀이 제안한 방식으로 제품을 생산할 경우 대부분이 구매팀의 실적으로 산정될 것이므로 제대로 확인도 해 보지 않은 채 적합하지 않은 방식이라고 판단하고 있습니다. 당신은 어떻게 하겠습니까? | | | | | |
| 세부질문 | | | | | |
| [상황 및 과제] 이 상황의 핵심적인 이슈는 무엇이라고 생각합니까?<br>[역할] 당신의 역할을 더 잘 수행하기 위해서는 어떤 점을 고려해야 하겠습니까? 왜 그렇게 생각합니까?<br>[행동] 당면한 과제를 해결하기 위해서 구체적으로 어떤 조치를 취하겠습니까? 그 이유는 무엇입니까?<br>[결과] 그 결과는 어떻게 될 것이라고 생각합니까? 그 이유는 무엇입니까? | | | | | |

척도해설

| 1 : 행동증거가 거의 드러나지 않음 | 2 : 행동증거가 미약하게 드러남 | 3 : 행동증거가 어느 정도 드러남 | 4 : 행동증거가 명확하게 드러남 | 5 : 뛰어난 수준의 행동증거가 드러남 |
|---|---|---|---|---|
| 관찰기록 :<br><br>총평 : | | | | |

※ 실제 적용되는 평가지는 기업/기관마다 다름.

## 3 발표면접(Presentation)

**면접 프로세스**

**안내**
- 입실 후 지원자는 면접관으로부터 인사말과 발표면접에 대해 간략히 안내받음.
- 면접 전 지원자는 과제 검토 및 발표 준비시간을 가짐.

**발표**
- 지원자들이 과제 주제와 관련하여 정해진 시간 동안 발표를 실시함.
- 면접관은 발표내용 중 평가요소와 관련해 나타난 가점 및 감점요소들을 평가하게 됨.

**질문응답**
- 발표 종료 후 면접관은 정해진 시간 동안 지원자의 발표내용과 관련해 구체적인 내용을 확인하기 위한 질문을 함.
- 지원자는 면접관의 질문의도를 정확히 파악하여 적절히 응답할 수 있도록 함.
- 응답 시 명확하고 자신있게 전달할 수 있도록 함.

• 방식
지원자가 특정 주제와 관련된 자료(신문기사, 그래프 등)를 검토하고, 그에 대한 자신의 생각을 면접관 앞에서 발표하며 추가 질의응답이 이루어짐.

• 판단기준
지원자의 사고력, 논리력, 문제해결능력 등

• 특징
과제를 부여한 후, 지원자들이 과제를 수행하는 과정과 결과를 관찰 · 평가함. 과제수행의 결과뿐 아니라 과제수행 과정에서의 행동을 모두 평가함.

## 4 토론면접(Group Discussion)

**면접 프로세스**

**안내**
- 입실 후, 지원자들은 면접관으로부터 토론 면접의 전반적인 과정에 대해 안내받음.
- 지원자는 정해진 자리에 착석함.

**토론**
- 지원자들이 과제 주제와 관련하여 정해진 시간 동안 토론을 실시함(시간은 기관별 상이).
- 지원자들은 면접 전 과제 검토 및 토론 준비시간을 가짐.
- 토론이 진행되는 동안, 지원자들은 다른 토론자들의 발언을 경청하여 적절히 본인의 의사를 전달할 수 있도록 함. 더불어 적극적인 태도로 토론면접에 임하는 것도 중요함.

**마무리(5분 이내)**
- 면접 종료 전, 지원자들은 토론을 통해 도출한 결론에 대해 첨언하고 적절히 마무리 지음.
- 본인의 의견을 전달하는 것과 동시에 다른 토론자를 배려하는 모습도 중요함.

• 방식
상호갈등적 요소를 가진 과제 또는 공통의 과제를 해결하는 내용의 토론 과제(신문기사, 그래프 등)를 제시하고, 그 과정에서 개인 간의 상호작용 행동을 관찰함.

• 판단기준
팀워크, 갈등 조정, 의사소통능력 등

• 특징
면접에서 최종안을 도출하는 것도 중요하나 주장의 옳고 그름이 아닌 결론을 도출하는 과정과 말하는 자세 등도 중요함.

## 5 역할연기면접(Role Play Interview)

- **방식**
  기업 내 발생 가능한 상황에서 부딪히게 되는 문제와 역할을 가상적으로 설정하여 특정 역할을 맡은 사람과 상호작용하고 문제를 해결해 나가도록 함.
- **판단기준**
  대처능력, 대인관계능력, 의사소통능력 등
- **특징**
  실제 상황과 유사한 가상 상황에서 지원자의 성격이나 대처 행동 등을 관찰할 수 있음.

## 6 집단면접(Group Activity)

- **방식**
  지원자들이 팀(집단)으로 협력하여 정해진 시간 안에 활동 또는 게임을 하며 면접관들은 지원자들의 행동을 관찰함.
- **판단기준**
  대인관계능력, 팀워크, 창의성 등
- **특징**
  기존 면접보다 오랜 시간 관찰을 하여 지원자들의 평소 습관이나 행동들을 관찰하려는 데 목적이 있음.

# 03 면접 최신 기출 주제

## 1 면접 빈출키워드

| | | |
|---|---|---|
| • 직무별 업무내용 | • 업무자세 / 마음가짐 | • 교육공무직원의 의무 |
| • 특정 상황에서의 교육방법 | • 교사, 동료와의 갈등 해결 방법 | • 민원 대처방법 |
| • 개인정보법 | • 업무 처리 방법 | • 업무분장 |
| • 전화 응대법 | • 해당 교육청의 교육목표 | • 공문서 |

## 2 2020년 하반기 면접 기출

**세종**

| 직무 | 질문 |
|---|---|
| 초등돌봄 전담사 | 1. 학교나 직장에서 의견 차이를 극복했던 경험과 방법에 대해 말해 보시오. |
| | 2. 초등돌봄전담사의 직무에 대해 설명하고 내실화 방안에 대해 말해 보시오. |
| | 3. 초등돌봄전담사로서 가져야 할 자세 및 자질을 말해 보시오. |
| | 4. 코로나 바이러스와 관련하여 등교 찬반 입장과 그 이유를 설명해 보시오. |
| | 5. 민원 응대방법에 대해 말해 보시오. |
| 교육실무사 | 1. 교직원과 학생의 긍정적 관계를 유지하는 방법을 4가지 말해 보시오. |
| | 2. 비협조적이었던 직원이 업무협조 요청 시 어떻게 대처할지 말해 보시오. |
| | 3. 자신의 강점과 관련해서 어떻게 자기계발을 어떻게 할지 말해 보시오. |
| | 4. 봉사활동의 필요성을 4가지 말해 보시오. |
| | 5. 화재 시 대처방법을 4가지 말해 보시오. |
| 특수 교육실무사 | 1. 교직원으로서 학생과 교사가 조화롭게 융합하는 방법을 4가지 말해 보시오. |
| | 2. 뇌전증 발작 시 대처방법을 4가지 말해 보시오. |
| | 3. 자신의 장점과 그와 관련해 앞으로 어떻게 발전해 나갈지 말해 보시오. |
| | 4. 관계가 좋지 않은 직원이 일을 부탁하면 어떻게 대처할지 말해 보시오. |
| | 5. 특수교육실무사가 하는 일을 4가지 말해 보시오. |

## 경남

| | |
|---|---|
| 돌봄전담사 | 1. 퇴근을 준비하고 있는데 업무가 생긴다면 어떻게 대처할 것인가? |
| | 2. 돌봄전담사의 주요 역할은 무엇인가? |
| | 3. 교육공무직의 덕목을 말해 보시오. |
| 사무행정원 | 1. 경남교육청의 슬로건을 말해 보시오. |
| | 2. 사무행정원의 업무는 무엇인가? |
| | 3. 공무직이 갖추어야 할 자세와 그중 무엇을 가장 중요하게 생각하는지 말해 보시오. |
| | 4. 민원 전화를 받는 법을 말해 보시오. |
| 특수교육 실무사 | 1. 경남교육청의 슬로건을 말해 보시오. |
| | 2. 교육공무직으로서의 자질과 덕목을 말해 보시오. |
| | 3. 특수아동의 개인욕구를 어떻게 지원할 것인지 말해 보시오. |
| | 4. 특수교육실무사의 역할과 그와 관련된 자신의 장점을 말해 보시오. |

## 경북

| | |
|---|---|
| 조리원 | 1. 이물질 관련 컴플레인에 대한 대처방안을 말해 보시오. |
| | 2. 약품 사용 시 유의사항을 3가지 이상 말해 보시오. |
| | 3. 조리원의 기본 자세를 말해 보시오. |
| 특수교육 실무사 | 1. 통합교육이 일반학생과 장애학생에게 주는 장점을 2가지씩 말해 보시오. |
| | 2. 장애학생과 일반학생 간 학교폭력이 발생하였을 때 중재방법을 4가지 말해 보시오. |
| | 3. 문제행동의 유형별(관심끌기, 회피, 자기자극) 중재방법을 1가지씩 말해 보시오. |

## 대전

| | |
|---|---|
| 조리원 | 1. 동료가 자신의 일을 도와달라고 하면 어떻게 행동할 것인가? |
| | 2. 학부모나 학생이 급식 조리방법에 대해 민원을 제기한다면 어떻게 대처하겠는가? |
| | 3. 올바른 손 씻기 방법과 알코올 손 소독 방법에 대해 설명해 보시오. |

**인천**

| | |
|---|---|
| 특수교육 실무사 | 1. 특수교육실무사의 역할은 무엇인가? |
| | 2. 코로나 바이러스와 관련된 나만의 특화된 학생 지도방법은 무엇인가? |
| | 3. (경력이 많은 경우) 신입 특수교사와 학생지도에 있어 갈등상황을 겪는다면 어떻게 해결할 것인가? |

## 3 2020년 상반기 면접 기출

**충청남도**

| | |
|---|---|
| 교무행정사 | 1. 교무행정사가 하는 일과 교무행정사가 필요한 이유는 무엇인가? |
| | 2. 교무행정사에게 협업이 필요한 업무는 무엇이 있는가? 협업을 위한 자세를 3가지 말해 보시오. |
| | 3. 동료와의 갈등 시 대처방법을 말해 보시오. |
| 조리실무사 | 1. 중요하고 급한 업무와 상사의 지시 중 어떤 것을 먼저 하겠는가? |
| | 2. 동료와의 불화나 갈등 발생 시 어떻게 대처할 것인가? |
| | 3. 업무 중에 손을 씻어야 하는 경우를 5가지 이상 말해 보시오 |

**경상남도**

| | |
|---|---|
| 특수교육 실무원 | 1. 경남교육청이 밀고 있는 교육정책을 말해 보시오. |
| | 2. 상사나 동료와의 갈등 시 대처방법을 말해 보시오. |
| | 3. 특수교육실무원이 하는 일은 무엇인가? |
| | 4. 민원 발생 시 대처방법을 말해 보시오. |

울산

| | |
|---|---|
| 사서 | 1. (경력이 없는 경우) 학교도서관에서는 혼자서 근무해야 하는데 어떻게 할 계획인가? |
| | 2. 생각하지 못한 상황이 닥치면 어떻게 대처할 것인가? |
| | 3. 독서율 증진을 위해 어떤 프로그램을 진행할 계획인가? |
| | 4. 교직원과 트러블이 생기면 어떻게 대처할 것인가? |

인천

| | |
|---|---|
| 교무행정사 | 1. 동료가 교통사고가 나서 1달은 입원, 2달은 통원치료를 하는데 대체직 채용이 어려워서 업무가 과중된다면 어떻게 대처하겠는가? |
| | 2. 전입생이 많은 경우 교무실과 행정실에서 전입생을 어떻게 지원할 것인가? |
| | 3. 어려운 업무인 교과서 업무를 A 학교에서 5년 동안 맡았고, 5년 후 전보된 B 학교에서도 교과서 업무를 맡게 되었다면 어떻게 할 것인가? |

경기

| | |
|---|---|
| 특수교육실무사 | 1. 특수교육실무사가 하는 역할을 말해 보시오. |
| | 2. 본인의 교육에 대해 학부모가 불만을 가진다면 어떻게 대처하겠는가? |
| | 3. 특수아동이 문제 행동(폭력성이나 성 문제 등)을 보이면 어떻게 대처하겠는가? |

## 4 2019년 면접 기출

충청남도

| | |
|---|---|
| 교무행정사 | 1. 교육과정 개정으로 인한 5대 교육과제를 말해 보시오. |
| | 2. 교무행정사가 하는 업무를 말해 보시오. |
| | 3. 악성 민원인에 대처하는 방법을 말해 보시오. |
| | 4. 퇴근 후 자녀를 데리러 가야 하는데 할 일이 남았거나 새로운 일이 주어졌다면 어떻게 하겠는가? |
| | 5. 업무 수행에 불만을 가진 민원인이나 학부모가 찾아와서 따진다면 어떻게 대처할 것인가? |

| | |
|---|---|
| 교무행정사 | 6. 교무행정사로서 자신만의 강점과 단점에 대해 말해 보시오. 단점을 극복하기 위해 노력한 점은 무엇인가? 장점을 학교에서 활용할 수 있는 방안은 무엇인가? |
| | 7. 교육공무직으로서 중요한 자세 3가지를 말해 보시오. |
| | 8. 적극적 행정은 무엇이며, 자신이 생각하는 적극적 행정에 대해 말해 보시오. |
| | 9. 교무행정사의 역할에 대해 말해 보시오. |
| | 10. 악성 민원인에 대처하는 방법을 말해 보시오. |
| | 11. 직상 상사가 부당한 명령을 내렸을 때 대처방법을 말해 보시오. |
| 돌봄전담사 | 1. 교육공무직을 지원한 동기와 내가 잘할 수 있는 특기는? |
| | 2. 돌봄전담사로서 어떤 마음가짐으로 일할 것인가? |
| | 3. 최근에 읽은 책의 제목과 느낀점을 말해 보시오. |

## 울산

| | |
|---|---|
| 교육업무사 | 1. 개인정보보호 방법에는 무엇이 있는가? |
| | 2. 자신의 강점은 무엇인가? |
| | 3. 동료와의 갈등 상황을 어떻게 해결할 것인가? |
| | 4. 민원인 또는 손님이 와서 차나 과일을 준비해 달라고 요청할 시 어떻게 대응할 것인가? |
| 돌봄전담사 | 1. 지원동기를 말해 보시오. |
| | 2. 일반적인 근무시간이 9~17시 또는 10~18시인데, 만약 학교에서 11~19시로 근무해 달라고 한다면 어떻게 하겠는가? 만약 자신은 근무시간 변경에 동의하는데 다른 직원들은 동의할 수 없다고 반대하여 근무시간 때문에 마찰이 생긴다면 어떻게 대처하겠는가? |
| | 3. 잠시 화장실을 다녀오는 동안 아이가 다친 상황을 보지 못했다면 어떻게 대처하겠는가? 학부모가 이에 강한 불만을 가지고 따지러 왔다면 어떻게 하겠는가? |
| | 4. 교실 cctv 설치에 대한 생각을 말해 보시오. |
| | 5. 동료 직원들 간 또는 다른 부서 직원이나 상사와의 갈등이 일어났다면 어떻게 해결하겠는가? 선생님들과 갈등이 있을 때는 어떻게 대처하겠는가? |
| | 6. 돌봄전담사의 역할에 대해 말해 보시오. |

## 부산

| | |
|---|---|
| 돌봄전담사 | 1. 지원동기를 말해 보시오. |
| | 2. 학부모와의 갈등 발생 시 대처방법에 대해 말해 보시오. |
| | 3. 돌봄전담사의 역할 5가지를 말해 보시오. |
| | 4. 급간식 준비 시 주의할 점 4가지를 말해 보시오. |
| | 5. 돌봄교실에서 신경 써야 할 안전교육 3가지와 안전상 문제가 생겼을 경우 대처방안을 말해 보시오. |
| | 6. 돌봄교실 환경구성을 어떻게 할 것인지 3가지 방안을 말해 보시오. |

## 세종

| | |
|---|---|
| 공통질문 | 1. 교직원 및 학생과 긍정적인 관계를 유지하는 방법을 4가지 말해 보시오. |
| | 2. 비협조적이었던 직원이 업무 협조 요청 시 어떻게 대처할 것인가? |
| | 3. 자신의 강점과 관련하여 자기계발을 어떻게 할 것인가? |
| 교무행정사 | 1. 봉사활동의 필요성을 4가지 말해 보시오. |
| | 2. 화재 시 대처방법을 4가지 말해 보시오. |
| 특수교육 실무사 | 1. 뇌전증 발작 시 대처방법을 4가지 말해 보시오. |
| | 2. 특수교육실무사가 하는 일을 4가지 말해 보시오. |

## 대전

| | |
|---|---|
| 특수교육 실무사 | 1. 특수교육실무사로 채용될 경우 어떤 자세로 일하겠는가? |
| | 2. 지적장애아의 학습특성을 3가지 말해 보시오. |
| | 3. 본인이 채용되면 교육청이 갖는 이점을 3가지 말해 보시오. |
| | 4. 교육공무직원으로 갖춰야 할 자질을 말해 보시오. |
| | 5. 특수교육실무사의 역할을 말해 보시오. |
| | 6. 동료와의 갈등 발생 시 대처방법을 말해 보시오. |

## 경상북도

| | |
|---|---|
| 조리실무사 | 1. 손 씻는 순서를 말해 보시오. |
| | 2. 식중독 예방방법 3가지와 보존식에 대해 말해 보시오. |
| | 3. 다른 조리원과 갈등 발생 시 대처방법을 말해 보시오. |
| | 4. 경상북도교육청의 역점과제와 교육지표를 말해 보시오. |
| | 5. 개인위생방법을 3가지 이상 말해 보시오. |

## 서울

| | |
|---|---|
| 에듀케어 | 1. 에듀케어 교사로서 학급 교사와의 갈등에 어떻게 대응할 것인가? |
| | 2. 사소한 민원으로 치부하여 커진 민원에 어떻게 대응할 것인가? |
| | 3. 놀이 중심 교육과정을 적용한 방과후과정을 어떻게 진행할지 설명해 보시오. |
| 교육실무사 | 1. 교장선생님께서 학연, 혈연과 관련된 부당한 지시를 한다면 어떻게 할 것인가? |
| | 2. 담당자가 없어서 본인이 민원인을 대응했는데 민원인이 그것을 다시 민원으로 가져왔을 경우 어떻게 대처할 것인가? |
| | 3. 코로나 바이러스와 관련된 학부모의 민원에 대해 어떻게 대응할 것인가? |

## 그 외 지역

| | |
|---|---|
| 돌봄전담사 | 1. 악성민원인을 대처하는 방법을 4가지 말해 보시오. |
| | 2. 교육공무직이 갖추어야 할 자세를 말해 보시오. |
| | 3. 학교에서 공문서의 기능 3가지를 말해 보시오. |
| | 4. 틈새돌봄교실을 어떻게 운영할 것인가? |
| | 5. 전공과 경험에 관련하여 자기소개를 해 보시오. |
| | 6. 돌봄교실에서의 위기상황에 어떻게 대처할 것인가? |
| | 7. 학부모 상담에서 가장 중요하게 생각하는 것은 무엇인가? |
| | 8. 나이스 작업을 할 수 있는가? |
| 특수교육 실무사 | 1. 어떤 자세로 일을 할 것인가? |
| | 2. 배리어 프리란 무엇인가? |
| | 3. 10년 후 본인의 모습을 예상해 본다면? |

## 5 그 외 면접 기출

- 자신이 급하게 처리해야 할 일을 하고 있는데 상사가 부당한 일을 시키면 어떻게 하겠는가? 거절을 했는데도 계속 시키면 어떻게 하겠는가?
- 교장선생님이 퇴근시간 이후에 새로운 일을 시키면 어떻게 하겠는가?
- 교장선생님이 시키신 일을 처리하는 중에 3학년 선생님이 전화해서 일을 부탁한다면 어떻게 대처하겠는가?
- 여러 선생님들이 동시에 일을 주었을 때 처리하는 순서에 대해 말해 보시오.
- 학교 근무 시 정말 하기 싫은 일을 시키면 어떻게 할 것인가?
- 동료들과 화합하고 갈등이 일어나지 않으려면 어떤 자세가 필요한가?
- 채용 후 근무 시 전문성을 키우기 위해 자기계발을 어떻게 하겠는가?
- 결혼하게 될 사람이 직장을 그만두라고 한다면?
- 지금까지 살면서 가장 힘들었던 순간과 그 순간을 극복한 사례를 말해 보시오.
- 사무부장이 타당하지 않은 일을 시키면 어떻게 하겠는가?
- 나이 어린 상사와 업무일로 의견충돌 시 어떻게 해결하겠는가?
- 동료가 다른 학교로 전보를 가기 싫어하고 나는 거리가 멀어 갈 수 없는 상황이라면 어떻게 하겠는가?
- 행정실무사가 하는 업무는 무엇인지 말해 보시오. 자존심이 상하거나 교사에게 상대적인 박탈감을 느낄 수 있는데 잘 적응할 수 있겠는가?
- 살아오면서 좋은 성과를 낸 협업 경험이나 자원봉사활동 경험이 있다면 말해 보시오.
- 학교 발전을 위해 자신이 할 수 있는 것을 3가지 말해 보시오.
- 돌봄교실에서 아이들을 지도할 때 기존 프로그램과 다르게 자신만의 프로그램을 시도해 보고 싶은 것이 있다면?
- 돌봄교실에서 급식이나 간식 준비 시 유의사항 및 고려사항에 대해 말해 보시오.
- 돌봄교실에서 신경 써야 할 안전교육을 3가지 이상 말하고, 안전사고 시 대처방안에 대해 설명하시오.
- 학부모로부터 3학년 ○○○ 학생에게 방과후 수업이 끝나면 이모 집으로 가라고 전해 달라는 전화가 온다면 어떻게 할 것인가?

- 현재 학교에 없는 방과후 프로그램을 학부모가 만들어 달라고 요청하는 경우 어떻게 하겠는가?
- 2020년 개정되는 교육과정은 놀이와 쉼 중심으로 이루어지는데 이를 어떻게 운영해야 하는가?
- 아이가 다쳤을 때 어떻게 처리해야 하는지 의식이 있을 때와 없을 때를 구분하여 말해 보시오.
- 산만한 아이가 다른 아이들의 학습을 방해한다면 어떻게 해결할 것인가? 힘들게 하는 학생이 있다면 어떻게 대처하겠는가?
- 공문서에 대해 말해 보시오. 학교업무나 공문서 처리방법이나 유의사항은 무엇이 있는가?
- 학교 공문서의 기능에 대해 3가지 말해 보시오.
- 전화 응대 방법에 대해 말해 보시오.
- 상급 근무부서에서 근무 중 전화가 오면 어떻게 받을 것인지 절차를 설명해 보시오.
- 민원인이 전화해서 자신의 업무와 상관없는 내용을 물어보면 어떻게 응대할 것인가?
- 고성이나 폭언 민원인을 상대하는 방법에 대해 말해 보시오.
- 다음 질문이 부정청탁 금품수수에 해당하는지 여부를 말해 보시오.
  - 퇴직한 교사가 선물을 받는 것
  - 교사가 5만 원 이하의 선물을 받는 것
  - 교직원 배우자의 금품수수
  - 기간제교사의 금품수수
- ○○교육청 교육공무직원 관리규정에 나오는 교육공무직의 8가지 의무 중 4가지 이상을 말해 보시오.
- ○○교육청의 교육비전, 교육지표, 교육정책을 말해 보시오.

gosinet (주)고시넷

# 교육공무직원 소양평가

| 감독관 확인란 | |
|---|---|

## 실전모의고사 1회

### 성명표기란

초성: ㄱ ㄴ ㄷ ㄹ ㅁ ㅂ ㅅ ㅇ ㅈ ㅊ ㅋ ㅌ ㅍ ㅎ

중성: ㅏ ㅑ ㅓ ㅕ ㅗ ㅛ ㅜ ㅠ ㅡ ㅣ ㅐ ㅒ ㅔ ㅖ ㅘ ㅙ ㅚ ㅝ ㅞ ㅟ ㅢ

종성: ㄱ ㄴ ㄷ ㄹ ㅁ ㅂ ㅅ ㅇ ㅈ ㅊ ㅋ ㅌ ㅍ ㅎ ㄲ ㄸ ㅃ ㅆ ㅉ ㄺ ㄻ

### 수험번호

| | | | | | |
|---|---|---|---|---|---|
| 0 | 0 | 0 | 0 | 0 | 0 |
| 1 | 1 | 1 | 1 | 1 | 1 |
| 2 | 2 | 2 | 2 | 2 | 2 |
| 3 | 3 | 3 | 3 | 3 | 3 |
| 4 | 4 | 4 | 4 | 4 | 4 |
| 5 | 5 | 5 | 5 | 5 | 5 |
| 6 | 6 | 6 | 6 | 6 | 6 |
| 7 | 7 | 7 | 7 | 7 | 7 |
| 8 | 8 | 8 | 8 | 8 | 8 |
| 9 | 9 | 9 | 9 | 9 | 9 |

### (주민등록 앞자리 생년제외) 월일

| | | | |
|---|---|---|---|
| 0 | 0 | 0 | 0 |
| 1 | 1 | 1 | 1 |
| 2 | 2 | 2 | 2 |
| 3 | 3 | 3 | 3 |
| 4 | 4 | 4 | 4 |
| 5 | 5 | 5 | 5 |
| 6 | 6 | 6 | 6 |
| 7 | 7 | 7 | 7 |
| 8 | 8 | 8 | 8 |
| 9 | 9 | 9 | 9 |

### 수험생 유의사항

※ 답안은 반드시 컴퓨터용 수성사인펜으로 보기와 같이 바르게 표기해야 합니다.
〈보기〉 ① ② ③ ❹ ⑤

※ 성명표기란 위 칸에는 성명을 한글로 쓰고 아래 칸에는 성명을 정확하게 ● 표기하십시오.
(단, 성과 이름은 붙여 씁니다)

※ 수험번호 표기란 위 칸에는 아라비아 숫자로 쓰고 아래 칸에는 숫자와 일치하게 ● 표기하십시오.

※ 출생월일은 반드시 본인 주민등록번호의 생년을 제외한 월 두 자리, 일 두 자리를 표기하십시오. 〈예〉 1994년 1월 12일 → 0112

직무능력검사

| 문번 | 답란 | 문번 | 답란 | 문번 | 답란 |
|---|---|---|---|---|---|
| 1 | ① ② ③ ④ ⑤ | 16 | ① ② ③ ④ ⑤ | 31 | ① ② ③ ④ ⑤ |
| 2 | ① ② ③ ④ ⑤ | 17 | ① ② ③ ④ ⑤ | 32 | ① ② ③ ④ ⑤ |
| 3 | ① ② ③ ④ ⑤ | 18 | ① ② ③ ④ ⑤ | 33 | ① ② ③ ④ ⑤ |
| 4 | ① ② ③ ④ ⑤ | 19 | ① ② ③ ④ ⑤ | 34 | ① ② ③ ④ ⑤ |
| 5 | ① ② ③ ④ ⑤ | 20 | ① ② ③ ④ ⑤ | 35 | ① ② ③ ④ ⑤ |
| 6 | ① ② ③ ④ ⑤ | 21 | ① ② ③ ④ ⑤ | 36 | ① ② ③ ④ ⑤ |
| 7 | ① ② ③ ④ ⑤ | 22 | ① ② ③ ④ ⑤ | 37 | ① ② ③ ④ ⑤ |
| 8 | ① ② ③ ④ ⑤ | 23 | ① ② ③ ④ ⑤ | 38 | ① ② ③ ④ ⑤ |
| 9 | ① ② ③ ④ ⑤ | 24 | ① ② ③ ④ ⑤ | 39 | ① ② ③ ④ ⑤ |
| 10 | ① ② ③ ④ ⑤ | 25 | ① ② ③ ④ ⑤ | 40 | ① ② ③ ④ ⑤ |
| 11 | ① ② ③ ④ ⑤ | 26 | ① ② ③ ④ ⑤ | 41 | ① ② ③ ④ ⑤ |
| 12 | ① ② ③ ④ ⑤ | 27 | ① ② ③ ④ ⑤ | 42 | ① ② ③ ④ ⑤ |
| 13 | ① ② ③ ④ ⑤ | 28 | ① ② ③ ④ ⑤ | 43 | ① ② ③ ④ ⑤ |
| 14 | ① ② ③ ④ ⑤ | 29 | ① ② ③ ④ ⑤ | 44 | ① ② ③ ④ ⑤ |
| 15 | ① ② ③ ④ ⑤ | 30 | ① ② ③ ④ ⑤ | 45 | ① ② ③ ④ ⑤ |

잘라서 활용하세요.

# 교육공무직원 소양평가

| 감독관 확인란 | |
|---|---|

## 연습용_실전모의고사 1회

### 성명표기란

### 수험번호

| | | | | | |
|---|---|---|---|---|---|
| ⓪ | ⓪ | ⓪ | ⓪ | ⓪ | ⓪ |
| ① | ① | ① | ① | ① | ① |
| ② | ② | ② | ② | ② | ② |
| ③ | ③ | ③ | ③ | ③ | ③ |
| ④ | ④ | ④ | ④ | ④ | ④ |
| ⑤ | ⑤ | ⑤ | ⑤ | ⑤ | ⑤ |
| ⑥ | ⑥ | ⑥ | ⑥ | ⑥ | ⑥ |
| ⑦ | ⑦ | ⑦ | ⑦ | ⑦ | ⑦ |
| ⑧ | ⑧ | ⑧ | ⑧ | ⑧ | ⑧ |
| ⑨ | ⑨ | ⑨ | ⑨ | ⑨ | ⑨ |

### (주민등록 앞자리 생년제외) 월일

| | | | |
|---|---|---|---|
| ⓪ | ⓪ | ⓪ | ⓪ |
| ① | ① | ① | ① |
| ② | ② | ② | ② |
| ③ | ③ | ③ | ③ |
| ④ | ④ | ④ | ④ |
| ⑤ | ⑤ | ⑤ | ⑤ |
| ⑥ | ⑥ | ⑥ | ⑥ |
| ⑦ | ⑦ | ⑦ | ⑦ |
| ⑧ | ⑧ | ⑧ | ⑧ |
| ⑨ | ⑨ | ⑨ | ⑨ |

### 수험생 유의사항

※ 답안은 반드시 컴퓨터용 수성사인펜으로 보기와 같이 바르게 표기해야 합니다.
〈보기〉 ① ② ③ ❹ ⑤

※ 성명표기란 위 칸에는 성명을 한글로 쓰고 아래 칸에는 성명을 정확하게 ● 표기하십시오. (단, 성과 이름은 붙여 씁니다)

※ 수험번호 표기란 위 칸에는 아라비아 숫자로 쓰고 아래 칸에는 숫자와 일치하게 ● 표기하십시오.

※ 출생월일은 반드시 본인 주민등록번호의 생년을 제외한 월 두 자리, 일 두 자리를 표기하십시오. 〈예〉 1994년 1월 12일 → 0112

| 문번 | 답란 | 문번 | 답란 | 문번 | 답란 |
|---|---|---|---|---|---|
| 1 | ① ② ③ ④ ⑤ | 16 | ① ② ③ ④ ⑤ | 31 | ① ② ③ ④ ⑤ |
| 2 | ① ② ③ ④ ⑤ | 17 | ① ② ③ ④ ⑤ | 32 | ① ② ③ ④ ⑤ |
| 3 | ① ② ③ ④ ⑤ | 18 | ① ② ③ ④ ⑤ | 33 | ① ② ③ ④ ⑤ |
| 4 | ① ② ③ ④ ⑤ | 19 | ① ② ③ ④ ⑤ | 34 | ① ② ③ ④ ⑤ |
| 5 | ① ② ③ ④ ⑤ | 20 | ① ② ③ ④ ⑤ | 35 | ① ② ③ ④ ⑤ |
| 6 | ① ② ③ ④ ⑤ | 21 | ① ② ③ ④ ⑤ | 36 | ① ② ③ ④ ⑤ |
| 7 | ① ② ③ ④ ⑤ | 22 | ① ② ③ ④ ⑤ | 37 | ① ② ③ ④ ⑤ |
| 8 | ① ② ③ ④ ⑤ | 23 | ① ② ③ ④ ⑤ | 38 | ① ② ③ ④ ⑤ |
| 9 | ① ② ③ ④ ⑤ | 24 | ① ② ③ ④ ⑤ | 39 | ① ② ③ ④ ⑤ |
| 10 | ① ② ③ ④ ⑤ | 25 | ① ② ③ ④ ⑤ | 40 | ① ② ③ ④ ⑤ |
| 11 | ① ② ③ ④ ⑤ | 26 | ① ② ③ ④ ⑤ | 41 | ① ② ③ ④ ⑤ |
| 12 | ① ② ③ ④ ⑤ | 27 | ① ② ③ ④ ⑤ | 42 | ① ② ③ ④ ⑤ |
| 13 | ① ② ③ ④ ⑤ | 28 | ① ② ③ ④ ⑤ | 43 | ① ② ③ ④ ⑤ |
| 14 | ① ② ③ ④ ⑤ | 29 | ① ② ③ ④ ⑤ | 44 | ① ② ③ ④ ⑤ |
| 15 | ① ② ③ ④ ⑤ | 30 | ① ② ③ ④ ⑤ | 45 | ① ② ③ ④ ⑤ |

직무능력검사

gosinet (주)고시넷

# 교육공무직원 소양평가

| 감독관 확인란 | |
|---|---|

## 실전모의고사 2회

### 성명표기란

### 수험번호

(주민등록 앞자리 생년제외) 월일

| 문번 | 답란 | 문번 | 답란 | 문번 | 답란 | 문번 | 답란 |
|---|---|---|---|---|---|---|---|
| 1 | ① ② ③ ④ ⑤ | 16 | ① ② ③ ④ ⑤ | 31 | ① ② ③ ④ ⑤ | 46 | ① ② ③ ④ ⑤ |
| 2 | ① ② ③ ④ ⑤ | 17 | ① ② ③ ④ ⑤ | 32 | ① ② ③ ④ ⑤ | 47 | ① ② ③ ④ ⑤ |
| 3 | ① ② ③ ④ ⑤ | 18 | ① ② ③ ④ ⑤ | 33 | ① ② ③ ④ ⑤ | 48 | ① ② ③ ④ ⑤ |
| 4 | ① ② ③ ④ ⑤ | 19 | ① ② ③ ④ ⑤ | 34 | ① ② ③ ④ ⑤ | 49 | ① ② ③ ④ ⑤ |
| 5 | ① ② ③ ④ ⑤ | 20 | ① ② ③ ④ ⑤ | 35 | ① ② ③ ④ ⑤ | 50 | ① ② ③ ④ ⑤ |
| 6 | ① ② ③ ④ ⑤ | 21 | ① ② ③ ④ ⑤ | 36 | ① ② ③ ④ ⑤ | | |
| 7 | ① ② ③ ④ ⑤ | 22 | ① ② ③ ④ ⑤ | 37 | ① ② ③ ④ ⑤ | | |
| 8 | ① ② ③ ④ ⑤ | 23 | ① ② ③ ④ ⑤ | 38 | ① ② ③ ④ ⑤ | | |
| 9 | ① ② ③ ④ ⑤ | 24 | ① ② ③ ④ ⑤ | 39 | ① ② ③ ④ ⑤ | | |
| 10 | ① ② ③ ④ ⑤ | 25 | ① ② ③ ④ ⑤ | 40 | ① ② ③ ④ ⑤ | | |
| 11 | ① ② ③ ④ ⑤ | 26 | ① ② ③ ④ ⑤ | 41 | ① ② ③ ④ ⑤ | | |
| 12 | ① ② ③ ④ ⑤ | 27 | ① ② ③ ④ ⑤ | 42 | ① ② ③ ④ ⑤ | | |
| 13 | ① ② ③ ④ ⑤ | 28 | ① ② ③ ④ ⑤ | 43 | ① ② ③ ④ ⑤ | | |
| 14 | ① ② ③ ④ ⑤ | 29 | ① ② ③ ④ ⑤ | 44 | ① ② ③ ④ ⑤ | | |
| 15 | ① ② ③ ④ ⑤ | 30 | ① ② ③ ④ ⑤ | 45 | ① ② ③ ④ ⑤ | | |

### 수험생 유의사항

※ 답안은 반드시 컴퓨터용 수성사인펜으로 보기와 같이 바르게 표기해야 합니다.
〈보기〉 ① ② ③ ❹ ⑤

※ 성명표기란 위 칸에는 성명을 한글로 쓰고 아래 칸에는 성명을 정확하게 ● 표기하십시오.
(단, 성과 이름은 붙여 씁니다)

※ 수험번호 표기란 위 칸에는 아라비아 숫자로 쓰고 아래 칸에는 숫자와 일치하게 ● 표기하십시오.

※ 출생월일은 반드시 본인 주민등록번호의 생년을 제외한 월 두 자리, 일 두 자리를 표기하십시오. 〈예〉 1994년 1월 12일 → 0112

잘라서 활용하세요.

직무능력검사

gosinet (주)고시넷

# 교육공무직원 소양평가

| 감독관 확인란 | |
|---|---|

## 연습용_실전모의고사 2회

성명표기란

| | | | | | | | | | | | |
|---|---|---|---|---|---|---|---|---|---|---|---|
| ㄱ | ㅏ | ㄱ | ㄱ | ㅏ | ㄱ | ㄱ | ㅏ | ㄱ | ㄱ | ㅏ | ㄱ |
| ㄴ | ㅑ | ㄴ | ㄴ | ㅑ | ㄴ | ㄴ | ㅑ | ㄴ | ㄴ | ㅑ | ㄴ |
| ㄷ | ㅓ | ㄷ | ㄷ | ㅓ | ㄷ | ㄷ | ㅓ | ㄷ | ㄷ | ㅓ | ㄷ |
| ㄹ | ㅕ | ㄹ | ㄹ | ㅕ | ㄹ | ㄹ | ㅕ | ㄹ | ㄹ | ㅕ | ㄹ |
| ㅁ | ㅗ | ㅁ | ㅁ | ㅗ | ㅁ | ㅁ | ㅗ | ㅁ | ㅁ | ㅗ | ㅁ |
| ㅂ | ㅛ | ㅂ | ㅂ | ㅛ | ㅂ | ㅂ | ㅛ | ㅂ | ㅂ | ㅛ | ㅂ |
| ㅅ | ㅜ | ㅅ | ㅅ | ㅜ | ㅅ | ㅅ | ㅜ | ㅅ | ㅅ | ㅜ | ㅅ |
| ㅇ | ㅠ | ㅇ | ㅇ | ㅠ | ㅇ | ㅇ | ㅠ | ㅇ | ㅇ | ㅠ | ㅇ |
| ㅈ | ㅡ | ㅈ | ㅈ | ㅡ | ㅈ | ㅈ | ㅡ | ㅈ | ㅈ | ㅡ | ㅈ |
| ㅊ | ㅣ | ㅊ | ㅊ | ㅣ | ㅊ | ㅊ | ㅣ | ㅊ | ㅊ | ㅣ | ㅊ |
| ㅋ | ㅐ | ㅋ | ㅋ | ㅐ | ㅋ | ㅋ | ㅐ | ㅋ | ㅋ | ㅐ | ㅋ |
| ㅌ | ㅒ | ㅌ | ㅌ | ㅒ | ㅌ | ㅌ | ㅒ | ㅌ | ㅌ | ㅒ | ㅌ |
| ㅍ | ㅔ | ㅍ | ㅍ | ㅔ | ㅍ | ㅍ | ㅔ | ㅍ | ㅍ | ㅔ | ㅍ |
| ㅎ | ㅖ | ㅎ | ㅎ | ㅖ | ㅎ | ㅎ | ㅖ | ㅎ | ㅎ | ㅖ | ㅎ |
| | ㅘ | | ㄲ | ㅘ | ㄲ | ㄲ | ㅘ | ㄲ | ㄲ | ㅘ | ㄲ |
| | ㅙ | | ㄸ | ㅙ | ㄸ | ㄸ | ㅙ | ㄸ | ㄸ | ㅙ | ㄸ |
| | ㅚ | | ㅃ | ㅚ | ㅃ | ㅃ | ㅚ | ㅃ | ㅃ | ㅚ | ㅃ |
| | ㅝ | | ㅆ | ㅝ | ㅆ | ㅆ | ㅝ | ㅆ | ㅆ | ㅝ | ㅆ |
| | ㅞ | | ㅉ | ㅞ | ㅉ | ㅉ | ㅞ | ㅉ | ㅉ | ㅞ | ㅉ |
| | ㅟ | | | ㅟ | ㄺ | | ㅟ | ㄺ | | ㅟ | ㄺ |
| | ㅢ | | | ㅢ | ㄻ | | ㅢ | ㄻ | | ㅢ | ㄻ |

수험번호

| | | | | | |
|---|---|---|---|---|---|
| 0 | 0 | 0 | 0 | 0 | 0 |
| 1 | 1 | 1 | 1 | 1 | 1 |
| 2 | 2 | 2 | 2 | 2 | 2 |
| 3 | 3 | 3 | 3 | 3 | 3 |
| 4 | 4 | 4 | 4 | 4 | 4 |
| 5 | 5 | 5 | 5 | 5 | 5 |
| 6 | 6 | 6 | 6 | 6 | 6 |
| 7 | 7 | 7 | 7 | 7 | 7 |
| 8 | 8 | 8 | 8 | 8 | 8 |
| 9 | 9 | 9 | 9 | 9 | 9 |

(주민등록 앞자리 생년제외) 월일

| | | | |
|---|---|---|---|
| 0 | 0 | 0 | 0 |
| 1 | 1 | 1 | 1 |
| 2 | 2 | 2 | 2 |
| 3 | 3 | 3 | 3 |
| 4 | 4 | 4 | 4 |
| 5 | 5 | 5 | 5 |
| 6 | 6 | 6 | 6 |
| 7 | 7 | 7 | 7 |
| 8 | 8 | 8 | 8 |
| 9 | 9 | 9 | 9 |

수험생 유의사항

※ 답안은 반드시 컴퓨터용 수성사인펜으로 보기와 같이 바르게 표기해야 합니다.
〈보기〉 ① ② ③ ❹ ⑤

※ 성명표기란 위 칸에는 성명을 한글로 쓰고 아래 칸에는 성명을 정확하게 ● 표기하십시오. (단, 성과 이름은 붙여 씁니다)

※ 수험번호 표기란 위 칸에는 아라비아 숫자로 쓰고 아래 칸에는 숫자와 일치하게 ● 표기하십시오.

※ 출생월일은 반드시 본인 주민등록번호의 생년을 제외한 월 두 자리, 일 두 자리를 표기하십시오. 〈예〉 1994년 1월 12일 → 0112

| 문번 | 답란 | 문번 | 답란 | 문번 | 답란 | 문번 | 답란 |
|---|---|---|---|---|---|---|---|
| 1 | ① ② ③ ④ ⑤ | 16 | ① ② ③ ④ ⑤ | 31 | ① ② ③ ④ ⑤ | 46 | ① ② ③ ④ ⑤ |
| 2 | ① ② ③ ④ ⑤ | 17 | ① ② ③ ④ ⑤ | 32 | ① ② ③ ④ ⑤ | 47 | ① ② ③ ④ ⑤ |
| 3 | ① ② ③ ④ ⑤ | 18 | ① ② ③ ④ ⑤ | 33 | ① ② ③ ④ ⑤ | 48 | ① ② ③ ④ ⑤ |
| 4 | ① ② ③ ④ ⑤ | 19 | ① ② ③ ④ ⑤ | 34 | ① ② ③ ④ ⑤ | 49 | ① ② ③ ④ ⑤ |
| 5 | ① ② ③ ④ ⑤ | 20 | ① ② ③ ④ ⑤ | 35 | ① ② ③ ④ ⑤ | 50 | ① ② ③ ④ ⑤ |
| 6 | ① ② ③ ④ ⑤ | 21 | ① ② ③ ④ ⑤ | 36 | ① ② ③ ④ ⑤ | | |
| 7 | ① ② ③ ④ ⑤ | 22 | ① ② ③ ④ ⑤ | 37 | ① ② ③ ④ ⑤ | | |
| 8 | ① ② ③ ④ ⑤ | 23 | ① ② ③ ④ ⑤ | 38 | ① ② ③ ④ ⑤ | | |
| 9 | ① ② ③ ④ ⑤ | 24 | ① ② ③ ④ ⑤ | 39 | ① ② ③ ④ ⑤ | | |
| 10 | ① ② ③ ④ ⑤ | 25 | ① ② ③ ④ ⑤ | 40 | ① ② ③ ④ ⑤ | | |
| 11 | ① ② ③ ④ ⑤ | 26 | ① ② ③ ④ ⑤ | 41 | ① ② ③ ④ ⑤ | | |
| 12 | ① ② ③ ④ ⑤ | 27 | ① ② ③ ④ ⑤ | 42 | ① ② ③ ④ ⑤ | | |
| 13 | ① ② ③ ④ ⑤ | 28 | ① ② ③ ④ ⑤ | 43 | ① ② ③ ④ ⑤ | | |
| 14 | ① ② ③ ④ ⑤ | 29 | ① ② ③ ④ ⑤ | 44 | ① ② ③ ④ ⑤ | | |
| 15 | ① ② ③ ④ ⑤ | 30 | ① ② ③ ④ ⑤ | 45 | ① ② ③ ④ ⑤ | | |

## 고용보건복지_NCS

## SOC_NCS

## 금융_NCS

저마다의 일생에는,

특히 그 일생이 동터 오르는 여명기에는

모든 것을 결정짓는 한 순간이 있다.

그 순간을 다시 찾아내는 것은 어렵다.

그것은 다른 수많은 순간들의 퇴적 속에

깊이 묻혀있다.

– 장 그르니에, 섬 LES ILES

최단기 완성

2021

고시넷

# 전국 시·도 교육청
# 교육공무직원
# 소양평가

각 교육청 실제시험 분석 제공

2쇄

{직무능력검사+인성검사+면접}

★언어논리력+수리력+공간지각력+문제해결력+이해 및 관찰탐구력

전라북도교육청, 대전광역시교육청, 충청남도교육청, 경상북도교육청, 경상남도교육청, 부산광역시교육청, 울산광역시교육청, 인천광역시교육청 등

## 정답과 해설

gosinet
(주)고시넷

모듈형, 피셋형, 피듈형이 뭐야?

# 피듈형 초록이 통합 기본서

핵심이론 & 대표 유형

워크북 핵심 이론
교과서 밖 유형
- NCS 직업기초능력평가 정복-

**분책 1** 의사소통능력
수리능력
문제해결능력
자원관리능력

**분책 2** 조직이해능력
정보능력
기술능력
자기개발능력
대인관계능력
직업윤리

**분책 3** 정답과 해설

최단기 완성

고시넷

# 전국 시·도 교육청 교육공무직원 소양평가

## 각 교육청 실제시험 분석 제공

2쇄

{직무능력검사+인성검사+면접}

★언어논리력+수리력+공간지각력+문제해결력+이해 및 관찰탐구력

전라북도교육청, 대전광역시교육청, 충청남도교육청, 경상북도교육청, 경상남도교육청, 부산광역시교육청, 울산광역시교육청, 인천광역시교육청 등

## 정답과 해설

gosinet
(주)고시넷

# 파트1 언어논리력

## 01 어휘/문법

| 테마 2 출제유형문제연습 | | | | | | | | | 문제48쪽 |
|---|---|---|---|---|---|---|---|---|---|
| 01 | ③ | 02 | ① | 03 | ② | 04 | ⑤ | 05 | ④ |
| 06 | ③ | 07 | ① | 08 | ④ | 09 | ④ | 10 | ④ |
| 11 | ① | 12 | ③ | 13 | ② | 14 | ② | 15 | ② |
| 16 | ③ | 17 | ③ | 18 | ① | 19 | ② | 20 | ④ |
| 21 | ④ | 22 | ④ | 23 | ⑤ | | | | |

### 01 어법 어법에 맞지 않는 문장 찾기

|정답| ③

|해설| '그럼 다음 주 수요일에 뵈어요.' 혹은 '그럼 다음 주 수요일에 봬요.'로 고쳐야 한다. '봬'는 '뵈+어'로, '뵈어요'의 준말은 '봬요'로 쓴다.

|오답풀이|

① '-적'은 '동작이 진행되거나 그 상태가 나타나 있는 때, 또는 지나간 어떤 때'를 나타낼 때 쓰이는 의존명사이다. 따라서 앞말과 띄어써야 한다.

② 두 개의 형태소 또는 단어가 합쳐져 합성 명사를 이룰 때 앞말의 음운과 상관없이 뒷말이 모음 'ㅣ'나 반모음 'ㅣ[j]'로 시작할 때, 'ㄴㄴ' 소리가 덧나는 것은 사잇소리를 적는다. (나무 + 잎 → 나뭇잎)

④ '-ㄹ지'는 추측에 대한 막연한 의문이 있는 채로 그것을 뒤 절의 사실이나 판단과 관련시키는 데 쓰이는 연결어미이다. 따라서 앞말과 붙여서 써야 한다.

⑤ '틀리다'와 '다르다'는 혼동하기 쉽지만, '틀리다'는 '셈이나 사실 따위가 어긋나다.'는 뜻이고, '다르다'는 '비교가 되는 두 대상이 서로 같지 아니하다.'는 의미이다. 이 선택지에서는 두 대상을 서로 비교하고 있고, 그 둘이 같지 않다는 뜻을 나타내므로 '다르다'를 써야 한다.

### 02 어법 바른 문장 찾기

|정답| ①

|해설| '같이'는 '함께'라는 의미로 쓰여진 부사이기 때문에 띄어 쓴다. 그러나 명사 다음에 위치하여 '앞말의 특징처럼'이라는 의미의 조사로 쓰이는 경우에는 붙여 써야 한다.

|오답풀이|

② 서울에서 부터 → 서울에서부터 : '부터'는 조사이므로 앞말인 '서울에서'에 붙여 쓴다.

③ 4년동안 → 4년 동안 : 4년의 '년'은 의존명사이고, 마찬가지로 '동안'도 명사이므로 띄어 쓴다.

④ 두사람 → 두 사람 : '두'는 수 관형사이므로 뒤에 오는 명사와 띄어 쓴다.

⑤ 말한바를 → 말한 바를 : 의존 명사는 앞 말과 띄어 써야 하므로 '말한바를'에서 '말한'과 '바를'을 띄어 써야 한다.

### 03 어법 외래어 표기법 적용하기

|정답| ②

|해설| siren－사이렌

|오답풀이|

① union－유니언 ③ mechanism－메커니즘
④ yellow－옐로 ⑤ clinic－클리닉

### 04 어법 문장 구조 파악하기

|정답| ⑤

|해설| 일기 예보를 듣고 아침에 널었던 빨래를 얼른 걷었다.
선행 종속절 관형절

이 문장은 종속적으로 이어진 문장이며 '아침에 널었던'은 '빨래'를 꾸며주는 관형절에 해당하므로 안은 문장과 이어진 문장이 모두 쓰였다.

|오답풀이|

①, ② 주절과 종속절은 모두 주어 '나'가 생략되었다.

③, ④ 위 문장에서 용언은 '듣다'와 '널다', '걷다'인데 모두 목적어만을 가질 뿐 수식하는 절은 없다.

### 05 어법 시제 이해하기

|정답| ④

|해설| 절대시제는 발화시를 기준으로 결정되며 문장의 종결형에서 결정되는 시제이다. 〈보기〉에서 책을 읽는 사건은 발화시보다 먼저 일어난 일이므로 과거시제이다.

상대시제는 사건시를 기준으로 결정되며 관형형에서 결정되는 시제로서, 〈보기〉에서 책을 읽는 사건이 발생한 것은 현재시제이다.

## 06 단어의미 글의 흐름에 맞는 어휘 고르기

| 정답 | ③

| 해설 | '원인, 빌미, 기인'은 모두 어떤 일을 일어나게 하는 것을 말하므로 모두 비슷한 의미로 쓰인다. 하지만 직접적으로 문장에 넣어 문장을 완성했을 때 문맥상 가장 적절한 것은 '빌미'이다.

| 오답풀이 |

④ 기인은 주로 '~에 기인하다, ~에 기인되다'의 형태로 쓰인다.

## 07 단어의미 글의 흐름에 맞는 어휘 고르기

| 정답 | ①

| 해설 | • 그 스님은 궁극적인 진리를 개안하신 분이다.

• 생활한복은 현대인이 편리하게 생활할 수 있도록 고안하여 만들어졌다.
• 시험에 합격하기 위해 고간으로 기도하고 있다.
• 집안이 간고하여 아르바이트로 학비를 충당하고 있다.
• 나는 간고를 이겨내고 이 분야 최고의 인물이 될 것이다.

① 개간(開墾) : 거친 땅이나 버려 둔 땅을 일구어 논밭이나 쓸모 있는 땅으로 만듦.

## 08 단어의미 단어의 사전적 의미 파악하기

| 정답 | ④

| 해설 | '찐덥다'는 '남을 대하기가 마음에 흐뭇하고 만족스럽다'. '마음에 거리낌 없고 떳떳하다.'를 의미한다.

## 09 사자성어 내용에 맞는 사자성어 파악하기

| 정답 | ④

| 해설 | 견문발검(見蚊拔劍) : 모기를 보고 칼을 뺀다는 뜻으로, 보잘것없는 작은 일에 지나치게 큰 대책을 세우거나 조그만 일에 화를 내는 소견(所見)이 좁은 사람을 말한다.

| 오답풀이 |

① 구곡간장(九曲肝腸) : 굽이굽이 서린 창자라는 뜻으로, 깊은 마음속 또는 시름이 쌓인 마음속을 비유적으로 이르는 말

② 낙화유수(落花流水) : 떨어지는 꽃과 흐르는 물이라는 뜻으로, 가는 봄의 경치를 이르는 말

③ 원수근화(遠水近火) : 먼 데 있는 물은 가까운 불을 끄는 데는 쓸모가 없다. 즉, 멀리 있는 것은 급할 때 소용없음을 이르는 말

⑤ 형설지공(螢雪之功) : 반딧불 · 눈과 함께 하는 노력이라는 뜻으로, 고생을 하면서 부지런하고 꾸준하게 공부하는 자세를 이르는 말

## 10 사자성어 내용에 맞는 사자성어 파악하기

| 정답 | ④

| 해설 | '용두사미(龍頭蛇尾)'는 용의 머리와 뱀의 꼬리라는 뜻으로 처음은 좋지만 끝이 좋지 않음을 이르는 말이다. 따라서 빈칸에 들어가기에 가장 적합하다.

| 오답풀이 |

① 계란유골(鷄卵有骨) : 달걀에도 뼈가 있다는 뜻으로, 운수가 나쁜 사람은 모처럼 좋은 기회를 만나도 역시 일이 잘 안됨을 이르는 말이다.

② 오비이락(烏飛梨落) : 까마귀 날자 배 떨어진다는 뜻으로, 아무 관계도 없이 한 일이 공교롭게도 때가 같아 억울하게 의심을 받거나 난처한 위치에 서게 됨을 이르는 말이다.

③ 유유상종(類類相從) : 같은 무리끼리 서로 사귐의 의미이다.

## 11 사자성어 내용에 맞는 사자성어 파악하기

| 정답 | ①

| 해설 | '호가호위'는 '여우가 호랑이의 위세를 빌려 호기를 부린다'는 뜻으로, 남의 세력을 빌려 위세를 부린다는 뜻이다.

| 오답풀이 |

② 호시탐탐 : '범이 먹이를 노린다'는 뜻으로, 기회를 노리며 형세를 살피는 상태를 비유하는 뜻이다.

③ 호각지세 : 서로 조금도 낫고 못함이 없는 자세라는 뜻이다.

④ 호연지기 : 도의에 근거를 두고 굽히거나 흔들리지 않는 바르고 큰 마음이라는 뜻이다.

## 12 단어관계 단어관계 유추하기

| 정답 | ③

| 해설 | 콜라와 사이다는 (탄산)음료의 하위어, 엄지와 검지는 손가락의 구성요소, 육군과 해군은 군대의 구성요소, 돼지와 양은 포유류의 하위어이므로 ①, ②, ④, ⑤는 각각 동위관계이다. 그러나 용해는 어떤 물질이 액체 속에서 녹아 용액이 만들어지는 화학 과정을 말하므로 동위관계가 아니다.

## 13 단어관계 단어관계 유추하기

| 정답 | ②

| 해설 | 기우와 노파심, 영향과 여파, 탐닉과 몰입, 보조개와 볼우물은 모두 유의관계가 성립하지만 교환과 환불은 서로 유의관계가 아니므로 나머지와 상관관계가 다르게 연결되었다.

## 14 단어관계 단어관계 유추하기

| 정답 | ②

| 해설 | 한자성어와 그 뜻에 관련된 것을 연결하는 문제로, 천붕지통(天崩之痛)은 임금이나 아버지를 잃은 슬픔을, 백아파금(伯牙破琴)은 절친한 벗의 죽음을 슬퍼함을 뜻한다.

| 오답풀이 |

① 서하지통(西河之痛) : 부모가 자식을 잃은 슬픔

③ 할반지통(割半之痛) : 형제나 자매를 잃은 슬픔

④ 고분지통(叩盆之痛) : 아내를 잃은 슬픔

⑤ 붕성지통(崩城之痛) : 남편을 잃은 슬픔

## 15 단어관계 단어관계 유추하기

| 정답 | ②

| 해설 | 계절과 그에 해당하는 절기를 연결하는 것으로, 봄에 해당하는 절기는 곡우(穀雨)이다.

## 16 단어관계 단어관계 유추하기

| 정답 | ③

| 해설 | '성김'은 공간적으로 사이가 뜬 것을 의미하고, '빽빽함'은 사이가 비좁고 촘촘한 것을 가리킨다. 따라서 이 두 단어의 관계는 반의관계이다. 그러나 '넉넉하다－푼푼하다'는 두 단어 모두 '여유가 있고 넉넉하다'의 뜻으로 유의관계이다.

## 17 단어관계 단어관계 유추하기

| 정답 | ③

| 해설 | ㉠에서의 연주자는 오케스트라에서 최고의 실력과 기량을 갖춘 전문가이고, ㉡에서의 청중은 그러한 연주자들이 연주하는 최고의 연주를 듣는 일반 대중 · 관객을 뜻하므로, 교수와 학생 관계가 가장 비슷하다고 볼 수 있다.

| 오답풀이 |

① · ② 반의관계

④ 동종관계

⑤ 재료－결과물관계(럼주는 사탕수수를 발효하여 증류한 술)

## 18 유의어 유의어 파악하기

| 정답 | ①

| 해설 | '선양'이란 단어에서 가장 먼저 연상되는 말은 '국위선양'일 것이다. 이는 국가 원수가 외교적 성과를 거둔 경우 '국위를 선양하였다'는 식으로 사용되곤 한다. 그렇다면 선양은 어떤 가치나 명예 등을 드높여 널리 알린다는 의미로 쓰이고 있음을 짐작할 수 있다.

- 선양(宣揚) : 명성이나 권위 등을 널리 떨치게 함.
- 고취(鼓吹) : 의견이나 사상 등을 열렬히 주장하여 불어넣음.

| 오답풀이 |

② 선전(宣傳) : 주의나 주장, 사물의 존재, 효능 등을 많은 사람이 알고 이해하도록 잘 설명하여 널리 알림.

③ 고무(鼓舞) : 힘을 내도록 격려하여 용기를 북돋움.

④ 발전(發展) : 더 낫고 좋은 상태 또는 더 높은 단계로 나아감.

⑤ 독려(督勵) : 감독하며 격려함.

## 19 다의어 다의어 파악하기

| 정답 | ②

| 해설 | 제시된 문장에서의 '나누다'는 '말이나 이야기, 인사 따위를 주고받다'의 의미로 사용되었다. 이와 같은 의미로 사용된 것은 ②의 '소외된 이웃과 따뜻한 정을 나눕시다'의 '나누다'이다.

| 오답풀이 |

① 음식 따위를 함께 먹거나 갈라먹다.

③ 즐거움이나 고통, 고생 따위를 함께하다.

④ 같은 핏줄을 타고나다.

⑤ 몫을 분배하다.

## 20 다의어 다의어 파악하기

| 정답 | ④

| 해설 | 제시된 문장에서 초인종을 누르는 것과 ④에서 피아노 건반을 누르는 것은 '물체의 전체 면이나 부분에 대하여 힘이나 무게를 가하다'는 의미로 쓰였음을 알 수 있다.

| 오답풀이 |

① 자신의 감정이나 생각을 밖으로 드러내지 않고 참다.

② 경기나 경선 등에서 상대를 제압하여 이기다.

③ 계속 머물다.

⑤ 마음대로 행동하지 못하도록 힘이나 규제를 가하다.

## 21 반의어 반의어 파악하기

| 정답 | ④

| 해설 | 제시된 단어와 상대 또는 반대되는 단어를 고르는 문제로 기본적인 형태의 문제이다. '면밀하다'는 예컨대 '면밀한 조사가 필요하다'와 같이 철저하고 빈틈이 없다는 의미이다. 따라서 선택지 중에서 이와 반대되는 느낌인 것을 고르면 빈틈이 있고 부족한 느낌을 주는 '엉성하다'이다.

• 면밀하다 : 자세하고 빈틈이 없다.

• 엉성하다 : 꽉 짜이지 아니하여 어울리는 맛이 없고 빈틈이 있다.

| 오답풀이 |

① 독실하다 : 믿음이 두텁고 성실하다(유 두텁다, 극진하다).

② 세밀하다 : 자세하고 꼼꼼하다(유 치밀하다, 잘다, 상세하다 / 반 조악하다, 조잡하다).

③ 초라하다 : 겉모양이나 옷차림이 궁상스럽다(유 볼품없다, 허술하다 / 반 화려하다, 성대하다).

⑤ 팽팽하다 : 줄 등이 늘어지지 않고 힘 있게 곧게 펴져서 튀기는 힘이 있다.

## 22 다의어 다의어 파악하기

| 정답 | ④

| 해설 | 동사 '밀다'는 다음과 같은 뜻으로도 활용된다.

① 어떤 지위를 맡도록 내세우거나 지지하다.

② 허물거나 깎아서 없애다.

③ 눌러서 얇게 펴다.

⑤ 바닥이 반반해지도록 연장으로 눌러 문지르다.

## 23 다의어 다의어 파악하기

| 정답 | ⑤

| 해설 | 동사 '얻다'는 다음과 같은 뜻으로도 활용된다.

① 긍정적인 태도 · 반응 · 상태 따위를 가지거나 누리다.

② 병을 앓게 되다.

③ 집이나 방 따위를 빌리다.

④ 사위, 며느리, 자식, 남편, 아내 등을 맞다.

| 테마 3 기출예상문제 | | | | | | | | | 문제56쪽 |
|---|---|---|---|---|---|---|---|---|---|
| 01 | ① | 02 | ② | 03 | ① | 04 | ② | 05 | ⑤ |
| 06 | ③ | 07 | ⑤ | 08 | ③ | 09 | ② | 10 | ② |
| 11 | ③ | 12 | ④ | 13 | ② | 14 | ④ | 15 | ④ |
| 16 | ① | 17 | ③ | 18 | ⑤ | 19 | ② | 20 | ③ |
| 21 | ③ | 22 | ④ | 23 | ③ | | | | |

## 01 어법 띄어쓰기 적용하기

| 정답 | ①

| 해설 | 착하디 착한 → 착하디착한 : '-디'를 취하는 말은 첩어로 보고, 붙여 쓴다.

㉮ 흔하디흔한, 예쁘디예쁜, 곱디고운, 맑디맑은

## 02 어법 바른 높임 표현 알기

| 정답 | ②

| 해설 | '수고하다'는 일을 하느라 애를 쓰는 것을 의미한다. 따라서 '수고하십시오.'는 고생하라는 의미이므로 올바른 높임 표현이 아니다. 퇴근할 때 상사나 동료가 남아 있는 경우에는 '먼저 실례합니다.', '먼저 나가겠습니다.' 등으로 인사한다.

## 03 어법 틀린 단어 찾기

| 정답 | ①

| 해설 | 집산지로써 → 집산지로서 : '~로서'는 지위나 신분, 자격을 나타낼 때, '~로써'는 재료나 원료, 수단이나 도구, 방법을 나타낼 때 사용한다. 지문에서는 '부산은 수산물의 집산지이다'와 같이 문맥상 '부산'의 자격을 뜻하고 있으므로 격조사 '~로서'를 붙이는 것이 옳다.

| 오답풀이 |

② 어문규정 제31항을 보면 두 말이 어울릴 적에 'ㅂ' 소리나 'ㅎ' 소리가 덧나는 것은 소리대로 적는다고 하였다. '살'과 '고기'가 결합할 때 [살고기]가 아니라 [살코기]가 되는데 이때도 소리 나는 대로 '살코기'로 적는다.

③ '조리다'와 '졸이다'는 구별하여 사용해야 한다. '조리다'는 '고기, 생선 등을 양념하여 바특하게 바짝 끓이다'의 뜻이고, '졸이다'는 '물이 증발하여 분량이 적어지다' 또는 '속을 태우다시피 마음을 초조하게 먹다'의 뜻이다.

## 04 어법 맞춤법 규정 적용하기

| 정답 | ②

| 해설 | ㉠ '히읗'의 '읗' 받침이 'ㅎ'이므로, 음절의 끝소리 규칙에 따라 'ㅎ'이 'ㄷ'으로 바뀌어 [히읃]으로 발음된다.

㉣ '웃옷'은 '웃'의 받침 'ㅅ' 뒤에 실질적인 뜻을 지닌 '옷'이 나온 형태이므로, 음절의 끝소리 규칙을 적용한 후 다음 음절의 첫소리로 발음하여 [우돋]이 된다.

| 오답풀이 |

㉡ '빗으로'는 '빗' 뒤에 조사 '~으로'가 붙은 형태이므로, 받침이 온전히 발음되어 [비스로]가 된다.

㉢ '부엌'의 '엌' 받침이 'ㅋ'이므로 음절의 끝소리 규칙에 따라 'ㅋ'이 'ㄱ'으로 바뀌어 [부억]으로 발음된다.

## 05 어법 외래어 표기법 적용하기

| 정답 | ⑤

| 해설 | Baton은 '바톤'이 아닌 '배턴'으로 표기하며, 복수 외래어 표기로써 '바통'도 인정된다.

## 06 단어의미 단어의 사전적 의미 파악하기

| 정답 | ③

| 해설 | 타개(打開)란 매우 어렵거나 막힌 일을 잘 처리하여 해결의 길을 연다는 뜻으로 '경제 불황 타개를 위한 각종 대안이 제시되고 있다.'와 같이 쓰인다.

| 오답풀이 |

① 모면(謀免)에 대한 뜻으로 '그는 수사관의 날카로운 질문에 적절한 응변으로 대처하여 위기를 모면하였다.'와 같이 쓰인다.

② 타파(打破)에 대한 뜻으로 '허균은 홍길동이란 영웅을 통해 당대의 정치적 모순을 타파하고 이상향을 건설하려 했던 자신의 이상을 내비쳤다.'와 같이 쓰인다.

④ 회피(回避)에 대한 뜻으로 '사고의 원인을 제공하고 회피해 버리는 도피적 행동은 조속히 없어져야 한다.'와 같이 쓰인다.

⑤ 탈출(脫出)에 대한 뜻으로 '불이 난 건물 안에 있던 두 사람은 문을 부서뜨리고 밖으로 탈출하였다.'와 같이 쓰인다.

## 07 단어의미 단어의 사전적 의미 파악하기

| 정답 | ⑤

| 해설 | 경질(更迭)은 어떤 직위에 있는 사람을 다른 사람으로 바꾸는 것을 의미하며, '비서실장의 경질 사유를 밝힌다.'와 같이 쓰인다.

| 오답풀이 |

① 강등(降等)에 대한 뜻으로 '지난번 사고 이후 책임자는 한 계급 강등되었다.'와 같이 쓰인다.

② 좌천(左遷)에 대한 뜻으로 '서기들한테는 책임을 물어 지방으로 좌천시켰다.'와 같이 쓰인다.

③ 이전(移轉)에 대한 뜻으로 '소유권 이전을 받다.'와 같이 쓰인다.

④ 퇴진(退陣)에 대한 뜻으로 '경영진 퇴진 운동을 전개하다.'와 같이 쓰인다.

## 08 유의어 유의어 파악하기

| 정답 | ③

| 해설 | '접촉(接觸)'은 '서로 맞닿음'을 의미한다.

| 오답풀이 |

① 접선(接線) : 어떤 목적을 위하여 비밀리에 만남.

② 접착(接着) : 두 물체의 표면이 접촉하여 떨어지지 아니하게 됨.

④ 접합(接合) : 한데 대어 붙임.

⑤ 접목(接木) : 둘 이상의 다른 현상 등을 알맞게 조화하게 함.

## 09 단어의미 글의 흐름에 맞는 어휘 고르기

| 정답 | ②

| 해설 | ㉠ 老人(늙을 노(로), 사람 인)

㉡ 白髮(흰 백, 터럭 발)

| 오답풀이 |

① ㉠ : 靑年(푸를 청, 해 년(연))

㉡ : 白髮(흰 백, 터럭 발)

③ ㉠ : 子息(아들 자, 쉴 식)

㉡ : 長髮(길 장, 터럭 발)

④ ㉠ : 停年(머무를 정, 해 년(연))

㉡ : 潔白(깨끗할 결, 흰 백)

⑤ ㉠ : 老人(늙을 노(로), 사람 인),

㉡ : 白旗(흰 백, 기 기)

## 10 단어관계 단어관계 유추하기

| 정답 | ②

| 해설 | 급등은 물가 · 시세 등이 갑자기 오른다는 뜻이고, 급락은 물가 · 시세 등이 급격히 떨어진다는 뜻이므로 반의 관계이다. 곤궁은 가난하고 구차하다, 부유는 재물이 많고 생활이 풍요롭다는 의미로 서로 반의관계에 있다.

## 11 단어관계 단어관계 유추하기

| 정답 | ③

| 해설 | 오른쪽의 단어가 왼쪽 단어에 포함되는 관계다. 문방사우(文房四友)는 종이, 붓, 먹, 벼루의 네 가지 문방구를 가리키는 말이다. 세한삼우(歲寒三友)는 추운 겨울철의 세 벗이라는 뜻으로 추위에 잘 견디는 소나무, 대나무, 매화나무를 통틀어 이른다.

| 오답풀이 |

① 사시사철(四時四－) : 봄 · 여름 · 가을 · 겨울 네 철 내내의 동안

② 엄동설한(嚴冬雪寒) : 눈 내리는 깊은 겨울의 심한 추위

④ 관포지교(管鮑之交) : 우정이 아주 돈독한 친구 관계를 이르는 말

⑤ 백해무익(百害無益) : 해롭기만 하고 하나도 이로운 바가 없음.

## 12 단어관계 단어관계 유추하기

|정답| ④

|해설| 다른 선택지들은 모두 기생관계에 있지만 청설모와 도토리는 공생관계에 있으므로 나머지와 상관관계가 다르게 연결되었다. 도토리는 청설모의 식량이고, 청설모가 먹다 남긴 도토리의 일부에서 참나무가 자란다.

## 13 사자성어 내용에 맞는 사자성어 파악하기

|정답| ②

|해설| 표리부동(表裏不同) : 겉으로 드러나는 언행과 속으로 가지는 생각이 다름.

|오답풀이|

① 호형호제(呼兄呼弟) : 서로 형이니 아우니 하고 부른다는 뜻으로, 매우 가까운 친구로 지냄.

③ 간담상조(肝膽相照) : 간과 쓸개를 서로 비춰 보인다는 뜻으로, 서로 속마음을 털어놓고 친하게 사귐.

④ 붕우유신(朋友有信) : 친구와 친구 사이의 도리는 믿음에 있음.

⑤ 막역지간(莫逆之間) : 막역한 벗의 사이

## 14 유의어 유의어 파악하기

|정답| ④

|해설| 결지(決志) = 결의(決意) : 뜻을 정하여 굳게 마음을 먹음.

|오답풀이|

① 결기(−氣) : 못마땅한 것을 참지 못하고 성을 내거나 왈칵 행동하는 성미

② 결사(決死) : 죽기를 각오하고 있는 힘을 다할 것을 결심함.

③ 결손(缺損) : 어느 부분이 없거나 잘못되어서 불완전함.

⑤ 결원(缺員) : 사람이 빠져 정원에 차지 않고 빔. 또는 그런 인원

## 15 유의어 유의어 파악하기

|정답| ④

|해설| • 청렴(淸廉) : 성품과 행실이 높고 맑으며 탐욕이 없음.

• 강직(剛直) : 마음이 꼿꼿하고 곧음.

|오답풀이|

① 고상(高尙) : 품위나 몸가짐의 수준이 높고 훌륭함.

② 숭고(崇高) : 뜻이 높고 고상함.

③ 소박(素朴) : 꾸밈이나 거짓이 없고 수수함.

⑤ 숭앙(崇仰) : 공경하여 우러러 봄.

## 16 단어관계 단어관계 유추하기

|정답| ①

|해설| '대책(對策)'은 '어떤 일에 대처할 계획이나 수단'을 의미하고, '방책(方策)'은 '방법과 꾀를 아울러 이르는 말'을 의미하므로 두 단어는 유의어이다. 이와 비슷한 관계를 보이는 것은 ①이다.

• 방해(妨害) : 남의 일을 간섭하고 막아 해를 끼침.

• 훼방(毁謗) : 남의 일을 방해함.

|오답풀이|

② 소년(少年) : 성숙하지 않은 사내아이 / 소녀(少女) : 성숙하지 않은 계집아이

③ 소등(消燈) : 등불을 끔. / 점등(點燈) : 등에 불을 켬.

④ 절기(節氣) : 한 해를 스물넷으로 나눈 계절의 표준이 되는 것 / 춘분(春分) : 이십사절기의 하나. 낮의 길이가 약간 더 긴 때

⑤ 소설(小說) : 사실 또는 작가의 상상력에 바탕을 두고 허구적으로 이야기를 꾸며 나간 산문체의 문학 양식 / 수필(隨筆) : 일정한 형식을 따르지 않고 인생이나 자연 또는 일상생활에서의 느낌이나 체험을 생각나는 대로 쓴 산문 형식의 글

## 17 반의어 반의어 파악하기

|정답| ③

|해설| • 꺼림하다 : 마음에 걸려 언짢은 느낌이 있다.

• 개운하다 : 기분이나 몸이 상쾌하고 가뜬하다.

| 오답풀이 |

① 저해되다 : 방해가 되거나 못 하게 해를 받다.
② 미심쩍다 : 분명하지 못하여 마음이 놓이지 않다.
④ 활달하다 : 생기 있고 활발하며 의젓하다.
⑤ 동정하다 : 남의 어려운 처지를 자기 일처럼 딱하고 가엾게 여기다.

## 18 반의어 반의어 파악하기

| 정답 | ⑤

| 해설 | • 이울다 : 꽃이나 잎 등이 시들다.
• 번성하다 : 한창 성하게 일어나 퍼지다.

| 오답풀이 |

① 기울다 : 비스듬하게 한쪽이 낮아지거나 비뚤어지다.
② 되살다 : 죽거나 없어졌던 것이 다시 살다.
③ 시들다 : 몸이 기력이나 기운이 빠져서 생기가 없어지다.
④ 울적하다 : 마음이 답답하고 쓸쓸하다.

## 19 유의어 문맥에 맞는 어휘 고르기

| 정답 | ②

| 해설 | 제시된 문장에서 '거두다'는 '고아, 식구 따위를 보살피다'라는 의미로 쓰였다. 이와 유사한 의미로 '아이를 보살펴 자라게 하다'라는 의미인 '양육(養育)하다'가 적절하다.

| 오답풀이 |

① 수습(收拾)하다 : 어수선한 사태를 거두어 바로잡다.
④ 훈육(訓育)하다 : 품성이나 도덕 따위를 가르쳐 기르다.
⑤ 교육(敎育)하다 : 지식과 기술 따위를 가르치며 인격을 길러 주다.

## 20 다의어 다의어 파악하기

| 정답 | ③

| 해설 | 제시된 문장과 ③의 '걸다'는 '기계 등이 작동하도록 준비하여 놓다'는 의미로 쓰였다.

| 오답풀이 |

① 목숨, 명예 따위를 담보로 삼거나 희생할 각오를 하다.
② 자물쇠, 문고리를 채우거나 빗장을 지르다.
④ 돈 등을 계약이나 내기의 담보로 삼다.
⑤ 벽이나 못 등에 어떤 물체를 떨어지지 않도록 매달아 올려놓다.

## 21 다의어 다의어 파악하기

| 정답 | ③

| 해설 | ①, ②, ④, ⑤의 '싸다'는 「1」의 '물건을 안에 넣고 보이지 않게 씌워 가리거나 둘러 말다'라는 의미로 사용되었다. 반면 ③은 「2」의 '어떤 물체의 주위를 가리거나 막다'라는 의미로 사용되었다.

## 22 한자표기 단어의 한자표기 알기

| 정답 | ④

| 해설 | 밑줄 친 '부정'은 '옳지 아니하다고 반대함'의 의미로 쓰였으며, '否定'으로 표기한다.

| 오답풀이 |

① 不正 : 올바르지 아니하거나 옳지 못함.
② 不定 : 일정하지 않거나 정해지지 않음.
③ 不貞 : 부부가 서로의 정조를 지키지 아니함.
⑤ 不淨 : 깨끗하지 않음.

## 23 단어의미 단어의 사전적 의미 파악하기

| 정답 | ③

| 해설 | 소관(所管)은 맡아 관리하거나 관할하는 바 또는 그 범위를 의미한다.

## 02 독해

| 테마 2 출제유형문제연습 | | | | | | | | | 문제70쪽 |
|---|---|---|---|---|---|---|---|---|---|
| 01 | ③ | 02 | ③ | 03 | ④ | 04 | ④ | 05 | ① |
| 06 | ④ | 07 | ⑤ | 08 | ③ | 09 | ① | 10 | ③ |
| 11 | ③ | 12 | ② | 13 | ⑤ | 14 | ① | 15 | ⑤ |
| 16 | ① | 17 | ③ | 18 | ② | | | | |

### 01 개요 · 보고서 글에 어울리는 제목 찾기

| 정답 | ③

| 해설 | 빈칸에 들어갈 내용은 개요의 제목이므로 개요 전체의 내용을 총괄할 수 있어야 한다. 본론에서 우리나라 체육교육의 문제점과 해결방안이 제시되었기 때문에 이 내용이 모두 포함된 ③이 가장 적절하다.

| 오답풀이 |

① Ⅱ-1 에는 포함되어 있지만 개요 전체를 포괄할 수 있는 제목은 아니다.

④ 체육교육 방안은 전체를 포괄하지 못할뿐더러, 신체적 성장을 위한다는 내용은 제시되어 있지 않다.

### 02 개요 · 보고서 개요 수정하기

| 정답 | ③

| 해설 | '3-4) 주변의 냉대와 차별'은 다문화 가정 지원서비스가 아닌 사회적인 문제점으로 3의 하위 항목으로 어울리지 않으나 다문화 가정 지원서비스의 문제점과 해결 방안을 찾고 있는 글의 흐름상 결론으로도 적절하지 않다.

| 오답풀이 |

① 단어의 개념은 서론에 들어가야 자연스러운 흐름이 된다.

② 선진국의 사례는 국내 다문화 가정의 서비스 개선에 도움이 될 참고자료가 될 수 있으므로 4의 하위 항목으로 이동하는 것은 적절하다.

⑤ 결론 부분에 지원서비스를 개선함으로써 얻을 수 있는 전망, 즉 국가적 이익을 넣는 것은 적절하다.

### 03 개요 · 보고서 업무메일 작성하기

| 정답 | ④

| 해설 | 회의 관련 자료를 준비해 달라는 내용과 각 지사의 지사장님들의 입국 일자 및 관련 정보를 알려달라는 내용은 서로 관련이 없으므로 문단을 구별하여 작성하는 것이 적절하다.

### 04 개요 · 보고서 개요 수정하기

| 정답 | ④

| 해설 | ㉠, ㉡ 두 참고 자료의 내용을 분석하면 모두 '과학자의 연구 환경 개선'과 관련이 있다는 것을 알 수 있다.

### 05 추론 글의 전제 파악하기

| 정답 | ①

| 해설 | 이 글은 불꽃의 색을 분리시키는 분광 분석법에 대해 설명하고 있다. 첫 번째 문장을 보면 물질의 불꽃색은 구별이 가능한 것으로 나타나 있다. 또한 불꽃의 색을 분리하는 분광 분석법을 통해 새로운 금속 원소를 발견하였다고 하였으므로, 물질은 고유한 불꽃색을 가지고 있고 그 불꽃색을 통해 물질을 구별할 수 있다는 것을 전제로 하고 있음을 알 수 있다.

### 06 추론 글을 바탕으로 추론하기

| 정답 | ④

| 해설 | 이 글은 디카페인 커피에 대한 소개와 커피 원두에서 카페인을 추출하는 방법을 설명하고 있다. 커피 원두를 물에 담가 두는 시간에 따라 커피의 맛과 향이 결정된다는 내용은 제시되어 있지 않다. 또한 3문단을 보면 커피원두를 물에 닿게 하는 것은 카페인을 제거하기 위함이므로 ④는 적절하지 않은 추론이다.

| 오답풀이 |

② 3문단을 보면 물을 이용하는 방법이 다른 방법에 비해 상대적으로 안전하고 열에 의한 원두의 손상이 적다고 나와 있다.

③ 3문단을 보면 커피 원두에서 여러 성분을 분리해 내는 것은 물이고, 활성탄소는 물에서 추출된 용액으로부터 카페인만을 분리하는 데 사용된다.

## 07 추론 글을 바탕으로 추론하기

| 정답 | ⑤

| 해설 | 계면은 서로 다른 물질이 접하는 경계를 말한다. 내부 물분자는 주위가 모두 물분자들로 이루어져 있으므로 계면이 존재하지 않는다.

| 오답풀이 |

① 1문단에 따르면 내부 물분자는 상하좌우 모두 물분자들로 둘러싸여 있기 때문에 최외곽층 물분자와는 달리 결합을 완전하게 하고 있다.

② 1문단에 따르면 최외각층의 분자들은 더 결합할 가능성이 있으므로 에너지가 높고 반응성이 크다고 나와 있다. 따라서 내부 분자들은 그와 반대일 것임을 추론할 수 있다.

③ 2문단에 따르면 내부 물분자들의 분자력은 0으로 안정되어 있다고 나와 있다. 반면 최외곽층 분자들은 안정이 깨진 상태에 있으므로 0이 아님을 알 수 있다.

④ 2문단에서 물방울은 물분자를 최소로 노출시켜야 최대로 안정한 상태를 유지할 수 있다고 제시되어 있다. 따라서 3문단에서 물방울이 표면적을 최소로 하기 위해 구 모양을 띠는 원인은 공기에 노출되는 물분자 수를 최소로 하기 위함임을 알 수 있다.

## 08 주제 및 중심내용 글의 주제 찾기

| 정답 | ③

| 해설 | 1문단에서는 『박씨전』과 『시장과 전장』을 예로 들며 실재했던 전쟁을 배경으로 한 소설들의 허구화에 관해 이야기하고 있다. 『박씨전』에서는 병자호란 당시의 슬픔을 위로하기 위해, 『시장과 전장』에서는 한국 전쟁에 좌절하지 않기 위해 각각 허구적 인물과 이야기를 다루었다고 설명하고 있다. 2문단에서는 이러한 소설 작품에 나타난 전쟁을 새롭게 조명함으로써 폭력성 · 비극성과 같은 전쟁의 성격을 탐색하는 등 전쟁에 대한 새로운 인식을 제공한다는 내용이 제시되어 있다. 따라서 글의 주제로 ③가 적절하다.

| 오답풀이 |

② 문학작품에 나타난 전쟁에 종류에 대한 내용은 이 글의 주제로 볼 수 없다.

④ 소설에 나타난 전쟁의 비극성이 아니라 소설을 통해 새롭게 인식된 전쟁의 비극성에 관해 설명하고 있다.

## 09 주제 및 중심내용 글의 중심내용 이해하기

| 정답 | ①

| 해설 | (가)는 농산물의 수급 안정 사업의 필요성과 문제점을 언급하고 있다. 농산물의 가격 인상이나 농산물 정책의 부작용은 언급하지 않고 있다.

## 10 주제 및 중심내용 중심내용과 속담 연결하기

| 정답 | ③

| 해설 | (가)는 과대광고와 허위선전을 예로 들어 과욕 경영을 경계할 것을 주장한 글이고, (나)는 조선 시대 도공 우명옥이 만든 계영배를 통해 가득 채움을 경계하고, 과욕을 다스려야 성공할 수 있음을 설명한 글이다. 따라서 (가)와 (나)의 공통된 중심내용은 욕심을 억제하자는 것이므로 자신과 환경이나 조건이 다른 사람의 사정을 이해하기 어렵다는 의미인 '자기 배부르면 남의 배고픈 줄 모른다'는 속담과는 내용상 관련이 없다.

| 오답풀이 |

① 말 타면 경마 잡히고 싶다 : 사람의 욕심이란 한이 없다는 말

② 욕심은 부엉이 같다 : 욕심이 매우 많음을 비유적으로 이르는 말

④ 토끼 둘을 잡으려다가 하나도 못 잡는다 : 욕심을 부려 한꺼번에 여러 가지 일을 하려 하면 그 가운데 하나도 이루지 못한다는 말

⑤ 말 위에 말을 얹는다 : 욕심이 많은 사람을 비유적으로 이르는 말

## 11 세부내용 파악 사실과 의견 구분하기

| 정답 | ③

| 해설 | 이 문제는 진술이 사실을 전달하기 위한 것인지, 의견을 전달하기 위한 것인지 묻고 있다. ㉠ ~ ㉤ 중 사실을 전달하는 진술은 ㉠, ㉢, ㉣이고, 의견을 전달하는 진술은 ㉡, ㉤이다.

## 12 세부내용 파악 세부내용 파악하기

| 정답 | ②

| 해설 | 욜로 라이프가 현재에 투자한다는 것은 맞지만, 미래에 가치를 둔다는 것은 옳지 않다. 욜로 라이프를 살아가는 사람들은 현재에 가치를 두기 때문에 미래가 아니라 현재에 투자하며 살아간다.

| 오답풀이 |

③ 3문단을 보면 1코노미를 소개하면서 가족 단위의 소비를 지향하던 과거와 전혀 다른 형태의 소비 방식이라고 설명하고 있다. 1코노미는 욜로족들의 삶의 방식 중 하나이므로 그들이 가족보다는 개인을 중심으로 소비하고 있음을 알 수 있다.

④ 4문단에서 3저 시대와 물가 상승, 실업률, 급여 문제와 같은 경제적 요인들을 원인으로 꼽고 있으며, 마지막 문장에서는 비경제적 요인으로 1인 가구의 증가를 언급했다. 이를 보았을 때 경제적 요인이 가장 큰 비중을 차지하고 있음을 알 수 있다.

⑤ 5문단의 마지막 문장에 나와 있다.

## 13 세부내용 파악 세부내용 파악하기

| 정답 | ⑤

| 해설 | 도시의 존재를 지탱하는 기본적인 힘은 공동체에 대한 의향과 화폐에 대한 욕망이며 이는 모순된다. 2문단에 따르면 공동체는 개인의 존재를 그 유한함 속에서 취급하고, 화폐나 자본의 작용은 개인의 윤곽을 일반화하고 추상화한다고 하였다. 따라서 ⑤는 글의 내용과 일치한다.

| 오답풀이 |

① 도시가 공동체의 역학에서 화폐의 욕망을 내포하게 되면 얼핏 속박에서 해방된 것 같이 보이지만, 3문단의 '하지만'에 이어지는 내용을 보면 '새로운 규율 훈련의 메커니즘'이 부가된다고 하였다.

② '화폐나 자본의 작용'에 의해 개인 존재의 무게가 버려지게 되고, '새로운 규율 훈련의 메커니즘'은 그것으로부터 생겨난 것이므로 여전히 개인 존재의 무게는 버려진 상태이다.

③ '화폐나 자본에 사로잡힌 개인'은 배제의 대상이 되기는 하지만, 교외로 쫓겨난다고는 하지 않았다. 또한 '기묘한 시선'이란 '외부의 시선을 끊임없이 내면화하는 것'을 말하므로 이 역시 적절하지 않다.

④ '자본의 역학과 개인의 욕망이 일치'하는 것에 대해서는 언급하고 있지 않으며, 그것이 도시를 '매력적인 게임의 영역으로서' 열고 있다고도 언급하지 않았다.

## 14 수정 글의 내용 수정하기

| 정답 | ①

| 해설 | '넘어'는 '넘다'라는 동사에 '-아/어'형 어미가 연결된 것으로 동사이고, '너머'는 명사로 공간적인 위치를 나타낸다. 이 문장에서 '넘어'는 '개인의 정서적 고통이나 심리적인 장애'의 서술어에 해당하므로 동사가 와야 한다.

| 오답풀이 |

② 앞뒤 문장을 살펴볼 때 ㉡을 ㉣의 위치로 이동시키면 문장이 보다 매끄럽게 연결된다.

③ 문맥상 여러 측면을 의미하는 '다층적으로'보다는 내면의 깊은 곳을 의미하는 '심층적으로'가 보다 바람직하다.

④ ㉤에서 독서치료를 ㉥의 놀이치료와 대비시켜 설명하고 있으므로 ㉥이 ㉤보다 앞에 오는 것이 바람직하다.

⑤ 앞서 제시한 내용의 결과가 아니라 그 내용을 받아서 새로운 내용을 전개하고 있으므로 '따라서'가 아닌 '이처럼'이 와야 한다.

## 15 반론 논지 반박하기

| 정답 | ⑤

| 해설 | 이 글의 논지는 기후 변화의 이유는 인간이 발생시키는 온실가스 때문이 아니라 태양의 활동 때문이라는 것이다. 따라서 온실가스 배출을 낮추기 위한 인간의 노력은 사실상 도움이 되지 않는 낭비라는 주장이다. 이러한

논지를 반박하기 위한 근거로는 대기오염을 줄이기 위한 인간의 노력이 지구 온난화를 막는 데 효과가 있었다는 내용이 적절하다.

## 16 문장 · 문단 배열 글의 흐름에 맞게 문단 배열하기

| 정답 | ①

| 해설 | (다)는 창조 도시의 개념을 설명하고 있어 맨 처음에 위치한다. 그다음 창조 도시의 두 동력을 설명하는 (마)와 (나)가 순서대로 위치하며, 두 동력의 바탕이 되는 창조 환경에 대해 설명하는 (가)가 다음에 나와야 한다. 마지막으로 이 세 요소의 역동성이 최대가 되는 조건을 탐색하는 작업이 선행됨을 강조하는 (라)가 결론으로 위치한다.

## 17 문장 · 문단 배열 글의 흐름에 맞게 문단 배열하기

| 정답 | ③

| 해설 | 시간 순으로 먼저 일제강점기에 대한 설명인 (라)로 시작하고, 이어 1980－90년대에 대한 설명인 (가)로 이어진 후, 최근 경향을 언급하는 (나)와 (다)로 이어지는 흐름이 자연스럽다. 이때, (다)가 서두에서 '그러나 무엇보다도'로 앞선 내용을 보완하는 문단 형식으로 시작하고 있으므로, 먼저 (나)가 서술된 이후 이와 연결되는 (다)의 흐름으로 순서를 배치하는 것이 가장 적절하다.

## 18 글의 구조 파악 글의 문단별 구조 파악하기

| 정답 | ②

| 해설 | (가)는 주지 문단이며 '우리가 계승해야 할 민족 문화의 전통'을 주제로 함을 밝히고, (나), (다), (라) 문단은 제시 문단으로써 주제를 뒷받침하는 근거를 예를 들고 있다. 따라서 (가)와 (나), (다), (라)는 종속 관계이며, (나), (다), (라)는 서로 대등한 관계를 맺고 있다. 마지막 (마)에서는 이 글의 결론을 정리하고 있다.

## 테마 3 기출예상문제 (문제 88쪽)

| 번호 | 정답 | 번호 | 정답 | 번호 | 정답 | 번호 | 정답 | 번호 | 정답 |
|---|---|---|---|---|---|---|---|---|---|
| 01 | ④ | 02 | ④ | 03 | ① | 04 | ⑤ | 05 | ③ |
| 06 | ② | 07 | ① | 08 | ① | 09 | ③ | 10 | ① |
| 11 | ③ | 12 | ③ | 13 | ③ | 14 | ④ | 15 | ① |
| 16 | ④ | 17 | ② | 18 | ⑤ | 19 | ① | 20 | ③ |
| 21 | ③ | 22 | ① | 23 | ② | 24 | ④ | 25 | ① |

## 01 직무해결 면담 준비활동 파악하기

| 정답 | ④

| 해설 | '면담 활동에서 부족한 부분이 나타나면 해결책을 찾아보는 활동'은 실제 면담이 이루어지기 전인 〈활동 1〉에서가 아니라 면담 이후 평가하는 단계인 〈활동 4〉에서 하는 것이 바람직하다.

## 02 직무해결 면담 진행하기

| 정답 | ④

| 해설 | 면담 과정에서는 면담 대상자가 곤란하거나 불편한 감정을 느끼지 않도록 보호하면서 상담이 진행되어야 한다. 곤란한 질문을 계속해서 물어보는 경우 면담 대상자는 답변을 회피하거나 사실이 아닌 답변으로 곤란함을 피하고자 하기 때문에 면담의 실질적 효과성이 크게 떨어질 수 있다.

## 03 직무해결 면담보고서 작성하기

| 정답 | ①

| 해설 | 면담에서는 전체적인 외부적 환경, 맥락도 면담의 흐름에 영향을 미치는 중요한 요인들이므로 면담 보고서에는 단순히 상담사와 면담 대상자 간 주고받은 대화 내용뿐만 아니라 면담과 관련된 주요 상황을 함께 포함하여 기술되어야 한다.

## 04 개요 · 보고서 빈칸에 들어갈 문장 찾기

| 정답 | ⑤

| 해설 | 일반적으로 개요 부분에 문제점과 해결 방안이 제시되어 있으면 서로 연관되어 나열되어 있으므로 '3－4)'와

'4-4)'가 연관됨을 알 수 있다. 따라서 (마)에는 정부 관련 부처 간의 마찰에 대한 해결 방안이 제시되어 있어야 하는데, ⑤는 정부 기관이 정책을 펼 때 공개적으로 국민의 의견을 듣는 '공청회'를 실시해야 한다는 내용이므로 적절하지 않다.

| 오답풀이 |

③ '3-3)'의 해결 방안이 '4-3) 적극적인 홍보를 통한 대기업 유치'이므로 문제점은 대기업의 투자가 부족한 것임을 유추해 볼 수 있다.

## 05 개요 · 보고서 업무메일 작성하기

| 정답 | ③

| 해설 | 발행일과 수신, 참조, 발신, 문서번호가 모두 포함되어 있고, 제목이 공문 내용의 요점을 담고 있으면서 항목별로 정리된 공문은 ③이다.

| 오답풀이 |

① 발신을 표시하지 않았다.

② 문서번호를 표시하지 않았다.

④ 공문 내용이 항목별로 정리되어 있지 않다.

⑤ 공문 내용이 항목별로 정리되어 있지 않으며, 제목을 따로 기재하지 않았다.

## 06 개요 · 보고서 자료 활용하기

| 정답 | ②

| 해설 | 〈도시 가구 교육비 지출 현황〉에서 두드러지는 것은 과외비가 많이 든다는 것이고, 〈교사 1인당 학생 수〉에서는 우리나라가 타국에 비해 교사 1인당 학생 수가 많다는 것으로 공교육의 열악함을 나타낸 것이다. 이를 바탕으로 사교육비의 부담을 줄여야 한다는 주장의 글을 쓰려면 먼저 사교육비의 부담이 높다는 점을 〈도시 가구 교육비 지출 현황〉으로 문제를 제기하고 그 원인으로 〈교사 1인당 학생 수〉를 활용하는 것이 좋다.

## 07 개요 · 보고서 글에 어울리는 제목 찾기

| 정답 | ①

| 해설 | '1.'에서 체계적인 건축 인프라 구축이 필요하다고 하였으므로 이를 실행하기 위한 방향이나 목표가 '2.'에 나올 것이라고 추측할 수 있다.

프로세스 개선을 통해 예산 절감 및 건축품질 제고, 원가 절감, 품질 및 기능 향상 도모라는 '2.'의 내용으로 ㉠에 들어갈 소제목이 '추진 목표'임을 알 수 있다.

| 오답풀이 |

② '1.'의 체계적인 '건축 인프라' 구축 필요 등의 내용을 통해 '1.'의 소제목은 '추진 배경'임을 알 수 있다.

③ '3.'에는 업무의 진행 방법이 나타나 있어 '3.'의 소제목이 '추진 전략'임을 알 수 있다.

## 08 추론 글에 관련된 사례 찾기

| 정답 | ①

| 해설 | 이 글은 게임이 아닌 분야에 게임적 요소를 접목하는 게임화 전략에 대해 설명하고 있다. 실제 게임을 직업으로 하는 프로게이머는 이와 관련이 없다.

| 오답풀이 |

② A 카페는 음료를 구매할 때마다 별 스탬프 한 개를 보상으로 부여하고, 일정 개수가 모일 때마다 무료 음료를 증정하는 리워드 제도를 통해 사람들의 구매를 유도하는 게임화 마케팅을 시행하고 있다.

③ 의료 시뮬레이션은 환자 모형과 가상 프로그램을 통해 실제 환자를 진료하는 것과 유사한 상황을 구현하여 학생의 성취도를 평가하는 것으로, '가상현실'이라는 게임적 요소를 이용한 게임화 전략이 활용되었다고 볼 수 있다.

④ 얼굴을 가린 참가자의 목소리만 듣고 누군지 맞히기 위해 추리하면서 직접 투표로 대결의 승자를 결정하는 게임화 전략을 활용하였다. 이를 통해 관객(시청자)들은 프로그램에 더욱 적극적으로 참여하고 깊이 몰입하게 된다.

⑤ 사용자가 운동 시간 · 거리 · 소모 열량 등의 기록을 다른 사람과 공유하고 경쟁하면서 운동을 즐기도록 하는 게임화 전략이 활용되었다.

## 09 주제 및 중심내용 연설의 목적 파악하기

| 정답 | ③

| 해설 | 무상교육 재원을 마련하기 위하여 ○○시의 지방채 발행 정책을 수립하여 이를 알리고 필요한 이유와 앞으로의 촉구 사항을 밝히고 있으므로 이 글은 새로운 정책을 알리고

이에 대한 이유와 방향성을 밝힘으로써 시민들의 동의를 구하고 설득하기 위해 쓰여진 글이다.

## 10 직무해결 연설 준비 시 고려사항 파악하기

| 정답 | ①

| 해설 | 정책의 필요성을 설득하는 목적의 연설이므로 설득을 위한 근거의 구체성과 정확성이 매우 중요하다. 구체성은 청자가 주장하는 바를 쉽게 이해하고 공감할 수 있도록 하는 장치이며, 정확성은 전체 연설의 신뢰도를 좌우한다.

## 11 추론 글을 바탕으로 대응방안 추론하기

| 정답 | ③

| 해설 | 이 글에서는 우리나라의 소재 · 부품 부문 대일 의존도가 역대 최저를 기록하고 일본과의 교역 비중 역시 상당히 줄었는데도, 소재 · 부품 핵심 분야를 아직도 일본에 의존하고 있기 때문에 엔저현상에 따라 대일 무역수지 적자가 심화되고 있음을 설명하고 있다. 따라서 자동차 생산을 중심으로 하는 M 그룹으로서는 다양한 방식의 연구와 투자를 통해 장기적으로 소재 · 부품의 국산화를 이룩하는 방향으로 가는 것이 바람직하다. ③에서 언급한 "빠른 시일 내에 성과를 낼 수 있는 부품의 개발에 집중 투자하여 장기적인 대일 무역수지 흑자를 달성한다."는 소재는 부품 및 완성차를 생산하기 위한 재료에 해당한다. 무역수지 흑자를 위해서 부품 개발에만 집중한다면 장기적으로 독자적인 자동차 생산 산업 발전에 도움이 되지 않는다.

## 12 추론 글의 전제 파악하기

| 정답 | ③

| 해설 | 음악 작품은 악보와 공연만으로는 설명될 수 없으므로 시작도 끝도 없이 영원불변한 추상적 존재이나, 음악 작품은 작곡에 의해 창조된다는 점을 고려하면 음악 작품이 추상적 대상이라는 주장을 받아들일 수 없게 된다고 하였다. 따라서 '어려움'을 초래하는 전제는 '㉠ 음악 작품은 창조된다.', '㉢ 음악 작품은 추상적인 존재자로 있다.', '㉣ 추상적 존재자는 시작도 끝도 없이 영원불변하다.'로 볼 수 있다.

| 오답풀이 |

㉡ 추상적 존재자들은 시작도 끝도 없는 영원불변한 존재라고 하였다.

## 13 추론 성격이 같은 소재 파악하기

| 정답 | ③

| 해설 | ㉡, ㉢은 B 기업이 필름을 만들던 기술과 노하우를 활용하여 새롭게 개발한 제품을 말하는 것이며, ㉤은 D 기업이 광산업에서 쌓은 기술을 바탕으로 스카치테이프를 만들고 그 후 접착제에 대한 연구를 바탕으로 개발한 것이다. 따라서 ㉡, ㉢, ㉤은 모두 기존의 기술을 바탕으로 새롭게 개발된 제품을 나타내는 것이므로 성격이 같다.

## 14 주제 및 중심내용 글의 중심내용 찾기

| 정답 | ④

| 해설 | 이 글은 화이트가 주목한 역사의 이야기식 서술에 관한 내용이며, 3문단이 전체 내용을 정리하여 포괄하고 있다. 글을 요약하면 이야기식 서술은 역사에 문학적 형식을 부여하여 역사의 흐름을 인위적으로 구분할 뿐만 아니라 의미도 함께 부여한다는 것이다.

## 15 주제 및 중심내용 글의 주제 찾기

| 정답 | ①

| 해설 | 과거에는 고정된 사회계층을 기반으로 낭만적 관계가 형성됐으며 사랑은 사회적 의미를 띠거나 사회적 인정을 대신해 주는 감정이 아니었다. 하지만 자신의 가치를 확신하지 못해 불안해 하는 현대인들은 사회관계 안에서 자신을 나타냄으로써 사회적 자존감과 가치를 획득하므로 본인의 가치를 확신하기 위해 타인에게 의존하고 상대방을 통해 자신의 가치를 가늠한다. 저자는 현대사회의 사랑은 자존감 획득을 위한 협상 무대이자 전장이라는 내용으로 글을 맺는데 이는 낭만적 관계를 뜻했던 과거의 사랑과 달리 현대의 사랑은 자존감을 위한 고투라는 의미로 해석할 수 있다. 과거와의 대비를 통해 현대 사회의 사랑의 의미와 역설을 파악하게 하는 글이다.

| 오답풀이 |

② 불안은 현대 사랑의 배경이 되는 사회적 정서로 글의 주제는 아니다.

③ 과거의 사랑과 현대의 사랑을 대비하며 개념이 변화한 배경을 분석하는 글이므로 좀더 포괄적인 제목이 필요하다. 또한 철학자들의 발언은 글의 서문을 열지만 글 전체의 주제는 아니다.

④ 존재의 유일성에 대한 언급은 매우 적으며 〈젊은 베르테르의 슬픔〉이 잠시 언급되기는 하나 문학작품 분석이 글의 목적은 아니다.

⑤ 주장을 뒷받침하기 위해 과거와 현대의 연애지침서의 차이를 비교한 대목이 있으나 이는 근거로 활용된 소재이지 글의 중심소재는 아니다.

## 16 주제 및 중심내용 글의 주제 찾기

| 정답 | ④

| 해설 | 다방면에서의 사회자본의 역할 및 그 중요성을 논하고 있다.

| 오답풀이 |

①, ③, ⑤ 지문의 일부분에 속하는 내용만을 지엽적으로 담고 있다.

② 지문은 사회자본의 중요성을 서술하고 있으나 형성 방안에 대한 논의는 없다.

## 17 세부내용 파악 세부내용 파악하기

| 정답 | ②

| 해설 | 마지막 문단에서 "우리나라의 경우 52%의 업무활동 시간이 자동화 위험에 노출될 것으로 나타났는데, 이는 독일(59%), 일본(56%)보다는 낮고, 미국(46%), 영국(43%)보다는 높은 수준이다"라고 하였는데 이는 자동화로 대체될 업무활동 시간에 대한 서술이며 전반적인 업무활동 투입 시간에 대한 설명이 아니다.

| 오답풀이 |

① 두 번째 문단에서 "OECD는 인공지능이 직업 자체를 대체하기보다는 직업을 구성하는 과업의 일부를 대체할 것"이라고 하였으며, "미국의 경우 9%의 일자리만이 고위험군에 해당한다"고 밝혔으므로 옳은 문장이다.

③ 첫 번째 문단에서 프레이와 오스본은 "인공지능의 발전으로 대부분의 비정형화된 업무도 컴퓨터로 대체될 수 있다고 본다"고 하였으므로 옳은 문장이다.

④ 세 번째 문단에서 "컨설팅 회사 PwC는 OECD의 방법론이 오히려 자동화 위험을 과소평가하고 있다고 주장하고 OECD의 연구 방법을 수정하여 다시 분석하였다. 그 결과 미국의 고위험 일자리 비중이 OECD에서 분석한 9% 수준에서 38%로 다시 높아졌다"고 하였으므로 옳은 문장이다.

⑤ 첫 번째 문단에서 프레이와 오스본은 "인공지능이 대체하기 힘든 업무를 3가지 '병목 업무'로 국한시키고 이를 미국 직업정보시스템 O*Net에서 조사하는 9개 직능 변수를 이용해 정량화했다."고 하였으므로 옳은 문장이다.

## 18 세부내용 파악 세부내용 파악하기

| 정답 | ⑤

| 해설 | 마지막 문단에 의하면 '공손은 어떤 행위 자체에 내제된 특성이 아니라 한 집단을 구성하는 개인들 사이에서 공유된 기준에 근거한 상호 관계에 의해 결정되는 것'이라 제시하고 있으므로 잘못된 설명이다.

## 19 평가 필자의 견해 파악하기

| 정답 | ①

| 해설 | 5문단에서 글쓴이는 전통적인 예술 방식과 매체 시대의 새로운 예술 방식이 모두 문화적 동인으로서 수용되어야 한다고 하였으므로, 〈보기〉의 문화 현상에 담긴 두 문화 방식을 모두 존중하는 평가가 적절하다.

| 오답풀이 |

② 두 예술 방식이 절충되어야 한다는 견해는 나타나 있지 않다.

③, ④ 어느 특정 방식만을 옹호하는 견해이므로 부적절하다.

**20** 문장 · 문단 배열 글의 흐름에 맞게 문장 배열하기

| 정답 | ③

| 해설 | (다)는 나전칠기의 정의를 기술하고 있으므로, 가장 앞에 온다. 반면 (나), (라), (마)는 제작과정을 설명하고 있기 때문에 (다)의 바로 다음으로 오기에는 어색하다. 따라서 나전칠기의 정의와 제작과정 사이를 자연스럽게 연결해 줄 수 있는 (가)가 와야 한다. (나)의 첫 문장에서 '종이 본은 떼어 내고 옻칠을 추가한다'고 하였지만, (가)에는 종이 본에 대한 언급이 없으므로 (가) 뒤에 (나)가 위치하지 않을 것이다. 또한, (라)에서도 '이제 자개를 놓는 일만 남았다'는 것을 보아 제작과정의 마지막 단계를 설명하고 있음을 추측해 볼 수 있다. 따라서 (가) 뒤에는 (나), (라)가 아닌 (마)가 와야 한다. (마)에서 나전칠기의 검은 부분에 대한 설명을 마쳤으므로, 이제 자개를 놓는 일에 대한 설명이 이어질 차례이다. 따라서 (라)가 뒤따르고, 적절한 끝맺음 문장으로 구성된 (나)가 마지막에 와야 한다.

**21** 반론 논지 반박하기

| 정답 | ③

| 해설 | ③은 이 글의 입장을 나타내는 것으로, 반박하는 진술이 아니다. 1문단과 3문단을 통해 알 수 있다.

| 오답풀이 |

① 4문단을 보면 구체적인 정책적 해결 방안을 말하기 보다는 전체적으로 둘러서 말하고 있다.

② 3문단에서 글쓴이는 부동산 문제 해결이 가장 시급한 사안이라고 하면서 부동산 문제가 모든 경제 사회적 불안과 부정의의 가장 중요한 원인으로 작용하고 있다고 하였다. 이에 대해 그 원인이 부동산 문제만은 아니라고 반박할 수 있다.

**22** 세부내용 파악 글의 세부내용 파악하기

| 정답 | ①

| 해설 | 우리나라는 올해 시범사업을 통해 확산 방안을 계획하고 있으나, 이미 유럽 국가들은 태양광 설치에 적극적으로 참여하여 농업 외 소득을 안정적으로 얻고 있다는 정보로부터 영농형 태양광 사업은 유럽에서 먼저 실시되었음을 알 수 있다.

**23** 글의 구조 파악 글의 논리적 구조 설명하기

| 정답 | ②

| 해설 | • 주지 : 이야기를 이해하고 기억하는 데에는 글의 구조가 큰 영향을 미친다.

• 부연 : 그러한 글의 구조에는 상위 구조와 하위 구조가 있는데, 상위 구조에 속한 요소들이 더 잘 기억된다.

• 예시 : 왜 상위 구조가 더 잘 기억되는지를 심청전을 예로 들어 설명하고 있다.

**24** 문장 · 문단 배열 글의 흐름에 맞게 문장 배열하기

| 정답 | ④

| 해설 | 선택지가 (가) 또는 (라)로 시작하고 있어 이를 먼저 살펴보면, (가)는 (라)의 본질에 대한 질문의 답변에 해당되므로 (라) 뒤에 이어지는 것이 적절하다. 그리고 (나)는 책상을 예로 들어 본질적 기능에 대해 설명하는데, 이는 본질주의자가 사물의 핵심적인 측면을 중시한다는 (가)의 예시에 해당하므로 (라)－(가)－(나)의 순서로 전개됨을 알 수 있다. 또한 (다)는 (나)와 같이 책상을 예로 들고 있는데, 본질은 인간의 경험을 통해 결정된 것이라는 설명을 하고 있어 사물의 본질이란 사후적으로 구성된 것이라는 (마)의 뒤에 오는 것이 적절하다.

**25** 문장 · 문단 배열 글의 흐름에 맞게 문장 배열하기

| 정답 | ①

| 해설 | 이 글의 핵심 내용은 지방자치단체의 정책 결정 과정을 주민의 의사에 부합하는 방향으로 보완해야 한다는 것이다. 따라서 지방자치단체 정책 결정과정의 문제점과 보완 필요성을 언급하고 있는 (나)가 맨 앞에 온다. 다음으로는 그동안의 문제점 극복을 위한 노력에 대한 설명인 (다)와 (다)에서 언급한 '민간화'와 '경영화'를 부연 설명하는 (가)가 연결된다. (마)의 '이러한 한계'는 (가)에 언급된 민간화와 경영화의 한계를 말하므로 (마)가 그 다음에 오고, 여기서 그에 대한 대안으로 주민 참여 제도의 활성화를 제시하여 (라)와 연결된다. (라)에서는 직접민주주의 제도를 적용했을 때 예상되는 효과를 나열하면서 직접민주주의 제도 활성화를 촉구하며 글을 마무리하고 있다.

# 파트 2 수리력

## 01 기초 · 응용계산

| 테마 2 출제유형문제연습 | | | | | | | | | 문제132쪽 |
|---|---|---|---|---|---|---|---|---|---|
| 01 | ④ | 02 | ② | 03 | ③ | 04 | ④ | 05 | ① |
| 06 | ③ | 07 | ③ | 08 | ② | 09 | ③ | 10 | ④ |
| 11 | ③ | 12 | ③ | 13 | ② | 14 | ③ | 15 | ① |
| 16 | ④ | 17 | ③ | 18 | ② | 19 | ④ | 20 | ④ |
| 21 | ③ | 22 | ② | 23 | ③ | 24 | ④ | 25 | ⑤ |
| 26 | ② | 27 | ⑤ | 28 | ② | 29 | ③ | 30 | ② |
| 31 | ③ | 32 | ② | 33 | ① | 34 | ② | 35 | ④ |
| 36 | ① | 37 | ④ | 38 | ③ | 39 | ② | 40 | ② |
| 41 | ① | 42 | ④ | 43 | ③ | | | | |

### 01 사칙연산 빈칸에 들어갈 수 구하기

| 정답 | ④

| 해설 | 구하고자 하는 □만 좌변에 남기고 나머지 수들은 우변으로 이항하여 정리한다.

$-\square\times4.4=1.6-17$

$\square\times4.4=17-1.6=15.4$

$\therefore\ \square=\frac{15.4}{4.4}=3.5$

### 02 사칙연산 가장 큰 수 구하기

| 정답 | ②

| 해설 | $235+289-36=524-36=488$

| 오답풀이 |

① $183+277-25=460-25=435$

③ $839-421+53=418+53=471$

④ $752-509+194=243+194=437$

⑤ $684-361+157=323+157=480$

### 03 사칙연산 단위에 맞게 변환하기

| 정답 | ③

| 해설 | 1.7t=1,700kg이고 6,500g=6.5kg이다. 따라서 두 무게를 더하면 1,700+6.5=1,706.5(kg)이다.

### 04 사칙연산 대소 비교하기

| 정답 | ④

| 해설 | $A=\left(\frac{189}{21}+2.8\right)\times10$

$=(9+2.8)\times10=11.8\times10=118$

$B=(11^2+18)-4^2$

$=(121+18)-16=139-16=123$

$C=(15-32+1)^2\div2$

$=(-16)^2\div2=256\div2=128$

따라서 $C>B>A$이다.

### 05 사칙연산 수의 규칙 찾기

| 정답 | ①

| 해설 | 두 수의 십의 자리 수끼리 더한 값을 앞 두 자리에, 일의 자리 수끼리 더한 값을 뒤 두 자리에 배치하는 것이 규칙이다. 따라서 4+3=7이 앞자리에 배치되고 8+9=17이 뒤에 배치된 717이 답이다.

### 06 사칙연산 연산기호의 새로운 법칙 찾기

| 정답 | ③

| 해설 | 문제에서 ÷, −는 연산의 등호가 성립하지 않으므로 다른 연산기호의 의미를 갖는다. ÷는 −, +, ×가, −는 ÷, ×, +가 될 수 있는데, ÷와 −가 서로 같은 연산기호를 나타내지 않을 것이므로 (÷, −)는 다음과 같은 7가지의 조합에서 찾으면 된다.

연산기호가 헷갈리지 않도록 제시된 ÷를 □으로, −를 ○로 바꾸어 생각하면 다음과 같다.

(□, ○) : (−, ÷), (−, ×), (−, +), (+, ÷), (+, ×), (×, ÷), (×, +)

$$\begin{cases} ㉠\ 34\square(7\bigcirc3)=13 \\ ㉡\ 28\bigcirc(15\square10)=140 \end{cases}$$

1. ㉠, ㉡ 중 비교적 수가 간단한 ㉠에서 등호가 성립하는 연산기호를 찾는다.

   ○가 ÷일 경우, $7\div3=\frac{7}{3}=2.33\cdots$이므로 □에 어떤 연산기호가 들어가도 등식이 성립하지 않는다. 따라서 ○은 ÷가 될 수 없다.

   또한, 좌변의 34가 우변의 13보다 크므로 □는 ×, +가 될 수 없다. 이에 따라 □는 −가 되고, ○는 ×, + 중 하나가 된다.

   $(-,\ \times):34-(7\times3)=34-21=13$

   $(-,\ +):34-(7+3)=34-10=24\neq13$

2. (−, ×)가 ㉡의 연산에서도 성립하는지 확인한다.

   ㉡ $28\times(15-10)=28\times5=140$

따라서 ㉢을 구하면 다음과 같다.

$(25-4)\div75 \Rightarrow (25\times4)-75=100-75=25$

## 07 거리 · 속력 · 시간 순위 결정하기

| 정답 | ③

| 해설 | 5명이 달리는 거리가 같으므로 속력이 8m/s로 가장 빠른 C가 1등으로 도착하며, 속력이 4m/s로 가장 느린 D가 마지막에 도착한다.

## 08 거리 · 속력 · 시간 도착시간 구하기

| 정답 | ②

| 해설 | 출장지까지의 거리를 $x$km라 하면 A 팀이 탑승한 버스는 $\frac{x}{70}$시간, B 팀이 탑승한 버스는 $\frac{x}{80}$시간이 걸린다. B 팀이 탑승한 버스가 A 팀보다 30분($\frac{1}{2}$시간) 뒤에 출발하므로 두 버스가 동시에 출장지에 도착한다면 $\frac{x}{70}=\frac{x}{80}+\frac{1}{2}$이 성립한다. 따라서 $x=280$(km)가 되어 도착시간은 A 팀이 출발한 지 4시간 후인 오후 1시 30분이 된다.

## 09 거리 · 속력 · 시간 두 사람이 만나는 시간 구하기

| 정답 | ③

| 해설 |

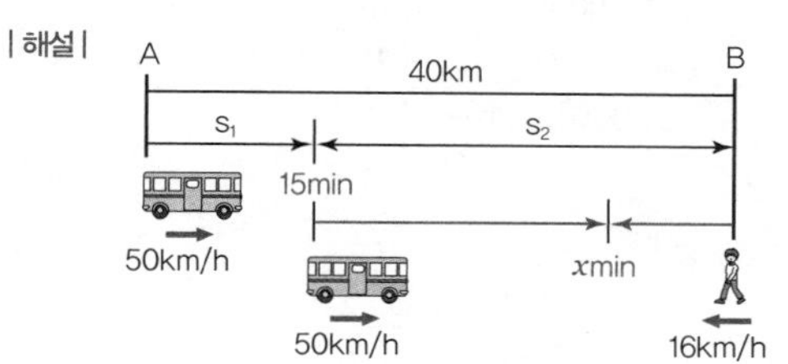


B가 출발하기 전 A가 50km/h로 15분 동안 간 거리($S_1$)는 $50(\text{km/h})\times\frac{15}{60}(\text{h})=12.5(\text{km})$이다. 따라서 15분 뒤부터 A와 B가 이동한 총 거리($S_2$)는 $40-12.5=27.5(\text{km})$이다. 이 거리를 각자의 속력으로 이동하여 서로 만나는 데까지 걸리는 시간을 $x$분이라고 하면 다음과 같다.

$$50(\text{km/h})\times\frac{x}{60}(\text{h})+16(\text{km/h})\times\frac{x}{60}(\text{h})=27.5(\text{km})$$

$$(50+16)x=27.5\times60$$

$$\therefore\ x=\frac{27.5\times60}{66}=\frac{275}{11}=25(\text{min})$$

## 10 거리 · 속력 · 시간 기차의 속력 구하기

| 정답 | ④

| 해설 | 속력$=\frac{\text{거리}}{\text{시간}}$이므로, 우선 기차가 36초 동안 이동한 거리를 구한다. 기차의 앞부분이 터널 입구로 들어가서 마지막 칸까지 모두 통과하는 지점까지의 길이이므로 기차가 이동한 거리는 터널의 길이+기차의 길이=800+100=900(m)가 된다.

기차가 36초 동안 900m를 이동했으므로 선택지의 단위에 따라 이를 시속으로 변환한다.

$\therefore$ 기차의 속력$=\frac{900\text{m}}{36\text{s}}\times\frac{1\text{km}}{10^3\text{m}}\times\left(\frac{60\text{s}}{1\text{min}}\times\frac{60\text{min}}{1\text{h}}\right)$

$=\frac{900\text{m}}{36\text{s}}\times\frac{1\text{km}}{1{,}000\text{m}}\times\frac{3{,}600\text{s}}{1\text{h}}$

$=90(\text{km/h})$

## 11 농도 소금물의 양 구하기

| 정답 | ③

| 해설 | 첨가된 12% 소금물의 양을 $x$g이라 하면, 소금의 양은 물 200g을 넣기 전과 후에 변함이 없으므로 다음과 같은 식이 성립한다.

$\frac{8}{100}\times(400-x)+\frac{12}{100}x=\frac{7}{100}\times 600$

$3{,}200-8x+12x=4{,}200$

$4x=1{,}000$

$\therefore\ x=250(\text{g})$

## 12 농도 추가로 넣은 소금의 양 구하기

| 정답 | ③

| 해설 | • 10%의 소금물 250g에 녹아 있는 소금의 양

: $250\times\frac{10}{100}=25(\text{g})$

• 8%의 소금물 200g에 녹아 있는 소금의 양

: $200\times\frac{8}{100}=16(\text{g})$

추가로 넣은 소금의 양을 $x$g이라 하면 다음과 같은 식이 성립한다.

$\frac{25+16+x}{250+200+x}\times 100=12$

$\frac{41+x}{450+x}\times 100=12$

$4{,}100+100x=5{,}400+12x$

$88x=1{,}300$

$x=14.77\cdots\fallingdotseq 15(\text{g})$

따라서 추가로 넣은 소금의 양은 약 15g이다.

## 13 일의 양 일을 하지 않는 날짜 구하기

| 정답 | ②

| 해설 | 유정이가 하루에 일하는 양은 $\frac{1}{A}$이다. 유정이는 15일간 일을 하였으므로 유정이가 일한 양은 $\frac{1}{A}\times 15=\frac{15}{A}$이며, 세영이가 일한 양은 $1-\frac{15}{A}=\frac{A-15}{A}$가 된다.

세영이가 일한 날짜 수를 세영이가 한 전체 일의 대비 하루에 하는 일의 양으로 나누어 구하면,

$\frac{A-15}{A}\div\frac{1}{B}=\frac{B(A-15)}{A}$(일)이므로,

일을 하지 않은 날짜 수는 $15-\frac{B(A-15)}{A}$일이다.

## 14 평균 평균 활용하여 점수 구하기

| 정답 | ③

| 해설 | E의 점수를 $x$점으로 놓고 식을 세우면 다음과 같다.

$\frac{(65\times 2)+(75\times 2)+x}{5}=72$

$130+150+x=360$

$\therefore\ x=80(\text{점})$

## 15 평균 평균 점수 구하기

| 정답 | ①

| 해설 | A 그룹의 점수 총합이 600점이므로 평균 점수는 $\frac{600}{30}=20$(점)이고 B 그룹 평균 점수는 45점, C 그룹 평균 점수는 60점이 된다.

따라서 A, B, C 세 그룹의 전체 평균 점수는

$\frac{(20\times 30)+(45\times 50)+(60\times 20)}{100}$

$=\frac{600+2{,}250+1{,}200}{100}=\frac{4{,}050}{100}=40.5$(점)이다.

## 16 평균 평균 점수 구하기

**| 정답 |** ④

**| 해설 |** 민원팀 직원이 총 20명이므로 Ⓐ+Ⓑ=3임을 알 수 있다. 따라서 친절 영역의 평균 점수는

$$\frac{100\times6+90\times7+80\times5+70\times2}{20}=88.5(\text{점})\text{이다.}$$

## 17 원가 · 정가 이익 계산하기

**| 정답 |** ③

**| 해설 |** 상품의 원가를 $x$원이라 하면 식은 다음과 같다.

$1.4x\times0.85-x=2,660$

$0.19x=2,660$

$x=14,000$(원)

따라서 상품의 정가인 $1.4x$는 19,600원이므로 정가로 팔 때의 이익은 19,600−14,000=5,600(원)이다.

## 18 원가 · 정가 원가 계산하기

**| 정답 |** ②

**| 해설 |** 원가를 $x$원이라 하면 현재 판매가는 $1.2x$원, 다음 분기의 판매가는 $1.2x\times0.9=1.08x$(원)이다.

할인된 가격이 129,600원이므로 원가는 다음과 같다.

$1.08x=129,600$

$\therefore\ x=120,000$(원)

## 19 원가 · 정가 정가 계산하기

**| 정답 |** ④

**| 해설 |** 가습기의 정가를 $x$원, 서랍장의 정가를 $y$원이라고 하면 식은 다음과 같다.

$0.85x+0.75y=183,520$ …… ㉠

$0.8(x+y)=183,520$ …… ㉡

㉠, ㉡을 연립하여 풀면,

$0.05x=0.05y$

$x=y$

이를 ㉠에 대입하면,

$0.85x+0.75x=183,520$

$1.6x=183,520 \qquad x=114,700$(원)

따라서 가습기의 정가는 114,700원이다.

## 20 경우의 수 경우의 수 구하기

**| 정답 |** ④

**| 해설 |** 카드에 적힌 숫자가 가장 큰 사람이 A가 되는 경우는 다음과 같다.

| A | B | C |
|---|---|---|
| 5 | 1 | 3 |
| 5 | 1 | 4 |
| 9 | 1 | 3 |
| 9 | 1 | 4 |
| 9 | 1 | 6 |
| 9 | 7 | 3 |
| 9 | 7 | 4 |
| 9 | 7 | 6 |
| 9 | 8 | 3 |
| 9 | 8 | 4 |
| 9 | 8 | 6 |

따라서 총 11가지이다.

## 21 경우의 수 최단경로 구하기

**| 정답 |** ③

**| 해설 |** 길 찾기 문제의 해법은 크게 두 가지가 있다.

1. 「조합」을 사용하여 계산한다.
   이 길을 최단거리로 가려면 오른쪽으로 3회, 위로 3회로 총 6회의 이동을 하면 된다. 위쪽 방향으로 이동하는 3회분을 몇 번째로 할지를 결정하는 조합은
   $${}_6C_3=\frac{6\times5\times4}{3\times2\times1}=20(\text{가지})\text{이다.}$$
2. 「덧셈방식」으로 계산한다.
   출발지점인 A에서 도착지점인 B까지 가는 길을 차례로 계산한 뒤 더해서 구하는 방법이다.
   (1) 〈그림 1〉과 같이 A에서 위와 오른쪽 방향의 각 교차점에 숫자 1을 기입한다. 이것은 A에서 그 장소까지 갈 수 있는 방법이 한 가지라는 것을 의미한다.

(2) 다음으로 〈그림 2〉와 같이 대각선상의 두 숫자의 합을 오른쪽 위에 적는 작업을 하면 〈그림 3〉이 완성되며, A에서 B까지 가는 데 총 20가지의 길이 있다는 것을 알 수 있다.

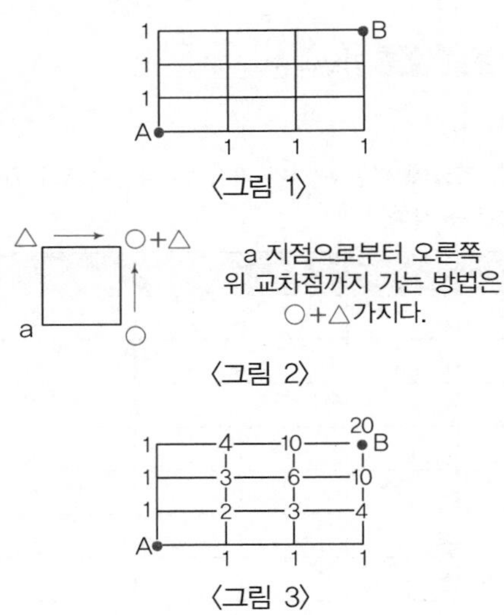


## 22 확률 확률 계산하기

| 정답 | ②

| 해설 | 두 팀이 승부차기를 하려면 경기가 끝났을 때 점수가 같아야 한다. 즉, 두 팀의 점수가 0 : 0이나 1 : 1이 될 확률이 승부차기까지 갈 확률이 된다. 0 : 0이 될 확률은 두 팀 모두 골을 넣지 못한 확률이므로 (A 팀이 골을 넣지 못할 확률)×(B 팀이 골을 넣지 못할 확률)=0.3×0.6=0.18이며, 1 : 1이 될 확률은 (A 팀이 골을 넣을 확률)×(B 팀이 골을 넣을 확률)=0.7×0.4=0.28이 된다.

따라서 두 팀이 승부차기까지 갈 확률은 0.18+0.28=0.46이다.

## 23 간격 원형 공원에 나무 심기

| 정답 | ③

| 해설 | 원형 공원의 둘레는 $2\pi r=2\times3.14\times200=1,256$(m)이고, 나무를 심을 수 있는 거리는 원형 공원의 둘레에서 입구의 길이를 뺀 1,253m이다. 공원 입구의 양옆에서부터 나무를 심어야 하므로 나무의 수=간격 수+1이다.

따라서 1,253÷7+1=180(그루)이다.

## 24 간격 가로등과 벤치 설치하기

| 정답 | ④

| 해설 |

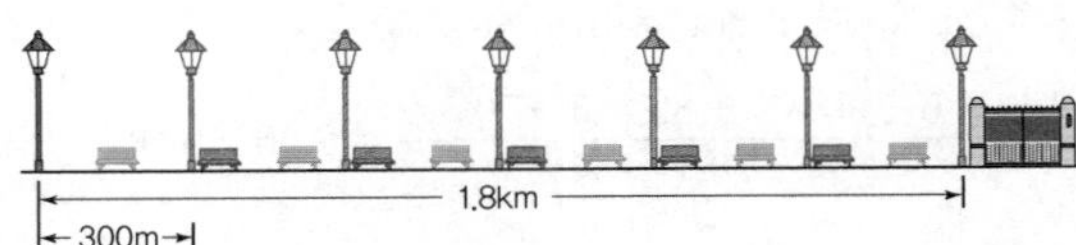


원래 있던 가로등과 정문 사이의 거리가 1.8km이므로 이 사이에 가로등을 300m 간격으로 새로 세우면(정문에도 가로등 설치), 설치할 가로등의 개수는 1,800÷300=6(개)이다.

벤치의 경우는 새로 설치할 가로등 옆 벤치 6개에서 정문에는 벤치를 설치하지 않으므로 −1개, 추가적으로 전체 가로등 사이에 설치할 벤치가 6개이므로 설치할 벤치의 개수는 (6−1)+6=5+6=11(개)이다.

따라서 필요한 가로등과 벤치의 총 개수는 6+11=17(개)이다.

## 25 나이 나이 계산하기

| 정답 | ⑤

| 해설 | $x$년 후에 아버지 나이가 아들 나이의 3배가 된다면 다음과 같은 식이 성립한다.

$36+x=(8+x)\times3$

$36+x=24+3x$

$\therefore\ x=6$

따라서 6년 후에 아버지 나이가 아들 나이의 3배가 된다.

## 26 나이 나이 계산하기

| 정답 | ②

| 해설 | $x$년 후의 일이라 하면, $x$년 후의 남편의 나이는 $(47+x)$세, 진희의 나이는 $(44+x)$세, 자녀의 나이는 각각 $(12+x)$세, $(9+x)$세이다.

$x$년 후 진희의 나이와 남편의 나이를 더한 값이 아이들 나이 합의 3배가 되므로 다음 식이 성립한다.

$(47+x)+(44+x)=3\{(12+x)+(9+x)\}$

$2x+91=6x+63$

$\therefore\ x=7$(년)

## 27 약·배수 최대공약수 활용하기

| 정답 | ⑤

| 해설 | 직사각형 벽에 남는 부분 없이 타일을 붙이면서 그 개수를 가장 적게 사용하기 위해서는 가능한 한 가장 큰 정사각형 모양의 타일을 사용해야 하므로 벽의 세로, 가로 길이인 120cm, 90cm의 최대공약수가 사용할 타일 한 변의 길이가 된다.

$$\begin{array}{r|rr} 5 & 120 & 90 \\ 3 & 24 & 18 \\ 2 & 8 & 6 \\ \hline 30 & 4 & 3 \end{array}$$

따라서 타일 한 변의 길이는 $2\times3\times5=30$(cm)이다.

## 28 약·배수 최소공배수 활용하기

| 정답 | ②

| 해설 | 동시에 출발해서 다시 출발 시간이 같아지기까지의 간격을 구하는 문제이므로 최소공배수를 이용하면 된다. 두 버스가 각각 15분, 20분 간격으로 운행되므로 7시 이후에는 둘의 최소공배수인 60분, 즉 1시간마다 다시 동시에 출발하게 된다. 따라서 다음으로 동시에 출발하게 되는 시간은 1시간 후인 8시이다.

$$\begin{array}{r|rr} 5 & 15 & 20 \\ \hline & 3 & 4 \end{array} \quad 5\times3\times4=60$$

## 29 부등식 최댓값 구하기

| 정답 | ③

| 해설 | 연속하는 세 짝수 중 가운데 수를 $x$라 하면, 나머지 두 개의 수는 각각 $x-2$, $x+2$가 된다. 이 세 짝수의 합이 87 미만이므로 식은 다음과 같다.

$(x-2)+x+(x+2)<87$

$3x<87$

$x<29$

세 짝수 합의 최댓값을 구해야 하므로 $x$는 29 미만의 수 중 가장 큰 짝수인 28이 된다.

$\therefore\ (x-2)+x+(x+2)=26+28+30=84$

## 30 부등식 날짜 구하기

| 정답 | ②

| 해설 | $x$일 후 윤아의 색종이가 미영이의 색종이보다 많아진다고 할 때 식은 다음과 같다.

$120+32x>200+24x$

$x>10$

즉, 10일을 초과해야 하므로 11일 후에 윤아의 색종이가 미영이의 색종이보다 많아진다.

## 31 부등식 관계식으로 표현하기

| 정답 | ③

| 해설 | 시간당 최대 25페이지의 책을 읽을 수 있으므로 X시간 동안 최대 25X페이지를 읽을 수 있다. 또한 읽은 페이지 수는 (250−Y)페이지이므로 다음과 같은 식이 성립한다.

$Y\geq250-25X$

$250-Y\leq25X$

## 32 방정식 직사각형의 길이 구하기

| 정답 | ②

| 해설 | 늘린 길이를 $x$cm라 하면 새로운 직사각형의 넓이가 기존보다 80% 넓으므로 다음과 같은 식이 성립한다.

$(10+x)(14+x)=10\times14\times1.8$

$140+24x+x^2=252$

$x^2+24x-112=0$

$(x-4)(x+28)=0$

$x=4(\because\ x>0)$

따라서 새로운 직사각형의 가로 길이는 $10+4=14$(cm)이다.

## 33 방정식 전체 분양 가구 수 구하기

|정답| ①

|해설| 준비되었던 아파트의 전체 분양 가구 수를 $x$라 하면,

$x-\left(\frac{1}{5}x+\frac{1}{12}x+\frac{1}{4}x\right)=560$

$60x-(12x+5x+15x)=33,600$

$28x=33,600$

$\therefore\ x=1,200$(가구)

## 34 방정식 식량 계산하기

|정답| ②

|해설| 장교가 처음 가지고 있던 식량을 $x$일 치라고 두고 식을 세운다면, 8일 동안 셋이서 먹었기 때문에 $x-(3\times8)=\frac{x}{3}$가 된다. 따라서 장교가 처음 가지고 있던 식량은 36일 치임을 알 수 있다.

## 35 도형계산 둘레의 길이 구하기

|정답| ④

|해설| 산책로 둘레의 길이=바깥 산책로 둘레의 길이+호수 둘레의 길이$=(2\times\pi\times2r)+(2\times\pi\times r)=4\pi r+2\pi r=6\pi r(\text{km})$

## 36 도형계산 둘레의 길이 구하기

|정답| ①

|해설| 세 개의 정원이 정사각형 모양이므로 정원의 한 변의 길이는 각각 3m, 4m, 5m이다. 다음 그림과 같이 합쳐진 정원의 둘레는 가로의 길이가 12m, 세로의 길이가 5m인 직사각형의 둘레의 길이로 구할 수 있다.

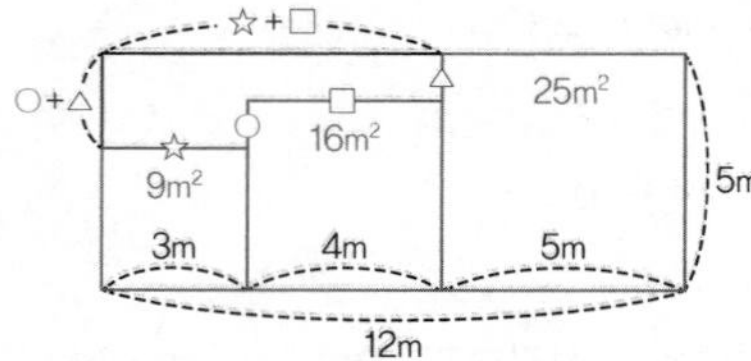


따라서 합쳐진 정원의 둘레는 (12+5)×2=34(m)이다.

## 37 도형계산 도형의 면적 구하기

|정답| ④

|해설| 각각 가로와 세로에 A가 8개씩 들어갈 수 있기 때문에 A의 면적을 1로 잡는다면 전체 면적은 8×8=64이다. 색칠되어 있는 모든 사각형은 A를 합쳐서 만들 수 있다고 했으므로 색칠되어 있는 부분 안에 들어갈 수 있는 A의 개수는 20개이다. 따라서 $\frac{20}{64}=\frac{5}{16}$가 된다.

## 38 도형계산 막대의 길이 구하기

|정답| ③

|해설| 다음 그림과 같이 막대를 넣었을 때의 막대 길이가 최대가 된다.

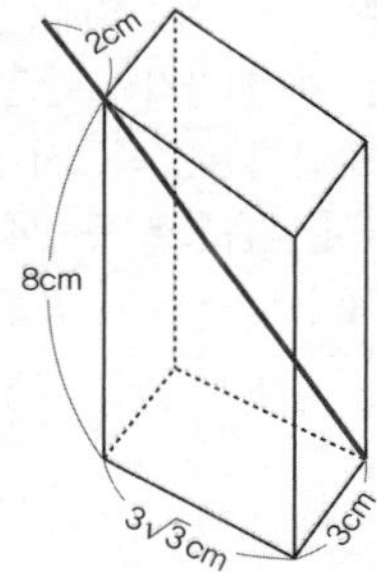


밑면의 가로, 세로 길이가 각각 $3\sqrt{3}$ cm, 3cm이므로 밑면의 대각선 길이는 $\sqrt{(3\sqrt{3})^2+3^2}=6(\text{cm})$이다.

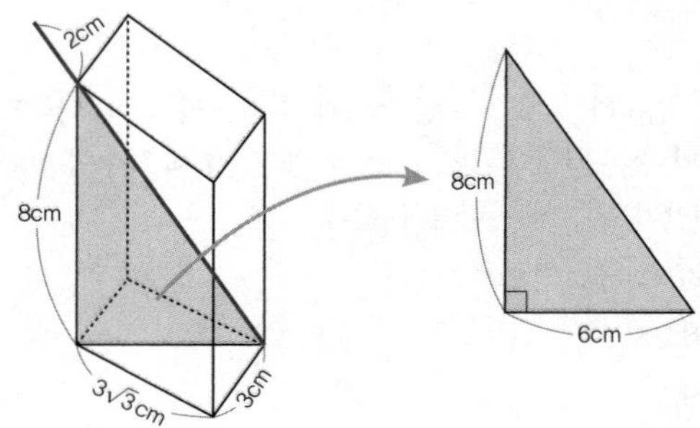


따라서 구매할 막대는 적어도 $\sqrt{6^2+8^2}+2=12(\text{cm})$ 이상이어야 한다.

## 39 진로와 방향 방향 구하기

| 정답 | ②

| 해설 | 출발지점인 슬기의 집을 중심으로 생각하며 그림을 그리면 다음과 같다.

[슬기 집] → 동쪽으로 300보 → [우체통] 오른쪽으로 꺾어서 남쪽으로 200보 → [편의점] 오른쪽으로 꺾어서 서쪽으로 600보 → [경찰서] 왼쪽으로 꺾어서 남쪽으로 100보 → [할머니 집]

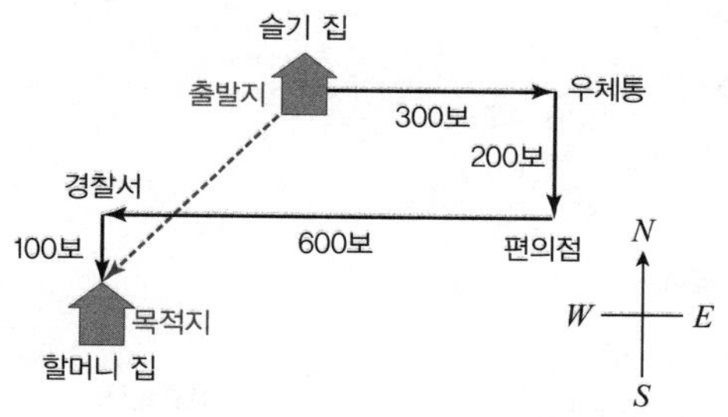


## 40 기타 나머지 구하기

| 정답 | ②

| 해설 | 16으로 나누었을 때 10이 남는 가장 작은 자연수인 26을 대입하면 26÷8=3⋯2이다. 16으로 나누었을 때 나머지가 10이 되는 또 하나의 자연수 42를 대입하면 42÷8=5⋯2이다. 따라서 16으로 나누었을 때 나머지가 10이 되는 자연수는 8로 나누면 나머지가 2가 됨을 알 수 있다.

## 41 기타 벤다이어그램 활용하기

| 정답 | ①

| 해설 | 문제에 따라 벤 다이어그램을 작성하고 각 영역을 $a$ ~ $h$로 나누어 정리하면 다음과 같다.

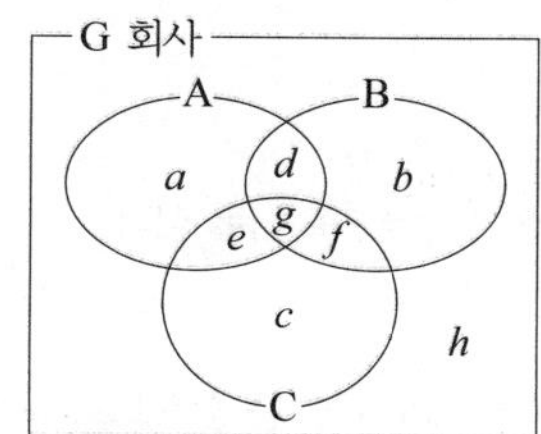


$A=a+d+e+g=55$

$B=b+d+f+g=54$

$C=c+e+f+g=58$

$A\cap B=d+g=27$

$A\cap C=e+g=30$

$B\cap C=g+f=31$

$A\cap B\cap C=g=16$

$g$의 값이 주어졌으므로 $d$, $f$, $e$ 값을 먼저 구하고 $a$, $b$, $c$를 구하면 된다.

이를 정리하면, $a=14$, $b=12$, $c=13$, $d=11$, $e=14$, $f=15$, $g=16$

$\therefore\ h=100-(A\cup B\cup C)$

$=100-(a+b+c+d+e+f+g)$

$=100-(14+12+13+11+14+15+16)$

$=100-95$

$=5$(명)

## 42 기타 시침과 분침의 각도 구하기

| 정답 | ④

| 해설 | 영화가 시작한 시각은 1시 45분이고, 끝나는 시각은 3시 40분이다. 시계 각도를 구하는 공식에 따라 시침과 분침 사이의 각도 중 크기가 작은 각을 구해 보면 다음과 같다.

$|(30^\circ\times3+0.5^\circ\times40)-6^\circ\times40|=|(90^\circ+20^\circ)-240^\circ|=|110^\circ-240^\circ|=|-130^\circ|=130^\circ$

## 43 물체의 흐름과 비율 규칙에 따라 식 세우기

| 정답 | ③

| 해설 | 종착지 D에 대한 사람의 흐름을 나타내는 식을 묻고 있다. 먼저 C와 $z$를 사용하여 D를 나타내고, C 지점의 유동인구를 $x$와 $y$를 사용하여 나타낸다.

흐름의 마지막에서부터 반대로 살펴보면,

$D=zC$ …… ㉠

$C=xA+yB$ …… ㉡

㉡을 ㉠에 대입하면, $D=z(xA+yB)=xzA+yzB$가 된다.

| 테마 3 기출예상문제 | | | | | | | | | 문제 148쪽 |
|---|---|---|---|---|---|---|---|---|---|
| 01 | ② | 02 | ④ | 03 | ③ | 04 | ② | 05 | ① |
| 06 | ④ | 07 | ② | 08 | ③ | 09 | ④ | 10 | ③ |
| 11 | ⑤ | 12 | ③ | 13 | ④ | 14 | ① | 15 | ③ |
| 16 | ③ | 17 | ② | 18 | ③ | 19 | ③ | 20 | ③ |
| 21 | ④ | | | | | | | | |

## 01 사칙연산 빈칸에 들어갈 연산기호 구하기

| 정답 | ②

| 해설 | 5.3□4.7+1.6=2.2

5.3□4.7=2.2−1.6

5.3□4.7=0.6

∴ □=−

## 02 사칙연산 연산 적용하기

| 정답 | ④

| 해설 | (5*6)◎(3*2)={(5×6)−5+6}◎{(3×2)−3+2}

=31◎5=(31×5)+31+5=191

## 03 사칙연산 연산 적용하기

| 정답 | ③

| 해설 | (4◎1)*5◎2={(4×1)+4+1}*5◎2

=9*5◎2={(9×5)−9+5}◎2

=41◎2=(41×2)+41+2=125

## 04 사칙연산 가장 큰 수 구하기

| 정답 | ②

| 해설 | 268+47−26=315−26=289

별해 268+47−26=268+21=289

| 오답풀이 |

① 225+31−56=256−56=200

별해 225+31−56=225−25=200

③ 294+15−39=309−39=270

별해 294+15−39=294−24=270

④ 277+29−61=306−61=245

⑤ 259+56−42=315−42=273

별해 259+56−42=259+14=273

## 05 사칙연산 가장 작은 수 구하기

| 정답 | ①

| 해설 |

$$\begin{array}{r} {\scriptstyle 1\,1\;\;\;1} \\ 236.47 \\ +\ 389.25 \\ \hline 625.72 \end{array}$$

| 오답풀이 |

②
$$\begin{array}{r} {\scriptstyle 1\;\;\;\;1} \\ 493.18 \\ +\ 132.55 \\ \hline 625.73 \end{array}$$

③
$$\begin{array}{r} {\scriptstyle 10\;\;10} \\ {\scriptstyle 8\;11\;8\;\;11} \\ 919.19 \\ -\ 293.35 \\ \hline 625.84 \end{array}$$

④
$$\begin{array}{r} {\scriptstyle 10\;15} \\ {\scriptstyle 10\,10\,10} \\ {\scriptstyle 3\;0\;\;\;5\;12} \\ 841.62 \\ -\ 215.79 \\ \hline 625.83 \end{array}$$

⑤
$$\begin{array}{r} {\scriptstyle 1\;\;\;\;1} \\ 209.09 \\ +\ 416.76 \\ \hline 625.85 \end{array}$$

## 06 사칙연산 미지수의 값 비교하기

| 정답 | ④

| 해설 | $100x=10{,}000-1{,}200\times4=5{,}200,\ x=52$

| 오답풀이 |

① $10x=7\times10\times8,\ x=56$

② $x=60-4=56$

③ $x=24\times2+8=56$

⑤ $x=4\times14=56$

## 07 간격 일정한 간격으로 나무 심기

| 정답 | ②

| 해설 | 보도의 양끝에도 나무를 심으므로 보도 한쪽에 심을 수 있는 나무의 수는 (280÷7)+1=41(그루)이다.

따라서 필요한 은행나무의 수는 41×2=82(그루)이다.

## 08 평균 평균 점수 구하기

| 정답 | ③

| 해설 | 한 학급당 학생 수가 50명이므로 3반의 평균 점수를 $x$점이라 하면 다음 식이 성립한다.

$$\frac{116\times50+(108-3)\times50+50x}{150}=108$$

$5,800+5,250+50x=16,200$

$50x=5,150 \quad \therefore\ x=103$(점)

## 09 원가 · 정가 할인율 구하기

| 정답 | ④

| 해설 | 원가가 4,000원인 화장품에 25%의 이익을 붙인 정가는 4,000×1.25=5,000(원)이다. 이때 400원의 이익을 남기려면 할인 금액이 1,000−400=600(원)이어야 하므로 할인율을 $x$%라 하면 다음과 같은 식이 성립한다.

$$5,000\times\frac{x}{100}=600$$

$50x=600 \quad \therefore\ x=12$(%)

## 10 원가 · 정가 부가세 반영하여 가격 구하기

| 정답 | ③

| 해설 | 부가세 15%를 포함하지 않은 원래의 피자 가격을 $x$원이라고 하면 다음과 같은 식이 성립한다.

$$x+\left(x\times\frac{15}{100}\right)=18,400$$

$x=16,000$(원)

따라서 부가세 10%를 포함한 피자의 가격은

$16,000+\left(16,000\times\frac{10}{100}\right)=17,600$(원)이다.

## 11 경우의 수 원탁에 앉는 경우의 수 구하기

| 정답 | ⑤

| 해설 | 여섯 명의 사원 중 나란히 앉는 두 명의 사원을 하나로 묶어서 생각하면 다섯 명을 원탁에 앉히는 모든 경우의 수를 구하는 것과 같으므로 4!=4×3×2×1=24(가지)이다. 이때 나란히 앉는 두 명이 서로 자리를 바꿀 수 있으므로 모든 경우의 수는 24×2=48(가지)가 된다.

## 12 집합 교집합 구하기

| 정답 | ③

| 해설 | 야구를 좋아하는 직원의 집합을 A, 축구를 좋아하는 직원의 집합을 B라 하면 $n(A)=33$, $n(B)=21$이다. 야구와 축구를 모두 좋아하지 않는 직원이 11명이므로

$n(A^c\cap B^c)=n((A\cup B)^c)=55-n(A\cup B)=11$

$n(A\cup B)=44$

따라서 야구와 축구를 모두 좋아하는 직원은

$n(A\cap B)=n(A)+n(B)-n(A\cup B)$

$=33+21-44=10$(명)

## 13 나이 나이 계산하기

| 정답 | ④

| 해설 | 현재 이모의 나이를 $x$세, 이모부의 나이를 $y$세라 할 때 3년 전의 조건에 따르면 다음 식이 성립한다.

$$\frac{x-3}{(x-3)+(y-3)}=\frac{3}{7}$$

$$\frac{x-3}{x+y-6}=\frac{3}{7}$$

$7(x-3)=3(x+y-6)$

$4x-3y=3$ …… ㉠

5년 후의 조건에 따르면 수현이의 나이는 $(y+5)\times\frac{1}{2}$이므로 다음 식이 성립한다.

$$(x+5)+(y+5)+(y+5)\times\frac{1}{2}=128$$

$$x+\frac{3}{2}y+\frac{25}{2}=128$$

$2x+3y=231$ …… ㉡

㉠, ㉡을 연립하여 풀면 $x=39$(세), $y=51$(세)로 이모부의 현재 나이는 51세이다.

## 14 부등식 조건에 맞는 최소 개수 구하기

| 정답 | ①

| 해설 | 포스터를 $x$장 인쇄한다고 하면 다음과 같은 식이 성립한다.

$$\frac{120(x-100)+20,000}{x} \leq 150$$

$120x+8,000 \leq 150x$

$30x \geq 8,000$

$x \geq 266.66\cdots$

따라서 최소한 267장 인쇄를 맡겨야 한다.

## 15 방정식 직원 수 구하기

| 정답 | ③

| 해설 | 남자 직원을 $x$명이라 하면 안경을 쓴 남자 직원은 $\frac{2}{5}x$명이다. 안경을 쓴 여자 직원은 안경을 쓴 남자 직원보다 5명 적기 때문에 $\left(\frac{2}{5}x-5\right)$명이 된다. 안경을 쓴 직원은 총 150×0.5=75(명)이므로 이에 대해 식을 세워 보면 다음과 같다.

$$75=\frac{2}{5}x+\left(\frac{2}{5}x-5\right)$$

$\therefore\ x=100$(명)

## 16 사칙연산 경쟁률 계산하기

| 정답 | ③

| 해설 | 전체 응시자 수에서 행정직렬에 지원한 사람의 수와 기술직렬과 행정직렬을 제외한 나머지 직렬에 지원한 사람의 수를 빼면 490명이다. 따라서 기술직렬에 지원한 사람의 수는 490명임을 알 수 있다.

490명 중 35명을 선발한다고 하였으므로 경쟁률은 490 : 35 즉, 14 : 1이다.

## 17 확률 확률 계산하기

| 정답 | ②

| 해설 | A에서 C로 가는 전체 경로의 수는 $_8C_4=\frac{8\times7\times6\times5}{4\times3\times2\times1}=70$(가지)이다. A에서 B를 거쳐 C로 가는 경우인 A~B, B~C에 대한 경로의 수를 구하면 다음과 같다.

- A~B : $_5C_2=\frac{5\times4}{2\times1}=10$(가지)
- B~C : $_3C_2=\frac{3\times2}{2\times1}=3$(가지)

A~B~C의 경로의 수는 $_5C_2\times{}_3C_2=10\times3=30$(가지)이다. 따라서 A에서 B를 거쳐 C로 갈 확률은 $\frac{30}{70}=\frac{3}{7}$이다.

## 18 일의 양 소요 시간 구하기

| 정답 | ③

| 해설 | 전체 일의 양을 1이라 하면 안 대리, 장 과장, 김 팀장이 1시간 동안 할 수 있는 일의 양은 각각 $\frac{1}{6}$, $\frac{1}{4}$, $\frac{1}{3}$이다. 따라서 세 명이 함께 일을 하면 1시간 동안 $\frac{1}{6}+\frac{1}{4}+\frac{1}{3}=\frac{3}{4}$만큼의 일을 할 수 있다. 따라서 프로젝트를 마무리하는 데 소요되는 시간은 80분이다.

## 19 도형계산 도형의 면적 구하기

| 정답 | ③

| 해설 |

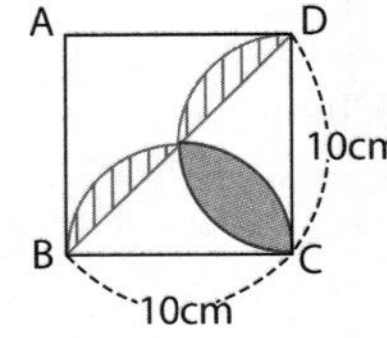


빗금 친 부분의 넓이와 색칠된 부분의 넓이가 같으므로 다음과 같은 직각삼각형의 면적을 구하면 된다.

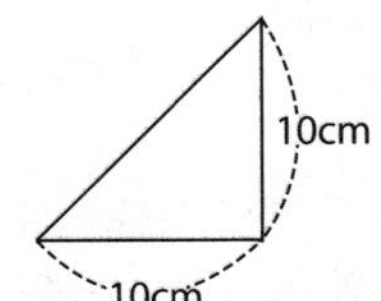


따라서 면적은

$10\times10\times\frac{1}{2}=50(\text{cm}^2)$이다.

## 20 도형계산 도형의 넓이 구하기

| 정답 | ③

| 해설 | 사다리꼴의 넓이를 구하면 된다. 따라서 $(6+3)\times\frac{h}{3}\div 2=9\times\frac{h}{3}\times\frac{1}{2}=1.5h$이다.

## 21 평균 분산 계산하기

| 정답 | ④

| 해설 | 도수분포표에서 분산은 $\frac{\{(\text{편차})^2\times(\text{도수})\}\text{의 총합}}{\text{도수의 총합}}$으로 구할 수 있다.

따라서

$$a=\frac{(12-16)^2+(14-16)^2+(16-16)^2\times 5+(18-16)^2\times 3}{10}$$

$=3.2$로 $10a=32$가 된다.

# 02 자료해석

| 테마 2 출제유형문제연습 | | | | | | | | | 문제162쪽 |
|---|---|---|---|---|---|---|---|---|---|
| 01 | ③ | 02 | ⑤ | 03 | ③ | 04 | ② | 05 | ⑤ |
| 06 | ① | 07 | ④ | 08 | ③ | | | | |

## 01 자료이해 자료의 수치 분석하기

| 정답 | ③

| 해설 | 연령대별 20X9년 2/4분기 대비 3/4분기 증가율을 계산해 보면 다음과 같다.

| 구분 | 증감률 |
|---|---|
| 20대 이하 | $\frac{37,549-38,597}{38,597}\times 100 ≒ -2.7(\%)$ |
| 30대 | $\frac{49,613-51,589}{51,589}\times 100 ≒ -3.8(\%)$ |
| 40대 | $\frac{47,005-47,181}{47,181}\times 100 ≒ -0.4(\%)$ |
| 50대 | $\frac{49,770-48,787}{48,787}\times 100 ≒ 2.0(\%)$ |
| 60대 이상 | $\frac{35,423-32,513}{32,513}\times 100 ≒ 9.0(\%)$ |

따라서 60대 이상 고령자의 구직급여 신청 증가 비율이 다른 연령대에 비해 가장 높다는 설명은 적절하다.

## 02 자료이해 자료의 수치 분석하기

| 정답 | ⑤

| 해설 | ㉠ 20X9년 입국자 수가 20X8년에 비해 늘어난 곳은 중국과 미국, 캐나다이다. 중국은 20X8년에 비해 14.2% 증가하였고 미국은 13.5%, 캐나다는 7.4% 증가하였기 때문에 가장 많이 늘어난 국가는 중국이다.

㉢ 20X9년 중국인 입국자 수는 20X8년에 비해 증가했지만 이후의 추이를 예측할 수는 없다.

㉣ 매년 입국자 수가 꾸준히 늘어난 국가는 중국, 미국, 캐나다로 총 3곳이다.

| 오답풀이 |

㉡ 각 년도별로 일본과 중국의 입국자 수를 합하면

• 20X7년 : 201,489+517,031=718,520(명)

• 20X8년 : 188,420+618,083=806,503(명)
• 20X9년 : 178,735+705,844=884,579(명)

따라서 매년 아시아주의 50% 이상을 차지한다.

## 03 자료이해 자료의 수치 분석하기

| 정답 | ③

| 해설 | 단위 총량당 수입금액은

20X6년이 $\frac{212,579}{30,669} \fallingdotseq 6.9$(천 불/톤),

20X7년이 $\frac{211,438}{31,067} \fallingdotseq 6.8$(천 불/톤)으로 20X7년의 단위 총량당 수입금액은 20X6년에 비해 감소하였다.

| 오답풀이 |

① 무역수지는 수출금액에서 수입금액을 뺀 값이다.

② 수출입 주요 6개국의 수출금액 평균은 $\frac{518+6,049+275+61+0+0}{6}=1,150.5$(천 불)이다.

④ 20X6년에는 20X5년에 비해 수출총량이 감소하였지만 수출금액은 증가하였다.

⑤ 20X9년 우리나라의 수출총량에서 중국으로의 수출총량은 $\frac{900.0}{2,500} \times 100 = 36$(%)를 차지한다.

## 04 자료계산 조건에 맞는 시기 선택하기

| 정답 | ②

| 해설 | 20X9년 노년부양인구비가 18.6%, 65세 이상 인구가 100만 명이므로 구하고자 하는 생산 가능 인구를 $x$명이라 하면

$$\frac{1,000,000}{x} \times 100 = 18.6$$

$100,000,000=18.6x$

$\therefore\ x=5,376,344.08\cdots \fallingdotseq 538$(만 명)이다.

## 05 자료계산 자료를 바탕으로 수치 계산하기

| 정답 | ⑤

| 해설 | • 영아기 : 0.35+0.010+4+35+0.4+0.5=40.26
• 소아기 : 0.40+0.010+6+40+0.8+1.0=48.21
• 성인기 : 0.70+0.010+10+60+1.3+1.5=73.51
• 임신 초기 : 0.70+0.015+10+75+1.7+1.8=89.215
• 임신 후기 : 0.80+0.015+12+75+1.7+1.9=91.415
• 수유기 : 1.00+0.015+13+95+1.8+2.1=112.915

따라서 수유기>임신 후기>임신 초기>성인기>소아기>영아기 순으로, 수유기에 비타민 섭취 요구량이 가장 많다.

## 06 자료계산 자료를 바탕으로 수치 계산하기

| 정답 | ①

| 해설 | 평일 하루 평균 매출을 $x$라고 하면 주말 하루 평균 매출은 $2.25x$이며 지난주 전체 매출은 $5x+2\times2.25x=9.5x$이다. 15 ~ 21시 구간에서 지난주 매출은 $9.5x\times0.31 \fallingdotseq 2.9x$이고 주말 이틀간의 매출은 $2\times2.25x\times(0.17+0.16) \fallingdotseq 1.5x$이다. 따라서 평일 해당 구간의 전체 매출은 $2.9x-1.5x=1.4x$이고 이는 평일 전체 시간대 매출 대비 $\frac{1.4x}{5x}\times100=28$(%)를 차지한다.

## 07 자료변환 자료를 바탕으로 퍼즐 완성하기

| 정답 | ④

| 해설 | • 가로 ㉠ : 20X6년의 출판시장과 20X5년의 출판시장 차이는 28,282−27,258=1,024(억 원)
• 가로 ㉡ : 20X3년의 출판시장은 20X2년 출판시장과 비교하면 $\frac{24,854}{31,461}\times100 \fallingdotseq 79$(%)
• 세로 ㉠ : 20X5년의 출판 수출액과 수입액의 차이는 358,741−343,741=15,000(천 불)
• 세로 ㉢ : 20X7년 출판시장은 20X6년에 비해 14.7% 감소하였다.

$$\frac{24,133-28,282}{28,282}\times100=-14.7(\%)$$

- 세로 ㉣ : 20X8년의 출판 수입액과 수출액의 차이는 311,481−291,394=20,087(천 불)

따라서 A=4, B=8, C=4, D=9이므로 A+B+C+D=4+8+4+9=25이다.

## 08 자료변환 자료를 그래프로 변환하기

| 정답 | ③

| 해설 | 마지막 문단에 '20X8년의 국제결혼가정 자녀 수 역시 20X7년의 두 배 이상이 되었다'라는 부분이 있는데, 20X8년에 두 배 이상이 되려면 56,612명 이상이 되어야 하므로 적절하지 않다.

| 오답풀이 |

① 보고서의 마지막 문장인 '20X8년 국제결혼가정 자녀의 연령층별 구성을 보면 연령층이 높아질수록 그 수가 감소하고 있다.'라는 부분과 일치한다.

② 두 번째 문단 중 마지막 문장인 '한국국적을 신규로 취득한 전체 외국인 수 역시 20X7년에 비하여 증가하였으며, 그중에서 동북아시아 출신 외국인 수는 900명 이상 증가하였다.'라는 부분과 일치한다.

④ 마지막 문단 첫 번째 문장에 '20X8년 국제결혼 이주자 수의 경우에는 아시아 지역이 90% 이상을 차지하고 있으며(전체 123,489명 중에 아시아 지역이 118,296명이므로 약 96%를 차지한다), 그중에서도 특히 동북아시아 지역이 아시아 지역의 80% 이상을 차지하고 있다(아시아 지역 118,296명 중에 동북아시아는 98,139명이므로 약 83%를 차지한다).'는 부분과 일치한다.

⑤ 두 번째 문단 두 번째 문장에 '20X5년부터 20X8년까지의 지역별 외국인 등록 인구를 보면 경기도를 제외하고는 매년 전년 대비 증가하고 있으며, 경기도 역시 20X6년부터 20X8년까지 전년 대비 증가하는 추세를 보이고 있다.'라는 부분과 일치한다.

| 테마 3 기출예상문제 | | | | | | | | | 문제170쪽 |
|---|---|---|---|---|---|---|---|---|---|
| 01 | ③ | 02 | ② | 03 | ② | 04 | ③ | 05 | ④ |
| 06 | ③ | 07 | ③ | 08 | ④ | 09 | ② | 10 | ④ |
| 11 | ④ | 12 | ② | 13 | ① | 14 | ① | 15 | ② |
| 16 | ③ | 17 | ④ | 18 | ① | 19 | ② | 20 | ③ |
| 21 | ⑤ | 22 | ③ | 23 | ④ | 24 | ② | | |

## 01 자료계산 자료를 바탕으로 수치 계산하기

| 정답 | ③

| 해설 | 20X6년부터 20X9년까지 각 해의 범죄율을 계산해 보면 다음과 같다.

- 20X6년 : $\frac{36,847}{1,135,494} \times 100 \fallingdotseq 3.25(\%)$
- 20X7년 : $\frac{37,066}{1,147,256} \times 100 \fallingdotseq 3.23(\%)$
- 20X8년 : $\frac{40,847}{1,156,480} \times 100 \fallingdotseq 3.53(\%)$
- 20X9년 : $\frac{40,908}{1,166,377} \times 100 \fallingdotseq 3.51(\%)$

범죄율이 증가한 해는 20X8년이다. 따라서 20X8년에 증가한 항목을 확인하면 ㉡ 음주 인구 수, ㉢ 혼인 건수 2개이다.

## 02 자료이해 자료의 수치 분석하기

| 정답 | ②

| 해설 | 불법체류 외국인의 수가 20X4년에 최고치를 기록한 것은 사실이지만, 처음으로 등록 외국인 수보다 많아진 것은 20X3년이다.

| 오답풀이 |

- A : 등록 외국인 수는 꾸준히 증가하고 있지만 변수가 발생하면 감소할 수도 있다.
- C : 20X5년도에 불법체류 외국인의 수가 급격히 감소하면서 등록 외국인의 수가 급격히 늘어났으므로 서로 관련이 있을 것이라 예상할 수 있다.
- D : 20X6년 이후 큰 증가 없이 유지되고 있으므로 옳다.

## 03 자료계산 자료를 바탕으로 수치 계산하기

| 정답 | ②

| 해설 | 거제의 소나무 수는 1,590천 그루이고, 거제의 소나무재선충병 감염률은 50%이다. 감염된 소나무 수를 $x$라 하고 1)식에 대입해 보면 $\frac{x}{1,590}\times 100=50$, $x=795$(천 그루)가 된다. 거제의 소나무재선충병 고사율은 50%이므로 고사한 소나무 수를 $y$라고 하고 이를 2)식에 대입하면 $\frac{y}{795}\times 100=50$, $y=397.5$(천 그루)이다.

위와 같은 방법으로 제주의 고사한 소나무 수를 구해 보면 제주의 감염된 소나무 수는 $\frac{x}{1,201}\times 100=80$, $x=960.8$ (천 그루)가 되고, 고사한 소나무 수는 $\frac{y}{960.8}\times 100=40$, $y=384.32$(천 그루)가 된다.

따라서 제주의 고사한 소나무 수는 거제의 고사한 소나무 수의 $\frac{384.32}{397.5}=0.96\cdots\fallingdotseq 1.0$(배)이다.

## 04 자료계산 자료를 바탕으로 수치 계산하기

| 정답 | ③

| 해설 | • 미국 기업 : $(40,000\times 1,120)+(40,000\times 1,200)+(40,000\times 1,100)=136,800,000$(원)

• 중국 기업 : $(300,000\times 170)+(300,000\times 160)+(300,000\times 180)=153,000,000$(원)

• 일본 기업 : $(28,000\times 980)+(28,000\times 1,200)+(28,000\times 1,250)=96,040,000$(원)

## 05 자료이해 자료의 수치 분석하기

| 정답 | ④

| 해설 | 중학교 졸업자 수는 $1,830\times 0.28=512.4$(만 명), 중학교 입학자 수는 $1,730\times 0.25=432.5$(만 명)이다. 따라서 중학교 졸업자 수가 입학자 수보다 많다.

| 오답풀이 |

① 초등학교 학생 수는 $6,600\times 0.4=2,640$(만 명)이고, 학급 수는 $250\times 0.4=100$(만 개)이다. 따라서 학급당 학생 수는 $2,640\div 100=26.4$, 약 26명이다.

② 교원 1명당 학생 수는 중학교가 가장 많다.

• 유치원 : $(6,600\times 0.1)\div(460\times 0.1)\fallingdotseq 14.3$

• 초등학교 : $(6,600\times 0.4)\div(460\times 0.4)\fallingdotseq 14.3$

• 중학교 : $(6,600\times 0.24)\div(460\times 0.2)\fallingdotseq 17.2$

• 고등학교 : $(6,600\times 0.26)\div(460\times 0.3)\fallingdotseq 12.4$

③ 〈자료 1〉을 보면 입학자 수와 졸업자 수의 경우 고등학교의 비율이 가장 높다.

⑤ 전체 고등학교 학생 수는 $6,600\times 0.26=1,716$(만 명), 고등학교 졸업자 수는 $1,830\times 0.32=585.6$(만 명)이다. 따라서 전체 고등학교 학생 중 졸업자의 비율은 $\frac{585.6}{1,716}\times 100\fallingdotseq 34.1(\%)$이다.

## 06 자료변환 자료를 바탕으로 퍼즐 완성하기

| 정답 | ③

| 해설 | • 가로 ㉠ : $3,405 : 23.2=x : 100$

$23.2x=340,500$

$x=14,676.724\cdots\fallingdotseq 14,677$(명)

• 가로 ㉡ : $14,677\times\frac{9.8}{100}=1,438.346\fallingdotseq 1,438$(명)

• 세로 ㉠ : $10.0+2.6+2.3=14.9$(%)

• 세로 ㉢ : $1,728-1,525=203$(명)

• 세로 ㉣ : $3,495+1,525+1,465+358+366=7,209$(명)

즉, A=4, B=7, C=4, D=4이므로 모두 합한 값은 19이다.

**보충 플러스+**

문제 푸는 시간을 단축하려면 모든 칸을 다 채우기보다는 A, B, C, D가 포함된 칸만 계산하여 빠르게 답을 구하는 것이 좋다. 이 경우, 세로 ㉢, ㉣은 풀 필요가 없다.

## 07 자료이해 자료의 수치 분석하기

| 정답 | ③

| 해설 | 학교 성적으로 나눈 그룹에서 초등학교와 중학교 사교육 참여 시간이 같은 그룹은 상위 11 ~ 30%와 31 ~ 60% 두 개이다.

| 오답풀이 |

① 학교 성적이 높을수록 사교육 참여 시간은 더욱 많으므로 비례한다.

② 중학교 성적 상위 10% 이내 학생들의 사교육 참여 시간은 8.9시간으로 상위 61 ~ 80%인 학생과 하위 20% 이내의 학생의 사교육 참여 시간의 합 5.8+3.7=9.5(시간)보다 적다.

④ 아버지의 학력이 대학원 졸업일 경우(7.6시간)보다 대학교 졸업일 경우(7.7시간)가 초등학교 사교육 참여 시간이 더 많으므로 비례하지 않는다.

⑤ 어머니가 대학원 졸업 이상일 경우 초등학교 사교육 참여 시간은 7.5시간 → 중학교 8.6시간 → 고등학교 5.9시간으로 계속 늘어나지 않는다.

## 08 자료이해 자료의 수치 분석하기

| 정답 | ④

| 해설 | 초 · 중 · 고등학교의 교사 1인당 학생 수는 2010년에 $\frac{7,831}{340} ≒ 23.0$(명), 2020년에 $\frac{6,987}{423} ≒ 16.5$(명)으로 약 6.5명 감소하였다.

| 오답풀이 |

① 2000년 대비 2020년의 학생 수의 감소율을 보면

초등학생 $\frac{3,132-4,759}{4,759} \times 100 ≒ -34.2(\%)$,

중학생 $\frac{1,911-2,232}{2,232} \times 100 ≒ -14.4(\%)$,

고등학생 $\frac{1,944-2,211}{2,211} \times 100 ≒ -12.1(\%)$

따라서 초등학생의 감소율이 가장 크다.

② 2020년 중학교의 교사 1인당 학생 수는 $\frac{1,911}{111} ≒ 17.2$(명), 고등학교의 교사 1인당 학생 수는 $\frac{1,944}{131} ≒ 14.8$(명)이다.

③ 2015년 초등학교의 여교원 수는 약 11만 8천 명 $(0.72 \times 164 = 118.08)$으로 중학교의 여교원 수인 약 6만 7천 명$(0.63 \times 107 = 67.41)$의 두 배에 미치지 못한다.

⑤ 교원 수의 증가 정도는 초등학교>고등학교>중학교 순으로 상급 학교일수록 낮은 것이 아니다. 또한 진학률에 대한 자료는 제시되어 있지 않을 뿐만 아니라 교원 수 변화와 진학률 간의 상관 여부를 추론하기에는 자료가 부족하다.

## 09 자료변환 자료를 그래프로 변환하기

| 정답 | ②

| 해설 | 20X6년 표본감리의 결과 위반 비율은 $\frac{43}{222} \times 100 ≒ 19.37(\%)$이다.

## 10 자료이해 자료의 수치 분석하기

| 정답 | ④

| 해설 | 가정양육과 아이돌봄 서비스를 동시에 받는 혼합형의 보육형태는 20X8년에 13,056명(1.4%)에서 20X9년에 8,485명(0.9%)으로 감소하였다.

## 11 자료이해 자료의 수치 분석하기

| 정답 | ④

| 해설 | ㉡ '매우 만족'과 '보통 만족'이라고 답한 것을 합치면 90%에 가깝기 때문에 매우 불만족스럽다고 하기는 어렵다.

㉣ '보통 만족'의 답변도 많기 때문에 매우 우호적이라고 판단하기는 어렵다.

## 12 자료계산 자료를 바탕으로 수치 계산하기

| 정답 | ②

| 해설 | $\frac{223,908-214,696}{214,696} \times 100 = 4.290 \cdots (\%)$이므로 전년 대비 약 4% 증가했음을 알 수 있다.

## 13 자료계산 자료를 바탕으로 수치 계산하기

| 정답 | ①

| 해설 | '유학 및 연수 수지=국내수입액－해외지출액'이므로 계산하면 다음과 같다.

- 20X3년 : 37.4－4,488.0=－4,450.6(백만 달러)
- 20X4년 : 128.3－4,389.5=－4,261.2(백만 달러)
- 20X5년 : 71.8－4,150.4=－4,078.6(백만 달러)
- 20X6년 : 104.0－4,306.9=－4,202.9(백만 달러)
- 20X7년 : 123.9－3,722.1=－3,598.2(백만 달러)
- 20X8년 : 122.6－3,741.9=－3,619.3(백만 달러)
- 20X9년 : 122.7－3,518.5=－3,395.8(백만 달러)

따라서 가장 심한 적자를 기록한 해는 20X3년이다.

## 14 자료계산 자료를 바탕으로 수치 계산하기

| 정답 | ①

| 해설 | 그래프에서 전체 교통사고 발생건수 비율이 가장 낮은 달은 2월이다.

- 2월의 전체 교통사고 발생건수 :
  256,000×0.066=16,896(건)
- 2월의 음주 교통사고 발생건수 :
  25,000×0.062=1,550(건)

∴ 16,896－1,550=15,346(건)

## 15 자료계산 자료를 바탕으로 수치 계산하기

| 정답 | ②

| 해설 | 비율의 증가와 감소는 그래프의 기울기를 보면 알 수 있다. 전월 대비 음주 교통사고 발생건수 비율이 가장 많이 증가한 달은 6월 대비 2%p가 증가한 7월이다. 따라서 7월의 전체 교통사고 발생건수는 256,000×0.087=22,272(건)이다.

## 16 자료계산 자료를 바탕으로 수치 계산하기

| 정답 | ③

| 해설 |
- 11월의 전체 교통사고 발생건수 :
  256,000×0.093=23,808(건)
- 5월의 음주 교통사고 발생건수 :
  25,000×0.083=2,075(건)

∴ 23,808－2,075=21,733(건)

## 17 자료계산 자료를 바탕으로 수치 계산하기

| 정답 | ④

| 해설 | 다른 종목들을 살펴보면, '전일잔량＋금일거래－금일상환=금일잔량'임을 알 수 있다.

여기에 04－6 종목을 적용해 보면,

27,730＋419－㉠=27,507(억 원)

㉠=27,730＋419－27,507=642(억 원)

㉡은 모든 종목의 금일상환의 합계이므로,

0＋642＋0＋0＋0＋0＋750＋500＋1,600＋1,000＋1,300＋800＋1,200＋300＋3,530=11,622(억 원)

## 18 자료계산 자료를 바탕으로 수치 계산하기

| 정답 | ①

| 해설 | 전일잔량에 비해 금일잔량이 감소하거나 변함없는 종목(04－3, 04－6, 06－5, 08－5, 10－3, 11－7, 12－3, 12－4, 기타)은 제외하고 계산한다.

- 05－4 : 36,414－35,592=822(억 원)
- 12－2 : 20,860－18,160=2,700(억 원)
- 12－6 : 32,010－30,610=1,400(억 원)
- 13－1 : 28,070－26,370=1,700(억 원)
- 13－2 : 34,920－33,870=1,050(억 원)
- 13－3 : 11,680－11,080=600(억 원)

따라서 전일잔량에 비해 금일잔량이 가장 크게 증가한 종목은 12－2이다.

## 19 자료이해 자료의 수치 분석하기

| 정답 | ②

| 해설 | 20X5년 한국 섬유산업 수출액은 전년 대비 15,802－15,696=106(백만 달러) 감소하였다.

| 오답풀이 |

③ 20X8년 한국 섬유산업 수입액은 20X5년 대비 14,305 −11,730=2,575(백만 달러) 증가했다.

④ 20X9년 이탈리아의 섬유 수출액은 33,400백만 달러로 한국 섬유 수출액인 13,607백만 달러의 약 2.45배이다. 따라서 한국의 섬유 수출액보다 145% 더 많다.

⑤ 20X6년 한국의 섬유 수출액은 16,072백만 달러로 20X9년 프랑스의 섬유 수출액 15,000백만 달러보다 더 많다.

## 20 자료변환 자료를 그래프로 변환하기

| 정답 | ③

| 해설 | ㉣ $\frac{2,629}{7,263} \times 100 \fallingdotseq 36.2(\%)$

| 오답풀이 |

㉠ 20X6년 : $\frac{13,281-11,730}{11,730} \times 100 \fallingdotseq 13.2(\%)$

20X7년 : $\frac{14,356-13,281}{13,281} \times 100 \fallingdotseq 8.1(\%)$

㉡ $\frac{260}{7,263} \times 100 \fallingdotseq 3.6(\%)$

㉢ 20X8년 : $\frac{14,490}{14,305} \times 100 \fallingdotseq 101.3(\%)$

20X9년 : $\frac{13,607}{14,507} \times 100 \fallingdotseq 93.8(\%)$

## 21 자료이해 자료의 수치 분석하기

| 정답 | ⑤

| 해설 | 필수시간의 합은 2005년부터 각각 544, 564, 573, 613분으로 점차 증가하며 근로시간은 206, 187, 183, 180분으로 점차 감소한다.

| 오답풀이 |

① 2020년 여가활동은 2005년에 비해 약 19% 증가하였다.

②, ③ 근로시간은 지속적으로 감소하였으나 가정관리와 학습시간은 감소하다가 증가하였다.

④ 5년 전 대비 식사시간의 증가율은 2010년에서 가장 크다.

## 22 자료이해 자료의 수치 분석하기

| 정답 | ③

| 해설 | 학습을 하지 않는 사람의 수가 학습을 하는 사람의 수보다 10배 이상 많으면 전체 인원은 학습을 하는 사람의 11배 이상이다. 따라서 평균은 $\frac{1}{11}$ 이하로 감소해야 하지만 자료상에서는 그렇지 않다.

## 23 자료이해 자료의 수치 분석하기

| 정답 | ④

| 해설 | 독일과 프랑스의 고등학교 졸업자 평균 임금이 동일하다면 두 나라의 임금지수를 직접적으로 비교할 수 있다. 독일의 고등교육 이상 졸업자의 임금지수는 166, 프랑스는 154이므로 두 나라의 임금지수 차이는 12이다.

| 오답풀이 |

① 뉴질랜드는 20X5년 118에서 20X9년 154로 증가하였다.

② 20X9년 한국의 중학교 이하 졸업자의 임금지수는 〈자료 1〉에서 72임을 알 수 있고, 고등교육 이상 졸업자 임금지수는 〈자료 3〉에서 141임을 알 수 있다. 따라서 두 그룹 간의 임금지수 차이는 69이다.

③ 한국의 중학교 이하 졸업자와 대학 졸업자의 임금 격차는 20X4년 98, 20X5년 93, 20X6년 90, 20X7년 79, 20X8년 71로 점차 감소하나 20X9년 73으로 소폭 증가하였다.

⑤ 스위스의 고등교육 이상 졸업자의 임금지수는 20X6년에 소폭 증가하였다가 감소 추세에 접어들었다.

## 24 자료계산 자료를 바탕으로 수치 계산하기

| 정답 | ②

| 해설 | 〈자료 1〉을 보면 20X8년 한국의 전문대학 졸업자 임금지수는 112, 대학 졸업자는 145이므로 다음과 같은 식을 세울 수 있다.

$112 : 145 = 180 : x$

$x = 180 \times \frac{145}{112}$

$\therefore\ x = 233$(만 원)

# 파트3 공간지각력

## 01 시각적 사고

| 테마 2 출제유형문제연습 | | | | | | | | | 문제208쪽 |
|---|---|---|---|---|---|---|---|---|---|
| 01 | ④ | 02 | ③ | 03 | ③ | 04 | ③ | 05 | ⑤ |
| 06 | ⑤ | 07 | ② | 08 | ① | 09 | ③ | 10 | ③ |
| 11 | ⑤ | 12 | ② | 13 | ① | 14 | ④ | 15 | ④ |
| 16 | ① | 17 | ① | 18 | ① | | | | |

### 01 전개도 전개도 완성하기

| 정답 | ④

| 해설 | 전개도를 접을 때 서로 만나게 되는 모서리를 표시하면 다음과 같다.

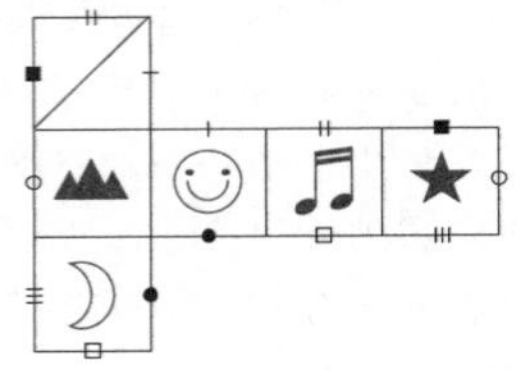

각 선택지의 3개의 면에 들어가는 도형 중 구분하기 쉬운 도형을 골라 그것을 중심으로 인접면의 도형 모양과 방향을 파악한다. ④의 경우 오른쪽 면인 ★을 중심으로 살펴보면 바로 왼쪽 면의 방향이 잘못되었음을 알 수 있다. 즉, → 로 되어야 한다. 왼쪽 면이 일 경우에는 이 되어야 한다.

### 02 전개도 모양이 다른 전개도 찾기

| 정답 | ③

| 해설 | 전개도 한 면의 방향이 다음과 같이 바뀌어야 한다.

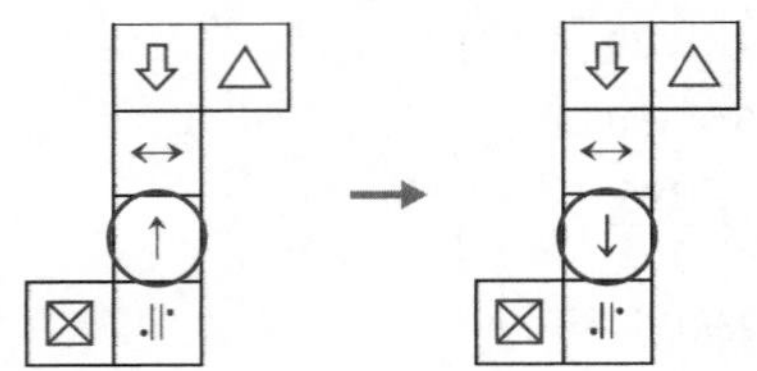

### 03 전개도 도형의 회전한 면 찾기

| 정답 | ③

| 해설 | 먼저 주어진 전개도에서 서로 맞닿는 변을 표시한다.

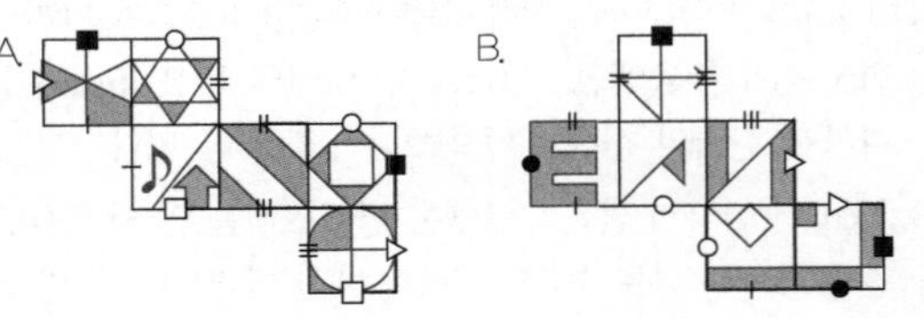


그런 다음 A와 B를 접어 제시된 정면 모양대로 놓으면 다음과 같다(진한 색선 : 앞면의 밑변 표시).

A.

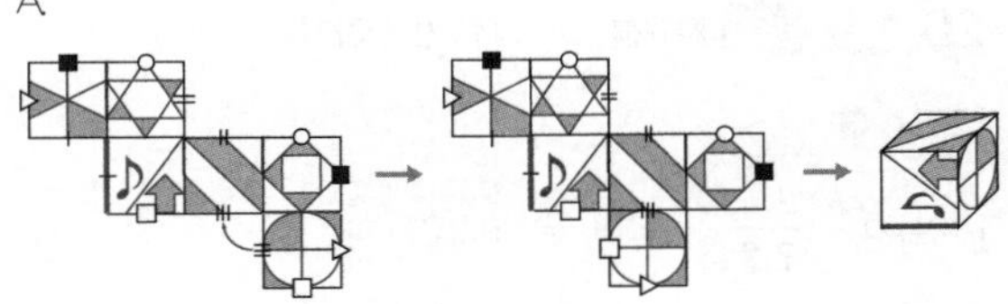

B.

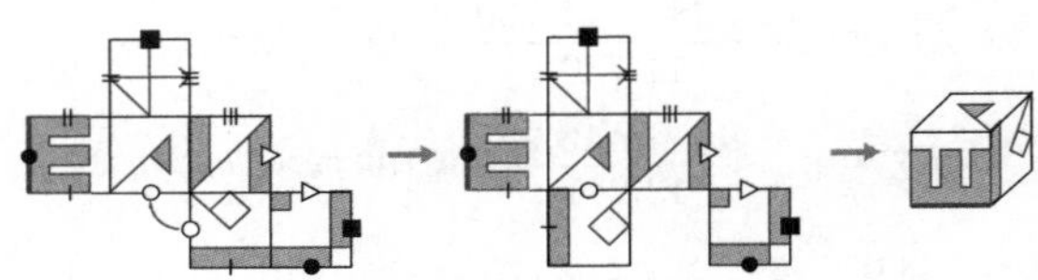

이 상태에서 각각 $x$축을 중심으로 앞쪽으로 90°, $y$축을 중심으로 180° 회전한 모양을 찾는데, 앞면을 중심으로 하여 회전(이동) 후의 앞면과 윗·옆면의 모양을 전개도의 인접면을 보며 찾도록 한다.

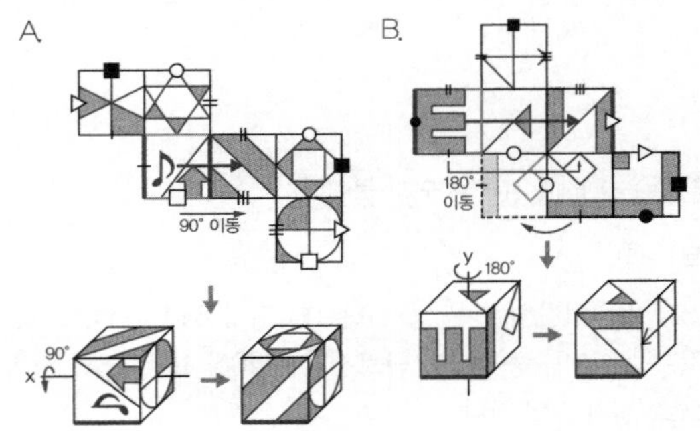


따라서 위에서 내려다 본 모양을 찾으면 다음과 같다.

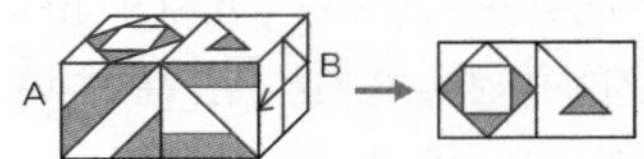

## 04 투상도 일치하는 입체도형 찾기

| 정답 | ③

| 해설 | 투상도의 형태를 볼 때 일치하는 것은 ③이며, 나머지는 O표시된 부분이 잘못되었다.

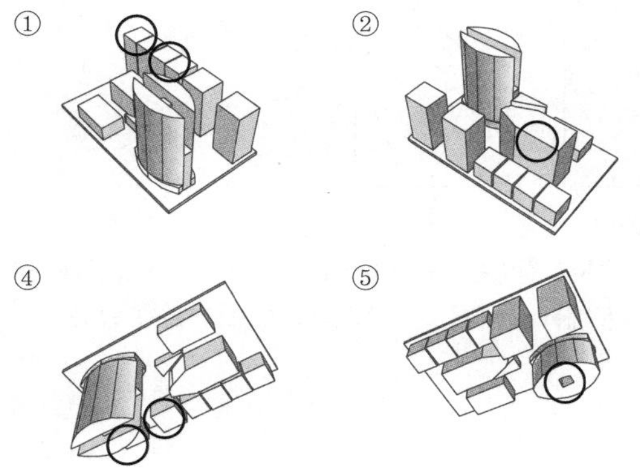

## 05 투상도 일치하는 입체도형 찾기

| 정답 | ⑤

| 해설 | 투상도의 형태를 볼 때 일치하는 것은 ⑤이며, 나머지는 O표시된 부분이 잘못되었다.

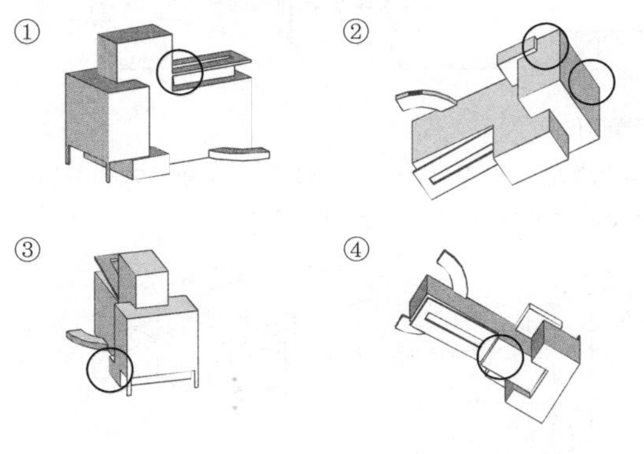

## 06 투상도 일치하는 입체도형 찾기

| 정답 | ⑤

| 해설 | 우선 정면도를 통해 가로 · 세로의 블록 개수를 확인한다. 가로 5개, 세로 4개이므로 ②, ④는 답이 될 수 없다.

다음으로 평면도를 기준으로 평면도 맨 윗줄부터 블록의 개수가 맞는지 비교하면 되는데, ①은 맨 윗줄 블록 개수가 4개로 1개 더 많고, ③은 맨 윗줄 블록 개수가 1개밖에 없으므로 답은 ⑤가 된다.

| 오답풀이 |

① 평면도가 일치하지 않는다.

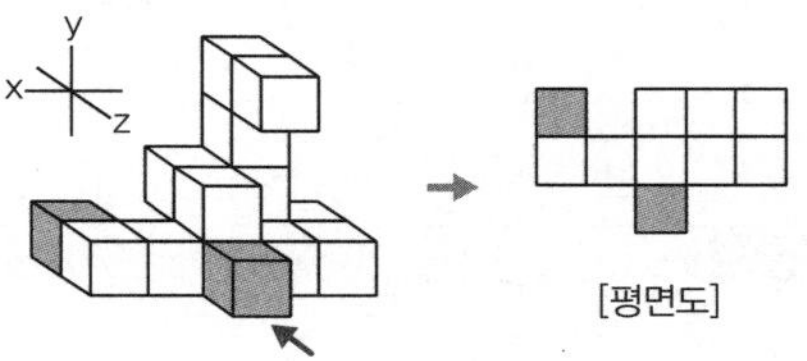


② 정면도, 평면도, 우측면도 모두 일치하지 않는다.

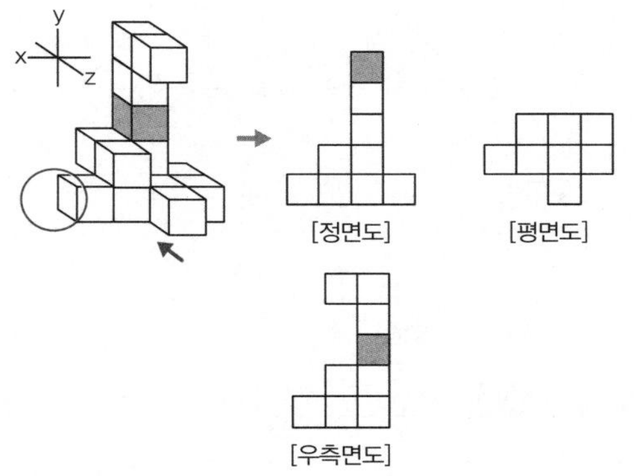


※ 정면도의 색칠된 블록은 개수가 1개 더 많음을 보이기 위해 임의로 표시한 것이다. 왼쪽 블록의 색칠된 층과 다르다고 헷갈리지 않도록 한다.

③ 평면도, 우측면도가 일치하지 않는다.

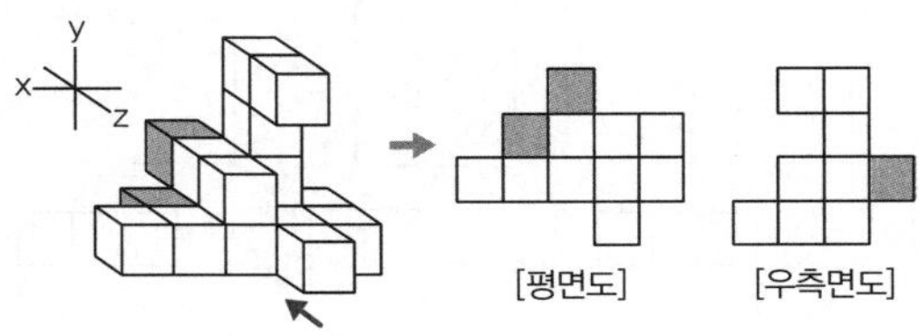


④ 정면도, 우측면도가 일치하지 않는다.

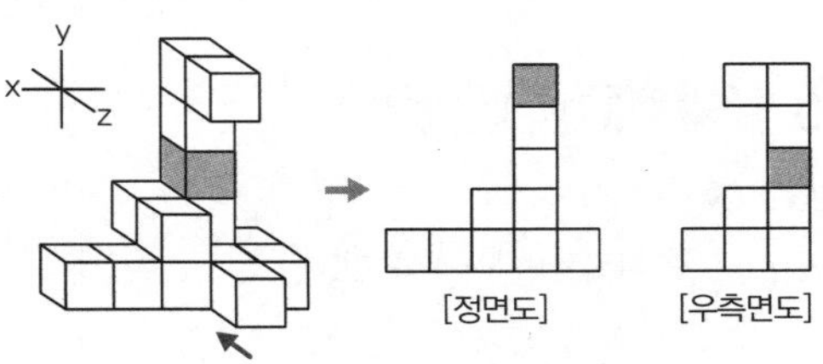

## 07 종이접기 펼친 그림 찾기

| 정답 | ②

| 해설 |

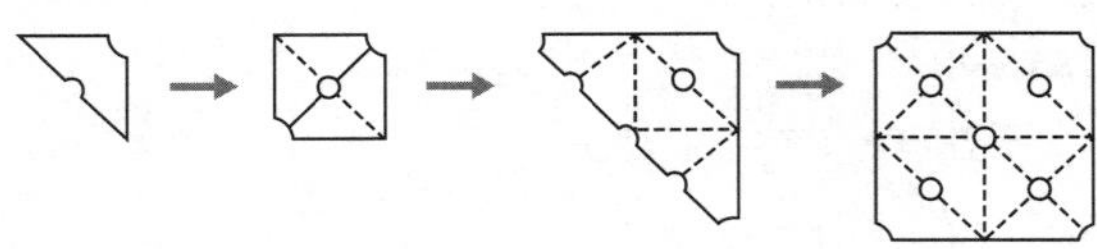

## 08 종이접기 펼친 그림 찾기

| 정답 | ①

| 해설 |

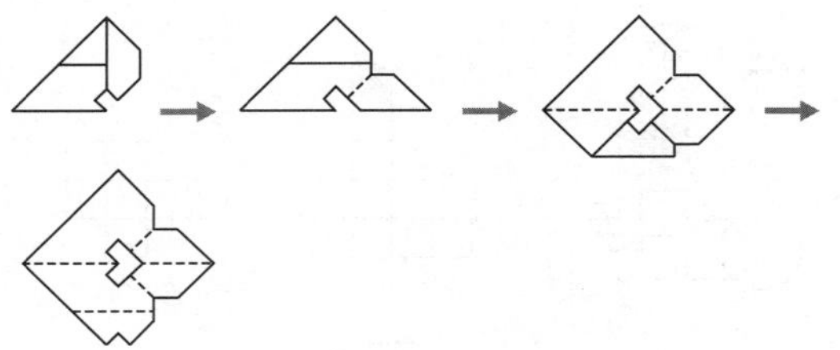

## 09 종이접기 접은 면 유추하기

| 정답 | ③

| 해설 | 접는 순서별로 뒷면의 모양을 생각하면 답을 찾을 수 있다. 뒷면에서의 순서를 그림으로 나타내면 다음과 같다.

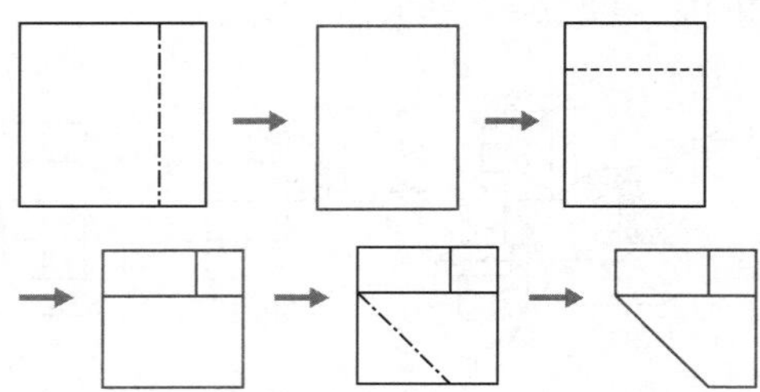

## 10 종이접기 접은 면 유추하기

| 정답 | ③

| 해설 | ③을 뒤집으면 아래와 같고,

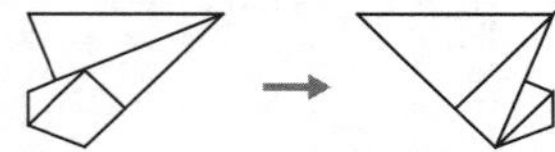

이를 접힌 순서대로 펼치면 다음과 같다.

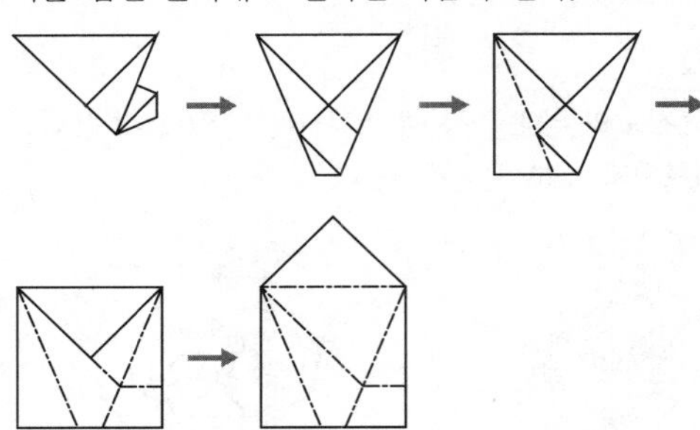

| 오답풀이 |

① 순서대로 접었을 때 정면에서 볼 수 있는 모양이다. 해당 문제는 뒤에서 본 모양을 찾으므로 옳지 않다.

## 11 도형과 조각의 일치 일치하는 입체도형 찾기

| 정답 | ⑤

| 해설 | 제시된 입체도형을 $y$축 시계방향으로 90° 회전시키면 ⑤의 모양과 일치한다.

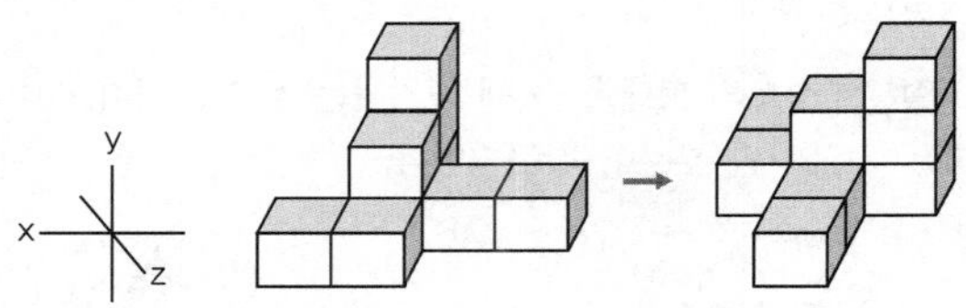


| 오답풀이 |

다른 입체도형은 점선으로 표시된 블록이 추가되거나 동그라미 친 블록이 제거되어야 일치한다.

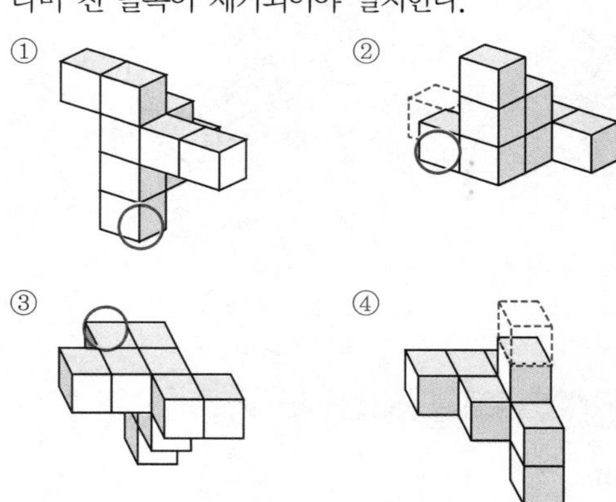

## 12 도형과 조각의 일치 나머지와 다른 입체도형 찾기

| 정답 | ②

| 해설 | ②의 ○표시된 부분이 다음과 같이 바뀌어야 한다.

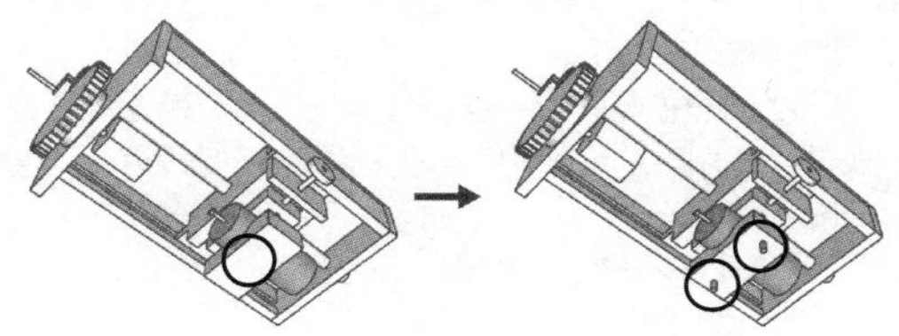

## 13 도형과 조각의 일치 조합 시 일치하는 도형 찾기

| 정답 | ①

| 해설 | 선택지의 그림에서 확실하게 아닌 조각을 찾아 제외시키면 된다. 이때 도형 조각의 굵기 차이를 파악해 두어야 한다.

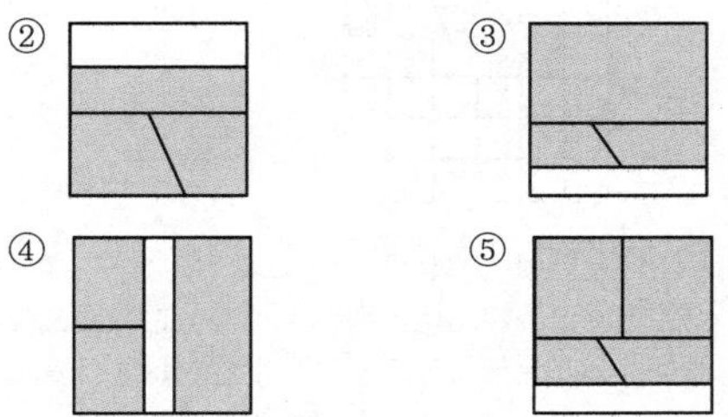


## 14 도형과 조각의 일치 조합 시 일치하는 도형 찾기

| 정답 | ④

| 해설 | 선택지의 그림에서 확실하게 아닌 조각을 찾아 제외시키면 된다. 이때 두 도형 조각의 변 길이가 다름을 파악해 두어야 한다.

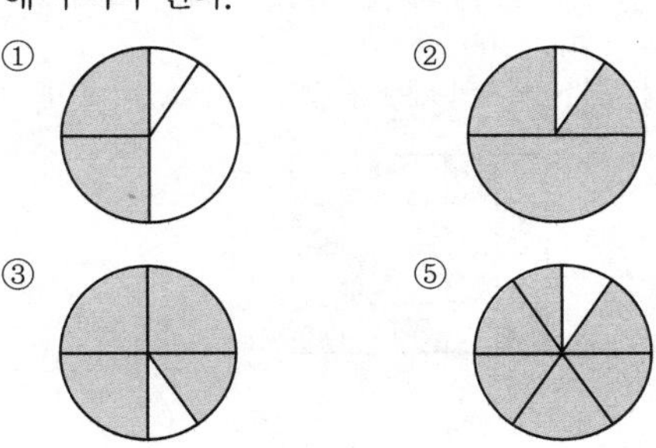


## 15 블록 블록 결합하기

| 정답 | ④

| 해설 | 먼저 두 블록의 개수를 합하여 선택지의 블록 개수와 다른 것을 찾으면 좀 더 빨리 풀 수 있다. 이 방법으로 찾지 못할 경우에는 각 선택지에 모양이 특이한 것을 먼저 대입해 보면 쉽게 찾을 수 있다.

④는 동그라미 친 부분이 제거되어야 한다.

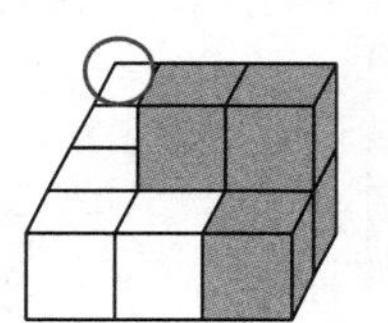

| 오답풀이 |

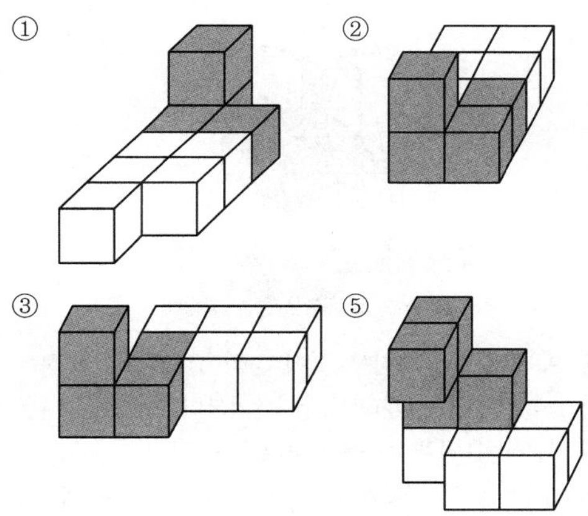


## 16 블록 정육면체 만들기

| 정답 | ①

| 해설 | 주어진 그림에서 가장 작은 정육면체를 만들려면 5×5×5=125(개)의 블록이 필요하다. 현재 그림에서 블록의 개수는 24개이므로 101개의 블록이 추가로 더 있어야 한다.

## 17 블록 정육면체 만들기

| 정답 | ①

| 해설 | 일명 테트리스 문제라 말하는 입체 테트리스 유형이다. 이러한 문제에서는 평면도형이든 입체도형이든 가장 먼저 선택지의 블록 개수를 체크해야 한다.

3×3×3=27(개)의 정육면체를 조합해야 하는데 선택지 블록들의 개수를 세보면 ①～③은 6개, ④는 7개, ⑤는 8개로 총 33개이므로 33－27=6(개)가 필요하지 않다. 따라서 6개의 작은 정육면체로 되어 있는 ①～③ 중 하나가 필요하지 않으며, ④와 ⑤는 사용하는 것이 결정된다.

먼저 ④와 ⑤의 조합은 다음의 한 가지로 결정된다. ⑤가 위쪽으로 떠 있는 상태로는 ①～③ 중 어느 것도 조합할 수 없으므로 그림에서처럼 양쪽 두 군데에 맞는 것을 ①～③ 중 골라야 한다.

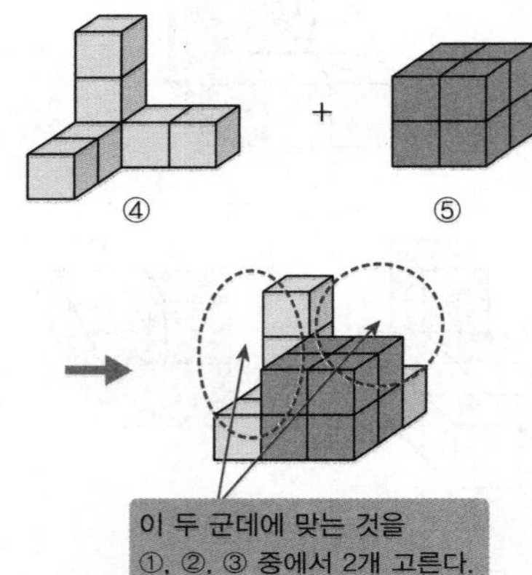


큰 조각을 우선하여 생각하는 것이 정석이므로, 작은 정육면체 3개가 늘어서 있는 ①과 ③을 살펴본다. 둘 중 하나를 사용하면 작은 정육면체 3개를 늘어놓을 공간이 더 이상 없으므로 ①과 ③ 모두 사용하는 것은 불가능함을 알 수 있다. 그러므로 ②는 확실하게 사용되고 놓여지는 위치는 다음과 같다.

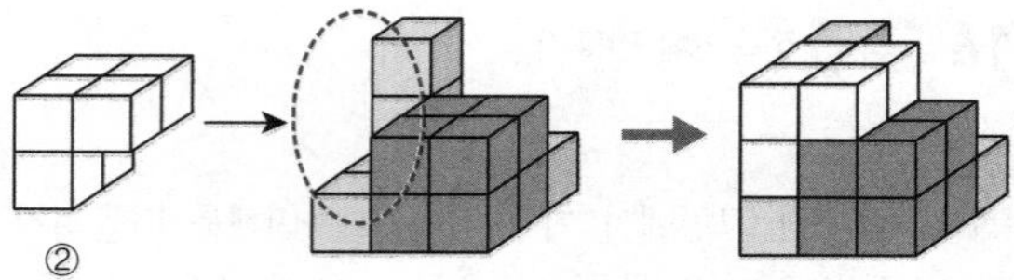


이에 따라 마지막으로 남은 부분에는 ③이 들어가게 된다는 것을 알 수 있다. 이를 끼워 넣으면 다음과 같이 정육면체가 완성된다.

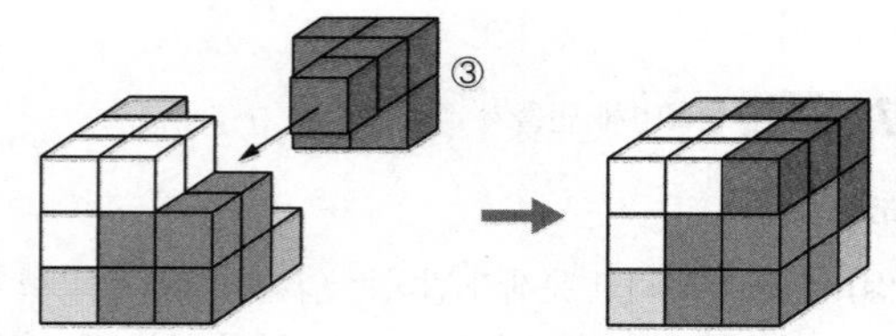


따라서 ①이 필요하지 않다.

**보충 플러스+**

테트리스 문제

빈틈이 생기지 않도록 하는 이른바 도형 끼워 맞추기 문제이다. 테트리스 게임으로도 익숙한 유형이다.

1. 기본 해법

명확한 기준을 세워 경우의 수를 나누는 것으로 문제를 효율적으로 처리할 수 있다. 다음과 같은 시행착오를 유의할 필요가 있다.

(1) 선택지를 사용한 대입법으로 한정적인 조건으로 경우를 나눈다.

(2) 필요하다면 경우를 더 나눈다.

예

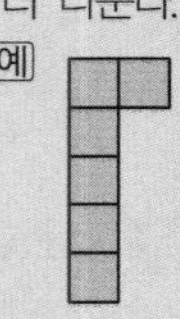

위 조각을 갑자기 다음 그림과 같이 놓는 사람은 없을 것이다. 칠해진 부분을 채우는 것이 어렵다고 무의식적으로 인식하고 있기 때문이다. 이렇게 위치를 한정하는 조건을 의식한 뒤에 두는 것을 생각한다.

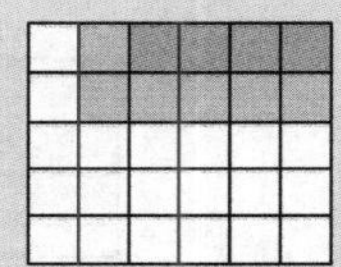

2. 빨리 풀기 테크닉－패리티 체크(Parity check)

조각이 필요한지 아닌지의 가능성을 생각하는 경우에는, 전체와 각 조각을 체크무늬로 칠했을 때의 흑백의 차이를 세어 전체의 구조(정사각형이나 직사각형)에 넣을 수 있는지 아닌지를 생각하면 풀 수 있다. 이 방법을 패리티(홀짝) 체크라고 한다.

예제 다음 5종류의 종이를 사용하여 직사각형(4×5)를 만드는 것이 가능한가?

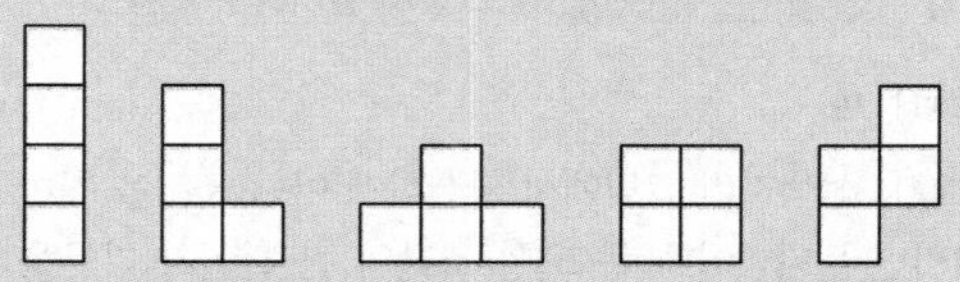

가능성을 생각하므로 체크모양으로 나타내어 흑백의 홀짝을 맞추어본다(패리티 체크).

4×5 직사각형은 흑백의 개수가 같다(흑 10개, 백 10개).

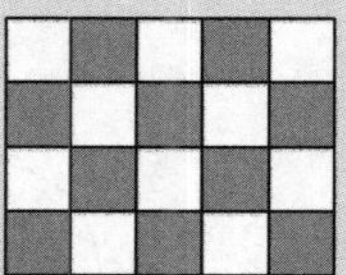

여기에서 5개의 종이를 체크무늬로 나타내보면,

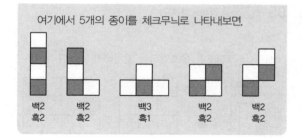

| 백2 흑2 | 백2 흑2 | 백3 흑1 | 백2 흑2 | 백2 흑2 |
|---|---|---|---|---|

## 18 블록 남은 입체도형의 개수 구하기

| 정답 | ①

| 해설 | 처음의 3×3×3 정육면체를 3단으로 잘라 어느 정육면체를 빼냈는지 표시한다. 또한 구하는 것은 남은 입체도형의 최소 개수이므로, 빼낼 수 있는 것은 전부 제거하도록 한다.

1. [그림 1]에서 정면 오른쪽 위 두 단, 중앙의 최상단은 빼내는 것이 가능하므로 × 표시를 한다.

상단

| | × | × |
|---|---|---|
| | × | × |
| | × | × |

중단

| | | × |
|---|---|---|
| | | × |
| | | × |

하단

| | | |
|---|---|---|
| | | |
| | | |

2. 다음으로 [그림 2]에서 최상단의 앞(a쪽) 2열에도 × 표시를 한다.

상단

| | × | × |
|---|---|---|
| × | × | × |
| × | × | × |

중단

| | | × |
|---|---|---|
| | | × |
| | | × |

하단

| | | |
|---|---|---|
| | | |
| | | |

3. 구하는 것은 '남은 입체도형의 최소 개수'이므로, 더 빼낼 수 있는 것은 전부 제거해야 한다. 이에 따라 다음과 같이 ×표시를 할 수 있다.

상단

| | × | × |
|---|---|---|
| × | × | × |
| × | × | × |

중단

| | × | × |
|---|---|---|
| × | | × |
| × | | × |

하단

| | × | |
|---|---|---|
| × | | × |
| × | | × |

하단에 남은 1개는 3곳 중 어디든 가능하다.

따라서 '남은 입체도형의 개수'는 × 표시가 없는 8개가 된다.

**테마 3 기출예상문제** 문제224쪽

| 01 | ① | 02 | ④ | 03 | ④ | 04 | ② | 05 | ③ |
|---|---|---|---|---|---|---|---|---|---|
| 06 | ③ | 07 | ⑤ | 08 | ② | 09 | ① | 10 | ④ |
| 11 | ① | 12 | ⑤ | 13 | ① | 14 | ④ | 15 | ② |
| 16 | ② | 17 | ③ | 18 | ④ | 19 | ② | 20 | ① |

## 01 전개도 전개도 찾기

| 정답 | ①

| 해설 |

| ⓑ | ⓐ |
|---|---|
| ⓒ | ⓓ |

정육면체의 한 면을 다음과 같이 4개로 나눠 ⓐ～ⓓ로 구분하고 A, B 표시가 있는 면의 글씨가 올바르게 읽힐 수 있는 방향으로 봤을 때, 표시 위치가 ⓐ～ⓓ 중 어느 위치에 있는가를 확인한다. 문제의 그림 표시는 A는 ⓑ, B는 ⓒ이다.

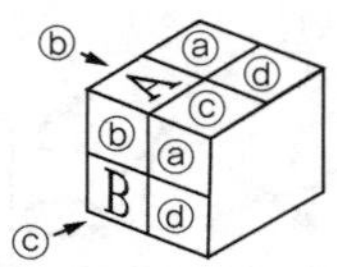

선택지의 전개도에서도 같은 것을 확인해본 결과 다음과 같이 정리할 수 있다.

| 구분 | A | B |
|---|---|---|
| ① | ⓑ | ⓒ |
| ② | ⓑ | ⓓ |
| ③ | ⓑ | ⓓ |
| ④ | ⓓ | ⓑ |
| ⑤ | ⓐ | ⓒ |

따라서 기호의 위치가 같은 것은 ①이다.

## 02 전개도 전개도 완성하기

| 정답 | ④

| 해설 | 먼저 전개도에 접었을 때 서로 만나는 변을 표시한다.

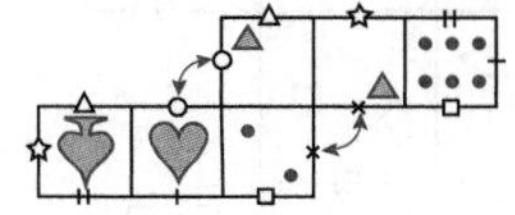

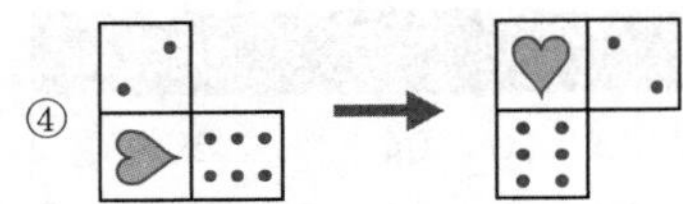

| 오답풀이 |

① ㅇ끼리 만나야 하므로 윗면의 모양이 잘못되었다. [ ◁ ] 로 되어야 한다.

② [♥]의 윗면에는 [⁙]이, 옆면에는 [♠]이 와야 한다.

③ 하트와 스페이드의 방향은 서로 반대이어야 하므로 윗면의 방향이 반대로([◁♥]) 되어야 한다.

⑤ 스페이드의 오른쪽 면에는 [ ◁ ]가 와야 한다.

## 03 전개도 주사위 뒷면 찾기

| 정답 | ④

| 해설 | 주사위의 앞면에 해당하는 곳을 전개도에서 찾은 후 앞면을 중심으로 뒷면을 찾으면 쉽게 해결할 수 있다.

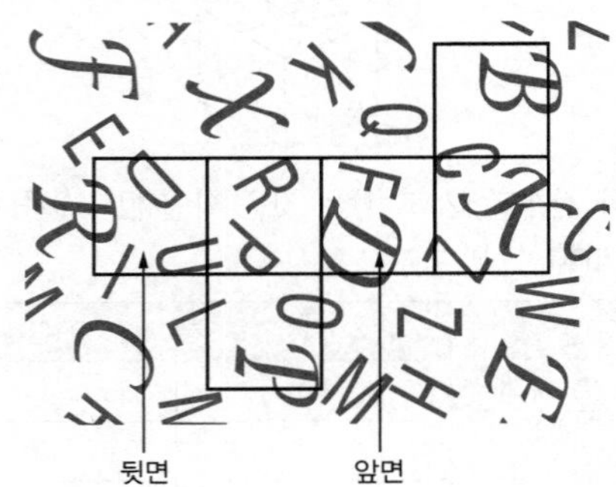


## 04 전개도 주사위 윗면 찾기

| 정답 | ②

| 해설 | 전개도를 접었을 때 서로 만나게 되는 모서리를 표시하면 다음과 같다.

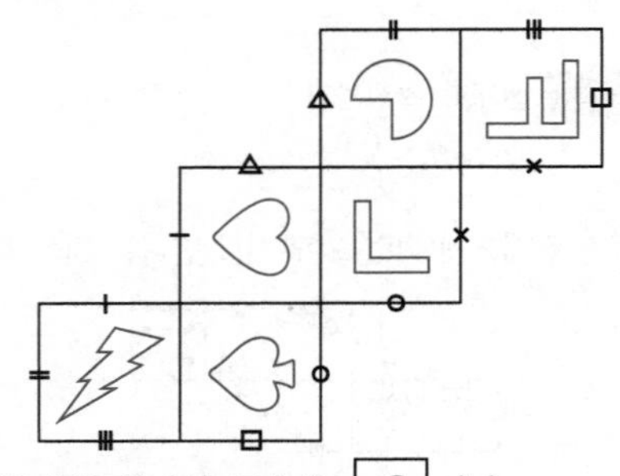

따라서 주사위 윗면의 모습은 [ ] 이다.

## 05 전개도 입체도형 찾기

| 정답 | ③

| 해설 | ① 정면도와 우측면도가 일치하지 않는다.

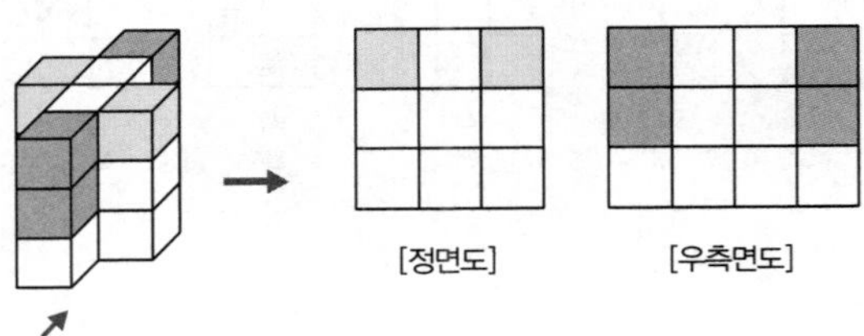


② 우측면도가 일치하지 않는다.

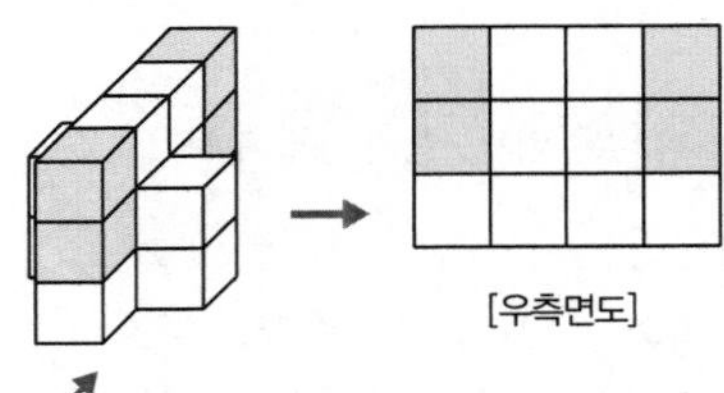


④ 정면도가 일치하지 않는다.

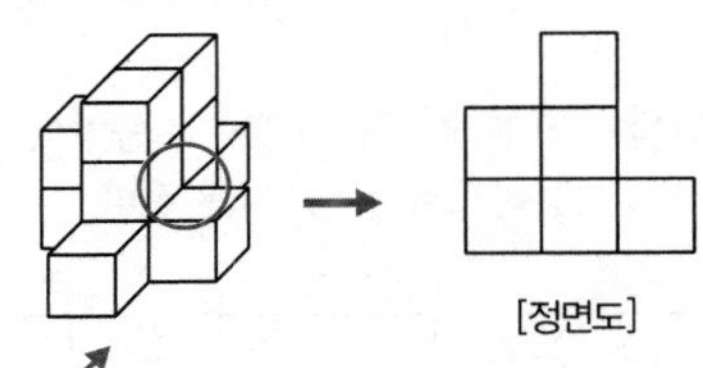


⑤ 평면도가 일치하지 않는다.

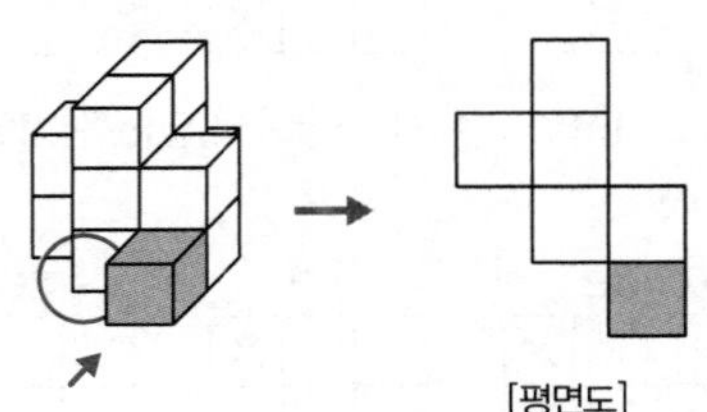


## 06 투상도 입체도형 찾기

| 정답 | ③

| 해설 | ① 평면도가 일치하지 않는다.

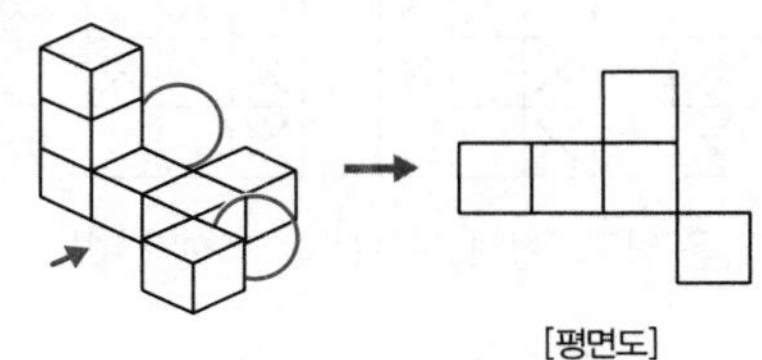

② 평면도가 일치하지 않는다.

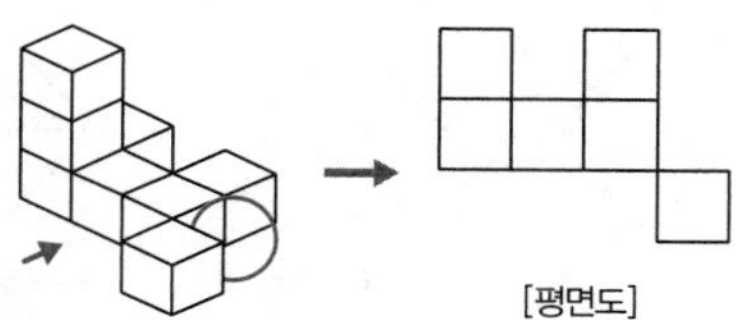
[평면도]

④ 우측면도가 일치하지 않는다.

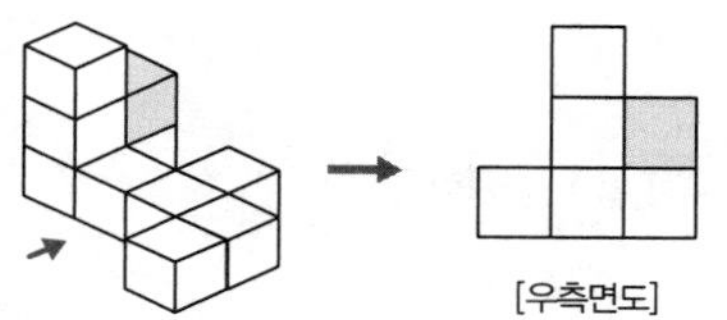
[우측면도]

⑤ 평면도와 우측면도가 일치하지 않는다.

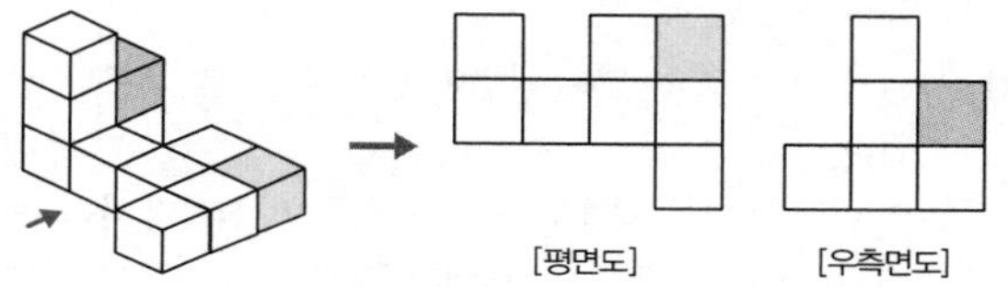
[평면도] [우측면도]

## 07 투상도 입체도형 찾기

| 정답 | ⑤

| 해설 | 일치하는 것은 ⑤이며, 나머지는 O표시된 부분이 잘못되었다.

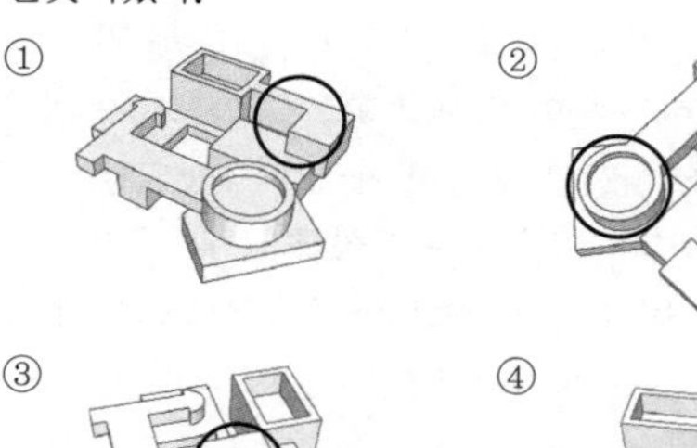


## 08 투상도 입체도형 찾기

| 정답 | ②

| 해설 | 일치하는 것은 ②이며, 나머지는 O표시된 부분이 잘못되었다.

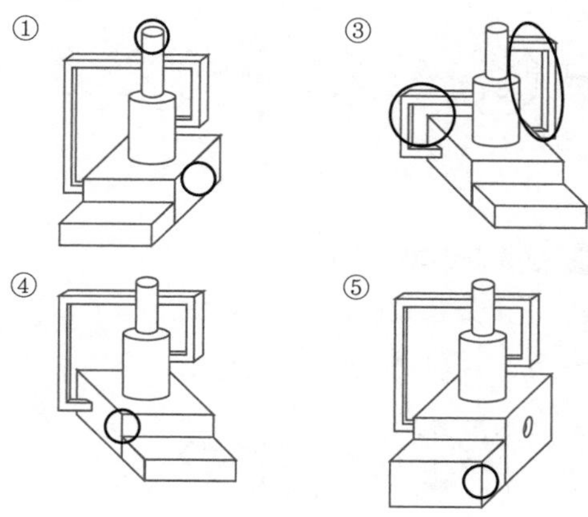


## 09 종이접기 펼친 그림 찾기

| 정답 | ①

| 해설 | 역순으로 펼치면 다음과 같다.

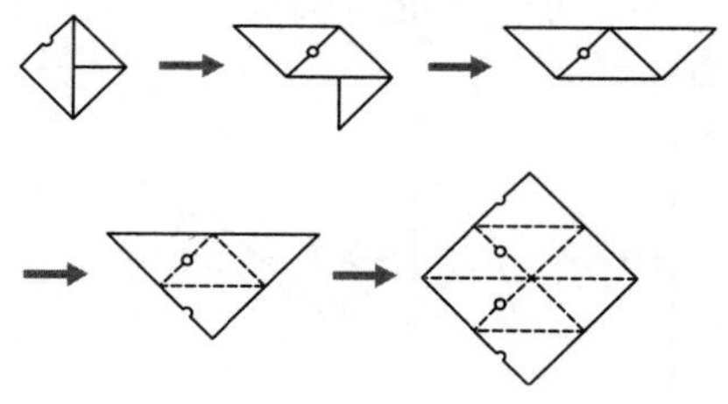

## 10 종이접기 펼친 그림 찾기

| 정답 | ④

| 해설 | 역순으로 펼치면 다음과 같다.

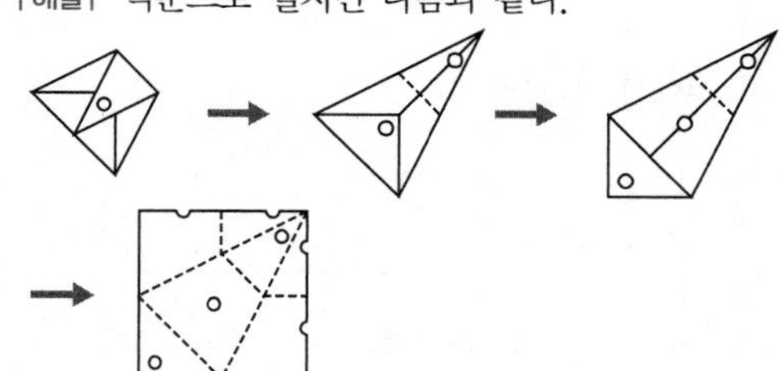

언어논리력
수리력
공간지각력
문제해결력
이해 및 관찰탐구력
실전모의고사

## 11 종이접기 펼친 그림 찾기

| 정답 | ①

| 해설 | 역순으로 펼치면 다음과 같다.

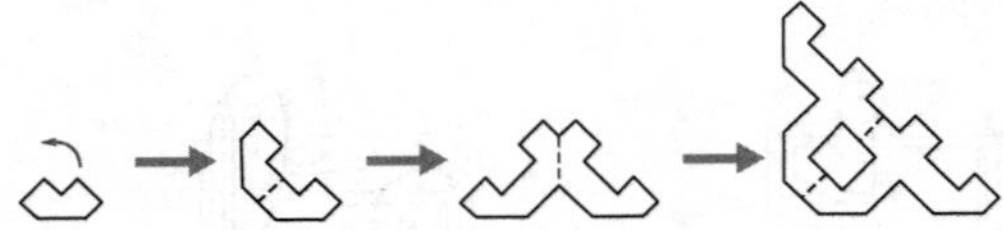

## 12 종이접기 펼친 그림 찾기

| 정답 | ⑤

| 해설 | 가로축을 중심으로 뒤집으면 다음과 같다.

## 13 종이접기 접은 면 유추하기

| 정답 | ①

| 해설 | ①은 문제의 마지막 그림을 밖으로 접은 후 뒤집은 뒷면의 모양임을 알 수 있다. 뒷면의 모양을 접은 순서별로 살펴보면 다음과 같다.

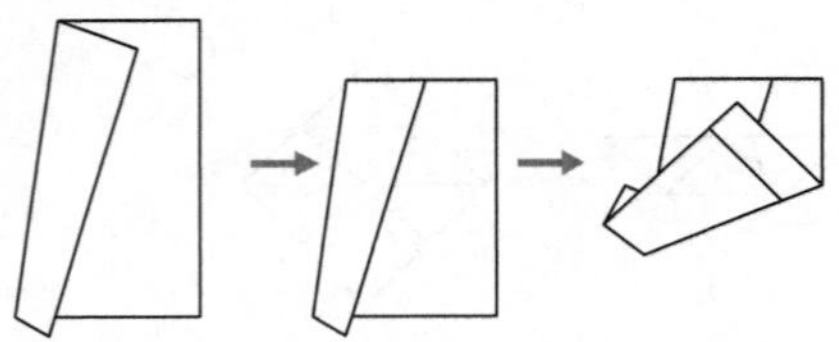

## 14 종이접기 접은 면 유추하기

| 정답 | ④

| 해설 | 1. 앞에서 본 모양

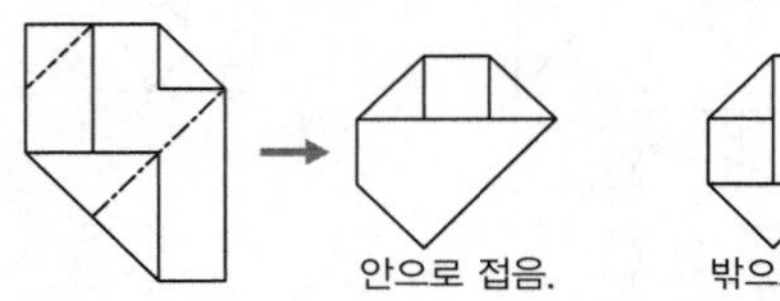


2. 뒤에서 본 모양

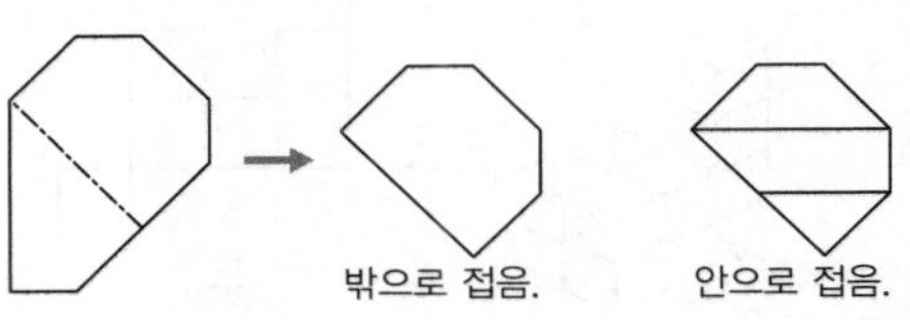


## 15 블록 블록 결합하기

| 정답 | ②

| 해설 | 블록 쌓기 문제이므로 빨리 풀 수 있는 방법인 '슬라이스법'을 사용한다.

1. 부피가 가장 크고, 넣는 방법이 한정되어 있는 A부터 생각한다.
   'A의 바닥은 다른 입체도형의 면과 두 면 접한다'라는 두 번째 조건에 따르면, A는 바닥에 접해 있지 않으므로 상단과 가운데 단에 있음을 알 수 있다.

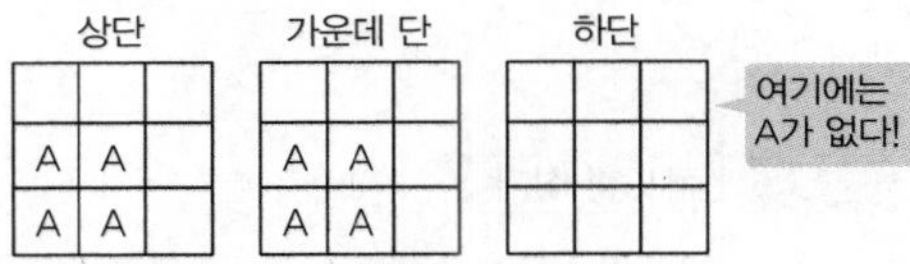


상단, 가운데 단의 A는 작은 정육면체 1개가 4개의 구석에 접하므로 이들 자리 중 어디든 괜찮지만, 여기에서 일단 왼쪽 아래의 구석으로 배치한다.

2. C는 3개의 작은 정육면체로 구성되어 있고, 세 번째 조건에서 A와 접하는 면이 없다고 했으므로 오른쪽 위의 칸에 서 있거나, 하단의 A 바로 아래가 되지 않는 부분에 누워있을 것이다. 이중 하나만 성립하는데 두 가지에서 하단 오른쪽 위의 칸이 중복되어 겹치므로 C가 이 자리로 들어가는 것은 확실하다.

상단

| | | C |
|---|---|---|
| A | A | |
| A | A | |

가운데 단

| | | C |
|---|---|---|
| A | A | |
| A | A | |

하단

| | | C |
|---|---|---|
| | | |
| | | |

3. 그렇다면 A의 바닥과 두 면 접해 있는 것은 B임을 알 수 있다(네 번째 조건에서 A와 D는 한 면 접해 있고, C 때문에 D와 B에서 두 면(각각 한 면씩) 접하는 것은 불가능하므로) 여기에서 C가 오른쪽 위 칸에 서 있는 것이 확정되므로 그 모양을 그리면 다음과 같이 된다.

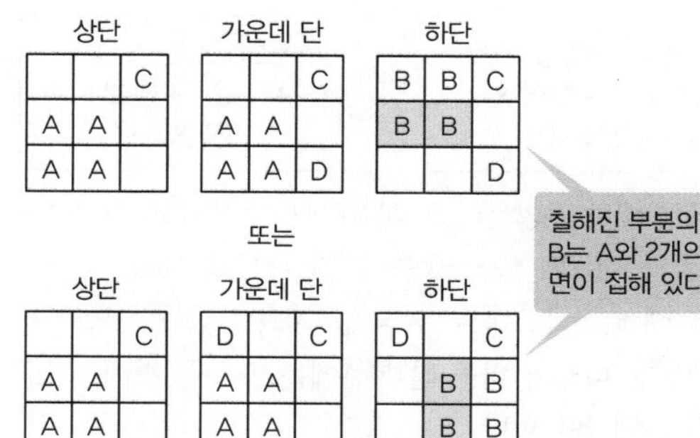


따라서 상자의 바닥에 접한 작은 정육면체의 개수는 C 1개, D 1개이다.

## 16 도형과 조각의 일치 나타나 있지 않은 조각 찾기

| 정답 | ②

| 해설 | ②와 같은 모양의 조각은 나타나 있지 않다.

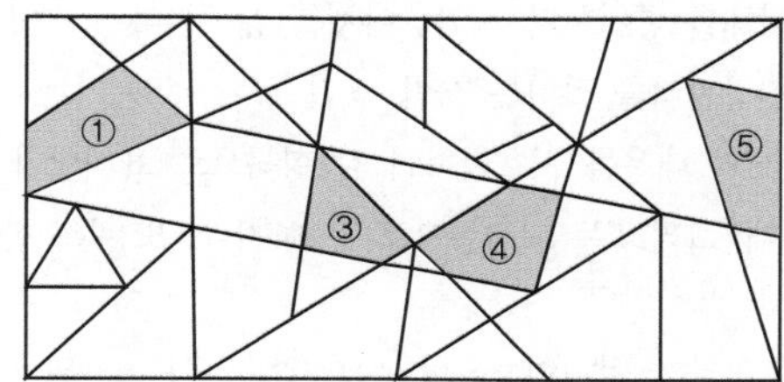


## 17 블록 블록 결합하기

| 정답 | ③

| 해설 |

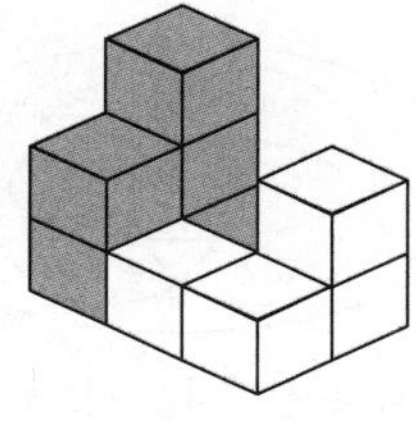

## 18 블록 블록 제거하고 남은 모양 찾기

| 정답 | ④

| 해설 |

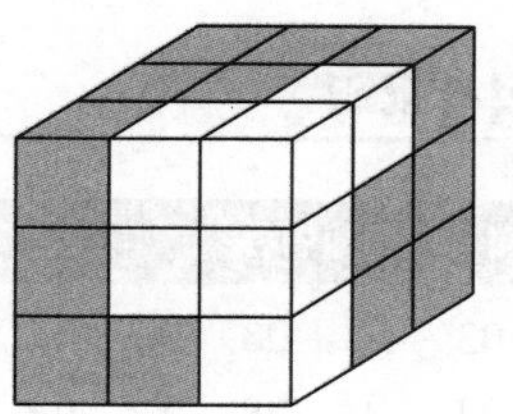

## 19 블록 블록의 개수 구하기

| 정답 | ②

| 해설 | 1단부터 차례로 세어 보면 10+4+1=15(개)이다.

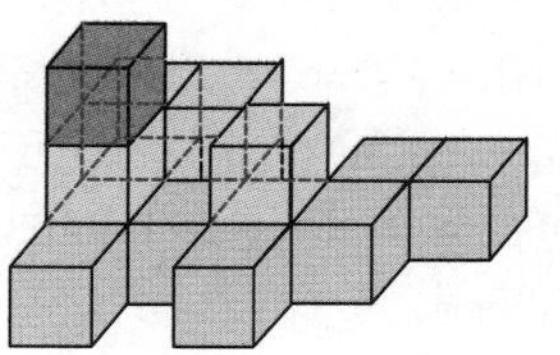

## 20 블록 블록의 개수 구하기

| 정답 | ①

| 해설 | 바닥과 앞면, 윗면을 제외한 모든 면이 각각 다른 블록과 접촉하고 있다.

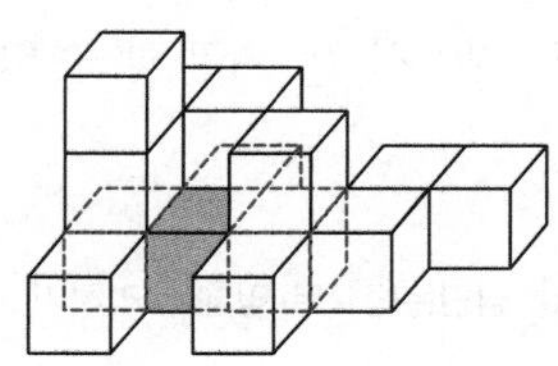

# 파트 4 문제해결력

## 01 분석사고력

| 테마 2 출제유형문제연습 | | | | | | | | | 문제254쪽 |
|---|---|---|---|---|---|---|---|---|---|
| 01 | ④ | 02 | ⑤ | 03 | ④ | 04 | ⑤ | 05 | ② |
| 06 | ② | 07 | ④ | 08 | ⑤ | 09 | ① | 10 | ④ |
| 11 | ② | 12 | ④ | 13 | ② | 14 | ⑤ | 15 | ② |
| 16 | ③ | 17 | ② | 18 | ④ | 19 | ① | 20 | ④ |

### 01 명제추리 참인 명제 고르기

| 정답 | ④

| 해설 | 제시된 명제를 기호화하면 다음과 같다.

p : 안경을 쓴 사람, q : 가방을 든 사람

r : 키가 큰 사람, s : 스카프를 맨 사람

이므로 ㉠ : p → ~q, ㉡ : ~p → ~r, ㉢ : s → q 이다. 명제가 참이면 그 대우 역시 반드시 참이므로 제시된 명제의 대우를 정리하면,

㉠의 대우 : q → ~p, ㉡의 대우 : r → p, ㉢의 대우 : ~q → ~s이다.

따라서 ㉡의 대우, ㉠ 명제, ㉢의 대우를 통해 '키가 큰 사람은 스카프를 매지 않았다'가 성립한다는 것을 알 수 있다.

| 오답풀이 |

① ㉠의 역으로, 반드시 참이라고 할 수 없다.

② ㉠ 명제와 ㉢ 대우를 통해 참이 되는 명제(p → ~s)의 역으로, 반드시 참이라고 할 수 없다.

③ ㉡의 이로, 반드시 참이라고 할 수 없다.

⑤ ㉢의 역으로, 반드시 참이라고 할 수 없다.

### 02 명제추리 삼단논법으로 명제 추리하기

| 정답 | ⑤

| 해설 | 의류를 판매한다는 결론이 도출되어야 하므로, 밑줄 친 부분과 결론을 명제의 꼴로 정리할 수 있다. 각 명제와 그 대우를 정리하면 다음과 같다.

| 의류 X → 핸드백 ○<br>핸드백 ○ → 구두 X<br>? → 의류 ○ | 대우<br>⇔ | 핸드백 X → 의류 ○<br>구두 ○ → 핸드백 X<br>의류 X → ? |
|---|---|---|

'의류를 판매하지 않는다'로 시작하여 각 명제를 연결하면 '의류 × → 핸드백 ○ → 구두 ×'가 되므로 '의류 × → 구두 ×'에 따라 그 대우 '구두 ○ → 의류 ○'가 성립함을 알 수 있다. 따라서 밑줄 친 부분에는 '구두를 판매하기로 했다'가 들어가야 한다.

### 03 명제추리 결론 도출하기

| 정답 | ④

| 해설 | 제시된 명제와 그 대우를 정리하면 다음과 같다.

1. 명제의 포인트 음절을 활용해 간단하게 나타낸다.
   - 달리기를 좋아하는 사람 → 달
   - 말랐다 → 말 / 뚱뚱하다 → ~말
   - 야채를 좋아한다 → 야 / 야채를 싫어한다 → ~야
   - 건강관리를 잘하는 사람 → 건
2. 명제와 대우를 기호화하여 각 항목으로 표시한다.
   이때 '그리고'는 교집합으로, '~하거나, 또는'은 합집합으로 표시한다.
   - A : 달 → 말∪야 … ⓐ ⇔ ~말∩~야 → ~달 … ⓑ
   - B : ~건 → ~야∩~말 … ⓒ ⇔ 야∪말 → 건 … ⓓ

   여기서 ⓐ와 ⓓ에 따라, '달 → 말∪야 → 건'이 성립함을 알 수 있다.
   즉, '달리기를 좋아하는 사람 → 말랐거나 야채를 좋아함 → 건강관리를 잘함'이 된다.
3. 이를 벤 다이어그램으로 나타낸다.

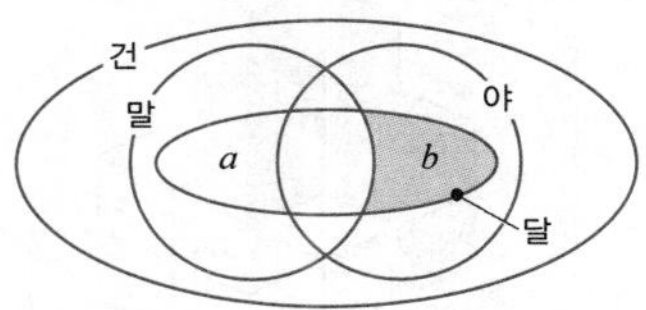


4. 2.와 3.을 토대로 선택지를 검토한다.
   ④ '달리기를 좋아하는 사람 중에서도 건강관리를 못하는 사람이 있다' ⓐ와 ⓓ에 따라 '달 → 말∪야 → 건'이 성립하고 이는 '달 → 건' 즉, '달리기를 좋아하는 사람은 건강관리를 잘한다'가 되므로 이는 틀린 설명

이다. 따라서 A와 B에서 도출되는 결론으로 옳지 않은 것은 ④이다.

| 오답풀이 |

① '건강관리를 못하는 사람은 달리기를 좋아하지 않는다'는 '~건 → ~달'로 나타낼 수 있다.
이는 2.의 ⓒ와 ⓑ를 통해 '~건 → ~말∩~야 → ~달', '~건 → ~달'임을 알 수 있다.

② '마른 사람은 건강관리를 잘한다'는 '말 → 건'으로 나타낼 수 있으며 이는 ⓓ를 통해 알 수 있다.

③ '뚱뚱한 사람이 모두 달리기를 싫어한다는 것은 아니다'는 달리기를 좋아하는 사람 중에도 뚱뚱한 사람이 있을 수 있으며, 이는 벤 다이어그램 그림의 색칠된 부분에 해당하므로 맞는 내용이다.

⑤ '달리기를 좋아하며 뚱뚱한 사람 중에서도 건강관리를 잘하는 사람이 있다'는 벤 다이어그램 그림의 색칠된 부분에 해당하므로 맞는 내용이다.

## 04 명제추리 결론 도출하기

| 정답 | ⑤

| 해설 | 각 명제와 대우 명제를 정리하면 다음과 같다.

| | | |
|---|---|---|
| • 소설책 ○ → 국어↑<br>• 이과 ○ → 국어↓<br>• 문과 ○ → 수다 ○<br>• 수다 X → 소설책 X | 대우<br>⇔ | • 국어↓ → 소설책 X<br>• 국어↑ → 이과 X(→문과)<br>• 수다 X → 문과 X(→이과)<br>• 소설책 ○ → 수다 ○ |

(가) 네 번째 사실의 대우는 '수다 떠는 것을 좋아하지 않는 학생은 문과에 가지 않는다'인데, 모든 학생들은 문과 또는 이과에 간다고 하였으므로 문과에 가지 않은 학생은 이과에 간 학생들이 된다. 따라서 수다 떠는 것을 좋아하지 않는 학생은 이과에 간다.

(다) 세 번째 사실의 대우에 의해 국어 성적이 높은 학생은 이과에 가지 않으므로 모두 문과에 간 학생들이다. 여기에 네 번째 사실을 연결하면, 국어 시험 성적이 높은 학생은 수다 떠는 것을 좋아함을 알 수 있다.

따라서 (가), (다) 모두 항상 옳다.

| 오답풀이 |

(나) 결론이 참이면 결론의 대우도 참일 것이다. 두 번째 사실과 세 번째 사실의 대우 '국어 시험 성적이 높으면 이과에 가지 않은 학생이다'에 의해 '소설책 읽는 것을 좋아하는 학생은 이과에 가지 않는다'가 되는데 이과에 가지 않으면 문과에 간 것이므로, '소설책 읽는 것을 좋아하는 학생은 문과에 간다'가 성립한다. 그러나 결론 2는 이의 역에 해당되는 것으로 문과에 간 학생들이 모두 소설책을 좋아한다고 할 수 없어 참 · 거짓의 여부를 알 수 없다.

## 05 논리게임 참 · 거짓 판단하기

| 정답 | ②

| 해설 | 진실만 말하는 사원 B의 발언을 보면 신입사원 중 한 명 이상이 여자사원이며, 여자사원만 진실을 말한다고 하였으므로 ㉣의 신입사원 C는 모두 거짓을 말하고 있어 남자사원이 된다. 따라서 남은 신입사원 D는 여자사원이 된다.

| 오답풀이 |

㉠, ㉡ 신입사원에 여자사원이 한 명 이상 있으나 둘 다 인지, 둘 중 누구인지는 확인할 수 없어 참이라고 할 수 없다.

㉢ 사원 A는 모두 거짓을 말하는데 신입사원 D를 남자라고 하였으므로 실제 신입사원 D는 여자사원이며 하는 말은 모두 진실임을 알 수 있다.

## 06 논리게임 자리 배치하기

| 정답 | ②

| 해설 | 주어진 조건에 따라 자리를 배치하면 (   ) 안이 남학생 A ~ E가 들어갈 자리이다.

편의상 각각의 자리를 ㉠ ~ ㉤이라 하면, ( ㉠ )-1-( ㉡ )-2-( ㉢ )-3-( ㉣ )-4-( ㉤ )-5가 된다(문제에 남학생이 가장 왼쪽에 있다고 하였으므로 ㉠이 가장 앞에 온다).

조건에 의해 A는 짝수 번호 옆에 앉아야 하므로 ㉡, ㉢, ㉣, ㉤에 앉을 수 있고, B는 짝수 번호 옆에 앉을 수 없으므로 ㉠에 앉아야 한다.

C는 4의 옆자리에 앉을 수 없으므로 ㉠, ㉡, ㉢에 앉을 수 있지만 ㉠이 B의 자리가 확실하므로 C는 ㉡, ㉢ 자리에 앉을 수 있다.

E는 반드시 1의 옆에 앉아야 하므로 ㉡에 앉는다. 또한, C는 ㉡, ㉢ 자리에 앉을 수 있는데 ㉡은 E가 앉으므로 ㉢ 자리에 앉아야 한다.

따라서 B-1-E-2-C-3-( ㉣ )-4-( ㉤ )-5로 정리되며, A, D 모두 ㉣, ㉤에 앉을 수 있으므로 3의 옆자리는 C, A 또는 C, D가 된다.

| B | 1 | E | 2 | C | 3 | A | 4 | D | 5 |
|---|---|---|---|---|---|---|---|---|---|

or

| B | 1 | E | 2 | C | 3 | D | 4 | A | 5 |
|---|---|---|---|---|---|---|---|---|---|

## 07 논리게임 참 · 거짓 판단하기

| 정답 | ④

| 해설 |

| 구분 | A가 진실을 말한 경우 | B가 진실을 말한 경우 | C가 진실을 말한 경우 | D가 진실을 말한 경우 | E가 진실을 말한 경우 |
|---|---|---|---|---|---|
| A의 진술 | A 선물 | A 선물 아님. | A 선물 아님. | A 선물 아님. | A 선물 아님. |
| B의 진술 | C 선물 아님. | C 선물 | C 선물 아님. | C 선물 아님. | C 선물 아님. |
| C의 진술 | E 선물 | E 선물 | E 선물 아님. | E 선물 | E 선물 |
| D의 진술 | D 선물, (≠) A 선물 아님. (A 거짓) | D 선물 (=) A 선물 아님. (A 거짓) | D 선물, (=) A 선물 아님. (A 거짓) | D 선물 아님, (≠) A 선물 (A 진실) | D 선물, (=) A 선물 아님. (A 거짓) |
| E의 진술 | B · C 선물 아님. | B · C 선물 아님. (≠) | B · C 선물 아님. | B · C 선물 아님. | B or C 선물 |

따라서 C가 진실을 말했으며 선물을 놓고 간 사람은 D 사원이다.

## 08 논리게임 옳은 내용 고르기

| 정답 | ⑤

| 해설 | 조건에 의하면 장미의 수는 '붉은색<하늘색<하얀색<노란색' 순이다. 이 조건과 장미의 합이 12송이라는 사실을 이용하여 문제를 푼다.

㉠ 노란 장미가 4송이 이하면 전체 장미는 4+3+2+1=10(송이) 이하이다. 따라서 노란 장미를 받은 사람은 5명 이상이다.

㉢ 노란 장미가 6송이이면 나머지 장미들의 합은 6송이다. 따라서 붉은 장미는 1송이, 하늘색 장미는 2송이, 하얀 장미는 3송이이다.

따라서 옳은 내용은 ㉠과 ㉢이다.

| 오답풀이 |

㉡ 붉은 장미가 1송이이면 하늘색 장미는 2송이 이상이고, 하얀 장미는 3송이 이상이다. 따라서 하얀 장미는 4송이가 아닐 수도 있다.

## 09 논리게임 자리 배치하기

| 정답 | ①

| 해설 | A의 자리를 고정시키고 그 주위 자리에 기호를 붙이면 E가 앉은 자리는 ㉡ 혹은 ㉣이 되므로 두 경우를 나눠 생각한다.

1. E가 ㉡에 앉은 경우
   B와 D는 (나)에 따라 마주 보고 앉아야 하므로 ㉠과 ㉣이 되고, C의 양 옆은 모두 커피를 주문했으므로 C는 콜라를 주문한 E 옆에는 올 수 없다. 따라서 C의 자리는 ㉤이 되고 그 양 옆은 커피를 주문하게 된다.

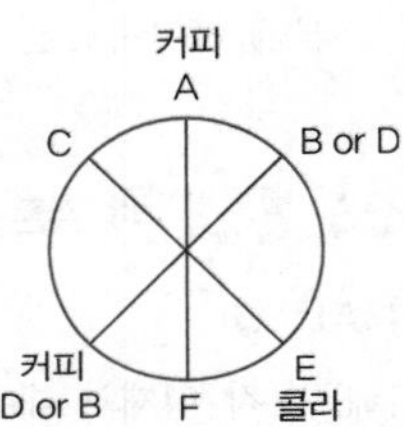


2. E가 ㉣에 앉은 경우
   B와 D는 ㉡과 ㉤으로 마주 보고 C는 ㉠에 앉게 되고, 그 양옆이 커피를 주문하게 된다.

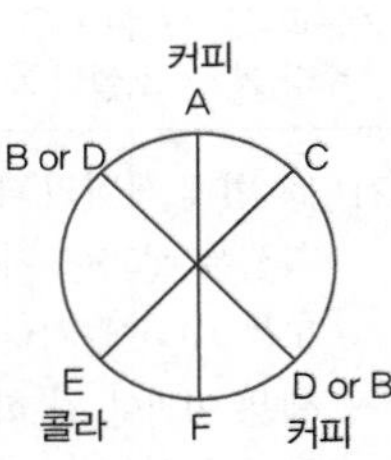


두 경우 모두 C의 옆에 앉는 사람은 A이고, C의 양 옆은 커피를 주문했으므로 A는 커피를 주문한 것이 된다. 따라서 확실하게 알 수 있는 사실은 'A는 커피를 주문했다'이다.

| 오답풀이 |

② B는 A의 옆에 앉을 수도 있고, 앉지 않을 수도 있다.

③ E의 양 옆에 D와 F가 올 수 있지만, D 대신 B와 F가 올 수도 있다.

④ F의 자리는 A의 맞은편으로 자리는 알 수 있지만 주문한 음료는 알 수 없다.

⑤ 콜라와 커피를 주문한 경우는 알 수 있지만, 홍차를 주문한 경우는 알 수 없다.

## 10 논리게임 항상 옳은 것 고르기

| 정답 | ④

| 해설 | 〈보기〉의 내용을 표로 나타내면 다음과 같다.

| 구분 | A | B | 결과 |
|---|---|---|---|
| 가 | • 7번 이기고 3번 짐 (7×3)−(3×1)=18 | • 3번 이기고 7번 짐 (3×3)−(7×1)=2 | • A가 B보다 16계단 위에 있다. (18−2=16) |
| 나 | • 4번 이기고 6번 짐 (4×3)−(6×1)=6 | • 6번 이기고 4번 짐 (6×3)−(4×1)=14 | • B가 A보다 8계단 위에 있다. (14−6=8) |
| 다 | • 10번 모두 짐 (0×3)−(10×1)=−10 | • 10번 모두 이김 (10×3)−(0×1)=30 | • 10번째 계단에서 게임을 시작했으므로 B는 40번째 계단에 올라가 있을 것이다. |

따라서 항상 옳은 것은 가, 나이다.

## 11 어휘추리 단어 속성에 따라 분류하기

| 정답 | ②

| 해설 | 하위 항목들은 연극의 장르들이다. 연극은 장르에 따라 희극, 비극, 소극, 멜로드라마 등으로 분류한다.

| 오답풀이 |

① 뮤지컬 : 춤과 노래가 주가 되는 연극

③ 팬터마임 : 대사가 없는 연극

④ 현대극 : 시대 구분에 따라 연극을 분류한 것

⑤ 마이미스트 : 무언극을 전문으로 하는 사람

## 12 어휘추리 단어관계 파악하기

| 정답 | ④

| 해설 | 제품 · 서비스 등을 제작 · 제공하는 전문가와 제품 · 서비스 등을 이용하는 사람의 관계를 파악해야 한다. 즉, 대장장이가 만든 가위를 엿장수가 이용하고, 기술자가 만든 경운기를 농부가 이용하며, 디자이너가 만든 드레스를 모델이 이용하고, 프로그래머가 만든 게임을 프로게이머가 이용하는 관계이다. 그러나 고객이 이용하는 스테이크를 제작 · 제공하는 전문가는 레스토랑이 아닌 요리사이다.

## 13 어휘추리 단어관계 파악하기

| 정답 | ②

| 해설 | 첫 번째와 두 번째 단어를 이용해서 할 수 있는 것을 세 번째 단어에 나타내는 단계이다. 즉, 옷감과 홍두깨(옷감을 감아 다듬이질할 때 쓰는 도구)로 다듬이질을 할 수 있고, 공책과 펜으로 필기를 할 수 있으며 셔틀콕과 라켓을 가지고 배드민턴을 할 수 있고 드럼과 스틱으로 연주를 할 수 있다. 그런데 다듬이질, 필기, 배드민턴, 연주와 같은 것은 사람의 힘으로 이루어지는 활동인 반면 ②의 연소는 사람의 힘없이 나무와 불만 있어도 일어나는 현상이므로 다른 선택지와 관계가 같지 않다.

## 14 어휘추리 단어관계 파악하기

| 정답 | ⑤

| 해설 | ① ~ ④는 모두 실존하는 인물이며 과학, 무용, 미술, 음악 분야에서 큰 자취를 남긴 전문가들이다. ⑤에서 셰익스피어와 괴테는 세계적인 문학가이나 베르테르는 괴테의 소설 「젊은 베르테르의 슬픔」에 나오는 주인공이다.

## 15 어휘추리 단어 유추하기

| 정답 | ②

| 해설 | 은행나무, 한국은행, 문제은행(=문제저장집), 저축은행을 통해 '은행'을 공통으로 연상할 수 있다.

## 16 어휘추리 단어 유추하기

| 정답 | ③

| 해설 | 날아다니는 곤충 파리, 프랑스 수도인 파리를 통해 '파리'를 연상할 수 있다.

## 17 어휘추리 단어 유추하기

| 정답 | ②

| 해설 | 수영, 파도, 배를 통해 '바다'를 연상할 수 있다.

## 18 어휘추리 단어 유추하기

| 정답 | ④

| 해설 | 사람의 말을 흉내 내는 것, 새, 부리를 통해 구관조를 연상할 수 있다.

## 19 오류 논리적 오류 파악하기

| 정답 | ①

| 해설 | ② 증명할 수 없음을 증거로 들어 자신의 주장이 옳다고 정당화한 '무지에 호소하는 오류'에 해당한다.

③ 부분이 참인 것을 전체에 대해서도 참이라고 결론짓는 '합성의 오류'에 해당한다. 즉, 염화나트륨의 구성 원자인 염소와 나트륨이 강한 독성을 가지고 있으므로 그 결합물인 염화나트륨도 독성이 강하다고 결론짓고 있다.

④ 우연히 물을 마셨는데 그것이 원인이 되어 피부가 촉촉해졌다고 판단한 것으로, 한 사건이 다른 사건보다 먼저 발생했다고 해서 전자가 후자의 원인이라고 잘못된 추론을 하는 '원인 오판의 오류(잘못된 인과관계의 오류)'에 해당한다.

⑤ 증명할 수 없음을 증거로 들어 자신의 주장이 옳다고 정당화한 '무지에 호소하는 오류'에 해당한다.

## 20 오류 논리적 오류 파악하기

| 정답 | ④

| 해설 | ① '동물'이 어느 쪽에서도 주연이 되고 있지 않았는데 결론이 나면서 발생하는 허위의 오류인 '매개념 부주연의 오류'를 범하고 있다.

② 후건을 긍정하면서 전건을 긍정하는 '후건 긍정의 오류'에 해당한다.

③ 전제에서 부주연이던 소개념이 결론에서 부당하게 주연이 되는 '소개념 부당 주연의 오류'에 해당한다.

⑤ 상황에 따라 적용되어야 할 원칙이 다른데도 이를 일상적인 상황과 혼동하는 '원칙 혼동의 오류'에 해당한다.

### 테마 3 기출예상문제 문제262쪽

| | | | | | | | | | |
|---|---|---|---|---|---|---|---|---|---|
| 01 | ② | 02 | ② | 03 | ④ | 04 | ④ | 05 | ④ |
| 06 | ④ | 07 | ④ | 08 | ① | 09 | ⑤ | 10 | ④ |
| 11 | ⑤ | 12 | ③ | 13 | ② | 14 | ② | 15 | ② |
| 16 | ⑤ | 17 | ⑤ | 18 | ⑤ | 19 | ② | 20 | ② |

## 01 명제추리 삼단논법 적용하기

| 정답 | ②

| 해설 | 명제가 참이면 대우도 참이라는 것과 'p → q이고 q → r이면 p → r이다.'의 삼단논법 관계를 이용한다.

- 두 번째 명제의 대우 : 과학 수업을 듣는 학생은 B 선생님의 수업을 좋아하지 않는다.
- 네 번째 명제 : B 선생님의 수업을 좋아하지 않는 학생은 A 선생님의 수업도 좋아하지 않는다.
- 첫 번째 명제의 대우 : A 선생님의 수업을 좋아하지 않는 학생은 국어 수업을 듣지 않는다.

따라서 '과학 수업을 듣는 학생은 국어 수업을 듣지 않는다.'는 성립한다.

| 오답풀이 |

① '국어 수업을 듣는 학생은 영어 수업을 듣는다.'는 세 번째 명제의 역으로 항상 성립한다고 할 수 없다.

③ '과학 수업을 듣지 않는 학생'으로 시작하는 문장에 대한 참 · 거짓은 주어진 명제만으로 알 수 없다.

④ 첫 번째 명제를 통해 'A 선생님의 수업을 좋아하지 않는 학생은 국어 수업을 듣지 않는다.'는 대우가 성립하고, 세 번째 명제를 통해 '국어 수업을 듣지 않으면 영어 수업을 듣지 않는다.'는 대우가 성립하므로 'A 선생님의 수업을 좋아하지 않는 학생은 영어 수업을 듣는다.'는 옳지 않다.

⑤ 세 번째 명제의 이로 반드시 참이 되지 않는다.

## 02 명제추리 결론 도출하기

| 정답 | ②

| 해설 | 첫 번째 명제의 대우는 '존경받지 못하는 사람은 성공하지 못한 어떤 사업가이다.'이다. 따라서 합리적인 어떤 사업가는 존경받지 못하고, 존경받지 못하는 사람은 성공하지 못한 어떤 사업가이므로, '합리적인 어떤 사업가는 성공하지 못한다.'라고 추론할 수 있다.

보충 플러스+

'모든'과 '어떤'이 나올 땐 벤다이어그램을 활용한다.

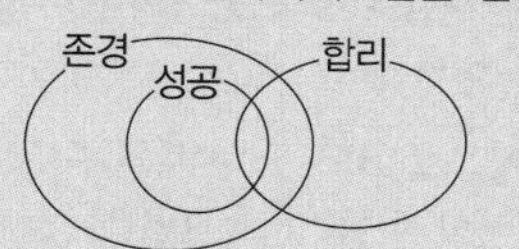


## 03 명제추리 참인 명제 고르기

| 정답 | ④

| 해설 | 명제(p → q)와 대우(~q → ~p)의 참 · 거짓은 일치하므로, 어떠한 명제가 참임을 증명할 때는 그 대우가 참임을 증명하면 된다. 그러나 명제가 참이더라도 역(q → p)과 이(~p → ~q)가 반드시 참이 되는 것은 아니다. 즉 ①, ②, ③, ⑤는 제시된 명제 중 각각 첫 번째, 두 번째, 세 번째, 네 번째 명제의 역에 해당하므로 반드시 참이라고 볼 수 없다. 따라서 첫 번째 명제의 대우인 ④만 반드시 참이 된다.

## 04 명제추리 빈칸에 들어갈 명제 추리하기

| 정답 | ④

| 해설 | '어떤 작가는 모방을 잘한다.'는 모방을 잘하는 작가가 적어도 한 명은 있다는 것이고, 마찬가지로 '어떤 기자는 모방을 잘한다.'는 모방을 잘하는 기자가 적어도 한 명은 있다는 것을 뜻한다. 또한 '모든 기자는 실천을 잘한다.'라고 하였으므로 실천을 잘하는 모든 기자 중 적어도 한 명은 모방을 잘한다는 것이 성립된다. 따라서 '어떤 기자는 모방과 실천을 모두 잘한다.'가 성립한다.

## 05 명제추리 빈칸에 들어갈 명제 추리하기

| 정답 | ④

| 해설 | 삼단논법을 이용해 (나)를 찾아보면

(가) 카페라테 → 커피∩우유

(나) ____________________

(다) ~커피∪~우유 → 녹차∩홍차

여기서 (다)의 대우를 보면 ~녹차∪~홍차 → 커피∩우유가 된다.

(가), (나)의 조건으로 (다)가 성립된다고 하였으므로 (나)는 ~녹차∪~홍차 → 카페라테가 된다.

## 06 명제추리 결론 도출하기

| 정답 | ④

| 해설 | (가) 나무를 좋아함 → 새를 좋아함

(나) 하늘을 좋아함 → 꽃을 좋아함
　　　　　　　　　└, 숲을 좋아함

(다) 숲을 좋아함 → 나무를 좋아함

(가)와 (다)에 '나무를 좋아함', (나)와 (다)에 '숲을 좋아함'을 가지고 명제를 정리하면,

하늘을 좋아함 → 꽃을 좋아함
　　　　　　└, 숲을 좋아함
　　　　　　→ 나무를 좋아함
　　　　　　→ 새를 좋아함이 된다.

따라서 하늘을 좋아함 → 새를 좋아함이 성립한다.

## 07 명제추리 방문 순서 파악하기

| 정답 | ④

| 해설 | 세 번째 ~ 일곱 번째 조건들에 따라 빈칸을 채우면 다음과 같다.

| 구분 | 1 | 2 | 3 | 4 | 5 |
|---|---|---|---|---|---|
| A | 부산 | 대구 | | | 원주 |
| B | 원주 | 부산 | 대구 | | |
| C | | | | | |
| D | | 대전 | | | 대구 |
| E | 대전 | | 광주 | 대구 | |

두 번째 조건과 마지막 조건을 유념하여 빈칸을 채우면 다음과 같다(스도쿠의 원리와 비슷하다).

| 구분 | 1 | 2 | 3 | 4 | 5 |
|---|---|---|---|---|---|
| A | 부산 | 대구 | 대전 | 광주 | 원주 |
| B | 원주 | 부산 | 대구 | 대전 | 광주 |
| C | 대구 | 광주 | 원주 | 부산 | 대전 |
| D | 광주 | 대전 | 부산 | 원주 | 대구 |
| E | 대전 | 원주 | 광주 | 대구 | 부산 |

## 08 논리게임 참 · 거짓 판단하기

| 정답 | ①

| 해설 | 1. D가 기혼자이고, 거짓말을 하고 있는 사람으로 가정한다. D의 발언을 통해 C는 독신자가 된다. C의 발언은 사실이므로 A는 독신자이다. A의 발언은 사실이므로 D도 독신자가 되고, 이것은 가정에 모순된다.

| | 기혼자(거짓말쟁이) | 독신자 |
|---|---|---|
| A | | ○ |
| B | | |
| C | | ○ |
| D | ○ | ○ |

따라서 D는 독신자이고, 사실을 말하고 있는 것이 된다.

2. D가 독신자이고 사실을 말하고 있다고 가정한다. 이때, D의 발언을 통해 C는 기혼자이다. C의 발언은 거짓이므로 A도 기혼자가 된다. A의 발언은 A 자신이 기혼자이므로 거짓이 되고, 모순되지 않는다. 남은 B는 독신자이고, 사실을 말하고 있다. B의 발언에 모순은 없다.

| | 기혼자(거짓말쟁이) | 독신자 |
|---|---|---|
| A | ○ | |
| B | | ○ |
| C | ○ | |
| D | | ○ |

따라서 독신자는 B와 D가 된다(C를 거짓말쟁이로 가정하고 C의 발언에서도 똑같이 정답에 도달할 수 있다).

## 09 논리게임 참 · 거짓 판단하기

| 정답 | ⑤

| 해설 | 6명의 진술로 다음과 같은 표를 만들 수 있다.

| 진술자 | A | B | C | D | E | F |
|---|---|---|---|---|---|---|
| 도둑 후보 | D, E | C, F | D, F | A, E | B, C | – |

도둑 후보로 지명된 사람 중 횟수를 살펴보면 A, B는 각각 한 번씩 지목을 받았고 나머지 사람들은 두 번씩 지목을 받았다.

1. A와 B가 범인이라면 D와 E는 한 명씩 도둑을 지목하였고 나머지 사람들은 모두 거짓말한 것이 되어 버린다. 따라서 A와 B는 동시에 도둑이 되면 조건에 맞지 않는다.
2. A와 C가 범인이라면 B, D, E는 한 명씩 도둑을 지목하였고 A, C는 완전히 거짓말을 한 것이므로 조건에 맞지 않는다. 마찬가지로 A와 D, A와 E, A와 F도 동시에 도둑이 될 수 없다. 따라서 A는 도둑이 아니다.
3. 마찬가지 이유로 B도 도둑이 될 수 없다. 이에 C, D, E, F 중 2명이 범인이다. 그런데 C와 F, D와 E, D와 F는 동시에 범인일 수 없다. 따라서 가능한 경우는 C와 D, C와 E, E와 F밖에 없다.
4. C와 D가 범인이라면 A, B, C, E는 한 명씩 도둑을 지목하였고 D는 완전히 거짓말을 한 것이므로 문제의 조건에 맞는다.
5. C와 E가 범인이라면 A, B, D, E는 한 명씩 도둑을 지목하였고 C는 완전히 거짓말을 한 것이므로 문제의 조건에 맞는다.
6. E와 F가 범인이라면 A, B, C, D는 한 명씩 도둑을 지목하였고 E는 완전히 거짓말을 한 것이므로 문제의 조건에 맞는다.

세 가지 경우가 가능하므로 C, D, E, F 중 두 명의 범인이 있다는 것을 알 수 있으나 정확히 찾아낼 수가 없다. 따라서 정답은 ⑤이다.

## 10 논리게임 자리 배치하기

| 정답 | ④

| 해설 |

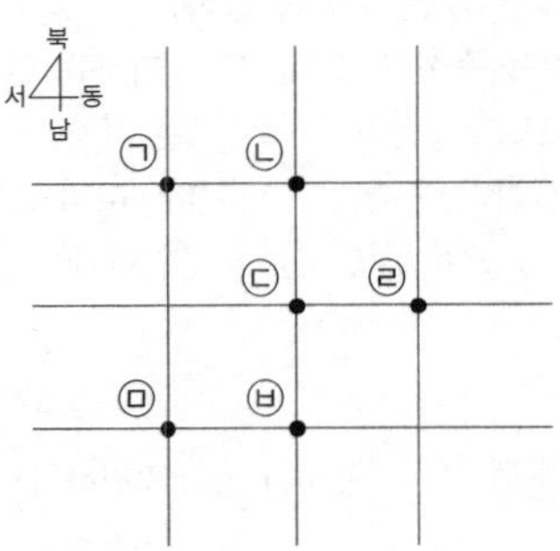


A의 발언으로 C의 북쪽에 A가 있는 것을 알 수 있다. 그럼 C의 위치는 북쪽에 사람이 있는 장소로 한정되기 때문에 그림 ㉢, ㉤, ㉥ 중 하나가 된다. 또한 B의 발언에서 C의 동쪽에 B가 있음을 알 수 있다. 즉, C의 위치는 동쪽에 사람이 있는 장소로 한정되므로 ㉢, ㉤ 중 하나인데 C의 발언으로 C의 북동쪽에 F가 있다는 것이 확정되었으므로 C의 위치는 북동쪽에 사람이 있는 ㉤임을 알 수 있다. A는 C의

그 북쪽이므로 ㉠, B는 그 동쪽이므로 ㉥, F는 그 북동쪽이므로 ㉢인 것을 알 수 있다. [그림 Ⅰ] 다음으로 D의 발언으로 D는 B의 북쪽인 ㉡, 남은 ㉣에는 E가 위치하고, 이는 E는 D의 남동쪽에 있다는 E의 발언과도 일치한다.

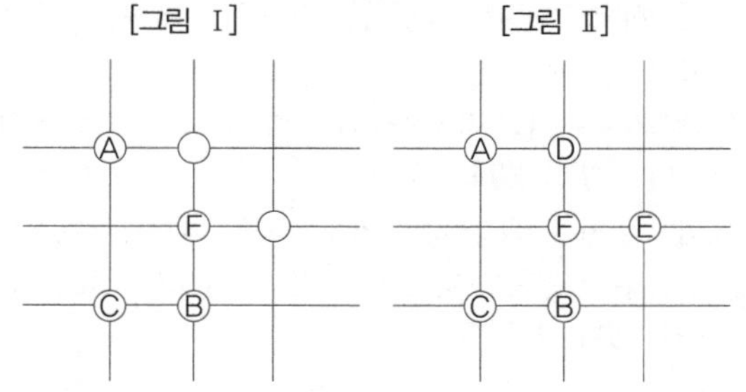


따라서 [그림 Ⅱ]에 따라 정답은 ④이다.

## 11 논리게임 자리 배치하기

| 정답 | ⑤

| 해설 | 정중앙에 위치하는 동민이와 앞뒤 배치가 확정된 재열 · 해수를 기준으로 조건에 따라 배열하며 경우의 수를 찾아보도록 한다. 재열이나 해수가 맨 앞이나 맨 뒤에 서있다면 그 반대편인 맨 뒤나 맨 앞에는 수광이가 서는데, 이렇게 되면 동민이의 앞뒤로 소녀와 영진이가 위치하면서, 강우가 수광이의 바로 앞 혹은 뒤에 서게 되므로 조건에 어긋난다. 따라서 재열 · 해수는 맨 앞과 맨 뒤를 제외한 앞에서 2, 3번째 또는 4, 5번째에 서고, 그 바로 앞 또는 뒤에는 수광이가 맨 앞 또는 맨 뒷자리에 서며, 반대편으로는 소녀, 강우, 영진이 차례로 서 있게 된다. 이를 정리하면 다음과 같다.

• 재열 · 해수가 2, 3번째에 서는 경우(2가지)

(앞) 수광 재열 해수 동민 소녀 강우 영진 (뒤)
(해수) (재열)

• 재열 · 해수가 4, 5번째에 서는 경우(2가지)

(앞) 소녀 강우 영진 동민 재열 해수 수광 (뒤)
(해수) (재열)

## 12 논리게임 자리 배치하기

| 정답 | ③

| 해설 |

첫 번째 조건에 의해 정면에서 바라볼 때 주차되어 있는 차의 순서는 「B–C–A」 또는 「C–B–A」 가 된다. 네 번째 조건에 의해 가장 왼쪽에 주차된 차는 박 과장 또는 김 대리의 것이 되는데 두 번째 조건에 따라 김 대리의 차가 박 과장의 차보다 왼쪽에 있어야 하므로 가장 왼쪽 자리의 차는 김 대리의 것이 된다. 김 대리의 차가 B이므로 차의 주차 순서는 「B–C–A」 가 되고, 차주의 순서는 「김 대리–이 부장–박 과장」 또는 「김 대리–박 과장–이 부장」 이 되므로 어떤 경우이든 김 대리의 차는 항상 왼쪽 기둥 옆에 있다.

## 13 논리게임 조건 추리하기

| 정답 | ②

| 해설 | 2월 10일 주번은 A, 보조는 B, C이므로 2월 11일 주번은 D 또는 E이다. 경우의 수를 하나씩 살펴보면 다음과 같다.

| 구분 | 2월 11일 | | 2월 12일 | | 2월 13일 | | 2월 14일 | | 2월 15일 | |
|---|---|---|---|---|---|---|---|---|---|---|
| | 주번 | 보조 | 주번 | 보조 | 주번 | 보조 | 주번 | 보조 | 주번 | 보조 |
| 1 | D | A, E | B | C, D | E | A, B | C | D, E | A | B, C |
| 2 | | | C | B, D | E | A, C | B | D, E | | |
| 3 | E | A, D | B | C, E | D | A, B | C | D, E | A | B, C |
| 4 | | | C | B, E | D | A, C | B | D, E | | |

이때 1, 2, 3의 경우 B와 E가 연속으로 주번을 할 수 없다는 조건에 어긋난다. 따라서 A–E–C–D–B의 순서대로 주번이 돌아간다는 것을 알 수 있다.

2월은 28일까지 있다고 하였으므로 19일, 3월은 31일, 4월은 30일, 5월은 10일로 총 90일이다. 이를 5로 나누면 딱 떨어지므로 5월 10일 당번인 사람은 마지막 사람인 B가 된다.

## 14 오류 논리적 오류 파악하기

| 정답 | ②

| 해설 | 잘못된 유추의 오류이다. 한 대상의 특성을 이와 비슷한 특징을 가진 다른 대상에 부적절하게 적용하는 경우 발생하는 오류이다.

| 오답풀이 |

① 결론을 전제로 사용하는 순환논증의 오류이다.

③ 애매어의 오류(다른 의미로 사용될 수 있는 단어를 혼용하는 오류)이다.

④ 무지에 호소하는 오류이다.

⑤ 전체의 속성을 부분도 가진다고 생각하는 분할의 오류이다.

## 15 오류 논증 방식 파악하기

| 정답 | ②

| 해설 | '유비 추리 논증'은 기본 속성이나 관계, 구조, 기능 등에서 유사하거나 동형임을 들어 다른 요소들에 있어서도 유사하거나 동형일 것이라고 추리하는 방식이다. 제시된 논증은 정교한 기계와 인간의 몸이 '정교함'이라는 유사한 속성이 있으므로 이와 관련없는 다른 요소에서도 공통점이 있을 것이라고 판단하는 논증 방식을 보여주고 있으므로 '유비 추리 논증'이라고 할 수 있다.

## 16 오류 논리적 오류 이해하기

| 정답 | ⑤

| 해설 | 논증의 결론 자체를 그 논증에 대한 전제로 사용하는 '순환논증의 오류'에 해당한다.

| 오답풀이 |

① 배타성이 없는 두 개념 외에는 다른 가능성이 없다고 단정지어버리는 '선언지 긍정의 오류'를 범하고 있다.

② 논지와 직접적인 관련이 없는 권위자의 견해를 근거로 신뢰하게 하는, 즉 '부적합한 권위에 호소하는 오류'를 범하고 있다.

③ 반례가 존재하고 적절하지 않은 비유를 드는 '잘못된 비유의 오류'를 범하고 있다.

④ 어떤 논리를 뒷받침하기 위해 제시한 논거가 실제적으로는 다른 논지를 뒷받침하는 '논점 일탈의 오류'를 범하고 있다.

## 17 어휘추리 단어 유추하기

| 정답 | ⑤

| 해설 | • 단군은 '널리 인간을 이롭게 한다'는 홍익인간을 건국이념으로 삼았다.

• 뇌의 손상으로 의식이 없고 움직일 수 없으나 호흡과 소화 등의 기능은 유지되는 상태의 환자를 식물인간이라고 한다.

• 투명인간은 영국 소설가 웰스의 공상과학 소설에서 유래된 것으로, 다른 사람의 눈에 보이지 않는 상태의 인간을 가리킨다.

## 18 어휘추리 단어 유추하기

| 정답 | ⑤

| 해설 | 장미, 여우, 보아뱀을 통해 「어린왕자」와 그 작가인 생텍쥐페리를 연상할 수 있다.

## 19 어휘추리 단어 유추하기

| 정답 | ②

| 해설 | • 요정은 대체로 사람의 모습을 하고 신기한 능력을 가진 초자연적 존재로, 동화에 자주 등장한다.

• 동화의 대부분은 착한 일을 권하고 나쁜 일을 벌하는 권선징악을 주제로 삼고 있다.

• 유리구두를 통해 동화 「신데렐라」를 연상할 수 있다.

## 20 논리게임 조건을 바탕으로 결론 찾기

| 정답 | ②

| 해설 | 사거리에서 다음 교차로까지의 거리를 1로 한다. A의 발언에 따라 T자 도로를 좌회전하려면 그림상 A의 입구 기준 왼쪽으로 방향으로 나아가야 하는데, 나아간 장소에서 좌회전을 해도 같은 속도의 B는 전방의 사거리에 없다. 그러므로 A는 처음에 2 나아가서 '나'를 향하여 좌회전한 것이 된다. 이때 B는 [그림 Ⅰ]과 같은 길로 나아간다. 또한 [그림 Ⅱ]처럼, C는 '라→나'의 순으로 나아가서 '나'에서 A와 스친다. 3명이 나아간 거리를 살펴보면, A는 7, B는 6, C는 9이므로 출구에 도착한 순서는 B, A, C 순이다. 따라서 3명 모두 '나'를 지나간 것이 된다.

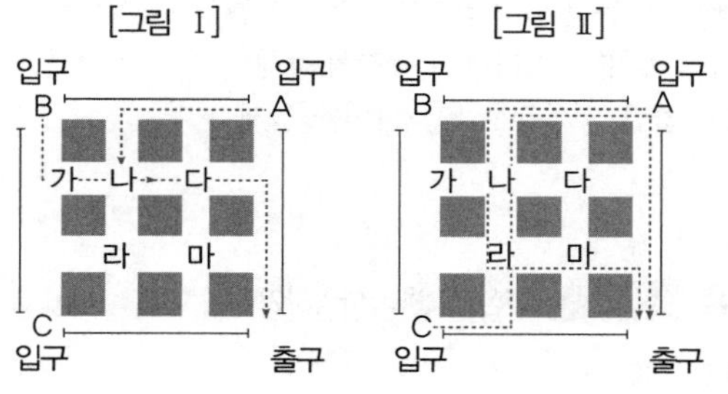


# 파트5 이해 및 관찰탐구력

## 01 이해력

| 테마 2 출제유형문제연습 | | | | | | | | 문제 280쪽 | |
|---|---|---|---|---|---|---|---|---|---|
| 01 | ③ | 02 | ③ | 03 | ③ | 04 | ③ | 05 | ④ |
| 06 | ④ | 07 | ③ | 08 | ③ | 09 | ③ | 10 | ④ |
| 11 | ③ | 12 | ④ | 13 | ⑤ | 14 | ③ | 15 | ① |

### 01 과학상식 영양소 이해하기

| 정답 | ③

| 해설 | 녹색채소와 육류는 철 성분이 높은 음식이며, 비타민 C(아스코르브산)는 철분 흡수율을 높인다. 또한 무쇠 조리도구로 요리를 해 먹으면 몸에 필요한 철분이 흡수되는 효과가 있다. 반면 카페인이 함유된 커피나 차는 철의 흡수를 방해한다.

### 02 과학상식 물질의 상변화 이해하기

| 정답 | ③

| 해설 | (가)는 기화, (나)는 액화, (다)는 승화의 예이다.

**보충 플러스+**

기화
- 액체 상태의 물질이 기체 상태로 바뀌는 현상
- 기화에는 증발과 끓음 두 가지 현상이 있다.
  - 증발 : 빨래가 마르는 것과 같이 액체가 표면에서 기체로 변하는 현상
  - 끓음 : 액체의 표면뿐만 아니라 내부에서도 기체로 변하는 현상이 일어나는 것

액화
- 기체 상태의 물질이 액체 상태로 바뀌는 현상
- 액화의 예 : 액화천연가스, 차가운 물이 담긴 유리컵 표면에 물방울이 맺히는 현상 등

승화
- 고체 상태의 물질이 액체 상태를 거치지 않고 곧바로 기체 상태로 바뀌는 현상
- 승화의 예 : 서리, 드라이아이스, 나프탈렌 등

## 03 과학상식 산과 염기 분류하기

| 정답 | ③

| 해설 | 물의 산성이나 알칼리성의 정도를 나타내는 수치로 수소 이온 농도의 지수인 pH가 있다. pH 7을 기준으로 식초, 사이다, 오렌지 주스 등 pH가 7보다 낮은 용액은 산성이라 하며 비눗물, 암모니아수 등 pH가 7보다 높은 용액은 알칼리성 또는 염기성이라고 한다. 한편 설탕물의 설탕은 산과 염기에 대해 특별한 영향을 주지 않으므로 설탕물은 중성으로 본다.

## 04 과학상식 ABO식 혈액형 이해하기

| 정답 | ③

| 해설 | 김영희 씨는 A형과 B형인 부모 사이에서 태어난 B형이므로 BB형이 아닌 BO형이라고 할 수 있다. BO형와 AB형 사이에서 가능한 혈액형은 AB, A, B형이며 O형은 태어날 수 없다.

## 05 과학상식 산화와 환원 이해하기

| 정답 | ④

| 해설 | 산화구리와 탄소의 산화, 환원 반응이다.

환원

$$2CuO + C \longrightarrow 2Cu + CO_2$$

산화구리(II) 탄소 구리 이산화탄소

(ㄱ) 탄소는 반응 후 산화되었으므로 '환원제'이다.

(ㄴ) 산화, 환원 반응으로 생성된 이산화탄소가 석회수로 이동하여 탄산칼슘을 만들면 석회수가 뿌옇게 흐려진다.

(ㄷ) 검은색 산화구리가 붉은색 구리로 변한다.

(ㄹ) 산화구리의 산소가 탄소와 결합하여 이산화탄소가 된다.

## 06 과학상식 일광 효과 이해하기

| 정답 | ④

| 해설 | 일광 효과를 통해 생성되는 비타민 군은 비타민 D이다.

보충 플러스+

비타민 D

체내의 스테롤이 피부에서 자외선 빛 반응 때문에 생성된 스테로이드이다. 햇빛에 노출함으로써 사람은 자체의 비타민 D를 자가 생산하지만 많은 사람, 동물들이 햇빛에 충분히 노출되지 않는 환경에 살기 때문에 음식으로부터 섭취해야 한다.

## 07 과학상식 반지름과 둘레 파악하기

| 정답 | ③

| 해설 | A 동전 반지름이 B 동전 반지름의 2배이므로 둘레 또한 2배이다. 따라서 A 동전의 둘레를 따라 B 동전이 한 바퀴 돌면 B 동전은 총 2바퀴를 돌게 된다.

## 08 과학상식 현상의 원리 파악하기

| 정답 | ③

| 해설 | 휴대폰 화면을 거울처럼 사용하는 것은 빛의 반사에 대한 현상이다.

차로 중앙선에 반짝이는 물체를 박아 놓는 것은 어두워서 중앙선이 잘 식별되지 않는 상황에서 반사되는 자동차의 불빛으로 운전자가 중앙선을 인식하게 하기 위함이다. 따라서 휴대폰 화면과 같이 빛을 반사하는 현상을 나타내고 있다.

## 09 과학상식 뉴턴의 운동법칙 알기

| 정답 | ③

| 해설 | 뉴턴의 운동법칙에는 관성의 법칙, 가속도의 법칙, 작용 · 반작용의 법칙이 있다. '가속도의 법칙'은 물체의 가속도는 물체에 작용한 힘에 비례하고, 물체의 질량에 반비례한다는 것이다. '관성의 법칙'은 외부에서 힘이 가해지지 않는 한 모든 물체는 자신의 상태를 그대로 유지하려고 하는 것이다. 마지막으로 '작용 · 반작용의 법칙'은 A 물체가 B 물체에게 힘을 가하면(작용), B 물체 역시 A 물체에게 똑같은 크기의 힘을 가한다는 것이다(반작용).

따라서 (가)는 '가속도의 법칙', (나)는 '작용 · 반작용의 법칙', (다)는 '관성의 법칙'에 해당한다.

㉠ 만약 이불을 오른쪽에서 왼쪽으로 털었다고 가정하면 이불은 왼쪽으로 이동하지만 먼지는 '관성의 법칙'에 따라 정지해 있으려 하므로 허공에 떠있게 된다. 따라서 이 원리에 의해서 먼지가 털어지게 되는 것이다.

㉡ 에스컬레이터는 올라가 있는 사람들의 무게를 자동으로 측정하여 계속 다른 양의 전력을 소모하는데, 이는 에스컬레이터의 속도를 일정하기 유지시키기 위함이다. 따라서 '가속도의 법칙'에 해당하는 사례이다.

㉢ 로켓은 앞으로 나아가기 위해 몸체 안의 연료를 엄청난 속도로 방출한다. 이때 로켓은 '작용 · 반작용의 법칙'에 따라 그 반대 방향으로 반작용을 얻는다. 즉 로켓의 추진력은 연료를 얼마나 많이, 얼마나 빠르게 분사하는가에 의해 결정된다.

따라서 (가)는 ㉡, (나)는 ㉢, (다)는 ㉠에 해당한다.

## 10 사회상식 리더의 유형 파악하기

|정답| ④

|해설| 독재자 유형은 집단이 통제가 없이 방만한 상태에 있을 때 혹은 가시적인 성과물이 보이지 않을 때 효과적이다. 이러한 경우 독재자 유형의 리더는 팀원에게 업무를 공정히 나누어 주고 그들 스스로가 결과에 대한 책임을 져야 한다는 것을 일깨워 줄 수 있다.

## 11 사회상식 리더의 유형 파악하기

|정답| ③

|해설| 상황적 리더십에서 구성원들의 성숙도는 역량과 의욕에 따라 진단되며 솔직성, 공정성은 해당되지 않는다.

|오답풀이|

① 홍길동 부장은 구성원의 변화에도 독선적 리더십을 유지하여 부정적인 평가를 얻고 있으므로 구성원에 따라 리더십 유형을 바꾸는 상황적 리더십이 요구된다.

② 상황적 리더십은 리더십을 효과적으로 발휘하기 위하여 구성원의 성숙 정도에 따라 리더의 행동 유형이 달라져야 한다는 이론이다.

④ 리더는 구성원들의 역량과 의욕으로 팀원의 발달단계를 진단하고 이를 토대로 리더십 스타일을 선택한다. 역량이란 과업에 대한 지식과 기술을 의미하고, 의욕이란 과업에 대한 개인의 동기부여와 자신감의 조합을 의미한다.

⑤ 리더는 구성원들의 변화에 따라 리더십을 유연하게 변화시켜야 하며 구성원의 성숙도가 더 증가하게 되면 리더는 그에 따라 행동을 변화시켜야 한다.

## 12 사회상식 윤리적 의사결정의 원칙 파악하기

|정답| ④

|해설| 윤리적 의사결정의 원칙에는 일반적으로 네 가지 원칙이 있다.

| 보편성의 원칙 | 의사결정에 의해 영향을 받는 사람들이 모두 받아들일 수 있는 선택인가? |
|---|---|
| 공개성의 원칙 | 의사결정의 기준이 공개되더라도 떳떳할 수 있는가? |
| 공정성의 원칙 | 사람과 상황에 대한 처리가 공정하고 임의적이지 않았는가? |
| 불가피성의 원칙 | 같은 상황에서 누가 결정을 하더라도 똑같은 선택을 할 수밖에 없었는가? |

## 13 사회상식 기업의 평판리스크 관리 방법 이해하기

|정답| ⑤

|해설| 평판리스크는 기업이 사회에 보여지는 이미지를 관리하는 것이며, 이것은 기업이 사회적 책임(CSR)을 충실히 수행할 때 가능한 것으로 설명되고 있다. 따라서 기업의 이익 극대화와 사회적 공헌이나 책임 사이에 직접적인 관계에 있다고 보기 어렵다.

## 14 사회상식 문화 충격 이해하기

| 정답 | ③

| 해설 | 불안의 수준이 어느 정도 높아질 때 학습량은 늘어나게 된다. 문화 충격은 우리로 하여금 새로운 문화와 우리 자신에 관하여 배우도록 하는 등의 긍정적인 영향을 제공할 수 있지만 이는 극단적으로 높은 수준이 아닌 적당한 수준의 불안을 제공할 때에 해당한다.

## 15 사회상식 비용과 편익 분석하기

| 정답 | ①

| 해설 | 제시문의 ㉠은 기회비용, ㉡은 매몰비용에 해당한다. 하나의 대안을 선택해야 하는 상황에서 차선의 기회를 놓침으로써 드는 경제학적 비용을 기회비용이라 하고, 이미 지출되어 회수가 불가능한 비용을 매몰비용이라 한다. 기회비용을 측정할 때에는 선택을 위해 포기한 대안들의 편익을 모두 합한 것이 아닌, 포기한 대안 중 가장 큰 편익을 주는 것의 가치로 측정한다.

| 오답풀이 |

• 병 : 선택을 위해 포기한 대안들의 편익은 매몰비용의 측정에는 해당되지 않는 개념이다.

• 정 : 매몰비용은 이미 지출되어 다시는 되돌릴 수 없는 비용이므로 차선의 기회라는 것이 존재하지 않는다. 따라서 합리적인 선택을 할 때의 고려 대상에서 제외해야 한다.

## 테마 3 기출예상문제

문제 288쪽

| | | | | | | | | | |
|---|---|---|---|---|---|---|---|---|---|
| 01 | ① | 02 | ④ | 03 | ④ | 04 | ① | 05 | ② |
| 06 | ⑤ | 07 | ② | 08 | ④ | 09 | ③ | 10 | ⑤ |
| 11 | ① | 12 | ① | 13 | ① | 14 | ③ | 15 | ① |
| 16 | ② | 17 | ④ | 18 | ① | 19 | ④ | 20 | ② |

## 01 과학상식 화학 원소 이해하기

| 정답 | ①

| 해설 | 지문에서 설명하는 원소는 수소이며, 수소는 주기율표 1족 1주기에 해당하는 비금속 원소이다. 물($H_2O$)을 전기분해하여 얻을 수 있는 기체는 수소와 산소인데 수소는 (−)극에서, 산소는 (+)극에서 만들어진다.

| 오답풀이 |

② 아르곤(Ar) : 주기율표 3주기 18족에 해당하는 기체이다. 단원자 분자 기체로 반응성이 거의 없는 가장 대표적인 비활성기체이다.

③ 헬륨(He) : 주기율표 1주기 18족에 해당하는 비활성기체로, 우주에서 수소 다음으로 많은 원소이며 비활성기체 중 원자 번호가 가장 작은 원소이다.

④ 산소(O) : 주기율표 2주기 16족에 해당하는 원소로, 우주에서 수소와 헬륨 다음으로 많은 원소이며 질량으로 지각에서 가장 풍부한 화학원소이다.

⑤ 마그네슘(Mg) : 주기율표 2족에 해당하는 알칼리 토금속으로 은백색의 가벼운 금속이다. 순수 원소 상태에서는 화학 반응성이 크기 때문에 자연 상태에서는 화합물로만 존재한다.

## 02 과학상식 물질의 변화 이해하기

| 정답 | ④

| 해설 | 물리변화는 물질이 가진 고유한 성질은 변하지 않으면서 모양, 촉감, 상태 등이 변하는 현상이다. 반면 화학변화는 물질이 원래의 성질과는 다른 새로운 물질로 변하는 현상을 뜻한다.

• 물리변화 : ㉠, ㉤

• 화학변화 : ㉡, ㉢, ㉣

**03** 과학상식 물의 역할 이해하기

| 정답 | ④

| 해설 | 물은 비열이 높아 체온을 유지하게 해 주며, 체내의 일과 운동 및 영양소를 전달하는 매질로서 작용한다. 또한 노폐물을 제거하고 배설해 주는 역할을 한다. 그러나 물은 체내에 필수적인 부분이지만 에너지원으로는 사용되지 않는다.

**04** 과학상식 화학 원소 이해하기

| 정답 | ①

| 해설 | 라듐은 원자번호 88번의 원소로, 원소기호는 Ra이다. 라듐은 우라늄과 토륨의 자연 방사성 붕괴로 생성되고, 강한 방사능을 지녔기 때문에 의료용이나 방사선의 표준선원, 야광도료의 제조 등에 사용되어 왔다.

| 오답풀이 |

② 리튬(Lithium) : 은백색의 연질금속으로 나트륨보다 단단하고 고체인 홑원소물질 중에서 가장 가벼우며 불꽃반응에서 빨간색을 나타낸다.

③ 플루토늄(Plutonium) : 은백색 금속으로 공기에 노출이 되면 쉽게 산화가 되어 표면이 흐려진다. 또한 습한 공기에 노출이 되면 산화물과 수소화물이 생성되고 부피가 70%까지나 늘어난다. 지구 생성 시에 생성된 원시원소 중에서 일부가 아직도 붕괴되지 않고 남아 있는 것으로 현존하는 가장 무거운 원시 원소이다.

④ 토륨(Thorium) : 자연계에 존재하는 방사성 원소 중 가장 흔하고 우라늄보다 4배나 많이 존재하는데 방사능이 약하여 크게 위험하지는 않다. 흙과 암석에도 미량 들어 있고 체내에도 미량 존재한다.

⑤ 우라늄(Uranium) : 원자번호 92번의 원소로, 원소기호는 U이다. 주기율표에서는 악티늄족에 속하며, 천연으로 얻어지는 원소 중 원자번호가 가장 큰 원소이다.

**05** 과학상식 영양소 이해하기

| 정답 | ②

| 해설 | ㉠ 비타민은 소량으로 신체기능을 조절한다는 점에서 호르몬과 비슷하지만 신체의 내분비기관에서 합성되는 호르몬과 달리 외부로부터 섭취되어야 한다. 탄수화물, 지방, 단백질과는 달리 에너지를 생성하지 못하지만 몸의 여러 기능을 조절하고 대부분은 효소나 효소의 역할을 보조하는 성분이 되어 대사에 관여한다.

㉡ 일반적으로 비타민은 지용성과 수용성으로 분류되는데 지용성 비타민은 지방이나 지방을 녹이는 유기용매에 녹는 비타민으로서 A, D, E, F, K, U가 이에 속하고, 수용성 비타민은 물에 녹는 비타민으로서 비타민 B 복합체, 비타민 C, 비오틴, 폴산, 콜린, 이노시톨, 비타민 L, 비타민 P 등이 알려져 있다.

| 오답풀이 |

㉢ 수용성 비타민은 과다 섭취하여도 오줌으로 배출되기 때문에 우리에게 나쁜 영향을 끼치지 않는다. 그러나 지용성 비타민은 체내의 지방에 녹아 저장되므로 이동하지 않는다. 따라서 너무 많은 지용성 비타민을 섭취하는 것은 몸에 부담을 주므로 삼가야 한다.

㉣ 비타민은 체내에서 전혀 합성되지 않거나 합성되더라도 충분하지 못하다.

**06** 과학상식 힘의 작용 이해하기

| 정답 | ⑤

| 해설 | 고무공을 두 손으로 잡고 눌렀을 때 누른 부분이 찌그러지는 것은 힘을 받았기 때문이다. 밀가루 반죽을 잡아 당겼을 때 모양이 변하는 것 역시 힘의 작용 때문이다. 고무공의 모양을 변하게 하거나 공의 운동 방향을 변하게 하는 것은 힘이고, 단위는 뉴턴(N)이다.

**07** 과학상식 힘의 작용 이해하기

| 정답 | ②

| 해설 | 제시된 그래프는 등속운동을 나타낸 그래프로 일정한 이동속도를 보여 준다. 일정한 속도로 가고 있기 때문에 가속도는 0이다. 그러나 다이빙대에서 떨어지는 다이빙 선수는 가속운동을 한다.

**08** 과학상식 과학적 원리 분석하기

| 정답 | ④

| 해설 | ㉠, ㉢은 두 물체가 서로 상호작용하며 힘을 미치는 작용 · 반작용의 법칙에 대한 예시이다.

| 오답풀이 |

㉡ 지구가 모든 물체를 지구 방향으로 끌어당기는 힘인 중력과 관련된 현상이다.

㉣ 원래 가지고 있던 운동상태를 유지하려고 하는 관성과 관련된 현상이다.

## 09 과학상식 과학적 원리 분석하기

| 정답 | ③

| 해설 | 그림의 현상은 표면 장력에 해당한다. 표면 장력은 액체의 표면을 작게 하려고 작용하는 장력을 의미한다. 내부 물 분자들은 인력과 척력이 평형상태에 있기 때문에 작용하는 알짜 분자력이 0이다. 하지만 액체의 표면에 위치한 물 분자들은 액체 내부의 물 분자들처럼 모든 면에서 인력과 척력이 균형을 이루지 않는다. 계면(다른 물질이 접하는 경계)에는 끌어당길 물 분자가 존재하지 않기 때문이다. 하지만 계면에서는 여전히 상대를 끌어당기고자 하므로 ㉠의 소금쟁이나 ㉢의 클립이 물 위에 있을 때 둥둥 떠다니게 되는 것이다.

또한, 표면의 물분자는 불안정한 상태에서 벗어나기 위해 계면을 감소시켜 표면적을 줄이고자 하는데, 그 결과 물방울은 표면적이 가장 적은 형태인 구 모양을 띠게 된다. 따라서 ㉤도 적절한 예가 된다.

| 오답풀이 |

㉡ 승화에 해당한다. 승화는 고체가 직접 기체로 변하거나 기체가 직접 고체로 변하는 현상을 말한다.

㉣ 부력에 해당한다. 부력은 물이나 공기 같은 유체에 잠긴 물체가 유체로부터 중력과 반대 방향인 위 방향으로 힘을 받게 되는 것을 말한다.

## 10 과학상식 과학적 원리 분석하기

| 정답 | ⑤

| 해설 | ㉠ 삼투 현상이란 농도가 다른 두 액체가 있을 때 용질의 농도가 낮은 쪽에서 높은 쪽으로 용매가 이동하는 현상으로, 배추를 소금에 절이면 높은 농도의 소금 때문에 농도가 낮은 배춧잎에서 수분이 빠져나와 배춧잎은 숨이 죽어 흐물흐물해지는 현상에서 알 수 있다.

㉣ 청국장, 젓갈은 모두 균에 의한 발효식품이다.

| 오답풀이 |

㉡ 김칫독을 비닐로 씌워 밀봉하거나 돌을 얹어 공기의 유입을 막는 것은 김치에 있는 혐기성 세균 때문이다. 혐기성 세균은 산소가 있으면 번식하지 못하기 때문에 김치가 원활하게 발효될 수 있도록 산소를 차단하는 것이다.

㉢ 수소 이온 농도의 지수인 pH는 산성이나 알칼리성의 정도를 나타내는 수치로 쓰인다. 수소 이온인 $H^+$ 농도와 수산화 이온인 $OH^-$ 농도가 동일하면 중성, $H^+$가 많으면 산성, $OH^-$가 많으면 알칼리성으로 구분한다. pH 7은 중성, pH 7 미만은 산성, pH 7 초과는 알칼리성이다. 김치는 발효를 거치면서 pH가 낮아져 산도가 올라가며 신맛이 난다.

## 11 사회상식 문화 상대주의 이해하기

| 정답 | ①

| 해설 | 문화 상대주의란 세계 문화의 다양성을 인정하고 각 문화는 그 문화만이 가지고 있는 독특한 환경과 역사적 · 사회적 상황을 고려한 채로 이해해야 한다는 견해이다. 그렇기 때문에 사회의 맥락 속에서 문화를 이해해야 한다고 말한 A는 문화 상대주의의 관점을 지니고 있다.

| 오답풀이 |

②, ⑤ 문화 수준을 고유한 맥락 속에서 이해하지 않고 선진국과 후진국이라는 절대적인 기준을 기준으로 평가하고 있으므로 문화 상대주의의 관점이라고 볼 수 없다.

③ 유럽의 문화가 아시아보다 발달되었다는 절대적인 평가를 전제로 하고 있으므로 문화 상대주의의 관점이라고 볼 수 없다.

④ 우리나라 고려청자의 가치가 다른 나라 도자기들보다 뛰어나다는 평가를 하고 있으므로 문화 상대주의의 관점이라고 볼 수 없다.

## 12 사회상식 사회변동 이해하기

| 정답 | ①

| 해설 | 토인비가 역사를 바라보는 관점은 유기체와 마찬가지로 발생 · 성장 · 쇠퇴 · 해체의 과정을 거치며 생성과 소멸을 반복한다는 것이다. 따라서 사회변동 역시 생성과 몰락의 순환을 반복한다는 관점이 적절하다.

## 13 사회상식 생산 활동 이해하기

| 정답 | ①

| 해설 | 선생님이 학교에서 수업이라는 서비스를 만들어 내는 것은 생산 활동이다.

| 오답풀이 |

②, ③, ④ 생산된 재화나 서비스를 구매하는 것은 소비 활동이다.

⑤ 봉사활동은 생산 활동이 아니다.

## 14 사회상식 비용과 편익 분석하기

| 정답 | ③

| 해설 | 매몰비용(sunk cost)이란 실행 후에 회수할 수 없는 비용을 말하며 '함몰비용'이라고도 한다. 대표적인 예로 기업의 R&D, 광고 비용 등이 있다. 매몰비용 때문에 저지르는 비합리적 의사결정을 '매몰비용 오류(sunk cost fallacy)'라고 한다.

| 오답풀이 |

① 한계비용(marginal cost) : 생산물을 한 단위 더 생산할 때 추가되는 생산 비용이다.

② 기회비용(opportunity cost) : 선택하지 않은 나머지에서 얻을 수 있을 것으로 기대되는 가치이다.

④ 전환비용(switching cost) : 소비자가 현재 쓰고 있는 제품을 경쟁사의 다른 제품으로 바꾸는 데 드는 비용이다.

⑤ 요소비용(factor cost) : 기업이 생산을 위해 일정 기간 지불한 모든 비용을 말한다. 이자 · 지대 · 임금 등이 포함된다.

## 15 사회상식 마케팅 관련 용어 적용하기

| 정답 | ①

| 해설 | 코즈 마케팅(Cause Marketing)은 기업이 소비자를 통해 경제적 가치와 공익적 가치를 동시에 추구하기 위해 시행하는 마케팅으로서, 소비자가 이벤트에 참여하거나 상품을 구매하면 일정 금액을 적립해서 기부하는 방식을 가리킨다.

| 오답풀이 |

② 바이럴 마케팅(Viral marketing) : 이메일이나 SNS 등 전파 가능한 매체를 통해 자발적으로 기업의 제품을 홍보하는 마케팅 기법으로, 컴퓨터 바이러스처럼 확산된다고 해서 붙은 이름이다.

③ 넛지 마케팅(Nudge marketing) : '팔꿈치로 슬쩍 찌르다'란 뜻을 가진 넛지 마케팅은 종전의 마케팅처럼 상품의 특성을 강조하는 것이 아니라 넌지시 유연하고 부드러운 방식으로 소비자에게 접근하여 자발적으로 선택하도록 유도하는 방식을 말한다.

④ 소셜타이징(Socialtising) : 소셜 네트워크(social network)와 광고(advertising)를 합성한 말로 소비자가 상품의 광고를 직접 제작하는 형태의 광고이다.

⑤ 버즈 마케팅(Buzz marketing) : 꿀벌이 윙윙거리는(buzz) 것처럼 소비자들이 이야기하는 것을 활용하여 소비자가 자발적으로 상품에 대한 내용을 전달하게 하여 긍정적인 이미지를 형성하도록 하는 마케팅이다. 입소문마케팅 또는 구전마케팅(word of mouth)이라고도 한다.

## 16 사회상식 리더십 유형 파악하기

| 정답 | ②

| 해설 | 변혁적 리더십은 조직구성원들로 하여금 리더에 대한 신뢰를 갖게 하는 카리스마는 물론, 조직 변화의 필요성을 감지하고 그러한 변화를 이끌어 낼 수 있는 새로운 비전을 제시할 수 있는 능력을 갖춘 리더십이다.

| 오답풀이 |

㉡ 독재자 유형에 대한 설명이다. 독재자 유형은 정책 의사 결정과 대부분의 핵심 정보를 혼자 소유하려는 경향이 있고, 실수를 용납하지 않는 특징이 있다.

㉢ 파트너십 유형에 대한 설명이다. 파트너십 유형은 리더와 집단 구성원 사이의 명확한 구분이 없어 리더가 조직에서 한 구성원이 되기도 한다.

**보충 플러스+**

리더십 유형

| 구분 | 특징 |
|---|---|
| 독재자 유형 | • 정책 의사 결정과 대부분의 핵심 정보를 혼자 소유하려는 경향<br>• 질문 금지, 모든 정보를 독점, 실수를 용납하지 않음. |
| 파트너십 유형 | • 리더와 집단 구성원 사이의 명확한 구분이 없어 리더가 조직에서 한 구성원이 되기도 함.<br>• 평등, 집단의 비전, 책임을 공유 |
| 변혁적 유형 | • 개개인과 팀이 유지해 온 이전의 업무 수행 상태를 뛰어넘고자 함.<br>• 전체 조직과 팀원에게 변화를 가져오는 원동력임.<br>• 카리스마, 자기 확신, 존경심과 충성심, 풍부한 칭찬, 감화 |
| 민주주의에 근접한 유형 | • 정보를 잘 전달하려 노력하고, 구성원 모두가 설정된 목표에 참여하게 하여 확신을 심어 주려고 노력함.<br>• 참여, 토론의 장려 |

## 17 사회상식 리더십 유형 파악하기

| 정답 | ④

| 해설 | 서번트 리더십은 '섬기는 리더십'이라는 뜻으로 강력하고 지배적이기보다는 리더가 다른 이들을 섬기며 돌보는 리더십이다. 유비는 제갈량을 얻기 위해 나이가 많음에도 불구하고 자신을 낮추는 데 있어 주저함 없이 제갈량을 섬기고 있으므로 이는 서번트 리더십으로 볼 수 있다.

| 오답풀이 |

① 셀프 리더십 : 타인이 리더가 아니라 자기 자신 스스로가 자신의 리더가 되어 스스로를 통제하고 행동하는 리더십

② 독재적 리더십 : 자신의 권위를 강조하고 집단의 활동, 장기적 목표에 관하여 집단과 토의하지 않고 혼자서 결정하는 리더십

③ 민주적 리더십 : 지도자가 조직 구성원들의 참여와 합의에 따라 의사결정을 하고 지도해 가는 리더십

⑤ 카리스마 리더십 : 목표가 정해지면 팀원들의 의견보다는 자기의 주관을 갖고 팀을 이끌어 가는 리더십

## 18 사회상식 조직문화의 유형 이해하기

| 정답 | ①

| 해설 | 제시된 설명 이외에도 각 유형의 조직 문화는 다음과 같은 특징이 있다.

- 관계지향 문화 – 조직 내 가족적인 분위기의 창출과 유지에 가장 큰 역점을 둠(D).
- 혁신지향 문화 – 조직의 적응과 조직성장을 뒷받침할 수 있는 적절한 자원획득이 중요하고 구성원들의 창의성 및 기업가 정신이 핵심 가치로 강조됨(C).
- 위계지향 문화 – 분명한 위계질서와 명령계통 그리고 공식적인 절차와 규칙을 중시하는 문화가 강조됨(B).
- 과업지향 문화 – 성과 달성과 과업 수행에서의 생산성을 강조함(B).

## 19 사회상식 고객중심경영 이해하기

| 정답 | ④

| 해설 | 고객중심 기업은 고품위의 고객서비스를 제공하여 고객감동을 통한 회사의 충성도, 기업에 대한 선호도를 바탕으로 성장과 이익을 달성하는 기업을 의미한다. 한편 "외부 고객 만족 없이는 내부 고객의 만족도 없다"는 원칙은 내부 고객보다 외부 고객을 더 우선시하는 내용으로 해석될 수 있어, 내부 고객과 외부 고객 모두를 중요시하는 고객중심 기업의 경영원칙과는 부합하지 않는다고 볼 수 있다.

**보충 플러스+**

고객중심 기업의 일반적 특성

- 내부고객, 외부고객 모두를 중요시한다.
- 고객 만족에 중점을 둔다.
- 고객이 정보, 제품, 서비스 등에 쉽게 접근할 수 있도록 한다.
- 보다 나은 서비스를 제공할 수 있도록 하는 기업정책을 수립한다.
- 기업의 전반적 관리시스템이 고객서비스 업무를 지원한다.
- 기업이 실행한 서비스에 대해 계속적인 재평가를 실시함으로써 고객에게 양질의 서비스를 제공하도록 서비스 자체를 끊임없이 변화시키고 업그레이드한다.

## 20 사회상식 CSV 이해하기

| 정답 | ②

| 해설 | 이 글은 CSV와 CSR을 비교하면서 CSV의 개념에 대해 설명하고 있다. CSV는 기업이 경제적 이익을 창출하면서 사회적 가치도 함께 창출한다는 의미이므로 경제적 이익과 사회적 가치가 함께 발생하는 ②가 가장 적절하다.

| 오답풀이 |

①, ③, ④, ⑤ 사회적 가치는 창출하지만, 기업이 경제적 이익을 얻지는 않으므로 모두 CSR에 해당한다.

## 02 관찰탐구력

| 테마 2 출제유형문제연습 | | | | | | | | | 문제302쪽 |
|---|---|---|---|---|---|---|---|---|---|
| 01 | ② | 02 | ③ | 03 | ③ | 04 | ② | 05 | ① |
| 06 | ① | 07 | ④ | 08 | ③ | 09 | ⑤ | 10 | ③ |
| 11 | ④ | 12 | ③ | 13 | ① | 14 | ② | 15 | ⑤ |
| 16 | ⑤ | 17 | ⑤ | 18 | ② | 19 | ③ | 20 | ③ |

### 01 수열 숫자의 배열 규칙 추리하기

| 정답 | ②

| 해설 | 앞의 항에 소수를 더한 값이 다음 항을 이룬다.

$-2 \xrightarrow{+2} 0 \xrightarrow{+3} 3 \xrightarrow{+5} 8 \xrightarrow{+7} 15 \xrightarrow{+11} 26 \xrightarrow{+13} ?$

따라서 '?'에 들어갈 숫자는 26+13=39이다.

### 02 수열 숫자의 배열 규칙 추리하기

| 정답 | ③

| 해설 | 앞의 두 항을 더한 값이 다음 항을 이룬다.

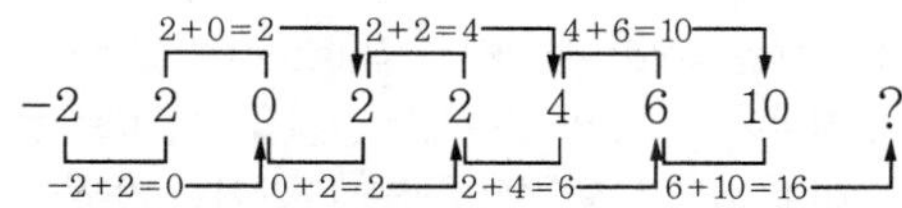


따라서 '?'에 들어갈 숫자는 16이다.

### 03 수열 숫자의 배열 규칙 추리하기

| 정답 | ③

| 해설 | 알파벳 순서를 이용하여 푼다.

G → K → O → S → W → A → ?
7 → 11 → 15 → 19 → 23 → 1(=27, 53, …) → 5
(+4 +4 +4 +4 +4 +4)

따라서 '?'에 들어갈 문자는 5(=31, 57, …)에 해당하는 E이다.

### 04 수열 숫자의 배열 규칙 추리하기

| 정답 | ②

| 해설 |

$C \xrightarrow{D} E$　　$D \xrightarrow{E} F$

$F \xrightarrow{G,\ H} I$　　$W \xrightarrow{X,\ Y} Z$

$T \xrightarrow{U,\ V,\ W} X$　　$B \xrightarrow{C,\ D,\ E} F$

### 05 수열 숫자의 배열 규칙 추리하기

| 정답 | ①

| 해설 |

3 →(+4) 7 →(+4) 11 →(+4) (a)

∴ (a)=15

C →(+4) G →(+4) K →(+4) (b)

∴ (b)=O

### 06 수열 숫자의 배열 규칙 추리하기

| 정답 | ①

| 해설 | 우선 복잡한 형태의 수열을 단순하게 변형(회전)하여 일렬로 정리해보자.

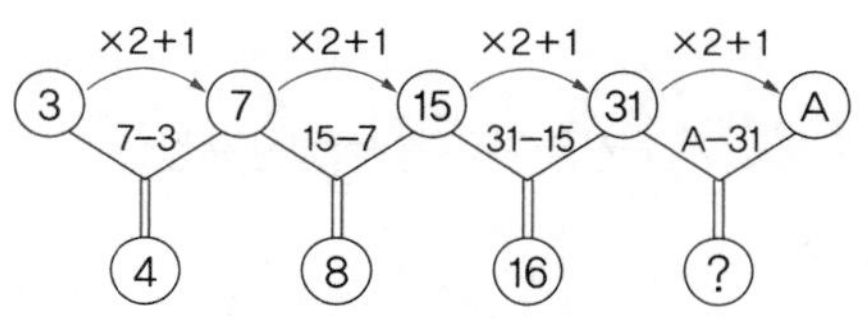


단일선으로 연결된 수 3, 7, 15, 31, A를 살펴보면 이들 사이에는 ×2+1의 규칙이 성립함을 알 수 있다. 이에 따라 A=31×2+1=62+1=63이 된다. 또한 이중선으로 연결된 수와의 관계를 살펴보면 단일선으로 연결된 '두 수의 차'임을 알 수 있다. 따라서 ?=A−31=63−31=32이다.

## 07 사무지각 문자를 비교하여 불일치 찾기

| 정답 | ④

| 해설 | ISBN HSCV−**3**61J−R79**8**
−ISBN HSCV−**8**61J−R79**3**

## 08 사무지각 문자를 비교하여 불일치 찾기

| 정답 | ③

| 해설 | http://www.whitehouse.gov/
−http**;**//www.whitehouse.gov/

## 09 사무지각 문자를 비교하여 불일치 찾기

| 정답 | ⑤

| 해설 |

**끗** 끝 **끞** 끕 끌 **끗** 끅 끝 끚 끔 끈 끙 끌 **끟** 끅 **끟** **끞** 끘 끔
끈 끙 끌 **끟** 끅 끚 **끞** **끟** 끙 끕 끚 끋 끅 **끗** 끔 끈 끙 끌 **끟**
끅 끝 끘 **끞** **끟** 끕 끚 끅 끘 **끆** 끝 끔 끈 끙 끌 **끟** 끅 끝 끚
끔 끈 끕 끚 끋 끅 **끟** 끅 끚 끅 끘 **끆** **끟** 끔 끈 끙 끌 **끟** 끅
**끟** **끞** 끘 끔 끈 끙 끌 **끟** 끝 끅 끚 **끟** 끙 끕 끚 끋 끅 **끗** 끔

## 10 사무지각 문자를 비교하여 불일치 찾기

| 정답 | ③

| 해설 |

♧ ☆ ◐ Σ **∮** ▥ **£** ♡ ▣ ▦ **£** ¥ ◈ ♥ ▧ ℃ ☎ ♣
♤ ◑ ▩ ▶ ⊠ ☸ ◁ ♀ ▨ ▶ ♬ ▤ **♭** ◉ ⇒ Ⅷ ◍ ¢
☍ ✪ **∮** ◱ ⊛ ◭ **☊** ☮ ☈ ◓ ◩ ㉿ ◶ ⋑ 〶 ⇔ !? @

## 11 사무지각 문자를 비교하여 불일치 찾기

| 정답 | ④

| 해설 |

╡ **╢** ╖ ╕ ╣ ║ ╨ ╤ ╥ **╙** **╘** ╒ ╓ ╫
║ ╝ ╜ ╛ ╞ ╟ ╝ ╜ ╛ ╞ ╟ ╚ ╔ **╘**
╒ ╓ ╫ **╠** ═ ╪ ╧ ╚ ╔ **╠** ═ ╪ ╡ **╢**
╖ ╕ ╣ ╧ ╨ ╤ ╥ **╙** ╞ ╟ ╝ ╣ ║ ╨

## 12 알고리즘 알고리즘을 바탕으로 판단하기

| 정답 | ③

| 해설 | 먼저 전체 흐름을 파악하는 것이 중요하다. 이 흐름도에서는 동전 투입 후 상품선택 단추를 누르면 가장 먼저 「투입금액이 목적상품의 금액 이상인가 아닌가」를 판단한다. 그것에 맞으면 Yes의 방향(ⓕ의 경로)으로 나아가고, 아니면 No 방향(ⓐ의 경로)으로 나아간다.

ⓐ의 경로로 나아간 경우, B에서 「구입금액에 이르지 않았으나 구입 의지를 확인」하고, No일 경우 돈을 돌려준 뒤 종료된다. Yes일 경우는 판단 A로 가서 「금액 내에서 상품을 산다」 또는 「부족 금액을 투입한 후 산다」를 판단한다.

## 13 알고리즘 알고리즘을 바탕으로 판단하기

| 정답 | ①

| 해설 | 최초의 판단에서 Yes일 경우 상품을 수령한 후 안에서 「투입금액에서 구입상품의 금액을 뺀 잔돈」 즉, 「잔돈이 0원인가 아닌가」를 묻는다. 잔돈이 0원 즉, X−Y=0이라면 종료되는데, 아닐 경우에는 우측 No의 ⓖ 경로를 택해 D의 판단으로 간다.

D에서는 「잔돈이 있는데 다시 구입할 의지가 있는가」를 묻는 것이 적절하다. No의 경우에는 그것을 잔돈으로 돌려주고 종료되며, Yes의 경우에는 판단 C로 가서 잔돈과 구입상품 금액의 대소를 비교하는 「잔돈으로 다음 목적 상품을 살 수 있는가」를 판단한다. Yes의 경우에는 그 잔돈으로 다음 상품을 구입할 수 있고, No일 경우에는 부족한 금액을 투입한 후 구입한다.

## 14 알고리즘 알고리즘을 바탕으로 판단하기

| 정답 | ②

| 해설 | **13** 해설을 참고할 때 ⓕ−ⓖ−ⓗ는 '상품을 구입한 뒤 잔돈이 남았으나 더 사지 않았다'를 의미한다.

## 15 블랙박스 블랙박스를 바탕으로 판단하기

|정답| ⑤

|해설| A를 통과하면 $X_1$, $X_2$의 수 중 큰 쪽이 나오는 상황에서 a=3+4=7이기 때문에 b=15이다.

3+X=15

∴ X=12

## 16 블랙박스 블랙박스를 바탕으로 판단하기

|정답| ⑤

|해설| 작업 ㉕가 개시되려면 직전의 작업인 ㉔, ㉣가 종료되어야 한다. 이와 같이 화살표를 거슬러 올라가면 다음과 같이 되므로 ㉕를 수행하기 위해 먼저 종료되어야 하는 작업은 ㉮, ㉯, ㉰, ㉱, ㉲, ㉳, ㉴이다.

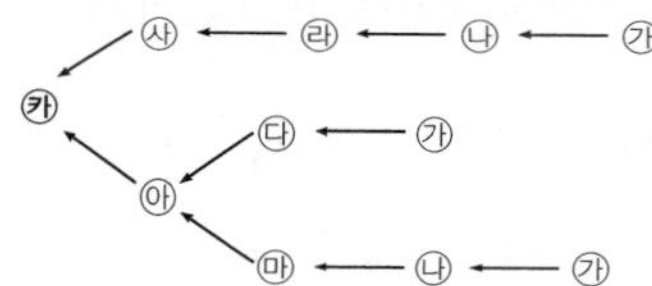

## 17 도형관찰탐구 규칙 적용하기

|정답| ⑤

|해설| 처음에 제시된 도형에 순서도의 규칙을 적용하여 변환 · 비교하면 다음과 같다.

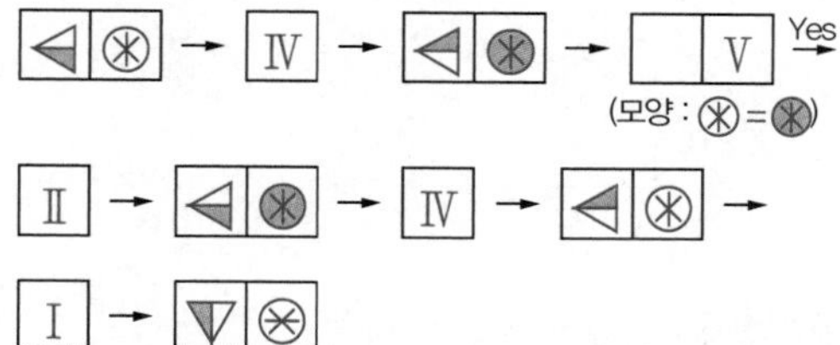


## 18 도형관찰탐구 규칙 적용하기

|정답| ②

|해설| 기존의 수를 ABCD라고 가정한 뒤 규칙을 찾는다. 우선 흐름도의 첫 번째 가로줄 마지막에 있는 5476→☆→6385를 통해 ☆이 'A+1, B−1, C+1, D−1' 규칙임을 알 수 있다. 이 규칙을 BEFI에 적용해 보면, BEFI를 알파벳 순서에 맞게 2569로 변환했을 때 3478이 되고 이를 다시 알파벳으로 변환하면 CDGH가 된다. 이 CDGH가 ♡를 거치면서 GHCD가 되었으므로 ♡는 'ABCD→CDAB'규칙임을 알 수 있다.

☆과 ♡의 규칙을 4657에 적용해보면 4657→♡→5746→☆→6655가 되므로 위에서 유추한 규칙이 확인된다.

마지막으로 4567에 적용해보면 4567→♡→6745→□→5476이 되므로, □는 'ABCD→DCBA' 규칙임을 알 수 있다.

이를 종합하여 규칙을 정리하면 다음과 같다.

- ♡ : ABCD→CDAB
- ☆ : A+1, B−1, C+1, D−1
- □ : ABCD→DCBA

따라서 3895에 □를 적용하면 5983이 되고, ☆을 적용하면 6892가 된다.

∴ 3895→□→5983→☆→6892

## 19 도형관찰탐구 규칙 적용하기

|정답| ③

|해설| 오각형에 각 꼭짓점과 중점을 이은 4줄의 선이 있고, 짧은 선은 시계방향으로 한 줄씩 돌아가며 나타난다. 또한 세 개의 굵은 선은 시계방향으로 한 줄씩 이동하고 있으며, 꼭짓점으로부터 뻗은 선→중점으로부터 뻗은 선→꼭짓점으로부터 뻗은 선 순으로 번갈아 바뀐다. 따라서 '?'에는 바로 전 도형에서 굵은 선 3줄, 짧은 선 1줄의 위치가 각각 시계방향으로 한 줄씩 이동하고, 굵은 선이 중점으로부터 뻗어 나가는 도형이 와야 한다.

## 20 도형관찰탐구 규칙 적용하기

|정답| ③

|해설| 정육면체의 색이 칠해진 면에 따라 각각의 규칙이 적용되어 주어진 도형이 변화하는데, 각 면이 의미하는 규칙은 다음과 같다.

- (정육면체) : 좌우대칭

- : 상하대칭
- : 시계방향 90° 회전
- : 색 반전
- : 반시계방향 90° 회전

이를 문제의 도형에 차례로 적용하면 다음과 같다.

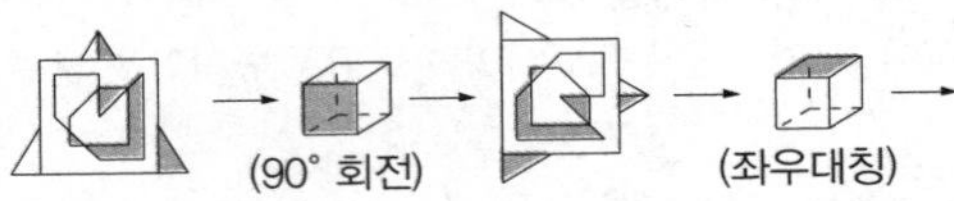


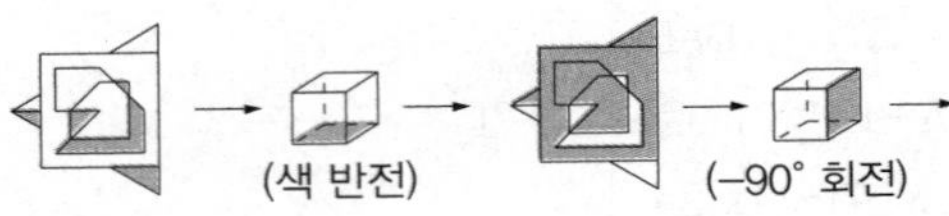

| 테마 3 기출예상문제 | | | | | | | | | 문제312쪽 |
|---|---|---|---|---|---|---|---|---|---|
| 01 | ④ | 02 | ④ | 03 | ⑤ | 04 | ① | 05 | ② |
| 06 | ② | 07 | ① | 08 | ① | 09 | ④ | 10 | ② |
| 11 | ② | 12 | ① | 13 | ① | 14 | ① | 15 | ⑤ |
| 16 | ④ | 17 | ④ | 18 | ③ | 19 | ③ | 20 | ③ |

## 01 수열 숫자의 배열 규칙 추리하기

| 정답 | ④

| 해설 |

$$\underset{2^0}{1}\quad \underset{2^2}{4}\quad \underset{2^1}{2}\quad \underset{3^2}{9}\quad \underset{2^2}{4}\quad \underset{4^2}{16}\quad \underset{2^3}{8}\quad \underset{5^2}{?}$$

따라서 '?'에 들어갈 숫자는 $5^2 = 25$이다.

## 02 수열 숫자의 배열 규칙 추리하기

| 정답 | ④

| 해설 |

$$5 \underset{\times 2}{\rightarrow} 10 \underset{-2}{\rightarrow} 8 \underset{\times 2}{\rightarrow} 16 \underset{-2}{\rightarrow} 14 \underset{\times 2}{\rightarrow} ?$$

따라서 '?'에 들어갈 숫자는 14×2=28이다.

## 03 수열 숫자의 배열 규칙 추리하기

| 정답 | ⑤

| 해설 | 일반 자음 순서를 이용하여 푼다.

ㄱ → ㄴ → ㅁ → ㅊ → ㄷ → ?

$$1 \underset{+1}{\rightarrow} 2 \underset{+3}{\rightarrow} 5 \underset{+5}{\rightarrow} 10 \underset{+7}{\rightarrow} 3(=17,\ 31,\ \cdots) \underset{+9}{\rightarrow} 12$$

따라서 '?'에 들어갈 문자는 12(=26, 40, …)에 해당하는 ㅌ이다.

## 04 수열 숫자의 배열 규칙 추리하기

| 정답 | ①

| 해설 | 일반 알파벳 순서를 이용하여 푼다.

| F | → | L | → | N | → | B | → | ? |
|---|---|---|---|---|---|---|---|---|
| 6 | → ×2 | 12 | → +2 | 14 | → ×2 | 2(=28, 54, …) | → +2 | 4 |

따라서 '?'에 들어갈 문자는 4(=30, 56, …)에 해당하는 D이다.

## 05 수열 숫자의 배열 규칙 추리하기

| 정답 | ②

| 해설 | 주어진 문자를 보면 앞의 문자는 D부터 시작하여 순서대로 나열되어 있고, 뒤의 문자는 A부터 순서대로 나열되어 있다. 따라서 '?'에 들어갈 문자는 G 다음 문자 H와 D 다음 문자 E로 구성된 HE이다.

## 06 수열 숫자의 배열 규칙 추리하기

| 정답 | ②

| 해설 |

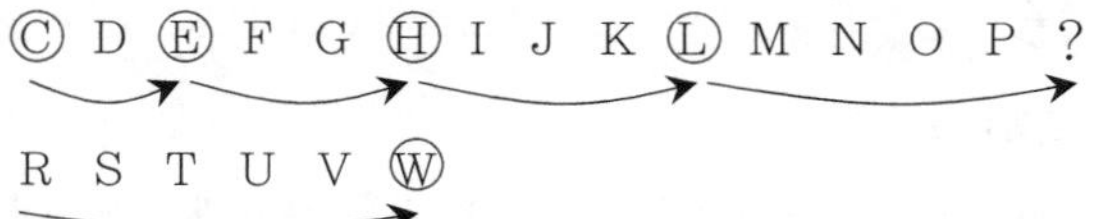


C와 E 사이의 문자 : 1개

E와 H 사이의 문자 : 2개

H와 L 사이의 문자 : 3개

L과 ? 사이의 문자 : 4개

?와 W 사이의 문자 : 5개

따라서 '?'에 들어갈 문자는 Q이다.

## 07 수열 숫자의 배열 규칙 추리하기

| 정답 | ①

| 해설 |

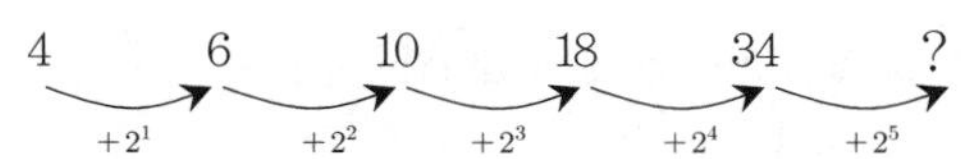


따라서 '?'에 들어갈 숫자는 $34+2^5=66$이다.

## 08 수열 숫자의 배열 규칙 추리하기

| 정답 | ①

| 해설 | $8\times13\div4=26$

$5\times16\div4=20$

$9\times12\div4=27$

$4\times11\div4=?$

따라서 '?'에 들어갈 숫자는 11이다.

## 09 사무지각 일치하는 문자의 개수 구하기

| 정답 | ④

| 해설 | sze, cns, tuy, vxq가 일치한다.

A.

| bmi | sze | gil |
|---|---|---|
| cns | wio | bjk |
| tuy | vxq | rll |

B.

| prz | tuy | bni |
|---|---|---|
| cns | vxq | qil |
| sze | vno | ril |

## 10 사무지각 일치하는 문자의 개수 구하기

| 정답 | ②

| 해설 | 해서, 해파가 일치한다.

A.

| 해안 | 해미 | 해서 |
|---|---|---|
| 해파 | 해물 | 해지 |
| 해주 | 해설 | 헤동 |

B.

| 해서 | 해치 | 해진 |
|---|---|---|
| 해복 | 해녀 | 해실 |
| 해탈 | 해파 | 해피 |

## 11 알고리즘 알고리즘을 바탕으로 판단하기

| 정답 | ②

| 해설 | 어린이 영어 강사가 되기 위해서는 '영어 강사 자격이 있다'가 YES, '영어를 가르친 경험이 있다'가 NO, '아이를 좋아한다'가 YES여야 한다. 또는 '영어 강사 자격이 있다'가 NO, '아이를 좋아한다'가 YES인 경우도 가능하다. 따라서 (가) ~ (마) 중 어린이 영어 강사가 되기 위해 꼭 필요한 조건은 '아이를 좋아한다'이다.

## 12 알고리즘 알고리즘 규칙 변환하기

| 정답 | ①

| 해설 | 제시된 표를 알고리즘 순서대로 규칙에 따라 변환하면 다음과 같다.

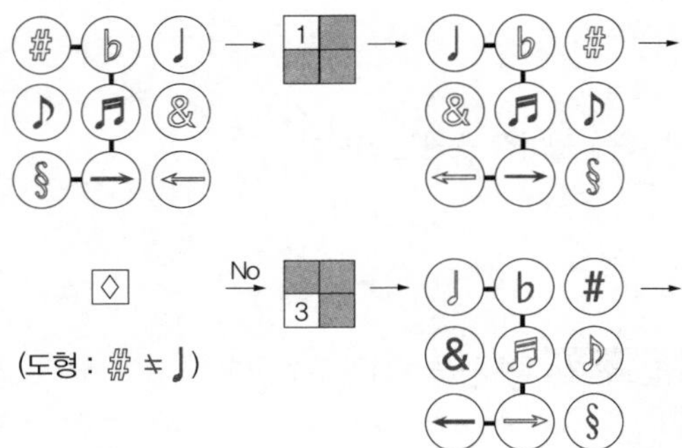

◇ No → 3

(도형 : # ≒ ♩)

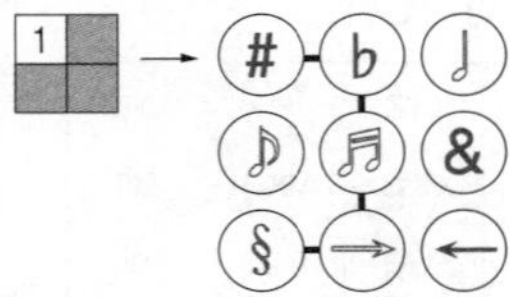

## 13 알고리즘 알고리즘을 바탕으로 판단하기

| 정답 | ①

| 해설 | 문제의 조건에서 ○은 홀수 칸끼리, □는 짝수 칸끼리, ▱은 문자 칸끼리만 회전 이동하여야 하며 문자의 숫자로의 변환은 비교 조건(△, ▽)에서만 적용된다. 또한 음영의 회전 이동은 전체 12개 칸을 통해서 이루어진다.

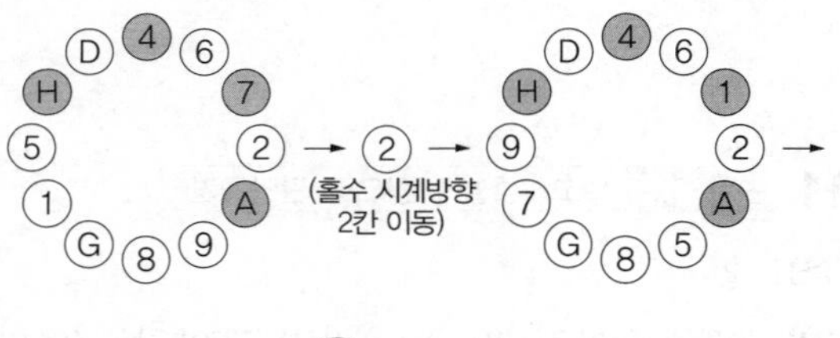


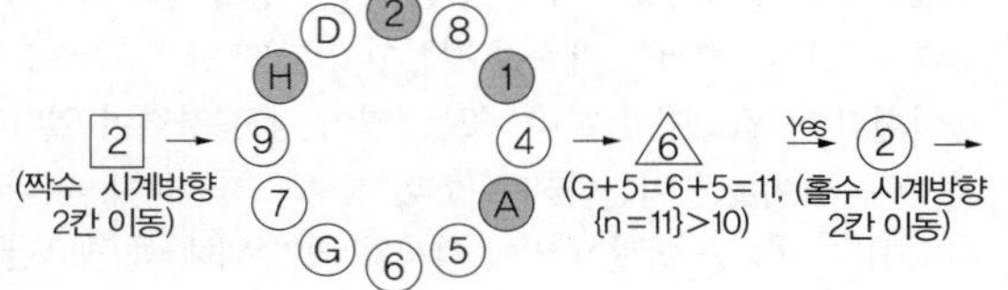


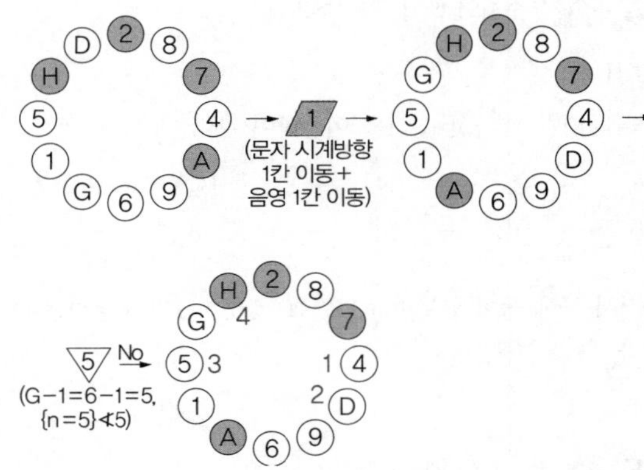


▽5 No

(G−1=6−1=5, {n=5}≮5)

## 14 블랙박스 블랙박스를 바탕으로 판단하기

| 정답 | ①

| 해설 | 주어진 예시를 보면 박스 X에는 '×3'이, 박스 Y에는 '×(−1)'이 들어감을 유추해 볼 수 있다.

$b=4\times3=12$

$c=12\times(-1)$ $\quad\therefore\ c=-12$

## 15 블랙박스 블랙박스를 바탕으로 판단하기

| 정답 | ⑤

| 해설 | c의 값을 알고 있기 때문에 뒤에서부터 계산해 올라가면 된다.

$c=(-1)\times b=-36$ $\quad\therefore\ b=36$

$36=a\times3$ $\quad\therefore\ a=36\div3=12$

## 16 블랙박스 블랙박스를 바탕으로 판단하기

| 정답 | ④

| 해설 | a를 구해야 하므로 b와 c를 a에 대한 식으로 나타낸다.

$b=a\times3$

$c=b\times(-1)=a\times3\times(-1)=-3a$

$c=-3a$를 주어진 식에 대입하면

$a-3a=-36$

$-2a=-36$ $\quad\therefore\ a=18$

## 17 도형관찰탐구 규칙 적용하기

| 정답 | ④

| 해설 | 처음에 제시된 도형을 순서도에 따라 규칙을 적용하여 변환 · 비교하면 다음과 같다.

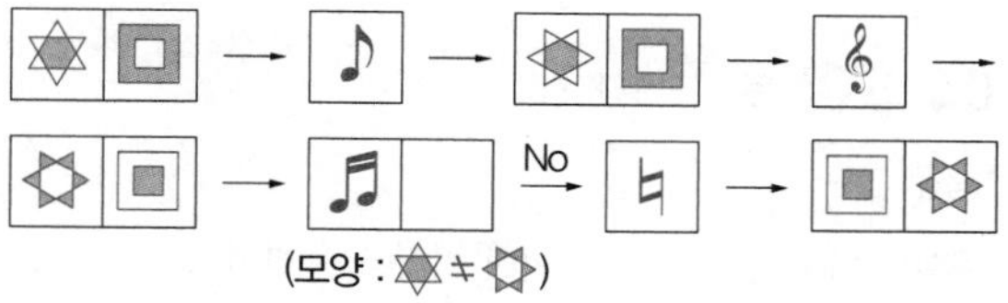


## 18 도형관찰탐구 규칙 적용하기

| 정답 | ③

| 해설 | 처음에 제시된 도형을 순서도에 따라 규칙을 적용하여 변환 · 비교하면 다음과 같다.

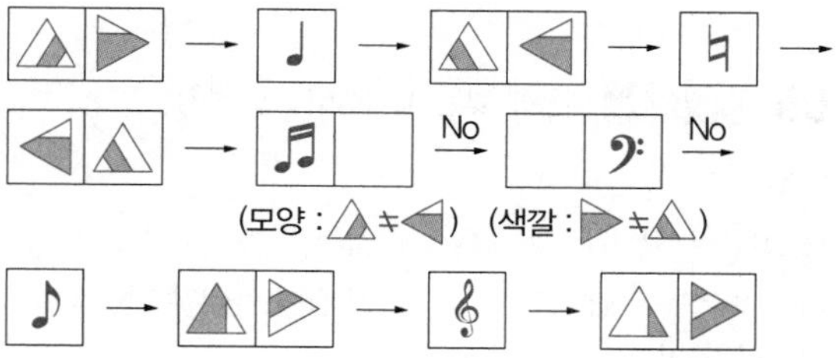


## 19 도형관찰탐구 규칙 적용하기

| 정답 | ③

| 해설 | 첫 번째 가로열과 첫 번째 세로열, 두 번째 세로열에 공통으로 ◎가 들어가 있고, 세 열 모두 마지막 그림의 색이 반전되었으므로 ◎는 색 반전 기호임을 알 수 있다. 이를 첫 번째 가로열과 두 번째 세로열에 적용해 보면 回는 반시계방향으로 90° 회전, ☆는 180° 회전임을 알 수 있다. 첫 번째 세로열에 回과 ◎을 적용해 보면,

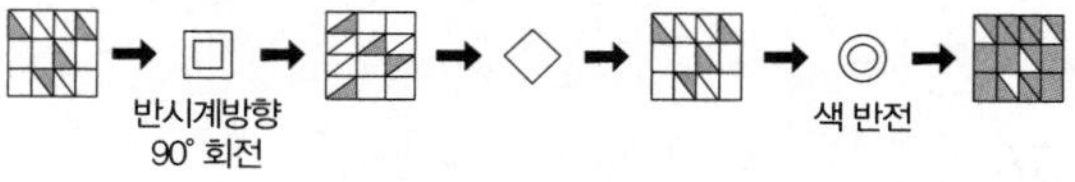


◇는 시계방향으로 90° 회전 기호임을 알 수 있다. 마지막으로 두 번째 가로열에 ◇과 ☆을 적용하는데 이때 시계방향으로 90° 회전과 180° 회전이 함께 진행되면, 결국 반시계방향으로 90° 회전하는 것과 같다.

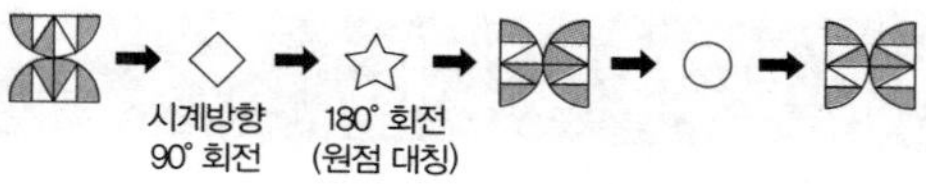


○는 상하대칭(X축 대칭)이 된다. 전체를 종합해 보면

| | |
|---|---|
| 回 | 반시계방향으로 90° 회전 |
| ◎ | 색 반전(흑 ↔ 백) |
| ◇ | 시계방향으로 90° 회전 |
| ☆ | 180° 회전(원점 대칭) |
| ○ | 상하 대칭(X축 대칭) |

따라서 문제에 이를 적용하면 다음과 같다.

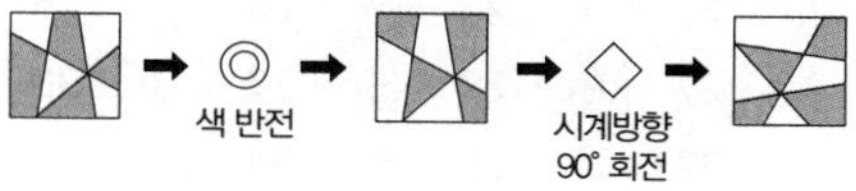


## 20 도형관찰탐구 규칙 적용하기

| 정답 | ③

| 해설 | ☆의 180° 회전과 回의 반시계방향 90° 회전은 시계방향으로 90° 회전과 같음에 유의한다.

규칙을 적용하면 다음과 같다.

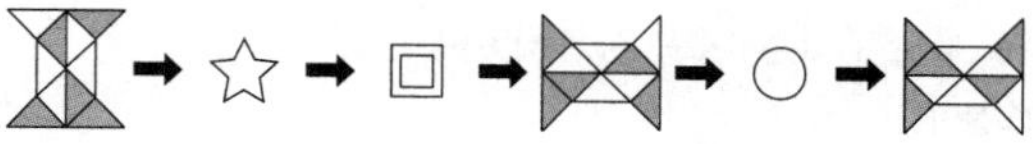

# 파트 6 실전모의고사

## 1회 실전모의고사

문제326쪽

| | | | | | | | | | |
|---|---|---|---|---|---|---|---|---|---|
| 01 | ④ | 02 | ⑤ | 03 | ⑤ | 04 | ④ | 05 | ③ |
| 06 | ③ | 07 | ③ | 08 | ⑤ | 09 | ③ | 10 | ③ |
| 11 | ④ | 12 | ② | 13 | ② | 14 | ① | 15 | ③ |
| 16 | ③ | 17 | ① | 18 | ② | 19 | ③ | 20 | ④ |
| 21 | ⑤ | 22 | ③ | 23 | ② | 24 | ④ | 25 | ② |
| 26 | ③ | 27 | ③ | 28 | ⑤ | 29 | ③ | 30 | ④ |
| 31 | ① | 32 | ④ | 33 | ⑤ | 34 | ④ | 35 | ③ |
| 36 | ③ | 37 | ③ | 38 | ① | 39 | ④ | 40 | ③ |
| 41 | ① | 42 | ③ | 43 | ③ | 44 | ② | 45 | ③ |

### 01 단어의미 단어의 문맥적 의미 파악하기

| 정답 | ④

| 해설 | 제시된 문장과 ④의 '녹다'는 '(결정체가 액체에) 풀어져 섞이다'의 의미로 사용되었다.

| 오답풀이 |

① (눈이나 얼음이) 열이나 뜨거운 기운에 액체가 되다.

② (화가 나거나 못마땅한 마음이) 누그러지거나 풀리다.

③ (음식이) 맛이 좋고 아주 부드러운 느낌이 나다.

⑤ (정신이나 생각이 무엇에) 스며들거나 함께 어우러지다.

### 02 어법 맞춤법 확인하기

| 정답 | ⑤

| 해설 | 마지막 문장에서 '들이닥쳐 위에서 내리누르다'의 의미로 쓰인 '덥치고'의 옳은 표기는 '덮치고'이다.

### 03 어법 조사 구분하기

| 정답 | ⑤

| 해설 | '납세의'는 '의무'를 꾸며주는 관형어이고 '-의'는 관형격조사에 해당한다.

### 04 어법 품사 구분하기

| 정답 | ④

| 해설 | '아무'는 대명사로 어떤 사람을 특별히 정하지 않고 이르는 인칭대명사이다. 흔히 부정의 뜻을 가진 서술어와 호응하나 '나', '라도'와 같은 조사와 함께 쓰일 때는 긍정의 뜻을 가진 서술어와 호응하기도 한다.

| 오답풀이 |

①, ②, ③, ⑤ 밑줄 친 부분의 품사는 모두 부사이다.

### 05 사자성어 내용에 맞는 사자성어 파악하기

| 정답 | ③

| 해설 | '허장성세(虛張聲勢)'는 '실속은 없으면서 큰소리치거나 허세를 부림'이라는 의미로 빈칸에 들어갈 한자성어로 적절하지 않다.

| 오답풀이 |

① 아전인수(我田引水) : 자기에게만 이롭게 되도록 생각하거나 행동함.

② 견강부회(牽强附會) : 이치에 맞지 않는 말을 억지로 끌어 붙여 자기에게 유리하게 함.

④ 후안무치(厚顔無恥) : 뻔뻔스러워 부끄러움이 없음.

⑤ 인지상정(人之常情) : 사람이면 누구나 가지는 보통의 마음

### 06 단어의미 유사한 의미의 어휘 찾기

| 정답 | ③

| 해설 | 여기서 '주무'는 '사무를 주장하여 맡음'이라는 뜻으로 사용되었으나, '직할'은 '중간에 다른 기구나 조직을 두지 않고 직접 관할함'을 뜻하므로 동의어라 볼 수 없다.

| 오답풀이 |

① 여망 : 많은 사람들이 간절히 기대하고 바람. 또는 그 기대나 바람.
중망 : 여러 사람에게서 받는 신망.

② 형국 : 어떤 일이 벌어진 형편이나 국면
국면 : 어떤 일이 벌어진 장면이나 형편

④ 이행, 실행 : 실제로 행함

⑤ 방안 : 일을 처리하거나 해결하여 나갈 방법이나 계획.
방책 : 방법과 꾀를 아울러 이르는 말

## 07 세부내용 파악 이어질 내용 파악하기

| 정답 | ③

| 해설 | 모든 문화는 키치적 속성과 '좋은' 예술의 속성을 동시에 가지고 있으나, 어떤 것이 키치이고 어떤 것이 좋은 것인지는 대중적 선택에 의해 결정될 수 있다고 하였다. 이때 대중의 선택이란 사회 흐름에 따라 변화할 수 있으므로 ③이 적절하다.

| 오답풀이 |

①, ② 대중문화는 키치와 고급 예술을 모두 아우르는 개념으로 볼 수 있다.

④, ⑤ 키치에 대한 설명에 가깝다.

## 08 글의 구조 파악 전개 방식 파악하기

| 정답 | ⑤

| 해설 | 첫 문단에서 자연 현상에 대한 의문을 나열하며 대상을 이해하는 것이 어떤 식으로 이뤄지는지에 대해 설명하고 있다. 이후 두 번째 문단에서 무언가를 이해한다는 것의 진정한 의미를 체스 게임으로 설명하고 있다. 따라서 낯설고 익숙하지 않은 '이해'에 대한 개념을 친숙한 대상인 '체스 게임'에 빗대어 설명하고 있는 것이다.

## 09 세부내용 파악 글의 세부내용 이해하기

| 정답 | ③

| 해설 | 성과지향적 조직에서는 성 고정관념적 평가의 여지가 적으므로 성과지향성은 양성평등에 긍정적 영향을 미친다.

| 오답풀이 |

① 가족적 조직문화는 남성관리자에 대한 인식에 긍정적으로 작용할 수 있다.

② 성과지향적 조직문화에서는 성별과 같은 사회적 배경이 작용할 여지가 줄어든다.

④ 성과지향성이 낮은 조직에서는 구성원 간 성차별 가능성이 높다.

⑤ 성과지향성이 낮은 조직에서는 여성관리자의 전문적 권력이 발휘될 가능성이 낮다.

## 10 세부내용 파악 글의 세부내용 이해하기

| 정답 | ③

| 해설 | 인프라 부족 문제를 해결하기 위해 스마트기술을 활용하는 것은 아시아와 중남미 등 신흥국이다. 유럽 등 선진국에서는 도시 시설물의 노후화, 도심지역의 쇠퇴를 극복하기 위해 ICT · 빅데이터 등 신기술을 활용한다.

| 오답풀이 |

① 스마트시티에서는 스마트 신호등과 같은 기술을 통해 교통체증 없이 목적지에 도착할 수 있으므로 통근시간이 단축될 것이다.

②, ④ 스마트시티는 도시 전역에서 수집한 정보를 분석하여 적재적소에 자원을 활용하거나 기존 자원을 효율적으로 활용한다. 신규로 인프라를 건설하거나 인력을 추가하는 것은 기존 도시관리 방식이다.

⑤ 도시 플랫폼은 다양한 혁신기술을 도시 인프라와 결합해 구현하고 융 · 복합할 수 있는 공간이기 때문에 다양한 기술과 역량을 가지고 유연하게 대처 가능한 민간투자자가 중요한 역할을 할 수 있다.

## 11 비율 인원 구하기

| 정답 | ④

| 해설 | 현재 총인원이 189명이고 남녀 비율이 5 : 4이므로 남학생은 105명, 여학생은 84명임을 알 수 있다. 전학을 온 여학생의 수를 $x$명으로 놓고 식을 세워 보면 다음과 같다.

$105:(84-x)=3:2 \quad 3(84-x)=210 \quad \therefore x=14$(명)



언어논리력 수리력 공간지각력 문제해결력 이해 및 관찰탐구력 실전모의고사

## 12 일의 양 물을 채우는 데 걸리는 시간 구하기

| 정답 | ②

| 해설 | 수영장의 물을 채우는 일을 1이라고 할 때 두 수도꼭지가 1시간당 하는 일의 양은 각각 $\frac{1}{6}$, $\frac{1}{4}$이다. 즉, 두 수도꼭지를 함께 사용하면 1시간당 $\frac{1}{6}+\frac{1}{4}=\frac{5}{12}$의 일을 한다. 따라서 A와 B 수도꼭지를 모두 틀어 수영장 물을 다 채우는 데 걸리는 시간은 $1\div\frac{5}{12}=\frac{12}{5}$이므로 2시간 24분이 걸린다.

## 13 거리 사이 거리 구하기

| 정답 | ②

| 해설 | 시간 $=\frac{\text{거리}}{\text{속력}}$이므로 회사와 우체국 사이의 총 거리를 $x$km라고 하면 식은 다음과 같다.

$\frac{x}{5}+\frac{x}{6}=1+\frac{5}{6}$ $\quad 6x+5x=30+25$ $\quad 11x=55$

$\therefore\ x=5(\text{km})$

## 14 확률 눈이 내릴 확률 구하기

| 정답 | ①

| 해설 | 1. 화요일에 눈이 올 경우 : 월요일에 눈이 내렸으므로 화요일에 눈이 올 확률은 $\frac{2}{5}$이며, 그 다음 날인 수요일에도 눈이 내릴 확률은 $\frac{2}{5}\times\frac{2}{5}=\frac{4}{25}$이다.

2. 화요일에 눈이 오지 않을 경우 : 화요일에 눈이 오지 않을 확률은 $1-\frac{2}{5}=\frac{3}{5}$이며, 그 다음 날인 수요일에 눈이 내릴 확률은 $\frac{3}{5}\times\frac{1}{6}=\frac{1}{10}$이 된다.

따라서 수요일에 눈이 올 확률은 $\frac{4}{25}\times\frac{1}{10}=\frac{13}{50}$이다.

## 15 비율 비율 이용하여 인원 구하기

| 정답 | ③

| 해설 | 총 주재원 120명 중 첫 번째 해외 근무자와 두 번 이상의 해외 근무 경험자의 비율이 2 : 1이므로 두 번 이상 해외 근무 경험자는 $120\times\frac{1}{3}=40$(명)이다. 40명 중 과장급 이하와 차장급 이상의 비율이 2 : 3이므로 과장급 이하 주재원은 $40\times\frac{2}{5}=16$(명)이 된다.

## 16 농도 용액의 농도 구하기

| 정답 | ③

| 해설 | • 용액 B의 물의 양 : $200-65=135$(g)

• 용액 B의 원액의 양$=50-35=15$(g)

따라서 용액 B의 농도는 $\frac{15}{135+15}\times100=\frac{15}{150}\times100=10(\%)$이다.

## 17 도형계산 면적 구하기

| 정답 | ①

| 해설 |

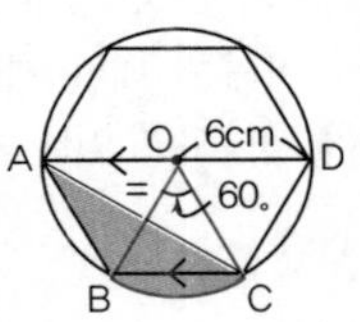


그림에서 $\overline{AD}$와 $\overline{BC}$가 평행한다. 따라서 △ABC와 △OBC의 높이가 같으므로 면적이 같고 색칠된 부분의 면적은 부채꼴 OBC의 면적과 같음을 알 수 있다.

$\therefore\ S=\pi\times6^2\times\frac{60}{360}=6\pi(\text{cm}^2)$

## 18 자료이해 자료를 바탕으로 수치 분석하기

| 정답 | ②

| 해설 | 26 ~ 30세 응답자 중 4회 이상 방문한 응답자는 총 7명(4 ~ 5회 5명, 6회 이상 2명)으로 비율은 $\frac{7}{51}\times100≒$ 13.7(%)이다.

| 오답풀이 |

① 전체 응답자 중 20 ~ 25세 응답자가 차지하는 비율은 $\frac{53}{113}\times100≒46.9$(%)이다.

③ 31 ~ 35세 응답자의 1인당 평균 방문횟수는 $\frac{(1\times3)+(2.5\times4)+(4.5\times2)}{9}≒2.4$(회)이다.

④ 전체 응답자 중 직업이 학생 또는 공무원인 응답자의 비율은 $\frac{51}{113}\times100≒45$(%)이다.

⑤ 20 ~ 25세 전문직이 몇 명인지 알 수 없으며 전문직이라고 응답한 7명이 모두 20 ~ 25세일 경우 비율은 $\frac{7}{113}\times100≒6.2$(%)로 5%를 넘는다.

## 19 자료이해 자료를 바탕으로 수치 분석하기

| 정답 | ③

| 해설 | 20X9년 전체 등록 수 대비 제주의 등록 수의 비율은 $\frac{7,244}{13,680}\times100≒53$(%)로, 50%보다 높다.

| 오답풀이 |

① 경기와 대구의 전기차 등록 수의 합은 1,162+1,125 =2,287(대)로 서울의 전기차 등록 수인 2,327대보다 적다.

② 대구의 등록 수는 1,125대로 부산의 등록 수인 478대의 $\frac{1,125}{478}≒2.4$(배)이다.

④ 전체 등록 수 대비 대구, 경남, 부산의 등록 수의 비율은 $\frac{1,125+743+478}{13,680}\times100≒17$(%)이다.

⑤ 등록 수가 1,000대보다 적은 지역은 경남, 전남, 부산으로 평균 등록 수는 $\frac{743+601+478}{3}≒607$(대)이다.

## 20 도형의 개수 크고 작은 사각형의 개수 구하기

| 정답 | ④

| 해설 | 조각 1개로 만들어진 사각형 : 5개

조각 2개로 만들어진 사각형 : 4개

조각 3개로 만들어진 사각형 : 2개

따라서 사각형은 총 11개이다.

## 21 도형의 개수 크고 작은 삼각형의 개수 구하기

| 정답 | ⑤

| 해설 | 조각 1개로 만들어진 삼각형 : 3개

조각 3개로 만들어진 삼각형 : 2개

조각 4개로 만들어진 삼각형 : 1개

따라서 그림에 있는 삼각형은 6개이다.

## 22 단면도 절단면 찾기

| 정답 | ③

| 해설 | 입체도형의 형태에 유의하면서 자르는 방향에 따라 나타나는 단면의 모양을 생각한다.

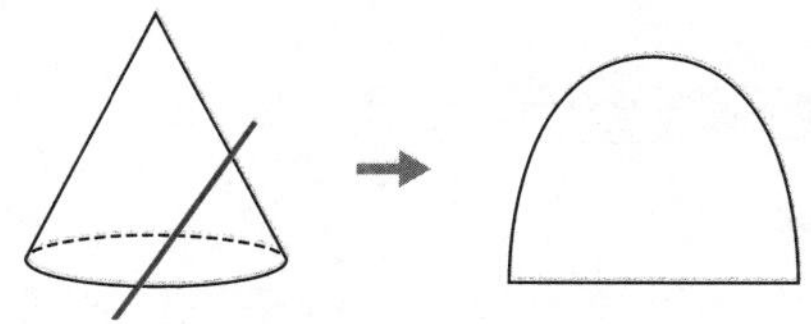

## 23 단면도 절단면 찾기

| 정답 | ②

| 해설 | 입체도형의 형태에 유의하면서 자르는 방향에 따라 나타나는 단면의 모양을 생각한다.

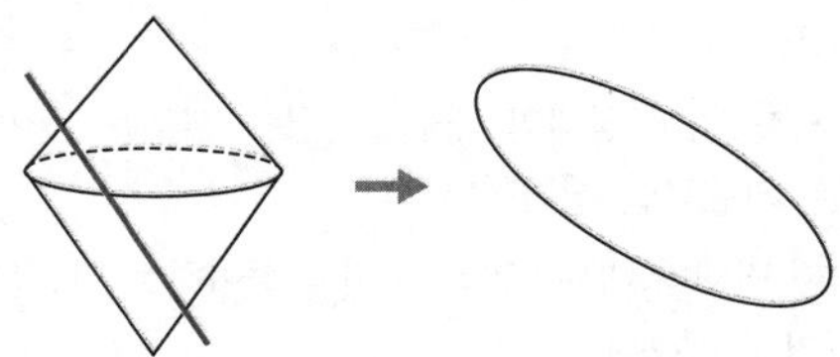

## 24 전개도 모양이 다른 전개도 찾기

| 정답 | ④

| 해설 | 다음과 같이 바뀌어야 한다.

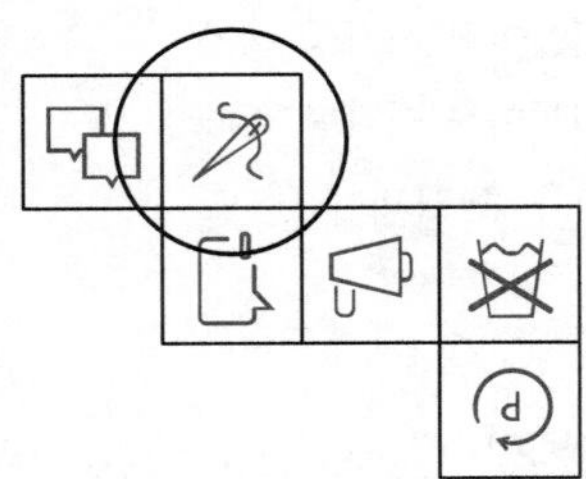

## 25 종이접기 펼친 그림 찾기

| 정답 | ②

| 해설 | 접은 종이를 역순으로 펼치면서 구멍을 확인한다. 이때 펼칠 때마다 접혔던 부분을 점선으로 표시하면 구멍의 위치를 확인하기 쉽다.

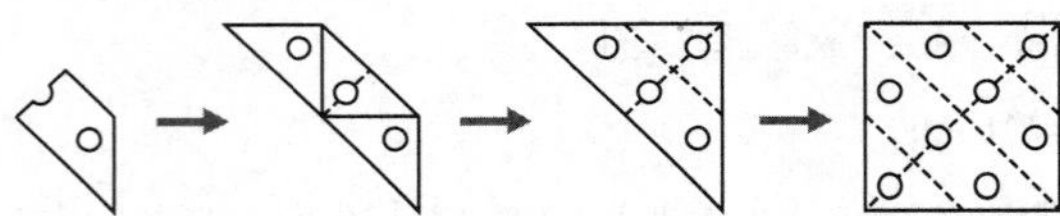

## 26 종이접기 펼친 그림 찾기

| 정답 | ③

| 해설 | 접은 종이를 역순으로 다시 펼치면 다음과 같다.

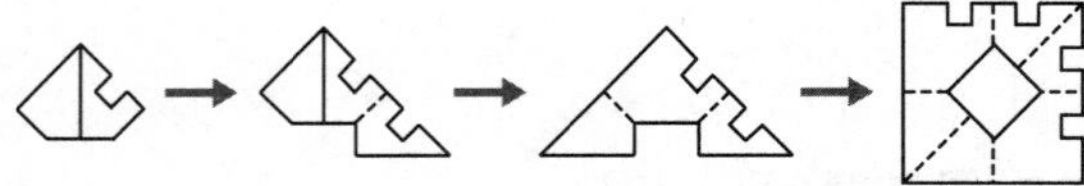

## 27 명제추리 삼단논법으로 명제 추리하기

| 정답 | ③

| 해설 | • 첫 번째 명제의 대우 : 사람을 사귀는 것이 쉬운 사람은 외향적인 성격이다.

• 두 번째 명제의 대우 : 말하는 것을 좋아하는 사람은 외국어를 쉽게 배운다.

따라서 '외향적인 성격은 외국어를 쉽게 배운다'가 성립하기 위해서 '외향적인 성격은 말하는 것을 좋아한다'라는 명제가 필요하다.

## 28 명제추리 주어진 조건으로 추론하기

| 정답 | ⑤

| 해설 | ㄱ. [정보 1]이 참이라면 회사 A에 투표를 한 투자자의 수는 3명이므로 과반수 이상이 회사 B에 투표할 수 없다. 따라서 [정보 2]는 거짓이 된다.

ㄴ. [정보 2]가 참이라면 회사 B에 투표한 투자자는 적어도 3명 이상이 되며, 회사 A에 투표한 투자자는 최대 2명이 된다. 이때 어떠한 경우에도 회사 A의 득표수는 회사 B와 회사 C의 득표수의 합을 넘을 수 없다. 따라서 [정보 2]가 참이라면 [정보 3]은 거짓이 된다.

ㄷ. [정보 3]이 참이라면 회사 B와 회사 C에 투표한 투자자들의 합은 최대 2명이 된다. [정보 2]는 회사 B에 투표한 투자자의 수는 최소 3명이라는 의미이므로, [정보 3]이 참이라면 [정보 2]는 거짓이 된다.

ㄹ. [정보 3]이 참이라면 회사 B와 회사 C에 투표한 투자자들의 합은 최대 2명이 된다. 즉 적어도 3명 이상의 투자자들은 회사 A에 투표했음을 알 수 있는데, [정보 1]은 회사 A에 투표한 투자자의 수는 3명이라고 단정짓고 있다. 따라서 [정보 3]이 참이라도 [정보 1]이 항상 참이 되지는 않는다.

따라서 옳지 않은 것은 ㄱ, ㄴ, ㄷ, ㄹ이다.

## 29 논리게임 조건을 바탕으로 추론하기

| 정답 | ③

| 해설 | 월요일부터 금요일까지 갑과 을은 한 명씩 번갈아서 근무한다. 일요일은 정과 무가 근무하므로 2명이 근무한다. 마지막 조건에 따라 정은 평일 3일을 근무하므로 평일 1일을 근무하는 무와는 같이 근무를 설 수 없고 평일 4일을 근무하는 병과 함께 근무를 서게 된다. 월요일에는 무가 근무를 서고, 화요일에는 병이 쉬므로 정은 수, 목, 금요일에 근무를 선다. 이를 정리하면 아래의 표와 같다.

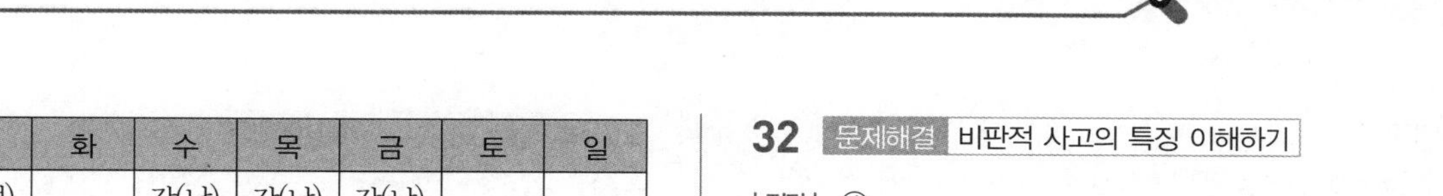

| 월 | 화 | 수 | 목 | 금 | 토 | 일 |
|---|---|---|---|---|---|---|
| 병(여)<br>무(여)<br>갑(남)<br>or<br>을(남) | 갑(남)<br>or<br>을(남) | 갑(남)<br>or<br>을(남)<br>병(여)<br>정(여) | 갑(남)<br>or<br>을(남)<br>병(여)<br>정(여) | 갑(남)<br>or<br>을(남)<br>병(여)<br>정(여) | 휴무 | 정(여)<br>무(여) |

즉, 한 명만 근무를 서는 화요일이 가장 적은 부서원이 근무하는 날이다.

## 30 오류 논리적 오류 파악하기

| 정답 | ④

| 해설 | 원인을 잘못 판단한 것으로, 두 사건이 동시에 발생했을 때 반드시 하나의 사건이 다른 사건의 원인이라고 잘못 추론한 오류를 범하고 있다.

| 오답풀이 |

① 성급한 일반화의 오류에 해당한다.

② 원칙을 혼동한 것으로, 일부 경우에만 성립하는 원칙을 유사하지 않은 경우에까지 적용하는 오류이다.

③ 흑백 논리의 오류를 범한 경우로, 두 경우가 반대관계임에도 불구하고 하나가 아닐 경우 반드시 다른 하나라고 생각하는 오류이다.

⑤ 정황적 논증의 오류를 범한 경우로, 상대방이 처한 상황이나 그도 자신과 마찬가지의 상황이므로 자신의 행위를 정당화하는 오류이다.

## 31 문제해결 문제의 유형 파악하기

| 정답 | ①

| 해설 | 개인정보가 유출되었다는 것은 정상적인 업무 진행 과정을 이탈하여 그 원인을 찾아야 한다는 점에서 발생형 문제로 볼 수 있다. 또한 개인정보 유출에 따른 2차 피해가 우려되는 것은 당장 2차 피해가 발생하지 않아 현 상황에서 문제는 없으나 예측하여 볼 때 앞으로 일어날 수 있는 문제이므로 예측 문제(탐색형 문제)로 분류할 수 있다.

## 32 문제해결 비판적 사고의 특징 이해하기

| 정답 | ④

| 해설 | 엄 대리가 남들이 문제없다고 넘어가는 업무에 대해서도 문제의식을 가지고 있었음을 보여주는 사례이다. 이것은 비판적 사고를 하는 엄 대리의 단적인 면모를 보여준다. ④는 오히려 비판적 사고를 키우기 어려운 태도이므로 엄 대리의 사고방식에 대한 설명이 아니다. 비판적 사고력은 내가 틀릴 수 있으며 내가 거절한 아이디어가 옳을 수 있다는 것을 기꺼이 받아들이는 태도가 필요하다.

## 33 문제해결 마인드 맵 이해하기

| 정답 | ⑤

| 해설 | 마인드 맵(Mind Map)은 필요한 단어만 기록함으로써 시간을 절약할 수 있다. 두뇌는 단조롭고 지루한 직선적 노트보다는 여러 가지 색상과 다차원적인 입체로 구성된 시각적 자극을 더 쉽게 받아들이고 기억하기 때문에 전체 내용을 오랫동안 기억할 수 있는 장점이 있다. 하지만 핵심어와 이미지 중심이기 때문에 부분과 부분간의 관계를 논리적으로 연결할 수 없다는 단점이 있다. 따라서 "논리적인 순서나 세부정리가 가능하다."는 ⑤는 틀린 설명이다.

## 34 문제해결 3C 분석 이해하기

| 정답 | ④

| 해설 | ㉣에서 SWOT 분석은 '나'와 '자사'를 기준으로 대내외적인 환경을 분석하는 방법이므로 3C 분석의 경쟁자를 대상으로 하지 않는다.

## 35 문제해결 SWOT 분석 활용하기

| 정답 | ③

| 해설 | 아내가 농촌 생활에 적응하지 못한 것은 A 씨가 가진 내부의 요인이므로 약점(W)에 해당한다고 볼 수 있다.

| 오답풀이 |

① 자금력은 A 씨의 내부 요인이므로 강점(S)에 해당한다.

② 지인들의 도움은 A 씨에게만 해당되는 내부 요인이므로 강점(S)에 해당한다.

④ 정부의 지원 등은 A 씨 뿐 아니라 다른 사람들에게도 해당되는 외부 요인이므로 기회 요인(O)에 해당한다.

⑤ 기후변화는 다른 사람에게도 공통적으로 해당되는 외부 요인이므로 위협 요인(T)에 해당한다.

## 36 문제해결 창의적 사고 발상법 이해하기

| 정답 | ③

| 해설 | 주어진 두 사례는 서로 다른 성질이나 관련 없는 두 요소를 비교하여 새로운 아이디어를 발상하거나 잘 알고 있는 것을 새롭게 보는 방법인 시네틱스 연상법의 대표적 사례이다.

## 37 과학상식 온도의 단위 알기

| 정답 | ③

| 해설 | ㉠ 전 세계에서 가장 많이 쓰이는 단위로, 물의 끓는점과 어는점 사이를 100등분한 것은 섭씨온도이며 단위 기호는 ℃이다. 셀시우스가 창시한 온도 척도에 기원하므로 셀시우스 온도라고도 한다.

㉡ 물질의 특이성에 의존하지 않는 절대적인 온도인 절대온도에 대한 설명으로 단위 기호는 K이다. 켈빈이 도입하였으며, 켈빈온도 또는 열역학적 온도라고도 한다.

## 38 과학상식 플라스마 이해하기

| 정답 | ①

| 해설 | 플라즈마는 기체 중에 이온과 전자가 도일하게 고밀도로 공유하는 상태로서 이온화 된 상태의 기체라고 할 수 있다. 기체에 열을 충분히 가하면 원자들 간의 충돌로 인해 많은 수의 전자들이 원자책의 구속에서 벗어나게 된다. 이 상태를 플라스마라고 한다.

## 39 사회상식 가스라이팅 이해하기

| 정답 | ④

| 해설 | 가스라이팅(Gas-lighting)은 거부, 반박, 전환, 경시, 망각, 부인 등 타인의 심리나 상황을 교묘하게 조작해 그 사람이 현실감과 판단력을 잃게 만들고, 이로써 타인에 대한 통제능력을 행사하는 것을 말한다.

| 오답풀이 |

① 아포페니아(Apophenia) : 서로 무관한 현상들 사이에 의미, 규칙, 연관성을 찾아내서 믿는 현상을 가리키는 말이다.

② 보이지 않는 고릴라(Invisible Gorilla) : 한 사안에 몰두하다가 명백하게 존재하는 다른 사안을 놓쳐 버리는 현상을 이르는 용어이다.

③ 티핑 포인트(Tipping point) : 어떠한 현상이 서서히 진행되다가 작은 요인으로 인해 한순간 폭발하는 것을 말한다.

⑤ 팜 파탈(femme fatale) : 프랑스어로 '치명적인 여인'을 뜻하는데, 남자 주인공이 범죄 혹은 음모로 인해 타락하거나 파멸하는 1940년대 필름 누아르 장르의 특성을 설명하기 위해 사용된다.

## 40 사회상식 융합기술 이해하기

| 정답 | ③

| 해설 | 시스템생물학은 생물체의 구성요소 하나하나에 대한 연구인 생물학에 전체론적 관점의 접근방식을 가미한 것으로 유기적인 시스템을 활용한 분야이다. 따라서 기존의 생명공학에 시스템과학을 접목하여야 하며 이를 위해서는 기본적으로 IT 기술에 기반한 정보과학이 뒷받침되어야 한다고 볼 수 있다.

## 41 사회상식 리더의 역할 파악하기

| 정답 | ①

| 해설 | 아이젠하워 대통령은 '리더십은 성실하고 고결한 성품 그 자체를 일컫는다. 리더십은 잘못된 모든 것에 대한 책임은 자신이 지고, 잘된 것에 대한 모든 공로는 부하에게 돌릴 줄 아는 것'이라고 말했다.

## 42 수열 수의 규칙 찾기

| 정답 | ③

| 해설 | $2 \xrightarrow[+2^2]{} 6 \xrightarrow[+2^3]{} 14 \xrightarrow[+2^4]{} 30 \xrightarrow[+2^5]{} 62 \xrightarrow[+2^6]{} (\quad)$

따라서 빈칸에 들어갈 숫자는 $62+2^6=126$이다.

## 43 수열 문자의 규칙 찾기

| 정답 | ③

| 해설 | 일반 자음 순서를 이용하여 푼다.

ㅁ → ㅇ → ㅊ → ㅍ → ㄱ → ( )

$5 \xrightarrow[+3]{} 8 \xrightarrow[+2]{} 10 \xrightarrow[+3]{} 13 \xrightarrow[+2]{} 1(=15,\ 29,\ \cdots) \xrightarrow[+3]{} (\quad)$

따라서 빈칸에 들어갈 자음은 4(=18, 32, …)에 해당하는 ㄹ이다.

## 44 알고리즘 변환규칙 적용하기

| 정답 | ②

| 해설 | 오른쪽 그림으로 바뀌기 위해서는 1, 2열과 3, 4행이 바뀌어야 한다. 이를 실행하는 버튼은 B 버튼이다.

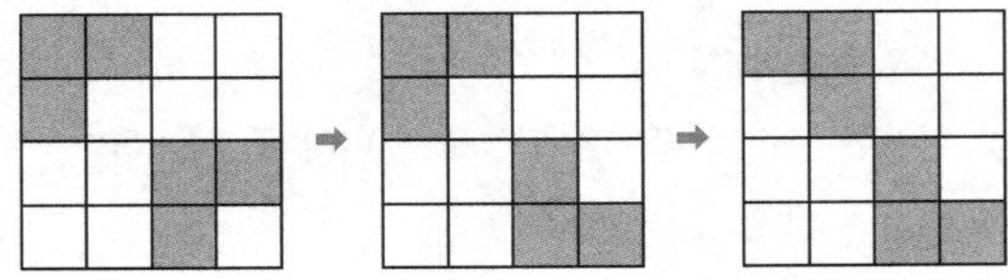

## 45 알고리즘 변환규칙 적용하기

| 정답 | ③

| 해설 | 처음 그림을 결과 그림으로 바뀐 것을 확인하기 위해서는 선택지의 순서를 대입해 보아야 한다. 먼저 ①을 적용해 보면 다음과 같다.

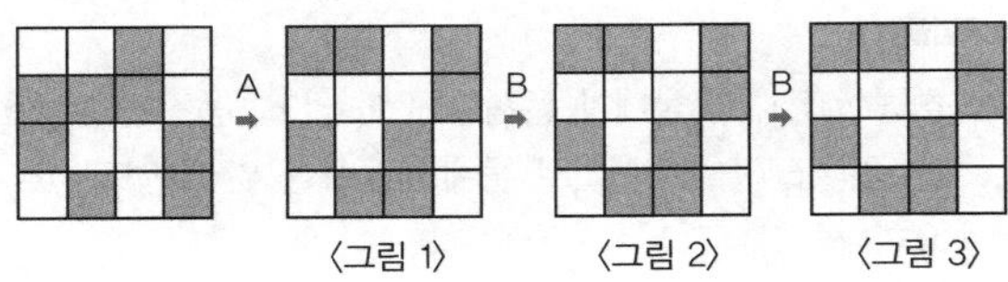

〈그림 1〉 〈그림 2〉 〈그림 3〉

최종 그림이 다르므로 ①과 유사한 순서인 ③을 알아보면, 〈그림 2〉에서 D 버튼을 눌러야 한다. 그렇게 되면 〈그림 4〉의 결과가 나타난다. 주어진 결과와 같으므로 ③이 답이 된다.

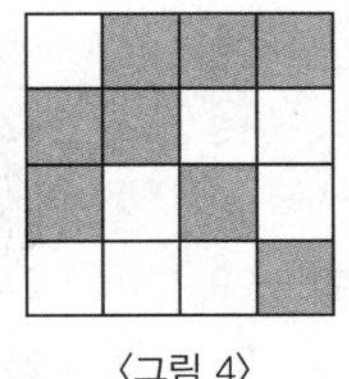
〈그림 4〉

| 오답풀이 |

②

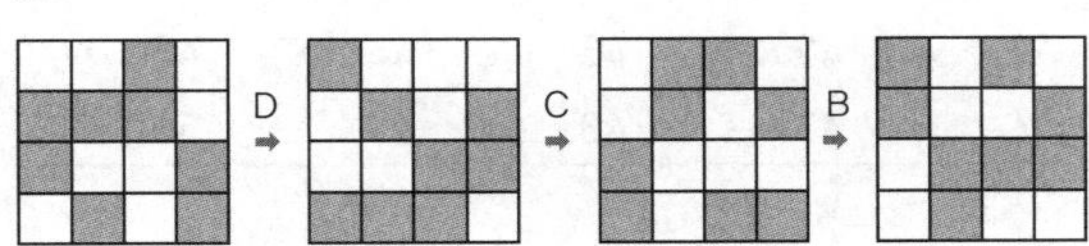


④

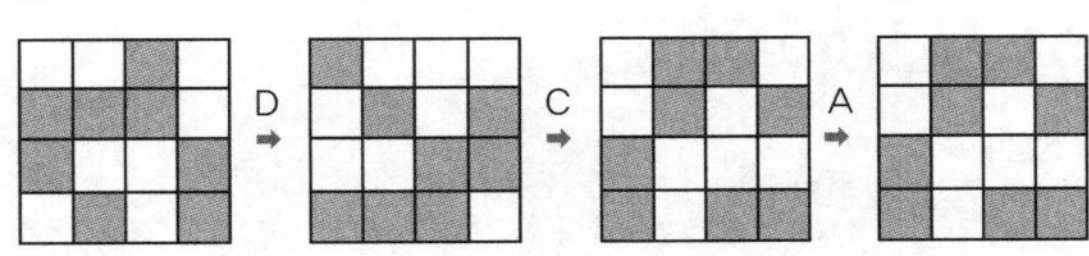


⑤

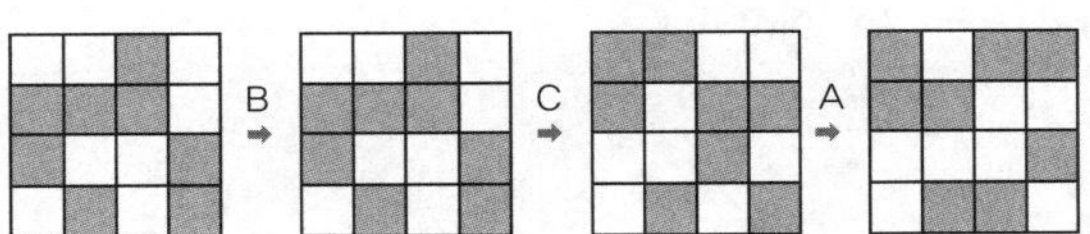

## 2회 실전모의고사

| | | | | | | | | | 문제 350쪽 |
|---|---|---|---|---|---|---|---|---|---|
| 01 | ③ | 02 | ③ | 03 | ① | 04 | ④ | 05 | ① |
| 06 | ③ | 07 | ③ | 08 | ⑤ | 09 | ④ | 10 | ③ |
| 11 | ④ | 12 | ① | 13 | ④ | 14 | ④ | 15 | ③ |
| 16 | ③ | 17 | ② | 18 | ② | 19 | ③ | 20 | ③ |
| 21 | ③ | 22 | ② | 23 | ④ | 24 | ④ | 25 | ⑤ |
| 26 | ② | 27 | ① | 28 | ② | 29 | ① | 30 | ④ |
| 31 | ② | 32 | ② | 33 | ④ | 34 | ④ | 35 | ① |
| 36 | ③ | 37 | ③ | 38 | ⑤ | 39 | ④ | 40 | ④ |
| 41 | ④ | 42 | ③ | 43 | ② | 44 | ③ | 45 | ① |
| 46 | ④ | 47 | ① | 48 | ③ | 49 | ③ | 50 | ④ |

### 01 어법 틀린 문장 찾기

| 정답 | ③

| 해설 | 붙여 → 부쳐 : '붙이다'는 '달라붙어 떨어지지 않게 하다, 근접시키다'의 의미이며 '부치다'는 '힘, 실력이 미치지 못하다'의 의미이다.

### 02 단어관계 단어 관계 유추하기

| 정답 | ③

| 해설 | 대법원장은 사법부의 수장이다. 따라서 관계가 같아지기 위해서는 행정부의 수반인 '대통령'이 들어가야 한다.

### 03 유의어 유의어 파악하기

| 정답 | ①

| 해설 | '국한(局限)'은 '범위를 일정한 부분에 한정함'을 의미한다.

| 오답풀이 |

② 제어(制御) : 감정, 충동, 생각 등을 막거나 누름.

③ 규정(規定) : 규칙으로 정함.

④ 개입(介入) : 자신과 직접적인 관계가 없는 일에 끼어듦.

⑤ 무산(霧散) : 안개가 걷히듯 흩어져 없어짐.

### 04 사자성어 내용에 맞는 사자성어 파악하기

| 정답 | ④

| 해설 | 발본색원(拔本塞源) : 좋지 않은 일의 근본 원인이 되는 요소를 완전히 없애 버려서 다시는 그러한 일이 생길 수 없도록 함.

| 오답풀이 |

① 박이부정(博而不精) : 널리 알지만 정밀하지는 못함.

② 부화뇌동(附和雷同) : 줏대 없이 남의 의견에 따라 움직임.

③ 도탄지고(塗炭之苦) : 진구렁에 빠지고 숯불에 타는 괴로움을 이르는 말

⑤ 갑론을박(甲論乙駁) : 여러 사람이 서로 자신의 주장을 내세우며 상대편의 주장을 반박함.

### 05 다의어 다의어 파악하기

| 정답 | ①

| 해설 | 제시된 문장과 ①의 '맞추다'는 '어떤 기준이나 정도에 어긋나지 아니하게 하다'의 의미로 쓰였다.

| 오답풀이 |

② 서로 떨어져 있는 부분을 제자리에 맞게 대어 붙이다.

③ 약속 시간 등을 넘기지 아니하다.

④ 다른 어떤 대상에 닿게 하다.

⑤ 일정한 규격의 물건을 만들도록 미리 주문을 하다.

### 06 추론 글을 바탕으로 추론하기

| 정답 | ③

| 해설 | 허공을 제외하면 비물질적인 것은 존재하지 않으며, 영혼은 아주 미세한 입자들로 구성되어 있기 때문에 몸의 나머지 구조들과 조화를 더 잘 이룰 수 있다고 하였다. 그러므로 영혼이 비물질적인 존재라고 추론하는 것은 적절하지 않다.

| 오답풀이 |

① 허공이 없다면 물체가 존재할 곳이 없고, 움직일 수 있는 공간도 없을 것이므로 물체의 운동을 위해 반드시 필요하다.

② 몸은 감각의 원인을 영혼에 제공한 후 자신도 감각 속성의 몫을 영혼으로부터 얻기 때문에 감각을 얻기 위해서는 영혼과 몸 모두가 필요하다.

④ 영혼이 담겨 있던 몸 전체가 분해되면 영혼의 입자들도 더 이상 이전과 같은 능력을 가지지 못하고 해체되며 감각 능력도 잃게 된다.

⑤ 육체의 일부가 소실되어 거기에 속했던 영혼이 해체되어도 나머지 영혼은 몸 안에 있으며, 영혼의 한 부분이 해체되더라도 나머지 영혼이 계속해서 존재하기만 한다면 여전히 감각을 유지할 것이다.

## 07 개요 · 보고서 보고서 수정하기

| 정답 | ③

| 해설 | <수도요금 산정>에 수요자 개인의 경제적 능력과 관련된 요금 부과체계에 대한 문제는 포함되어 있지 않다.

## 08 글의 구조 파악 기술 방식 파악하기

| 정답 | ⑤

| 해설 | 간접 또는 직접인용의 방식을 통하여 주장을 뒷받침한 부분은 찾아볼 수 없다.

| 오답풀이 |

① 인간의 긍정적 성품과 덕성에 깊은 관심을 보이는 긍정심리학자의 예로 러프를 소개하였다.

② 아리스토텔레스의 행복 개념에 대한 세 가지 측면, 심리적 안녕의 6가지 요소 등은 열거를 통한 보다 구체적이고 명확한 가치관을 설명하는 기술 방식이다.

③ 아리스토텔레스의 행복 개념, 러프, 매슬로우, 로저스 등을 언급한 것은 모두 유사한 생각을 가진 타인을 제시해 자신의 주장을 제시하는 방식으로 볼 수 있다.

④ 자기실현적 행복관에 따른 최선의 삶에 대한 의미를 서두에 밝히고, 이후 그에 대한 보충 설명과 학자들의 논리를 예시하며 주장에 대한 논거를 제시하였다.

## 09 개요 · 보고서 개요 수정하기

| 정답 | ④

| 해설 | 중소기업의 복지가 좋지 않다는 점(C), 취업난 속에서도 중소기업의 부족 인력이 20만 명을 상회한다는 점(B) 등을 통해 청년 실업 문제의 대책에 대해 정부가 할 일로 '중소기업 복지 향상을 위한 정부 지원'을 제안할 수 있다.

## 10 문장 · 문단 배열 글의 흐름에 맞게 문단 배열하기

| 정답 | ③

| 해설 | 이 글은 셰익스피어의 4대 비극 중 하나인 <맥베스>의 줄거리를 바탕으로 그 의미를 해석하고 있다. 따라서 브래들리를 인용하여 4대 비극 중 하나인 <맥베스>를 소개한 (라)가 가장 먼저 오고, <맥베스>의 처음 줄거리를 설명한 (나)가 다음에 오는 것이 적절하다. (나)는 맥베스가 마녀의 예언을 들었다는 내용이므로, '마녀들의 예언을 들은 후'라는 표현이 나오는 (가)가 다음으로 위치하게 된다. 또한, (가) 마지막 문장의 '결국 맥베스는 아내의 재촉으로 인해 칼을 들게 된다'는 문장과 (다) 첫 문장인 '덩컨 왕의 시해 이후'가 같은 의미이므로, (가) 바로 뒤에 (다)가 와야 한다. 따라서 (라)−(나)−(가)−(다)가 된다.

## 11 사칙연산 연산기호의 규칙 찾기

| 정답 | ④

| 해설 | 혼란을 막기 위해 ÷는 ㅁ로, −는 ㅇ로 바꾸어 생각한다.

(ㅁ, ㅇ) ⇨ (+, ×), (+, ÷), (−, +), (−, ×), (−, ÷), (×, +), (×, ÷)

㉠의 좌변 95가 우변의 69보다 크기 때문에 ㅁ는 +나 ×가 될 수 없다. 또한 ㉡의 좌변 37이 111보다 작기 때문에 ㅇ는 −나 ÷가 될 수 없다. 그러므로 7가지 경우 중 답이 될 수 있는 것은 (−, +)와 (−, ×)뿐이다.

이를 ㉠에 차례로 대입해 보면

㉠ $95-(2+13)=80\neq69$ ⇨ 성립하지 않음.

㉠ $95-(2\times13)=69$ ⇨ 성립함.

(−, ×)가 ㉡에서도 성립하는지 확인한다.

㉡ $37\times(7-4)=111$ ⇨ 성립함.

최종적으로 ㉢에 대입하여 답을 구한다.

∴ ㉢ $(22-3)\times3=57$

## 12 나이 현재 나이 계산하기

|정답| ①

|해설| 10년 전 3형제의 나이를 각각 $A$, $B$, $C$세라 하면, 처음 받은 상금 1억 4천만 원을 나이에 비례하게 나누어 첫째가 6천만 원을 받았다.

$$\frac{6,000}{14,000}=\frac{A}{A+B+C}\cdots㉠$$

10년 후 받은 상금 1억 4천만 원 역시 나이에 비례하게 나누어 첫째가 5천6백만 원을 받았다.

$$\frac{5,800}{14,000}=\frac{A+10}{(A+10)+(B+10)+(C+10)}\cdots㉡$$

㉠을 정리하면 $\frac{6,000}{14,000}=\frac{3}{7}=\frac{A}{A+B+C}$

$$A+B+C=\frac{7}{3}A\cdots㉠'$$

㉡을 정리하면 $\frac{5,600}{14,000}=\frac{2}{5}=\frac{A+10}{A+B+C+30}\cdots㉡'$

㉡'에 ㉠'을 대입하면 다음과 같다.

$$\frac{2}{5}\left(\frac{7}{3}A+30\right)=A+10$$

$$\frac{14}{15}A+12=A+10$$

$$\frac{1}{15}A=2$$

$$\therefore A=30(세)$$

따라서 10년이 지난 현재 첫째의 나이는 40세이다.

## 13 금액 원가 구하기

|정답| ④

|해설| '판매가−원가=이익'의 식을 만든다. 구하고자 하는 원가를 $x$원이라 할 때 원가의 40%를 이익으로 얻을 수 있도록 가격을 책정하였으므로 정가는 $(1+0.4)x$이다. 판매가는 20% 할인하였으므로 $1.4x\times0.8$원이다.

$(1.4x\times0.8)-x=90$, $1.12x-x=90$

$0.12x=90$

$\therefore x=90\div0.12=750$(원)

## 14 기타 벤다이어그램 활용하기

|정답| ④

|해설| 모두 불합격인 사람 수를 $x$명이라 두고, 벤 다이어그램으로 조건을 정리하면 다음과 같다.

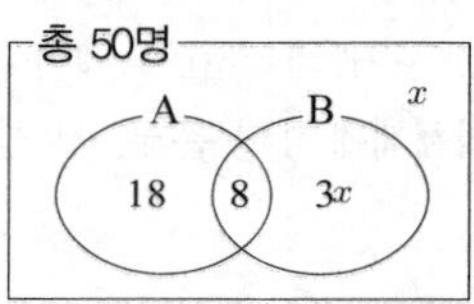


$18+8+3x+x=50$

$4x=50-18-8$

$4x=24$

$\therefore x=6$(명)

## 15 도형계산 도형의 면적 구하기

|정답| ③

|해설|

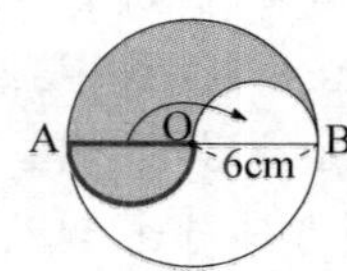


OA를 지름으로 하는 반원의 넓이와 OB를 지름으로 하는 반원의 넓이가 같으므로 색칠된 부분의 전체 넓이는 6cm를 반지름으로 하는 반원의 넓이와 같다.

$$\therefore \frac{1}{2}\times36\pi=18\pi(\text{cm}^2)$$

## 16 도형계산 원뿔의 모선의 길이 구하기

| 정답 | ③

| 해설 | 부채꼴의 호의 길이($l$)는 원의 둘레 길이와 같으므로 다음과 같은 식이 성립한다.

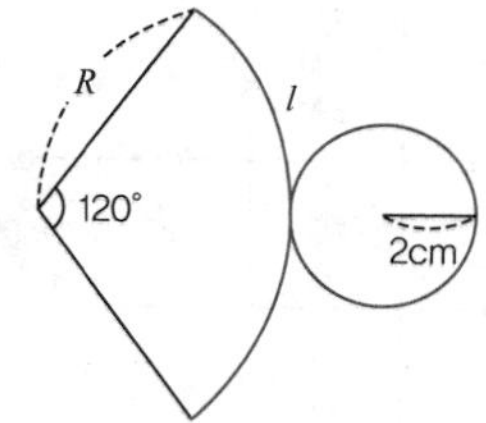


$$l = 2\pi R \times \frac{\theta}{360} = 2\pi r$$

$$2\pi R \times \frac{120}{360} = 2\pi \times 2$$

$$\frac{2\pi R}{3} = 4\pi$$

$$\therefore\ R = 6(\text{cm})$$

## 17 자료이해 자료의 수치 분석하기

| 정답 | ②

| 해설 | 출발지와 도착지의 물동량 합계를 구하면 다음 표와 같다.

(단위 : 천 톤)

| 도착지 / 출발지 | 태국 | 필리핀 | 인도 | 인도네시아 | 합계 |
|---|---|---|---|---|---|
| 태국 | 0 | 25 | 33 | 30 | 88 |
| 필리핀 | 12 | 0 | 9 | 22 | 43 |
| 인도 | 23 | 15 | 0 | 10 | 48 |
| 인도네시아 | 16 | 24 | 6 | 0 | 46 |
| 합계 | 51 | 64 | 48 | 62 | 225 |

따라서 인도네시아에서 출발하는 물량이 국가별로 절반으로 감소하게 되면 현재의 도착지 국가별 물동량 순위인 '필리핀 – 인도네시아 – 태국 – 인도'는 '인도네시아(62) – 필리핀(52) – 인도(45) – 태국(43)'의 순으로 바뀌게 된다.

| 오답풀이 |

① 출발지에서의 국가별 이동 물량의 순위는 태국(88) – 인도(48) – 인도네시아(46) – 필리핀(43)의 순이다.

③ 인도는 출발 물량과 도착 물량이 모두 48천 톤으로 동일하다.

④ 태국이 가장 많으나 $\frac{88}{225} \times 100 \fallingdotseq 39.1(\%)$이므로 40%를 넘지 않는다.

⑤ 필리핀으로 도착하는 K 제품은 64천 톤이다. 64천 톤의 75%는 48천 톤이고 이 양은 인도로 도착하는 K 제품의 양과 같다.

## 18 자료이해 자료의 수치 분석하기

| 정답 | ②

| 해설 | 이메일 스팸 수신량이 전년 동기 대비 가장 크게 감소한 시기는 20X6년 상반기(전년 동기 대비 0.4통 감소)로 약 43% 감소하였다$\left(\frac{0.52-0.92}{0.92} \times 100 \fallingdotseq -43(\%)\right)$.

| 오답풀이 |

① 휴대전화 스팸 수신량이 전년 동기 대비 가장 크게 감소한 시기는 20X8년 상반기(전년 동기 대비 0.08통 감소)로 약 47% 감소하였다$\left(\frac{0.09-0.17}{0.17} \times 100 \fallingdotseq -47(\%)\right)$.

③ 20X5년 하반기 휴대전화 스팸 수신량은 0.18통으로 20X8년 상반기 휴대전화 스팸 수신량인 0.09통의 두 배이다.

④ 20X7년 상반기 1일 스팸 이메일 수신량은 0.51통이다. 상반기인 1 ~ 6월은 약 180일이므로 6개월간 90통 이상의 스팸 이메일을 받았다고 추론할 수 있다.

⑤ 20X8년 상반기 이메일 스팸 수신량은 20X7년 하반기 대비 약 12.8% 감소하였다

$\left(\frac{0.41-0.47}{0.47} \times 100 \fallingdotseq -12.8(\%)\right)$.

## 19 자료계산 자료를 바탕으로 수치 계산하기

| 정답 | ③

| 해설 | • 20X3년 인터넷의 전체 화장품 유통채널 판매액 점유율 : $\frac{85}{4,649} \times 100 = 1.82 \cdots \fallingdotseq 1.8(\%)$

• 20X9년 인터넷의 전체 화장품 유통채널 판매액 점유율

: $\frac{180}{7,353} \times 100 = 2.44 \cdots ≒ 2.4(\%)$

$\therefore \frac{2.4}{1.8} ≒ 1.3$(배)

## 20 자료변환 자료를 그래프로 변환하기

| 정답 | ③

| 해설 | ① 20X6년에 통근시간이 30분 미만인 인구는 515천 명이다.

② 20X8년에 통근시간이 60분 이상인 인구는 241천 명이다.

④ 전년 대비 평균 통근시간은
20X6년에는 32.1－29.6＝2.5(분),
20X7년에는 31.1－32.1＝－1.0(분),
20X8년에는 33.7－31.1＝2.6(분)만큼 변화하였다.

⑤ 20X7년에 통근시간이 30분 이상 60분 미만인 인구는 488천 명이다.

## 21 형태 지각 일치하는 도형 찾기

| 정답 | ③

| 해설 | 선택지의 ③과 제시된 도형이 일치한다.

## 22 형태 지각 일치하는 도형 찾기

| 정답 | ②

| 해설 | 선택지의 ②과 제시된 도형이 일치한다.

## 23

| 정답 | ④

| 해설 | 조각 2개로 만들어진 사각형 : 4개

조각 4개로 만들어진 사각형 : 5개

조각 8개로 만들어진 사각형 : 1개

따라서 사각형은 총 10개이다.

## 24 전개도 전개도 완성하기

| 정답 | ④

| 해설 | 전개도를 접었을 때 서로 만나게 되는 모서리를 표시하면 다음과 같다.

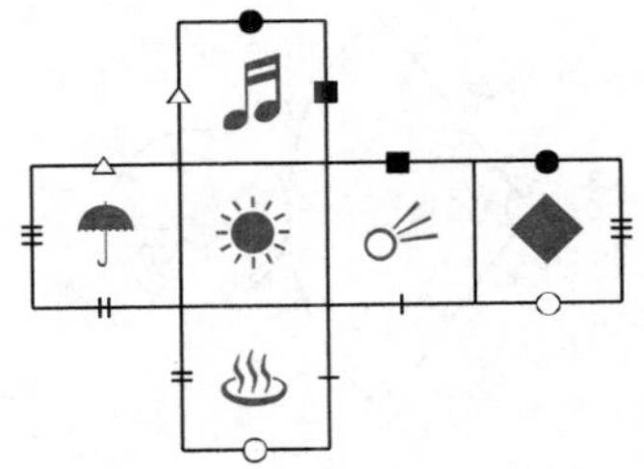

따라서 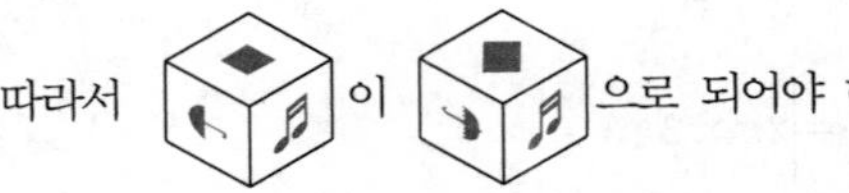 이 으로 되어야 하므로 ④는 윗면과 왼쪽 면의 방향이 잘못되었다.

## 25 투상도 일치하는 입체도형 찾기

| 정답 | ⑤

| 해설 | 일치하는 것은 ⑤이며, 나머지는 ○ 표시된 부분이 잘못되었다.

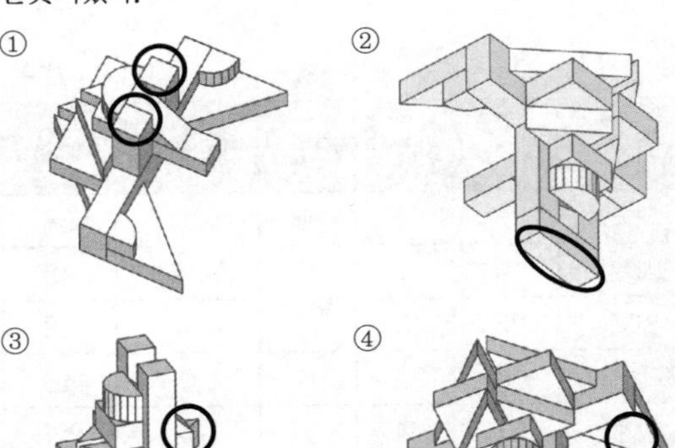

## 26 투상도 일치하는 입체도형 찾기

| 정답 | ②

| 해설 | 일치하는 것은 ②이며, 나머지는 ○ 표시된 부분이 잘못되었다.

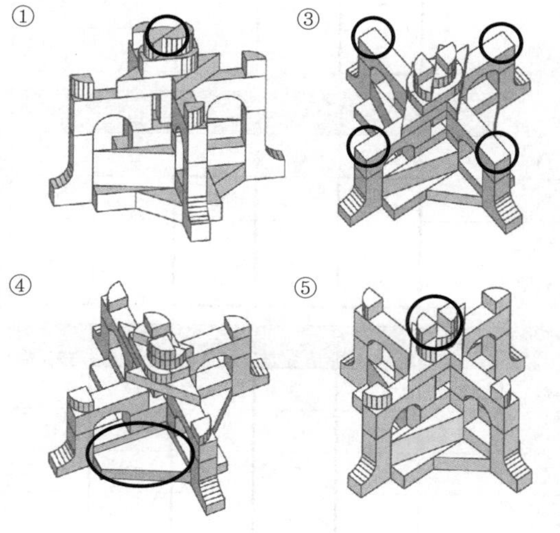


## 27 도형과 조각의 일치 나머지와 다른 입체도형 찾기

| 정답 | ①

| 해설 | ○ 표시된 부분이 나머지와 다르다.

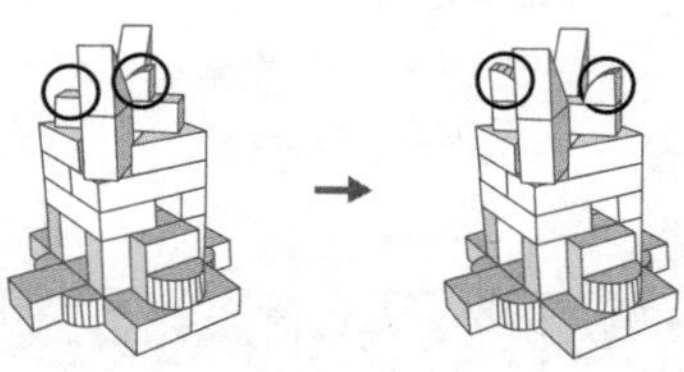

## 28 도형과 조각의 일치 나머지와 다른 입체도형 찾기

| 정답 | ②

| 해설 | ○ 표시된 부분이 나머지와 다르다.

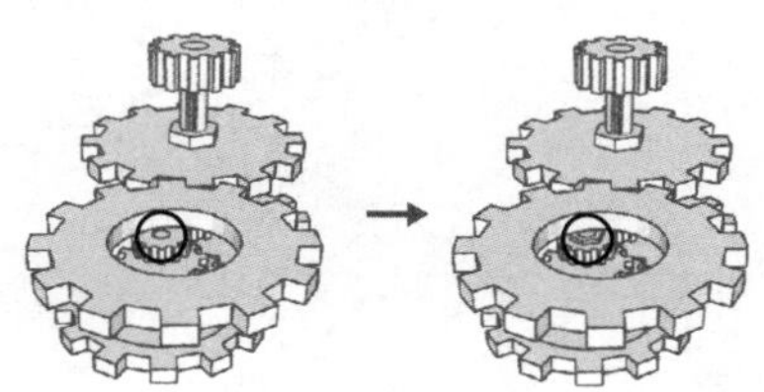

## 29 블록 블록 결합하기

| 정답 | ①

| 해설 | 조합한 A, B, C는 다음과 같다.

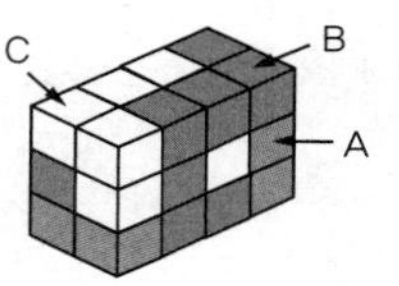


## 30 블록 블록 결합하기

| 정답 | ④

| 해설 | 조합한 A, B, C는 다음과 같다.

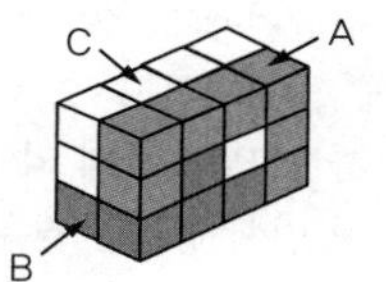


## 31 명제추리 삼단논법 적용하기

| 정답 | ②

| 해설 | 'A→B, B→C면 A→C이다'의 삼단논법에 따라 전제 2를 추론해 볼 수 있다. '심성이 온순함 : p', '인간관계가 원만함 : q', '우울증에 걸림 : r'이라고 하면 전제 1은 'p→q'이고, 결론은 'r→~p'이다. 결론이 참이면 결론의 대우도 참이므로 'p→~r'가 성립한다. 따라서 빈칸에 들어갈 전제 2는 'q→~r'이며, 그 대우인 ②가 답이 된다.

## 32 명제추리 결론 도출하기

| 정답 | ②

| 해설 | ②는 [사실 3]의 대우 명제이므로 참이다.

| 오답풀이 |

① [사실 1]에 의해 A 스위치가 켜져 있으면 C 스위치도 켜져 있으나 C 스위치가 켜져 있으면 A 스위치도 켜져 있는지는 알 수 없다.

③ [사실 1]의 대우 명제에 의해 B 스위치가 꺼져 있으면 A 스위치도 꺼져 있으나 A 스위치가 꺼져 있으면 B 스위치도 꺼져 있는지는 알 수 없다.

④ 위의 사실만으로는 알 수 없다.

⑤ [사실 2]의 역에 해당하므로 옳고 그른지 알 수 없다.

## 33 논리게임 자리 배치하기

| 정답 | ④

| 해설 | A가 뒤에서 2번째 즉, 앞에서 다섯 번째에 서 있으므로 앞뒤로 서 있는 C · D는 첫 번째+두 번째, 두 번째+세 번째, 세 번째+네 번째에 서야 한다. 그런데 C · D가 두 번째+세 번째에 서게 되면 B · E는 네 번째+여섯 번째 자리를 차지하고 F가 맨 앞에 오게 되므로 성립할 수 없고, C · D가 세 번째+네 번째에 서는 경우에는 B · E가 한 사람을 사이에 두고 설 수 없으므로 성립할 수 없다. 그러므로 C · D가 첫 번째+두 번째일 때 다음과 같이 4가지 경우의 수가 발생한다.

앞 → 뒤

| C | D | F | B | A | E |
|---|---|---|---|---|---|
| C | D | F | E | A | B |
| D | C | F | B | A | E |
| D | C | F | E | A | B |

따라서 C가 맨 앞에 오면 맨 뒤는 B일 수도, E일 수도 있으므로 ④는 옳지 않은 진술이다.

## 34 논리게임 조건 추리하기

| 정답 | ④

| 해설 | 먼저 조건 (나)와 (다)에 의해 A와 B 모두 격일로 3일 고용되어 있으므로 A와 B의 근무일은 월-수-금, 화-목-토로 추측할 수 있다. 다음으로 조건 (라)와 (마)에 의해 C와 D는 4일 연속으로 고용되어 있으므로 C와 D는 적어도 2일은 같은 날 근무하게 된다. 이를 토대로 경우의 수를 생각해 보면 다음과 같다.

1. A가 월-수-금, B가 화-목-토인 경우

| | 월 | 화 | 수 | 목 | 금 | 토 |
|---|---|---|---|---|---|---|
| A | ○ | | ○ | | ○ | |
| B | | ○ | | ○ | | ○ |
| C | | ○ | ○ | ○ | ○ | |
| D(1) | ○ | ○ | ○ | ○ | | |

| | 월 | 화 | 수 | 목 | 금 | 토 |
|---|---|---|---|---|---|---|
| A | ○ | | ○ | | ○ | |
| B | | ○ | | ○ | | ○ |
| C | | ○ | ○ | ○ | ○ | |
| D(2) | | ○ | ○ | ○ | ○ | |

| | 월 | 화 | 수 | 목 | 금 | 토 |
|---|---|---|---|---|---|---|
| A | ○ | | ○ | | ○ | |
| B | | ○ | | ○ | | ○ |
| C | | ○ | ○ | ○ | ○ | |
| D(3) | | | ○ | ○ | ○ | ○ |

C가 화요일부터 금요일까지 4일 고용되었다고 가정하면 D는 (1) ~ (3)의 3가지 경우로 고용된다. 이때 C와 D는 적어도 3일은 같은 날에 근무를 하게 되는데 (1) ~ (3) 모두 학생 조합이 같은 요일이 생겨 조건 (바)에 어긋난다. 즉, C와 D가 3일 이상 같이 근무하면 안 되므로

i) C가 월 ~ 목이면 D는 수 ~ 토

ii) C가 수 ~ 토이면 D는 월 ~ 목에 고용된다.

A ~ E의 근무일을 표로 정리하면

• i의 경우

| | 월 | 화 | 수 | 목 | 금 | 토 |
|---|---|---|---|---|---|---|
| A | ○ | | ○ | | ○ | |
| B | | ○ | | ○ | | ○ |
| C | ○ | ○ | ○ | ○ | | |
| D | | | ○ | ○ | ○ | ○ |
| E | ○ | ○ | | | ○ | ○ |

• ii의 경우

| | 월 | 화 | 수 | 목 | 금 | 토 |
|---|---|---|---|---|---|---|
| A | ○ | | ○ | | ○ | |
| B | | ○ | | ○ | | ○ |
| C | | | ○ | ○ | ○ | ○ |
| D | ○ | ○ | ○ | ○ | | |
| E | ○ | ○ | | | ○ | ○ |

2. A가 화－목－토, B가 월－수－금에 고용된 경우

• i의 경우

| | 월 | 화 | 수 | 목 | 금 | 토 |
|---|---|---|---|---|---|---|
| A | | ○ | | ○ | | ○ |
| B | ○ | | ○ | | ○ | |
| C | ○ | ○ | ○ | ○ | | |
| D | | | ○ | ○ | ○ | ○ |
| E | ○ | ○ | | | ○ | ○ |

• ii의 경우

| | 월 | 화 | 수 | 목 | 금 | 토 |
|---|---|---|---|---|---|---|
| A | | ○ | | ○ | | ○ |
| B | ○ | | ○ | | ○ | |
| C | | | ○ | ○ | ○ | ○ |
| D | ○ | ○ | ○ | ○ | | |
| E | ○ | ○ | | | ○ | ○ |

위와 같이 총 4가지 경우를 생각할 수 있으며, B, C, E 3명은 모두 같은 날에 고용된 적이 있음을 알 수 있다.

**| 오답풀이 |**

① C가 월요일에 고용되었다고 확정할 수 없다.

② D가 화요일에 고용되었다고 확정할 수 없다.

③ 모든 경우가 E를 수요일에 고용하지 않는다.

⑤ C, D, E 세 명이 같은 날 고용될 수는 없다.

## 35 사고력 어휘 관계 이해하기

**| 정답 |** ①

**| 해설 |** 예술가와 작품의 연결 관계이다. 반 고흐의 작품은 별이 빛나는 밤이고, 모차르트의 작품은 레퀴엠이다.

**| 오답풀이 |**

게르니카는 피카소, 소는 이중섭, 나와 마을은 샤갈, 교향곡 비창은 차이코프스키, 비창소나타는 베토벤, 메시아는 헨델, 백조의 노래는 슈베르트의 작품이다.

## 36 사고력 어휘 관계 이해하기

**| 정답 |** ③

**| 해설 |** '지속'은 어떤 상태나 상황이 오래 계속되는 것이고, '단절'은 흐름이 연속되지 않거나 어떤 유대관계 또는 교류를 끊는 것으로 반의 관계이다. '팽창'은 부피나 규모 · 범위가 커지는 것이고, '수축'은 부피나 규모 · 범위가 줄거나 오그라드는 것으로 반의 관계라 할 수 있다.

**| 오답풀이 |**

① '증가'의 반의어는 '감소'이다.

## 37 오류 논리적 오류 파악하기

**| 정답 |** ③

**| 해설 |** 삼단논법에 해당되어 'p는 q이다. r은 p이다. 따라서 r은 q이다.'가 성립한다.

**| 오답풀이 |**

①, ⑤ 선언지 긍정의 오류에 해당한다.

② 후건 긍정의 오류에 해당한다.

④ 전건 부정의 오류에 해당한다.

## 38 논리게임 자리 배치하기

**| 정답 |** ⑤

**| 해설 |** 2번째 조건에서 A 옆에 C가 앉아 있다고 했으므로 A가 C의 왼쪽에 앉는 경우와 오른쪽에 앉는 경우로 나눠 생각할 수 있다.

A가 C의 왼쪽에 앉을 경우, 3번째 조건에 의해 E는 A의 왼쪽에 앉게 되고, 4번째 조건에 의해 D는 C의 오른쪽, B는 D의 오른쪽에 앉게 된다.

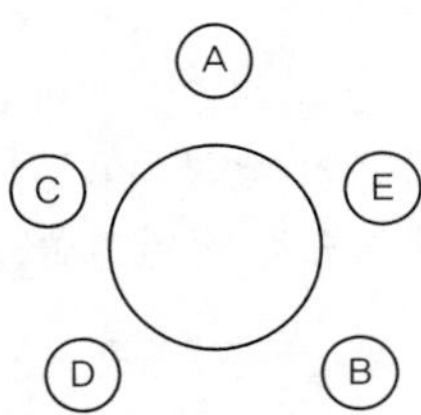


A가 C의 오른쪽에 앉을 경우, 3번째 조건에 의해 E는 다음의 위치에 앉게 된다.

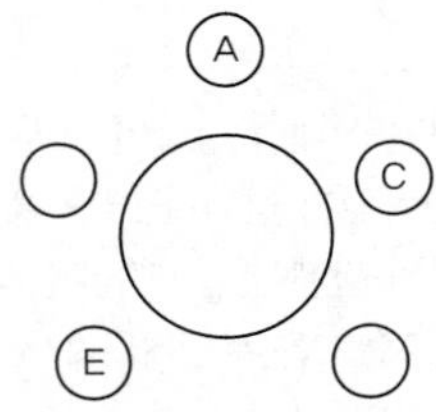


하지만 4번째 조건에서 D 바로 오른편에는 B가 앉아 있다고 했으므로 이와 같은 배치는 적절하지 않다.

따라서 모든 조건을 고려했을 때 A부터 시작하여 시계 방향 순으로 앉은 사람을 나열하면 A, E, B, D, C이다.

## 39 사고력 브레인스토밍 활용하기

| 정답 | ④

| 해설 | 브레인스토밍의 특징은 개방인데 아이디어를 즉석에서 평가하면 활발한 의사소통을 방해한다. 따라서 비판이나 평가는 나중까지 유보한다.

## 40 문제처리능력 문제해결절차 파악하기

| 정답 | ④

| 해설 | 주어진 사례에서 '문제인식'은 지각을 하였다는 것이며, 과음을 하였거나 알람소리가 작았다는 것 등은 '문제도출'에 해당한다. 또한 자신의 잘못된 습관이나 나약한 의지 등이 '원인'으로 지적될 수 있으며, 출근 전날 과음을 하지 않겠다는 것은 이에 대한 '해결안'이라고 볼 수 있다.

## 41 과학상식 힘의 작용 이해하기

| 정답 | ④

| 해설 | 줄에 매달린 동안 공에 작용하는 힘은 구심력 E이다. 줄을 놓는 순간 공의 운동 방향은 A와 같으므로 공은 A 방향으로 운동한다.

## 42 과학상식 도플러 효과 이해하기

| 정답 | ③

| 해설 | 제시된 원리는 광파와 음파의 진동수가 파원과 관측자의 상대 운동으로부터 어떤 영향을 받는지를 설명한 도플러 효과(Doppler effect)이다. 즉 파원이 관측자로부터 멀어지면 파장은 짧게 느껴지고, 관측자로부터 가까워지면 파장은 길게 느껴지는 것이다.

㉠ 구급차가 달려올 때와 멀어질 때의 사이렌 소리가 다르게 들리는 것은 도플러 효과의 대표적인 예이다.

㉡ 스피드건으로 움직이는 물체를 향해 레이더를 발사하면 물체에 맞은 레이더가 반사되어 돌아오고, 이때 파장은 발사했을 때보다 짧아지고 진동수는 더 많아지는데 이 진동수의 변화를 통해 속도를 정하게 된다.

㉢ 별에서 나오는 빛은 지구에 대한 그 별의 상대적인 속도에 따라 색이 변하는데 별이 관측자로부터 멀어지면 빛의 파장이 길어져 스펙트럼선이 적색 쪽으로 치우치고, 별이 관측자로부터 가까워지면 빛의 파장이 짧아져 스펙트럼선이 청색 쪽으로 치우치게 된다. 이러한 관찰을 통해 지구 공전과 우주팽창 등을 설명할 수 있다.

| 오답풀이 |

㉣ 자극의 변화는 처음 자극의 세기에 따라 달라질 수 있다는 베버의 법칙(Weber's law)과 관련된 사례이다. 처음 자극이 약할 경우에는 자극의 변화가 작아도 쉽게 감지하지만, 처음 자극이 강할 경우에는 자극의 변화가 커야 변화를 느낄 수 있다.

## 43 사회상식 리더십 유형 파악하기

| 정답 | ②

| 해설 | ㉠ ○○전자는 무수한 도전으로 도전 정신을 발휘하였다.

㉡ △△자동차는 '품질 경영'과 '현지 전략형 모델'을 추구하였다.

㉤ 디지털 노마드는 일과 주거에 있어 유목민처럼 자유롭게 이동하면서도 창조적인 사고방식을 갖춘 사람들을 뜻한다. △△자동차는 로마에 가면 로마법을 따라야 하듯 각국의 문화적 · 지리적 특성을 파악한 뒤 차량을 만들고 있다고 하였으므로 적절한 설명이다.

| 오답풀이 |

㉢ 선진 기술력을 빠른 속도로 흡수하는 능력을 발휘하였다는 내용은 없다.

㉣ 서번트 리더십은 다른 사람을 섬기는 사람이 리더가 될 수 있다는 의미이므로 지문의 내용과 일치하지 않는다.

### 44 사회상식 리더십 유형 파악하기

| 정답 | ③

| 해설 | 서번트 리더십은 다른 사람의 요구에 귀를 기울이며 다른 사람을 섬기는 리더십이다. 즉, 인간존중을 바탕으로 구성원들이 잠재력을 발휘할 수 있도록 앞에서 이끌어 주는 리더십이라 할 수 있으며, 서번트 리더십에서 리더의 역할은 방향제시자, 의견조율자, 일 · 삶을 지원해 주는 조력자 등이 있다.

| 오답풀이 |

① 독재적 리더십 : 정책 의사결정과 핵심정보를 혼자 소유하는 리더십

② 셀프 리더십 : 자기 자신이 리더가 되어 스스로를 통제하고 행동하는 리더십

④ 거래적 리더십 : 구성원들과 맺은 교환 관계에 기초해서 영향력을 발휘하는 리더십

⑤ 자유방임적 리더십 : 지도자가 조직을 이끌지 않고 조직의 통제를 최소화하는 리더십

### 45 사회상식 CSR 이해하기

| 정답 | ①

| 해설 | ㉠ CSR은 기업경영을 통해 얻은 수익의 일부를 자발적으로 포기하여 사회에 환원한다는 의미로, 이윤추구 활동과 사회적 공헌을 별개의 것으로 보는 입장이다.

㉡ 마이클 포터(Michael E. Porter)가 공공의 이익과 기업의 이익을 합치시킨 CSV 개념을 제시한 이후, CSR보다는 CSV에 초점을 둔 주요 기업들의 행보가 이어지고 있다.

| 오답풀이 |

㉢ 기업의 소유주인 주주의 이익을 보장하는 것은 기업의 이익과 직접 관련되어 있으며, 사회적인 이익과는 관련이 없다.

㉣ 2010년 11월 국제표준기구(ISO)에서 발표한 ISO 26000은 책임성, 투명성, 윤리적 행동, 인권 존중, 이해자의 이익 존중, 법규 준수, 국제 행동 규범의 7대 기본원칙을 제시하며 기업의 사회적 공헌활동에 대한 기준선과 가이드 라인을 제공하였다.

### 46 수열 문자의 배열 규칙 추리하기

| 정답 | ④

| 해설 | 알파벳 각각을 아라비아 숫자로 치환하여 풀면 된다.

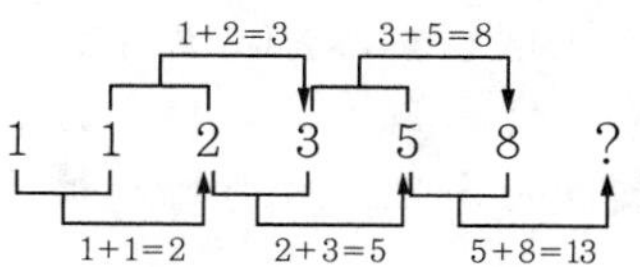


따라서 '?'에 들어갈 숫자는 13으로, 이를 알파벳으로 치환하면 M이 된다.

### 47 수열 숫자의 배열 규칙 추리하기

| 정답 | ①

| 해설 | 공통점을 찾아보면 가장 큰 수가 맨 아래 칸에, 그 다음 큰 수가 왼쪽, 가장 작은 수가 오른쪽에 위치한다. 또 인접한 칸의 두 수의 차 또는 합이 나머지 칸에 있는 숫자와 2가 차이난다. 이때 가장 큰 수를 제외한 두 수로 짝지을 경우에는 더하고, 그 외의 경우에는 큰 수에서 작은 수를 뺀다.

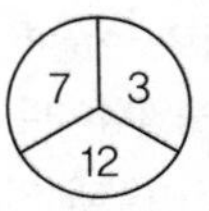

예를 들면 왼쪽과 같은 경우, 가장 큰 수를 제외한 두 수로 짝지을 경우는 7과 3이다. 이때는 7과 3을 더한다. 그러면 나머지 칸에 있는 12와 2가 차이가 난다. 그 외의 경우는 7과 12, 3과 12로 짝지을 경우이다. 이 경우에는 큰 수에서 작은 수를 뺀다. 7과 12의 경우 12−7=5이다. 그러면 나머지 칸에 있는 3과 2가 차이난다.

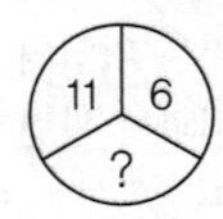

따라서 왼쪽과 같은 경우, 아래 칸에 있는 수가 가장 큰 수이어야 하는데 11과 6을 더하면 17이므로, 아래 칸에는 15 또는 19가 되어야 한다. 19일 경우에는 19−11=8이므로 나머지 칸에 있는 6과의 차가 2가 되고, 19−6=13과 나머지 칸에 있는 11과의 차도 2가 된다. 또한 15일 경우에도 15−11=4이므로 6과의 차가 2가 되고 15−6=9와 11과의 차도 2가 된다. 단, 선택지에 15뿐이므로 답은 ①이다.

## 48 사무지각 제시된 문자 찾기

| 정답 | ③

| 해설 | ℃ ℄ ℟ ℏ ג h ℳ **Ɛ** Ⅎ ℱ ב ℉ ℊ ℞ Ω Ʒ ℨ
ד ℳ ℱ ℔ ℚ Ж Φ ℔ № ℐ ℏ И Я Ю У Ⅎ ℰ
℧ ℨ K N א **Ɛ** ℓ ℣ ℤ h ℝ ℒ ℑ ℍ ℐ ℕ ℐ
ב **Ɛ** Э Å Ⅎ X ℙ א ℔ ℟ ℏ **Ɛ** ℧ ℒ ℑ ℂ ∍

## 49 도형관찰탐구 규칙 적용하기

| 정답 | ③

| 해설 | 처음에 제시된 도형을 순서도에 따라 〈규칙〉을 적용하여 변환 · 비교하면 다음과 같다.

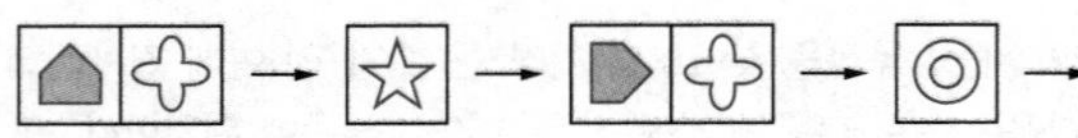

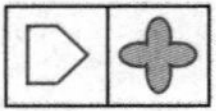

## 50 도형관찰탐구 규칙 적용하기

| 정답 | ④

| 해설 | 처음에 제시된 도형을 순서도에 따라 〈규칙〉을 적용하여 변환 · 비교하면 다음과 같다.

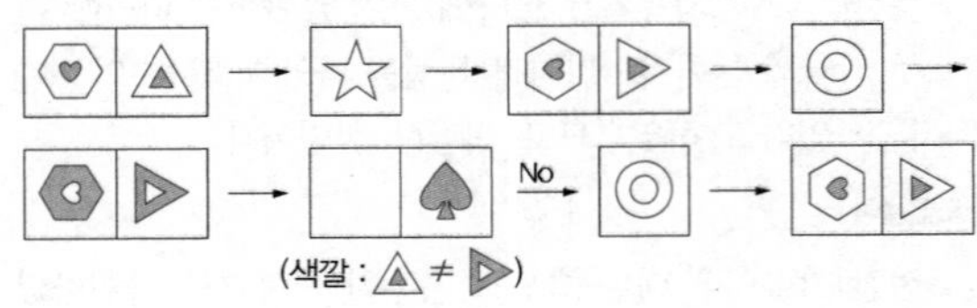

GOSINET NCS

고시넷 초록이 NCS

**피듈형 ① 통합 기본서**

■ 980쪽 ■ 정가_28,000원

고시넷 초록이 NCS

**피듈형 ② 통합 문제집**

■ 932쪽 ■ 정가_28,000원

고시넷 직업기초능력

**3대출제유형 ② 휴노형 문제집**

■ 488쪽 ■ 정가_22,900원

고시넷 직업기초능력

**3대출제유형 ③ ORP형 문제집**

■ 560쪽 ■ 정가_23,800원

시·도 교육청
교육공무직원
소양평가

01 영역별 출제유형 이론 학습

02 빈출 문제분석·
기출예상문제 실전연습

03 빠른 풀이법
효과적인 시간 관리

04 기출예상으로 만든
실전모의고사 2회

gosinet
(주)고시넷

## 코레일_NCS

## 철도공기업_NCS

## 에너지_NCS